Das Buch

Spioniert wurde schon immer. Kundschafter werden schon in der Bibel erwähnt. Nach 1917 jedoch, nach Konstituierung Sowjetrusslands, erreichte die Agententätigkeit eine neue Qualität und nie dagewesene Dimensionen. Nunmehr ging es um eine Auseinandersetzung von Gesellschafts- und Wirtschaftssystemen. Der Kampf um die politische Macht, um Territorien, Rohstoffquellen, Absatzmärkte und Einflusssphären wird in heißen und kalten Kriegen ausgetragen. Und ein wesentliches Element dabei ist die Tätigkeit der Geheimdienste, sind deren Angriffe und ihre Abwehr. Der Autor, selbst Abwehrspezialist, stellt erstmals eine Übersicht von Geheimdienstoperationen dar, die von Deutschland, nach 1945 von der Bundesrepublik, gegen die Sowjetunion gerichtet waren. Vieles davon ist unbekannt. Und nebenbei wird die politische und die personelle Kontinuität dieser Angriffe sichtbar. Es gab für deutsche Geheimdienste 1945 keine Stunde Null. Die Naziagenten machten dort weiter, wo sie nie aufgehört hatten zu spionieren und zu sabotieren.

Der Autor

Helmut Wagner, Jahrgang 1937, geboren in einer Landarbeiterfamilie in Ostpreußen (heute Kaliningrader Gebiet). 1948 kam er nach Eythra bei Leipzig in die sowjetisch besetzte Zone. Nach einer Lehre als Stahlbauschlosser ging er mit 19 zur Deutschen Volkspolizei, wechselte später zum MfS und absolvierte ein Jurastudium.

Seit Beginn der 60er Jahre arbeitete er in der Spionageabwehr gegen Bundesnachrichtendienst (BND), Bundesamt für Verfassungsschutz (BfV) und Militärischen Abschirmdienst (MAD). Letzter Dienstgrad Oberstleutnant.

2000 erschien erstmals sein Buch »Schöne Grüße aus Pullach. Operationen des BND gegen die DDR« in der edition ost. Es erlebte seither mehrere Auflagen.

Wagner ist verheiratet und lebt in Berlin-Hellersdorf.

Helmut Wagner

Der Krieg deutscher Geheimdienste gegen den Osten seit 1917

edition ost

Für Vera

Die im Buch behandelte Thematik beschäftigt mich schon seit Jahren und hat ihre Wurzeln in meiner Kindheit, die vom Krieg geprägt war. Ich begegnete Menschen, die Mitwirkende in den geheimen deutsch-russischen Beziehungen waren und die mir diese Materie näherbrachten. Das waren insbesondere Helmut Kühne, der Vater meiner Frau, Ernst Hergt, Gerd Bräuer, Erhard Liebezeit sowie Inge und Harald Wittstock.
Mein besonderer Dank gilt Vera, meiner Frau, die nicht nur viel Verständnis für diese Arbeit aufbrachte, sondern auch an der Realisierung des Buches beteiligt war.

Helmut Wagner

ISBN 978-3-360-01829-8

© 2011 edition ost im Verlag Das Neue Berlin, Berlin
Umschlaggestaltung: Buchgut, Berlin, unter Verwendung eines Motivs von ullsteinbild – TopFoto
Druck und Bindung: CPI Moravia Books GmbH

Ein Verlagsverzeichnis schicken wir Ihnen gern:
Das Neue Berlin Verlagsgesellschaft mbH
Neue Grünstraße 18, 10179 Berlin
Tel. 018 05 / 30 99 99 (0,14 €/Min., Mobil max. 0,42 €/Min.)

Die Bücher der edition ost und des Verlages Das Neue Berlin erscheinen in der Eulenspiegel Verlagsgruppe.

www.edition-ost.de

Inhalt

Einleitung 7
1. »... mit Chodynka wird es enden!« 12
2. Zeitenwende 33
3. Die »Sisson-Dokumente« 66
4. Der »Vater der Lüge« 70
5. Die Auferstehung der »geheimen Mächte« 79
6. Ein Nachrichtendienst der Weltrevolution 89
7. Vorabend 103
8. Geheimkrieg in Spanien 114
9. Die Fünfte Kolonne oder die »Innere Aggression« . 135
10. Ribbentrops politischer Nachrichtendienst 154
11. »Barbarossa« oder der schnelle Feldzug 167
12. Die Feindlage im Osten 177
13. Die Prager Mission 188
14. Die »Rote Kapelle« in Berlin 201
15. Die »Rote Kapelle« in Westeuropa 236
16. Die »Rote Kapelle« in der Schweiz 253
17. »Achtung Partisanen« 277
18. Unternehmen »Zeppelin« 321
19. Winniza, Idylle und Tod 343
20. Operation »Preuße« 350
21. Unternehmen »Zitadelle« 367
22. Operation »Heureka« 396
23. SMERSCH – Tod den Spionen 405
24. Die doppelte Operation »Memel« 414
25. »Reservehauptquartier« im Rücken des Feindes ... 440
26. Die Jagd auf den »Oberbefehlshaber« 445
27. Götterdämmerung 457
28. Die Stunde Null gab es nicht 464
29. Tradition des Todes 475
30. Unerwartete Gehlen-Konkurrenz 481
31. Das Gespenst in Europa – Die »Rote Kapelle« 487

32. Der geheime Krieg, der »E-Fall« und »Gladio« 508
33. Unternehmen »Rotspanier« 525
34. »Gerettete Gelder« und ihre Schatten 533

Personendossiers 559
Anlagen 611

Einleitung

Am Anfang der deutsch-russischen Geheimdienstbeziehungen stand Dr. Wilhelm Stieber (1818–1882), einer der »elendesten Polizeilumpen unsres Jahrhunderts«, wie ihn Friedrich Engels einmal bezeichnete. Stieber hatte sich seine Meriten als Chef der preußischen politischen Polizei zwischen 1850 und 1860 erworben und war einer der Hauptzeugen im sogenannten Kommunistenprozess 1852 in Köln. Er musste wegen seiner rabiaten Vernehmungs- und Zeugenbeeinflussungsmethoden den Hut nehmen und schied aus dem Polizeidienst, dem er seit 1844 angehört hatte, aus.

Wilhelm Stieber arbeitete – neben seiner Zugehörigkeit zum preußischen Staatsdienst – auch als Rechtsanwalt und Verteidiger, Grundstücksmakler und Privatdetektiv. Er zählte in den höchsten politischen Kreisen, bis hin zum preußischen König Friedrich Wilhelm IV., zu den »kostbaren Persönlichkeiten«, auf deren diskrete Dienste man sich verlassen konnte.

Nachdem er in Ungnade gefallen war, nahmen 1861 die Russen über ihren Gesandtschaftsattaché in Berlin Verbindung zu Stieber auf. Der Diplomat bat Stieber – dessen Werdegang die Russen genau verfolgt hatten – um Rat und Unterstützung in einer Erpressungsaffäre, in die die Ehefrau des russischen Gesandten verstrickt war. Stieber versprach zu helfen, ließ seine Verbindungen, die bis tief in die Unterwelt führten, spielen und löste den Fall in kürzester Zeit: Dem Erpresser kaufte er die belastenden Papiere für eine geringe Summe ab, denn er drohte, ihn ins Gefängnis zu bringen.

Die Russen waren erleichtert und Stieber um ein ansehnliches Honorar reicher. Die Gesandtschaft schlug zudem der Privatkanzlei am Zarenhof in St. Petersburg vor, den preußischen Polizisten in russische Dienste zu nehmen.

Der Zarenhof benötigte auch in Preußen Vertrauensmänner, die St. Petersburg über alles aufklären konnten, was von Nutzen sein könnte und zur Machterhaltung beitrug. An der Newa verfolgte man sehr genau die Entwicklung in Zentraleuropa. Die Erhebung des Bürgertums 1848 in Deutschland hatte viele politische, ökonomische und nationalstaatliche Fragen aufgeworfen. Aus der Sicht Russlands schien die Gefahr groß, dass sich die politische Landkarte Europas verändern würde.

Einen Aufpasser und Seismografen für all diese Fragen und Probleme in Deutschland zu haben, erschien der Privatkanzlei des Zaren also nützlich. Sie war der Meinung, dass für diese Aufgabe kein anderer besser geeignet sei als der ehemalige Chef der Berliner Sicherheitspolizei, der in dieser Eigenschaft gleichzeitig auch Leiter der preußischen politischen Polizei war.

1851 drang Stieber gemeinsam mit dem Polizeidirektor Wermuth in Hannover, in das konspirative Verbindungsnetz des von Karl Marx und Friedrich Engels geführten Kommunistenbundes ein, der von London aus agierte. Im Mai 1851 wurde Peter Nothjung festgenommen, den die Zentrale des Bundes der Kommunisten nach Preußen geschickt hatte. Die preußische Regierung glaubte, einem internationalen Komplott auf der Spur zu sein. Eine Hausdurchsuchungs- und Verhaftungswelle von bis dahin unbekannter Dimension ging durch ganz Deutschland. Scharen von Polizeibeamten und Spitzeln wurden aufgeboten, um »Belastungsmaterial« gegen die »Marx-Partei« zu beschaffen.

In Zentrum des Geschehens stand Wilhelm Stieber.

Doch beschlagnahmtes Material und Verhöre erbrachten nicht das, was als Beweis für ein Komplott hätte dienen können. Da aber um jeden Preis eine »kommunistische Verschwörung« aufgedeckt werden musste – das erwartete auch der König –, wurde »nachgeholfen«. Stieber und Wermuth begannen, »Beweise« zu fabrizieren. Plötzlich tauchten »Dokumente« und »Spitzelberichte« auf, die alle in die gewünschte Richtung wiesen.

Jenny Marx, die Ehefrau von Karl Marx, schilderte in einem Brief am 28. Oktober 1852 die verachtenswerten Intrigen der preußischen Polizei: »Alles, was die Polizei vorgebracht, ist Lüge. Sie stiehlt, fälscht, erbricht Pulte, schwört falsche Eide, zeugt falsch und zu allem behauptet sie, das Privilegium gegenüber den Kommunisten zu haben.« Anderthalb

Jahre konstruierten Polizei und preußische Justiz das »Komplott«, im Oktober 1852 wurde der Prozess vor dem Kölner Geschworenengericht eröffnet. Zu jener Zeit war aber der »Hauptbelastungszeuge« der Anklage, Hermann Haupt, bereits aus Hamburg nach Brasilien verschwunden.

Trotz nachgewiesener Fälschungen verurteilte das Gericht von den zwölf Angeklagten sieben wegen Hochverrats zu Festungshaft zwischen drei und sechs Jahren.

Stieber und Wermuth verfassten darüber ein sogenanntes Schwarzbuch, das 1853 veröffentlicht wurde. »Die Communisten-Verschwörung des 19. Jahrhunderts« strotzte vor Lügen, Fälschungen und Unterstellungen. Es ist eines der ersten antikommunistischen Machwerke.

1861 stand eine neue Herausforderung vor Dr. Wilhelm Stieber, als er ganz in den Dienst der geheimen Zarenpolizei eintrat. Stieber sollte für hohe Bezahlung eine in allen Teilen Deutschlands arbeitende geheime Agentengruppe aufstellen, die gegen aus dem Zarenreich geflohene Strafgefangene oder Verbannte ermittelte, zarenfeindliche Emigranten beobachtete und Sicherungs- und Schutzaufgaben bei Besuchen des Zaren oder seiner Repräsentanten in Deutschland übernahm. Zudem sollte er auch einen politischen Nachrichtendienst aufbauen, der russische Staatsinteressen unterstützte.

Stieber schuf in kürzester Zeit diese Agententrupps, verfügte er doch über vielfältige Beziehungen und Kontakte. Mit der Installation dieser geheimen Söldnertruppe auf deutschem Boden beginnt die Geschichte der deutsch-russischen Geheimbeziehungen. »Eine Geschichte, wie sie dramatischer und romanhafter kaum gedacht werden kann, angefüllt mit Kampf, Intrige, Machtwahn, Patriotismus, Märtyrertum, aber auch Freundschaft, Respekt und gelegentlicher Kooperation der Gegenspieler; ein getreues Spiegelbild des politischen Schicksals zweier Staaten, die die Historie oft zu Rivalen gemacht, und die doch, unlöslich verstrickt, zum Zusammenleben verurteilt sind.« Diese Auffassung vertritt zumindest Heinz Höhne (1926–2010) in seinem 1985 erschienenen Buch »Der Krieg im Dunkeln«.

Es war schon ein erstaunliches Instrument entstanden: Ein Preuße führte für eine fremde Macht in Deutschland eine geheime Agentengruppe! So etwas hatte es bisher noch nie gegeben. Uns scheint das heute mehr als erstaunlich. Aber so verwunderlich war es nun wieder auch nicht: Preußen und Russland waren zur damaligen Zeit eng, wenn nicht gar freundschaftlich verbunden. Sie teilten nicht nur die absolutistisch-reaktionäre Staatsauffassung, auch außenpolitische Interessen liefen im Gleichklang. Verwandtschaftliche Beziehungen deutscher und russischer Adelshäuser schmiedeten Preußen und Russland zusammen. Preußen sah damals die Zukunft Deutschlands in engster Verbindung mit dem befreundeten Russland. Man war so innig miteinander verflochten, dass es manchem Russen gar nicht auffiel, wie stark Deutsche im Zarenreich mitregierten. Es war nichts Ungewöhnliches, das selbst die Regentin aus Deutschland kam.

Für Stieber war der Weg nach oben noch nicht beendet. Seine Stunde schlug im Mai 1866. Am 7. Mai jenes Jahres peitschten Revolverschüsse in Berlin. Unter den Linden war auf den 51-jährigen preußischen Ministerpräsidenten Otto von Bismarck geschossen worden. Bismarck überlebte. Er war empört über die Unfähigkeit der Polizei, einen der höchsten Repräsentanten Preußens zu schützen. Diese Unfähigkeit dokumentierte sich unter anderem auch darin, dass der Attentäter sich in Polizeigewahrsam mit einem Messer töten konnte, das er am Körper versteckt hatte.

Für Bismarck gab es nur einen Mann, der für einen ausreichenden Schutz seiner Person sorgen konnte: Stieber. Er hatte diesen schon des Öfteren bei geheimen und heiklen Geheimmissionen im Ausland eingesetzt. Nunmehr sollte er eine Geheime Staatspolizei zum Schutz von König und Ministerpräsident in Preußen organisieren.

Es blieb nicht bei dieser Order. Bismarck hatte mit den Kriegen gegen Dänemark (1864) und Österreich (1866) den Kampf um die Vorherrschaft in Deutschland zugunsten Preußens entschieden. Daraus ergab sich die Aufgabe für Berlin, auch einen Auslandsnachrichtendienst ins Leben zu rufen.

Eine Königliche Kabinettsorder vom Juni 1866, in der die Aufgaben der neuen Organisation formuliert wurden, ermächtigte Stieber unter anderem zur »Unterstützung der Militärbehörden durch Beschaffung von Nachrichten über die feindliche Armee«, womit zunächst nur die Streitkräfte der Habsburger Monarchie gemeint waren.

Im deutsch-französischen Krieg von 1870/71, der die Einigung Deutschlands durch eine »Revolution von oben« mit der Ausrufung des Preußenkönigs zum deutschen Kaiser vollendete, leitete Stieber die Politische Feldpolizei. Im Dritten Reich der Nazis sollte daraus die Geheime Feldpolizei werden.

Stieber wurde geheimer Regierungsrat und eine zeitlang Polizeipräfekt im besetzten Frankreich. Seiner Spionage-Organisation sollen über 30 000 Agenten angehört haben.

Nach Marx wurde das deutsche Kaiserreich von einem Dreigestirn – »Wilhelm I., Bismarck zur Rechten und Stieber zur Linken«– regiert.

Mit dem erneuten Eintritt in Preußens Staatsdienste 1866 hätte Stieber den Dienst für die russische Auslandsspionage quittieren müssen. Das geschah nicht. Stieber blieb Spionagechef des einen Landes und Agentenführer des anderen. Auch das hatte es in der Geschichte der Geheimdienste bis dahin noch nie gegeben.

Solange Bismarck in Frankreich den Hauptfeind sah und strikt gegen einen Zwei-Frontenkrieg war, blieb die freundschaftliche Allianz, auch die geheimdienstliche, mit Russland stabil.

Mit der Zunahme sozialer und ökonomischer Widersprüche in beiden Ländern und der Verfolgung nationaler imperialer Ziele veränderte sich das Klima zwischen dem kaiserlichen Deutschland und dem zaristischen Russland. Die aggressive Außenpolitik Wilhelms II. tat ein Übriges. Sein Drang nach Weltherrschaft führte über die Eroberung und Behauptung von Kolonien. Ein erster Höhepunkt war seine berüchtigte Rede am 27. Juli 1900. Diese »Hunnenrede« in Wilhelmshaven zur Verabschiedung des Ostasiatischen Expeditionskorps zur Niederschlagung des Boxeraufstandes im Kaiserreich China gipfelte in der Aufforderung: »Pardon wird nicht gegeben. Gefangene werden nicht gemacht. Führt eure Waffen so, dass auf tausend Jahre hinaus kein Chinese mehr es wagt, einen Deutschen nur scheel anzusehen.«

1. »… mit Chodynka wird es enden!«[1]

Am Ende des 19. Jahrhundert setzte sich immer mehr in Theorie und Praxis der Kriegsstrategie die Auffassung durch, dass jeder Krieg eine längere Phase der Vorbereitung bedürfe. In dieser Phase komme der Aufklärung des Gegners eine hohe Bedeutung zu. Wirksamstes Mittel der Aufklärungstätigkeit war die Spionage, also eine mit geheimdienstlichen Mitteln und Methoden betriebene Erkundung des potenziellen Feindes. Die verheerende Niederlage der Russen im Krieg gegen Japan 1904/05 verstärkte diese Auffassung. Man begriff, dass einerseits die Spionage, andererseits die Gründung einer Gegenkraft, nämlich einer Spionageabwehr, erforderlich sei.

Im Ersten Weltkrieg haben Deutschland und Österreich-Ungarn auf der einen und Russland auf der anderen Seite sowohl Spionage als auch Spionageabwehr betrieben.

Die Spionage in Deutschland wurde insbesondere von der 3. Abteilung des Generalstabes organisiert und von dort die Basis bis zu den unteren Ebenen angeleitet.

Für Deutschland, Österreich-Ungarn und Russland stellte der Russisch-Japanische Krieg einen Wendepunkt auf diesem Gebiet dar. Das Zarenreich war zum Gegenstand der geheimen Ausspähung durch Deutschland und Österreich-Ungarn geworden, weil Russland danach seine Armeen zu modernisieren begann und im Ostseeraum den Ausbau seiner Kriegsflotte vorantrieb. Ständig forderte der deutsche Generalstab neue und aktuelle Informationen.

Die beschleunigte Entwicklung der deutschen Spionage wurde auch durch die Intensivierung der gegen Deutschland gerichteten Spionage Frankreichs gefördert.

Die deutsche Marinespionage nahm in diesem System eine besondere Stellung ein. Sie arbeitete unabhängig von der allgemeinen militärischen Aufklärung (Heeresaufklärung) und konzentrierte sich auf den Ostseeraum und auf England. Deutsche Spione agierten in Spanien und in Nordafrika.

Vor dem Ersten Weltkrieg befand sich die russische militärische Spionagezentrale in der Hauptverwaltung des Generalstabes in St. Petersburg[2]. Sie war gegliedert in Abteilungen, die sich jeweils mit der Spionage an angenommenen (künftigen) Fronten befassten. Das waren die Grenzen zu Deutschland, Österreich-Ungarn und der Türkei. In den Stäben der Wehrkreise, besonders der Grenzwehrbezirke, arbeiteten aktive Spionagesektionen unter der Bezeichnung »Rettungsabteilungen«.

Während des Krieges oblag der kämpfenden Truppe dann sowohl die Aufklärung als auch die Spionageabwehr.

Der militärische Spionagebereich wirkte völlig unabhängig von der Ochrana[3], der Geheimpolizei des Zaren.

Die technische Ausstattung der russischen Spione war insgesamt äußerst mangelhaft. Es fehlte an fototechnischen Ausrüstungen, aber auch an Möglichkeiten, den Funkverkehr des Gegners abzuhören. Die russische Seite wusste weit weniger, als nötig gewesen wäre.

Der Kiewer Wehrkreis hatte allerdings schon lange vor dem Krieg Spione in den österreichisch-ungarischen Streitkräften geworben und dadurch Stärke, Organisation, Struktur, Taktik, Befehlslinien und technische Ausrüstung in Erfahrung gebracht. Es existierte auf dem Territorium des künftigen Gegners eine gut aufgestellte Agentur.

Der Stab des Warschauer Wehrkreises betrieb Spionage in den Armeen der Mittelmächte.[4] Zum Teil wurden sehr substanzielle Informationen beschafft. Trotzdem entsprach die Aufklärungstätigkeit in diesem wichtigen Wehrkreis nicht den Anforderungen. Diese Spionageaufklärung führte etwa ein Dutzend Agenten in den Militäreinrichtungen der Mittelmächte. Einige von ihnen waren »Doppelgänger« (Doppelagenten), die sowohl für die Russen als auch für die Deutschen arbeiteten. Auffallender Kopf in diesem Militärbezirk Warschau war Oberstleutnant (später General) Nikolai Batjuschin. Er kam vom Generalstab in St. Petersburg und galt als Spezialist der Feindaufklärung, als Künstler der Intrige und des geheimdienstlichen Doppelspiels.[5] Es war kein Zufall, dass Batjuschin gerade deshalb nach Warschau entsandt wurde.

Warschau galt vor dem Ersten Weltkrieg als der wichtigste Beobachtungsposten und angesichts der schwachen Zentrale in St. Petersburg als die eigentliche Kommandostelle des russischen militärischen Geheimdienstes. Warschau war Ausgangspunkt aller kriegerischen Überlegungen Russlands Richtung Westen. Im Militärbezirk Warschau stand die größte russische Heeresmacht, seine Truppen sollten im Ernstfall die Angriffsarmeen für den Einfall in Ostpreußen und Galizien bilden. Entsprechend weit gefächert waren die Aufgaben der Warschauer Erkundungssektion. Sie sollte gleichzeitig gegen Deutschland und Österreich-Ungarn aufklären. Batjuschin setzte ein Netz von Nahaufklärern ein, das zeitlich begrenzt in einem bestimmten Territorium des Gegners handelte.

In der Tätigkeit der russischen Spionage herrschten Dilettantismus und Nachlässigkeit vor. Konspiration und Geheimhaltung waren Fremdwörter. So ließ man beispielsweise die angeworbenen Agenten (vorwiegend die sogenannten Nahaufklärer) von ortsansässigen Fotografen ablichten (ein Passbild und ein Ganzfoto) und beließ die Negative dort. Die deutsche Abwehr machte sich diese Unsitte zunutze und sammelte die Negative ein; dadurch war es leicht, die ins deutsche Territorium entsandten Spione dingfest zu machen.

Ein weiteres Manko waren die begrenzten finanziellen Möglichkeiten. Für die militärische Aufklärung gab es in den Wehrbezirken begrenzte Mittel, für die Spionageabwehr jedoch kaum. Militärische Aufklärungsergebnisse, die über diplomatische Kanäle eingebracht wurden, konnten besser honoriert werden, da hierfür Sonderkonten existierten.

Die Mittelmächte hatten ganz andere Möglichkeiten.

Erst mit Beginn des Krieges wurde in der russischen Armee auch der Spionageabwehr gewisse Beachtung geschenkt, aber die Organisationsform entsprach nicht den aktuellen Erfordernissen. In jedem Armeestab war ein Gendarmerieoberst eingebaut, der für die Spionageabwehr verantwortlich zeichnete. Dieser Gendarmerieapparat bekämpfte traditionell »Widersetzlichkeiten«, worunter man alles verstand, was dem Zarenregime bedrohlich oder unangenehm werden konnte. In die Truppe versetzt, verfuhren diese Gendarmerieoffiziere nach dem gleichen Muster, wie sie es gegen die zivilen Untertanen des Zaren angewandt hatten. Sie verstanden nichts vom Kriegsgeschehen – weder den Zusammenhang von Kampfhandlungen und Spionageabwehr noch die Organisation von Verschleierungen und Desinformation des Gegners bei aktiven Handlungen der Truppe. Die feindlichen Spione informierten sich ungestraft über die militärischen Aktivitäten, direkt vor der Nase solcher »Spezialisten« der Spionageabwehr, für die ein entdecktes Flugblatt oft wichtiger war als offenkundiger Verrat.

Auch die deutsche Seite verfügte 1914 über keine organisierte Spionageabwehr. Je mehr sich der Krieg entwickelte und hinzog, desto intensiver suchte der deutsche Generalstab, d. h. dessen 3. Abteilung, nach Wegen, die feindliche Spionage zu verhindern und zu enttarnen.

Schon lange vor dem Krieg hatten die Deutschen ein weit verzweigtes Agentennetz nicht nur im Grenzgebiet, sondern auch in den zentralen Gebieten Russlands installiert. Was bei den Russen Batjuschin war, war auf deutscher Seite Oberleutnant (später Oberst) Walter Nicolai. Er war ein ultrakonservativer preußischer Offizier, der russischen Sprache mächtig und begierig, sich im konspirativen Kampf gegen Russland zu profilieren.

Am 1. Juli 1906 übernahm Nicolai die neue Nachrichtenstation Königsberg, die beim Generalkommando des 1. Armeekorps angebunden war, mit dem Ziel: Errichtung eines Nachrichtendienstes und Abwehr der russischen Spionage.[6]

Die deutsche militärische Spionage hatte sich bedeutend intensiver mit der Aufklärung des künftigen Feindes befasst. Hierzu lag ein eindeutiger politischer Auftrag vor, der von den Expansionsbestrebungen des Kaiserreiches Richtung Osten diktiert war.

1910 fiel Nicolai der Grenzschutzbefehl des Stabes der in Kowno stehenden 26. Division in die Hände. Damit wurden der deutschen Seite erstmals die Aufmarsch- und Operationspläne der russischen Seite bezüglich Ostpreußen bekannt. Die Dokumente waren mit hoher Wahrscheinlichkeit vom russischen Gendarmerieoberst Mjassowjedow an die Deutschen übergeben worden, weil sie zwei Jahre später bei dessen Entlassung aus dem Dienst eine dominierende Rolle spielen sollten.

Bei Kriegsbeginn war der deutsche Generalstab so gut informiert, dass er sogar über die geheimsten Absichten der russischen Truppenführung Bescheid wusste. Als beispielsweise die russischen Truppen im Oktober 1914 bei Lodz die Operation in Richtung Berlin begannen und auf deutsches Gebiet vorstoßen wollten, antwortete die vorbereitete deutsche Heeresleitung mit einer Gegenoperation: Die Deutschen durchbrachen die russische Front bei Leczyca, was zum Rückzug der Zarentruppen führte, womit der geplante Vormarsch auf Berlin bereits im Ansatz vereitelt war. In der Folge kam es auch an der Ostfront zu einem aussichtslosen Stellungskrieg.

Als sich der österreichische Generalstab zum Krieg gegen Russland rüstete, schuf er in dem an Österreich angrenzenden Wehrkreis ein weit verzweigtes Agentennetz. Seine Geheimagenten waren größtenteils Gutsbesitzer, reiche Pächter, meist Deutsche und Polen, die intensiv für den österreichischen militärischen Geheimdienst arbeiteten. Viele solche Agenten gab es unter Leitern oder leitenden Angestellten von Industriebetrieben und Handelsfirmen, besonders unter den Vertretern für landwirtschaftliche Maschinen und Geräte.

Ein funktionierendes Agentennetz bestand in Galizien in der Annahme, dass hier ein Kriegsschauplatz sein würde, was auch eintraf. Hier trat erstmalig eine neue Form der Spionagetätigkeit auf. Die österreichischen Geheimagenten übermittelten nicht nur Nachrichten über die russischen Truppen an ihre Auftraggeber, sondern betrieben auch Sabotage. Sie zerstörten Telefonleitungen, sprengten kleine Brücken, Pumpen- und Trafostationen u. a. m.

Die deutsche militärische Spionage unter Nicolai schaute sich diese Art Geheimkrieg von den Österreichern ab. Auch wenn die österreichisch-ungarische Militärspionage durch den Verrat Redls schwere Einbrüche in ihr russisches Agentennetz hinnehmen musste – Oberst Alfred Redl informierte als Generalstabsoffizier jahrelang die Russen, später auch Franzosen und Italiener für Geld über alle wesentlichen militärischen Entwicklungen und Planungen; nach seiner Enttarnung beging er im Mai 1913 Selbstmord –, konnte sie ihr Netz ab Mitte 1913 bis zum Kriegsausbruch 1914 wieder stabilisieren. Im August 1914 war General Bontsch-Brujewitsch zum Generalquartiermeister im Stab der russischen Nordwestfront ernannt worden. Anfang September, fünf Wochen nach Beginn des Krieges, konnte man in einer deutschen Zeitung lesen: »General Bontsch-Brujewitsch ist gegenwärtig mit der Ausarbeitung einer Angriffsoperation beschäftigt.« Die veröffentlichten Details konnten nur einem streng begrenzten Kreis besonders vertrauenswürdiger Personen bekannt sein. Bontsch-Brujewitsch ließ sich die Geheimlisten bringen, in denen alle der Spionage verdächtigten Personen der Nordwestfront verzeichnet waren. Darunter befand sich auch der Militärbeamte Krylow, Sekretär General Oranowskis, des Stabschefs der Nordwestfront. Dieser hatte vor dem Krieg den Stab des Warschauer Militärbezirks befehligt. Seit dieser Zeit war Krylow bei ihm.

Krylow war der Spionageabwehr durch Verhalten, Auftreten und Lebensweise aufgefallen. Seine Uniform war von ausgesuchter Qualität geschneidert, er rauchte teure Zigaretten und Zigarren. Oft verließ er den Standort des Stabes, der damals in Bialystok lag, um nach Warschau zu fahren. Auch dort war er auffällig: Krylow verfügte offensichtlich über große Geldsummen.

Die Spionageabwehr ermittelte, dass Krylow seine Vertrauensstellung genutzt hatte, um Kopien wichtiger Papiere anzufertigen und diese einem Lieferanten einer militärisch-wirtschaftlichen Gesellschaft in Warschau übergab. Dieser wiederum händigte sie den Verbindungsleuten der deutschen Spionage aus. Einer dieser Verbindungsleute wurde in flagranti gestellt, Krylow und weitere Beteiligte kamen vors Militärgericht.

In allen russischen militärischen Einrichtungen, Stäben, bis hin zu Armee- und Frontstäben herrschte unbegreifliche Vertrauensseligkeit und verbrecherische Sorglosigkeit. Offiziere bis hin zu Generalen richteten dadurch viel Schaden an und luden die deutsche bzw. österreichisch-ungarische Spionage geradezu ein. Auffällig war auch eine Cliquen- und Vetternwirtschaft, wie der Fall Mjassowjedow zeigt, der zum Sturz des russischen Kriegsministers Suchomlinow führte.

Anfang 1915 wurde General Bontsch-Brujewitsch Offizier zur besonderen Verfügung des Obersten Befehlshabers. Er erhielt einen besonders wichtigen Auftrag: Bildung einer Kommission, die die Überprüfung der Organisation der Spionage und Spionageabwehr in der Armee vornehmen und Vorschläge zu deren Reorganisation erarbeiten sollte. Gemeinsam mit dem Aufklärungs- und Abwehrspezialisten der russischen Armee, General Nikolai Batjuschin, erstellte Bontsch-Brujewitsch ein umfangreiches Dokument, das er dem Stabschef des Hauptquartiers, General Januschkewitsch, übergab. Dieses Dokument trug den Arbeitstitel »Projekt einer Instruktion zur Organisierung des Spionageabwehrdienstes in der kämpfenden Truppe«.

Es wurde im Hauptquartier vom Obersten Befehlshaber, Großfürst Nikolai Nikolajewitsch (Romanow), bestätigt.

In Umsetzung des Planes entstanden in allen Armeestäben neue Abteilungen des Spionageabwehrdienstes (*Kontraswedka*). Sie wurden nicht mehr wie bisher von Gendarmen, sondern von Offizieren geleitet. Die Arbeit der Spionageabwehr in den Armeen wurde in den Stäben in enger Verbindung mit den operativen Abteilungen und der Aufklärungsabteilung aufgebaut, und das wirkte sich sofort aus. Aber der Nachholbedarf war groß. Folgerichtig wurde Bontsch-Brujewitsch im April 1915 zum Stabschef der 6. Armee ernannt, die für den Petrograder Raum zuständig war. Dort hatte die deutsche Spionage unvorstellbare Ausmaße angenommen. Selbst im Stab der 6. Armee waren Agenten tätig, die für Berlin arbeiteten. Großfürst Nikolai Nikolajewitsch befahl Bontsch-Brujewitsch, das »Wespennest der deutschen Spionage auszuräuchern«. Ihm wurde jede erdenkliche Unterstützung zugesichert. Augenmerk sollte er auch auf den Hof Maria Pawlownas in Zarskoje Sela legen. Die Witwe des Großfürsten Wladimir Alexandrowitsch und Mutter des russischen Thronfolgers Kirill war eine gebürtige Deutsche.

Man muss dabei berücksichtigen, dass die zaristische Regierung und der Zarenhof einerseits den hochgestellten Deutschen völlige Freiheit ließ (auch jene, den militärischen Gegner zu informieren), andererseits aber keine Gelegenheit unterließ, die nationalistische Karte zu ziehen und mit Chauvinismus Zwietracht zu schüren. Nationale Minderheiten – von Juden bis zu »russifizierten« Deutschen – wurden undifferenziert zu Feinden erklärt, die an allem Schuld trugen. Dabei bediente sich das Zarenregime der sogenannten »Reptilienpresse«, die in allem den Anweisungen der Regierung folgte. Man lancierte »Enthüllungen« über zahlreiche harmlose Deutsche, die als Spione an den Pranger gestellt wurden. Das aber war keine russische Besonderheit. Man sehe sich die Presse jener Jahre in den kriegführenden Ländern an: Sie troff nur so von Chauvinismus, Rassismus und Nationalismus.

Neben dieser vom Zarenhof geschürten Hysterie wirkte ein weiteres Moment: Rasputin (1869–1916). Es ist heute kaum verständlich, welchen Einfluss ein des Lesens und Schreiben kaum kundiger, versoffner und zügelloser Scharlatan auf die Politik des Zarenreiches hatte. Der selbsternannte Geist- und Wunderheiler war selbst an der Ernennung und Absetzung von Ministern beteiligt, wofür er Bestechungsgelder einstrich. Die Zarenfamilie, der Hof, die Minister und die vornehme Petersburger Gesellschaft: ein Irrenhaus und Ausdruck der Dekadenz des zaristischen Systems, wie Zeitzeugen meinten.

Der russische Abwehrdienst wusste, dass Rasputin Anhänger eines Separatfriedens mit Deutschland war, und wenn er auch nicht direkt für die Deutschen spionierte, handelte er doch im Interesse des deutschen Generalstabes. Bontsch-Brujewitsch hatte mit Vertrauten einen Plan vorbereitet, Rasputin zu entführen, nach Sibirien zu bringen und dort unter Bewachung zu stellen. Dieser Plan scheiterte, weil Bontsch-Brujewitsch beim Zarenhof selbst in Ungnade fiel.[7]

Der direkte Einfluss Bontsch-Brujewitschs auf die Spionageabwehr im Petrograder Raum, wobei er auch die Abwehrtätigkeit des Petrograder Wehrbezirks mit einbezog, führte dazu, dass in kurzer Zeit wirksame Schläge gegen die deutsche Spionage geführt werden konnten. Beredtes Beispiel hierfür ist die Liquidierung eines russlandweit operierenden Spionagenetzes, dessen Anfangsverdacht im Petrograder Wehrbezirk unter General Tjaschenikow erarbeitet wurde. Tjaschenikow eignete sich wenig für die komplizierte Arbeit der Spionageabwehr. Er sammelte fleißig Informationen und umlauerte die erkannten deutschen Spione, konnte sich aber nicht entscheiden, aktive Maßnahmen gegen sie einzuleiten.

Die deutsche Nähmaschinenfabrik Singer produzierte seit mehr als einem Jahrzehnt in Russland. Bei Kriegsbeginn erklärte die Firma, sie sei kein deutsches Unternehmen, sondern eine Aktiengesellschaft mit Hauptsitz in den USA. Die Singer AG vertrieb in Russland ausgezeichnete Nähmaschinen, die für günstige langfristige Kredite zu haben waren. Damit wirkte diese Firma bis in die unendlichen Weiten des Riesenreiches. Der Hauptsitz befand sich auf dem Newski-Prospekt in Petrograd, in allen bedeutenden Städten Russlands existierten Niederlassungen. Jedem Vertreter händigte die Firma eine geografische Spezialkarte des Territoriums aus, die von ihm zu ergänzen war. In die Karte trug der Vertreter mit vereinbarten Zeichen (Legenden) die Anzahl der auf Raten gekauften Nähmaschinen und andere geschäftliche Daten ein. Gleichzeitig wurden nebenbei Daten gesammelt, die von strategischer Bedeutung für die deutsche Aufklärung waren: Informationen zu Kasernen, Straßenzustand, Brücken, Rüstungsindustrie und ähnliches. In einem bestimmten Rhythmus wurden diese Karten von den Vertretern bei den zuständigen Filialen abgegeben und gegen neue getauscht. In den Filialen wurden diese Angaben auf ein Kartogramm, auf einen größeren Kartenausschnitt, übertragen und an die Zentrale nach Petrograd geschickt. Von dort erfolgte die Weitergabe an die deutsche Aufklärung, nachdem ein Firmenspezialist alle Ergebnisse für das Unternehmen ausgewertet hatte.

Nachdem Bontsch-Brujewitsch eigene Agenten in das Vertreternetz der Singer-Company eingeschleust hatte und Kenntnis hatte von der Praxis, ließ er mittels telegrafischem Rundschreiben alle Niederlassungen der Firma Singer im Zarenreich schließen und Angestellte und Vertreter festnehmen, die in diesem Spionagenetz eingebunden waren.

Dass dieses Singer-Netz über Jahre vom deutschen militärischen Geheimdienst genutzt wurde, war darauf zurückzuführen, dass Spionagechef Nicolai und seine Mitarbeiter in der Königsberger Zeit (1906–1910) festgestellt hatten, dass es äußerst schwierig war, für den deutschen Nachrichtendienst Spione im russischen Offizierskorps zu gewinnen.[8] Offiziere und Beamtente besaßen ein ausgeprägtes Nationalbewusstsein, es fanden sich nur wenige Verräter.

Doch es gab zwei Gruppen in Russland, die nicht abgeneigt waren, auf die deutsche Karte zu setzen: Das waren zum einen die deutsch-baltischen Adligen, deren Loyalität zum russischen Staat in dem Maße schwand, wie das Zarenreich die Ostseeprovinzen russifizierte und die traditionellen Privilegien der deutschen Oberschicht beseitigte. Sie sahen in Deutschland den einzigen Garanten für den baltendeutschen Sonderstatus.

Zum anderen waren das die Juden. Mit dem Wissen von heute scheint dies undenkbar, aber es verhielt sich so: Das polnisch-russische Judentum sah in Deutschland den Befreier aus aktueller Not, Drangsalierung und Bedrängnis.[9] Weitgehend entrechtet und nur in Handelsberufen geduldet, von der Russifizierungspolitik des Zarismus ebenso unterdrückt wie vom Konkurrenzneid des polnisch-russischen Mittelstandes, hofften die Juden auf Befreiung von außen. Besonders nach der Ermordung des Zaren Alexander II. 1881, für die Juden verantwortlich gemacht worden waren, nahm der Antisemitismus zu. Pogrome, in regelmäßigen Abständen meist von der *Ochrana* organisiert, waren ein wirksames Terrorinstrument.

Nicolais Organisation rekrutierte vorwiegend aus diesen beiden Personengruppen ihre Agenten. Polnische und russische Juden gehörten schon bald zu den fähigsten Mitarbeitern.[10]

Es entstand ein neuer Typ von Erkundern, der sogenannte Spannungs- oder S-Agent, der in politisch-diplomatischen Krisenzeiten nach jedem Indiz Ausschau hielt, um Mobilmachungsabsichten in Erfahrung zu bringen.

Parallel dazu entwickelten die 3. Abteilung und ihre Offiziere in den Generalkommandos eine neue Agentenkategorie: die Sondereinheit der Unterbrechungsagenten (U-Agenten). Sie hatten Order, zwischen dem neunten und zwölften Tag nach der russischen Mobilmachung wichtige Brücken zu sprengen und Aufmarschlinien auch an anderen Stellen durch Sabotageakte zu unterbrechen.[11] Im Hitlerreich wurde, aufbauend auf diesen Erfahrungen, sowohl durch die Abwehr II unter Canaris als auch durch das Reichssicherheitshauptamt (RSHA) unter Heydrich dieser Diversionskrieg gegen die Sowjetunion auf höherem Niveau fortgeführt.

Auch die Organisation Gehlen, Vorläufer des Bundesnachrichtendienstes, nahm während des Kalten Krieges Elemente dieser besonderen Form der Spionagetätigkeit auf.

So unverfroren wie die Singer AG russlandweit im Auftrag des deutschen militärischen Heeresgeheimdienstes operierte, waren auch die Aktivitäten des deutschen Marinegeheimdienstes in Russland im baltischen Raum. Belegt ist, dass in der Hauptstadt des Russischen Reiches, in Petrograd, während des Krieges Geld für deutsche U-Boote gesammelt wurde! Die Spenden kamen aus dem Außenministerium und weiteren Einrichtungen, in denen eine sehr starke Konzentration von »russifizierten« Deutschen, vorrangig Baltendeutschen, tätig war. Die Sammlung war vom deutschen Marinegeheimdienst initiiert worden. Er hatte einige seiner Leute noch vor dem Ersten Weltkrieg platzieren können. Die deutschen U-Boote waren die schärfsten Waffen im Krieg gegen England, sie waren aber auch gegen Russland im Einsatz.

Der Spionageabwehrdienst des Petrograder Wehrkreises entdeckte Ende 1915 eine Sammelliste und beendete die Aktion des deutschen Marinegeheimdienstes.[12]

Bereits vor 1900 hatte sich der deutsche Admiralstab mit Hilfe von eingebauten Seeoffizieren um die Beobachtung der russischen Schwarzmeerflotte vom Generalkonsulat Odessa aus gekümmert. Nach dem Russisch-Japanischen Krieg, als die Russen ihre Flotte im Ostseeraum ausbauten, schuf die Kaiserliche Marine ein weit verzweigtes Netz von sogenannten Flottenbeobachtern oder B. E. (Berichterstatter).[13] Bald saßen in allen russischen Kriegshäfen solche B. E., besonders viele in St. Petersburg / Petrograd. Das Netz wurde immer weiter ausgebaut, insbesondere kurz vor Beginn des Ersten Weltkrieges.

Im Gegensatz zum deutschen militärischen Heeresgeheimdienst verzichtete der Marinegeheimdienst von vornherein auf die Anwerbung von Nationalrussen. Er orientierte sich ausschließlich auf eigene Leute, auf in Russland lebende Deutsche, auf das große Potenzial der Baltendeutschen und auf fahrendes Personal aus den Anrainerstaaten, also auf Schweden, Dänen, Finnen und Polen. Wie groß die tatsächlichen Aktivitäten des deutschen Marinegeheimdienstes in Russland waren, konnte nie geklärt werden, was an der Oktoberrevolution 1917 lag und dass der Agentenjäger Michail Dmitrijewitsch Bontsch-Brujewitsch im Jahre 1917 in Ungnade gefallen war.[14] Aufgrund von Hofintrigen und der persönlichen Einmischung der rachsüchtigen und bösartigen Zarin, die keinen Widerspruch duldete, wurde er »kaltgestellt«.

Anlass war sein Vorgehen gegen zwei Kammerjunker bei Hofe. Bjumer und Wolf, baltische Adlige, gehörten zum Roten Kreuz, dessen Patronin die Zarin war. Sie selbst trug sehr oft die Tracht einer *Sestra Miloserdija*, einer Rotkreuzschwester. Die beiden tauchten in den Stellungen der 12. Russischen Armee auf, die in Riga lag, und besichtigten als Bevollmächtigte des Roten Kreuzes alle Einheiten, um angeblich den Bau von Feldwascheinrichtungen zu organisieren. Sie fotografierten Befestigungsanlagen, übernachteten bei Landbesitzern und Baronen, wo sie Fotos und/oder belichtete Filme übergaben. Bei den Logierwirten handelte es sich um Verbindungsleute der deutschen Spionage.

Nachdem hierzu Untersuchungen erfolgt waren und Bjumer und Wolf ihre Anbindung am deutschen Geheimdienst eingestanden hatten, wollte Bontsch-Brujewitsch sie nach Sibirien verbannen. Da sie aber weder Offiziere noch Soldaten waren und somit nicht der Militärgerichtsbarkeit unterstanden, konnten sie auch nicht einem Kriegsgericht überstellt werden. Bontsch-Brujewitsch hatte keine andere rechtliche Handhabe.[15] Eine telefonische Anfrage der Kanzlei der Zarin Alexandra Fjodorows verhinderte jegliches Vorgehen gegen die überführten deutschen Spione, sie hatte sie unter ihren persönlichen Schutz gestellt. Sie forderte, »diesen dünkelhaften General Bontsch-Brujewitsch« abzulösen, der »arme, junge Menschen« verfolge.

Zudem: Herzog Peter von Oldenburg, Bruder der russischen Zarin und Chef des russischen Sanitätswesens, hatte einen Pkw und zwei Fahrer zur Verfügung gestellt, damit die beiden für Deutschland spionieren konnten.

Michail Dmitrijewitsch Bontsch-Brujewitsch musste das Feld der Spionage verlassen. Der General hatte in den Jahren 1914–1916 den deutschen Spionen in Russland den Kampf angesagt. Sein größter Verbündeter in jener Zeit war der Spionagespezialist Nikolai Stepanowitsch Batjuschin. Auch der Oberst musste gehen. Er erhielt ein Truppenkommando.

Die deutsche Spionage in Russland wurde aber nicht durch Organisationen oder Personen zerschlagen. Sie endete durch zwei Ereignisse: die Oktoberrevolution 1917 in Russland und die Novemberrevolution 1918 in Deutschland.

Damit erledigte sich die deutsche Spionage in Russland auf Jahre.

»Opernball 13«

So soll das Losungswort geheißen haben, das zwischen Alfred Redl und dem russischen militärischen Geheimdienst benutzt wurde. Dieser Mann hat wie kein anderer Spion die Gemüter der Zeitgenossen erregt. Für Generationen danach gilt der Oberst der österreichisch-ungarischen Armee als Synonym für den klassischen Verräter schlechthin. Gleichzeitig gilt sein Fall immer wieder als überzeugendes Beispiel dafür, wie charakterliche Schwächen und bestimmte sexuelle Präferenzen von gegnerischen Geheimdiensten ausgenutzt werden. Man wird erpressbar. Noch heute versucht jeder Geheimdienst zu verhindern, dass Homosexuelle in seine Reihen aufgenommen werden.

Redl war homosexuell und von Geldsorgen geplagt. Die Ansprüche seines Partners, eines jungen Ulanenoffiziers, stiegen ständig. Der russische Militärattaché in Wien, M. K. Martschenkow, hatte sich auf Offiziere spezialisiert, die Spielschulden hatten (eine damals unter Offizieren weit verbreitete »Krankheit«), enttäuscht über ihre Karriere waren oder verbotenen Leidenschaften frönten. Martschenkow wusste sie zu nutzen.

Im September 1907 begann Redls Karriere als russischer Spion. Er war Major und Stabschef der in Wien stationierten 13. Landwehrdivision, sollte aber in Kürze als stellvertretender Chef in das Evidenzbüro (Spionageabteilung) zurückkehren. Dort hatte er schon früher gedient.

Redl lieferte geheime Unterlagen aus seinem Stab, später aus dem Evidenzbüro und dem k. u. k.-Kriegsministerium. Er lieferte der russischen Aufklärung (*Raswedka*) Listen mit Namen österreichischer Spione in Russland, Lageberichte zur Zarenarmee und Angaben über Organisation und Personal der österreichisch-ungarischen Spionage. Redl trug maßgeblich zur Zerschlagung der österreichischen Aufklärung in Russland bei. Er lieferte auch zahlreiche Materialien, die nur höheren

Generalstabsoffizieren zugänglich waren: das Handbuch des Generalstabes, grundsätzliche Mobilmachungsinstruktionen, Stärkeverzeichnisse von Armeen und Korps, Generalstabskarten und Ähnliches.[16]

Im April 1911 verließ Redl den Geheimdienst und übernahm als Oberstleutnant ein Truppenkommando. Auch dort gab es genug der russischen Seite mitzuteilen.

Im Jahre 1912 stieg die Bedeutung der Quelle »Nikon Nizetas«, wie Redls Deckname lautete, als er Oberst und Stabschef des VIII. Armeekorps in Wien wurde. Im Mai 1913 endete seine Spionagekarriere. Ein Brief an »Herrn Nikon Nizetas. Österreich. Wien. Hauptpost. Postlagernd« erregte die Aufmerksamkeit der österreichischen und auch der deutschen Spionageabwehr, weil das Schreiben in Berlin aufgegeben worden war. Der Brief wurde nicht abgeholt, weshalb man ihn öffnete. Er enthielt Geld, viel Geld. Auf dem Wiener Hauptpostamt legten sich die Beobachter auf die Lauer. Am Abend des 24. Mai 1913 verlangte eine männliche Person die Sendung. Kurze Zeit später wurde sie als Alfred Redl identifiziert.

Redl galt bis 1911 als der scharfsinnigste Spionejäger der Donau-Monarchie, er war der Chefgutachter des Kriegsministeriums in allen Spionageprozessen Österreichisch-Ungarns. Und nun dieser Verrat!

Noch in der Nacht vom 24. zum 25. Mai beschlossen der Chef des Evidenzbüros, Oberst August Urbanski, und sein Stellvertreter, Major Maximilian Ronge, dass Redl verschwinden müsse, bevor die Öffentlichkeit von der Schande erführe. Sie weihten den Generalstabschef der k. u. k.-Armee, General Conrad von Hötzendorff, in ihren Plan ein. Dann suchten sie Redl auf, der sie bereits erwartete. »Ich weiß, weshalb Sie kommen, ich fühle mich schuldig. Ich bitte, mir Zeit zu lassen, mich selbst zu judizieren.«[17]

Ronge überreichte ihm die Pistole. Der Schuss fiel.

Die Verschleierungstaktik des österreichischen Militärs gegenüber der Öffentlichkeit schürte nur die Neugier von Journalisten, denn Redl war nicht irgendein Offizier. Der bekannte deutsch-tschechische Journalist Egon Erwin Kisch spielte bei der Aufklärung des Falles eine bedeutende Rolle. Am 30. Mai 1913 musste das Kriegsministerium in Wien den wahren

Sachverhalt mitteilen. Ein Sturm der Empörung überflutete Wien und Prag und richtete sich gegen die k. u. k. Regierung. Eine Untersuchung wurde eingeleitet. In deren Folge wurde Urbanski seines Postens enthoben.

*Der Fall Mjassojedow
oder Der Sturz des russischen Kriegsministers*

Dieser Fall ist der spektakulärste, der im Geheimkrieg zwischen Deutschland und Russland während des Ersten Weltkrieges bekannt wurde. Von deutscher Seite wurde dieser Fall zur damaligen Zeit immer in Abrede gestellt.

Die Entlarvung des russischen Gendarmerieobersten Sergej Mjassojedow als deutscher Spion führte zu unterschiedlichen Reaktionen sowohl bei den Mittelmächten als auch in Russland. Es war der Ausgangspunkt der Hysterie, bei der überall deutsche Spione vermutet wurden.

Mjassojedow hatte zu Beginn des Jahrhunderts in der russischen Grenzstation Wershbolowo (Wehrkreis Kiew) gedient und unterschiedlichen Würdenträgern des Zarenregimes wie auch betuchten Polen und Deutschen Gefälligkeiten erwiesen. Er hielt gern die Hand auf, wenn Zollbestimmungen verletzt wurden, und drückte alle Augen zu. So gewann er die Zuneigung vieler hochgestellter Persönlichkeiten, darunter auch die des Wehrkreiskommandeurs von Kiew, General Suchomlinow, der später Kriegsminister werden sollte.

Mjassojedow weitete seine »gutnachbarlichen Beziehungen« zu Besitzern deutscher Landhäuser und Güter aus und verkehrte mit diesen preußischen Baronen, deren Güter jenseits der Grenze lagen, auf privat-freundschaftlicher Basis. Er stieg immer stärker in die Geschäfte dieser Deutschen ein, die sich ihm gegenüber großzügig zeigten. Bald war er Teilhaber eines deutschen Exportkontors in Kiborty und Miteigentümer der ostasiatischen Schifffahrtsgesellschaft, die mit deutschen Geldern gegründet worden waren.

Mjassojedow verkehrte bald im Hause von Suchomlinow. Als dessen Frau starb – wegen angeblicher Unterschlagung von Wohlfahrtsgeldern beging sie Selbstmord –, kam seine große

Stunde. Er machte sich für Suchomlinow unentbehrlich. Der alte General wollte noch einmal heiraten, und seine Wahl fiel auf eine gewisse Katherina Viktorowna Butowitscha, die Frau eines Gutsbesitzer und Rechtsanwaltes in Poltawa. Dieser willigte aber nicht in die Scheidung ein. Mjassojedow trat auf den Plan. Mit einigen Dunkelmännern, darunter der Ochrana-Agent Bagrow, der Kiewer Ochrana-Chef Kuljabko, der österreichische Konsul Alexander Altschiller (ein Mitarbeiter des diplomatischen Geheimdienstes der k. u. k.-Monarchie), fabrizierten sie Aussagen, die im Sinne von Suchomlinow waren. Sie traten in dem skandalösen Scheidungsprozess als Zeugen auf und machten falsche Aussagen zugunsten von Suchomlinow und dessen künftiger Frau.

Als Suchomlinow 1905 Kriegsminister wurde, kommandierte er Mjassojedow in den Spionagedienst der Armee. Warnungen Dritter, Mjassojedow sei in dunkle Geschäfte mit Deutschen verwickelt, wurden ignoriert. 1912 musste Mjassojedow jedoch seinen Dienst quittieren: Militärische Dokumente des Kiewer Wehrbezirks waren verschwunden und Mjassojedow konnte über ihren Verbleib nichts sagen.

Kaum hatte der Krieg begonnen, tauchte er mit einem Empfehlungsschreiben des Kriegsministers im Stab der Nordostfront auf. Der Stabschef dieser Front war General Michail Bontsch-Brujewitsch, die Spionageaufklärung dieser Front leitete Oberst Batjuschin. Beide verbündeten sich, um Mjassojedow auszuschalten.

Im Dezember 1914 meldete sich im Generalstab ein Unterleutnant Kolakowski, der aus deutscher Gefangenschaft kam und erklärte, er habe, um freizukommen, zum Schein sein Einverständnis zur Mitarbeit im deutschen Spionagedienst gegeben. Ihm sei der Auftrag erteilt worden, Verbindung zu Oberst Mjassojedow herstellen. Er solle in dessen Nähe eingesetzt werden, um diesen zu unterstützen.

Bontsch-Brujewitsch zweifelte diese Aussage an, ging aber nach Absprache mit Batjuschin das Risiko ein und half Kolakowski, die Verbindung zu Mjassojedow herzustellen.

Es war genau so wie es der Heimkehrer geschildert hatte. Mjassojedow bereiste, obgleich dies nicht zu seinen Pflichten gehörte, einzelne Truppenteile der Armee, nahm geheime Materialien und mündliche Informationen entgegen und suchte adlige Deutsche und Gutsbesitzer auf. Solche Besuche erfolgten ausschließlich nachts. Bontsch-Brujewitsch ließ fortan Mjassojedow rund um die Uhr observieren.

Oberst Batjuschin überführte Mjassojedows mit einer ganz einfachen Methode. Damals musste laut Vorschrift in jedem Fahrzeug ein Autoschlosser mitfahren. Mjassojedows Chauffeur und sein Gehilfe, wie man damals den Autoschlosser nannte, wurden durch zwei Offiziere der Spionageabwehr ersetzt. Mjassojedow schöpfte keinen Verdacht. Die beiden Abwehrleute kannten bald alle seine Kontakte.

In einer Nacht wurde er bei der Übergabe von Dokumenten von der Spionageabwehr *(Kontraswedka)* festgenommen, nach Warschau gebracht und von einem Feldgericht wegen Spionage und Plünderei zum Tode durch den Strang verurteilt.

Das Urteil wurde von General Nikolai Russki bestätigt und in der Warschauer Zitadelle Ende 1915 vollstreckt.

Bontsch-Brujewitsch spielte im »Fall Mjassojedow«, der viel Aufsehen erregte, eine entscheidende Rolle. Dieser Umstand verschärfte das Kesseltreiben, das die Deutschen bei Hofe und in der Umgebung der Zarin gegen ihn inszeniert hatten

Entlarvung und Aburteilung Mjassojedows blieben auch für den Kriegsminister nicht ohne Folgen. Man hatte das Vertrauen zu ihm verloren und beschäftigte sich nun auch mit der verbrecherisch nachlässigen Versorgung der Armee, die sich in einem erbärmlichen Zustand befand. Suchomlinow stand im Verdacht, sich persönlich an den Armee-Lieferungen bereichert zu haben. Er habe sich, lautete ein weiterer Vorwurf, mit Spekulanten, wenn nicht gar mit deutschen Geheimagenten umgeben. Genannt wurde Alexander Altschiller, dem bei Kriegsbeginn die Flucht nach Österreich gelungen war.

Um Suchomlinow scharten sich Günstlinge und Profiteure seiner zwielichtigen Geschäfte. Als Grund für den enormen Finanzbedarf wurde seine bedeutend jüngere Frau genannt, eine attraktive und energische Person. Suchomlinow fahre pausenlos durch das Land, um für seine anspruchsvolle Gattin »Kleingeld« zu beschaffen, hieß es. Als Suchomlinow im April 1916 verhaftet wurde, entdeckten die Untersuchungsrichter allein auf einem Bankkonto 600 000 Rubel.

Bereits im Juni 1915 war er als Minister abgesetzt worden. In dem Prozess, der sich lange hinzog, wurde er 1916 zu lebenslänglicher Zwangsarbeit verurteilt. Das Verfahren machte einmal mehr die Verkommenheit des Zarenregimes sichtbar und lieferte hinlänglich Gründe, es zu beseitigen.

Die Regierung des zaristischen Russland hatte bei der Kriegsvorbereitung einen schweren Fehler begangen, der Millionen Menschen das Leben und das Land viel Territorium kostete. Nicht nur das Militäramt, das Ministerkabinett, der Staatsrat und der Zarenhof, sondern auch die Abgeordnetenkammer, die Staatsduma, waren der Überzeugung, dass der Waffengang der Entente gegen die Mittelmächte vier, höchstens sieben, acht Monaten dauern werde. Ein Irrtum übrigens, den alle kriegführenden Staaten teilten.

Alle Kriegsreserven waren darauf abgestellt, dass der Feldzug nicht später als im Frühjahr 1915 beendet sein würde.

Daher kam es, dass die unzureichenden Vorräte an Waffen, Ausrüstung, Uniformen und Verpflegung in den ersten Kriegsmonaten geradezu verschwenderisch ausgegeben wurden. Diebstahl und Missbrauch in der Inventur und im Militäramt waren an der Tagesordnung. Jeder bereicherte sich, der dazu die Möglichkeit hatte. Die schlimmste Geißel des zaristischen Russland, die Korruption, grassierte in allen Ministerien.

Russland war auf einen derartigen Krieg nicht vorbereitet und konnte ihn auch nicht führen. Für die Truppen gab es schon bald keine Munition und Waffen, keine Stiefel und Uniformen, die Versorgung brach zusammen. Der russische Soldat stand bis Mitte des Krieges im einem ungleichen Kampf mit einem gut bewaffneten und versorgten Feind.

Stiche ins Wespennest

Bontsch-Brujewitsch schrieb, dass er seine Versetzung im April 1915 zur 6. Armee der Tatsache zu verdanken habe, dass die Tätigkeit der deutschen Spionage in Petrograd und Umgebung unvorstellbare Ausmaße angenommen hatte. Es gehöre zu seinen Obliegenheiten, dem alten, gebrechlichen Kommandeur der 6. Armee, van der Flit, zu helfen, in der russischen Hauptstadt ein gewisses Maß an Ordnung zu schaffen.

Dementsprechend informierte er den Generalstabschef Januschkewitsch, dass er die Absicht habe, der deutschen Spionage in seinem Frontbereich ein Ende zu setzen. Vom Großfürsten Nikolai sei ihm jede Unterstützung zugesagt worden.

Bontsch-Brujewitsch wurde zum obersten Agentenjäger der russischen Armee gegen die deutsche Spionage.

Als er seinen Dienst bei der 6. Armee antrat, musste er feststellen, das sein Arbeitszimmer ein geräumiger Ballsaal war. Dort versammelten sich Würdenträger im Frack, Generale in Paradeuniform mit Ordensschmuck und mit Brillanten behängte Damen in kostbaren Kleidern. Bontsch-Brujewitsch wähnte sich in einem Luxushotel und nicht bei der kämpfenden Armee.

Der senile Armeebefehlshaber van der Flit lud zweimal in der Woche zu einer solchen Audienz. Eine Vielzahl dieser Besucher deutscher Herkunft waren der Spionage verdächtig oder bereits als Agenten erkannt. Einige davon versuchten, unter Ausnutzung ihrer alten Beziehungen zum Armeebefehlshaber und seiner Gattin, sich der drohenden Ausweisung oder anderen Sanktionen zu entziehen.

Der Spionagechef der 6. Armee, Rettich, ein russifizierter Deutscher, erklärte Bontsch-Brujewitsch, dass van der Flit jedes Mal intervenierte, wenn die Spionageabwehr einen der Spionage Überführten aus Petrograd zu verbannen versuchte. Er lud diese Person oder seine Angehörigen zur regulären Audienz und ordnete an, die Sache auf sich beruhen zu lassen. Das war möglich, weil keine Möglichkeit bestand, gegen eine Zivilperson wegen Spionage gerichtlich vorzugehen: Es gab keine entsprechenden Gesetze. Es blieb in solchen Fällen nur Ausweisung oder Verbannung, und wenn die – wie geschehen – nicht gewünscht war, hatte sich die Sache erledigt.

Einen der größten Skandale beschwor Bontsch-Brujewitsch herauf, als er den Wirklichen Hofmeister und Mitglied des Staatsrates, Oskar Ekesparre, in die Verbannung nach Sibirien schickte.

Die Linienschiffe, die den Kern der Baltischen Flotte bildeten, welche der 6. Armee unterstellt war, benötigten unbedingt die freie Ausfahrt ins offene Meer. Deutsche U-Boote, die in den Finnischen Meerbusen eingedrungen waren, gefährdeten sie. Deshalb war entlang der Küste eine geheime, von deutschen Minen freigehaltene Fahrrinne geschaffen worden. Wenn nun russische Schiffe Kurs auf die Fahrrinne nahmen, signalisierte jemand von der nördlichen Spitze der Insel Öse den Deutschen das Auslaufen der Schiffe. Nachforschungen ergaben, dass die Lichtsignale vom Gut des Wirklichen Hofmeisters Ekesparre kamen. Ein Signalgast, der vom deutschen Marinegeheimdienstes abkommandiert war, übermittelte mit dem Einverständnis von Ekesparre die Nachricht.

Noch skandalöser war der Fall des Barons Piljar von Pilchau. Einheiten der 6. Armee und der im August 1915 entstandenen Nordwestfront lagen im Wesentlichen in Gebieten nahe der Ostsee. Die baltendeutschen Adligen und Großgrundbesitzer, die sich vor Jahrhunderten litauisches, lettisches und estnisches Land angeeignet hatten, verfolgten im Geheimen den Anschluss ans kaiserliche Deutschland. Die russische Spionageabwehr stieß mehr durch Zufall auf die Aktivitäten einer Gruppe dieser Aristokraten, die Kontakte zum deutschen Marinegeheimdienst unterhielten. Dabei deckten sie den ungewöhnlichen Tatbestand einer parallel zur Spionagetätigkeit laufenden Verschwörung auf. Es stellte sich heraus, dass in den Gouvernements Kurland, Livland und Estland neben der russischen eine geheime deutsche Verwaltungsstruktur existierte und weiter ausgebaut wurde. An der Spitze dieser geheimen Verwaltung stand Baron Piljar von Pilchau, ein Geheimrat und Mitglied des Staatsrates in Petrograd. Die vom Baron von Pilchau geschaffene Verwaltung sollte im Falle der Besetzung des Baltikums durch Deutschland so lange arbeiten, bis diese Gebiete endgültig dem Deutschen Reich angeschlossen sein würden.

Bontsch-Brujewitsch entschied, dieses Spionagenetz zu zerschlagen und die Separatisten dem Gericht zu übergeben. Auch Baron von Pilchau sollte verhaftet werden. Es kam aber anders: Piljar von Pilchau beschwerte sich bei dem neu ernannten Kommandeur der 6. Armee. Dieser entschied, dass die bereits verhafteten Personen auch in Haft verbleiben sollten, aber der Baron von Pilchau solle nicht angerührt werden, weil er dem Petersburger Hofe sehr nahe stehe. Das könne man nicht ignorieren.

Anmerkungen

1 »Mit Chodynka hat es angefangen, mit Chodynka wird es enden.« Dieses sogenannte »Russki-Orakel« wird dem russischen General Nikolai Wladimirowitsch Russki (1854–1918) zugeschrieben. Es bezieht sich auf ein tragisches Ereignis: Auf dem Chodynka-Gelände bei Moskau wurde im Mai 1896 anlässlich der Krönung Nikolais II. ein Volksfest veranstaltet. Die Zarenregierung und ihr gesamter Sicherheitsapparat erwiesen sich jedoch als völlig überfordert, eine solche Großveranstaltung zu organisieren und störungsfrei ablaufen zu lassen. Es kam unter den Menschenmassen zu panikartigem Gedränge. Zehntausende wurden dabei verletzt und zweitausend Menschen getötet. Chodynka steht für den Untergang der Zarenherrschaft.
2 Von Zar Peter I. erbaut, hieß die Stadt an der Newa bis 1914 St. Petersburg. Von 1914 bis 1924 hieß sie Petrograd, von 1924 bis 1991 Leningrad, seit 1991 wieder St. Petersburg. Im Zweiten Weltkrieg war Leningrad 900 Tage von den Deutschen eingeschlossen; etwa eine Million Menschen verhungerten während der Belagerung.
3 Ochrana hieß die berüchtigte zaristische Geheimpolizei, die seit 1880 zur Unterdrückung der Opposition aufgebaut worden war. Während der Februarrevolution 1917 wurde sie aufgelöst.
4 Deutschland und Österreich-Ungarn bildeten die Mittelmächte während des Ersten Weltkrieges, später kamen noch Bulgarien und die Türkei zu diesem Kriegsbündnis hinzu. Ihm stand die Entente, gebildet von Russland, Frankreich und Großbritannien, gegenüber.
5 Heinz Höhne: Der Krieg im Dunkeln, München 1985, S. 58
6 a.a.O., S. 61
7 Grigori Jefimowitsch Rasputin, eigentlich Grigori Nowych, 1864–1916, russischer Mönch und Pope. Gewann seit etwa 1907 großen Einfluss am Zarenhof, besonders bei der Zarin. Er wurde ihr unentbehrlicher Berater. Betätigte sich auch als »Wunderheiler«, der angeblich auch die Blutkrankheit des Thronfolgers heilte; beeinflusste durch seine Stellung am Hof auch die Politik und trug Mitschuld an den chaotischen Zuständen am Zarenhof. Am 18. Dezember 1916 im Hause des Fürsten Felix Jussupow ermordet.
8 Heinz Höhne, a.a.O., S. 89
9 ebenda
10 a.a.O., S. 90
11 a.a.O., S. 91
12 Michail D. Bontsch-Brujewitsch: Petrograd, Berlin 1970, S. 90f.
13 Heinz Höhne, a.a.O., S. 93ff.
14 Michail D. Bontsch-Brujewitsch, a.a.O., S. 94
15 a.a.O., S. 98
16 Heinz Höhne, a.a.O., S. 67
17 a.a.O., S. 108f.

2. Zeitenwende

Russland im schicksalsschweren Sommer 1917. Die Zeichen eines Umsturzes nahmen immer stärker Konturen an. Der Krieg ging ins vierte Jahr. Die Lage an der russischen Westfront war verzweifelt. Das taktisch und strategisch schlecht geführte, demoralisierte russische Heer stand kurz vor der vollständigen Zerschlagung durch die Mittelmächte. Jeden Augenblick drohte es auseinanderzulaufen. Trotz größter Schwierigkeiten hatten die Soldaten mit Mut, Ausdauer und Heroismus für »Mütterchen Russland« gekämpft. Nun drohte der Zusammenbruch des unfähigen, von inneren Widersprüchen zerrissenen Regimes.

Im März 1917 hatte Zar Nikolaus II. abgedankt. Aber auch unter der Provisorischen Regierung Kerenski ging die Not des Volkes weiter. Die kriegsmüden, ausgehungerten, ausgeplünderten Massen forderten »Frieden, Brot und Boden«.

Die Losung wurde zum Inbegriff aller Sehnsüchte des Volkes. Kerenskis Versprechen an die Soldaten, dass »Sieg, Demokratie und Frieden« vor der Tür stünden, fruchtete nicht. Die rebellierenden Soldaten blieben unbeeindruckt und desertierten zu Zehntausenden. Heerscharen demoralisierter Soldaten wanderten in zerfetzten, schmutzigen Uniformen durch das Land. Ein endloser Strom wälzte sich durch Felder, Wälder, Dörfer und Städte. Dort begegneten sie revolutionären Arbeitern und Bauern. Überall bildeten sich Komitees, die sich »Sowjets«[1] nannten. Sie wählten Deputierte, die der Regierung in Petrograd die Forderung überbrachten: Frieden, Brot und Land.

Lenins Partei, die Kerenski in den Untergrund getrieben hatte, gewann von Tag zu Tag Ansehen und Zulauf. In jener Zeit bot sich besonders in Russlands Städten ein riesiges Diskussionsforum. Nach jahrhundertelangem Schweigen und Entmündigung fanden die Menschen endlich ihre Sprache wieder. Praktisch überall fanden Versammlungen und Kundgebungen statt. Aufläufe aufgebrachter Menschen bestimmten die Szenerie. Bolschewiki, Anarchisten, Sozialrevolutionäre, Propagandisten der Alliierten, Menschewiki, Regierungsbeamte und Intelligenzler – alle redeten und redeten durcheinander. Auffallenden Zuspruch fanden die Bolschewiki, deren Worte bei Soldaten, Arbeitern und Bauern auf fruchtbaren Boden fielen und von ihnen weiter verbreitet wurden.

In dieser kritisch-hektischen Lage traf Major Raymond Robins in Petrograd ein. Offiziell war der US-Offizier stellvertretender Leiter des amerikanischen Roten Kreuzes in Russland. Tatsächlich war er Mitarbeiter des Spionagedienstes der amerikanischen Armee. Sein Auftrag: das Ausscheiden Russlands aus dem Krieg gegen Deutschland mit allen offiziellen und inoffiziellen Mitteln zu verhindern.

Die russischen Verbündeten – Frankreich, England und seit April 1917 auch die USA – fürchteten den Zusammenbruch der russischen Fronten gegen Deutschland. Dadurch würden riesige Truppenkontingente von der deutschen Ostfront für den Einsatz gegen die alliierten Streitkräfte im Westen frei werden. Robins, ein ausgezeichneter Redner, trat in Fabriken, auf öffentlichen Plätzen und in russischen Schützengräben auf; zum Teil mit Hilfe und Unterstützung der Bolschewiki. Seine Ausführungen zur amerikanischen Demokratie und von der Bedrohung durch den preußischen Militarismus trafen die Herzen der Zuhörer und wurden mit Applaus aufgenommen. Robins spürte überall den Gegensatz zwischen der Hilflosigkeit und Verworrenheit des Kerenski-Regimes auf der einen Seite und dem entschlossenen Auftreten der Vertreter der Bolschewiki und dem Wirken der revolutionären Sowjets auf der anderen Seite. Die von Lenin als Doppelherrschaft bezeichneten Machtverhältnisse spürte auch Robins.

Nach seiner überaus erfolgreichen Inspektionsreise durch die westlichen Gebiete Russlands gab er einen ausführlichen Bericht an seine Vorgesetzten. Er regte an, die Regierung in Washington über die Lage zu informieren und schlug folgenden recht ungewöhnlichen Plan vor: Das russische Volk müsse sofort mit einem groß angelegten, mit Hochdruck betriebenen Propagandafeldzug davon überzeugt werden, dass die Februar-Revolution einzig und allein von deutscher Seite bedroht sei.

Dazu sollten eine Million Dollar zur Verfügung gestellt werden.

Den amerikanischen Vertretern in Russland war bewusst dass sie damit massiv in die russischen Verhältnisse eingriffen. Aber sie glaubten, dass auf diese Weise die Russen motiviert werden könnten, ihren Krieg gegen Deutschland fortzusetzen.

Doch die politische Entwicklung ging dermaßen rasant vonstatten, dass Robins Vorstellungen nicht umgesetzt werden konnten. Auf der anderen Seite forderte das russische Finanzkapital von England und Frankreich aktive Maßnahmen *gegen* die Provisorische Regierung unter Kerenski, weil es die Existenz dieses Regimes als gefährlich für seine eigenen Interessen ansah. »Die Revolution ist eine Krankheit«, erklärte S. G. Lianosow, der »russische Rockefeller«, dem amerikanischen Zeitungskorrespondenten John Reed: »Früher oder später müssen die fremden Mächte in Russland eingreifen.«

Die britische Seite, vertreten durch Sir Samuel Hore, äußerte nach seiner Rückkehr nach London, das russische Problem sei nur durch eine Militärdiktatur zu lösen.

Ein geeigneter Kandidat schien schnell gefunden: Admiral Aleksander Koltschak. Frankreich unterstützte diesen Vorschlag. Beide Seiten hatten die Zusage, dass der 42-jährige Koltschak, seit 1916 Oberbefehlshaber der Schwarzmeerflotte, den Krieg fortsetzen und die englisch-französischen Finanzinteressen in Russland schützen würde.

Raymond Robins hielt diese Entscheidung für einen schweren Fehler. Im September besuchte Koltschak, der inzwischen von seinen Marinefunktionen zurückgetreten war, die US-Flotte in San Francisco und diente sich auch dort an.

Am 8. September 1917 putschte der Oberste Befehlshaber der russischen Truppen, Lawr Georgijewitsch Kornilow. Seine Attacke wurde begleitet von Flugblättern, die die Beseitigung der Provisorischen Regierung Kerenski und die Wiederherstellung von »Disziplin und Ordnung« forderten. In seinem 1927 erschienenen Buch »Die Katastrophe« verriet Alexander Fjodorowitsch Kerenski (1881–1970): »Die Flugschriften wurden auf Kosten der englischen Militärmission gedruckt und im Sonderzug des englischen Militärattachés Knox von der englischen Botschaft in Petrograd nach Moskau geschafft.«

Kornilow marschierte gegen Petrograd, aber nach vier Tagen löste sich seine Armee auf. Während der Belagerung Jekaterinodars im April 1918 wurde er beim Einschlag einer Granate in seinem Hauptquartier tödlich verwundet.

Der Putsch beschleunigte das, was verhindert werden sollte: den Triumph der Bolschewiki. Krampfhaft versuchten die alliierten Vertreter in Russland die drohende Katastrophe zu verhindern. Die Ereignisse, die eine eigene Dynamik entwickelten, begannen sich zu überstürzen. Lenin forderte: »Alle Macht den Sowjets! Nieder mit der Provisorischen Regierung!« Am 7. November 1917 übernahmen die Bolschewiki[2] die Macht. Der Verlauf des gesellschaftlichen Umbruchs war erstaunlich friedlich. Staatliche Einrichtungen wie das Telegrafenamt, die Staatsbank, die Ministerien fielen den Revolutionären ohne einen Schuss in die Hände. Das Winterpalais in Petrograd, Sitz der Provisorischen Regierung, wurde belagert und schließlich widerstandslos besetzt. Kerenski – seit der Februarrevolution im Kabinett Lwow Justizminister, seit Mai Kriegs- und Marineminister und seit Juli auch noch Regierungschef – floh in einem Fahrzeug der US-Botschaft, verkleidet als Krankenschwester. Am 7. November 1917 um 21.45 Uhr verkündete Lenin auf dem Allrussischen Kongress der Sowjets im Ballsaal des Smolny: »Wir schreiten jetzt zur Errichtung der sozialistischen Ordnung!«

Am nächsten Tag herrschte Hektik unter den Vertretern Englands, Frankreichs, den USA, den nordeuropäischen Staaten und der Tschechoslowakei in Russland. Was sollten sie ihren Regierungen daheim mitteilen? Soviel: Es gibt eine neue Regierung unter Lenin.

Robins forderte als einziger Vertreter der Alliierten in Russland, mit der neuen Regierung zu verhandeln und Vereinbarungen zu treffen. Er sprach mit Lenin, der die diplomatische Anerkennung der Sowjetregierung durch die USA wünschte. Aber die westlichen Verbündeten des zaristischen Russlands gingen auf Distanz. Es begann eine Periode der Geheimdiplomatie und geheimdienstlicher Aktivitäten gegen dieses Sowjetrussland, weil man den Kommunisten grundsätzlich misstraute.

Im Januar 1918 traf der Spezialagent des englischen Kriegskabinetts Bruce Lockhart in Russland ein. Sein Auftrag lautete, einerseits formelle Beziehungen mit der Sowjetregierung anzubahnen und andererseits die Opposition in der Regierung, die Lenin nicht bedingslos folgte, auszuforschen und sie ebenfalls zu unterstützen. Lenins Widerpart, der ehrgeizige, machtbewusste Volkskommissar für Äußere Angelegenheiten, Leo Trotzki, kam aus dem amerikanischen Exil, er hatte in verschiedenen Staaten Westeuropas gelebt. Im Oktober 1917 hatte er in Petrograd das Militärrevolutionäre Komitee gegründet und praktisch den Umsturz organisiert. Lenin dachte in der Frage des Krieges strategisch, er wollte den Frieden mit Deutschland um jeden Preis, um die Revolution zu sichern, während Trotzki, Karl Radek, Nikolai Bucharin und andere den »revolutionären Krieg« zur Ausdehnung des Sowjetgebietes forderten.

Diese Differenzen waren in London bekannt, weshalb Lockhart Kontakt zu Trotzki herstellen sollte. Dieser leitete beim Eintreffen des britischen Agenten die sowjetrussische Delegation, die in Brest-Litowsk mit den Deutschen über einen Friedensschluss verhandelte.

Entgegen der Order Lenins, dort einen Friedensvertrag mit Deutschland zu unterzeichnen, forderte Trotzki mit markigen Worten die Arbeiterklasse in allen Staaten auf, sich zu erheben und die kapitalistischen Regierungen zu stürzen. Die Sowjetregierung, so erklärte er, werde unter keinen Umständen mit einem kapitalistischen Regime Frieden schließen: »Weder Frieden noch Krieg!«, rief er aus.

Lenin kritisierte Trotzkis Verhalten in Brest-Litowsk scharf und bezeichnete dessen Vorschläge »Abbruch des Krieges und Demobilisierung der russischen Armee« als »Wahnsinn oder etwas ähnliches wie Wahnsinn«.

Lockhart schrieb später in seinen Memorieren »British Agent«, dass man sich im englischen Außenamt für die unterschiedlichen Positionen in der Sowjetregierung außerordentlich interessierte, es waren »Missstimmigkeiten, von denen sich unsere Regierung sehr viel erhoffte«.

Trotzkis Verhalten verursachte den Zusammenbruch der Friedensverhandlungen. Zehn Tage nach deren Abbruch begann das deutsche Oberkommando an der Ostfront eine Generaloffensive von der Ostsee bis zum Schwarzen Meer. Der junge Sowjetstaat schien dem Untergang geweiht. Da strömten aus den Städten die in aller Eile von den bolschewistischen Führern mobilisierten bewaffneten Arbeiter und Rotgardisten herbei.[3] Die ersten Einheiten der Roten Armee formierten sich und zogen in den Kampf. Am 23. Februar 1918[4] gelang es, den deutschen Angriff bei Pskow zu stoppen und damit die unmittelbare Bedrohung Petrograds abzuwehren. Diesen Sieg errang der ehemalige Zarengeneral Michail Bontsch-Brujewitsch, der im Auftrag Lenins handelte.

Lockhart neigte in dieser Situation zu der Ansicht, dass den englischen Interessen am besten ein gemeinsames Vorgehen mit Trotzki gegen Lenin gedient hätte. Trotzki versuche, so Lockhart, innerhalb der bolschewistischen Partei einen »Block des heiligen Krieges zu bilden«, dessen Ziel es sei, Lenin mit Unterstützung der »Noch-Alliierten« auszuschalten.

Lockhart trat, wie er in seinem Buch »Britisch Agent« ausführt, nach Trotzkis Rückkehr aus Brest-Litowsk persönlich mit ihm ihn Verbindung. Sie wurden »gute Freunde«. Lockhart träumte davon, »mit Trotzki einen großen Coup zu landen«. Bald begriff der Brite aber, dass Trotzki zu schwach war, um an Lenins Stelle zu treten.

Am 3. März 1918 gab es erneut Verhandlungen in Brest-Litowsk, aber diesmal ohne Trotzki und unter weit schlechteren Rahmenbedingungen für Sowjetrussland als noch vor zwei Monaten. Deutschland erhob Anspruch auf die Ukraine, Finnland, Polen und den Kaukasus und forderte enorme Reparationen, zahlbar in Gold, Weizen, Öl, Kohle und Erzen.

Lenin nannte das einen »Raubfrieden«. Auf dem Allrussischen Sowjetkongress am 14. März 1918 sprach er dazu über eine Stunde und begründete, weshalb man ihn dennoch schließen müsse. Das Land benötigte eine Atempause.

Das kaiserliche Deutschland hielt unverändert an seiner Absicht fest, Russland zu erobern und den Sowjetstaat zu zerschlagen. Das war also der eine Gegner. Großbritannien und Frankreich unterstützten im Geheimen die gegenrevolutionären Streitkräfte, die sich im Norden und Süden Russlands zu sammeln begannen. Und die Japaner bereiteten mit Zustimmung der Alliierten die Besetzung von Wladiwostok und den Einfall in Sibirien vor.

Es ging bei allen Anstrengungen primär um die Eroberung des Riesenlandes aus ökonomischen Gründen: es ging um Märkte, Rohstoffe und Ressourcen. Die Ukraine zum Beispiel, die sich im Januar 1918 für unabhängig erklärt hatte, sollte als »Kornkammer« die notleidenden Mittelmächte versorgen.

Robins und Lockhart unternahmen einen letzten Versuch, ihre Regierungen zur Anerkennung der Sowjetregierung zu bewegen und diese zu unterstützen, um auf diese Weise den Sieg Deutschlands an der Ostfront zu verhindern. Die Weichen waren aber bereits anders gestellt worden. Raymond Robins wurde von seiner Regierung in die USA zurückbeordert und erhielt keine Möglichkeit, den Präsidenten über die inneren Verhältnissen in Russland zu informieren. In seinem Bericht hieß es: »Ich halte es für aussichtslos, Ideen mit dem Bajonett zu bekämpfen«, womit er auf die mobilisierende Wirkung der kommunistischen Idee hinweisen wollte.

Bruce Lockhart blieb als britischer Agent in Russland. »Bevor es mir recht zu Bewusstsein gekommen war«, erinnerte er sich später, »hatte ich mich auf die Seite einer Bewegung gestellt, die sich nicht gegen Deutschland, sondern gegen die tatsächlich bestehende russische Regierung richtete. Das ursprüngliche Ziel war vergessen.«

Zu jener Zeit tauchte in Petrograd Sidney Reilly auf, den Lockhart »die geheimnisvollste Figur des britischen Geheimdienstes – Englands Meisterspion« nannte. Daneben verblassten all die abenteuerlichen Gestalten, die während des Ersten Weltkrieges aus der politischen Unterwelt des zaristischen Russland auftauchten, um an dem großen Kreuzzug gegen den Bolschewismus teilzunehmen, erinnerte sich Lockhart später. Reilly sei zum inspirierenden Kopf aller Verschwörungsaktivitäten gegen den Sowjetstaat geworden.

Am 7. Dezember 1917 hatte der Rat der Volkskommissare beschlossen, eine »Gesamtrussische Außerordentliche Kommission zum Kampf gegen Konterrevolution und Sabotage« (*Tscheka*) zu bilden. Zum Vorsitzenden wurde Felix Edmundowitsch Dzierzynski ernannt.[5] Unmittelbarer Anlass war die unübersehbare und komplizierte Lage. Dem Sowjetregime feindlich gesinnte Banden zogen raubend und plündernd durch Petrograd. In einen Teil dieser Banden hatte der deutsche Marinegeheimdienst Gelder investiert, um Unruhen und Revolten zu provozieren und den Deutschen auf diese Weise einen Vorwand zur Intervention zu liefern.

Nun wurde die *Tscheka* mit einem neuen Problem konfrontiert: das konspirative, geheimdienstliche Zusammenwirken von inneren und äußeren Feinden, die das bolschewistische Regime zerschlagen wollten. Mit dieser Absicht war auch Reilly nach Russland gekommen.

Die stärkste antibolschewistische Partei Russlands im Jahre 1918 war die der Sozialrevolutionäre[6], welche eine Art Agrarsozialismus anstrebte. Diese radikale, kampfentschlossene Gruppierung, in der sich immer mehr antibolschewistische Elemente sammelten, stand unter Führung von Kerenskis einstigem Vize-Kriegsminister Boris Sawinkow. Mit radikaler Propaganda gewann sie viele Anarchisten, deren Zahl unter der zaristischen Gewaltherrschaft von Generation zu Generation gewachsen war. Die Sozialrevolutionäre, die in ihrem langen Kampf gegen den Zaren terroristische Methoden angewandt hatten, schickten sich jetzt an, mit der gleichen Waffe gegen die Bolschewiki vorzugehen. Ihre politischen Einflussmöglichkeiten waren beachtlich, weil sie sowohl in staatlichen Einrichtungen als auch in politischen Organisationen Macht besaßen.

Die Sozialrevolutionäre, die sich jetzt »Liga für die Wiedergeburt Russlands« nannte, wurden finanziert vom französischen Geheimdienst. Frankreichs Botschafter Noulens übergab Boris Sawinkow Spenden zur Wiederherstellung der Zentrale der Sozialrevolutionäre in Moskau. Auf der Liste jener Politiker, die die Terroristen beseitigen sollten, standen Lenin und andere Exponenten der Bolschewiki.

Auf Sidney Reillys Empfehlung stellte auch der britische Geheimdienst Sawinkow Mittel für Schulung und Bewaffnung seiner Terroristen zur Verfügung.

Allerdings war Reilly, ein glühender Anhänger des Zaren, keineswegs gewillt, den Sozialrevolutionären Macht – so sie diese eroberten – zu überlassen. Bis auf Sawinkow vertraute er keinem der Sozialrevolutionäre. Für ihn waren das unkalkulierbare, radikale Elemente, von denen einige sogar in enger Verbindung zu Trotzkis Opposition standen. Reilly wollte eine

Militärdiktatur in Russland errichten und danach den Zarismus restaurieren.

Das Jahr 1918 sollte nach den Vorstellungen der äußeren und innern Verschwörer zum Wendepunkt werden. Die weißgardistischen Armeen sollten Sowjetrussland von allen Seiten angreifen, die lettischen Einheiten in Moskau neutralisieren. Die Sowjetregierung, Lenin und weitere führende Bolschewiki waren zu verhaften und alle wichtigen Institutionen zu besetzen. Zur gleichen Zeit sollten Aufstände in den Städten Jaroslawl, Kostroma, Rybinsk, Wologda, Murmansk und Petrograd losgetreten werden.

Der Aufstand in Moskau sollte das Signal für eine russlandweite Erhebung sein.

Das Mirbach-Komplott

Im Juli 1918 durchlebte Moskau, inzwischen Hauptstadt Sowjetrusslands, schwere Tage. Es gab nicht genug zu essen. Lebensmittel waren rationiert. Auf Karten erhielt man für je fünf Abschnitte ein Achtel Brot. Alle antibolschewistischen Kräfte unterschiedlicher politischer Ausrichtung sahen eine günstige Situation, die von Lenin geführten Bolschewiki zu zerschlagen und die Macht zu übernehmen. Besonders die Sozialrevolutionäre und die Menschewiki[7] waren sehr aktiv. Sie hatten bereits Ende Juni versucht, einen Streik in Moskauer Betrieben loszutreten.

In dieser äußerst komplizierten politischen Situation begann am 5. Juli 1918 der V. Allrussische Sowjetkongress. Linke Sozialrevolutionäre wollten ihn als Plattform für einen Umsturz nutzen. Gegen Mittag des 6. Juli versammelten sich führende Persönlichkeiten der linken Sozialrevolutionäre wie Maria Spirodonowa, Kamkow, Karelin und Sabin in einem Gebäude, in dem eine Einheit der *Tscheka* stationiert war. Sie stand unter dem Kommando von Popow, einem linken Sozialrevolutionär. Von dort aus sollte der Sturz der Sowjetmacht betrieben werden.

Zur gleichen Zeit fuhr am Gebäude der deutschen Botschaft in Moskau ein Auto vor. Zwei Männer stiegen aus, die sich in der Botschaft als Vertreter der *Tscheka* auswiesen. In dem von ihnen vorgelegten Schreiben hieß es: »Die Allrussische Außerordentliche Kommission bevollmächtigt ihr Mitglied Jakow Bljumkin sowie den Vertreter des Revolutionstribunals Nikolai Andrejew, mit dem Herrn Botschafter in der Russischen Republik in Verhandlungen einzutreten, in einer Angelegenheit, die den Herrn Botschafter unmittelbar betrifft.« Das Papier trug die Unterschriften des Vorsitzenden der Allrussischen Außerordentlichen Kommission, Dzierzynski, und des Sekretärs Ksennofontow sowie das Siegel der Tscheka.

Die Besucher wurden vom 1. Botschaftsrat Ritzler und Leutnant Müller, dem Militärattaché, empfangen. Bljumkin bestand darauf, den Botschafter Wilhelm Graf von Mirbach-Harff zu sprechen. Als dieser kam, wurden ihm Dokumente vorgelegt, in denen ein Graf Robert Mirbach, ein österreichischer Offizier, der Spionage gegen Sowjetrussland beschuldigt wurde. Botschafter von Mirbach-Harff erklärte, dass er nicht dieser Mann sei, er kenne ihn nicht einmal.

Andrejew, der bis dahin geschwiegen hatte, äußerte sinngemäß, ob den Herrn Botschafter interessiere, welche Maßnahmen gegen ihn eingeleitet werden könnten.

Wilhelm Graf von Mirbach-Harff sagte ja.

Daraufhin zog Bljumkin einen Revolver aus der Aktenmappe und schoss auf ihn. Auch Ritzler und Müller wurden getroffen. Anschließend wurde noch ein Sprengsatz geworfen.

Nachdem sie sich überzeugt hatten, dass der deutsche Botschafter tot war, sprangen die Attentäter aus dem Fenster und verschwanden mit dem wartenden Auto.

Zur gleichen Zeit befand sich Dzierzynski im Gebäude der Tscheka, in der Lubjanka, und bereitete sich auf den Sowjetkongress vor. Lenin informierte ihn, dass der deutsche Botschafter ermordet worden sei. Dzierzynski suchte in Begleitung eines Untersuchungsrichters die deutsche Botschaft auf. Auf dem Schreibtisch lag noch das Papier. Bis auf das Siegel des Stellvertretenden Vorsitzenden der Tscheka, dem linken Sozialrevolutionär Alexandrowitsch, war alles gefälscht.

Damit war klar, wer hinter diesem Attentat steckte. Für Dzierzynski war es ein Schock zu begreifen, dass in der Tscheka Verräter saßen.

Bljumkin war auf Drängen der linken Sozialrevolutionäre von der Tscheka eingestellt und zum Leiter einer Fachabteilung ernannt worden. Dank der Fürsprache von Alexandrowitsch waren weitere linke Sozialrevolutionäre, darunter auch der Fotograf Andrejew, in die Tscheka lanciert worden.

Am 24. Juni 1918 hatte die Führung der linken Sozialrevolutionäre beschlossen, mit Terrorakten die Herrschaft der Bolschewiki zu stürzen, mindestens aber zu erschüttern. »In kürzester Frist muss mit der sogenannten Atempause Schluss gemacht werden. In diesem Sinne erachtet es das Zentralkomitee für möglich und zweckmäßig, eine Reihe von terroristischen Akten gegen hochrangige Vertreter des deutschen Imperialismus zu organisieren«.[8]

Diesen Beschluss setzte Bljumkin am 6. Juli in die Tat um.

Dzierzynski fuhr von der Botschaft in das »Verschwörernest«, wo Dzierzynski hoffte, die Terroristen verhaften zu können. Er und andere Funktionäre wurden dort jedoch von Popows Leuten festgesetzt.

Dzierzynski wurde eröffnet, dass er die Geisel sei für Maria Spiridonowa, die am Sowjetkongress im Bolschoi-Theater teilnahm. Dort war bereits die Nachricht vom Attentat auf den deutschen Botschafter eingegangen. Ein Präsidiumsmitglied rief zur Beratung aktueller Ereignisse die Fraktion der Bolschewiki in einen Raum, die Parteilosen sollten ebenfalls in einem anderen Saal beraten. Zurückblieben die linken Sozialrevolutionäre. Plötzlich zogen Posten an den Ausgängen auf, und die Sozialrevolutionäre wurden nunmehr zu Geiseln erklärt.

Dadurch brach die Meuterei zusammen, zumal am Vormittag des folgenden Tages Dzierzynski und die anderen Geiseln befreit werden konnten. Am 7. Juli um 16 Uhr wurde die Bevölkerung Moskaus informiert, dass »der konterrevolutionäre Aufstand in Moskau liquidiert« worden sei. Popow, Alexandrowitsch und elf weitere aktive Teilnehmer am Aufstand wurden noch am selben Tag erschossen.

Die Ermordung Graf Mirbachs war ein Element der Verschwörung, mit der die Sowjetmacht beseitigt, mindestes aber beschädigt und ein neuer Krieg mit Deutschland provoziert werden sollte.

Der Attentäter Bljumkin blieb jedoch unauffindbar.

Im April 1937 offenbarte Trotzki: »Während des Krieges gehörte er *(Jakow Grigorjewitsch Bljumkin – H. W.)* meinem Militärsekretariat an und stand mit mir im persönlichen Kontakt. Er hatte eine ungewöhnliche Vergangenheit. Er war Mitglied der linken Opposition der Sozialrevolutionäre gewesen und hatte an dem Aufstand gegen die Bolschewiki teilgenommen. Er war der Mann, der den deutschen Botschafter Mirbach tötete. Ich verwendete ihn in meinem Militärsekretariat, und auch sonst stand mir Bljumkin stets zur Verfügung, wenn ich einen mutigen Mann brauchte.«

1929 hielt sich Bljumkin in der Türkei auf. Während des Bürgerkrieges war er Anführer der bewaffneten Leibgarde von Trotzki, der nach seiner Ausweisung aus der Sowjetunion 1929 auf der türkischen Insel Prinkipo Asyl erhalten hatte. Trotzki schickte ihn in geheimer Mission nach Moskau, um Kontakt zu Radek aufzunehmen. Warum? Hatte Stalin mit seiner Vermutung Recht, dass es um den Aufbau einer Opposition ging?

Bljumkin wurde, nachdem er einige Wochen observiert worden war, von den sowjetischen Sicherheitsorganen verhaftet und dem Gericht übergeben. Er wurde wegen des Mordes an Mirbach, wegen Waffenschmuggels und weiterer Vergehen zum Tode verurteilt und erschossen.

»Botschafterverschwörung«

Diese Operation ist in die Geschichte als »Botschafterverschwörung«, »Lockhart-Verschwörung« oder »Lettisches Komplott« eingegangen und betraf den Zeitraum von Frühjahr bis Herbst 1918. Sowjetrussland hatte zwar mit Deutschland in Brest-Litowsk am 3. März 1918 einen Friedensvertrag geschlossen, aber die Entente – England, Frankreich, USA – standen bereit zur Intervention.

Britische Truppen waren am 9. März 1918 in Murmansk gelandet, am 5. April 1918 hatten japanische Einheiten Wladiwostok besetzt. Im Mai 1918 revoltierten die über 40 000 Soldaten und Offiziere des Tschechoslowakischen Korps, das unter dem Zaren aufgestellt worden war, um am Krieg gegen

Deutschland teilzunehmen. Mit Genehmigung der Sowjetregierung wurde das Korps nach Wladiwostok verlegt, um dort nach Frankreich verschifft zu werden, doch auf dem Bahntransport von der Wolga über Sibirien kehrten sie die Waffen um. Zudem machten die Gegenkräfte im Innern Russlands mobil, der Bürgerkrieg drohte.

Ausländische Botschaften und Vertretungen Grobritanniens, Frankreichs, Finnlands, der Tschechoslowakei und der USA und andere engagierten sich mehr, als es diplomatischen Einrichtungen gemeinhin zustand. Sie waren zu Steuerzentralen geheimer Organisationen geworden, die sich den Sturz der Sowjetmacht auf die Fahnen geschrieben hatten. Zu diesen konterrevolutionären Bündnissen rechneten Sawinkows »Bund zum Schutz der Heimat und der Freiheit«, die Verschwörung Lockharts zur Ermordung Lenins und führender Sowjetfunktionäre sowie die linken Sozialrevolutionäre.

Die Tscheka plante Gegenoperationen in drei Etappen.

1. Nach Einschätzung Dzierzynskis nahmen die Verschwörungen ihren Ausgang in Petrograd, obgleich die Sowjetregierung am 11. März 1918 nach Moskau verlegt worden war, das seitdem Hauptstadt war.[9] Die Zentrale der Tscheka war bereits am 10. März von der Newa an die Moskwa umgezogen. Im Februar 1918 gingen in Petrograd etliche Tschekisten in den »Untergrund«, sie drangen in konterrevolutionäre Organisationen ein. Zu diesen »Undercover-Agenten« gehörten Johann Schmidtchen (sein richtiger Name Jan Bujkis wurde erst 1966 publik) und Jan Sprogis. Beide fassten als angebliche lettische Offiziere Fuß in einer Vereinigung ehemaliger zaristischer Offiziere, die in der russischen Marine verblieben waren.

Kopf dieser konterrevolutionären Organisation war der Chef der Seestreitkräfte der Baltischen Flotte, Konteradmiral A. M. Schtschastny. Dieser unterhielt seit Mai 1918 enge Verbindung zum britischen Marineattaché Cromey und Leutnant Sidney Reilly, dem Chefspion der Briten.

Der Engländer empfahl Schmidtchen und Sprogis, in Moskau Kontakt zu seinem Landsmann Lockhart aufzunehmen, und übergab ihnen ein Empfehlungsschreiben. Darüber informierten Schmidtchen und Sprogis in Moskau Dzierzynski, ehe sie Lockhart aufsuchten. Diesem offenbarte Schmidtchen, wie von Dzierzynski instruiert, seine Verbindung zu Kommandeuren der Lettischen Schützen, die den Kreml und andere Regierungsgebäude sicherten. Schmidtchen signalisierte, dass etliche von diesen der Sowjetmacht keineswegs so treu ergeben seien, wie es scheine. Sie wären sogar bereit, bei passender Gelegenheit die Seiten zu wechseln. Kurzum, Lockhart wurde mit einem Angebot gelockt, auf das dieser auch einging.

Schmidtchen nannte Jan Bersin (E. P. Berzin) – den Kommandeur der Einheit, welche den Kreml bewachte – als potenziellen Verbündeten und arrangierte ein Zusammentreffen am 14. August 1918 in der Moskauer Wohnung Lockharts.

Lockhart schlug Bersin vor, nachdem dieser die vermeintlich wankelmütige Stimmung der Lettischen Schützen beschrieben hatte, sich auf eine Aktion gegen die Sowjetregierung vorzubereiten.

Bersin, wir ahnen es, war ein Mann Dzierzynskis.

2. Bersin suchte anderntags erneut Lockhart auf. Dort wurde er vom französischen Konsul Grenere und Sidney Reilly, der sich als »Konstantin« vorstellte, erwartet. Lockhart und Grenere versprachen Bersin einen hohen Posten in einem bürgerlichen Lettland, wenn er denn gemäß ihren Vorschlägen handelte. Als erstes sollte er veranlassen, dass die lettischen Regimenter weder an die Front abkommandiert noch getrennt werden sollten, da sie noch benötigt würden. Bersin veranschlagte dafür vier Millionen Rubel, die ihm auch bewilligt wurden. Am 17. August, zwei Tage nach dieser Unterredung, wurden ihm 700 000 Rubel übergeben. »Konstantin« händigte ihm zwei weitere Raten über 200 000 und 300 000 Rubel aus. Diese 1,2 Millionen Rubel gelangten über den Divisionskommissar der Lettischen Schützen, Karl Petersen, zu Jakow Christoforowitsch Peters. Peters (1886–1938) gehörte zu den Mitbegründern der Tscheka und war vom 7. Juli bis 22. August 1918 kurzzeitig deren Vorsitzender, weil Dzierzynski nach dem Mirbach-Attentat dieses Amt für zwei Monate abgeben musste.

Am Abend des 17. August 1918 traf sich Bersin mit »Konstantin« im Café »Tramble« in Moskau. Der Brite schlug vor, zwei lettische Regimenter nach Wologda zu verlegen, die dort übertreten und den von Archangelsk aus angreifenden englisch-französischen Truppen die Front öffnen sollten. Die in Moskau verbleibenden lettischen Regimenter sollten das Volkskommissariat festsetzen und nach Archangelsk überführen. Bei Widerstand sollte Lenin sofort erschossen werden.

Am 25. August 1918 fand beim amerikanischen Generalkonsul Poole eine Beratung unter Leitung des französischen Konsuls Grenere statt. Daran nahmen englische, französische und amerikanische Diplomaten und Offiziere sowie einige ausgewählte Vertreter verschiedener Verschwörergruppen teil, darunter auch Schmidtchen.

Nach Rückkehr der Diplomaten in ihre Heimatländer, die unmittelbar bevorstand, sollten drei »Residenten« die Spionage organisieren und den Umsturz steuern: der Brite Reilly, der Franzose Wertamon und der Amerikaner Kalamantiano.

Reilly erläuterte die nächsten Schritte: Am 6. September 1918 würden im Bolschoi-Theater eine erweiterte ZK-Sitzung der Partei der Bolschewiki stattfinden und zwei Einheiten lettischer Schützeneinheiten »alle Ein- und Ausgänge des Theaters« besetzen. Auf ein Signal Bersins, des Kommandeurs, würden die Soldaten die Türen verschließen. Danach werde eine Spezialeinheit unter seiner, Reillys, Führung das Zentralkomitee verhaften. Lenin und die anderen Führer des Sowjetstaates sollten unmittelbar danach erschossen werden.

Danach wolle man mit zaristischen Offizieren in Moskau eine 60 000 Mann starke Armee aufstellen, die General Judenitsch führen solle. Im Norden sollte eine zweite Armee unter Führung von Sawinkow aufgebaut werden. Reilly wörtlich: »Alles, was zu dieser Zeit noch von den Bolschewiki übrig geblieben ist, wird zwischen diesen Mühlsteinen zermalmt.«

René Marchard, Korrespondent der Pariser Zeitung *Figaro*, schrieb zwei Tage später einen umfangreichen Brief an den französischen Präsidenten Poincare. Marchard berichtet darin alle Details dieser Beratung, an der er persönlich teilgenommen hatte.

Dieses Schreiben wurde bei einer Hausdurchsuchung von der Tscheka gefunden und am 3. September 1918 in der *Iswestija* veröffentlicht.

Es war ein überzeugender Beweis für die unzulässige Tätigkeit westlicher Diplomaten und dass ein konterrevolutionärer Umsturz im Zusammenspiel von innerer und äußerer Reaktion unmittelbar bevorstand.

3. Am 27. August 1918 sollte sich Bersin mit »Konstantin« in Petrograd treffen. Diese Zusammenkunft fand jedoch erst in der Nacht zum 29. August in Moskau statt. Die letzten Absprachen wurden getroffen.

Am 30. August 1918 ermordete der Sozialrevolutionär Kenigisser, ein Vertrauter Sawinkows, mit Zustimmung der Franzosen und Engländer Moisse S. Uritzki. Auf dem Weg nach Petrograd zur Untersuchung des Anschlages auf den Vorsitzenden der Petrograder Tscheka erhielt Dzierzynski die Nachricht vom Attentat auf Lenin. Die Sozialrevolutionärin Fanja Kaplan hatte mit vergifteten Kugeln auf Lenin geschossen und ihn lebensgefährlich verletzt.

Dzierzynski befahl daraufhin, in der Nacht vom 30. zum 31. August 1918 die Verschwörung aufzudecken und die Teilnehmer zu liquidieren.

Bei der Razzia im inzwischen verlassenen britischen Botschaftsgebäude in Petrograd am 31. August starben zwei Tschekisten und der britische Militärattaché Cromey.

An der von Bersin beschafften Moskauer Adresse »Konstantins« wurde Elisabeth Sotten festgenommen. Sie war Reillys Freundin und Briefkasten. Verhaftet wurde auch Maria Friede, die in der Wohnung gerade Material abliefern wollte. Dieses stammte von ihrem Bruder. W. F. Fride war Oberstleutnant in der Hauptverwaltung Nachrichten der Roten Armee.

Bei der Razzia im französischen Privatgymnasium in Moskau wurden umfangreiche Spionageunterlagen sichergestellt, die dem geflüchteten Residenten des französischen Geheimdienstes Jean Wertamon gehörten.

Der Resident des US-Geheimdienstes John Kalamantiano wurde unter dem Namen Serpuchowski festgenommen. In seinem Besitz befanden sich umfangreiche Papiere, darunter eine Aufstellung von 32 Angehörigen der Roten Armee und Mitarbeiter staatlicher Einrichtungen, die für die Konterrevolution tätig waren.

In der Nacht vom 31. August zum 1. September 1918 wurde auch Bruce Lockhart in einer konspirativen Wohnung verhaftet. Er bestritt zunächst jede Beziehung zu Bersin und diesem Geld gegeben zu haben. Doch da er sich auf seine diplomatische Immunität berief, wurde Lockhart freigelassen. Einige Tage später nahm man ihn jedoch erneut fest, da die britische Regierung M. M. Litwinow (1876–1951), einen in London akkreditierten Diplomaten, verhaftet hatte. Nach der Freilassung Litwinows wurde Lockhart aus Sowjetrussland ausgewiesen.

In Moskau wurden insgesamt 60 und in Petrograd 40 Spione festgenommen. Der erste Prozess in der »Lockhart-Verschwörung« fand Ende November 1918 in Moskau statt. Auf der Anklagebank saßen zwölf Verschwörer und Spione, drei Mittelsmänner zur Weiterleitung von Spionagemeldungen sowie vier Personen, die wegen Begünstigung der Spione angeklagt waren.

Gegen die Ausländer Lockhart, Grenere, Lavergne, Hill, Pool, Reilly und Wertamon wurde in Abwesenheit verhandelt. Lockhart, Grenere, Reilly und Wertamon wurden zu »außerhalb des Gesetzes stehenden Feinden des werktätigen Volkes« erklärt, was als Todesstrafe zu verstehen war.

Acht Angeklagte wurden zu je fünf Jahren Gefängnis verurteilt, acht begnadigt. Der amerikanische Resident K. D. Kalamatiano und der Oberstleutnant der Roten Armee A. W. Fride wurden zum Tode durch Erschießen verurteilt. Weitere Prozesse fanden Anfang 1919 statt.

Operation »Trust« Anfang der 20er Jahre

Gängiges Klischee bei der Beurteilung der Operation »Trust« ist die Feststellung, dass es ein von Dzierzynski erfundenes Täuschungsmanöver war, um Emigranten zurück nach Sowjetrussland zu locken und dort einzusperren oder zu töten.

Insider hingegen sind der Auffassung, dass »Trust« (russ. *Trest*) – neben den Operationen »Syndikat I und II« und der Operation »Fall 39« – der erfolgreichste Schlag gegen die reaktionäre russische Emigration im Ausland einschließlich der

Geheimdienste Frankreichs, Großbritanniens, Deutschlands, Polens, Finnlands, Estlands, der Tschechoslowakei und Rumäniens war.

Im Herbst 1919 waren die »weißen Generale« geschlagen. Die Südfront unter Anton Denikin flüchtete zum Schwarzen Meer. Am 27. März 1920 bestieg Denikin in Noworossijsk ein französisches Schlachtschiff.

Die Nordwestfront unter Nikolai Judenitsch erlitt vor Petrograd Anfang 1920 eine vernichtende Niederlage. Der General floh in einem Auto, das die englische Flagge führte, in südlicher Richtung und setzte sich nach Paris ab. Seine Armee ließ er in völliger Auflösung zurück.

Admiral Alexander Kotschak, der die sogenannte Ostfront befehligte, welche von Westsibirien aus Moskau angreifen sollte, befand sich seit August 1919 auf dem Rückzug. Im November räumte Koltschak Omsk. Ein Eisenbahnzug, der die Flagge Großbritanniens, das US-Sternenbanner, die Trikolore Frankreichs, Italiens und Japans Fahnen führte, brachte Koltschak nach Irkutsk. Dort wurde Koltschak festgenommen, von einem Gericht zum Tode verurteilt und am 7. Februar 1920 exekutiert. Der vom Westen vorgesehene Regent eines künftig bürgerlichen Russlands war damit Geschichte.

Im September 1921 wurden die letzten »weißen«, also konterrevoutionären Truppen des General von Wrangel auf der Insel Krim zerschlagen.

Im Spätherbst 1921 war die Armee des Generals Baron Roman von Ungern-Sternberg im Fernen Osten erledigt, der General in Nowosibirsk zum Tode verurteilt und erschossen. Damit war der letzte »weiße« General in Sowjetrussland vernichtend geschlagen.

Die Interventionstruppen der Amerikaner, Engländer, Franzosen und Tschechen hatten sich bereits im Laufe des Jahres 1920 aus Sowjetrussland zurückziehen müssen. Im Oktober 1922 verließen auch die Japaner russisches Territorium, nachdem sie in Wladiwostok von der Roten Armee umzingelt worden waren.

Nachdem es weder der Entente mit ihren Invasionstruppen noch den »weißen« Generälen gelungen war, die Bolschewiki militärisch zu vertreiben, begann ein groß angelegter

Geheimkrieg gegen den jungen Sowjetstaat. Spionagedienste der Engländer, Franzosen, der Finnen, Esten, Polen, Deutschen und Tschechen aktivierten und reaktivierten zunächst Feinde Sowjetrusslands, die sich in der Emigration befanden.

Die russische Emigration – geführt von Nikolai Nikolaijewitsch Romanow (1856–1929), einem Großfürsten aus der Zarenfamilie und Oberbefehlshaber der russischen Streitkräfte im Ersten Weltkrieg, von ehemaligen zaristischen Generalen wie Alexander Pawlowitsch Kutepow (1882–1930) und Pjotr Nikolajewitsch Wrangel (1878–1928) und Terroristen wie Boris Wiktorowitsch Sawinkow (1879–1925) – stellte sich bereitwillig in den Dienst ausländischer Mächte.

Etwa anderthalb bis zwei Millionen russische Emigranten lebten in Frankreich, Polen und Deutschland, sie gaben über 50 Zeitungen in Westeuropa heraus. Lenin sagte dazu auf dem III. Kongress der Kommunistischen Internationale am 5. Juli 1921 in Moskau: »Wir können beobachten, dass im Ausland all unsere früheren politischen Parteien ohne Ausnahme zusammenarbeiten. Diese Leute nutzen sehr geschickt jede Gelegenheit aus, um in dieser oder jener Form Sowjetrussland anzugreifen und zu zerschlagen. Diese konterrevolutionären Emigranten sind sehr gut informiert, sie sind hervorragend organisiert, sie sind sehr gute Strategen.«

Die von der Sowjetregierung erhoffte Periode des friedlichen Aufbaus nach vier Jahren Bürgerkrieg und Abwehr äußerer Feinde trat nicht. Der Krieg von außen wurde fortgesetzt. Die Tscheka, die seit dem 6. Februar 1922 Staatliche Politische Verwaltung (*Gossudarstwennoje Polititscheskoje Uprawlenije*, GPU) hieß, nahm den Kampf gegen exilierte Monarchisten, Militärs und Terroristen auf.

In Lenins Auftrag entstand die *Inostranny otdel* (INO), die Auslandsabteilung der Tscheka / GPU. Sie wurde mit folgenden Aufgaben beauftragt:
- Identifizierung von konterrevolutionären Gruppen, die im Ausland gegen Sowjetrussland arbeiten
- Beobachtung und Kontrolle aller Organisationen, die Spionage und Sabotage gegen Sowjetrussland betreiben
- Aufklärung und Analyse des politischen Kurses und der wirtschaftlichen Situation der Exilstaaten

- Beschaffung von Dokumenten und Materialien über alle vorgenannten Bereiche.

Im Rahmen der Operation »Trust« wurden alle konspirativen Erfahrungen, die in Operationen gegen alle revolutionären Gegenkräfte durch die Tscheka gesammelt worden waren, gebündelt und genutzt.

Im November 1921 kehrte der Berater für Wasserwirtschaft im Volkskommissariat für Verkehrswesen Alexander Alexandrowitsch Jakuschew von einer Dienstreise aus Schweden nach Moskau zurück und wurde dort noch auf dem Bahnhof verhaftet. Er war einer der Führer der »Monarchistischen Organisation Zentralrusslands« (MOZR), die Kontakte zum »Obersten Monarchistischen Zentrum« in Berlin und Paris unterhielt. Es gelang, Jakuschew für eine Zusammenarbeit mit der INO/GPU zu bewegen. »Heute habe ich endgültig die Überzeugung gewonnen, dass es für mich unmöglich ist, zwischen den beiden Lagern zu stehen. Ich bin bereit, mit ihnen zu kämpfen, und ich bitte Sie, mir zu trauen«, hieß es in der von ihm unterzeichneten Erklärung. »Ich hoffe, meine Kraft reicht aus, die Rolle des früheren Jakuschew zu spielen. Richtig und ehrlich ist es, ganz und gar auf die Seite der Revolution überzutreten, ein zuverlässiger Helfer der GPU im Kampf gegen die zügellosen Feinde des neuen Russland zu werden und dabei die Maske des früheren Jakuschew, eines Leiters der MOZR, zu tragen. Diesen Weg wähle ich.«[10]

Das war der Auftakt der Operation »Trust«. Die Namensgebung erfolgte durch Dzierzynski. »Die MOZR muss einen Decknamen haben. Das ist für die Verbindung zu den Emigrantenorganisationen im Ausland notwendig. Die Konspiration kann nach außen hin als Schild dienen, und wir werden die ganze Operation unter diesen Decknamen laufen lassen. Ich schlage ihnen vor, die Organisation von heute an *Trust* zu nennen. Teilen Sie dem Politrat und den alten Freunden im Ausland den neuen Namen mit.«[11]

Der Tscheka-Mitarbeiter Wiktor Stanislawowitsch Kossinow reiste nach Reval und stellte dort die durch die Verhaftung Jakuschews abgerissene Verbindung zu den Monarchisten ins Ausland wieder her. Jakuschew sei nach seiner Schwedenreise sofort nach Irkutsk gefahren, wo er aber an Typhus erkrankt sei, lautete die Legende. Diese Erklärung wurde akzeptiert.

»Trust«, die vermeintliche Exil-Organisation, wuchs immer mehr – vorwiegend durch Mitarbeiter der Tscheka. Der militärische Führer wurde der Zarengeneral Nikolai Michailowitsch Potapow, Jakuschew übernahm die Rolle des künftigen Außenministers eines »neuen Russlands«. Die Exilanten schöpften keinen Verdacht, zumal sie brisante Dokumente aus Moskau erhielten, die ihnen Roman Gustavowitsch Birk, Mitarbeiter des estnischen Außenministeriums, über diplomatische Kanäle zuspielte. Birk war ein Mann der Tscheka. Er sorgte auch dafür, dass die »Beschlüsse«, »Resolutionen« und andere »Dokumente«, bevor sie nach Paris und Berlin gingen, vom estnischen und englischen Geheimdienst in Reval gelesen wurden.

Im Sommer 1922 reiste Jakuschew als A. A. Fjodrow zur Messe nach Königsberg und von dort nach Berlin weiter, wo er mit hochrangigen Vertretern des »Obersten Monarchistischen Rates« zusammentraf. 1923 war er in Warschau, Berlin und Paris, Potapow begleitete ihn mitunter.

Die GPU wollte auf diese Weise die Verbindung zu Romanow als Chef des »Obersten Monarchistischen Rates« vertiefen. Andererseits sollten insbesondere die Planungen der Terrororganisation Baron von Wrangels aufgeklärt werden. Jakuschew gelang es überzeugend darzustellen, dass in Russland eine weit verzweigte monarchistische Organisation existiere, die verschiedene politische Kräfte und Strömungen in sich vereine. Auf diese Weise gewann er finanzielle Mittel wie auch »Ratschläge«, was zu tun sei.

Jakuschew und Potapow knüpfte in Warschau Verbindungen zur 2. Abteilung des polnischen Generalstabes, das war deren militärischer Geheimdienst. Das übergebene Material überzeugte die Polen. Es suggerierte zudem, dass die Rote Armee stark und kampfbereit sei, ein Feldzug Polens gegen Sowjetrussland verheerend sein könnte.

Ähnlich wurde gegenüber den russischen Emigrantenorganisationen in Berlin und Paris argumentiert.

Der Geheimdienst seiner Majestät, des britischen Königs, glaubte, dass die Zeit reif sei, erneut direkt in Sowjetrussland aktiv zu werden und beorderte Sidney Reilly nach London. Sein Agent hielt sich zu jener Zeit in den USA auf.

Der GPU-Abwehrchef Artur Christianowitsch Artusow konnte zufrieden sein. Alle Aktivitäten der russischen Emigration und der weißen Offiziersorganisationen waren unter ihrer Kontrolle und auch die Absichten der westlichen Geheimdienste in der Lubjanka bekannt. Es gab zwei polnische, ein estnisches und ein finnisches »Fenster«, durch die alle illegal nach Sowjetrussland einreisenden Personen mussten und von der GPU festgestellt wurden.

Syndikat I und II

1918 hatte die Tscheka den von Boris Sawinkow gebildeten »Bund zum Schutze der Heimat und der Freiheit« und eine Reihe anderer antibolschewistischer Verschwörergruppen zerschlagen. Sawinkow und sein englischer Mitverschwörer Reilly konnten sich ins Ausland absetzen.

1921 wurde der »Bund« von Sawinkow mit Unterstützung der polnischen Regierung und der Geheimdienste der Entente in Warschau neu gegründet, um Sowjetrussland zu destabilisieren. Hauptangriffsziel war die Rote Armee. Vertrauenspersonen des »Bundes« sollten in Truppenteile der Roten Armee eingeschleust oder dort gewonnen werden, damit sie für Frankreich, Großbritannien und Polen (das war die Bedingung, sonst wäre der Gründung des »Bundes« durch den polnischen Geheimdienst nicht zugestimmt worden) spionierten. Um die Rote Armee zu desorganisieren, verübten Sawinkows Banden von Polen aus Überfälle auf Truppenstäbe, ermordeten Kommissare, steckten Versorgungslager und Kasernen in Brand, terrorisierten die Zivilbevölkerung in den grenznahen Gebieten zu Polen, überfielen Banken und Institutionen der Sowjets und ermordeten deren Vertreter. Im August 1921 war ein bewaffneter Putsch in Russland beabsichtigt. Sawinkows Planung sah die Aufteilung des westlichen Russland in drei Zonen vor, in denen der Aufstand erfolgen sollte.

Mit der politischen Kurswende der Sowjetregierung (»Neue Ökonomische Politik«) verlor jedoch Sawinkows

»Volksbund zur Verteidigung der Heimat und der Freiheit« in großen Teilen der Bevölkerung seine soziale Basis. Die Leiter in den drei Aufstandszonen gerieten durch die soziale Offensive der Sowjetregierung ins Hintertreffen. Im November 1921 wurden zudem Sawinkow und seine engsten Mitarbeiter aus Polen ausgewiesen. Sie gingen nach Paris.

1921/22 wurden die Zellen in Samara, Saratow, Charkow, Tula, Kiew und Odessa von der Tscheka zerschlagen. Sawinkow verlor auch seine Basen in Moskau und Petrograd.

In dieser ersten Phase der Operation (»Syndikat I«) gelang es der Tscheka / GPU, das gesamte Agentennetz Sawinkows in Sowjetrussland zu zerschlagen. Im August 1921 wurden 44 seiner Agenten in Moskau in einem Prozess vorgeführt und verurteilt.

Dennoch war damit Sawinkow und die Gefahr, die unverändert von ihm ausging, nicht erledigt. Das sollte durch eine Inszenierung wie in der Operation »Trust« erfolgen. Sawinkow sollte vorgegaukelt werden, dass sich in Moskau eine antisowjetischen Organisation formiert habe, die zu ihm und seinen Hintermännern Verbindung suche.

Im August 1922 wurde Leonid Danilowitsch Scheschenja beim illegalen Übertritt an der polnisch-sowjetrussischen Grenze verhaftet. Es handelte sich um Sawinkows Adjutanten, einen ehemaligen zaristischen Offizier. Er wollte nach Moskau, um dort einen ihrer Leute aufzusuchen. Dieser Michail Dmitrjewitsch Sekunow hatte sich, was Sawinkow und Scheschenja aber offensichtlich nicht bekannt war, ins Privatleben zurückgezogen. Die GPU »reaktivierte« Sekunow und schickte ihn ins Ausland, um Sawinkow zu kontaktieren.

In Wilna traf er sich zunächst mit dem Regionalvertreter des »Bundes«. Er übergab diesem Fomitschow ein persönliches Schreiben Scheschenjas, das ihn gleichsam autorisierte. Gemeinsam fuhren sie nun nach Warschau, wo sie mit den Leitern der Gebietskomitees zusammentrafen. Wie von der GPU erhofft, informierte Warschau Sawinkow in Paris.

Nach Sekunows Rückkehr nach Moskau entschied die Führung der GPU, dass ein Mann von ihnen als Andrej Pawlowitsch Muchin von Sekunow in Warschau eingeführt werden sollte. Er firmierte als Mitglied der fiktiven LD, was für Liberaldemokraten stand. Dabei, so die Legende, handele es sich um eine Oppositionsgruppe, die in Kreisen der alten Intelligenz entstanden war.

Sekunow und »Muchin« – der GPU-Mitarbeiter Andrej Pawlowitsch Fjodorow – fuhren nach Warschau und übergaben den Leitern aller Gebietskomitees einen Arbeitsbericht Scheschenjas. Auch dem polnischen Geheimdienst blieb der Aufenthalt in Warschau nicht verborgen. Sie wähnten neben Jakuschew und Potapow in dem kooperationswilligen »Muchin« eine weitere Quelle in Moskau gewonnen zu haben und statteten ihn mit Dokumenten für eine Reise zu Sawinkow nach Paris aus.

Das Warschauer Zentrum Sawinkows entschied sich jedoch zunächst anders: Es wollte erst in Moskau die Oppositionsgruppe in Augenschein nehmen. Die GPU organisierte ein solches Treffen mit Sawinkows Regionalvertreter Fomitschow aus Wilna, an dem ausnahmslos Tschekisten beteiligt waren. Sie müssen ihre Rollen sehr überzeugend gespielt haben.

Am 11. Juli 1923 fuhr Fomitschow mit »Muchin« nach Paris, um dort dem Führer des »Bundes zur Verteidigung der Heimat und der Freiheit« zu berichten. »Muchin« erklärte, dass die Moskauer es als Ehre ansehen würden, von Sawinkow angeleitet zu werden. Aber Sawinkow wich aus. Gleichwohl informierte er den GPU-Mann detailliert über Pläne und Finanziers des »Bundes«. In erster Linie waren es die Geheimdienste Großbritanniens, Frankreichs und Polens, Persönlichkeiten wie der US-Industrielle Ford und Italiens Ministerpräsident Mussolini sowie belgische Kreise.

»Muchin« alias Fjodorow wurde dem engsten Mitarbeiter Sawinkows, Oberst Pawlowski, sowie dem Ehepaar Derental und dem englischen Geheimdienstmitarbeiter Sidney Reilly vorgestellt.

Auf diese Weise gewann die Auslandsaufklärung in Moskau Einblick in die Sawinkowschen Organisation, ihre Verbindungen und Kontakte.

Boris Sawinkow selbst blieb jedoch misstrauisch und schickte im August 1923 einen Mann nach Moskau zu Scheschenja. Dort tauchte er am 16. September auf, wo er sofort festgesetzt wurde. Die GPU »drehte« diesen Pawlowski um und ließ ihn an Sawinkow und weitere einflussreiche Funktionäre des Bundes Briefe schreiben. Darin berichtete er von der erfolgreichen Arbeit der Opposition in Moskau.

Im April 1924 reiste »Muchin« alias Fjodorow erneut nach Paris. Diesmal nahm Sawinkow die Einladung nach Moskau an, bestand aber darauf, dass ihn dabei der noch immer in Russland weilende Pawlowski begleitete.

Das war natürlich ein Problem für die GPU.

Allerdings gelang es der Auslandsaufklärung, dass Pawlowski bei einem Treffen in Warschau dem Gebietsleiter aus Wilna glaubhaft versicherte, dass er Sawinkow nicht abholen könne, weil er in Moskau genug zu tun habe.

Unabhängig davon musste unbedingt ein Grund für einen längeren Aufenthalt Pawlowskis in Sowjetrussland gefunden werden. So wurde eine Verwundung Pawlowskis während eines Raubüberfalls seiner Bande auf einen Zug im Süden des Landes vorgetäuscht.

Sawinkow fuhr also nach Warschau und setzte am 12. August 1924 seine polnischen Mitarbeiter und die russischen Emigranten darüber in Kenntnis, dass er nach Moskau fahren werde.

Als W. I. Stepanow passierte er drei Tage später die polnisch-sowjetische Grenze. Er wurde begleitet von Fomitschew, dem Gebietsleiter aus Wilna, und dem Ehepaar Derental. »Muchin« alias Fjodorow, der einen Tag früher aus Warschau abgereist war, und weitere Tscheka-Mitarbeiter, die als Vertreter der »großen illegalen Organisation« in Moskau auftraten, begrüßten den Konterrevolutionär jenseits der Grenze.

Am 16. August 1924 wurden Sawinkow und seine Begleitung in Minsk verhaftet. Sieben Tage später veröffentlichte die *Prawda* eine Regierungserklärung:

»Um den 20. August d. J. wurde auf dem Territorium Sowjetrusslands der Bürger Boris Viktorowitsch Sawinkow, einer der unversöhnlichsten und aktivsten Feinde des Arbeiter-und-Bauern-Staates festgenommen. Sawinkow befand sich im Besitz eines falschen Passes auf den Namen W. I. Stepanow.«

Diese Mitteilung konnte so interpretiert werden, dass Sawinkow das Gebiet Sowjetrusslands aus freien Stücken betreten hatte, was im Prinzip auch zutraf. In Moskau wurden Sawinkow, die Derentals und Fomitschew in die Lubjanka, das Untersuchungsgefängnis der Tscheka, gebracht.

Für die Derentals interessierten sich die Tschekisten wenig. Beide waren Sawinkow hörig, wobei die kaum 20-jährige Frau mit Wissen ihres Mannes ein Verhältnis zu Sawinkow unterhielt. Auch Fomitschew war eine Nebenfigur, die die Tschekisten in ihrem großen Spiel wie einen Bauern auf dem Schachbrett hin- und hergeschoben hatten.

Boris Sawinkow wurde in einem Prozess vom 27. bis 29. August 1924 zu je fünfmal Todesstrafe und fünf Jahren Gefängnis verurteilt. Dasselbe Gericht ersuchte das höchste Machtorgan des Staates, dem Verurteilten das Leben zu schenken. Dem Ersuchen des Gerichtes wurde stattgegeben und die Strafe in zehn Jahre Freiheitsentzug umgewandelt.[12]

Durch das geschickte Vorgehen der Tscheka und auch durch den Prozess wurde die gesamte russische Emigration im Ausland verunsichert. Sawinkow, der bekannteste Führer der Emigrantenorganisationen, hatte durch seine Aussagen während des Prozesses und in seinem Schlusswort gleichsam abgeschworen, indem er seine Tätigkeit gegen die Sowjetmacht als Fehler und Verirrung bezeichnete.[13]

Die westeuropäischen Medien befassten sich mit Sawinkow und dem Prozess. Vielen lag die vom Gericht bewiesene Tatsache schwer im Magen, dass die Führer der russischen Emigration von Geheimdiensten der Engländer, Franzosen, Polen und Esten bezahlt wurden.

Am 7. Mai 1925 setzte Boris Sawinkow seinem Leben durch Selbstmord ein Ende. Er stürzte sich aus einem Fenster im vierten Stock, als ihm eröffnete wurde, dass mit einer Revision seines Urteils nicht zu rechnen sei. Dzierzynski kommentierte den Suizid mit der Bemerkung: »Sawinkow ist sich treu geblieben. Er hat ein undurchsichtiges, skandalumwittertes Leben geführt und ihm ein ebenso undurchsichtiges, skandalumwittertes Ende gesetzt«.[14]

Nunmehr konzentrierte sich die Gegenspionage in Moskau auf die Ausschaltung Reillys. Dabei wollte man wie bei der Operation »Syndikat II« vorgehen, also den britischen Spion nach Sowjetrussland locken und ihn dort verurteilen.

Das sollte 1925 gelingen und das 1918 gegen Reilly in Abwesenheit gesprochene Urteil vollstreckt werden. Und das kam so:

Die Emigrantenorganisation »Russischer Allgemeiner Heeresverband« *(Russki Obschtschewoinski Sojus*, ROWS*)* mit Sitz in Paris hatte sich mit den Jahren zur gefährlichsten militanten Organisation gegen Sowjetrussland entwickelt. ROWS wurde von Alexander Pawlowitsch Kutepow und Jewgeni Karlowitsch Miller, zwei Generalen des Zaren, geführt und hatte offizielle Vertreter in Frankreich, Deutschland, in der Tschechoslowakei, in Polen, Finnland, Estland und in Persien. Die Organisation handelte in kleinen Gruppen, die von Offizieren geführt wurden, welche in die Sowjetunion eindrangen und spionierten, sabotierten und Terroranschläge verübten.

Seit Sommer 1925 galt Kutepow als Kopf der Emigranten in Paris. Er schickte Vertraute nach Leningrad, die dort ein »finnisches Fenster« öffnen, also eine illegale Schleuse für die Leute von ROWS einrichten sollten. Seine Emissäre nahmen in dieser Sache Kontakt zum finnischen Geheimdienst und zur Grenzwache des Wyborger Bezirks auf. Und sie sprachen mit dem führenden russischen Emigranten in Finnland, N. N. Bunakow, der gleichzeitig Resident des britischen Geheimdienstes in Finnland war.

Auf diese Weise erfuhr London von den Aktivitäten, die den Eindruck vermittelten, als kooperierten MOZR (»Trust«) und ROWS miteinander. Das war durchaus im Sinne der sowjetischen Abwehr, weil es ihren Plänen zuarbeitete, Sidney Reilly zu fassen.

Im August 1925 traf sich Kutepow in Helsinki mit Alexander Alexandrowitsch Jakuschew, dem »umgedrehten« Führer von MOZR, um sich mit ihm über die Gewinnung von Sidney Reilly zu verständigen. Der sagte per Telegramm ein Treffen in Helsinki ab: »Bedaure Verzögerung. Wurde durch Geschäftsabschlüsse aufgehalten. Wichtig für mich Bewegungsfreiheit. Am 15. August bestimmt reisefertig. Soll ich nach Paris oder Helsingfors fahren? Können sie allgemeine Versammlung Ende des Monats arrangieren.«[15]

Es wurde beschlossen, dass Kutepow Sidney Reilly in Paris empfangen solle und ihn von dort nach Finnland schickte.

Reilly kam tatsächlich nach Paris und traf sich mit Kutepow. Beide empfanden wenig Sympathie füreinander. Reilly zeigte sich enttäuscht von der Emigration und ihren Führern. Er baute fortan auf die »inneren Kräfte« Russlands.

Am 25. September 1925 traf Reilly in Helsinki zum ersten Mal mit Jakuschew zusammen. »Reilly trug einen eleganten grauen Mantel und einen tadellosen grau karierten Anzug. Er machte einen unangenehmen Eindruck. Im Blick seiner vorstehenden schwarzen Augen lag etwas Grausames, Stechendes. Sein Ton war hochmütig und arrogant. Zunächst erklärte er, dass er erst in zwei bis drei Monaten nach Russland kommen könne, um den *Trust* kennen zu lernen. Reilly teilte mit, er wolle am Sonnabend mit einem Dampfer nach Stettin und von dort weiter. Bis zum 30. September sei in Moskau nichts zu erreichen, und länger bleiben könne er nicht«, berichtete anschließend Jakuschew in Moskau.

»Nachdem Reilly erklärt hatte, dass er im Moment nicht fahren könne, sagte ich so ruhig wie möglich, ich würde es, wenn es sich um den Termin handele, auf mich nehmen, die Reise nach Moskau so zu organisieren, dass er am Sonnabend morgen in Leningrad wäre. Am Abend würde er von dort nach Moskau fahren, so dass er sich einen ganzen Tag in Leningrad aufhalten könne. Am Sonntag wäre er in Moskau. Ein Tag würde ausreichen, um den Politischen Rat des *Trusts* kennenzulernen. Am Abend könne er nach Leningrad fahren, den Montag dort verbringen und sich in der Nacht durch das ›Fenster‹ nach Helsinki begeben. Das wäre Dienstag. Am Mittwoch fahre auch ein Dampfer nach Stettin.«[16]

Jakuschews Vorschlag überzeugte Reilly. An seine Frau Pepita telegrafierte er: »Ich fahre heute Abend ab und kehre am Dienstag morgen zurück. Es besteht keinerlei Risiko. Wenn ich in Russland zufällig verhaftet werde, dann wird das nur aufgrund einer unbedeutenden Anschuldigung geschehen. Meine Freunde sind so mächtig, dass sie meine Befreiung erwirken werden.«[17]

Am 26. September war Sidney Reilly in Leningrad. Er wurde von Mukalow, einem Monarchisten und Agenten Wrangels, betreut. Am Abend bestiegen Jakuschew, Reilly und Mukalow den Zug nach Moskau. Auf dem Bahnhof in Mos-

kau wurden die Gäste von führenden Persönlichkeiten des
»Trust« erwartet. Das waren, natürlich, alles Leute von der
Tscheka.

Am 27. September, einem Sonntag, kam auf der Datsche
in Malaschowka der Politische Rat des »Trust« zusammen.
Auch dessen »Stabschef«, Nikolai Michailowitsch Potapow,
war zugegen. Der Generalleutnant des zaristischen Generalstabes (und jetzige Lehrer an der Militärakademie der Roten
Armee) machte sichtlich Eindruck auf Reilly.

Der britische Agent stellte seinen Plan vor, wie der Umsturz
in Sowjetrussland finanziert werden könnte: »In Russland gibt
es Unmengen von Kunstwerken. Ich habe Bilder berühmter
Meister im Auge, Radierungen, Gravüren, Kameen, Gemmen.
Sie aus den Museen herauszuholen bereitet keine großen
Schwierigkeiten. Freilich, die Exponate in den Ausstellungsräu-
men lassen sich schwer stehlen. Aber große Meisterwerke werden auch in den Lagerräumen aufbewahrt. Man muss ihre Ver-
sendung ins Ausland vorbereiten. Ich selbst kann ohne weiteres
als Zwischenhändler den Absatz in die Wege leiten. Auf diese
Weise sind sehr große Summen zu erzielen.«

Und Reilly sagte, was gestohlen werden sollte:

1. Radierungen holländischer und französischer Meister,
vor allem Rembrandts.

2. Gravüren, d. h. Kupferstiche, französischer und englischer Meister des 17. Jahrhunderts mit unbeschnittenen Rän-
dern, sowie Miniaturen des 18. und 19. Jahrhunderts.

3. Antike Münzen, golden, feinziseliert.

4. Italienische und flämische Primitive.

5. Werke von Meistern der holländischen, spanischen und
italienischen Schule.[18]

In einigen Monaten wollte Reilly wiederkommen, um
Neuigkeiten zu hören und verabschiedete sich. Zwei Autos
warteten. Reilly setzt sich in das erste, in dem sich Artusows
Stellvertreter, Pusizki, und ein weiterer Tschekist befanden.
Jakuschew und Potapow stiegen in den zweiten Wagen. Unterwegs schrieb Reilly eine Ansichtskarte und warf diese eigenhändig in einen Briefkasten. Danach wurde er verhaftet.

Ende September 1925 inszenierte die Tscheka an jener
Stelle, wo Reilly die sowjetisch-finnische Grenze überschritten

hatte, eine Schießerei. Auf finnischer Seite wurde das wahrgenommen und an »Trust« gemeldet: »Sendung verloren gegangen«.

Reillys Witwe schaltete im *Daily Express* eine Traueranzeige, wonach in der Nacht zum 29. September 1925 beim Dorfe Ala-Kjul an der finnischen Grenze ihr Mann Sidney den Tod gefunden habe.

Damit nahm sie nur vorweg, was am 5. November 1925 in Vollzug des Urteils von 1918 geschah. Reilly hatte noch versucht, das Todesurteil abzuwenden, als er am 30. Oktober an Dzierzynski schrieb: »Nach den Gesprächen, die man mit mir führte, erkläre ich mich einverstanden, Ihnen ein völlig offenes Geständnis abzulegen und zu den Fragen auszusagen, die die OGPU interessieren: über Organisation und Zusammensetzung des Geheimdienstes von Großbritannien und, soweit ich informiert bin, über den amerikanischen Geheimdienst sowie auch über die russischen Emigranten, mit denen ich zu tun hatte. Moskau, Inneres Gefängnis, 30. Oktober 1925 Sidney Reilly«.

Das Urteil von 1918 wurde vollstreckt.[19]

»Fall 39« und die Untergrundbewegung in der Ukraine

Ukrainische Nationalisten spielten im Kampf gegen Sowjetrussland eine bedeutende Rolle. Sie wurden, wie die GPU-Zentrale in Kiew im Frühjahr 1922 erfuhr, von einer ukrainischen Exilregierung unter Symon Wassyljowytsch Petljura in Polen gesteuert. Petljura (1879–1926) war 1919/20 Regierungschef in der Ukraine, der in jener Zeit Pogrome gegen Juden verantwortete, bei denen bis zu 100 000 Menschen von zumeist ukrainischen Soldaten ermordet worden waren. 1920 floh er nach Polen. Die »Exilregierung« unterhielt ein »militärisches Hauptquartier«, das von Jurko Tutjunnik befehligt wurde, einem zaristischen General. Dieses entsandte Agenten in die Ukraine, die dort eine nationalistische Untergrundbewegung aufbauen sollten.

Die geheimdienstliche Strategie der Tscheka war die gleiche wie in den Operationen »Trust« und »Syndikat«. Sie bildete eine vermeintlich antibolschewistische Terrorganisation, mit der Angriffe auf Einrichtungen der Sowjetmacht vorgetäuscht wurden. Die Aktionen wurden von Fjodor Sajarny aus dem Hauptquartier General Tutjunniks bestätigt. Sajarny war zuvor von der GPU angeworben und nach Polen zurückgeschickt worden.

Er berichtete dort Tutjunnik, dass sich in der Ukraine ein Oberster Militärrat gebildet habe, der Tutjunnik den Oberbefehl anbiete und beabsichtige, in der Ukraine ebenfalls ein operatives Hauptquartier zu schaffen.

Damit war die Gegenoperation »Fall 39« eingeleitet.

Tutjunnik schluckte aber den Köder nicht sofort. Er schickte mehrere Abgesandte in die Ukraine, die an inszenierten Sitzungen des »Obersten Militärrates« teilnahmen. Tschekisten, die als ukrainische Nationalisten auftraten, berichteten über die wachsende Untergrundbewegung gegen die Bolschewiki und die sowjetrussische Zentralregierung in Moskau.

Nachdem auch einer seiner engsten Vertrauten, Pjotr Stachow, die Meinung vertrat, dass Tutjunnik die Führung des »Obersten Militärrates« übernehmen und in die Ukraine zurückkehren müsse, tat er dies. Stachow war bei einem Aufenthalt in der Ukraine von der GPU überworben worden.

Am 26. Juni 1923 reiste Tutjunnik mit seinen Leibwächtern und Beratern in einen entlegenen Flecken am rumänischen Ufer des Dnjestr, wo ihn Sajarny mit der Nachricht begrüßte, Vertreter des »Obersten Militärrates« und Pjotr Stachow würden ihn am anderen Ufer erwarten.

Sobald er in den Händen der GPU war, wurden von Tutjunnik oder in seinem Namen geschriebene Briefe an prominente ukrainische Nationalisten verschickt, in denen er erklärte, dass ihr Kampf aussichtslos sei. Darum habe er sich unwiderruflich der sowjetischen Sache angeschlossen.

Später wurde Turko Tutjunnik erschossen.[20]

Ukrainische Nationalisten sollten seit Mitte der 30er Jahre besonders von den deutschen Nachrichtendiensten instrumentalisiert werden.

In der heutigen Ukraine werden Petljura und Tutjunnik als Nationalhelden verehrt.

Anmerkungen

1 Sowjets: Räte, Machtorgane der Arbeiter, Bauern und Soldaten, die ihren historischen Ursprung in der Russischen Revolution von 1905 hatten
2 Bolschewiki: Auf dem 2. Parteitag der Sozialdemokratischen Arbeiterpartei Russlands in London stellten sie die Mehrheit *(bolschinstwo)*. Die Minderheit *(menschinstwo)*, die Menschewiki, wurden 1912 auf der 6. Gesamtrussischen Parteikonferenz in Prag aus der SDAPR ausgeschlossen und bildeten eine eigene Partei. 1918 nannten sich die Bolschewiki »Kommunistische Partei«, 1925 wurde daraus die Kommunistische Partei der Sowjetunion mit dem Zusatz »Bolschewiki«, also KPdSU (B).
3 Am 22. Februar 1918 trafen sich im Smolny Lenin und eine Reihe hoher Militärs aus der Zarenzeit. Unter Leitung von Generalleutnant Michail Bontsch-Brujewitsch sollten sie einen Plan zur Verteidigung Petrograds gegen die Deutschen erarbeiten. Bontsch-Brujewitsch schlug eine »Vorhang-Verteidigung« vor, die auch Angriffsmöglichkeiten beinhaltete. »Aufklärungsgruppen« sollten mögliche Angriffsabschnitte erkunden, sich bei Feindberührung zurückziehen und mit den wartenden »Unterstützungsabteilungen« zusammenschließen. Im Smolny war ein Verteidigungskomitee stationiert. Die Bolschewiki hatten über 50 000 Petrograder Arbeiter bewaffnet und entsprechend den Aufklärungsergebnissen eingesetzt. In den umkämpften Abschnitten bildeten sie einen »Feuerriegel«. Auf diese Weise konnte der deutsche Angriff auf Petrograd gestoppt und die deutsche Armeegruppierung zurückgeschlagen werden. Diese Methode wurde fortan bei der vorläufigen militärischen Absicherung der Grenzen Russlands praktiziert. Bis Herbst 1918 existierten der nördliche, der nordwestliche, der westliche Feuerriegel sowie einer im Südabschnitt. Im Großen Vaterländischen Krieg übernahm Marschall der Sowjetunion Leonid Alexandrowitsch Goworow (1897–1955) Elemente dieser Abwehr bei der Verteidigung Leningrads.
4 Der 23. Februar 1918 – jener Tag, an dem es den Russen gelang, die Deutschen bei Pskow zurückzuschlagen – gilt als Gründungstag der Roten Armee. Er wird bis heute in den russischen Streitkräften gefeiert.
5 Etappen der Entwicklung der Tscheka:
• 7. Dezember 1917: Der Rat der Volkskommissare beschließt die Bildung einer »Gesamtrussischen Außerordentlichen Kommission zur Bekämpfung von Konterrevolution, Spekulation und Sabotage« (*Wserossijskaja tschreswytschainaja komissija po borbe s kontrrewoljuziej, spekuljaziej i sabotaschem*, kurz Tscheka). Zum Vorsitzenden wurde Felix Edmundowitsch Dierzynski berufen.
• 6. Februar 1922: Schaffung der Staatlichen Politischen Verwaltung (*Gossudarstwennoje Polititscheskoje Uprawlenije*, GPU) innerhalb des Volkskommissariats für Innere Angelegenheiten als Nachfolgerin der Tscheka

- 1923: Bildung der Vereinigten Staatlichen Politischen Verwaltung (OGPU)
- 1934: Die OGPU unter G. G. Jagoda geht im neugebildeten Volkskommissariat für innere Angelegenheiten der UdSSR (NKWD) auf.
- 1946: Bildung des Volkskommissariats für Staatssicherheit (NKGB)
- 1953: Umbildung des Volkskommissariats in *Ministerium für Staatssicherheit* (MGB) und *Innere Angelegenheiten* (MWD) der UdSSR
- 1954: Bildung des Komitees für Staatsicherheit (*Komitet gossudarstwennoi besopasnosti pri Sowjete Ministrow SSSR,* KGB) beim Ministerrat der UdSSR
- 1978: Umbildung des *Komitees für Staatssicherheit beim Ministerrat der UdSSR* in Komitee für Staatssicherheit der UdSSR (KGB)

6 Sozialrevolutionäre: russische kleinbürgerliche Partei mit bäuerlicher Basis. Die Sozialrevolutionäre strebten die Beseitigung der zaristischen Selbstherrschaft mittels individuellen Terrors an. 1910 zerfiel die Partei in mehreren Gruppen. Die linken Sozialrevolutionäre gewannen nach der Februarrevolution 1917 zeitweise großen Einfluss. Ab 1918 driftete dieser Flügel immer mehr zur Konterrevolution über und beteiligte sich aktiv an Umsturzversuchen, auch an Attentaten auf Lenin. Die Partei der Sozialrevolutionäre löste sich während des Bürgerkrieges in Sowjetrussland auf, viele ihrer Führer gingen ins Ausland.

7 Menschewiki: Minderheit innerhalb der russischen SDAPR, 1912 ausgeschlossen, ging sie eigene politische Wege und stellte sich 1917 gegen die Bolschewiki

8 Michail Bontsch-Brujewitsch: Petrograd, Berlin 1970, S. 337

9 Wladimir Bontsch-Brujewitsch veröffentlichte 1930 das Buch »Auf Kampfposten«, das den Umzug der Sowjetregierung von Petrograd nach Moskau beschreibt.

10 Lew Nikulin: Tote Dünung, Berlin 1968, S. 83 f.

11 a. a. O., S. 85

12 Wassili Ardamatski: Verschwörung im Rampenlicht, Berlin 1969, S. 513 ff.

13 Autorenkollektiv: Schild und Flamme, Berlin 1973, S. 45 ff.

14 Wassili Ardamatski, a. a. O., S. 542

15 Lew Nikulin, a. a. O., S. 283

16 a. a. O., S. 286 ff.

17 a. a. O., S. 287

18 a. a. O., S. 290 ff.

19 a. a. O., S. 294

20 a. a. O., S. 305 ff.

3. Die »Sisson-Dokumente«

Im Sommer 1918 bezeichnete die *New York Times* die Bolschewiki als »unsere bösartigsten Feinde«, obwohl die USA noch immer mit Deutschland und nicht mit Russland im Kriege standen. Die Sowjetführer wurden generell in der US-Presse als »bezahlte Agenten« der Deutschen bezeichnet.

Die Schmähung gründete sich auf die Tatsache, dass Lenin im April 1917 in einem »verplombten Zug« durch Deutschland über Schweden und Finnland aus dem Schweizer Exil nach Russland zurückgekehrt war. Es traf zu, dass ohne Zustimmung des kaiserlichen Deutschland und damit objektiv mit dessen Unterstützung die russischen Revolutionäre nicht nach Petrograd gelangt wären. Und auch der Gedanke ist keineswegs abwegig, dass der deutsche Generalstab ein gewisses Kalkül damit verband, und sei es nur, dem russischen Bären, dem Feind, eine Laus in den Pelz zu setzen.

Der britische Geheimdienstoffizier Stephan Alle, in der britischen Botschaft in Petrograd stationiert, steckte Oberst Boris Nikitin, dem Abwehrchef bei General L. G. Kornilow, dem Befehlshaber des Militärbezirks Petrograd, mit der Lenin-Eskorte aus der Schweiz sei »eine ganze Horde deutscher Spione in Russland« eingereist.[1]

Es dauerte nicht lange, da kam aus dem Spionageabwehrdienst des Hauptquartiers der russischen Armee die Meldung, der aus deutscher Gefangenschaft heimgekehrte Fähnrich Igor Jermolenkow habe ausgesagt, dass er von Deutschen angeworben worden sei und für künftige Dienste bereits 50 000 Rubel erhalten habe. Bevor man ihn zurückgeschickt habe, hätte man ihn wissen lassen, dass die bolschewistischen Führer deutsche Spione seien.[2]

Der Abwehrdienst im Stab des Obersten Befehlshabers der russischen Armee wurde von General Anton Denikin geleitet. Es gilt als sicher, dass alle Aussagen des heimgekehrten Fähnrichs nach seinem Diktat erfolgt waren.

Niemand, der nur ein bisschen vom Spionagegeschäft versteht, wird solchen Angaben Glauben schenken. Die deutsche Spionage dachte nicht im Entferntesten daran, einem angeworbenen Fähnrich ihre wichtigsten Geheimnisse anzuvertrauen.

Anders jedoch die Kerenski-Regierung. Justizminister, Pawel Perewersew bereitete die von Denikin vorgelegten »Papiere«, dass die Bolschewiki und ihre Führer gekaufte Kreaturen seien, zur Veröffentlichung vor. Später offenbarte Kerenski im amerikanischen Exil, dass er als Ministerpräsident der Provisorischen Regierung befohlen habe, die »tödliche Akte« gegen Lenin und seine Genossen anzulegen.

Perewersew ging, ohne sich mit Kerenski zu verständigen, gegen die Bolschewiki vor. Am Abend des 17. Juli 1917 gab er Befehl, in den Morgenstunden des folgenden Tages alle bolschewistischen Führer zu verhaften und ihre Parteibüros sowie die Redaktionen parteinaher Zeitungen zu schließen. Der Justizminister scharte einige Journalisten um sich und weihte sie in die vorgesehene Aktion ein. »Aufgrund soeben erhaltener Informationen steht nunmehr fest, dass die bolschewistischen Organisationen, die den Aufruhr in Petrograd organisierten *(im Juli 1917 rebellierten in Petrograd zurückgekehrte Frontsoldaten – H. W.)*, mit dem deutschen Feind in Verbindung stehen.«

Der Justizminister weiter: »Zu diesem Zweck und mit dem von den genannten Staaten *(Deutschland und Österreich-Ungarn – H. W.)* erhaltenen Geld organisieren sie Propaganda unter der Zivilbevölkerung und in der Armee, in der sie dazu auffordern, sich unverzüglich einer Fortsetzung der militärischen Aktionen gegen den Feind zu widersetzen.«[3]

Es schien alles gut vorbereitet, den bolschewistischen Widersacher zur Strecke zu bringen. Es kam aber anders. Der oberste Ankläger im Petrograder Appellationsgericht, N. S. Karinski, informierte Wladimir Bontsch-Brujewitsch, inzwischen Vertrauter Lenins, dass eine Anklage gegen Lenin vorläge und er in höchster Gefahr sei. Alle Führer der Bolschewiki wurden gewarnt und konnten fliehen. Lenin ging nach Finnland.

Der Mob wurde mobil. Aufgebrachte »Patrioten« überfielen bolschewistische »Verräter«, verwüsteten Parteibüros und andere Einrichtungen. Das Gift von Kerenskis »Verratspropaganda« wirkte.[4]

Kerenski festigte in der Phase antibolschewistischer Massenhysterie seine Macht in Russland und verlangte immer neue »Enthüllungen über die deutsch-bolschewistische Verschwörung« durch seinen Spionagedienst. Abwehrchef Nikitin lieferte sie. Immer mehr »Geständnisse« von angeblichen deutschen Spionen und andere »Tatsachen« wurden offeriert. Doch plötzlich schlug die Stimmung in der Öffentlichkeit um. Das Gros der in Petrograd stationierten Soldaten folgte den Bolschewiki und vertrieb im November 1917 die Provisorische Regierung.

Die von der Kerenski-Regierung erarbeiteten »Beweise« für das angebliche »Zusammenwirken« der Bolschewiki mit den Deutschen wurden von Nikitin dem britischen Geheimdienst zum Kauf angeboten. Der lehnte ab. Er wusste, dass es sich um zweckdienliche Fälschungen handelte.

Ein aufstrebender, ehrgeiziger Mitarbeiter der US-Botschaft in London mit Namen Edgar Sisson beschaffte sich diese Unterlagen vom britischen Außenamt und brachte sie nach Washington. Sie wurden dort Ende 1918 von dem seit 1916 in den USA lebenden Offizier der zaristischen Ochrana, Boris Brasul, mit »neuen Informationen und Angaben« angereichert, die seiner Fantasie entsprangen. Diese Überarbeitung passte offensichtlich ins Konzept, denn nunmehr erklärten offizielle US-Stellen, die von Sisson vorgelegten Dokumente seien echt![5]

Sie gingen in die Geschichte als »Sisson-Dokumente« ein und spielten in den folgenden Jahren eine zentrale Rolle in der antisowjetischen Propaganda. Dem Kongressabgeordneten der Republikaner Martin Dies, der später den Kongressausschuss zur Untersuchung unamerikanischer Tätigkeit leiten sollte, dienten sie dazu, seinen Untersuchungsausschuss zu einem Forum sowjetfeindlicher Propaganda auszubauen.[6]

1940 veröffentlichte Martin Dies ein Buch mir dem Titel »The Trojan Horse in America: A report to the Nation« (»Das trojanische Pferd in Amerika: Ein Bericht an die Nation«), das in erster Linie der antisowjetischen Propaganda diente. Es war ein Versuch, der amerikanischen Öffentlichkeit weiszumachen, die »Moskauer Agenten« hätten bereits mit der Infiltration der Vereinigten Staaten begonnen.[7]

Dort liegen die Wurzeln der Russenfurcht in den USA, auch wenn der Diplomat und Russlandexperte George Kennan diese

Dokumente als Fälschungen bezeichnete und gegen die Hysterie anging.

Am 2. Oktober 1941, der faschistische Eroberungsfeldzug gegen die Sowjetunion war im vollen Gange, erklärte Martin Dies in einem offenen Brief an Präsident Roosevelt, er werde seinen Kampf auch in Zukunft fortführen. Selbst als die USA bereits Seite an Seite mit der Sowjetunion kämpften, stellte Dies seine sowjetfeindliche Propaganda nicht ein.

Am 29. März 1942 sagte der US-Vizepräsident Henry Wallace: »Wenn Frieden wäre, könnte man diese Taktik als das Geistesprodukt eines besessenen Fanatikers ignorieren. Aber wir leben nicht im Frieden. Wir leben im Krieg, und diese und ähnliche Äußerungen des Mr. Dies haben durch die Zweifel und Missstimmungen, denen sie Nahrung geben, praktisch die gleiche Wirkung auf die öffentliche Meinung wie Goebbelssche Propaganda. Unsere Moral wäre sogar weniger gefährdet, wenn Mr. Dies zu Hitlers bezahlten Agenten gehörte. Wir Amerikaner dürfen uns den Folgerungen aus dieser betrüblichen Tatsache nicht verschließen«.[8]

Bis in die Neuzeit gibt es hin und wieder Autoren, aber auch Historiker, meistens aus den angelsächsischen Gefilden, die sich Behauptungen in den »Sisson-Dokumenten« zu eigen machen. »Nichts als Mythen und Märchen«, stellt Heinz Höhne fest.[9]

Anmerkungen

1 Heinz Höhne: Der Krieg im Dunkeln, München, 1985, S. 227
2 Michail Bontsch-Brujewitsch: Petrograd, Berlin 1987, S. 167
3 Heinz Höhne: Der Krieg im Dunkeln, München 1985, S. 241
4 a.a.O., S. 243
5 Michael Sayers/Albert E. Kahn: Die Große Verschwörung, Berlin 1949, S. 145
6 a.a.O., S. 146
7 a.a.O., S. 448 ff.
8 a.a.O., S. 354 ff.
9 Heinz Höhne: Der Krieg ..., a.a.O., S. 248 ff.

4. Der »Vater der Lüge«

Das deutsche Kaiserreich, der deutsche Imperialismus, wähnte sich bei der Aufteilung der Welt zu kurz gekommen und von anderen Kolonial- und Großmächten bevormundet. Der Kampf um einen Platz an der Sonne wurde von der Propaganda in chauvinistischer Weise schmackhaft gemacht.

Und als der Krieg, den offenbar nicht nur Deutschland wollte, 1914 losbrach, hieß es: »Wir sind jetzt in einen Kampf um unser Dasein hineingerissen worden, der uns zur Eroberung zwingt, wenn wir nicht untergehen wollen, denn das ist sicher, gewinnen wir jetzt nicht das Land, das wir für unser Volk zur Beseitigung der Landnot gebrauchen, dann wird unser Volk eine Nebenrolle spielen.«[1]

In der gleichen »Denkschrift« von 1914 kann man lesen: »Wir mussten entsagen, weil unser Volk zu spät erst die staatliche Einheit errang und bei der Aufteilung der Erde nicht zugegen war, nun zwingen uns unsere Feinde in einen Weltkrieg hinein, der zu einer Neuaufteilung der Erde führen muss, der uns zwingt, wenn wir nicht unterliegen wollen, nicht nur ein Weltvolk zu werden, sondern auch Weltmacht zu gewinnen.«[2]

Der »russische Koloss« müsse so geschwächt werden, dass er in Europa nie mehr eine Rolle spielen dürfe, Russland müsse vom Westen abkehren. »Dazu müssen wir ihm die Herrschaft in der Ostsee entreißen und, um es zu erreichen, müssen die russischen Ostseeprovinzen Kurland, Livland, Estland sowie das Gebiet, das die Landbrücke zwischen den baltischen Provinzen und Ostpreußen bildet, an das deutsche Reich angegliedert werden.« Überall solle der Ruf erschallen: »Gen Osten wollen wir fahren!«

Als 1917 die Oktoberrevolution in Russland siegte, hieß es unter Beibehaltung der genannten Ziele:
- »Schutz der unterdrückten Völker gegen die zerstörerischen Kräfte des Bolschewismus.

- Sicherstellung der großen moralischen und wirtschaftlichen Werte, die im Osten Europas zum Teil zerstört worden sind, zum Teil völlig brach liegen.
- Deutschlands Recht und Pflicht, als Nachbar hier im Namen Europas Ordnung und Freiheit zu schaffen.
- Deutschlands Recht und Pflicht, seinen Volksgenossen in Russland die verlorene Existenz im alten deutschen Kolonialland, dem Baltikum, zu ersetzen.
- Sicherstellung der Ernährung und Volkswirtschaft Europas durch Erschließung der ungeheuren im Osten ruhenden Werte.«[3]

Der deutsche Imperialismus benötigte zur Realisierung dieser Ziele eine Streitmacht, die materiell, ideologisch und moralisch aufgerüstet und munitioniert war.

Die Führungskräfte des deutschen Militärs, angefangen beim Großen Generalstab bis zu den Truppenkommandeuren, glaubten mit dem Schlieffen-Plan das Konzept für einen schnellen und sicheren Sieg zu besitzen. Der 1905 von Generalfeldmarschall Alfred Graf von Schlieffen entwickelte strategisch-operative Plan sah für den Fall eines möglichen Zweifrontenkrieges vor, zunächst die Masse des Heeres im Westen einzusetzen, mit dem Nordflügel die französischen Befestigungen zu umgehen und das französische Heer entscheidend im Rücken zu fassen. Nach einem Sieg über Frankreich innerhalb weniger Wochen sollten die deutschen Truppen nach Osten verlegt werden, um gegen Russland zu kämpfen. Schlieffens Absicht war, auf diese Weise einen gleichzeitigen Krieg des Deutschen Reichs gegen Frankreich und Russland in zwei aufeinander folgende Feldzüge aufzuteilen.

Der »Schlieffen-Plan«[4] fußte auf der »Blitzkriegstheorie«, die sich bereits im September 1914 erledigte, als die deutsche Offensive an der Marne steckenblieb. Im Zweiten Weltkrieg plante das faschistische Oberkommando des Heeres (OKH) eine Operation, die dem Schlieffen-Plan des Ersten Weltkriegs ähnlich war. Aber auch da scheiterte man.

Zu den machtpolitischen Überlegungen gehörte der Aufbau eines militärischen Geheimdienstes. Diese Intentionen teilten die Militärs in allen europäischen Staaten, zumindest auf Seiten der Mittelmächte und der Entente.

»Die Aufstellung großer schlagkräftiger Armeen im 19. Jahrhundert«, stellte Allen Dulles fest, »führte dazu, dass sich das Gewicht des auswärtigen Nachrichtendienstes allmählich in erster Linie auf militärische Fragen verlagerte und die Armeen selbst die Verantwortung für diese Ermittlungen übernahm. Bis zum Ersten Weltkrieg entstanden so, unter der Schutzherrschaft der Generalstäbe fast aller europäischen Armeen, spezielle militärische Nachrichtendienste, die sich zu den wichtigsten auswärtigen Nachrichtendienststellen entwickelten.«[5]

Die Hauptmächte während des Ersten Weltkrieges verfügten über folgende militärische Geheimdienste:
- die *Abteilung IIIB* des deutschen Generalstabes[6]
- das *II. Büro* des französischen Generalstabes
- das *Intelligence Department* des britischen Generalstabes
- die *Military Information Division* des US-Generalstabes
- das *Evidenz-Büro* des k.u.k. Generalstabes sowie
- die *2. Abteilung* des russischen Generalstabes.

Zusätzlich verfügten die Admiralsstäbe der Seemächte über gesonderte Geheimdienstzweige.

Dominierende Gestalt im deutschen militärischen Geheimdienst vor und während des Ersten Weltkrieges war Walter Nicolai (1873–1947). Nicolai, Sohn eines preußischen Offiziers, war nach dem Besuch der Kriegsakademie in Berlin 1906 als Chef des Nachrichtendienstes der deutschen Obersten Heeresleitung berufen worden. Er galt als ultrakonservativ, kaisertreu und angeblich als unpolitisch. Er sprach, was seinerzeit unüblich war, fließend Russisch und bereiste dienstlich vor dem Krieg wiederholt das Zarenreich.

Nicolai baute den IIIB-Apparat binnen kurzer Zeit zu einem beachtlichen Apparat mit großer Machtbefugnis aus. Das bezog sich auf die Leitung der Spionage, die Spionageabwehr, die Subversion, die Pressezensur, die Propagandaarbeit im deutschen Heer, im eigenen Hinterland und auf die psychologische Beeinflussung der Gegner und des eigenen Volkes. Seine Stellung behauptete er auch gegenüber dem im Krieg größer aufgezogenen politischen Geheimdienstzweig des Auswärtigen Amtes, welcher dem Zentrumsabgeordneten Mathias Erzberger unterstand.[7]

Wie die russische Seite ging auch der deutsche Generalstab davon aus, dass der Krieg nur einige Monate dauern würde. Allerdings fußte diese Militärdoktrin auf zwei kapitalen Fehleinschätzungen: in der maßlosen Überschätzung der eigenen Möglichkeiten und der arroganten Unterschätzung der Gegner. Der Chef der Operationsabteilung im Großen Generalstab, Erich Ludendorff, später ein Hauptverfechter der Theorie vom »totalen Krieg«, unterstützte Nicolai beim Ausbau der Abteilung IIIB, als der Krieg länger dauerte als geplant. Das Wesentliche der Neuausrichtung des Dienstes durch Nicolai bestand in der Straffung der Leitung und der Konzentration auf Schwerpunkte.

Nicolai entwickelte das System der Nachrichtenoffiziere (NO) bei den Armeen und Korps, die aber aufgrund ihrer operativen Tagesaufgaben kaum in der Lage waren, Agenten und Informanten im Hinterland des Gegners zu steuern. Deshalb teilte er seine Organisation und ließ sie künftig auf zwei Feldern operieren: Die Nachrichtenoffiziere (NO) betrieben nur noch Aufklärung und Abwehr im Frontbereich (»Frontnachrichtendienst«), und im eigenen sicheren Hinterland wurden »Kriegsnachrichtendienststellen« gegründet, die im feindlichen Hinterland operierten.[8]

Zusätzlich gründete Nicolai eine weitere Dienststelle, die sich »Nachrichtenoffiziere Berlin« (NOB) nannte und ausschließlich auf die Aufklärung Russlands und des Baltikums orientierte. Sie unterhielt Nebenstellen in Stockholm, Flensburg, Budapest, in Piräus und Galatz (heute Galati/Rumänien) und sammelte Informationen über russische Vorgänge.

Diese Einrichtung betrieb auch Befragungsstellen in allen Kriegsgefangenenlagern, in denen russische Soldaten interniert waren. Dieses System der Gefangenenbefragung sollte später, während des Zweiten Weltkrieges, von Reinhard Gehlen mit großer Intensität betrieben werden.

Von diesem NOB-Apparat wurden die ersten Fühler zur russischen Emigration ausgestreckt. Erstmals kam auch im großen Stil die Wissenschaft zum Einsatz: Ausländische Pässe wurden gesammelt und für Auslandsreisen präpariert (Visum), Geheimschriftmittel, Chiffrier- und Codemittel erhielten einen neuen Stellenwert. Viele technische Hilfsmittel kamen zum Einsatz. Der Einfluss des Nicolaischen Geheimdienstes auf politische Belange und Entscheidungen in Deutschland selbst nahm ebenfalls enorm zu.

Im Sommer 1917 schlug Nicolais große Stunde. Erich Ludendorff war Generalquartiermeister geworden, und als enger Vertrauter des neuen Generalstabschefs Hindenburg übertrug er Nicolai weitere Aufgaben. So konnte Nicolai aus seinem militärischen Geheimdienst auch eine politische Institution machen, denn ihm unterstanden nun auch das Kriegspresseamt und die Oberzensurstelle.

Nicolai sah sich als unerbittlicher Erzieher zum militärischen Siegeswillen, Aufpasser und Initiator vaterländischer Selbstdisziplin. Nur noch von Offizieren und Beamten der IIIB gebilligte Berichte über militärische Vorgänge durften erscheinen.[9] Im Inland wurde ab 1915 ein Netz von V-Männern in Firmen, Behörden und in privaten Kreisen aufgebaut. Nach einer Verfügung der Obersten Heeresleitung vom 8. Mai 1917 schuf Nicolai eine Propagandastelle[10] und führte bei den Truppen einen vaterländischen Unterricht ein.

Mit seinem Aufklärungsapparat stieß er im Ausland in all jene Gebiete vor, die von Deutschlands müden politischen Instanzen längst aufgegeben worden waren. Seine Beauftragten saßen in der militärischen Abteilung, die das Auswärtige Amt bei Kriegsbeginn hatte einrichten müssen. Dem Geheimdienst war die Kontrolle über die Spionageabwehr zugefallen, die er gemeinsam mit Polizei und Geheimer Feldpolizei betrieb.

Nicolai sorgte dafür, dass im deutschen Volk die Kriegsstimmung nicht abflaute und bewies beachtlichen Eifer bei der Verbreitung der Durchhalteparolen, die die militärische Führung vorgab.

1917 war die Abteilung IIIB so angewachsen und auch politisch stark geworden, dass Nicolai ihr erstmals eine sichtbare Struktur gab:
- Sektion I (Geheimer Kriegsnachrichtendienst),
- Sektion II (In- und Auslandspresse)
- Sektion III (Spionageabwehr).

Die von Nicolai geschaffene Propagandastelle entschied, in welcher Form, mit welcher Intensität und zu welchen Themen die Propaganda zu betreiben war. Im Kriegspresseamt, in der

Feldpressestelle und in der Informationsstelle des Generalquartiermeisters des Generalstabes saßen Nicolais Leute, so dass ohne seinen Segen nichts geschah.

»Wo immer Nicolai die Kriegsstimmung bedroht sah, wo immer er Friedenssehnsucht spürte, griff er ein. Der IIIB-Chef stand hinter der Gründung der Vaterlandspartei mit ihrem chauvinistisch-reaktionären Eroberungsprogramm, er steuerte die Stimmungsmache gegen die gemäßigten Führer der Sozialdemokratie, er mobilisierte deutsch-nationale Volksempörung, wenn es der entmachtete Reichstag wagte, sieglose Friedenslösungen zu suchen; keine Pressekonferenz, in der Nicolai nicht zu härtester Propagandahilfe für die deutsche Kriegsanstrengungen aufrief.«[11]

Waren die Durchhalteparolen auch noch so demagogisch und auf die einfachsten menschlichen Instinkte abgestimmt, so nahm die Kriegsbereitschaft dennoch ab. Die Kriegsschatten über Deutschland wurden immer düsterer, das Volk murrte und begann aufzumucken.

Mit Nicolais Namen, den die Linken »Vater der Lüge« nannten, waren alle »Etappen der systematischen Verdummung, der politischen Verhetzung, der schillernden Lüge verbunden, bis das ganze Riesengebäude zu schwanken begann und zusammenbrach«, wie 1920 die *Weltbühne* schrieb.[12]

Im Chaos der Kriegsniederlage und der Novemberrevolution 1918 in Deutschland ging auch der IIIB-Apparat unter. Und mit ihm der selbsternannte »Propaganda- und Durchhalteminister«. Doch er war nicht wirklich weg. Im Verborgenen zog er die Fäden. Nicolai entwickelte aus der Doktrin vom Blitzkrieg »die Konzeption der *totalen Spionage*, aus der folgerichtig ein völlig neuartiges Spionagesystem«[13] entstehen sollte, das dem Geheimkrieg ein neues Gesicht gab.

Nicolai formuliert das 1924 so: »Für Deutschland waren die Zeiten des rein militärischen Entscheidungskampfes und auch die Zeiten vorbei, in denen ein militärischer Nachrichtendienst zur Vorbereitung und Durchführung eines Krieges genügen könnte. An Stelle des militärischen trat ein Nachrichtendienst des Staates gegen das ihn umgebende Ausland schlechthin. Er erstreckt sich auf alles, was den einen Staat dem anderen überlegen machen könnte, gleichmäßig auf

Wirtschaft, Politik und Wehrmacht. Er begnügte sich nicht mehr mit der rein negativen Tätigkeit der Erkundung, sondern ging zum positiven *(aktiven – H. W.)* Handeln im Wirtschaftskampf und in der Propaganda innen- und außenpolitischer Art über.«[14]

Nicolais Vorstellungen von einer zentralen, in sich geschlossenen Organisation, die alle Felder geheimdienstlicher Arbeit abdeckte, machten deutlich, dass »dem militärischen Nachrichtendienst nicht mehr die erste Rolle angewiesen wird, dass vielmehr der diplomatische, politische und wirtschaftliche Dienst in den Vordergrund getreten und der militärische Nachrichtendienst ihm untergeordnet und dienstbar ist«.[15]

Nicolai war der theoretische Vorreiter dieser Idee, die in der Geheimdienstentwicklung nicht sofort Fuß fasste, da in den 20er Jahren noch andere Faktoren eine Rolle spielten. Das Potenzial dieser Idee wurde aber von der Großindustrie in Deutschland erkannt und gefördert. Nicolai richtete sich in Berlin in der Viktoriastraße 31 ein (Büro Nicolai) und spann bald spinnenartig Fäden zur deutschen Industrie, zu russischen Emigrantenorganisationen, zum Generalstab und dem Reichswehrministerium. Nicolai unterstützte die IG Farben bei Ausbau und Aufbau eines geheimen Nachrichtendienstes *(s. FN 13)*, aber auch Krupp, Thyssen, Hugenberg und andere Konzerne gehörten zu Nicolais Kunden.

Er erarbeitete Vorschläge zum Ausbau von Werkschutz- und Betriebssicherheitssystemen, die sich besonders gegen kommunistische und sozialdemokratische Aktivitäten in Großbetrieben richteten. Dieses System wurde von der Industrie, von Versicherungen, Banken, der Reichsbahn, der Deutschen Post übernommen.

Oberst a. D. Walter Nicolai kehrte auch wieder zu seinem ursprünglichen Betätigungsfeld zurück: Russland. Er stand in Verbindung mit russischen Emigrantenkreisen. Besonders eng waren seine Kontakte zu Baltendeutschen, die eine sehr starke Kolonie in Berlin hatten.

Ende Oktober 1924 titelte die *Daily Mail* in London, dass Scotland Yard eine sowjetrussische Verschwörung gegen England aufgedeckt habe. Zum Beweis veröffentlichte die Zeitung einen Brief, in welchem Grigori Jewsejewitsch Sinowjew in seiner Funktion als Mitglied der Komintern den britischen Kommunisten Hinweise für den Wahlkampf gegen die Konservativen gab. Dieses Schreiben erzielte die erhoffte Wirkung, es brachte den Konservativen den Wahlsieg.

Einige Jahre später verriet der Leiter von Scotland Yard, Sir Wyndham Childs, dass jener Brief eine Fälschung war, die auf Anregung des Büros Nicolai in Berlin angefertigt worden sei. Verfasst hatte ihn ein Baron Uexkuel aus dem Baltikum. Die Weiterleitung des gefälschten Sinowjew-Briefes an das britische Außenamt und an die *Daily Mail* hatte Georg Bell, ein Vertrauter des Erdölmagnaten Henri Detering, besorgt.[16] Detering war Holländer, der in England geadelt worden war.

Nicolai blieb auf diesem Feld der politischen Intrige und Desinformation, war aber schlau genug, sich nie direkt in Operationen des Generalstabes und des Reichswehrministeriums gegen Sowjetrussland einbinden zu lassen. Er war sich dessen bewusst und warnte darum, dass auch die deutsche Seite ähnlichen Mystifikation zum Opfer fallen könnte wie russische Emigrantenorganisationen in Polen, Finnland, Frankreich. Mit »Mystifikationen« meinte er Gegenoperationen des sowjetischen Nachrichtendienstes.

Seine politische Heimat fand Nicolai in der 1918 von dem Antikommunisten Alfred Hugenberg gegründeten Deutschen Nationalen Volkspartei (DNVP), deren Vorsitzender dieser Exponent der rheinisch-westfälischen Montanindustrie war. Bereits im Vorfeld dieser Parteigründung war Nicolai in die Dienste von Hugenberg getreten. Später schuf er eine Einrichtung, die den Charakter eines halboffiziellen Organs hatte und in politischen Kreisen »Verbindungsorganisation Nicolai-Hugenberg« genannt wurde. Diese Institution spielte eine maßgebliche Rolle in der Zeit des Übergangs der Weimarer Republik zum Dritten Reich, da sie konspirativ viele Fäden spann, um Kreise der deutschen Monopolbourgeoisie für eine radikale politische Veränderung zu gewinnen und sie auf expansionistische Ziele Richtung Osten zu orientieren.

Die reaktionäre DNVP sorgte mit dafür, dass der Faschismus Masseneinfluss erhielt. Im Jahre 1929 geriet sie aber in immer größere Abhängigkeit zur NSDAP, wobei diese Entwicklung von der profaschistischen Position Hugenbergs diktiert war.[17]

Dem Stab der DNVP, der die Reichstagswahlen vom 14. September 1930 vorbereitete, gehörte auch Walter Nicolai an.

Anfang 1935 wurde er in das Reichwehrministerium berufen, wo er eine Funktion erhielt, die sich mit der politischen Führung im Krieg befasste. Er wurde 1945 vom NKWD festgenommen, nach Moskau überführt und befragt. Er verstarb am 4. Mai 1947 im Hafthospital der Moskauer Butyrka. Seine Asche wurde auf dem Don-Friedhof in der sowjetischen Hauptstadt bestattet.

1999 wurde Walter Nicolai von der russischen Militärstaatsanwaltschaft rehabilitiert.

Anmerkungen

1 Kriegsdenkschrift von Heinrich Claus von September 1914. In: Europastrategie des deutschen Kapitals von 1900–1945, Bonn 1994, S. 226 ff.
2 a.a.O., S. 231 ff.
3 Vorschlag für eine deutsche Offensive vom 3. Juni 1918, a.a.O., S. 447
4 Schlieffen, Alfred Graf von (1833–1913), Chef des Großen Generalstabes von 1891 bis 1906
5 Allen Dulles: Im Geheimdienst, Düsseldorf/Wien 1963, S. 36 ff.
6 Die Bezeichnung IIIB entstand in den 60er Jahren des 19. Jahrhunderts. Sie unterstand der »Sektion B«, der 3. (französischen) Abteilung im preußischen Generalstab.
7 Charisius/Mader: Nicht länger geheim, Berlin 1969, S. 75
8 Zolling/Höhne: Pullach intern, Hamburg 1971, S. 38
9 a.a.O., S. 39 ff.
10 a.a.O., S. 40
11 a.a.O., S. 41
12 *Die Weltbühne* vom 29. Juli 1920
13 Sasuly, Richard: IG Farben, Berlin 1952, S. 122
14 Nicolai, Walter: Geheime Mächte, Leipzig 1924, S. 24
15 a.a.O., S. 164
16 Sayers/Kahn: Die große Verschwörung, Berlin 1949, S. 142
17 Deutsche Geschichte, Berlin 1968, Bd. III, S. 126 ff.

5. Die Auferstehung der »geheimen Mächte«

Der am 28. Juni 1919 in Versailles unterzeichnete Friedensvertrag zwischen den imperialistischen Mächten schob Deutschland die Alleinschuld am Krieg zu. Er legte in 440 Artikeln die Reparationen fest. Das betraf Gebietsabtrennungen wie Elsass-Lothringen, Westpreußen, Oberschlesien, Eupen-Malmedy und Nordschleswig, die Liquidierung der deutschen Kolonien, er schrieb Abrüstungsmaßnahmen vor und beschränkte das Heer auf 100 000 Berufssoldaten.

Deutschland war an den Beratungen nicht beteiligt. Allein schon deshalb galt dieser Vertrag als »Diktat«, was er zweifellos auch war. Er schürte in Deutschlands die Ressentiments gegenüber Frankreich und Großbritanniens und trieb den National-konservativen und den Nazis die Menschen zu, weil sie demagogisch versprachen, den »Versailler Schandfrieden« zu überwinden. Der Versailler Vertrag barg objektiv von Anfang an den Keim eines neuen Krieges in sich.

Er legte unter anderem fest, den Großen Generalstab aufzulösen, was zwangsläufig auch den Geheimdienstapparat IIIB einschloss. Der löste sich jedoch nicht in Luft auf. Das Spitzelsystem der politischen Geheimpolizei beispielsweise existierte fort und leistete den überkommenen reaktionären Kräften im Kampf gegen den gesellschaftlichen Fortschritt und dessen Exponenten wichtige Dienste.

Es hieß jetzt »politischer Nachrichten- und Erkundungsdienst«[1] und bestand aus örtlichen Informationsnetzen bei den Wehrkreiskommandos, die sich Nachrichtenstellen (NSt) und später Abwehrstellen (ASt) nannten, und Brigaden sowie sonstigen Einheiten der (vorläufigen) Reichswehr und bei den Freikorps. Im Befehl des Reichswehr-Gruppen-Kommandos 1 vom 21. November 1919 hieß es: »Der Nachrichtendienst ist folgendermaßen zu organisieren: Bei sämtlichen Wehr-

kreiskommandos und Reichswehrbrigaden sind Abwehrstellen einzurichten. Sie haben folgende Aufgaben:
1. a) Grenznachrichtendienst
   b) Abwehr feindlicher Spionage
2. Innerer Nachrichtendienst
3. Beobachtung der eigenen Truppe.[2]

In einer weiteren Order hieß es: »Die Sammlung der Nachrichten erstreckt sich im besonderen auf folgende Punkte: Stimmung der Arbeiterschaft im allgemeinen, wirtschaftlich und politische Lage bei der USAP und KPD, örtliche Organisationen und Pläne, Bereitwilligkeit der Zentralleitung zu folgen, Versammlungen: Ort, Zeit, Teilnehmer, Themen, Resolution, Stimmung, Personen der Redner, bevorstehende geplante Unruhen, Streiks, Putsche u. a.«[3]

Das vom militärischen Geheimdienstzweig aufgebaute Nachrichtensystem sprengte die bisherige Aufgabenstellung. Die Tätigkeit richtete sich primär nach Innen, dieser Dienst besaß den Charakter einer politischen Geheimpolizei.

Am 1. Oktober 1919 stellte der Große Generalstab gemäß den Bestimmungen des Versailler Vertrages seine Tätigkeit ein, ein neu gebildetes Reichswehrministerium setzte sie fort.

Am 15. September 1920 erließ dieses Reichswehrministerium eine Verfügung, in der es hieß: »Hiernach haben sich die Truppenbefehlshaber in der jetzigen Zeit dauernd über die innenpolitische Lage zum Schutz des Heeres gegen Überraschungen auf dem Laufenden zu halten. Die Aufgaben dieser Beobachtung bestehen allgemein in dem Schutz des Heeres gegen überraschende Putsche, in der Verfolgung der Umsturz-Agitation in der Truppe und in der örtlichen Aufklärung bei Unternehmungen zur Wiederherstellung von Ruhe und Ordnung.«[4]

Mit dem »Abklingen revolutionärer Unruhen«, wie es hieß, veränderte sich auch die innere Funktion des militärischen Geheimdienstes. Mehr und mehr gingen diese Aufgaben an die politische Polizei über, die zu ihrer früheren Funktion zurückfand.

Der Generalstab existierte aber rudimentär als »Allgemeines Truppenamt« (AT) innerhalb des Reichswehrministeriums weiter. Das »neue« Truppenamt hielt es für zweckmäßig, das

Weiterbestehen seines Geheimdienstes zu verschleiern und ihm nach außen den Charakter einer rein defensiven Abwehrorganisation zu verleihen. Aus jener Zeit stammt auch die Bezeichnung »Abwehr« für den militärischen Geheimdienstzweig, die bis zum Ende des Zweiten Weltkrieges in diesem Sinne benutzt wurde.

Diese eigenständige »Abwehrgruppe« wurde der »Statistischen Abteilung« des Truppenamtes zugeordnet und erhielt die Bezeichnung T 3/AG.

Mit dem Aufbau des Reichswehrministeriums und der offiziellen Einrichtung einer Zentrale des militärischen Geheimdienstzweiges innerhalb der Abteilung T 3 rückte der langjährige Mitarbeiter der Abteilung IIIB und Stellvertreter Nicolais ins Zentrum. Major Friedrich Gempp[5] übernahm ihre Leitung. Er stand bis 1927, zuletzt im Range eines Oberst, an der Spitze des militärischen Geheimdienstzweiges.[6]

Aus diesem wurde 1927 die »Heeres-Abwehr-Abteilung« (Abw.) im Truppenamt. 1928 kam der Marinedienst hinzu. Die eigenständige Abteilung umfasste Spionage, Chiffrier- und Horchdienst, Spionageabwehr und Gegenspionage. Der militärische Geheimdienst Deutschlands hatte fast unbeschadet den gesellschaftlichen Umbruch überstanden und stieg in der Weimarer Republik wie Phönix aus der Asche. Nicolais Vorgaben – Konzentration und Zentralisation – wurden präzise umgesetzt.

Walter Nicolai hatte 1924 ein Buch mit dem beziehungsreichen Titel »Die geheimen Mächte« veröffentlicht. Zusammen mit seiner 1920 erschienenen Schrift »Nachrichtendienst, Presse und Volksstimmung« reflektierten diese beiden Bücher alle geheimdienstlichen Erfahrungen des Ersten Weltkrieges und die daraus zu ziehenden Schlüsse. Da Walter Nicolai schon immer der »politischen Komponente« im Geheimdienst den Vorrang gab, forderte er auch von den Regierenden der Republik einen »einheitlich geleiteten politischen, wirtschaftlichen und militärischen Nachrichtendienst«.[7]

Nicolai monierte insbesondere »das Fehlen eines organisierten, von sachverständlicher amtlicher Seite geleiteten politischen und wirtschaftlichen Nachrichtendienstes« im kaiserlichen Deutschland, weil »für die Aufklärung bestimmter politischer und wirtschaftlicher Fragen der militärisch geschulte und geleitete geheime Nachrichtendienst nur in Ausnahmefällen wirklich geeignet« sei.[8]

Auch wenn Nicolais Forderung erst 1944 Realität werden sollte, worauf ich noch zu sprechen kommen werde, so wird bei näherer Untersuchung deutlich, dass in den 20er und 30er Jahren zielstrebig darauf hingearbeitet wurde.

Nach dem Ersten Weltkrieg waren zunächst Teile oder einzelne Aufgaben von Geheimdiensten an Fachministerien übertragen worden.[9] Das betraf in erster Linie die Reichswehr, Innen-, Wirtschafts- und vor allem das Außenministerium.[10]

Außerdem wurde aus Gründen der Tarnung in zunehmendem Maße von der Möglichkeit Gebrauch gemacht, »staatliche Nachrichtenbefugnisse an selbständige, nicht zum eigentlichen staatlichen Behördenapparat gehörende Dienststellen zu verleihen«[11] und nichtstaatliche, private gemeinnützige Einrichtungen und Organisationen sowie völkerverbindenden, humanistischen, kulturellen und religiösen Zwecken dienende Vereine und Institutionen im In- und Ausland zu geheimdienstlichen Zwecken zu benutzen.[12]

Mit dem Aufbau eines politischen Nachrichtendienstes war die Voraussetzung erfüllt, die Propaganda als Kampfmittel der Politik einzusetzen und diese wie die Spionage, Diversion, Sabotage oder Mord als Werkzeug zu handhaben. Dadurch erhielt das traditionelle geheimdienstliche Instrumentarium eine neue Qualität. Aus einem Instrument der militärischen Führung war auf diese Weise ein Werkzeug der deutschen Außenpolitik geworden.[13] Dadurch besaßen zwangsläufig alle Auslandsdeutschen und das »Auslandsdeutschtum« strategische Bedeutung für die national-reaktionären Kreise in Deutschland.

Am 20./21. Oktober 1919 fand unter Führung der Ostabteilung des Auswärtigen Amtes eine Konferenz der Reichsbehörden und sogenannten Deutschtums-Behörden statt. Die Teilnehmer forderten die »Schaffung einer großzügigen deutschen Organisation«, um in den »Abtretungsgebieten« das Deutschtum zu fördern. An die Stelle der These von der »Staatsnation« trat die These von der »Kulturnation«. Demnach gehörten zu dem einigen deutschen Volk nicht nur die 60

Millionen im Reich (Kernland), sondern auch die über 30 Millionen im Ausland lebenden Menschen deutscher Nationalität.

Die Absicht war klar: Die sogenannten Grenz-, Auslands-, Volks-, und Kolonialdeutschen sollten künftig zielgerichtet für eine politische und wirtschaftliche Expansion genutzt werden.

Auf der Grundlage des neuen Begriffs »Deutschtumsarbeit«[19] entstanden zahlreiche neue politische Organisationen, die, angepasst an die nationalen und internationalen Bedingungen, »auf vielfältige Weise die expansionistische Strategie verwirklichen halfen. Während diese Organisationen innerhalb Deutschlands darin bestanden, durch massive zielgerichtete Propaganda die Volksmassen an den reaktionären Kurs der herrschenden Kreise zu binden, verbargen sie ihre eigentlichen Absichten, ihre Organisation und Tätigkeit im Ausland sowie die Quellen ihrer Finanzierung in der Öffentlichkeit«[14], schätzte 1988 der Historiker Erhard Liebezeit ein.

Der »Verein für das Deutschtum im Ausland« (VDA) vereinte unter seinem Dach den Bund der Auslanddeutschen, die Deutsche Kolonialgesellschaft, den Deutschen Schutzbund, den Reichsverband für katholische Auslanddeutsche, das Deutsche Auslandinstitut und weitere obskure Zusammenschlüsse, rund 120 an der Zahl. Sie alle hatten sich die »Deutschtumsarbeit« auf ihre reaktionären Fahnen geschrieben. Die politischen Führungskräfte der zentralen Organisationen kamen zumeist aus Presse- und Propagandainstitutionen, die Organisatoren in den Landesverbänden und Zweigstellen größtenteils aus dem Militär.

Der Deutsche Schutzbund (DtSB) sollte – in enger Zusammenarbeit mit dem VDA – schon bald alle Gebiete des gesellschaftlichen Lebens durchdringen und zur Leitzentrale der vielschichtigen »Deutschtumsarbeit« werden.[15]

Er spielte geschickt auf der Klaviatur echter Heimatgefühle und tatsächlicher Notlagen, in die aber eben nicht nur die im Ausland lebenden Deutschen infolge des Krieges geraten waren. So organisierte man beispielsweise eine intensive Reise- und Informationstätigkeit in die sogenannten »Abtretungsgebiete«. Finanziert wurde der DtSB von Bank- und Industrieverbänden, vom Innenministerium, aus militärischen Kreisen sowie dem Außenministerium. Die Mittel des Auswärtigen Amtes flossen über den »Zweckverband der freien Deutschtumsvereine«, der mit diesem Vorsatz als Schaltstelle installiert worden war.

Gustav Stresemann (1878-1929), seit 1926 deutscher Außenminister, forderte am 26. März 1926 in einer Denkschrift die Bereitstellung von 30 Millionen Reichsmark für das »bodenständige Deutschtum im europäischen Ausland« durch die Reichsregierung. »Vor dem Kriege beschränkte sich die Unterstützung und Sammlung des Auslandsdeutschtums im wesentlichen auf Kulturpolitik, Stützung von Schul- und Kirchengemeinschaft, Pflege von Kunst und Presse. Da aber seitdem das Auslandsdeutschtum vielfach in eine wirtschaftlich bedrängte Lage geraten ist, genügen die Mittel nicht mehr. Das Deutschtum im Ausland bedarf heute auch der wirtschaftlichen Unterstützung.

Die gilt in erster Reihe den durch den Versailler Vertrag vom Reich losgelösten Grenzdeutschen in Oberschlesien, Posen, Pommerellen, Memel und Nordschleswig, sodann aber auch den nach Hunderttausenden zählenden Deutschen, die in den östlichen Randstaaten und den Nachfolgestaaten der österreich-ungarischen Monarchie siedeln.«

An anderer Stelle erklärte Stresemann, dass »die deutsche Politik in dieser Frage nicht passiv zuschauen dürfe«.[16]

Zugleich waren die meisten Politiker der Weimarer Republik daran interessiert, dass auch die Deutschen im Ausland keineswegs passiv bleiben, sondern handeln sollten. Im Sinne Berlins natürlich.

In vielen dieser Organisationen schlug sich auch die expansive, antisowjetische Außenpolitik der Reichsregierung wieder. So formulierte der Deutsche Schutzbund in seinem Programm: »Ein russisches Vordringen nach Mitteleuropa liegt nicht im Interesse der deutschen Gesamtpolitik. Bei den baltischen Völkern ist die Erkenntnis zu fördern, dass ihre staatliche Selbstständigkeit gegenüber den russischen Expansionsbestrebungen gesichert werden kann, als es endlich gelingt, das Deutsche Reich an ihrer Selbstständigkeit zu interessieren.«[17]

Weiter ersuchte der Schutzbund alle ausländischen Volksgruppen, »der Leitung des Schutzbundes Schilderungen der nationalen, wirtschaftlichen und kulturellen Zustände, insbesondere der Verhältnisse zu den nichtdeutschen Bürgern ihrer Staaten einzusenden und dabei ihre Erfahrungen über Taktik der Kulturpolitik gegenüber den Fremdvölkern mitzuteilen und Ratschläge zu geben«.[18]

Auf diese Weise wurde der Deutsche Schutzbund, der Bund der Auslanddeutschen und die Deutsche Stiftung (DStg) zu den wichtigsten Informationsquellen des Reichsaußenministeriums. Sie verpflichteten ihre Mitglieder in den Vereinen, Verbänden und Interessenvertretungen, vor Ort Informationen und Berichte über alle Bereiche des Lebens zu liefern. Nach streng konspirativen Regeln bauten diese Organisationen, zum Teil unter Nutzung der Kurierwege des Außenministeriums, ein effektives Informationsnetz auf. Der Schwerpunkt lag im Osten.

Damit erhielt der Begriff »Deutschtumsarbeit« einen völlig neuen Inhalt, sie ging in Richtung nachrichtendienstlicher Tätigkeit. In diese waren auch Organisationen und Verbände involviert, die primär mit geheimdienstlichen Mitteln arbeiteten oder mit politischer Propaganda in Erscheinung traten.

So übernahm der Arbeitsausschuss Deutscher Verbände (AADV) – ein von den großen Wirtschaftsverbänden und vom Staat gestützter Dachverband – die Leit-, Vermittler- und Koordinierungsrolle in der Propaganda gegen den Versailler Vertrag, besonders gegen den Artikel 231, der die Kriegsschuldfrage betraf. Sie nannte man nur die »Kriegsschuldlüge«.

Der AADV unterhielt Beziehungen zu etwa 40 Pressebüros und 1500 Tageszeitungen im In- und Ausland und vereinte 1930 etwa 1700 bis 2000 Verbände und Vereine.

Neben der politischen Propaganda wurden auch geheimdienstliche Augaben realisiert. So wurden einflussreiche Ausländer veranlasst (oder eben genötigt), bestimmte Publikationen, Zeitungsartikel und Berichte unter ihren Namen zu veröffentlichen oder selbst deutschfreundliche (oder gegen andere Staaten gerichtete) Schriften zu verfassen.

Eingebunden in diese Netzwerkarbeit war die Wirtschaftspolitische Gesellschaft e.V. (WPG) und der Aufklärungsausschuss Hamburg-Bremen. Zu Beginn der 30er Jahre wandte sich die WPG neben dem AADV speziell der »nichtamtlichen Auslandsaufklärung in den Ostfragen« zu.

Indiz für die zunehmende Konzentration von Industrie- und Wirtschaftsverbänden auf die geheimdienstliche Auslandsaufklärung war der Aufbau einer eigenen Spionagezentrale durch die IG Farben. Das damals größte Chemieunternehmen der Welt installierte 1926 als »IG Berlin NW 7« ein derartiges Unternehmen, dessen Leitung Max Ilgner (1899–1966) übertragen wurde. Der promovierte Kaufmann war 1926 offiziell als Prokurist bei der IG Farben eingestellt worden. Seit 1933 gehörte er zum sogenannten *F-Kreis* (F stand für Wirtschaftsführer), einer Organisation von Industriellen zur Beratung des Goebbels-Ministeriums in Fragen der Auslandspropaganda. Alle zwei Monate trafen sich die Mitglieder mit Joseph Goebbels zur Besprechung im Büro von Max Ilgner. 1948 wurde er im IG-Farben-Prozess in Nürnberg wegen »Plünderung und Raub« zu drei Jahren Haft verurteilt, aber noch im selben Jahr entlassen. 1952 gründete Ilgner die »Internationale Gesellschaft für Christlichen Aufbau«.

Wer arbeitete seit 1926 in dieser »IG Berlin NW 7«?

»Unter den Vertretern deutscher Firmen, die in die Sowjetunion entsandt wurden, befanden sich zahlreiche Spione, mit deren Hilfe in enger Fühlung mit der Botschaft und den Konsulenten ein regelrechtes Spionagenetz aufgebaut wurde. Ich glaube nicht, dass irgendein Land vorher oder nachher über ein so eingehendes Informationsmaterial über die Sowjetunion verfügte wie Deutschland während dieser Jahre«[20], erinnerte sich 1949 der einstige deutsche Botschafter in der Sowjetunion Herbert von Dirksen (1882–1955). Der Diplomat war von 1928 bis 1933 in der Sowjetunion. Er wusste also, wen das deutsche Kapital in den Osten schickte.

Auch der Publizist Richard Sasuly machte diese Tarnung 1952 öffentlich: »Die IG-Spione waren gut, weil sie unsichtbar waren, weil sie zum Stab der IG-Angestellten gehörten und in rechtmäßiger und respektabler Weise auftreten konnten: Sie waren Geschäftsleute, die wichtige Informationen im normalen Geschäftsverkehr aufnahmen und weiterleiteten. Andere deutsche Konzerne wandten die gleichen Methoden an; aber die IG Farben brachte diese Technik zu solcher Vollendung, dass ihr Spionagering zu einer Hauptwaffe des Heeresnachrichtendienstes wie auch später der Nazipartei wurde.«[21]

Im Frühjahr 1941 nutzte der Chef des Amtes VI des SD, Walter Schellenberg, die IG Farben-Basis, um sich als »Vertreter der deutschen Chemieindustrie und Gast der deutschen Botschaft in Moskau« einen persönlichen Überblick vor Ort zu verschaffen. Bekanntlich erfolgte schon bald danach der Überfall auf die Sowjetunion.

In den 20er Jahren bildete sich auf dem Gebiet der politischen Spionage eine neue Kategorie von Agenten heraus, die als Fachleute auf ihrem Gebiet freiwillig und aus politischer Überzeugung arbeiteten, die »aus reiner Vaterlandsliebe handelten« und die Nicolai »nationale Spione« nannte.[22]

Ein besonderes Reservoir für diese Kategorie Agenten stellten die Mitglieder solcher Organisationen dar, die im Dachverband Vereinigte vaterländische Verbände Deutschlands (VvVD) zusammengeschlossen waren. Das waren vorwiegend Offiziere der kaiserlichen Armee, die sich im Kyffhäuser-Bund und im Stahlhelm zusammengefunden hatten.

Am Ende der Weimarer Republik existierte jenes moderne Geheimdienstsystem, das Nicolai vorgeschwebt hatte. Es war nicht schlechthin ein »System der totalen Spionage«, sondern Element und Instrument einer aggressiven, nationalistischen Außenpolitik. Mit der Errichtung eines dichten Netzes von Stützpunkten, Vertrauensleuten und Agenturen in zahlreichen Deutschtums- und Propagandaorganisationen waren die Voraussetzungen geschaffen, um »vorwärtsdrängende Kräfte« im Ausland zu sammeln und mit ihnen den Weg zur Lösung der noch offenen Fragen zu suchen.[23]

Was damit gemeint war, weiß jeder, der den Fortgang der Geschichte kennt.

Zu Beginn der 30er Jahre bestanden auf dem Gebiet geheimpolizeilicher und geheimdienstlicher Tätigkeit folgende Institutionen und Strukturen in Deutschland:
- die Politische Polizei
- der Heeresnachrichtendienst (Abteilung Abwehr)
- der namenlose politische Geheimdienst im Auswärtigen Amt, der wie ein Schwamm alle Informationen aus der »Deutschtumsarbeit« in sich aufsog.

Es gab aber einen weiteren Nachrichtendienst in Deutschland, der nicht der Kontrolle der Regierung unterlag.

Anmerkungen

1 Charisius/Mader: Nicht länger geheim, Berlin 1969, S. 78
2 Deutsches Militärarchiv Potsdam (1986), Akte R 4513, Bl. 86
3 a.a.O., Akte R 5416, Bl. 10ff.
4 a.a.O., Akte R 4517, Bl. 266
5 Gempp, Friedrich (1873–1946), 1893 Fahnenjunker der kaiserlichen Armee; 1895 Leutnant; 1914/18 Major in der Geheimdienstabteilung IIIB des Generalstabes; Verfasser von Studien zu Nachrichtendienst und Spionageabwehr; 1919/27 Leiter der Abwehr im Allgemeinen Truppenamt der Reichswehr; 1920 Oberstleutnant; 1923 Oberst i. G. Gempp hatte maßgeblichen Anteil am Ausbau des militärischen Geheimdienstzweiges in der Weimarer Republik; 1927 Generalmajor; 1939/44 im OKW-Amt Ausland/Abwehr
6 Charisius/Mader: Nicht länger geheim, Berlin 1969, S. 98
7 Walter Nicolai: Geheime Mächte, Leipzig 1924, S. 39
8 a.a.O., S. 13
9 Johannes Erasmus: Der geheime Nachrichtendienst, Göttingen, Berlin, Frankfurt 1952, S. 64
10 Karl Bartz: Die Tragödie der deutschen Abwehr, Salzburg 1958, S. 73
11 a.a.O., S. 65
12 Erhard Liebezeit: Deutscher Geheimdienst 1918–1945, Dokumentation 1988, S. 4
13 a.a.O., S. 5
14 a.a.O., S. 6
15 Dorothea Fensch: Deutscher Schutzbund 1919–1936, S. 294
16 Europastrategien des deutschen Kapitals 1900–1945, geheime Denkschrift Gustav Stresemanns vom 23. März 1926, Bonn 1994, S. 511 ff.
17 a.a.O., S. 549
18 a.a.O., S. 543
19 Unter der Bezeichnung *Deutschtumsarbeit* wurden in der Zeit der Weimarer Republik Bestrebungen genannt, die den kulturellen Schutz und die politische Zusammenarbeit der Deutschen außerhalb der nach Versailles entstandenen Grenzen zum Gegenstand hatten.
20 Herbert von Dirksen: Moskau, Tokio, London, Stuttgart 1949, S. 169
21 Richard Sasuly: IG Farben, Berlin 1952, S. 33
22 Erhard Liebezeit: Deutscher Geheimdienst ..., a.a.O., S. 12
23 a.a.O., S. 16

6. Ein Nachrichtendienst der Weltrevolution

Als Führungs- und Aktionsorgane enstanden in den ersten Tagen der Novemberrevolution 1918 nach dem Vorbild der russischen Revolution Arbeiter- und Soldatenräte, die in vielen Orten und Betrieben wirkliche Machtorgane waren, wenngleich nur für kurze Zeit.

Vom Balkon des Berliner Schlosses rief Karl Liebknecht die sozialistische Republik aus und nannte die nächsten Aufgaben. »Wenn auch das Alte niedergerissen ist, dürfen wir noch nicht glauben, dass unsere Aufgabe getan ist. Wir müssen alle Kräfte anspannen, um die Regierung der Arbeiter und Soldaten aufzubauen und eine neue staatliche Ordnung des Proletariats zu schaffen, eine Ordnung des Friedens, des Glücks und der Freiheit.«[1]

In den Wirren der Auseinandersetzung zwischen linken revolutionären Kräften und reaktionären Gegenkräften konstituierte sich zum Jahreswechsel 1918/19 die Kommunistische Partei Deutschlands. Sie war der konsequenteste, revolutionärster Teil der deutschen Arbeiterbewegung, die seit etwa fünfzig Jahren in der deutschen Sozialdemokratie ihre politische Organisation hatte.

Die Parteigründung oder -abspaltung erfolgte zu einem Zeitpunkt, als die Gegner der Revolution sich sammelten und mit Waffengewalt vorzugehen begannen. Von der Westfront war die Garde-Kavallerie-Schützendivision (GKSD) nach Berlin beordert worden, um »die Ordnung« wieder herzustellen. Kaiserliche Offiziere bildeten Freikorps[2], die mit Unterstützung des von Sozialdemokraten gebildeten Rates der Volksbeauftragten zu marschieren begannen. Ihr besonderer Hass richtete sich gegen linke Kräfte und Gruppierungen, besonders aber gegen die KPD. Die Militärs hetzten, terrorisierten und mordeten und waren auch geheimdienstlich aktiv.[3]

Schlagt der Revolution ihre Köpfe ab, hieß die Parole. Rosa Luxemburg, Karl Liebknecht, Leo Jogiches und der bayerische Ministerpräsident Kurt Eisner wurden ermordet. Anfang Februar 1919 erklärte der sozialdemokratische Reichswehrminister Gustav Noske: »Einer muss der Bluthund sein!« Er ließ das Freikorps Gerstenberg von der Kette und gegen die Bremer Revolutionäre marschieren. Vorher hatte dieses Korps auf Befehl Noskes ein Blutbad unter Berliner Arbeitern angerichtet.

Der »Rote Soldatenbund« (RSB) musste in die Illegalität gehen und löste sich Mitte 1919 auf.

In der KPD-Zentrale formierte sich unmittelbar nach der Ermordung von Liebknecht und Luxemburg eine militärische Abteilung (M-Abteilung), die Hintergründe und Zusammenhänge dieses Verbrechens aufklären sollte. Die Ergebnisse erschienen im Februar in der *Roten Fahne*, dem Organ der KPD. Die M-Abteilung hatte den Mordhergang ermittelt, nannte die Tatverdächtigen und deren Aufenthalt.

Am 15. Februar 1919 veröffentlichte die KPD in der Zeitung *Der Kämpfer* Fotos der mutmaßlichen Mörder Otto Runge und Kurt Vogel, beides Angehörige der Garde-Kavallerie-Schützendivision.[4]

Die Militärführung war dadurch gezwungen, gegen die Tatverdächtigen vorzugehen. Im Mai 1919 mussten sich beide vor dem Kriegsgericht verantworten. Runge erhielt zwei Jahre und 14 Tage und Vogel zwei Jahre und einen Monat Gefängnis. Die Drahtzieher des Mordkomplotts, Major Waldemar Papst und andere höhere Offiziere, blieben jedoch ungeschoren. Und auch die Verurteilten ließ man bald wieder laufen. Vogel wurde bereits nach vier Wochen vom beisitzenden Militärrichter Wilhelm Canaris aus dem Gefängnis geholt und ins Ausland gebracht. Canaris, das nur vorab, sollte später Chef des deutschen militärischen Geheimdienstes werden.

Anfang Mai 1919 fand die Revolution mit der Zerschlagung der bayerischen Räterepublik ihr Ende. Am 14. August 1919 trat die von der Nationalversammlung erarbeitete Verfassung in Kraft. Die Weimarer Republik war geboren.

Im Verlaufe des Jahres 1919 nahm die Verfolgung der KPD derart zu, dass sich die Zentrale gezwungen sah, wiederholt ihren Sitz zu verlegen und partiell konspirativ zu arbeiten. Im Zuge dieser Sicherungsmaßnahmen wurde das Aufgabengebiet der M-Abteilung erweitert, es entstand eine Kurier- und eine Passabteilung.[5]

Die Hauptaufgabe der M-Abteilung bestand nunmehr darin, die Partei vor V-Männern und anderen gegnerischen Elementen aus militärischen und nationalistischen Organisationen zu schützen. Neben dieser Abwehr- und Sicherheitstätigkeit bildete sich bald ein weiterer Schwerpunkt heraus, welcher mit der Klassensolidarität zusammenhing. In Sowjetrussland übten Arbeiter und Bauern die Macht aus, ihr Staat stand den deutschen Kommunisten politisch nahe. Darum richteten sie ihr Augenmerk auf alle Kräfte und Bewegungen, die direkt oder indirekt, legal wie illegal gegen Sowjetrussland arbeiteten. Das waren russische Emigrantenorganisationen, deutsche Militärs und auch die Reichsregierung.

Seit Januar 1919 veröffentlichten KPD-Zeitungen zahlreiche Geheimdokumente, die die Anwerbung von Söldnern für eine Intervention gegen Sowjetrussland belegten und auch das Zusammenwirken deutscher Militärs mit Vertretern des baltischen Adels in diesem Kontext offenbarten. Seit November 1918 wurde für eine Baltische Landwehr geworben. Eine Anwerbestelle Baltenland mit Filialen in allen großen deutschen Städten einschließlich Berlin rekrutierte so lange Personal, bis die Briten offiziell protestierten.[6]

Anfang März 1919 war in Moskau die III., die Kommunistische Internationale gegründet worden. Linke Kräfte in der USAP und der KPD bekannten sich zu den Zielen der Komintern. Die II. Internationale war im Nationalismus der Weltkriegsparteien untergegangen. Die neue Internationale war das Resultat konsequenten Antikriegskampfes. Die Bolschewiki und andere revolutionäre, sozialistische Gruppen in europäischen Ländern hoben sie aus der Taufe. Zugleich befruchtete die Komintern die politische Ausrichtung ihrer Mitglieder: Sie entwickelte ideologische, theoretische und organisatorische Grundsätze für den internationalen Klassenkampf. Das in Moskau tätige Exekutivkomitee der Komintern (EKKI) war die Organisations- und Koordinierungsstelle. Es verstand sich als Steuerungsinstrument für das Weltproletariat. In dieses

System waren die deutschen Linken eingebunden. Sie waren in den 20er Jahren eine starke Stütze der KI. Lenin urteilte in seinem Werk »Der linke Radikalismus, die Kinderkrankheit des Kommunismus« über die deutschen Linke: »Jetzt, im Jahre 1920, nach all den schmachvollen Bankrotten und Krisen der Kriegszeit und der ersten Nachkriegsjahre, ist deutlich zu sehen, dass von allen Parteien des Westens gerade die deutsche revolutionäre Sozialdemokratie die besten Führer hervorgebracht und sich auch schneller erholt hat, schneller genesen und wieder erstarkt ist als die anderen.«[7]

Besonders die Gruppierung um Ernst Thälmann in der USPD sorgte mit ihrer Losung »Hände weg von Sowjetrussland!« im Frühjahr 1920 für die wirksame Unterstützung des jungen Sowjetstaates. Entsprechend ihrer Auffassung, dass der erste sozialistische Staat das stärkste Bollwerk der internationalen revolutionären Bewegung sei und deren Verteidigung im ureigensten Interesse des Proletariats aller Länder läge, forderten KPD, Teile der USPD und andere linke Kräfte eine Unterstützung für die Rote Armee ein, damit sich Sowjetrussland erfolgreich gegen Angriffe von außen verteidigen könne.[8]

Der II. Weltkongress der Komintern fand vom 19. Juli bis zum 7. August 1920 in Petrograd und Moskau statt. Er fasste Beschlüsse, die für die gesamte linke Bewegung in der Welt von Bedeutung waren. Es wurden zudem 21 Bedingungen für die Aufnahme in die KI formuliert, mit denen der Charakter der Parteien genau bestimmt wurde. Dazu gehörten unter anderem die Anerkennung der Diktatur des Proletariats als Herrschafts- und Machtbasis für eine sozialistische Welt, der Aufbau der Partei auf der Grundlage des demokratischen Zentralismus, die Durchsetzung einer festen Parteidisziplin, systematische Arbeit unter Arbeitern und allen Werktätigen in Stadt und Land. Die Komintern machte es den kommunistischen Parteien zur Pflicht, jeden Staat, in dem die Macht der Arbeiterklasse errichtet worden sei, solidarisch zu unterstützen und sich selbst vor der Verfolgung zu schützen. Ohne es explizit formuliert zu haben, meinte man damit auch, dass die kommunisten Parteien neben dem legalen Apparat auch Strukturen entwickeln und diese sichern sollten, um im Falle des Verbots in der Illegalität die politische Tätigkeit fortzusetzen. Das bedeutete, notfalls auch mit konspirativen Mitteln für die Ziele der kommunistischen Partei zu kämpfen.

Alle Komintern-Mitglieder bauten neben dem legalen Apparat fortan auch illegale Parteiorgane auf, de facto übernahmen die Parteien in Westeuropa die konspirativen Organisationsprinzipien der Bolschewiki. Das schloss auch das Prinzip ein, dass das Exekutivkomitee der KI, also Moskau, die Linie vorgab. An die Stelle nationaler Prämissen und Überlegungen war der Internationalismus getreten.

Die KPD-Führung akzeptierte die Weisungen der KI und setzte sie auch um. Das bezog sich auch auf den Nachrichtendienst der KPD, der von 1919 bis 1937 existieren sollte.

Die Aufgabe des Nachrichtendienstes, Parteispitze, Abgeordnete, Presseorgane und verantwortliche Funktionäre möglichst fundiert vor allem über die Situation im gegnerischen Lager zu informieren, bestimmte auch weitgehend die Informationsquellen. Als wichtigste Quellen betrachtete der Nachrichtendienst zunächst die Mitglieder und Sympathisanten der KPD selbst. Folglich betrachte es der Nachrichtendienst als eine seiner Hauptaufgaben, die Genossen zur systematischen Beobachtung des Gegners und zur sorgfältigen Berichterstattung zu erziehen.[9]

Es gelang dem Nachrichtendienst jedoch auch, effektiv arbeitende Vertrauensleute im gegnerischen Lager zu platzieren oder zu gewinnen.[10] Nachgewiesen sind solche Quellen beim Reichskommissar zur Überwachung der öffentlichen Ordnung (RKO), in der Heeresleitung der Reichswehr, im Polizeiapparat, im Reichswirtschaftsministerium, beim Reichspressechef, im Auswärtigen Amt, im Bund der Auslandsdeutschen, in Schutzbundorganisationen und im SPD-Parteivorstand.

Die dort gewonnenen Informationen, sofern sie relevant waren, gingen in die Sowjetunion. Das machte ein Bericht der KPD aus dem Jahre 1925 deutlich: »In sehr vielen Fällen konnten wir für unsere Freunde im Zentrum (Moskau) wichtige Nachrichten und Materialien liefern.«[11]

Parallel dazu schuf die KPD »geheime Strukturen« in staatlichen, öffentlichen bzw. halboffiziellen Einrichtungen, Institutionen und Organisationen.

Im Mai 1921 ordnete die KPD-Leitung an, mit »Postbeamten und Telefon- und Telegrafenarbeitern, die der KPD angehören oder mit ihr sympathisieren, technische Spezialgruppen für den Nachrichtendienst aufzubauen«. Sie sollten wichtige Post-, Telefon- und Telegrafenverbindungen gezielt überwachen und Sonderleitungen des Innenministeriums, der Polizei und der Reichswehr anzapfen. Zudem wurde eine umfangreiche Postüberwachung und -kontrolle organisiert. Im Wesentlichen ging es dabei um Auslandsverbindungen und dort wiederum um die Briefpost russischer Emigrantenorganisationen und russischer Emigranten. Briefe, die von Berlin aus verschickt wurden oder aus dem Ausland eingingen, wurden geöffnet, kontrolliert und erforderlichenfalls fotografiert.

KPD-Mitglieder in der Reichswehr, in Industrie- und Rüstungsbetrieben und anderen gesellschaftlichen Bereichen wurden zur nachrichtendienstlichen Arbeit herangezogen.[12]

Die Ergebnisse der Postkontrollen gelangten über unterschiedliche Kanäle nach Moskau. Dort landeten sie bei der Tscheka. Nachgewiesen ist diese Form der nachrichtendienstlichen Unterstützung in den Operationen »Trust« und »Syndikat«.

Moskau schickte eine Reihe von Beratern und Spezialisten nach Deutschland, darunter auch den Bulgaren Nikolai Jankow-Jablin, einen Funkspezialisten. Offiziell studierte er an der Friedrich-Wilhelm-Universität in Berlin, tatsächlich aber stand er dem Nachrichtendienst der KPD unter dem Decknamen »Alexander« mit Rat und Tat zur Seite. Jankow-Jablin gehörte zur illegalen Militärorganisation der bulgarischen KP und führte von 1919 bis 1923 eine Gruppe Illegaler, die als Tastfunker des staatlichen Telegrafendienstes in Sofia beschäftigt waren. Gemeldet war er in Berlin als Österreicher unter dem Namen Ernst Blumauer.

1927 erfolgte eine Umorientierung bei gleichzeitiger Erweiterung der nachrichtendienstlichen Tätigkeit. Konzentrierte man sich bis dahin vorwiegend auf das Reichskommissariat zur Überwachung der öffentlichen Ordnung, so nahm die KPD nun mit der »Richtlinie zur Verstärkung der Arbeit«, die im Mai 1927 vom VIII. EKKI-Plenum ausgegeben wurde, auch das AA und das Reichswehrministerium ins Visier.

Anfang der 30er Jahre erfolgte eine umfangreiche nachrichtendienstliche Aufklärung auf allen Gebieten des gesellschaftlichen Lebens in Deutschland durch den Dienst der KPD. Die wichtigsten Ergebnisse wurden nach Moskau übermittelt. Die Sowjetunion verfügte mit dem Nachrichtendienst der KPD bis Mitte der 30er Jahre über einen kompletten wie intakten geheimen Nachrichtenapparat, von dem alle gesellschaftlichen und militär-politischen Entwicklungen in Deutschland erfasst und analysiert wurden.

Zur Bearbeitung von Regierungsdienststellen und anderen wichtigen Einrichtungen warb der KPD-Nachrichtendienst vor allem Personen an, die über entsprechende Verbindungen verfügten oder sich diese aufgrund ihrer Herkunft, Bildung und gesellschaftlichen Stellung verschaffen konnten.[13]

Der langjährige Chef des Nachrichtendienstes der KPD, Hans Kippenberger (1898–1937), äußerte sich einmal zu den »geheimen KPD-Vertrauensleuten«. »Diese Quellen bzw. Informanten kamen vorwiegend aus bürgerlichem Hause. Sie fühlten sich von linken Ideen angezogen und gerieten dadurch in den Einflussbereich von Kommunisten. Mitunter wurden sie Mitglieder der Partei oder sympathisierten mit ihr. Der militärische Apparat (der KPD) strebte an, dass ihm solche Kontakte mitgeteilt wurden, bevor deren Beziehung zur KPD öffentlich wurde. Er sprach sie an und versuchte sie dazu zu bewegen, über ihr Verhältnis zur KDP Stillschweigen zu bewahren oder es scheinbar wieder zu lösen und für die Abteilung Militärpolitik (der KPD) zu arbeiten.

Oft war diese Arbeit mit großen psychologischen Schwierigkeiten verbunden. Einfühlungsvermögen war erforderlich, um sie bei der Stange zu halten. Es musste ihnen der Druck und das Gefühl genommen werden, dass sie die Partei als Agenten benutze. War es gelungen, ihnen die nachrichtendienstliche Arbeit als revolutionäre Notwendigkeit darzustellen und den unmittelbaren Nutzen für die Partei sichtbar zu machen, dann arbeiteten sie initiativreich und unerschrocken.«[14]

Wie wertvoll für die KPD ihre Verbindungen bis in höchste Regierungsstellen des Staates waren, zeigten die Aufklärungsergebnisse im Zusammenhang mit dem Reichstagsbrand am

27. Februar 1933. Sie wurden in Nürnberg vom Internationalen Militärtribunal durch den US-Ankläger gegen Hermann Göring verwandt. Die Ermittlungen des Nachrichtendienstes der KPD legten den Schluss nahe, dass die Nazis selbst diesen Brand gelegt hatten.

Der Mitarbeiter dieses Apparates Theodor Brotländer hatte im Juni 1933 in Holland umfangreich in Sachen Marinus van der Lubbe (1909–1934) recherchiert, nachdem die Nazis behauptet hatten, er sei der Brandstifter gewesen. Brotländers und die Recherchen im Reichsgebiet – wobei sie ihre geheimen Informanten in der NSDAP, der SA, der DNVP, im Stahlhelm, in der Reichswehr, in der Polizei, in diplomatischen Kreisen sowie unter Journalisten einsetzten – erbrachten Beweise, dass die SA den Reichstag angesteckt hatte. Alle Erkenntnisse fanden im »Braunbuch über den Reichstagsbrand und Hitlerterror« ihren Niederschlag, das am 1. August 1933 in Paris der internationalen Öffentlichkeit übergeben wurde.[15]

Einer der wichtigsten Informanten war der Dresdner Kunstmaler Gert Caden (»Cello«). Er unterhielt Verbindungen zu hochrangigen Offizieren im Reichswehrministerium, zum Chef der Heeresleitung, zum militärischen Geheimdienst und zu Nazigrößen.

Rudolf Engel (»Oskar« und »Ludwig«) war vorwiegend gegen die NSDAP-Leitung in Berlin eingesetzt. Er unterhielt auch Kontakte zum Bund der Auslanddeutschen, zu General Joachim von Stülpnagel, zum Reichspressesprecher und zum Reichswirtschaftsministerium. Engel musste emigrieren, war Spanienkämpfer, während des Zweiten Weltkrieges in der französischen Résistance und in der DDR Kulturfunktionär und in der Akademie der Künste tätig, später wurde er Diplomat.[16]

Hans-Hubert von Ranke (»Moritz«) und seine Frau (»Olga«), Sekretärin bei einer großen Tageszeitung in Berlin, beschafften vorwiegend gesellschaftspolitische Informationen. Hans-Hubert von Ranke war in leitender Stellung bei der Lufthansa tätig, gleichzeitig Mitherausgeber der Zeitschrift *Aufbruch*, die 1933 von den Nazis verboten wurde. 1934 emigrierte er nach Paris, wo er bis 1936 Leiter der Nachrichtenstelle der KPD in Frankreich war, danach kämpfte er bei den Interbrigadisten in Spanien.

Dr. Karl Heimsroth (»Günther«), aktiv im Aufbruch-Arbeitskreis, arbeitete vorwiegend konspirativ im gegnerischen Lager und warb »aufgeschlossene und risikobereite Menschen für den Kampf gegen den Nationalsozialismus«.[17] Er unterhielt bis Ende der 30er Jahre Kontakte zu Reichswehr/Wehrmacht, zur SA und zum Stahlhelm.

Helga von Hammerstein-Equord (»Grete«) war die Tochter des Chefs der Heeresleitung Kurt von Hammmerstein-Equord. Sie beschaffte beispielsweise eine Abschrift der von den Nazis streng geheimgehaltenen Anklageschrift gegen Georgi Dimitroff im Reichstagbrandprozess 1933.

Paul Laufer (»Stabil«) arbeitete in der SPD und schuf Quellen im Internationalen Gewerkschaftsbund, der seinen Sitz 1933 von Berlin nach Paris verlegte. Nach Verhaftung, Zuchthaus und Strafbataillon desertierte Laufer 1944 in Jugoslawien und kämpfte auf Seiten der Partisanen. Laufer wurde in den 50er Jahren Mitarbeiter der HV A und später Führungsoffizier von Günter Guillaume, dem sogenannten Kanzlerspion.[18]

Gerhard Kegel (»Kurt«) war Mitarbeiter der deutschen Botschaft in Warschau, dann im AA in Berlin und in der deutschen Botschaft in Moskau. Er gehörte zur »Roten Kapelle«, zur Gruppierung um Ilse Stöbe. Nach Gründung der DDR war er im Pressewesen tätig und zuletzt Gesandter der DDR bei der UNO in Genf.[19]

»Erika« war die Tochter eines der größten Gutsbesitzer Mecklenburgs, »Liselotte« die Tochter eines Großindustriellen mit Kontakten zu Hugenberg. »Gisela« unterhielt als Tochter eines deutsch-baltischen Adligen Kontakte zur russischen Emigration. »Bover« war die Tochter eines Schweizer Großindustriellen und »Rita« in einer ausländischen Mission in Berlin tätig ...

1934 besaß der KPD-Nachrichtendienst noch immer 75 geführte Spitzenverbindungen in Deutschland.[20]

Durch diese und weitere Verbindungen gelangte die KPD bis Mitte der 30er Jahre an Informationen mit zum Teil hohem Geheimhaltungscharakter. Auf diese Weise konnten auch die Hintergründe der sogenannten Röhm-Revolte aufgeklärt werden. Der Nachrichtendienst verfügte über eine Quelle mit Namen Cunno Wirsich in der Berliner SS. Wirsich erlebte aus nächster Nähe die Ermordung der SA-Führung in Berlin. Heinrich Himmler und Reinhard Heydrich ließen – natürlich mit Hitlers Wissen und Zustimmung – unter dem Vorwand, es gelte einen Staatsstreich zu verhindern, von einem SS-Sonderkommando zwischen dem 29. Juni und 1. Juli 1934 etwa 200 Personen beseitigen, darunter den Stabschef der SA Ernst Röhm, den SA-Obergruppenführer für das östliche Deutschland Edmund Heines, den SA-Obergruppenführer und Kommandanten der Berliner SA Karl Ernst, den SA-Gruppenführer für Sachsen Hans Haydn sowie Peter von Heydetsbeck, SA-Gruppenführer für Pommern. Unter den Toten war auch der letzte Reichskanzler vor Hitler, General Kurt von Schleicher.

Der Nachrichtendienst der KPD gelangte in den Besitz geheimer Dokumente, die die angeblichen Selbstmorde von Dr. Ernst Oberfohren (1881–1933), Vorsitzender der DNVP-Reichstagsfraktion und Hugenberg-Vertrauter, und Dr. Georg Bell (1898–1933), der enge Verbindungen zu Ernst Röhm und anderen Nazigrößen unterhielt, in ein anderes Licht rückten. Demnach hatte Oberfohren in einem geheimen Memorandum die Vorbereitung und Realisierung der Brandstiftung im Reichstag detailliert dargelegt. Sie war mit Kenntnis höchster Nazigrößen vollstreckt worden.[21]

Einzelne im Memorandum enthaltene Feststellungen konnte die KPD durch andere, intern beschaffte Informationen belegen. Dazu gehörten Äußerungen des Vertrauensmannes des britisch-holländischen Ölmagnaten Sir Henri Wilhelm August Deterding gegenüber SA-Stabschef Ernst Röhm und Dr. Georg Bell bezüglich der Mittäterschaft am Reichstagsbrand, genannt wurden der Führer der SA-Obergruppe Schlesien und NSDAP-Abgeordnete Edmund Heines (1897–1934) und der Brandenburger SA-Führer Karl Ernst (1904–1934).

Die KPD kam zu dem Schluss, dass beim Röhm-Putsch die wichtigsten Mitwisser am Reichstagsbrand beseitigt worden waren.[22]

Eine ganze Reihe der oben genannten Quellen und Informanten aus bürgerlichem Hause gehörten später der »Roten Kapelle« als Widerstandskämpfer und Kundschafter für die Sowjetunion an. Dazu zählten Harro Schulze-Boysen, Mitarbeiter im Reichsluftfahrtministerium, und seine Frau Libertas, Arvid Harnack, Mitarbeiter im Reichswirtschaftsministerium, und dessen Frau Mildred, der Schriftsteller Adam Kuckhoff und seine Frau Gerda, der Oberst im Reichsluftfahrtministerium Erwin Gehrts, der Zahnarzt Helmut Himpel, Dr. John Rittmeister, Psychologe und Neurologe, Oda Schotmüller, Tänzerin und weitere Antifaschisten.

Einbezogen in die nachrichtendienstliche Tätigkeit für die Sowjetunion wurde auch das sogenannte BB-Ressort (Betriebsberichterstattung) der KPD.[23]

Was war darunter zu verstehen?

Der 12. Parteitag der KPD 1929 teilte die Einschätzung der Komintern »von der erhöhten Kriegsgefahr« und analysierte die Rolle Deutschlands in einem möglichen Krieg der europäischen Mächte gegen die Sowjetunion. In der Konsequenz hieß das, immer mehr Informationen militär-politischen Charakters zu besorgen. »Aufzuklären sind vor allem rüstungstechnische Neuerungen, Art und Umfang der Produktion von Rüstungsgütern, Zusammenarbeit von Industrie und Reichswehr, Rüstungsexporte sowie Vorbereitungen der Betriebe zur Umstellung auf Rüstungsproduktion. Gewonnene Erkenntnisse sollen auch Moskau überlassen werden«, so eine Orientierung der KPD.[24]

Schließlich wurde in der militärpolitischen Abteilung des ZK der KPD ein spezielles *Ressort für Betriebsberichterstattung* (BB) aufgebaut. Strukturiert wurde dieser Bereich bis auf die Ebene Bezirks- und Unterbezirksleitungen. Das BB-Ressort orientierte darauf, verstärkt Sympathisanten aus den Reihen der technischen Intelligenz zu gewinnen. »Es sollte ein Netz von Betriebsberichterstattern geschaffen werden, das von der Spitze der Industrieorgane, den Forschungs- und Versuchslaboratorien der Industrie bis zu den führenden Großbetrieben und Spezialbetrieben der Mittel- und Kleinindustrie reicht«, hieß es in einer Anweisung.[25]

Dieser Apparat der KPD, in dem auch die Arbeiterkorrespondenten eingebunden waren, erbrachte eine Fülle von Informationen, die die KPD zum Teil für ihre Enthüllungskampagnen über deutsche Geheimrüstungen nutzte. Ein sehr wichtiger Teil ging nach Moskau.

Es ist dokumentarisch nachgewiesen, dass die Wirtschafts- und Militärspionage für die Sowjetunion im Rahmen des BB-Ressorts bereits vor der Machtübernahme Hitlers Bedeutung besaß.[26]

Ohne sich vom militärischen Apparat des ZK der KPD zu lösen, entwickelte sich das BB-Ressort zunehmend zu einer Agentur des sowjetischen militärischen Geheimdienstes. Das wirkte sich auch auf Struktur und Arbeitsweise aus. Er wurde von Beratern gesteuert, die von befreundeter Seite gestellt wurden, und begann mit dem Aufbau eines gesonderten Instrukteursystems.[27]

Mitte 1933 wurde die BB-Tätigkeit der KPD eingestellt. Diese Aufgabe übernahm nun komplett die 4. Verwaltung der Militäraufklärung des Generalstabs der Roten Armee. Quellen und Informanten des ehemaligen BB-Ressorts der KPD gingen an sie über. Bis auf wenige Ausnahmen wurden sie nicht von der Gestapo entdeckt. Das lag unter anderem daran, dass die sowjetische Seite im Zusammenhang mit dem Hitler-Stalin-Pakt 1939 die Verbindung zu diesen Personen abbrach. Weitergeführte Verbindungen gingen durch den Überfall auf die Sowjetunion 1941 verloren. Nach Kriegsende wurden Überlebende dieses Netzes durch die sowjetische Militäraufklärung erneut kontaktiert. Viele dieser Kräfte spielten eine bestimmende Rolle in der Nachkriegsentwicklung in Deutschland.

Aus diesem ehemaligen BB-Ressort kamen auch Hansheinrich Kummerow und Erhard Tohmfor, beide Entwicklungsingenieure bei der Löwe AG. Die Löwe AG rüstete die Peilwagen aus, mit denen die Funkstützpunkte der »Roten Kapelle« europaweit gesucht wurden. Beide starben als Mitglieder der »Roten Kapelle«.

Während der Verhaftungswelle der Gestapo gegen die »Rote Kapelle« wurde eine Reihe von Personen festgenommen und später zum Tode verurteilt, bei denen es sich um Quartiergeber handelte. Das waren Emil Hübner, Else Imme, Anna Kraus, Klara Schabbel, Stanislaw und Frieda Wesolek.

Im Zusammenhang mit einem möglichen Verbot der KPD wurden nach dem 12. Parteitag der KPD 1929 unterschiedliche Vorsichtsmaßnahmen getroffen. Dazu gehörte die Bildung einer speziellen Abteilung beim Sekretariat des ZK der KPD, die Büros, Quartiere, Anlaufstellen und Deckadressen für den Fall der Illegalität vorbereiten sollte. Diese Abteilung richtete bis zum Machtantritt Hitlers allein in Berlin 60 illegale Büros und Quartiere ein.[28]

Die Angaben darüber gingen an die deutsche Sektion der Komintern nach Moskau. Während des Zweiten Weltkrieges wurden die Quartiere von der sowjetischen Aufklärung genutzt. Vorwiegend dienten sie als Unterschlupf für abgesetzte Aufklärer und Funker, wie das Beispiel der »Roten Kapelle« zeigte.

Ähnlich wurde mit Spezialisten verfahren. Die KPD meldete aus ihrem Mitgliederbestand Personen mit besonderer Qualifikation. Der Funker der »Roten Kapelle« Kurt Schulze, Marinefunker während des Ersten Weltkrieges, war auf diese Weise nach Moskau gemeldet worden. Später wurde er in der Sowjetunion weiter geschult und Ende 1941 als Funker für Schulze-Boysen, Harnack und Ilse Stöbe aktiviert.

Im Nachrichtendienst der KPD, eingeschlossen das BB-Ressort, spiegelt sich der opferreiche Kampf deutscher Kommunisten gegen reaktionäre Strömungen in der Weimarer Republik und später gegen das von der Mehrheit des deutschen Volkes akzeptierte Naziregime. In diesem Kampf wurde das Kaderreservoir, auf das sich die Partei anfangs stützen konnte, enorm reduziert. Vor allem durch die faschistische Verfolgung, aber auch begünstigt durch verheerende eigene Fehler und aufgrund der »Säuberungen« in den eigenen Reihen erlitt die KPD außerordentliche Verluste.[29]

Der Nachrichtendienst der KPD wurde auf Veranlassung Walter Ulbrichts und in Übereinstimmung mit der Kaderabteilung der Komintern 1937 aufgelöst. Im Zuge der Stalinschen Säuberungen, die die KPD inzwischen voll erfassten, wurden die Mitarbeiter des Nachrichtendienstes als Parteifeinde behandelt, sie wurden hingerichtet, in Straflager verbannt oder waren anderen Repressalien ausgesetzt.[30]

Nicht das faschistische Regime, sondern das »Bruderland Sowjetunion« und eigene Leute vernichteten den geheimen Apparat der KPD.

Anmerkungen

1 Karl Liebknecht: Für eine freie sozialistische Republik, Bd. IX, Berlin 1974, S. 595
2 Die Freikorps entstanden auf der Grundlage einer Vereinbarung zwischen Reichspräsident Friedrich Ebert (SPD) und General Wilhelm Groener am 10. November 1918 zur »Vermeidung russischer Zustände«. Sie waren antidemokratische militärische Formationen zur Niederschlagung der revolutionären Arbeiterbewegung.
3 Bernd Kaufmann u. a.: Der Nachrichtendienst der KPD, Berlin 1993, S. 17
4 a.a.O., S. 21
5 a.a.O., S. 20
6 a.a.O., S. 22, S. 30
7 W.I. Lenin: Bd. 21, Berlin 1971, S. 18
8 Ernst Thälmann: Biografie, Bd. 1, Berlin 1980, S. 99
9 Bernd Kaufmann u. a.: Der Nchrichtendienst ..., a. a. O., S. 49
10 a.a.O., S. 51
11 a.a.O., S. 28 ff.
12 a.a.O., S. 50
13 a.a.O., S. 229 ff.
14 a.a.O., S. 262
15 Braunbuch über den Reichstagbrand und Hitlerterror, Paris 1933, S. 47
16 Rudolf Engel: Feinde und Freunde, Berlin 1984
17 Bernd Kaufmann u. a.: Der Nachrichtendienst ..., a. a. O., S. 235
18 Mini Buch: Deckname Stabil, Leipzig 1988
19 Gerhard Kegel: In den Stürmen unseres Jahrhunderts, Berlin 1983
20 Bernd Kaufmann u. a.: Der Nachrichtendienst ..., a. a. O., S. 229 ff., S. 291
21 a.a.O., S. 297 ff.
22 Tarnschrift der KPD von 1933: Vom Brandstifter zum Femordmord: Glück und Ende des Nationalsozialisten Georg Bell
23 Bernd Kaufmann u. a.: Der Nachrichtendienst ..., a. a. O., S. 194 ff.
24 a.a.O., S. 194 ff.
25 a.a.O., S. 196
26 a.a.O., S. 200
27 a.a.O., S. 201
28 a.a.O., S. 262
29 a.a.O., S. 438
30 a.a.O., S. 9

7. Vorabend

Walter Nicolai gilt nicht nur als Stammvater des militärischen deutschen Geheimdienstes, sondern war auch einer der Wegbereiter des »totalen Geheimdienstes«: militärische, politische und Wirtschaftsspionage sowie Terror, Diversion, Sabotage, Kriegspropaganda und psychologische Kriegführung etc. in einer Hand.

1931 meinte der Generalstabshistoriker Prof. Max Schwarte zustimmend: »Jedes Mittel ist recht, um den Willen und die Kraft eines mutmaßlichen oder auch nur möglichen Gegners schon im Frieden so zu lähmen, dass möglichst große Teile des Volkes den Entschluss zum Widerstand nicht finden.«[1]

Der Oberst a. D. Schwarte sah in einem »Wirtschafts- und Propagandakrieg« eine wirksame Waffe, »die Widerstandskraft der feindlichen Bevölkerung auf jede erkenntliche Weise zu zermürben, Zersetzungsgift in die Adern des feindlichen Heeres, der feindlichen Zivilbevölkerung und deren Verbündete zu gießen und die Neutralen herauszuhalten«.[2]

Diese perfide Radikalität konnte mit der Errichtung der faschistischen Diktatur 1933 verwirklicht werden. Der deutsche Imperialismus brauchte zur Realisierung seiner Weltherrschaftspläne ein solches Instrument. Das heißt: Beide Seiten brauchten und bedingten sich wechselseitig.

Der Nazistaat entfaltete binnen kurzer Zeit dieses totale Geheimdienstsystem in allen seinen Facetten. Er brauchte es zunächst zur Durchsetzung und Stabilisierung seines Herrschaftssystems im Innern. Das war die Voraussetzung, um nach außen zu expandieren und die Nachbarvölker zu unterjochen und auszubeuten. Die aggressive Außenpolitik bereitete dafür das Terrain – mit Diplomaten, »durch die Agentenschar des Büros Ribbentrop, des Außenpolitischen Amtes der NSDAP und die aktive Auslandsorganisation der Nazipartei«, schrieb Bergschicker 1980. »Ihr unterirdisches Wirken markiert (später) eine Blutlinie.«[3]

Bis 1932 eigenständig handelnde offizielle, halb- und inoffizielle Vereinigungen wurden zusammengeführt, um die politische Auslandsarbeit im Verbund mit dem politischen Geheimdienst zu entwickeln. Das am 13. März 1933 gebildete Propaganda-Ministerium wurde zur Zentralstelle einer entsprechenden Innen- und Auslandsarbeit. Am 15. August 1933 wurde der Gesamtverband Deutscher antikommunistischer Vereinigungen e.V. (AntiKomintern) – ein Zusammenschluss reaktionärer Organisationen, die als Reflex auf die 1919 erfolgte Gründung der Kommunistischen Internationale entstanden waren – dem Ministerium angeschlossen. Unter Leitung von Eberhard Taubert, dem Leiter des Referats Anti-Komintern im Reichsministerium für Volksaufklärung und Propaganda, entwickelte sich ein komplexer antisowjetischer Hetz- und Spionageapparat.[4] Vorsitzender des Gesamtverbandes war von 1933 bis 1937 Adolf Ehrt. Nach 1945 arbeitete Ehrt für den britischen *Secret Intelligence Service* zu Wirtschaftsangelegenheiten der Sowjetunion, dann für die *Organisation Gehlen*. Ehrt gehörte bis zu seiner Pensionierung dem BND an.

Für die politische Spionage schuf die Nazipartei verschiedene Einrichtungen, die dem Leiter der »Dienststelle des Stellvertreter des Führers« unterstellt wurde.[5] Das waren:

- »Verbindungsstab« der NSDAP, gegründet im März 1933, Leiter: Rudolf Heß
- »Auslandsorganisation« der NSDAP (AO), gegründet am 1. Mai 1931, Leiter: Wilhelm Bohle
- »Außenpolitisches Amt« der NSDAP (APA), gegründet am 1. April 1933, Leiter: Alfred Rosenberg
- »Volksdeutscher Rat«, gegründet am 27. Oktober 1933, Leiter: General a. D. Karl Haushofer
- »Büro Ribbentrop«, gegründet 1933, ab 1935 Dienststelle Ribbentrop, Leiter: Joachim von Ribbentrop.

Diese Einrichtungen bildeten zusammen mit dem Propagandaministerium den zentralen Apparat des politischen Geheimdienstes.

Unter der aus der militärischen Terminologie entnommenen Bezeichnung »Verbindungsstab« verbargen sich eine Einrichtung der NSDAP und eine geheimdienstliche Koordinierungsstelle, mit deren Hilfe Hitlers Stellvertreter Rudolf Heß,

Reichsminister ohne Geschäftsbereich, die Aufgaben verteilte und leitete. Mit Erlass vom 9. Juni 1934 löste Heß jedoch sämtliche parteiinternen geheimdienstlichen Strukturen auf, darunter auch den Spitzeldienst der SA[6], und übertrug der SS[7] in Gestalt des Sicherheitsdienstes (SD)[8] alle geheimpolizeilichen Aufgaben. Der SD wirkte fortan als »einziger politischer Nachrichten- und Abwehrdienstes der NSDAP, ihrer Gliederungen und angeschlossenen Verbände«.[9]

Gleichzeitig steuerte Heß mit diesem »Verbindungsstab« die subversive Arbeit der NSDAP und ihrer Organisationen Richtung Ausland. Der Schwerpunkt lag auf Polen, dem Memelgebiet, den baltische Staaten und insbesondere auf der Sowjetunion.

Heß war ferner zuständig für sämtliche Fragen des Deutschtums außerhalb (Grenz- und Auslandsdeutschtum)[10] und innerhalb des Hitlerreiches. Die zahllosen Deutschtumsvereine und -institutionen wurden »gleichgeschaltet« und damit geheimdienstlich eingebunden.

Ein Teil des Deutschen Schutzbundes (DtSB) verschmolz 1933/34 mit dem Verein (seit 1933 Volksbund) für das Deutschtum im Ausland (VDA). Der VDA wurde dadurch zur wichtigsten Organisation der *volksdeutschen Arbeit* im Ausland. Im Mai 1933 wurde der Bund Deutscher Osten (BDO) gegründet, der alle *Ostverbände* zusammenfasste und damit die »Ostarbeit« auf eine neue Stufe hob.

Auf persönlichen Wunsch von Heß wurde Prof. Dr. Theodor Oberländer (1905–1998), seit 1. März 1933 Direktor des Instituts für Osteuropäische Wirtschaft in Königsberg und Chef des Landesverbandes Ostpreußen des VDA, zum Reichsleiter des BDO berufen. Der Agrarwissenschaftler Oberländer arbeitete in den 20er Jahren in der Sowjetunion, anderthalb Jahre war er in der Deutsch-Russischen Saatbau AG (DRUSAG) am Kuban tätig, 1931 ein zweites Mal.

Im April 1934 war Oberländer gemeinsam mit Ostpreußens Gauleiter Erich Koch in Berlin, um sich »bei dem für das Auslandsdeutschtum, d. h. für die Organisierung der Spionage- und Diversionstätigkeit im Ausland verantwortlichen Führerstellvertreters Rudolf Heß neue Instruktionen für die Memelarbeit zu holen«[11], hieß es in einer 1988 publizierten Dokumentation.

Oberländer war an führender Stelle sowohl an der ideologischen wie auch der praktischen Vorbereitung der Aggression gegen die östlichen Nachbarn Deutschlands beteiligt. Im faschistischen Kampfblatt *Der Neue Weg* bekannte er 1936 offenherzig: »Der Volkstumskampf ist unter dem Deckmantel des Friedens nichts anderes als die Fortsetzung des Krieges mit anderen Mitteln. Ein Kampf, der sich auf Generationen hinzieht mit dem einzigen Ziel: Ausrottung.« Oberländer wurde 1945 zunächst von den Amerikanern inhaftiert, dann vier Jahre von US-Geheimdiensten zur Auswertung von Dokumenten »aus Osteuropa« befragt und schließlich »entnazifiziert«. 1953 berief ihn Kanzler Adenauer zum »Bundesminister für Angelegenheiten der Vertriebenen«. Er gehörte von 1953 bis 1961 dem Deutschen Bundestag an.

Heß installierte im Oktober 1933 einen »Volksdeutschen Rat« als zentrales Beratungs-, Koordinierungs-, und Vollzugsorgan für alle »Volkstumseinrichtungen«. Dieses Gremium war auch für die geheimen, mit dem faschistischen Außenamt abgestimmten Operationen zuständig.

Vorsitzender des Rates wurde Karl Haushofer. Stellvertreter wurde sein Sohn Albrecht Haushofer, der die praktische Arbeit im Sinne des faschistischen Staates organisierte. In diesem Rat hatte Joachim von Ribbentrop eine dominierende Rolle. Als von Hitler berufener »Sonderbeauftragter für Abrüstungsfragen« stieg er damit in die Außenpolitik ein.

Die Auslandsorganisation der NSDAP (AO), seit Oktober 1933 als Hauptabteilung der NSDAP-Reichsleitung Heß direkt unterstellt, war in über 80 Ländern aktiv, um angeblich die »kulturellen, sozialen und wirtschaftlichen Belange aller Reichsdeutschen im Ausland« zu vertreten. Tatsächlich handelte es sich um Nazideutschlands Fünfte Kolonne. Die AO war an die Stelle der aufgelösten Vereine der Auslanddeutschen getreten.[12] Sie kontrollierte und beaufsichtigte auch die geheimdienstliche Arbeit der Mitglieder aller Naziorganisationen im Ausland, weil sie die einzige zuständige Parteidienststelle für alle NSDAP-Mitglieder außerhalb des Hitlerreiches war – einschließlich der Seemänner auf deutschen Schiffen.

Propagandaarbeit und Konspiration waren die wesentlichen Komponenten der AO. Die Einbindung in die Geheimdiensttätigkeit des Nazireiches erfolgte von allen Beteiligten bewusst, man erklärte es zur Aufgabe, »besonders politische Informationen und Spionageberichte zu besorgen«.[13]

Mitte 1934 wurde ein »Außenhandelsamt der AO« geschaffen. Ihm gehörten über 50 auslanddeutsche Handelskammern und rund 240 Wirtschaftsstellenleiter in den Auslandsgruppen mit einem »Vertreternetz« von über 100 000 Personen an. Meist handelte es sich um ehrenamtlich arbeitende Kaufleute und Firmenvertreter. Damit existierte ein halblegales Netz zur Wirtschafts- und politischen Spionage.

Die Abwehr, der militärische Arm des nazideutschen Nachrichtendienstes, bediente sich schon bald dieser Basis. Für diese interessierte sich besonders Admiral Wilhelm Canaris (1887–1945), der im Januar 1935 deren Chef geworden war. Er hielt sie für zuverlässig, da sie »das Potential des nationalsozialistisch eingestellten Auslandsdeutschtums« verkörperte.[14]

Die Verflechtung der expansiven Interessen des imperialistischen Hitlerreiches mit den Auslandsdeutschen nahm stetig zu. In einer Vereinbarung zwischen Wilhelm Bohle, dem Leiter der AO, und dem Büro Ribbentrop vom 16. Juli 1935 hieß es deutlich, »dass die AO die Außenpolitik des Reiches u. a. durch einen politischen und wirtschaftlichen Informationsdienst über Lage und Persönlichkeiten in den verschiedenen Ländern unterstützen« sollte.[15]

Die AO suchte und fand die reaktionären inneren Kräfte in ihren Zielländern, kombinierte sie mit ihrer eigenen Basis und war einer der Geburtshelfer sowohl der »politischen« als auch der »militärischen Fünften Kolonne«.[16]

Das Außenpolitische Amt der NSDAP (APA) war nach außen eine offizielle Dienststelle. Allerdings vollzog sich nur ein unbedeutender kleiner Teil seiner Aktivitäten im Lichte der Öffentlichkeit, der wesentlichere lief getarnt ab. Schlüsselfigur dieses Amtes war Alfred Rosenberg (1893–1946), Sohn eines baltischen Großgrundbesitzers, der sich als Student des Moskauer Polytechnikums 1917 der Terrororganisation von General Graf Rüdiger von der Goltz angeschlossen hatte und 1919 nach München flüchtete, wo er sich Hitler und dessen Partei anschloss. In den 20er Jahren stieg er zu einem ihrer wichtigsten Ideologen auf.

Der wichtigste Bereich im APA war die »Ostabteilung« unter Georg Leibbrandt (1899–1982), einem »Russlandexperten« aus Odessa. Unter strengster Geheimhaltung wurde dort bereits die die territoriale Aufgliederung der Sowjetunion geplant, als kaum jemand an einen Krieg dachte.

Diese »Ostabteilung« fungierte als »Russlanddeutsche Forschungsgemeinschaft«, die alle Fragen des Grenz- und Auslandsdeutschtums in den baltischen Staaten und der Sowjetunion behandelte, zugleich auch alle Russlanddeutschen im Reich erfasste. Schwerpunkt dieser Tätigkeit waren die sogenannten Rückwanderer, die langfristig für einen Einsatz in der Sowjetunion ausgebildet wurden.

Die APA stützte sich auf zahlreiche antikommunistische, antisowjetische und antisemitische Organisationen, darunter natürlich der Verein »AntiKomintern«. Sie unterhielt Vertrauensleute und Agenten in den rivalisierenden russischen und ukrainischen Emigrantengruppen.

Dort waren auch die deutsche Abwehr und die sowjetische Aufklärung involviert.

Bis Mitte der 30er Jahre hatte die »Unterminierung, die Unterhöhlung des zukünftigen Kriegsgegners, die das Dritte Reich systematisch und mit Vehemenz« betrieb, ein auffällig gefährliches Maß erreicht, wie beispielsweise Otto Katz in seinem 1935 in Paris verlegten Buch »Das braune Netz«[17] deutlich machte. Regierungen reagierten und gingen mit Verboten, Verhaftungen und Ausweisungen dagegen vor.

Jede der vorgenannten Einrichtungen stellte mit ihren zahlreichen Hilfs- und Nebenorganisationen einen mit allen Attributen versehenen politischen Geheimdienst dar, ohne dass für Außenstehende sichtbar wurde, wer diesen politischen Geheimdienst zentral leitete.

Zunächst war Rudolf Heß der »Kopf« dieses Systems, da auch das »Büro Ribbentrop« ihm unterstellt war. Hitler protegierte immer stärker Ribbentrop, so dass dieser bald der entscheidende Koordinator in Fragen der Geheimdiplomatie und der politischen Geheimdiensttätigkeit wurde. Wesen und Charakter der »Dienststelle Ribbentrop« wurden bislang wenig oder nur oberflächlich untersucht. Darstellungen der Art, »dass Ribbentrop seit 1934 allein aus persönlichen, d.h.

machtpolitischen Gründen seine Dienststelle ausbaute und sie als unentbehrliches Mittel für seine eigene Karriere betrachtete«[18], gehen an der Wirklichkeit vorbei. Das hatte alles System und unterlag keineswegs nur subjektivem Ermessen.

Über seine Doppelfunktion als Mitglied der NSDAP-Reichsleitung (verantwortlich für außenpolitische Fragen im Stabe von Heß) und als Diplomat hatte Ribbentrop beträchtlichen Einfluss, er agierte im In- wie im Ausland. Aber das tat er nicht zur Befriedigung seines Ego, sondern im Interesse der Staats- und Parteispitze, im Interesse der auf Expansion und Aggression angelegten Politik des imperialistischen Deutschlands.

1936/37 kamen, mitunter auf direkte Weisung Hitlers, weitere Organisationen, Verbände und Gesellschaften unter Ribbentrops Verfügung. Die »Dienststelle Ribbentrop« verfügte zur »Durchführung der vom Führer erteilten außenpolitischen Sonderaufträge« nunmehr über 14 Länderreferate und eine Reihe gesonderter Bereiche, mit annähernd 300 Mitarbeitern.[19]

Die Unterzeichnung des »Antikominternpaktes« zwischen Japan und Deutschland im November 1936 stellte eine offene Kampfansage an die Sowjetunion und antifaschistische Kräfte und Bewegungen dar. Damit begann ein qualitativ und quantitativ neuer Abschnitt in der Tätigkeit der faschistischen Geheimdienste. Mit Hilfe einer geheimen deutschen Antikominternkommission und einem gesonderten Rat wurde fortan nicht nur die antikommunistische Hetzpropaganda, sondern auch die militärische und politische Spionage sowie die psychologische Kriegsführung, die Zersetzungstätigkeit und andere Aktivitäten, die auf Kriegsvorbereitung zielten, merklich forciert. Einer der wichtigen Köpfe in dieser Entwicklung war Joachim Ribbentrop.

Die Stationen sind weitgehend bekannt.

Nach der Saarabstimmung im Januar 1935 erfolgte am 1. März die Angliederung des Saargebietes an Deutschland. Im gleichen Monat wurde die allgemeine Wehrpflicht eingeführt und der Aufbau einer Wehrmacht mit einem 500 000-Mann-Heer angekündigt. Das war das Fünffache, was der Versailler Vertrag zuließ. Bis 1939 sollte die Wehrmacht tatsächlich auf zwei Millionen anwachsen: Das war das Zwanzigfache.

Im Mai 1935 war ein »Geheimer Verteidigungsrat« gebildet worden. Parallel dazu baute die Abwehr, nunmehr der militärische Geheimdienst der Wehrmacht, unter Wilhelm Canaris ein geheimes Netz in allen Wehrkreisen auf. Im Dezember 1936 wurden »Grundsätze für die Zusammenarbeit der Geheimen Staatspolizei und den Abwehrdienststellen der Wehrmacht« fixiert. Bereits am 30. November 1933 war mit dem »Gesetz über die Gestapo« eine eigenständige politische Polizeibehörde im faschistischen Machtapparat gebildet und Preußens Ministerpräsident Göring unterstellt worden.

Mit der Ernennung des Reichsführers SS Heinrich Himmler am 20. April 1934 zum stellvertretenden Chef und Inspektor der Geheimen Staatspolizei in Berlin und die Einsetzung Reinhard Heydrichs am 22. April 1934 als Chef des Geheimen Staatspolizeiamtes (Gestapa) waren Schritte in Richtung der Schaffung einer allmächtigen »Reichspolizei« eingeleitet worden. Das Gestapa hatte etwa 1000 Mitarbeiter im Innen- und Außendienst, die sich auf drei Hauptabteilungen verteilten.[20]

Mit dem »Preußischen Gesetz über die Geheime Staatspolizei« vom 10. Februar 1936 wurden Stellung, Zuständigkeit und Befugnisse der Geheimen Staatspolizei sowie Himmlers persönlicher Einfluss gefestigt. Dem diente auch der Erlass Hitlers vom 17. Juni 1936 (»Zur einheitlichen Zusammenfassung der polizeilichen Aufgaben im Reich«), der Himmler zum Chef der Polizei bestimmte. Seine Dienstbezeichnung lautete »Reichsführer SS und Chef der Deutschen Polizei im Reichsministerium des Innern«. Himmler übertrug seinem Vertrauten Reinhard Heydrich die Leitung des von ihm gebildeten »Hauptamtes Sicherheitspolizei«, in dem die *Politische Polizei* (Gestapo) und die Kriminalpolizei zusammengefasst waren, was faktisch deren Verschmelzung zur *Sicherheitspolizei* (Sipo) bedeutete. Außerdem unterstand Heydrich weiterhin der *Sicherheitsdienst* (SD).

In dem 1939 geschaffenen *Reichssicherheitshauptamt* (RSHA) wurden die bisher von Heydrich in Personalunion geleiteten Ämter der Sipo und des SD vereinigt; Chef dieser mächtigen Terrorzentrale wurde Reinhard Heydrich.

Das Reichssicherheitshauptamt in Berlin bestand aus folgenden sieben Ämtern:

- Personalamt, Leitung: Bruno Streckenbach (Amt I)
- Organisation, Verwaltung und Recht, Leitung: Karl Werner Best, später Hans Nockman (Amt II)
- Deutsche Lebensgebiete (SD-Inland), Leitung: Otto Ohlendorf (Amt III)
- Gegner-Erforschung und Bekämpfung (Gestapo), Leitung: Heinrich Müller (Amt IV)
- Verbrechensbekämpfung (Kripo), Leitung: Arthur Nebe (Amt V)
- SD-Ausland, Leitung: Heinz Jost, später: Walter Schellenberg (Amt VI)
- Weltanschauliche Forschung und Auswertung, Leitung: Franz Six, später: Paul Dittel (Amt VII).

Im Jahre 1944 wurden noch die Ämter Mil (Militärische Abwehr), Leitung zunächst Admiral Canaris, dann Walter Schellenberg, N (Nachrichtenwesen) und San (Sanitätswesen) eingegliedert. Wichtigstes Amt, weil für die Verfolgung der politischen Gegner zuständig, war das Amt IV.

Mit dem RSHA hatte der faschistische Polizeiapparat seinen bis dahin höchsten politischen und organisatorischen Konzentrationsgrad erreicht.[21]

Entsprechend den Forderungen des Reichsführers SS und des Chefs der Sicherheitspolizei und des SD wurde bereits 1936 festgeschrieben, dass »das absolute Monopol für die polizeiliche Bekämpfung des Kommunismus und der inneren Feinde des Reiches« in ihrer Verantwortung lag. Gleichzeitig wurde in Abstimmung mit der Dienststelle Ribbentrop festgeschrieben, »dass sich der SD nicht mit außenpolitischen Fragen befasst«.[22]

Mitte der 30er Jahre wurden eine Reihe »Enthüllungen« in Westeuropa und in den USA publiziert, die die Kollaboration einheimischer Kräfte mit deutsch-faschistischen Einzelpersonen bzw. Organisationen betrafen. Besonders Alfred Rosenberg und dessen Außenpolitisches Amt standen dabei im Mittelpunkt. Ribbentrop nutzte diese Situation, um seine Position auszubauen. Er richtete im November 1936 eine »Verbindungsstelle« ein, die »Aufgaben für alle politischen Fragen im Stab des Stellvertreters des Führers« übernahm. Darin zentralisierte er die außenpolitische, volkstums- und grenzpolitische Arbeit sämtlicher Naziorganisationen und anderer Einrich-

tungen insbesondere in den östlichen Grenzgauen, in der
»Dienststelle Ribbentrop«. Mit der Leitung dieser »Verbindungsstelle«, die sich Hauptreferat V nannte, wurde Martin
Luther (1895–1945) beauftragt.[23]

Anmerkungen

1 Max Schwarte: Der Krieg der Zukunft, Leipzig 1931, S. 4 ff.
2 a. a. O., S. 221
3 Heinz Bergschicker: Deutsche Chronik 1933/45. Ein Zeitbild faschistischer Diktatur, Berlin 1980, S. 120
4 Gerhard Kade: Die Bedrohungslüge, Köln 1979, S. 104
5 Rudolf Heß wurde durch Erlass Hitlers vom 21. April 1933 zum Stellvertreter des Führers der NSDAP ernannt. Er hatte Vollmacht, im Namen des Führers Entscheidungen in allen Fragen der Parteiarbeit zu fällen. Alle Fäden liefen beim Stellvertreter des Führers zusammen, er wirkte an allen Gesetzen und Verordnungen des Reiches mit. Zur Gewährleistung engster Zusammenarbeit der Dienststellen der NSDAP und den öffentlichen Behörden gehörte Heß der Reichsregierung an.
6 Die Sturmabteilung (SA) entstand 1922/23 als eine militärisch organisierte und uniformierte Ordnungsgruppe der NSDAP. Viele SA-Führer kamen aus der Marinebrigade Ehrhardt und anderen Freikorps. Die Mehrheit des Personals rekrutierte sich aus Arbeitslosen und ehemaligen Soldaten, die sich keine neue Existenz nach dem Ersten Weltkrieg hatten aufbauen können. 1930 übernahm Hitler die Funktion des SA-Führers, Ernst Röhm wurde Stabschef der SA. Vor 1933, aber besonders nach Machtantritt der Nazis verfolgte die Terrororganisation mit zwei Millionen Mitgliedern vornehmlich Kommunisten, Sozialdemokraten und andere Nazi-Gegner. Die SA wurde 1934 diszipliniert (Röhm-Putsch) und als relativ unbedeutende paramilitärische Kraft in das Naziregime integriert.
7 Die Schutzstaffel (SS) wurde 1925 gegründet und bildete zunächst eine selbständige, dem Obersten SA-Führer unterstellte Einheit der NSDAP. Sie sicherte in den 20er Jahren öffentliche Auftritte der Naziführer ab. Die SS gliederte sich – wie die SA-Stürme – in Sturmbanne, Standarten, Brigaden, Gruppen und Obergruppen. Reichsführer der SS wurde 1929 Heinrich Himmler. Nach der Machtübertragung an die Nazipartei entwickelte sich die SS rasch zu einer der wichtigsten Terrorinstrumente des Naziregimes.
8 Der Sicherheitsdienst (SD) fungierte vor 1933 als parteiinterner Geheimdienst, der innerhalb der NSDAP und ihrer Organisationen oppositionelle Kräfte und Gegenströmungen auszumachen hatte. Zugleich sollte er die gegnerischen Parteien und Organisationen, insbesondere alle Hitlergegner, ausspähen. Nach der Machtübergabe an die Nazipartei

1933 wurde die Zentrale Leitstelle des SD geschaffen, von der aus SD-Abschnitte und Oberabschnitte reichsweit gelenkt wurden. Der SD sammelte aus allen Bereichen des gesellschaftlichen Lebens geheime Informationen und stützte sich auf ein Heer eigener V-Leute und Spitzel sowie auf die NSDAP-Blockleiter. Seine Funktion war bis Kriegsbeginn nach innen gerichtet.

9 Die NSDAP-Gliederungen waren SA, SS, SD; HS – Hochschulbund; NSD-Studentenbund; NS-Frauenschaft; NSKK – Nationalsozialistisches Kraftfahrerkorps; DAF – Deutsche Arbeitsfront; NSDFB – Nationalsozialistischer Deutscher Frontkämpferbund; NS-Volkswohlfahrt; NSD-Ärztebund; NS-Lehrerbund u. a.

10 Zu den sogenannten Volksdeutschen zählten die Deutschen im Ausland, die nicht Reichsbürger waren und sich »willenslässig zur deutschen Volks- und Kulturgemeinschaft bekannten«. Das waren: das Grenzlanddeutschtum in dem durch den Versailler Vertrag abgetrennten Gebieten; die Volksdeutschen in den 1918 unabhängig gewordenen baltischen Staaten; die im ehemaligen Österreich-Ungarn (Teile von Polen, ČSR und Jugoslawien) lebenden Deutschen; in festen Siedlungen und Sprachinseln lebende Deutsche, darunter etwa eine Million in der späteren Sowjetunion und in Übersee, besonders in Nord- und Südamerika.

11 Der deutsche Geheimdienst 1918–1945, Dokumentation von Erhard Liebezeit (im Weiteren Dokumentation Liebezeit), Berlin 1988, S. 21

12 a. a. O., S. 23

13 a. a. O., S. 24

14 a. a. O., S. 24

15 a. a. O., S. 25

16 Louis de Joung: Die Fünfte Kolonne im Zweiten Weltkrieg, Stuttgart 1959 S. 261

17 Der deutsche Kommunist und Journalist Otto Katz (Pseudonyme André Simon und Franz Spielhagen) veröffentlichte 1935 in Paris das Buch »Das braune Netz. Wie Hitlers Agenten im Ausland den Krieg vorbereiten«. Es behandelt die Auslandsarbeit des Dritten Reiches, besonders der NSDAP. Das Buch gilt als authentisches Zeitdokument von bleibendem Wert für die Geschichte des faschistisch-politischen Geheimdienstes 1933–45. Es beschreibt den gewaltigen Agentenapparat der Nazis, seine Aufgaben, Methoden und seine Tätigkeit weltweit. Als Anhang wurden dem Buch eine Liste von 600 Nazipropagandisten, Agenten, Spionen und Spitzeln der Nazis im Ausland beigefügt.

18 Dokumentation Liebezeit, S. 27

19 a. a. O., S. 28

20 Erwin Nippert: Prinz-Albrecht-Str. 8, Berlin 1988, S. 8

21 a. a. O., S. 95

22 Dokumentation Liebezeit, S. 30

23 a. a. O., S. 31

8. Geheimkrieg in Spanien

Zwischen 1936 und 1939 tobte in Spanien ein blutiger Bürgerkrieg, an dem ausländische Kräfte beteiligt waren.[1] Etwa eine Million Menschen verloren dabei ihr Leben. Der bewaffnete Konflikt brach aus, nachdem linke Parteien und Vereinigungen bei demokratischen Wahlen im Februar 1936 eine Mehrheit gewonnen hatten, mit der sich die geschlagenen klerikal-feudalen, präfaschistischen Kräfte nicht abfanden. Das reaktionäre Militär putschte und versuchte die legitime republikanische Regierung zu stürzen. Dabei fand sie direkte militärische und materielle Unterstützung durch die faschistischen Diktaturen in Italien und Deutschland sowie indirekte Hilfe durch Großbritannien und Frankreich, die unter der Flagge der Nichteinmischung de facto eine Blockade über das Land ausübten. Dies traf Antifaschisten, die aus ganz Europa und Übersee den Verteidigern der Spanischen Republik zu Hilfe eilten, und die Sowjetunion, welche sich als einziger Staat an die Seite Spaniens gestellt hatte.

Unterhalb des existenziellen militärischen Konflikts zwischen den beiden Lagern fanden ideologische Auseinandersetzungen innerhalb der republikanischen Kräfte statt. So prallten die Auffassungen der Anarchisten, die alle staatlichen Strukturen der Republik zerschlagen wollten, auf die der Kommunisten, die eine internationale Abwehrfront zur Verteidigung der Republik schmiedeten.

Anarchistische Gruppen verbündeten sich mit der trotzkistischen »Vereinigten marxistischen Arbeiterpartei« (POUM). Diese polemisierte gegen die Volksfront und deren Politik mit ultralinken, revolutionär klingenden Phrasen. Das breite Bündnis verschiedener Kräfte wurde als Verrat an der »proletarischen Revolution« verteufelt. Sie forderten die Schaffung eines Milizsystems und einer »Roten Armee«, lehnten aber zugleich ein einheitliches Kommando und eine allgemeine Mobilmachung ab.

Das Zentralorgan der POUM *La Bataille* (»Der Kampf«) artikulierte die Intentionen dieser politikunfähigen Strömung: »Madrid: Grab des Faschismus; Katalonien: Grab der Regierung der Volksfront.«[2]

In Barcelona, im Hinterland der Volksfront, putschten in der Nacht vom 2. zum 3. Mai 1937 anarchistisch-trotzkistische Kräfte gegen die Regierung. Sie stürmten öffentliche Gebäude und errichteten Barrikaden. Die Revolte wurde niedergeschlagen, die POUM mit Regierungsbeschluss aufgelöst. Sondereinheiten der Volksfrontregierung exekutierten Rädelsführer. Später sollten diese Hinrichtungen dem sowjetischen Geheimdienst angelastet werden, ohne dass es dafür eindeutige Belege oder Beweise gab.

Sowohl unter dem Deckmantel diplomatischer Immunität als auch abgedeckt waren in Madrid, Barcelona, Valencia, Alicante und anderen Städten deutsche und italienische Spionagedienste und andere Organisationen unterwegs. Ihre Agenten arbeiteten unerkannt im Militär der Volksfrontregierung, in Ministerien und anderen staatlichen und wirtschaftlichen Einrichtungen. Der Personenkreis, der in »geheimer Mission« in Spanien aktiv war, wuchs unablässig. Dabei spielten Deutsche eine wesentliche Rolle.

Kopf der antirepublikanischen Kräfte war der spanische Kolonialoffizier Franco (1892–1975). Seine Verbindung zu deutschen Geheimdiensten war enger, als öffentlich bekannt wurde. Dokumente[3] belegen, dass Franco auf der iberischen Halbinsel und in Nordafrika als Gewährsmann des deutschen Kaiserreichs, dann der Reichswehr und schließlich des OKW-Amtes Ausland/Abwehr tätig war.

Maßgeblichen Anteil an der Etablierung der faschistischen Franco-Diktatur in Spanien hatte Wilhelm Canaris, Chef des Amtes Ausland/Abwehr. Dieser hatte bereits im Ersten Weltkrieg Franco gewonnen, für Deutschland gegen Großbritannien und Frankreich zu arbeiten.

Über die Tätigkeit von Canaris im Ersten Weltkrieg gibt die »Ehren-Rangliste« der kaiserlichen Marine Auskunft. Dort heißt es u. a. »11.15 Admst. d. Mar. KzD«. Diese Eintragung lautet übersetzt: »November 1915, Admiralstab der Marine, kommandiert zur Dienstleistung«. Canaris hatte als Seeoffizier auf der »Dresden« 1914 an der Schlacht mit britischen Kriegsschiffen bei den Falklandinseln teilgenommen und war nach Versenkung der »Dresden« in Chile interniert worden. Von dort floh er nach Deutschland. Im November 1915 begann seine Laufbahn als Geheimdienstoffizier.

Der Marinegeheimdienst schickte ihn mit Sonderauftrag nach Spanien. Dort sollte er mit Hilfe spanischer V-Männer Nachrichtenbasen und Meldestellen für deutsche U-Boote organisieren und ein Überwachungsnetz aufbauen, mit dem Schiffsbewegungen der englischen und französischen Kriegs- und Handelsflotte durch die Meerenge von Gibraltar verfolgt werden sollten. Dritter Auftrag an Canaris: Aufstände marokkanischer Stämme gegen die Engländer und Franzosen in Afrika provozieren.

Aus jener Zeit stammten seine guten Beziehungen zu spanischen Militärs, unter anderem zum damaligen Major Francisco Franco, der in Spanisch-Marokko stationiert war.[4]

Weitere Details des Zusammenwirkens Francos mit dem deutschen militärischen Geheimdienst waren einer Erklärung zu entnehmen, die am 16. Mai 1946 Oberst a. D. und Wehrmachtsattaché in Spanisch-Marokko, Hans Remer, in einer »Erklärung über Franco als Agenten des deutschen Spionagedienstes« vorlegte.[5] Darin hieß es: »Deutsche Waffenhilfe hat Francos Werdegang im spanischen Bürgerkrieg maßgeblich bestimmt und den Grundstein zu dem nach ihm benannten Regime gelegt.

Von deutscher Seite war Admiral Canaris, Chef OKW-Ausland/Abwehr, die treibende Kraft bei der Auswahl von Francos Person als Führer der reaktionären Gegegenrevolution in Spanien. Er gewann hierfür in Deutschland Göring und brachte durch persönliche Einflussnahme in Rom die bewaffnete Militärhilfe des faschistischen Italien zustande.

Als ehemaliger Militärattaché in Tanger bekam ich Gelegenheit, einen Blick hinter die Kulissen der Entstehung des spanischen Bürgerkrieges zu werfen und ein klares Bild zu gewinnen von Francos Aufstieg als Vertrauensmann der deutschen Abwehr.[6]

Meine Kenntnisse von dieser Angelegenheit stammen aus meiner engen Zusammenarbeit mit zwei deutschen Abwehrbeauftragten, dem Deutschen Niemann in Las Palmas auf den Kanarischen Inseln und Lagenheim in Tetuan, Spanisch-Marokko.

Franco war Befehlshaber der Kanarischen Inseln; dorthin hatte ihn die spanische Regierung wegen seiner allgemein bekannten reaktionären Einstellung abgeschoben, nachdem er einige Zeit Kommandeur der Infanterieschule in Saragossa gewesen war. Die Besatzungen der Kanarischen Inseln standen ganz unter seinem Einfluss; vor ihrem Offizierskorps hatte er im Juli 1936 seinen Willen proklamiert, sich an die Spitze der konterrevolutionären Kräfte Spaniens zu stellen.

Für die Verwirklichung seiner politischen und militärischen Pläne musste Franco nach Marokko übersiedeln. Denn die marokkanischen Eingeborenentruppen waren ihm von früher her ergeben; er hatte sie in den Kolonialkämpfen 1924–26 geführt. Diese Truppen sollten ihm zur Eroberung Spaniens und zur Errichtung seiner Militärherrschaft dienen.

Niemann brachte Franco persönlich mittels einer deutschen Lufthansa-Maschine, die er in Las Palmas beschlagnahmen ließ, im Juli 1936 nach Tetuan in Spanisch-Marokko, um ihm von hier aus die Möglichkeit zu geben, sich an die Spitze der bewaffneten Konterrevolution zu stellen.

Franco schickte einen seiner Offiziere nach Deutschland, um dort für seine bevorstehende militärische Aktion um Hilfe zu bitten. Langenheim begleitete diesen Beauftragten Francos persönlich nach Berlin zu Canaris, und zwar in der gleichen Maschine, die von Las Palmas mit Franco und Niemann nach Tetuan geflogen war.

Der rückkehrende Abgesandte Francos brachte Deutschlands grundsätzliche Zusage mit, Franco als neues Staatsoberhaupt des gegenrevolutionären Spanien anzuerkennen und ihm militärische Hilfe zu leisten.

Langenheim wurde gleichzeitig von Canaris mit der Wahrnehmung des deutschen Abwehrdienstes in Spanisch-Marokko beauftragt.

Die erste deutsche Stelle, die Canaris für den Mann seines Vertrauens, Franco, interessierte, war Göring. Der schickte in kleinen Gruppen Transportmaschinen, um Francos marokkanische Verbände nach Sevilla zu bringen. Dort hatte der spanische General Queipo de Llano einen örtlichen Brückenkopf als Ausgangsbasis für die Rückeroberung Spaniens gebildet.

Mit den Ereignissen in Spanien behielt Canaris engste Fühlung sowohl durch seine häufigen persönlichen Reisen dorthin als auch durch frühzeitige Ernennung eigener Abwehrbeauftragter für Spanien; so zum Beispiel den ehemaligen deutschen Konsul in Barcelona, der seit Beginn des Bürgerkrieges für Abwehr I arbeitete. Auch der spätere Abwehrleiter für Spanisch-Marokko war damals in Spanien tätig sowie der Vizekonsul in Tanger. Ebenso nahm Canaris persönlich Einfluss auf Deutschlands neue politische Vertretung bei Franco. Als diplomatischen Vertreter entsandte er Faupel.[7]

Faupel war ein Mann seiner Wahl; dieser hatte 1930 schon einmal einen ähnlichen Posten in Peru bekleidet.

Die weitere Entwicklung der praktischen militärischen Hilfe Deutschlands an Franco ist maßgeblich bestimmt von der deutschen Luftwaffe. Unter Görings Federführung wurde beim Oberkommando der Wehrmacht in Berlin ein Sonderstab für militärische Intervention geschaffen, zunächst unter Leitung General Wildbergs, daher die Bezeichnung *Sonderstab W*, später unter General Jaeneke. Dieser Sonderstab nahm Einfluss auf die militärischen Operationen: Er entsandte die *Legion Condor* unter Führung der Generale Sperrle, von Richthofen und Volkmann.

Er regelte getarnte Waffenlieferungen an Franco mit KdF-Schiffen[8], schickte deutsche Ausbildungskommandos nach Spanien, die Francos Truppen in modernen Kampftechniken schulten, und deutsche Truppenabteilungen aller Waffengattungen zur unmittelbaren Beteiligung an den Erdkämpfen. Kommandeur dieser Bodentruppen wurde der spätere deutsche Militärattaché bei Franco, Oberstleutnant von Funck.[9]

Ferner wurden Einheiten der deutschen Kriegsflotte zum Schutz der für die Waffenhilfe an Franco notwendigen Seeverbindungen entsandt. Als Vertrauensmann der deutschen Abwehr und in enger Zusammenarbeit mit ihrem Leiter Admiral Canaris handelte Franco auch während des ganzen großen Eroberungskrieges Deutschland 1939–1945.« Soweit der Bericht vom Mai 1946, den der einstige Wehrmachtsattaché in Spanisch-Marokko, Hans Remer, gab.

Ohne Zweifel spielten die beiden deutschen Geschäftsleute Adolph Langenheim und Johannes Bernhardt, die ihre Geschäfte im spanisch-nordafrikanischen Raum betrieben, eine wichtige Rolle, die Naziführung in Berlin für das Engagement in Spanien zu gewinnen. Die iberische Halbinsel im Südwesten des Kontinents lag nicht in deren Fokus. Der war nach Osten gerichtet.

Canaris sorgte dafür, dass Langenheim und Bernhardt von Hitler empfangen wurden. Nach diesem Vortrag der beiden Unternehmer bekam Franco deutsche Transportmaschinen gestellt. Der spanische Bürgerkrieg konnte beginnen.[10]

Anfang Juli 1936 hatte Canaris bereits grünes Licht gegeben für die von der Abwehr initiierte Gründung der *Hispano-Maroqui des Transports Ltd.* (Hisma), mit etwa 20 Flugzeugen des Typs Ju 52 (Junkers-Flugzeuge). Sie sollten die Putschtruppen nach Spanien fliegen. Chef von »Hisma« war Johannes Bernhardt, dessen Einfluss in Spanien größer war als der der deutschen Botschaft, welche in Salamanca saß.

Am 18. Juli 1936 – in Deutschland standen die Olympischen Sommerspiele vor der Tür – begann das spanische Drama mit der Parole der Funkstation von Ceuta in Spanisch-Marokko: »Über ganz Spanien wolkenloser Himmel.«

Am 25. Juli 1936 erteilte Hitler nach Empfehlung von Canaris die Weisung für das Geheimunternehmen »Zauberfeuer«. Damit nahm Hitlerdeutschlands Beitrag zur Niederschlagung der demokratisch legitimierten Republik Spanien konkrete Formen an. Wehrmachtsoldaten, die sich angeblich freiwillig für den Einsatz bei der *Legion Condor* gemeldet hatten, nahmen mit Panzern und Flugzeugen am Bürgerkrieg teil.

Ende Juni 1936 war Canaris in Geheimdienstmission in Rom. Mit dem Chef des militärischen Geheimdienstes, Oberst Mario Roatta, besprach er, wie Italien den Militärputsch in Spanien unterstützen könnte. Im August 1936 war Canaris erneut in Rom und stimmte mit dem Geheimdienstchef Einzelheiten der Intervention ab. Roatta, im September zum General ernannt, übernahm die Führung der italienischen Legion in Spanien.

Im Januar 1937 verhandelte Canaris mit Mussolini in Rom, um die deutsch-italienische Kriegführung in Spanien zu forcieren. Im April 1937 konferierte er erneut mit dem italienischen Geheimdienst, um weitere gemeinsame Aktionen abzustimmen.[11]

Spanien erwies sich für Hitler und die deutsche Wehrmacht nicht nur als Testfeld für neue Waffen und taktische Planspiele, sondern auch als Möglichkeit für das junge Offizierskorps, Kriegserfahrungen zu sammeln.

Außerdem wurden die ersten Diversionseinsätze der Abwehr II geprobt, worauf noch zurückgekommen werden soll. Und in Spanien wurde erstmals die Strategie der »Fünften Kolonne« angewandt.

Diese Bezeichnung wurde geboren, als im September 1936 die Putschisten in vier Kolonnen gegen Madrid marschierten und Franco-General Mola drohte, die Stadt von innen her durch eine »Fünfte Kolonne« sturmreif zu machen. Von deutscher Seite wurde die Strategie der »Fünften Kolonne« bei der Vorbereitung der Angliederung Österreichs und der Annexion der Tschechoslowakei erfolgreich angewandt.

Generalleutnant von Bentivegni, einer der Hauptvertrauten von Canaris, protokollierte in sowjetischer Kriegsgefangenschaft Details über die Geheimdienstaktivitäten in Spanien. In seiner Niederschrift hieß es: »Die In-Marschsetzung deutscher Truppenteile erfolgte unter strengster Tarnung. Die Truppenteile, die auf Schiffen der deutschen Kriegsmarine in deutschen Seehäfen, etwa in Stettin, an Bord gingen, erfuhren erst auf hoher See, dass es nach Spanien und dort in den Krieg ging. Einzeln reisende Soldaten erreichten, als Zivilisten getarnt, mit entsprechenden Reisepapieren auf Schiffen der deutschen Handelsmarine die spanischen Häfen. Jeder Soldat wurde verpflichtet, seinen Aufenthalt und seinen Einsatz in Spanien selbst vor seinen Angehörigen geheimzuhalten.

Die Leitung des militärischen Spionageabwehrdienstes lag in den Händen des Majors Rohleder, eine Zeitlang auch in den Händen des Majors der Luftwaffe Rauch.

Die deutsche Abwehrstelle arbeitete mit der spanischen Abwehrorganisation eng zusammen.

Während des Bürgerkrieges bekam Deutschland Vorrechte bei der Ausbeutung der wertvollen Erzgruben (Quecksilber, Antimon u. a.) im südlichen Spanien.

Die vor Kriegsausbruch in Spanien bereits eingerichtete Kriegsorganisation (KO), die in getarnter Form bei den deutschen diplomatischen Vertretungen eingerichtet war, wurde mit Wissen des spanischen Generalstabes im Laufe des Krieges weiter ausgebaut.

Nach Kriegsbeginn wurde die Leitung der KO in Madrid durch Einbau weiterer Offiziere der Abwehr vergrößert. Auf dem III-Gebiet wurde 1942 Oberst von Rohrscheidt eingesetzt. Letzterer hielt mit dem spanischen III-Dienst Tuchfühlung. Ferner wurde im Laufe des Krieges eine IIIF-Außenstelle im deutschen Konsulat in San Sebastian eingebaut, besetzt mit dem Sonderführer Genserowski, der ebenfalls Verbindung zur spanischen Abwehr hielt.

Bald nach Kriegsbeginn gab der spanische Generalstab der deutschen Abwehr die Möglichkeit, den Schiffsverkehr durch die Straße von Gibraltar sowie die Belegung des Hafens von Gibraltar laufend zu beobachten. Meines Wissens gab es ähnliche Einrichtungen der Abwehr auch in Tanger. Um die täglichen Beobachtungen sofort an alle infrage kommenden Stellen übermitteln zu können (z. B. an die drei militärischen Kommandobehörden der Wehrmacht in Italien), war von der Abteilung Chi im Amt WNV (Chiffrierstelle im Amt Wehrmachtsverbindungen), Chef Oberst Kempff, ein Funknetz in Spanien eingerichtet worden.

Aufgrund eines englischen Protestes im Jahre 1943 bei der spanischen Regierung musste die deutsche Beobachtungsstelle in Algeciras geschlossen werden. Dem deutschen Abwehrdienst wurden daraufhin die Beobachtungsergebnisse der spanischen Beobachtungsstellen zur Verfügung gestellt, so dass also praktisch die Schiffsbewegungen durch die Meerenge von Gibraltar der deutschen Führung bekannt blieben.

Wie mir im Laufe des Jahres 1943 der Chef der Amtsgruppe Ausland, Admiral Brückner *(Stellvertreter von Canaris – H. W.)*, gesprächsweise mitteilte, wurden die im Atlantik operierenden deutschen U-Boote vielfach auf hoher See von der deutschen Handelsmarine, die der Kriegsmarine zugeteilt war, mit Brennstoff versorgt. Diese Versorgung erhöhte den Aktionsradius der U-Boote und zwang sie nicht, vorzeitig ihre Unternehmungen abzubrechen und ihre Heimathäfen zwecks neuer Brennstoffaufnahme anzulaufen. Die Ausgangsbasis eines Teils der Handelsschiffe waren spanische Häfen. Von hier aus konnten die Versorgungsschiffe ihre auf hoher See mit den U-Booten vereinbarten Treffpunkte verhältnismäßig gefahrlos erreichen, was bei dem Auslaufen dieser Schiffe aus den von der deutschen Kriegsmarine besetzten Häfen, z. B. an der Westküste Frankreichs, nicht der Fall war.

Zur Abschnürung des Mittelmeeres war von Hitler zu einem geeignet erscheinenden Zeitpunkt ein überraschender Angriff auf Gibraltar geplant. Für diese Aktion war die Heeresgruppe des Generaloberst Blaskowitz vorgesehen, die 1941 und 1942 in der Nähe der spanischen Grenze im südfranzösischen Raum untergebracht war. Für diese geplante Aktion mussten Erkundungen in Spanien durchgeführt werden. Die Erkundungen wurden im Sommer 1942 auch praktisch durchgeführt. Sämtliche Erkundungsaufklärer trugen Zivilkleidung.

Ich erfuhr von dieser Erkundung nur dadurch, dass meine Abteilung die notwendigen Pässe mit getarnten Berufen und die Ein- und Ausreisevisa beim Auswärtigen Amt bzw. dem spanischen Generalkonsulat in Berlin beschaffen musste.

Die Erkundung wurde in Kraftwagen durchgeführt und erstreckte sich im Wesentlichen auf Anmarschwege für motorisierte Truppenverbände, Bereitstellungsräume für Angriffstruppen, Luftwaffeneinsatz, Beobachtungsmöglichkeiten und Feuerstellungsräume für die Artillerie und schwere Infanteriewaffen. Die Tarnung der Erkundung war vor der Zivilbevölkerung auf jeden Fall geboten.

In diesem Zusammenhang möchte ich ein Gespräch erwähnen, das zwischen dem damaligen Oberst Matzky[12] und Admiral Canaris in dessen Büro in Berlin geführt wurde, nachdem die Angriffsabsicht auf Gibraltar von Hitler bereits aufgegeben war. Matzky, bisher Militärattaché in Tokio, war Oberquartiermeister IV im Generalstab des Heeres geworden und hatte sich aus diesen Grunde bei Canaris 1942 gemeldet. Matzky bedauerte, dass der Angriff auf Gibraltar aufgegeben worden war.

Die in Spanien eingesetzte Abwehr II-Organisation hatte die Aufgabe, einlaufende Schiffe der Feindstaaten durch Sabotagemittel unschädlich zu machen. Verschiedene derartige

Unternehmungen sollen nach Meldung der Abwehr II geglückt sein, d. h. es wurden mit Sprengstoff und Zeitzünder versehene Schiffe feindlicher Staaten außerhalb spanischer Häfen versenkt. Diese Tätigkeit wurde gegenüber Spanien geheim gehalten.

Canaris war häufig in Spanien.«[13]

Der deutsche militärische Geheimdienst brachte seine Mitarbeiter auf folgende Weise nach Spanien: Ab Ende 1936 reisten Offiziere der Abwehr von Hamburg und Bremerhaven per Schiff nach Nordfrankreich und stiegen dort auf französische und portugiesische Schiffe um, die Häfen in Portugal ansteuerten. Von dort reisten die Geheimdienstler als Touristen auf dem Landweg mit falschen Papieren zu ihren Einsatzorten nach Spanien weiter.

Auf diesem Wege brachten nicht nur das OKW-Amt Ausland/Abwehr, das Amt IV (Gestapo) und das Amt VI (SD-Auslandsspionage) des RSHA ihre Mitarbeiter nach Spanien. Sie schleusten auch V-Männer in die Internationalen Brigaden ein. Bevorzugt wurden Einheiten mit Deutschen und Österreichern.

Joachim Rohleder, der den Spionageabwehrdienst von 1936 bis 1937 führte und später in leitender Tätigkeit im BND wirkte, erzählte später in einem Kreis alter Kollegen folgende Episode. Vorausgeschickt werden muss, dass Canaris auf dem Flugplatz Barcelona bereits 1934 einen Abwehrstützpunkt installiert hatte[14], was sich für derlei Aktionen als nützlich erwies.

»Der Abwehr war es 1936 gelungen, einen unserer Agenten in ein Kontingent Deutscher, die auf der Seite Rotspaniens kämpften, einzuschleusen. Sein Name: Anton Gusner. Diesem Gusner gelang es während seines Einsatzes in den Internationalen Brigaden, die Abwehr in Spanien auf dem Laufenden zu halten. Er machte den Übertritt nach Frankreich mit und wurde dort interniert. Nachdem die Wehrmacht Frankreich besetzt hatte, gelang es der Abwehr, unseren Agenten aus einem Lager fliehen zu lassen.«

Wie war es der deutschen Seite überhaupt möglich, an die Personalien der in Frankreich Internierten heranzukommen? Nach der Besetzung Frankreichs 1940 rief die deutsche Seite über das Rote Kreuz die sogenannte *Knut-Kommission* ins Leben. Hierzu macht Heinz Prieß in seinem Buch »Spaniens Himmel und keine Sterne« (edition ost) folgende Angaben: »Unter dem Mantel des Roten Kreuzes bereiste sie den unbesetzten Teil Frankreichs und suchte Internierungslager wie das unsrige auf, um, wie es hieß, deutsche Staatsangehörige vor Willkürakten der Franzosen zu schützen und die Verhältnisse in den Lagern auf ihre Tauglichkeit zu prüfen.

Die Nazis wollten schlicht in Erfahrung bringen, wer denn dort alles von den Franzosen unter Verschluss gehalten wurde. Wir mussten antreten, sodann hielt der offensichtliche Kopf der Kommission eine Rede, indem er unter anderem erwähnte, dass Adolf Hitler jenen Rotspanienkämpfern Straffreiheit gewähren wolle, die freiwillig nach Deutschland zurückkehren. Vor uns wurden einige Tische aufgebaut, dahinter saßen Wehrmachtsoffiziere, vor sich die Namenslisten, die ihnen die französische Lagerverwaltung zugestellt hatte. Einzeln mussten wir an den Tisch treten, Namen, Dienstgrad in Spanien und den Heimatort in Deutschland nennen.«[15]

Auf diese Weise fand die Abwehr auch ihren Agenten Gusner wieder. Er wurde mit polnischen Papieren ausgestattet und mit Hilfe des französischen Widerstandes nach England ausgeschleust. Dort meldete er sich als Freiwilliger zur englischen Marine, wo er unbeschadet den Krieg überstand.

Nach dem Zweiten Weltkrieg ließ sich Gusner in Flensburg nieder und schloss sich bald der Organisation Gehlen an. Bis in die 50er Jahre gehörte er zu einem Kommando, das Spione, Diversanten und andere terroristische Kräfte an der Küste der baltischen Staaten absetzte. Gusner führte ein schnelles Schleuserboot und war insbesondere gegen Polen eingesetzt. Mehrmals sei er um Haaresbreite einer Festnahme entgangen, berichtete Rohleder.

Gusner nahm um 1956 im Auftrag des BND Kontakt zu Willi Bredel[16] auf. Der DDR-Schriftsteller hatte in den Interbrigaden als Kommissar gekämpft. Da diesem die Sache merkwürdig erschien, informierte er die Sicherheitsorgane. Die stellten sehr schnell fest, dass dahinter der BND steckte.

Rohleder verriet noch einen weiteren »Spitzenmann«, der damals vom Amt IV (Gestapo) in Spanien eingesetzt worden war. Es handelte sich um einen deutschen Journalisten, der seit 1933/34 in Paris akkreditiert war und über »hervorragende Kontakte« zur deutschen Emigration in Frankreich verfügte. In Spanien war er mit »allen Papieren« für seine Bewegungsfreiheit ausgestattet worden, wodurch er die Möglichkeit hatte, über ein breites Spektrum zu berichten. Dieser »hervorragende und zuverlässige Mann« habe fast nahtlos nach 1945 wieder »Anschluss« gefunden. Als Mitarbeiter der Organisation Gehlen wurde er Anfang der 50er Jahre an der »vordersten Front«, in Westberlin, platziert. Hier sei es ihm gelungen, so Rohleder, alte Kontakte zu ehemaligen deutschen Emigranten in Frankreich (etwa Albert Norden[17]) aufzufrischen und diese auszubauen. Trotz seines Alters wirke er noch zuverlässig an seinem Platz.

Die Agenten-Karriere dieses René Bayer (1904–1988) endete 1982. Er war seit 1974 in der DDR als ständiger Korrespondent akkreditiert und 1982 wegen nachgewiesener Spionagetätigkeit für den BND aus der DDR ausgewiesen worden.

Er war nicht nur ein zuverlässiger Agent der Gestapo und des BND, er ist auch der Urheber der Zeitungsente, Hans Beimler sei von den eigenen Genossen exekutiert worden. Diese über den Völkischen Beobachter absichtsvoll verbreitete Falschmeldung wird bis heute von Historikern kolportiert.

In seinem Buch »Spaniens Himmel und keine Sterne« schreibt Heinz Prieß: »In Barcelona formierten sich im August 1936 rund 90 Deutsche und Österreicher, die zur *Olimpiada popular* in die katalanische Hauptstadt gekommen, andererseits wegen des Sieges der Austro-Faschisten 1934 aus Österreich geflüchtet waren, zum Kampfverband *Centuria Thaelmann*. Unter ihrem Kommandeur, dem aus dem KZ Dachau getürmten Hans Beimler, bestanden sie ihre Feuertaufe vor Huesca an der Aragon-Front. Mehr als die Hälfte der Kämpfer aus der Centauria verloren im August und September ihr Leben. Im Oktober schied die Einheit aus den spanischen Milizen aus und bildete den Kern der sich in Albacete konstituierenden Internationalen Brigaden.«[18]

Hans Beimler fiel am 1. Dezember 1936 vor Madrid. Er wurde mit großer Anteilnahme der spanischen Bevölkerung in Barcelona beigesetzt. Beimler war auf dem Rückweg vom

Bataillonsstab im Fuencarratal zum Thälmann-Bataillon, das in Universitaria in Stellung lag, von einer feindlichen Kugel getroffen worden. Zeuge dieses Soldatentodes war sein Fahrer Tomas Calvo Cariballos.[19]

Weil Beimler, der ehemalige KPD-Reichstagsabgeordnete, ein Symbol für den internationalen Widerstand gegen die Franco-Putschisten war, wurde von den Nazis nach dem physischen Mord auch noch ein Rufmord begangen. Der Spanien-Korrespondent des *Völkischen Beobachters* und Gestapoagent René Bayer meldete, Beimler sei angeblich Opfer der eigenen Leute geworden.

Eine Bestätigung für den aktiven Einsatz deutscher Spione in Spanien lieferte auch Heinrich Scheel. Ende 1942 war der Offizier als Mitglied der Roten Kapelle von der Gestapo verhaftet und zu sechs Jahren Gefängnis verurteilt worden. »Während meiner Haft *(im Spandauer Gefängnis – H. W.)* sagte ein Vernehmer der Gestapo zu mir: Was meinen Sie, was Schulze-Boysen uns geschadet hat. Während des spanischen Bürgerkrieges hatten wir Leute von uns in die Internationalen Brigaden geschickt. Schulze-Boysen hat ihre Namen gekannt und den Roten übermittelt. Unsere Leute wurden daraufhin an die Wand gestellt.«[20]

Die spanisch-republikanische Regierung rief das Ausland zu Hilfe. Die Sowjetunion half. Bis Ende Oktober 1936 wurden über 50 Millionen Rubel für den *Hilfsfonds Spanien* von Sowjetbürgern gespendet, und Moskau gewährte einen Kredit über 85 Millionen Dollar. Es wurden Waffen geliefert und Freiwillige, vorwiegend aktive Militärs, meldeten sich zum Einsatz. Das waren Panzerfahrer, Piloten, Artilleristen, Sprengstoffspezialisten, Kommandeure..

Die Sowjetunion sandte auf Bitte der Volksfrontregierung auch Geheimdienstspezialisten. Die republikanischen Sicherheitsorgane waren nicht in der Lage, auf die Spionage- und Diversionsangriffe wirksam zu reagieren.

Erst in den 80er Jahren wurde aus Veröffentlichungen bekannt, in welchem Umfang Geheimdienstpersonal aus der Sowjetunion in Spanien aktiv war. Auch der Chef der Militäraufklärung der Roten Armee, Jan Karlowitsch Bersin, war – damals Stellvertreter des Oberbefehlshabers der Besonderen

Fernöstlichen Rotbannerarmee – nach Spanien kommandiert worden. In Madrid wurde er zum militärischen Chefberater der republikanischen Armee berufen. Bersin koordinierte die gesamte Militärhilfe der Sowjetunion. Bis Juni 1937 hielt er sich in Spanien auf. Nach seiner Rückkehr wurde er erneut Chef der Militäraufklärung. Nach Bersin übernahm Korpskommandeur (Generalleutnant) Grigori Michailowitsch Stern (Deckname: Grigorowitsch) diese Funktion in Spanien.

Aus dem Bersin-Apparat und von der sowjetischen Staatssicherheit waren in Spanien Kiril Orlowski, Maxim Kotschegarow, Alexander Markowitsch Rabzewitsch (im Großen Vaterländischen Krieg Partisanenkommandeur in Belorussland), Nikon Grigorjewitsch Kowalenko, Wassili Sacharowitsch Korsh (später ebenfalls Partisanenkommandeur), Nikolai Archipowitsch Prokopjuk (im Zweiten Weltkrieg Kommandeur einer Sonderabteilung im Hinterland des Feindes), Naum Ejtingon, Lew Feldbin (Deckname Alexander Michailowitsch Orlow), Jan Arturis Sprogis (er gehörte zu jenen Tschekisten, die 1918 die Botschafterverschwörung aufdeckten), Stanislaw Alexejewitsch Waupschassow (im Großen Vaterländischen Krieg Partisanenkommandeur)[21], Iwan Winarow, Jan Andrejewitsch Osol (Funkspezialist), Grischa Salnin (Berater für Aufklärung), Umar Mamsurow (Berater für Kundschaftereinsatz) und weitere Geheimdienstexperten.

Naum Ejtingon leitete als Oberst Kotow die Partisanenschule in Valencia und bis Mitte 1938 die gesamte Partisanentätigkeit der Internationalen Brigaden. Danach war er bis zum Ende des Spanienkrieges Chef des sowjetischen Abwehrdienstes in Spanien. Unter seiner Leitung wurden eine Reihe Interbrigadisten aus verschiedenen Nationen für den verdeckten Kampf im Hinterland des Feindes ausgebildet. Im Januar 1937 wurden auch zehn Deutsche zur Ausbildung an die Partisanenschule kommandiert, darunter Karl Kleinjung, Gustav Roebelen und Otto Schliwinski. Im Zweiten Weltkrieg spielten Interbrigadisten, die diese Partisanenschule besucht hatten, eine wichtige Rolle im sowjetischen Partisanenkampfes.

Ejtingon lernt in Spanien die spanische Kommunistin Caridad Mercader del Rio Hernandez kennen, die seine Lebensgefährtin wird. Beide gingen im Auftrag der Moskauer

Zentrale nach Mexiko, wo sie Leo Trotzki, der zum Renegaten geworden war, ausschalten sollten. Ramón Mercader, der 26-jährige Sohn der Spanierin, erschlug Trotzki mit einem Eispickel.

Im Herbst 1937 wurden Kleinjung und Roebelen zum persönlichen Schutz des sowjetischen Geheimdienstmitarbeiters Lew Feldbin alias Alexander Michailowitsch Orlow (in Spanien Lew Nikolski) abgestellt. Nikolski war am Aufbau eines Spionagenetzes beteiligt, das gegen die Putschisten, Nazideutschland und Italien arbeiten sollte. Auf Befehl der Moskauer Zentrale ging er im Juli 1938 nach Paris, Kleinjung und Roebelen begleiteten ihn. Tatsächliches Ziel aber war Antwerpen, wo er sich mit dem INO-Chef Michail Spiegelglas treffen sollte. In Paris verabschiedete sich Nikolski von seinen Begleitern mit den Worten: »Eure Mission ist erfüllt. Fahrt zurück zu Naum.« In Antwerpen kam Orlow/Nikolski nie an. Er hatte sich nach Kanada abgesetzt, von dort reiste er illegal in die USA ein, wo er jahrelang unerkannt lebte. Orlow gehörte zu einer ganzen Reihe sowjetischer Geheimdienstmitarbeiter, die sich vor der Großen Säuberung in der Sowjetunion (»Tschistka«) in Sicherheit brachten.

Eine der interessantesten Persönlichkeiten unter den sowjetischen Geheimdienstmitarbeitern, die in Spanien eingesetzt wurden, war Waupschassow. Er hatte von 1922 bis 1925 in dem von Polen besetzten westlichen Belorussland als Partisanenkommandeur gewirkt, im Großen Vaterländischen Krieg sollte er eine Sonderabteilung führen, die im Rücken der deutschen Okkupanten kämpfte.

In Spanien trug Waupschassow, der sich von März 1937 bis März 1939 im Lande aufhielt, den Decknamen Alfred. Zuerst beriet er Partisanenabteilungen an der Aragonfront und bildete Aufklärungs- und Diversionsgruppen aus. Später beteiligte er sich am Aufbau des Partisanenkorps in Spanien, dessen Stoßabteilungen im Rücken der Putschisten zum Einsatz kamen.

Die Führung der republikanischen Sicherheitsorgane zog ihn immer öfter zur Mitarbeit heran. Als der *Seguridad,* dem Abwehrdienst der republikanischen Armee, bekannt wurde, dass sowohl der deutsche als auch der italienische Geheimdienst Diversanten der »Fünften Kolonne« mit Waffen, Munition und Sprengmitteln versorgten und angewiesen hatten, Persönlichkeiten der Volksfrontregierung zu liquidieren, erhielt Waupschassow den Auftrag, einen Personenschutz für führende Mitglieder der KP Spaniens zu organisieren. Das betraf Dolores Ibárruri (»La Pasionara«), Vicente Uribi und Pedro Checa. So verhinderte Waupschassow bei einem Meeting mit einer Delegation des amerikanischen Roten Kreuzes im Juni 1938 einen Mordanschlag auf die »Pasionara«.

Spektakulär waren zwei Operationen der republikanischen *Seguridad*, an denen der Litauer Waupschassow direkt beteiligt war. Er gab sich als Korrespondent einer großen baltisch-bürgerlichen Tageszeitung aus und nahm Verbindung zur POUM auf. Dort führte er ein Interview mit dem Verantwortlichen für Öffentlichkeitsarbeit mit der Absicht, die weiteren Absichten der Partei in ihrer politischen Arbeit zu erfahren. Insbesondere interessierten ihn bzw. die *Seguridad*, wie sich künftig der Parteichef »Fernando« (Andres Nin[22]) in der Volksfront verhalten werde.

Nach diesem intensiven Gespräch wurde festgelegt, die POUM fortan zu beobachten. Die Observation führte dazu, dass Major Lasta, ein Geheimdienstler aus dem Stab Francos, durch die *Seguridad* festgenommen wurde. Er hatte Order, Verbindung zur POUM herzustellen, »Fernando« ein Schreiben zu übergeben und eine Antwort an Franco entgegenzunehmen.

Waupschassow schickte statt des festgenommenen Lasta einen eigenen Mann zur POUM, der sich als Lasta ausgab, das Schreiben übergab und auch die Antwort entgegennahm. In diesem Papier erklärte die POUM ihre Loyalität gegenüber Franco und ihre Absicht, sich nicht in die Volksfront einbinden zu lassen. Diese Aussagen lieferten den Grund, die POUM aufzulösen und deren Exponenten auszuschalten.[23]

Die zweite Operation richtete sich gegen Otto Kirchner (Deckname: Kobard), den deutschen Residenten der Abwehr I in Madrid. Kirchner/Kobard und seine Frau betrieben als argentinische Staatsbürger eine Antiquitätenhandlung.

Waupschassow erinnerte sich später: »Ich schlug dem republikanischen Sicherheitsdienst einen Plan vor, wie man einen Mitarbeiter gut getarnt auf diesen Mann ansetzen konnte. So stellte sich einige Zeit später der junge spanische

Offizier Sanches Ortis dem Kunsthändler als liederlicher polnischer Müßiggänger namens Pan Kobecki vor, der wertvolle Gemälde besaß.«[24] Ortis erzählte Kirchner, dass er nach Buenos Aires zu seinen Eltern wolle, keinen einzigen Peso in der Tasche habe und darum gezwungen sei, Bilder aus seiner Sammlung zu verkaufen. Kirchner glaubte dem vermeintlichen Polen und bat ihn zudem, einige spanische Souvenirs für einen Bekannten nach Argentinien mitzunehmen.

Bei der Untersuchung dieser Gegenstände durch Abwehrspezialisten der *Seguridad* fand man Kassiber. Sie enthielten Informationen über den Zustand der republikanischen Streitkräfte, die wirtschaftliche Lage der Republik, Adressen und Parolen von Agenten in verschiedenen staatlichen Einrichtungen der Republik, die von der Abwehr I direkt angelaufen werden konnten. Waupschassows Vermutung, das ein geheimdienstlicher Kurierweg zur deutschen Botschaft nach Argentinien bestand, wurde dadurch bestätigt. Die Inhaftierung dieser Agentenorganisation um Kirchner im Herbst 1937 traf die deutsche Spionage sehr hart.

Waupschassow war auch einer der führenden Organisatoren der Operation »Oran«. Im März 1939, kurz vor dem Zusammenbruch der Volksfrontregierung, sah sich der amtierende spanische Ministerpräsident nicht in der Lage, die verbliebenen sowjetischen Berater außer Landes zu bringen. Gemeinsam mit dem sowjetischen Chefberater der zentral-südlichen Zone, Michail Stepanowitsch Schumilow (im Zweiten Weltkrieg Armeeoberbefehlshaber) organisierte Waupschassow mit zwei französischen Piloten die Überführung der verbliebenen sowjetischen Militärexperten über die Franco-Front nach Algerien. Am 12. März 1939 waren alle sowjetischen Berater außer Landes gebracht und in Sicherheit.

Obgleich Francos Agenten und der deutsche Militärgeheimdienst ihnen auf den Fersen waren, entwischten sie ihnen. Als Franco gemeldet wurde, dass sich kein einziger sowjetischen Berater mehr im Lande befinden würde, soll er außer sich gewesen sein. Er wollte sie als Geiseln nehmen und gegen den spanischen Staatsschatz eintauschen, den die Volksfrontregierung mit Hilfe sowjetischer Spezialisten per Schiff außer Landes gebracht hatte.

Einer der exzellentesten Aufklärer des Bersin-Apparates, der ebenfalls in Spanien zum Einsatz kam, war Iwan Winarow.[25] Der sowjetische Kundschafter hatte seit 1922 in China, Österreich, Polen, Deutschland, in der Türkei und in der Tschechoslowakei, in Frankreich, Italien und Portugal gearbeitet. Winarow nahm im November 1936 mit seiner Frau Galina, einer Funkerin, Quartier in Paris. Er sollte dort ein Informationsnetz aufbauen, das die Zentrale in Moskau über die Unterstützung Francos durch Deutschland und Italien informieren sollte. In kurzer Zeit hatte er Quellen überall in Europa aufgetan. In Gibraltar handelte eine Dreiergruppe, in Portugal arbeiteten mehrere Gruppen in verschiedenen Häfen. Weitere Aufklärungstrupps agierten in Genua, Neapel und Messina sowie in Kiel, Hamburg, Wilhelmshaven, Rostock, Bremerhaven und in französischen Häfen. Die Informanten waren vor allem Hafenarbeiter, Kraftfahrer, Kranführer, Schauerleute und Eisenbahner. Winarow führte das bürgerliche Leben eines Kaufmann und reiste wiederholt nach Spanien. Dabei ging es um die Beschaffung von Waffen, Munition, Sprengmitteln und Medikamenten für die Volksfront sowie deren sichere Überführung nach Spanien.[26]

Winarow führte auch einen »Kontrolleinsatz« im April 1937 in Lissabon durch. Er wollte aufklären, ob die Firma *Manuell Oliveira & Co.*, ein Südfruchthandel, unter Kontrolle der Geheimpolizei des Salazar-Regimes stand. Bei Oliveira handelte es sich um einen Deutschen, der für die Sowjets arbeitete und die Befreiung von fünf spanischen Matrosen aus der Haft organisiert hatte. Diese Antifaschisten hatten im Hafen von Lissabon im November 1936 einen deutschen Frachter gesprengt, der für Franco fuhr. Die portugiesische Geheimpolizei hatte gemeinsam mit der Gestapo, die in Lissabon »deutsche Interessen« wahrnahm, die Männer ermittelt und festgesetzt. Daraufhin erhielt Manuell Oliveira aus Moskau den Auftrag, die Matrosen zu befreien. Als leitender Mitarbeiter der Gestapo getarnt und in Begleitung bewaffneter Zivilisten gelang ihm die Befreiung der Seeleute aus einem Häftlingstransport auf spanischem Territorium.

In Lissabon wurde in Geschäftskreisen das Gerücht gestreut, Oliveira sei in Spanien in »die Hände der Roten« gefallen.[27]

Winarow konnte Entwarnung geben, nachdem er Monate später in Lissabon kontrollierte. Es war kein Verdacht auf Oliveira gefallen. Dieser konnte ab Mitte 1937 seine »Geschäftstätigkeit« in der portugiesischen Hauptstadt wieder aufnehmen.

Oliveira hatte für die Befreiungsaktion einen Ausweis der Gestapo erhalten. Die Fälschung auf der Basis einer Fotokopie hatte Willy Lehmann besorgt. Lehmann arbeitete unter dem Decknamen Breitenbach seit etwa 1930 für die sowjetische Aufklärung INO des NKWD und war 1933 von der Berliner Polizei zur Gestapo gewechselt. Dadurch verfügte die Auslandsaufklärung der Sowjetunion über eine wichtige Innenquelle, sie sollte die einzige in der Gestapo bleiben. Später war Lehmann/Breitenbach in der Abwehr in der deutschen Rüstungsindustrie tätig und lieferte zahlreiche Informationen und Dokumente über Rüstungsvorhaben, Waffenlieferungen an Franco, Befestigungsanlagen an der deutsch-polnischen Grenze, das Raketenprogramm u. a. an seine sowjetischen Führungsoffiziere. Im Rahmen der Fahndungsoperation »Rote Kapelle« wurde er im Dezember 1942 enttarnt und auf Befehl Himmlers erschossen. Willy Lehmann war von Robert Barth verraten worden.

Im August 1942, als die »Rote Kapelle« in Berlin bereits im Visier der Gestapo war, sprangen Albert Hössler und Robert Barth in Ostpreußen ab und schlugen sich nach Berlin durch, um dort die »Rote Kapelle« zu unterstützen. Barth fiel der Gestapo in die Hände, offenbarte sich und wurde für ein Funkspiel umgedreht. Nach dem Krieg wurde er von den Engländern verhaftet, an die Sowjetunion ausgeliefert und Ende 1945 erschossen. Albert Hössler starb in den Folterkellern der Gestapo.

Anmerkungen

1 Am 16. Februar 1936 errang eine Vereinigung kommunistischer, sozialdemokratischer und linksbürgerlicher Parteien (»Volksfront«) einen Wahlsieg und bildete die Regierung. Diese politische Konstellation rief die reaktionären Militärs und den spanischen Klerus auf den Plan, die am 18. Juli 1936 unter Führung der Generale Franco und Mola putschten. Die Volksfrontregierung setzte sich zur Wehr und verteidigte die Republik. Dieser – oft und fälschlich als Bürgerkrieg bezeichnete – militärische Konflikt war in Wirklichkeit eine offene Intervention der faschistischen Staaten Deutschland und Italien, die als Unterstützung der Francisten deklariert war. Andere imperialistische Staaten, etwa Frankreich

und Großbritannien, betrieben eine »aktive Neutralität«, was objektiv den Putschisten und Interventen nützte. Die UdSSR war der einzige Staat, der die Republik unterstützte und verteidigte. Und es eilten rund 35 000 Antifaschisten aus 51 Nationen zu Hilfe. Sie bildeten die Internationalen Brigaden, die an der Seite der spanischen Volksarmee kämpften. Das größte Kontingent, etwa 4000 Mann, kam aus Deutschland. Davon fielen etwa 1500. Die meisten kämpften im Thälmann-Bataillon. Am 28. März 1939 fiel Madrid in die Hände der Faschisten.

2 Herbert Grünstein: Der Kampf hatte viele Gesichter, Berlin 1988, S. 20 ff.
3 Siehe Moskauer *Neue Zeit* 13/1946 und Julius Mader: Hitlers Spionagegenerale sagen aus, Berlin 1970, S. 224
4 Julius Mader: Nicht länger geheim, Berlin 1969, S. 120
5 Julius Mader: Hitlers Spionagegenerale ..., a. a. O., S. 22 ff.
6 Zu den Vertrauensmännern bzw. der Abwehr in Spanien zählten Mitte der 30er Jahre neben Franco Innenminister Primo de Rivera, General Martinez Anido, Langenheim (deutscher Konsul in Tetuan), Rüggeberg (deutscher Großkaufmann in Las Palmas und Barcelona), Rahne (deutscher Kaufmann in Santa Cruz), Sauermann (deutscher Großkaufmann in Las Palmas), Niemann (deutscher Prokurist in Las Palmas). Siehe auch Julius Mader in: Hitlers Spionagegenerale ..., a. a. O., S. 404
7 Generalmajor Wilhelm Faupel war nach dem Ersten Weltkrieg Militärattaché in Argentinien und Peru sowie 1937 Botschafter in Spanien. Nach 1939 leitet er das Ibero-amerikanische Institut, einen Ableger des Amtes Ausland/Abwehr.
8 »Kraft durch Freude« (KdF), Ferienorganisation der Nazis
9 Oberst Freiherr von Franck, von 1936 bis 1939 Militärattaché in Spanien
10 Helmut Roewer: Skrupellos, Leipzig 2004, S. 175
11 Julius Mader: Hitlers Spionagegenerale ..., a. a. O., S. 230 ff.
12 Gerhard Matzky (1894–1969), Dienst als Offizier in der kaiserlichen Armee, dann in den Grenzschutzverbänden der Reichswehr. 1924 Offizier des Generalstabes, später der Wehrmacht. 1939 Oberst im Generalstab, Militärattaché in Tokio, (unfreiwilliger) Informant Richard Sorges, 1941 im Oberkommando des Heeres, 1943 Kommandierender General des 21. Armeekorps, das in Ostpreußen aufgerieben wurde, 1944 Generalleutnant, von Hitler mit dem Ritterkreuz ausgezeichnet. 1945 bis 1948 in englische Kriegsgefangenschaft. Danach Befehlshaber der unter amerikanischem Einfluss gebildeten deutschen Einheiten, die Keimzelle der späteren Bundeswehr. Ab 1951 Befehlshaber des Bundesgrenzschutzes. Am 1. April 1957 Kommandierender General des I. Korps der Bundeswehr in Münster. 1962 Pensionierung. Mitglied der Landsmannschaft Ostpreußen und Vorsitzender des Verbandes deutscher Soldaten.
13 Julius Mader: Hitlers Spionagegenerale ... a. a. O., S. 204 ff.
14 Erich Schmidt-Eenboom: Schnüffler ohne Nase, Düsseldorf-Wien-New York-Moskau 1994, S. 153

15 Heinz Prieß: Spaniens Himmel und keine Sterne, Berlin 1996, S. 172 ff.
16 Willi Bredel (1901–1964), Schriftsteller, 1933/34 KZ Hamburg-Fuhlsbüttel, 1934 Flucht in die Tschechoslowakei, 1937–1939 Politkommissar des Thälmann-Bataillons in Spanien. Ab 1943 führende Mitarbeit im Nationalkomitee »Freies Deutschland« in der Sowjetunion. Nach 1945 Teilnahme am Neuaufbau Mecklenburgs. Abgeordneter der Volkskammer, Präsident der Akademie der Künste
17 Albert Norden (1904–1982), 1921 Eintritt in die KPD, 1923 bis 1933 Redakteur/Chefredakteur kommunistischer Zeitungen. Von 1933 bis 1939 illegale Arbeit in Deutschland, Frankreich und in der Tschechoslowakei als Mitarbeiter des ZK der KPD. 1939/40 Internierung in Frankreich, von 1941 bis 1945 Exil in den USA, 1946 Rückkehr über die Sowjetunion nach Deutschland. Chefredakteur, Staatssekretär, Professor an der Humboldt-Universität zu Berlin, Mitglied der Volkskammer. Seit 1955 Sekretär des ZK der SED und ab 1958 Mitglied des Politbüros
18 Heinz Prieß: Spaniens Himmel ..., a. a. O., S. 100 ff.
19 a. a. O., S. 105 ff.
20 Walter A. Schmidt: Damit Deutschland lebe, Berlin 1958, S. 387
21 Stanislaw Alexejewitsch Waupschassow (1895–1982), Oberst der Roten Armee, Held der Sowjetunion, Mitarbeiter der sowjetischen Staatssicherheit, Litauer, Kommandeur einer Partisanensonderabteilung im Großen Vaterländischen Krieg.
22 Andres Nin, Sekretär Trotzkis. Zum Verständnis: Trotzki hatte am 13. Februar 1929 in der Türkei um Asyl nachgesucht und war auf die Insel Prinkipo verbannt worden, die er zu seinem politischen Hauptquartier im Kampf gegen die Sowjetunion machte. Sein Sohn Leo Sedow wurde sein Adjutant und Stellvertreter. (»Inzwischen war es gelungen, in Prinkipo, in enger Zusammenarbeit mit meinem Sohn, eine neue Gruppe junger Männer verschiedener Länder heranzubilden.«) Dabei handelte es sich um linksradikale Abenteurer aus Russland, Deutschland, Frankreich und Spanien, die Trotzki »meine Sekretäre« nannte. Andres Nin gehörte dazu. Er stand an der Spitze der trotzkistenfreundlichen Partei *Partido Obrero de Unificacion Marxista* (POUM). Zur Zeit des Franco-Putsches war Nin Justizminister von Katalonien. Obwohl er sich zur Sache des Antifaschismus bekannte, agitierte er gegen die Republik.
23 Autorenkollektiv: Schild und Flamme, Berlin 1973, S. 183 ff.
24 Stanislaw Waupschassow: Vierzig Jahre in der sowjetischen Aufklärung; Berlin 1974, S. 163
25 Iwan Winarow (1897–1984), Bulgare, Oberst der Roten Armee, später General der bulgarischen Armee, von 1922 bis 1945 Militäraufklärer des Generalstabes der Roten Armee, war vor und während des Zweiten Weltkrieges in fast allen europäischen Ländern konspirativ tätig.
26 Iwan Winarow: Kämpfer der lautlosen Front, Berlin 1984, S. 199 ff.
27 a. a. O., S. 200

9. Die Fünfte Kolonne oder die »Innere Aggression«

Im Sommer 1941, nach dem Einmarsch der Nazitruppen in die Sowjetunion, machte der US-Botschafter in der Sowjetunion Josef E. Davis in einem Artikel für eine führende amerikanische Zeitung auf einen gravierenden Unterschied zu den vorangegangenen Aggressionen Hitlerdeutschlands aufmerksam. »In Russland gab es keine ›Innere Aggression‹, die mit den Deutschen kooperierte. Hitlers Marsch auf Prag im Jahre 1939 wurde durch militärische Aktionen der Henlein-Organisation unterstützt. Ähnliches geschah bei der Invasion Norwegens. Das Bild, das Russland bot, war frei von sudetendeutschen Henleins, slowakischen Tisos, belgischen Degrelles und norwegischen Quislingen.«

Davis meinte mit »innerer Aggression« jene »Fünfte Kolonne«, die einen Einmarsch vorbereitete und schließlich »um Hilfe« rief.

Ohne dass dieser Begriff genannt wurde, hatte Hitler deren Funktion selbst einmal beschrieben: »Unsere eigentlichen Kriege werden sich überhaupt vor den militärischen Handlungen abspielen. Unsere Strategie ist, den Feind von innen zu vernichten, ihn durch sich selbst besiegen zu lassen. Das gegnerische Volk muss demoralisiert und kapitulationsbereit sein, es muss moralisch in die Passivität getrieben sein, die nicht an eine militärische Aktion denken darf. Ein einziger Schlag muss ihn *(den Feind – H. W.)* vernichten. Ich werde vor nichts zurückschrecken. Kein sogenanntes Völkerrecht, keine Abmachung wird mich davon abhalten, einen Vorteil zu benutzen, der sich mir bietet.«[1]

Nach der Machtübertragung an die Nazis wurden schon bald andere europäische Staaten von einem seltsamen Übel heimgesucht. Es gab Militärputsche, politische Attentate, Sabotageakte, Komplotte und Verschwörungen. Eine Epidemie des Verrats und des Terrors breitete sich auf dem Kontinent aus. Der Infektionsherd für diese »politischen Krankheiten« befand sich zweifellos in Nazideutschland. Am 11. Januar 1934 schrieb die US-Nachrichtenagentur *United Press*: »Die gewaltige Propaganda der neuen faschistischen Bewegungen (Deutschland, Italien), die an den unvermeidlichen Untergang der alten Regierungsform glauben (und an ihrer Beseitigung arbeiten), hat den ganzen europäischen Kontinent ergriffen. Das Zentrum all dieser Bestrebungen ist das nationalsozialistische Deutschland.«

Der Begriff »Fünfte Kolonne« existierte noch nicht. Aber ihre Wegbereiter schon: Alfred Rosenberg (1892–1946) und Rudolf Heß (1894–1987).

Rosenberg leitete das Außenpolitische Amt der NSDAP, dessen Aufgabe darin bestand, personelle Stützpunkte in der ganzen Welt aufzubauen, zu betreuen und sie für die »Bewegung« einzuspannen: für Spionage, Sabotage und Propaganda. Das Interesse zielte sowohl auf West- wie auf Osteuropa, wobei der Schwerpunkt auf der Sowjetunion lag. Diverse Geheimverhandlungen und Abkommen wurden zuerst ausschließlich von Hitlers Stellvertreter Rudolf Heß geführt, der auch in der Periode der Vorkriegszeit oberster Koordinator der Untergrundtätigkeit gegen andere Staaten war.

Der ideologische Kopf war Rosenberg, Sohn eines baltischen Großgrundbesitzers. Er studierte am Moskauer Polytechnikum Architektur und schloss sich nach dem Sieg der Bolschewiki den Weißen Garden des Generals Graf Rüdiger von der Golz im Baltikum an. Von dort floh er 1919 nach München, wo er schon bald der geistige Mittelpunkt eines kleinen Kreises russischer Emigranten, baltischer Barone, Juden- und Kommunistenhasser und Faschisten wurde. Als »politischer Schriftsteller« brachte er in den 20er Jahren eine Reihe antisemitischer Hetzschriften heraus, sein »Hauptwerk« erschien 1930: »Der Mythus des 20. Jahrhunderts«. Rosenberg postulierte darin die Erlösung der Welt von der »Dekadenz der jüdischen Demokratie und des Bolschewismus« und lieferte damit der Rassenideologie der Nazis die »philosophische« Grundierung. Diese Erlösung werde »mit der Schaffung eines neuen Staates in Deutschland beginnen«, prophezeite er 1930. Er lieferte damit zugleich auch das Programm für die Einheit von offenem und geheimem Krieg, das in vielen europäischen Ländern, in denen der Antikommunismus zur Staatsideologie gehörte, gefährliche Resonanz fand. In Norwegen wurden Vidkun Quisling, in Belgien Leon Degrelle, in Dänemark Fritz Clausen, in den Niederlanden Adrian Anton Mussert und in Kroatien Ante Pavelic zu geistigen Kollaborateuren des deutschen Faschismus. Sie und andere Extremisten scharten Antikommunisten, Antisemiten und Ausgegrenzte um sich, um mit Hilfe Nazideutschlands, mit Gewalt und Terror sich ihre Heimatstaaten zu unterwerfen. Nur einige Beispiele aus jener Zeit:

Oktober 1933: Ermordung des sowjetischen Botschaftssekretärs Mailow in Lwow (Polen) durch ukrainische Nationalisten (OUN).

Dezember 1933: Ermordung des rumänischen Ministerpräsidenten Duca durch die Eiserne Garde.

Februar 1934: Aufstand und Revolte der Croix de Feu und Cagoulards in Paris.

März 1934: Putschversuch der von deutschen Nazis finanzierten »Freiheitskämpfer« in Estland.

Mai 1934: Faschistischer Staatsstreich in Bulgarien.

Mai 1934: Putschversuch der unter deutschem Einfluss stehenden »Baltischen Bruderschaft« in Lettland.

Juni 1934: Ermordung des polnischen Innenministers Bronislaw Pieracki durch die OUN.

Juni 1934: Versuch eines Aufstandes in Litauen durch den »Eisernen Wolf«.

Juli 1934: Missglückter Putschversuch in Österreich, Ermordung des Bundeskanzlers Engelbert Dollfuß.

Oktober 1934: Ermordung des Königs der Serben, Kroaten und Slowenen, Alexander I., und des französischen Außenministers Louis Barthou in Marseille durch die faschistische Bewegung Kroatiens (Ustascha), die Innere Mazedonische Revolutionäre Organisation (IMRO) und den italienischen Geheimdienst.

Juli 1936: Putsch der reaktionen Militärs in Spanien unter Franco gegen die Republik mit militärischer und logistischer Unterstützung Hitlerdeutschlands, der, wie bereits dargestellt, nach einem dreijährigen Bürgerkrieg endet.

In jenen Jahren entstand auch der Begriff von der »Fünften Kolonne«[2], jener »Truppe«, die hinter der Front das Einfallstor für den Feind öffnet. Exemplarisch das Handeln der Sudetendeutschen in der Tschechoslowakei, die vermeintlich unterdrückte deutsche Minderheit, welche – wie die Austrofaschisten – »heim ins Reich« geholt werden wollten. Das erfolgte mit der »Operation Otto«. Die Wehrmacht marschierten am 11. März 1938 in Österreich ein, zwei Tage später wurde die »Ostmark« Teil Großdeutschlands.

Es erfolgte kein Aufschrei in Westeuropa, kein Protest aus Washington. Alfred Jodl, Chef des Wehrmachtsführungsstabes, jubelte und formulierte zugleich das nächste Ziel: »Der Anschluss Österreichs brachte sodann nicht nur die Erfüllung eines alten nationalen Zieles, sondern wirkte sich neben der Stärkung der Wirtschaft zugleich durch eine wesentliche Verbesserung unserer strategischen Lage aus. Während bisher der tschechoslowakische Raum in bedrohlicher Form nach Deutschland hineinragte (Wespentaille zu Frankreich hin und Luftbasis für die Alliierten, besonders Russland), war nunmehr die Tschechei ihrerseits in die Zange genommen. Ihre eigene strategische Lage war jetzt so ungünstig geworden, dass sie einem energischen Angriff zum Opfer fallen musste, bevor wirksame Hilfe vom Westen her zu erwarten war.«[3]

Die US-Historiker C. G. Haines und R. I. Hoffmann werteten Österreichs Okkupation so: »Der Anschluss war ein Ereignis von erstrangiger Bedeutung in der Geschichte dieser Jahre der internationalen Anarchie. Er versetzte Deutschland in eine Lage, in der es die Tschechoslowakei überflügeln, und, wenn die Zeit dazu reif war, aufteilen konnte; es rückte Deutschland an die Grenze des Balkans und befähigte es, dem neuen ›Drang nach Osten‹ mehr Nachdruck zu verleihen. Diese beiden Vorteile boten den Hitlerfaschisten einen größeren Spielraum, den Nervenkrieg, in dem sie sich bereits als so erfahren erwiesen hatten, fortzusetzen.

Überdies band der Anschluss Italien unlöslich an Deutschland, Mussolinis Handlungsfreiraum war dahin, er war völlig in der Hand Hitlers. Schließlich ist hervorzuheben, dass der Anschluss der Stärke und dem Prestige Großbritanniens und Frankreichs Abbruch tat.«[4]

Ursprünglich sollte die ČSR mit Waffengewalt erobert werden. In einer Weisung Hitlers hieß es: »Das Endziel besteht in einem planmäßigen im Frieden vorbereiteten strategischen Überfall auf die Tschechoslowakei, der ihre Befestigungen überraschend zu Fall bringt, ihre Wehrmacht noch in der Mobilmachung fasst und zerschlägt und in Ausnutzung der völkischen Zersplitterung der Tschechoslowakei in kurzer Zeit zum Erliegen bringt.«[5]

Der militärische Operationsplan dafür trug den Decknamen »Plan Grün«. Er wurde jedoch fallengelassen, weil erstens die Tschechoslowakei bereit war, mit der Waffe für ihre Unabhängigkeit zu kämpfen, und weil zweitens die Sowjetunion ihre Bereitschaft erklärt hatte, Beistandsverpflichtungen gegenüber Prag einhalten zu wollen. Das dämpfte die Kriegsbereitschaft der Aggressoren in Berlin, keineswegs aber ihre Absicht, die ČSR von der politischen Landkarte zu tilgen.

Es begann die Suche nach einer anderen »Lösung«.

Die fand man in einer Doppelstrategie. Auf diplomatischem Wege schaltete man Frankreich und Großbritannien aus: In München unterzeichneten die vermeintlichen Verbündeten Prags am 30. September 1938 ein Abkommen, das die ČSR verriet, indem es Teile des Staatsgebietes Nazideutschland überließ. Die andere Strategie lief über die »Fünfte Kolonne« in den Sudeten, die im Innern des Nachbarstaates aktiv im Sinne Berlins wurden.

Thomas Mann schrieb unter dem Eindruck des abgekarteten Spiels gegen die Tschechoslowakei im Herbst 1938: »Die Geschichte des Verrats der europäischen Demokratie an der Tschechoslowakischen Republik, die Darbringung dieser der Demokratie verbundenen und auf sie vertrauenden, an den Faschismus, um ihn zu retten, ihn dauernd zu befestigen und sich seiner als eines Landsknechts gegen Russland zu bedienen, diese Geschichte gehört zu den schmutzigsten Stücken, die je gespielt worden sind.«

Was im Herbst 1938 unter dem verharmlosenden Titel »Münchner Abkommen« vonstatten ging, war tatsächlich eines der schmutzigsten Stücke der Weltgeschichte. Es führte unmittelbar zum Zweiten Weltkrieg. Die hochgespielte »sudetendeutsche Frage« hatte wie jede andere auch eine Vorgeschichte.

Sie begann mit dem Versailler Abkommen und den damit erfolgten Grenzveränderungen und Staatenbildungen in Europa. Aus den bis dahin zu Österreich gehörenden Gebieten Böhmen, Mähren und Österreichisch-Schlesien sowie aus den von Ungarn kommenden Gebieten Oberungarn und Karpatenukraine war 1918 die Tschechoslowakische Republik gebildet worden. Es handelte sich um einen Vielvölkerstaat. In Teilen Böhmens, Mährens und Tschechisch-Schlesien stellten die Einwohner deutscher Nationalität und/oder Abstammung die Mehrheit, sie nannten sich – nachdem Gebirgszug – Sudetendeutsche. Mit etwa drei Millionen Menschen stellten sie – neben den etwa neun Millionen Tschechen und Slowaken und zwei Millionen Menschen anderer Herkunft – die größte Ethnie in der Republik dar.

In der Weimarer Zeit hofften nationalistische Kreise darauf, dass die Tschechoslowakei »an sich selbst, an ihren Minoritäten, den Deutschen und Slowaken, zu Bruch gehen« werde. Unzweifelhaft gab es ethnische Konflikte, denn auch die tschechische Bourgeoisie betrieb eine nationalistische Politik, und die Deutschen – aus der Habsburger Monarchie kommend – wollten ihren Machtverlust nicht hinnehmen. Dort hinein trieb die Führung in Berlin den Keil.

Im Dezember 1925 erklärte Außenminister Gustav Stresemann, es gäbe in der Welt kein Volk, »bei dem wie beim deutschen Volk in der Gegenwart die Staatsgrenze so wenig mit der Volksgrenze zusammenfällt, als das heute bei Deutschland der Fall ist«, und fügte hinzu: »Uns trennt von der Tschechoslowakei die Lage der Sudetendeutschen.«

In den 20er Jahren unternahm Berlin so gut wie nichts, um die Differenzen abzubauen, den Nachbarstaat zu akzeptieren und gutnachbarliche Beziehungen zu ihm herzustellen. 1933 musste die Naziregierung keine wesentlich neuen politischen Ziele gegenüber der Tschechoslowakei formulieren. Sie konnte an die Nichtanerkennungs-, Revisions- und Expansionsbestrebungen der Weimarer Republik anknüpfen. Und baute darauf, die deutschen Minderheiten in der ČSR und anderen Nachbarländern für ihre aggressiven Absichten einzuspannen. Dafür wurden Organisationen, Verbände und Vereinigungen, wie bereits geschildert, neu geschaffen und bestehende »gleichgeschaltet«. Sie waren die »trojanischen Pferde«, oder modern formuliert: die Fünfte Kolonne.

Der niederländische Historiker Louis de Jong schrieb in seinem Buch »Die deutsche Fünfte Kolonne im Zweiten Weltkrieg«: »Uns scheint es vielmehr eine bedeutenswerte Tatsache zu sein, dass es dem Dritten Reich gelungen ist, eine solche Fünfte Kolonne in nur sechs oder sieben Jahre aufzubauen.«[6]

Das stimmt nur zum Teil. Die Grundlagen wurden bereits in der Weimarer Republik gelegt. Sie fußten auf der Geheimdienstkonzeption des deutschen Generalstabes und standen unter der Regie des militärischen Geheimdienstes.

Das *Außenpolitische Amt* (APA) der Nazipartei unter Alfred Rosenberg, obgleich doch offiziell erst am 1. April 1933 gegründet, arbeitete im Prinzip schon seit den 20er Jahren. Es folgte den strategischen Vorstellungen des deutschen Generalstabes und war fixiert auf »das deutsch-englische Verhältnis, den Nord-Ostraum, den Süd-Ostraum (Donauraum) nebst anschließenden daran interessierten Völkern und Sowjetrussland«. In europäischen und Überseeländern bildete man schon vor 1933 Organisationen und Gruppen, die die imperialen Pläne Berlins aktiv unterstützen sollten.

Der Norweger Vidkun Abraham Lauritz Jonssøn Quisling (1887–1945), von 1927 bis 1929 als Diplomat in Moskau, danach Kriegsminister in Oslo, unterhielt seit 1930 Beziehungen zu Rosenberg (oder dieser zu ihm). Am 13. Mai 1933 sollten er und der Generalstaatsanwalt Johan Bernhard Hjort die faschistische Partei *Nasjonal Samling* (»Nationale Einheit«) gründen.

Auf die enge Zusammenarbeit zwischen APA und der Auslandsorganisation (A. O.) der NSDAP wurde bereits verwiesen. Die AO war offiziell am 1. Mai 1931 als »Auslandsabteilung der Reichsleitung der NSDAP« gegründet worden, aber lange vorher schon aktiv. Sie organisierte vor allem in ehemaligen deutschen Gebieten faschistische Zellen. Ab Mai 1933 (bis einschließlich 1945) war Gauleiter Ernst Wilhelm Bohle (1903–1960) Chef der NSDAP/AO. Sie war sehr stark mit ehemaligen Offizieren durchsetzt, womit eine enge Verbindung zum deutschen militärischen Geheimdienst gewährleistet wurde. Bohle sollte 1949 in Nürnberg angeklagt, zu fünf

Jahren Haft verurteilt und noch 1949 von US-Hochkommissar McCloy begnadigt werden. Bohle wurde danach Inspirator und Wegbereiter der Zusammenarbeit der Bundesrepublik mit dem Apartheid-Regime in Südafrika. Das aber nur nebenbei.

Das APA verlangte im Oktober 1934, Ziel der deutschen Politik gegenüber der Tschechoslowakei müsse es sein, »die sehr starken deutschen Minderheiten zu sammeln und zu aktivieren«. Es sei »Sache der deutschen Regierung, die Arbeit der Minderheiten in der Tschechoslowakei zu unterstützen und die Richtlinien für diese Arbeit auszugeben«.

Die so inspirierte (und von außen unterstützte) Politik realisierte vor Ort die von Konrad Henlein[7] am 1. Oktober 1933 gegründeten »Sudetendeutsche Heimatfront« (SHF), ab 1935 *Sudetendeutsche Partei* (SdP). Der Deutsch-Österreicher Henlein (1898–1945) und seine Partei waren die Fünfte Kolonne des deutschen Faschismus in der Tschechoslowakei.

Am 3. Juni 1938 suchte Henlein in Berlin die »Volksdeutsche Mittelstelle« (VoMi) auf. Offiziell beschäftigte sie sich mit kulturellen, wirtschaftlichen und juristischen Fragen der deutschen Minderheiten in Osteuropa. Tatsächlich handelte es sich um einen Ableger des Sicherheitsdienstes, geführt von SS-Obergruppenführer Werner Lorenz.[8] Gegenstand der Geheimgespräche war das weitere Vorgehen der SdP.

Henlein war auch bei SS-Gruppenführer (was dem Rang eines Generalleutnants entsprach) Bohle, der ihm einen geheimen Stufenplan übergab, wie sich Berlin die nächsten Wochen und Monate vorstellte. »Grundplanung der A. O.: Der Führer der Sudetendeutschen Partei hat alle Möglichkeiten einer friedlichen Lösung der Sudetendeutschen Frage erschöpft. Längst ist damit der ganzen Welt die Frage der Tschechoslowakei als die akuteste Gefahr für einen echten und dauerhaften Frieden dargetan.

Der Führer der Sudetendeutschen Partei wird auch noch die letzte Möglichkeit einer friedlichen Lösung über die staatliche Zugehörigkeit, die Durchführung einer Volksbefragung in Sudetendeutschland fordern. Es ist vorauszusehen, dass die Tschechen diese Forderung ablehnen werden.

Dann wird in Übereinstimmung mit dem Führer und Reichskanzler der Zeitpunkt als gekommen zu betrachten sein, dass der Führer der Sudetendeutschen Partei den entscheidenden Schritt tut: Erklärung der Unverbindlichkeit der Gesetze des tschechischen Staates und Anrufung der Hilfe der Regierungen der europäischen Großmächte oder auch nur des Deutschen Reiches allein.

Es ist anzunehmen, dass die Tschechen spätestens diesen Schritt mit Gewaltmaßnahmen beantworten werden. Damit gewinnt der Führer der Sudetendeutschen Partei erst recht alle Freiheiten des Handelns.

Zwangsläufig ergibt sich damit für das Deutsche Reich aus der völkischen Gebundenheit das Recht und die Pflicht, in der Tschechoslowakei einzugreifen.«[9]

Das Dokument zeigt: a) Das Vorgehen war generalstabsmäßig geplant, b) die Henlein-Partei, de jure eine auswärtige Organisation, wurde wie eine inländische befehligt. Sie war Instrument der Naziführung.

Im März 1941 kommentierte Henlein in der Rückschau den Vorgang: »Obgleich wir in der Öffentlichkeit ein anderes Benehmen zur Schau tragen mussten, standen wir im Geheimen selbstverständlich mit der nationalsozialistischen Revolution in Verbindung, um unseren Anteil daran zu haben. Es wäre sicher leichter gewesen, sich als Held offen zum Nationalsozialismus zu bekennen. Es schien uns jedoch mehr als fraglich, ob wir damit unsere politische Aufgabe, die Tschechoslowakei zu vernichten, hätten erfüllen können.«[10]

Besser kann wohl die Rolle der »Fünften Kolonne« in der Tschechoslowakei nicht charakterisiert werden.

Unmittelbar nach seiner Rückkehr aus Berlin mobilisierte die SdP ihre Mitglieder. In Cheb (Eger), wo sich das Hauptquartier der Henlein-Bewegung befand, wurde dafür der Plan ausgearbeitet. Es wurden kurzfristig Zusammenkünfte der Amtswalter, Blockwarte und Ordner organisiert und spezielle Beobachtungsdienste mit Parteimitgliedern, die über Autos, Motorräder oder Fahrräder verfügten, eingerichtet.

Im August 1938 verfügte der tschechoslowakische Staatsschutz SOS über hinlängliche Informationen, dass Vorbereitungen zu einem bewaffneten Aufstand liefen. Waffen aus Deutschland und Österreich, jetzt Ostmark, wurden illegal über die Grenzen gebracht. Die Polizei nahm mehrere Waffenschmuggler und -empfänger sowie militärische Ausbilder fest. Die Lage eskalierte. Am 22. August 1938 wies das Bezirksgericht Olomouc die Polizei in Ostrawa an, 25 Personen deutscher Nationalität festzunehmen, da sie verdächtigt wurden, gegen die Tschechoslowakische Republik zu handeln. Die Maßnahme brachte die »deutsche Volksseele« im Sudetengebiet zum Kochen. Aus Berlin und aus der Zentrale Henleins wurde das Signal für massive Proteste gegeben.

Am 26. August 1938, veröffentlichte die *Sudetendeutsche Rundschau* einen Aufruf von Dr. Franz Köllner und Karl Hermann Frank[11] an die Sudetendeutschen. Die beiden Henleinführer, Agenten Himmlers und des RSHA, riefen ihre Landsleute in dieser »Notsituation« zum Widerstand auf.[12] Goebbels' Propaganda-Apparat stand den »sudetendeutschen Brüdern und Schwestern« bei.

Am 1. September 1938 traf sich Henlein mit Hitler auf dem Obersalzberg. Des Führers Weisungen waren, so schien es Henlein, ein wenig widersprüchlich: handeln und wieder nicht verhandeln *(mit der Regierung in Prag – d. A.),* die Gespräche sabotieren, gleichzeitig aber auch nicht deren Unterbrechung zulassen ... Wie aber war diese Aufgabe zu Hitlers Zufriedenheit zu erfüllen? Sollte man einen Zwischenfall inszenieren?[13]

Am 7. September 1938 rief die SdP zu einer Protestkundgebung vor dem Gerichtsgebäude in Ostrawa. Etwa 500 Personen kamen. Stimmungsmacher und Randalierer kletterten auf Masten der Straßenbeleuchtung und forderten lauthals »Lasst die Verhafteten frei« und »Freiheit für unsere Märtyrer!«[14] Berittene Polizei trieb die Demonstranten auseinander. Die Henlein-Propaganda sprach entgegen den Tatsachen von einem »blutigen Mittwoch«. Obwohl die Ereignisse also wenig dramatisch und zudem von lokaler Bedeutung waren, stellten sie ein wichtiges Element in der politischen Choreografie dar.

Noch am gleichen Tage wurde der Regierung in Prag mitgeteilt, dass die SdP infolge des »Zwischenfalls von Ostrawa« mit sofortiger Wirkung die Verhandlungen mit der Regierung unterbrechen werde.

Fünf Tage später sprach Hitler auf dem Nürnberger Parteitag zur »sudetendeutschen Frage«.

»Dieses Elend der Sudetendeutschen ist ein namenloses. Man will sie vernichten. Menschlich werden sie in unerträglicher Weise unterdrückt und entwürdigend behandelt.«

Und an die Adresse Englands und Frankreichs gerichtet drohte er, dass er keineswegs gewillt sei, im Herzen Europas ein neues Palästina entstehen zu lassen. »Die armen Araber sind wehrlos und vielleicht verlassen. Die Deutschen in der Tschechoslowakei sind weder wehrlos noch verlassen! Das möge man zur Kenntnis nehmen!«

Hitlers markige Worte fanden im ganzen Sudetenland einen starken Widerhall. Mit dieser Rede war nun alles klar.[15]

In vielen Städten und Dörfern im tschechischen Grenzgebiet kam es zu Krawallen und Zusammenstößen. In mehr als siebzig Fällen wurden Postämter, Zollämter, Bahnhöfe und andere öffentliche Einrichtungen der Tschechoslowakischen Republik von Sudetendeutschen besetzt, Telefon- und Telegrafenverbindungen mit dem In- und Ausland unterbrochen. Der Eisenbahn- und Straßenverkehr wurde vielerorts behindert. Es gab zwanzig Tote auf tschechischer Seite.

Prag reagierte und setzte 12 000 Angehörige des Staatsschutzes (SOS) in die Grenzgebiete in Marsch. Der Befehl lautete: Besetzung der Grenzanlagen und Befestigungen sowie Vertreibung des Mobs aus besetzten Objekten. In 15 Grenzkreisen wurde das Standrecht ausgerufen, d. h. die von zivilen Behörden ausgeübte Gerichtsbarkeit ging auf den höchsten Militärbefehlshaber über.

Dadurch kehrte Ruhe ein. Das war nicht im Sinne Berlins und der Henlein-Faschisten. Deren Führung erklärte, dass sie aufgrund der Verfolgung in der Tschechoslowakei gezwungen gewesen sei, ins Reich zu flüchten. »In dieser Stunde sudetendeutscher Not trete ich *(Henlein – H. W.)* vor das deutsche Volk und die gesamte zivilisierte Welt und erkläre: Wir wollen als freie deutsche Menschen leben! Wir wollen wieder Friede und Arbeit in unserer Heimat!«[16]

Konrad Henleins theatralischer Aufschrei der vermeintlich Unterdrückten richtete sich an das Ausland. Die angefügte Absichtserklärung »Wir wollen heim ins Reich!« hieß nichts anderes, als das von den Sudetendeutschen bewohnte Territorium dem Deutschen Reich zuzuschlagen.

Der Aufruf blieb ohne Folgen im Ausland.

Nach Absprachen mit dem deutschen militärischen Geheimdienst begannen die Henlein-Faschisten eine Schutztruppe zu bilden. Sie sollte den Bürgern deutscher Nationalität in den tschechoslowakischen Grenzgebieten beistehen. In Klingenthal jenseits der Grenze wurde mit propagandistischem Getöse ein Flüchtlingslager eingerichtet, ähnliche Einrichtungen folgten in Bayern und der Ostmark.

Am 15. September 1938 traf Henleins Stellvertreter Karl Hermann Frank (1898–1946) in Berchtesgaden mit Hitler zusammen. Zugegen war auch Werner Lorenz, Chef der »Volksdeutschen Mittelstelle«. Dort wurde die Schaffung eines Sudetendeutschen Freikorps beschlossen, das sich an der »Befreiung« der sudetendeutschen Heimat beteiligen sollte.

Der nach 1945 im Büro Henleins gefundene Strukturplan sah so aus: »Oberbefehlshaber: Konrad Henlein. Gesamtstärke des Freikorps: etwa 40 000 Mann, zusammengefasst in Bataillone, Kompanien und Gruppen. Die Führung haben bis zu den Gruppen grundsätzlich Offiziere mit Fronterfahrung. Sind diese nicht vorhanden, dann übernehmen Unteroffiziere das Kommando, in Ausnahmefällen Turner. Die Ausrüstung besteht aus Pistolen, Gewehren, leichten Maschinengewehren und Handgranaten. Die Uniform in grauer Farbe und einheitlichen wasserdichten Mänteln, Koppel mit Hakenkreuz, graue oder schwarzen Mützen, im Kampfeinsatz auch Helme. Der Sold ist der gleiche wie bei der Wehrmacht, eine Mark bis eine Mark fünfzig pro Tag.

Die Anwerbung beginnt unverzüglich und zwar mit allen Mitteln, soweit das politisch vertretbar ist. Die Hauptzentren der Bataillone befinden sich in Breslau, Dresden, Bayreuth und Wien. Der taktische Einsatz erfolgt in einer zeitlichen und räumlichen Koordination mit der Wehrmacht, auf jeden Fall ganz nahe der Grenze.«

An anderer Stelle hieß es: »Vor Beginn eines Krieges sind Überfälle auf Grenzwachposten vorzunehmen; es soll zu konstanten Grenzverletzungen kommen, zu Einschüchterungen der Tschechen. Die Grenze wird de facto verletzt.

Sofern im Kriegsfall die Wehrmacht in die Tschechoslowakei einrückt, überschreiten die Freikorps die Grenze. Weiter sind dann Säuberungsaktionen, Polizei- und Arbeitsdienst, gegebenenfalls auch Auffüllen der Wehrmacht, Hilfsdienst für die Wehrmacht vorgesehen.

Der äußere Notstand ist gegeben. Wir nehmen daher das zu allen Zeiten geübte Notrecht für uns in Anspruch, wenn wir zu den Waffen greifen und das Sudetendeutsche Freikorps schaffen.«[17]

Das Oberkommando des Sudetendeutschen Freikorps zog in das Barockschloss »Phantasie« in der Nähe von Bayreuth, ein. Schnell wurden nach dem Territorialprinzip größere Verbände gebildet, SdP-Funktionäre übernahmen die Führung. Der schlesische Verband stand unter Leitung von Fritz Köllner, der sächsische unter der von Franz May, der bayerische unter Willy Brandner und die Gruppe Ostmark unter Friedrich Bürger.

Der Stabschef des Sudetendeutschen Freikorps Anton Pfrogner (1886–1961), seit 1935 Senator der Tschechoslowakischen Nationalversammlung für den Wahlkreis Pilsen, arbeitete eng mit dem deutschen Generalstab zusammen. Zu diesem Zweck war Oberstleutnant Franz Köchling mit Zustimmung Hitlers als Verbindungsoffizier und Berater zu Konrad Henlein abkommandiert worden. Gleichzeitig wurde von Prager SdP-Funktionären Verbindung zu slowakischen, polnischen und ungarischen Nazi-Gruppierungen aufgenommen, die angehalten wurden, die tschechoslowakische Regierung mit ihren Forderungen unter Druck zu setzen.

Bevor die ersten Attacken des Freikorps gegen tschechoslowakische Grenzposten und öffentliche Gebäude erfolgten, wurden die Angehörigen des Freikorps vereidigt. Dieser Eid hatte folgenden Wortlaut: »Ich schwöre bei Gott, dem Allmächtigen, dass ich mich als Kämpfer des Freikorps, der seine Pflichten kennt, meinem höchsten Führer Adolf Hitler in ungebrochener Treue bis zum Tode verbunden fühle. Ich schwöre, dass ich mich stets als wackerer und treuer Kämpfer des Freikorps verhalten, meinen Vorgesetzten gehorchen und alle meine Pflichten bis zum Ende erfüllen werde.«[18]

Hier schworen tschechoslowakische Staatsbürger deutscher Nationalität einem fremden Staatsoberhaupt vorbehaltlosen Gehorsam!

Am 17. September 1938 war das Sudetendeutsche Freikorps ins Leben gerufen worden, in der Nacht vom 19. zum 20. September 1938 fielen Sturmtrupps des Freikorps erstmals völkerrechtswidrig in die Tschechoslowakei ein. Da facto befand sich nunmehr die ČSR im Kriegszustand mit Hitlerdeutschland.

Aus dem Bericht des Stabschefs des Sudetendeutschen Freikorps Anton Pfrogner vom Abend des 20. September geht hervor, dass 260 Überfälle auf Polizei- und Gendarmeriestationen, Zoll- und Postämter, Bahnhöfe und andere öffentliche Einrichtungen erfolgt waren. Ein Transportzug mit Munition und militärischer Ausrüstung war erbeutet und eine Zweigstelle der Nationalbank in Varnsdorf besetzt worden. Dort wurden 18 Millionen Kronen »sichergestellt«.

Von den 24 560 registrierten Mitgliedern des Freikorps seien 32 Mann gefallen, hieß es in Pfrogners Bericht. Geiselnahme, Raub und Mord wurden allenfalls nebenbei erwähnt. Hervorgehoben wurde hingegen, dass 1100 Gefangene gemacht und nach Deutschland verbracht worden seien.[185]

Neben dem von außen einrückenden Sudetendeutschen Freikorps operierten innerhalb des Landes geheime Terror- und Diversantengruppen. Sie nannten sich »Heimatland« und waren von Mitarbeitern des militärischen Geheimdienstes der Wehrmacht aufgestellt worden. Dabei handelte es sich mehrheitlich um Funktionäre und Mitglieder der SdP, die als absolut treu und verlässlich galten. Hinter den paramilitärischen Gruppen stand der von Canaris geleitete militärische Geheimdienst. Rudolf Tarbuk von der Abwehr II bestätigte nach 1945 diese Verbindung: »Die Mitarbeiter *(der Abwehr II – H. W.)* hatten die Anweisung, Kontakte mit den deutschen Minderheiten in dem betreffenden Land, dessen Eroberung geplant war, aufzunehmen.«[20]

Kronzeuge war Oberst Erwin Stolze, der in sowjetischer Kriegsgefangenschaft zu Protokoll gab: »Der Abwehr war Ende 1936, Anfang 1937 die Aufgabe gestellt, die Angliederung des sudetendeutschen Gebietes an das Reich auf dem Abwehrgebiet vorzubereiten. Um diese Aufgabe erfüllen zu können, musste die Abwehr vor allem eine geeignete Persönlichkeit gewinnen, die in der Lage und befähigt war, die im Laufe der

Arbeit erforderlich werdenden Aufgaben durchzuführen. Der Führer der Sudetendeutschen Partei (SdP), Konrad Henlein, kam nicht infrage, da er zu sehr im politischen Vordergrund stand. *(Was nicht ausschloss, dass Canaris mit Henlein konferierte, etwa am 3. Juni 1938 in Berlin – H. W.)* Die Wahl fiel auf Karl Hermann Frank, den Stellvertreter Henleins. Als Decknamen erhielt Frank zunächst die Bezeichnung Karl Hermann – abgekürzt K. H. –, später Hager, auch Hagen.

In erster Linie sollte Frank den der Abwehr II gestellten Auftrag, die Zersetzung der tschechischen Wehrmacht mit Hilfe der ihm zur Verfügung stehenden Sudetendeutschen Partei – als Organisation und Personenkreis – vorbereiten. Hierzu war die Schaffung einer besonderen Organisation erforderlich, die nur für diesen Zweck zur Verfügung stehen sollte.

Außerdem oblag ihm die Berichterstattung über die jeweilige Lage des Sudetendeutschtums.«

Der überforderte Karl Hermann Frank erfüllte nicht alle von der Abwehr II verlangten Aufgaben, behielt aber die Oberaufsicht und Kontrolle der geheimdienstlichen Maßnahmen innerhalb der SdP. »Im Sommer 1938 erwies es sich, dass Frank bei der gespannten politischen Lage durch seine Tätigkeit als Vertreter Henleins so in Anspruch genommen war, dass er nicht mehr in der Lage war, die Oberaufsicht und Kontrolle auszuüben. Auf seinen Vorschlag hin übernahm mit Einverständnis der Abwehr II ein ehemaliger österreichischer Offizier, Richard Lammel, diesen Aufgabenbereich.« Lammel war Stabsleiter der SdP und von nun an auch Resident des Amtes Ausland/Abwehr des OKW.[21]

Darüber gibt es ein schriftliches Dokument, das von Lammel angefertigt wurde:

»Der Stellvertreter Konrad Henleins, K. H. Frank, hat Richard Lammel mit der Organisierung des gesamten Nachrichten- und Verbindungswesen beauftragt.

Zweck und Aufgabe:

1. Möglichst von Selb aus die Verbindung mit den Organisationsstellen in der Č.S.R. aufzunehmen.

2. Die Aussagen und Meldungen der Flüchtlinge und Boten zu sammeln, zur Kontrolle und zur Verwertung an die Dienststellen des Reiches und der Presse.

Durchführung:
Dazu wird errichtet:
a) Errichtung einer ›Zentralstelle‹ in Selb *(einer oberfränkischen Grenzstadt im Landkreis Wundsiedel – H. W.)*
b) Je eine ›Dienststelle‹ in Hof, Waldsassen und Dresden
c) weitere Dienststellen werden errichtet
Die Leitung der Zentralstelle in Selb übernimmt als Stabschef Dr. Walter Brand. Die Dienststelle in Hof leiten die Kameraden Rudolf Dietl und Ernst Tscherny, die Dienststelle in Waldsassen die Kameraden Rudolf Sander und Anton Langhans, die Dienststelle in Dresden Kamerad Ing. Wolfgang Richter.

Die Verbindung der Zentraldienststelle zur NSDAP, den Gliederungen der NSDAP und zu den Reichsstellen übernimmt und leitet Dr. Fritz Köllner.

Die Pressestelle leitet Kamerad Dr. Wilhelm Sebekowsky. Richard Lammel.«[22]

Der Verband »Heimatland« hatte den Auftrag, im Falle eines bewaffneten Konfliktes der deutschen Armee einen schnellen Vorstoß bis tief in das Herz von Böhmen vorzubereiten und zu sichern. Danach sollten »Amtshandlungen« – Polizeiaufgaben und andere für die Öffentlichkeit wichtige Funktionen – übernommen werden.[23] Leiter der verdeckt operierenden Gruppen waren Funktionsträger der SdP, die entweder öffentliche oder Parteiämter bekleideten. Nachgewiesen wurde das beispielsweise bei dem Mitglied des Stadtparlamentes von Marienbad (Marianske Lazne), Ludwig Frank.

Gleichwohl führte Berlin die Henlein-Faschisten an der kurzen Leine, Eigenmächtigkeiten wurden nicht geduldet. Als Hitler gemeldet wurde, dass Sturmtrupps des Sudetendeutschen Freikorps mit SS- und SA-Mitgliedern in die Tschechoslowakei eingedrungen seien, wurde Stabschef Pfrogner zurückgepfiffen. Hitler forderte ihn auf, die eroberten Gebiete zu räumen und das Freikorps auf deutsches Gebiet zurückzuziehen.

Offenkundig schien der Naziclique das Freikorps noch zu schwach. Hitler forderte Henlein auf, die Truppe von 25 000 auf 80 000 Mann zu verstärken. Er stand kurz vor Unterzeichnung des Münchner Abkommens und wollte wohl auch mit zahlenmäßiger Kraftmeierei die tschechische Regierung und Präsident Edward Beneš beeindrucken. Karl Hermann Frank bekannte 1947 vor dem Prager Volksgerichtshof: »Das Freikorps als solches war militärisch unbedeutend. Es war vor allem eine politische Institution der Propaganda und ein politisches Druckmittel in der Hand Hitlers.« Als das Abkommen in München in der Nacht zum 30. September 1938 von den Regierungschefs Großbritanniens, Frankreichs, Italiens und des Deutschen Reiches unterzeichnet war, war nicht nur das Ende der ČSR, sondern auch des Sudetendeutschen Freikorps besiegelt. In den frühen Morgenstunden des 30. September wurde Befehl Nr. 30 des Sudetendeutschen Freikorps bekanntgegeben: »Der Führer hat gesiegt! Unsere deutsche Heimat wird in einigen Tagen wieder vollständig frei sein. Das Freikorps kann stolz darauf sein, zu dieser Befreiung Wesentliches beigetragen zu haben«.[24]

Hitler ordnete an, dass das Freikorps am 1. Oktober 1938 in ein Organ der Hilfspolizei umgewandelt und dem General der Polizei Kurt Daluege (1897–1946) unterstellt wird. Definitiv wurde das Sudetendeutsche Freikorps am 10. Oktober 1938 aufgelöst. Es spielte in veränderter Form im März 1939 kurzzeitig eine Rolle, als die Wehrmacht nach Prag marschierte.

1939, nach der vollständigen Annexion der Tschechoslowakei, wurde das Protektorat Böhmen und Mähren gebildet. Reichsprotektor wurde Konstantin Freiherr von Neurath, Staatssekretär und Chef der Polizei Karl Hermann Frank. 1941 kam der »Stellvertretende Reichsprotektor« Reinhard Heydrich auf die Prager Burg. Nach dem Tode Heydrichs wurde Frank in diese Position berufen. Er wurde Herr über Leben und Tod von Millionen Menschen. Frank wurde 1946 wegen Kriegsverbrechen verurteilt und hingerichtet.

Konrad Henlein, mit Errichtung des »Reichsgaus Sudetenland« am 15. April 1939, wurde zum Reichsstatthalter und Gauleiter berufen. Heydrich hielt ihn für unzuverlässig, womit er nicht unrecht hatte: Er pflegte nicht nur konspirative Kontakte zu Wilhelm Canaris, sondern arbeitete auch für den britischen Geheimdienst. Seine Ablösung scheiterte jedoch an Hitler, der schützend die Hände über ihn hielt.

Am 8. Mai 1945 nahm er in Pilsen Kontakt zu den US-Truppen auf. Er wollte die Amerikaner, die nichts mit dem Mann anzufangen wussten, davon überzeugen, dass die Verträge von München ihre Gültigkeit behalten müssten und die Tschechoslowakei keine Ansprüche auf sudetendeutsche Territorien hätte. Ein Blick in die Liste der zur Fahndung ausgeschriebenen Kriegsverbrecher offenbarte Henleins Bedeutung. Er landete in einer Gefängniszelle. Ihm wurde schnell bewusst, dass man ihm in der Tschechoslowakei den Prozess machen würde. Er zerdrückte seine Brillengläser und schnitt sich mit den Glassplittern am 10. Mai 1945 die Pulsadern auf.

Anmerkungen

1 Hermann Rauschning, Gespräche mit Hitler, Zürich-Wien-New York 1940, S. 10 ff.
2 Die »Fünfte Kolonne« bezeichnete vor und im Zweiten Weltkrieg profaschistische Organisationen und Personen, die durch Spionage, Diversion und terroristische Aktionen Vorbereitung und Vollzug einer deutschen Invasion unterstützten. Sie arbeitete eng mit deutschen Geheimdiensten, der SS und der Gestapo zusammen. Dabei handelte es sich meist um Vertreter der deutschen Minderheiten sowie um einheimische Verräter und Kollaborateure. Besondere Aktivitäten entwickelten diese Kreise in Polen und in der Tschechoslowakei, in Norwegen und dem Baltikum, in West- und in Südosteuropa sowie in Lateinamerika.
3 IMG Nürnberg 1946: Bd. IV, S. 465
4 G. A. Deborin: Der Zweite Weltkrieg, Berlin 1959, S. 28
5 IMG Nürnberg 1946: Bd. IV, S. 132
6 Louis de Jong: Die deutsche Fünfte Kolonne im Zweiten Weltkrieg, Stuttgart 1959, S. 229
7 Konrad Henlein (1898–1945) gründete 1931 die Sudetendeutsche Heimatfront in der Tschechoslowakei. 1935 entstand daraus die Sudetendeutsche Partei (SdP). Spätestens dann wurde Henlein Gewährsmann für den deutschen militärischen Geheimdienst Amt Ausland/Abwehr. 1938 wurde er SS-Gruppenführer und Gauleiter des Sudetenlandes, 1943 SS-Obergruppenführer. Am 10. Mai 1945 beging er Selbstmord in einem Militärgefängnis der US-Truppen in Pilsen.
8 Werner Lorenz (1891–1974), SS-Obergruppenführer, General der Polizei, Leiter der Volksdeutschen Mittelstelle (VoMi), zugleich bevollmächtigter Beauftragter für außenpolitische Fragen. 1948 in Nürnberg zu 20 Jahren Haft verurteilt. Die Strafe wurde 1951 auf 15 Jahre reduziert. Lorenz 1955 wurde er aus dem Kriegsverbrechergefängnis

Landsberg entlassen. Seine älteste Tochter Rosemarie heiratete den Verleger Axel Springer, sie war dessen dritte Ehefrau.
9 Stanislav Biman / Roman Cilek: Der Fall Grün, Berlin 1981, S. 32
10 ebenda, S. 32
11 Karl Hermann Frank (1898–1946), seit 1937 Agent des Amtes Ausland/Abwehr (DN: Karl Hermann, Hagen, Hager). Maßgeblich am Anschluss des Sudetengebietes 1938 beteiligt. 1938–45 Chef der Polizei bzw. Stellvertretender Reichsprotektor von Böhmen und Mähren. Wegen Verbrechen am tschechoslowakischen Volk (unter seiner Verantwortung fanden die Sonderaktion Prag sowie die Massaker von Lidice und Lezaky statt) wurde der General der Polizei und der Waffen-SS zum Tode verurteilt und in Prag öffentlich gehenkt.
12 Stanislav Biman / Roman Cilek ..., a. a. O., S. 41
13 a. a. O., S. 50
14 a. a. O., S. 42
15 a. a. O., S. 60
16 a. a. O., S. 111 f.
17 a. a. O., S. 129 f.
18 a. a. O., S. 138
19 a. a. O., S. 189
20 a. a. O., S. 21
21 Julius Mader: Hitlers Spionagegenerale sagen aus, Berlin 1970, S. 153 ff.
22 a. a. O., S. 155
23 Stanislav Biman / Roman Cilek ..., a. a. O., S. 28
24 a. a. O., S. 227

10. Ribbentrops politischer Nachrichtendienst

Mit der Bildung der »Verbindungsstelle« war die Dienststelle Ribbentrop zur maßgebenden Instanz im zentralen Apparat des politischen Geheimdienstes geworden. Gestützt auf das Vertrauen Hitlers und der SS, baute Ribbentrop zielstrebig seinen Auslandsapparat auf, um »auf die meisten politischen Kreise anderer Länder Einfluss zu nehmen«. Ribbentrop hatte praktisch das Außenpolitische Amt Alfred Rosenbergs beerbt, da er für sich »die ausschließliche Bearbeitung sämtlicher außenpolitischer Fragen der Partei« reklamierte, was Hitler ihm auch zugestand.[1]

Mit der Konzentration des politischen Nachrichtendienstes bei Ribbentrop hatte sich – neben Reichssicherheitshauptamt und der Abwehr – die dritte geheimdienstliche Säule des Dritten Reiches etabliert.

»Mit der Entwicklung des faschistischen politischen Geheimdienstes entstand ein neuer, friedensgefährdender Typ des politischen Agenten, der, je nach seinem Einsatzgebiet, in der Propaganda, in der Deutschtumsarbeit, in den Naziorganisationen oder in der Diplomatie, charakteristische Merkmale aufwies«, urteilte der Historiker Erhard Liebezeit 1988 in seiner Dokumentation zu den deutschen Geheimdiensten zwischen 1918 und 1945. »Durch seine exponierte Stellung, seinen Einfluss auf die internationale Politik und Verbindungen zu antikommunistischen Kreisen unterschied er sich qualitativ vom Militärspion und vom Polizeispitzel.«[2]

Die faschistischen Geheimdienste besaßen auch dadurch – getragen von Aggressionsdrang und hinter dem Nebelvorhang des Kampfes gegen den Bolschewismus – einen unverwechselbaren Charakter.

Als am 4. Februar 1938 SS-Gruppenführer Joachim von Ribbentrop zum Außenminister ernannt wurde, war der richtige Mann »aus der militanten Kerntruppe der NSDAP« an eine Schaltstelle des faschistischen Machtapparates gerückt. Er garantierte den aggressiven Kreisen des deutschen Imperialismus, dass ihre außenpolitischen Ambitionen konsequent durchgesetzt würden.

In Personalunion als Außenminister und als Exponent des politischen Geheimdienstes hielt Ribbentrop alle konspirativen Verbindungen politischer Art in seinen Händen. Er setzte durch, dass alle geheimen Informationen mit politischem Inhalt von anderen Diensten des Reiches in sein Haus gelangten. Darüber hinaus koordinierte er bis kurz vor Ende des Krieges den Einsatz des RSHA (Amt VI) und der Abwehr im Sinne der Außenpolitik des Nazireiches, und zwar weltweit.

Sichtbar wurde die Konzentration des politischen Geheimdienstes in der Phase der unmittelbaren Kriegsvorbereitung dadurch, dass eine ganze Reihe von Arbeitsbereichen und Hilfseinrichtungen des politischen Geheimdienstes ins Auswärtige Amt verlagert wurden. Das begann am 30. Januar 1937, als der Leiter der Auslandsorganisation der NSDAP, Wilhelm Bohle, zum Staatssekretär im AA ernannt wurde und als »Organisator von Propaganda und Spionage, von Einschüchterung und Repressalien, zum Einsatz kam, um die unterirdische Arbeit im Ausland unter dem Schutz diplomatischer Privilegien auszubauen und zu vertiefen«[3], wie es bei Liebezeit heißt.

Wichtigste Person bei Bildung, Koordinierung und Leitung des politischen Geheimdienstes im Außenministeriums war Unterstaatssekretär Martin Franz Julius Luther (1895–1945). Er war bis 1943 nicht nur eine treibende Kraft bei der Judenverfolgung, sondern auch Leiter des politischen Geheimdienstes im Auswärtigen Amt. In jenem Jahr fiel er seinem eigenen Intrigantentum zum Opfer. Der SA-Brigadeführer hatte seine Stellung im faschistischen Machtapparat überschätzt und seinen Chef Ribbentrop bei Himmler denunziert.[4] Er wurde daraufhin am 10. Februar 1943 verhaftet und ins KZ Sachsenhausen gesteckt, wo er als prominenter Häftling aber eine bevorzugte Behandlung erfuhr. Kurz nach dem Ende des Zweiten Weltkriegs soll Luther »an den Folgen einer Herzattacke« in Berlin gestorben sein.

Mit der Bildung der Abteilung D (Deutschland) im Mai 1941 unter Luthers Leitung wurde die »einheitliche Steuerung der gesamten Auslandsarbeit (auch der geheimen) der NSDAP« organisiert.[5] Diese Abteilung sollte schon bald auch eine wichtige Rolle bei der »Endlösung der Judenfrage« spielen.

Im August 1940 stimmte Ribbentrop mit Heydrich die gegenseitige Unterstützung und Hilfe im Ausland ab, worüber es einen handschriftlichen Vermerk vom Stellvertreter Luthers, Rudolf Likus, gibt. Er trägt den Titel: »Aufzeichnung über den Einsatz des SD im Ausland«.

Dieses Grundsatzdokument widerlegt die von einigen Historikern vertretene Auffassung, das Amt VI des RSHA sei der einzige »politische Geheimdienst« des Dritten Reiches gewesen, mithin: das Reichssicherheitshauptamt habe alles gesteuert. Das Gegenteil war der Fall: Das RSHA durfte nur in Abstimmung mit dem Außenministerium im Ausland aktiv werden, d. h. mit dessen Zustimmung. Im sogenannten Wilhelmstraßen-Prozess im Jahre 1948, bei dem in Nürnberg über Diplomaten, Spitzenbeamte und Kabinettsmitglieder des Dritten Reiches zu Gericht gesessen wurde, spielte dieses Dokument eine hervorgehobene Rolle, da es Wirkungsmechanismen des faschistischen Staates sichtbar werden ließ. Dieser Vermerk offenbarte nicht nur den Stand der jahrelangen engen Zusammenarbeit zwischen dem politischen Geheimdienst des Außenministeriums und dem RSHA einschließlich Amt VI, sondern grenzte auch die Kompetenzen beider Institutionen aus Gründen der Konspiration und Geheimhaltung scharf ab. Es weist mit einmaliger Deutlichkeit aus, dass der »Einsatz des SD im Ausland den ausschließlichen Zweck hatte, der Außenpolitik des großdeutschen Reiches zu dienen«.[6] Ausdrücklich wurde festgeschrieben, dass der Auslandsnachrichtendienst (Amt VI) des RSHA »alle Nachrichten außenpolitischen Charakters« der Abteilung D (Deutschland) im Außenministerium, die von Agenten im Ausland beschafft worden waren, zu übergeben hatte. Außerdem wurde dem SD zugestanden, dass er besondere Einsatzkräfte zur Durchführung illegaler Unternehmungen im Ausland zur Verfügung halten durfte.

Im April 1941 ordnete Ribbentrop die Bildung eines von der »Abwehr und dem SD unabhängigen und dem Auswärtigen Amt vorbehaltenen Nachrichtendienstes« an.[7] Es handelte sich dabei um die *Deutsche Informationsstelle III* (DIS III), die eigene Quellen führte und über geheime diplomatische Kanäle verfügte, welche weder der Abwehr noch dem SD bekannt waren. Diese »Informationsstelle« wurde dem Leiter der Abteilung Deutschland, Unterstaatssekretär Luther, der den politischen Geheimdienst im AA über verschiedene Strukturstufen aufgebaut hatte, unterstellt. Letzter Leiter dieses Geheimdienstes im AA war der Vortragende Legationsrat Marschall von Bieberstein, der nach 1945 eine Rolle beim Aufbau des Auswärtigen Amtes der BRD spielen sollte.

Der Informationsfluss von SD und Abwehr zu diesem Geheimdienst funktionierte im Wesentlichen reibungslos. Es gab aber trotz Abgrenzung und Kompetenzvereinbarung immer wieder Reibereien, Pannen und Vorkommnisse. Nicht zuletzt vereinbarten Ribbentrop und Himmler im August 1941 die »Bereitstellung der zwischen dem Auswärtigen Amt und den Dienststellen des Reichsführer SS schwebenden Fragen«. Es wurde Einverständnis erzielt, dass der SD »sich einer außenpolitischen sowie einer Betätigung, die die Außenpolitik des Reiches stören könnte«, enthalten und »sich nicht in die Innenpolitik des Aufenthaltsstaates einmischen« solle, »soweit ihm nicht Sonderaufträge erteilt werden«.

Das Personal des SD vor Ort wurde der Kontrolle der Missionschefs unterworfen. Allerdings wurden dem SD bei Notwendigkeit eine eigene Funkverbindung zur Zentrale nach Berlin zugestanden

Wie mit Himmler traf Ribbentrop auch mit Canaris, dem Chef der Abwehr, eine Reihe mündlicher und schriftlicher Vereinbarungen, die eine enge Zusammenarbeit sichern sollten. So hatte die Abwehr in den verbündeten Ländern »Verbindungsoffiziere« (VO) eingesetzt und in den neutralen Ländern waren unter Abdeckung »Kriegsorganisationen« (KO) errichtet worden, deren Leiter dem jeweiligen Missionschef unterstanden.[8]

Bereits im September 1940 waren im AA die allgemeine Informationsstelle und die Rundfunkpolitische Abteilung Luthers Abteilung Deutschland unterstellt worden. Damit entwickelte sich diese mit ihren 12 Referaten und Bereichen zu einem zentralen Operativstab, der alle außen-, eroberungs- und siedlungspolitischen Fragen, aber auch die Vernichtung slawischer Völker und der Juden koordinierte und alle relevanten Entscheidungen beeinflusste.

Seit der zweiten Hälfte des Jahres 1941 umgab ein dichter Schleier der Konspiration alle Arbeiten dieser Abteilung. Ihre »Abgesandten oder auch nur ihre Anweisungen waren bald überall auf dem besetzten europäischen Kontinent zu finden«[9], merkte der Historiker Liebezeit an.

Diese Abteilung im Auswärtigen Amt Ribbentrops hat in enger Zusammenarbeit mit dem Reichssicherheitshauptamt die Deportation und die Vernichtung der Juden in Europa vorbereitet und an der Realisierung des Holocaust mitgewirkt.

Ende 1941 skizzierte Luther in einer Notiz die »Vorstellungen des Auswärtigen Amtes zur totalen Lösung der Judenfrage« für eine Konferenz mit Heydrich. Am 4. Dezember 1941 legte er ein 8-Punkte-Programm vor, das auf der Wannseekonferenz am 20. Januar 1942 eine Rolle spielen sollte. In diesem Programm wurde gefordert, die Juden aus Deutschland und aus den besetzten europäischen Ländern abzuschieben. Punkt 8 lautete: »Durchführung dieser Maßnahmen wie bisher im guten Einvernehmen mit dem Geheimen Staatspolizeiamt.«[10] Als Teilnehmer dieser Konferenz forderte Luther, »dass alle das Ausland betreffenden Fragen vorher mit dem Auswärtigen Amt abgestimmt werden müssten«, was Heydrich zusagte und auch einhielt.

Mitunter wird der Beitrag des Auswärtigen Amtes an der Judenverfolgung zweckdienlich heruntergespielt. An der Wannseekonferenz habe nicht der wichtigste Staatssekretär, nämlich Ernst von Weizsäcker, sondern lediglich der Unterstaatssekretär Martin Luther teilgenommen.[11]

Wer die maßgebende Beteiligung des Auswärtigen Amtes unter Ribbentrop an der Vernichtung der europäischen Juden bezweifelt, dem sei die Lektüre der Protokolle des Wilhelmstraßenprozesses von 1948 empfohlen. »Neben dem RSHA und der Wehrmacht mit dem OKW als Führungsorgan war das Auswärtige Amt jene Einrichtung, durch die die wichtigsten Aggressionen und Verbrechen des Nazi-Reiches geplant und vorbereitet wurden. Es war ein entscheidendes Instrument imperialistischer Eroberungspolitik. Seine Beamten wirkten als Schlüsselfiguren bei Ausarbeitung und Durchsetzung der aggressiven Pläne. Es ist kein Fall bekannt geworden, in dem das Auswärtige Amt oder auch nur Gruppen von Beamten Verbrechen verhindert hätten«[12], urteilte auch das Nachrichtenmagazin *Der Spiegel*.

Martin Luther war eine Schlüsselfigur. Er war von Ribbentrop nicht nur für die Judenfrage verantwortlich gemacht worden, sondern handelte in vielen Fragen selbständig, wobei Staatsekretär von Weizsäcker informiert werden sollte. Am 24. September 1942 wies Ribbentrop Luther an, »die Evakuierung der Juden möglichst zu beschleunigen. Nach einem kurzen Vortrag *(bei Ribbentrop – H. W.)* über die im Gang befindliche Judenevakuierung in der Slowakei, Kroatien, Rumänien und den besetzten Gebieten hat der RAM *(Reichsaußenminister – H. W.)* angeordnet, dass wir nunmehr an die bulgarische, die ungarische und die dänische Regierung mit dem Ziel, die Judenevakuierung in Gang zu setzen, herantreten sollen.«

Luther informierte Staatsekretär von Weizsäcker über Ribbentrops Weisung und teilte diesem mit, dass die »von uns zu unternehmenden Schritte ihm vorher zur Genehmigung vorgelegt werden«.[13]

Es entspricht also nicht der historischen Wahrheit, im Auswärtigen Amt ausschließlich die Abteilung Deutschland unter Luther, später unter Rademacher, für die Judenverfolgung verantwortlich zu machen. Mit der »Endlösung der Judenfrage« waren fast alle Abteilungen und Diplomaten des Amtes Ribbentrop einschließlich der Außenminister selbst befasst.[14]

Das Protokoll der Wannseekonferenz zeigt den gigantischen Mordplan, an dem alle Machtinstrumente des Nazi-Staates beteiligt waren. Von den fünfzehn Teilnehmern dieses Geheimtreffens lebten bei Kriegsende noch neun. Von diesen wurde bis auf Eichmann niemand zur Verantwortung gezogen.[15]

Zur Wahrheit gehört auch, dass wir durch Luther Kenntnis von der Wannseekonferenz und deren Inhalt haben. Eichmann, der Protokollführer, hatte 30 Exemplare anfertigen lassen. Das 16. Exemplar des Protokolls erhielt Luther. Es blieb als einziges erhalten, was nicht Luthers Verdienst war, dessen man ihn rühmen sollte. Als er 1943 in Ungnade fiel und sein Büro geräumt wurde, kamen seine Papiere ins Archiv. Im Depot von Telefunken in Berlin-Lichterfelde fand 1947 ein britischer Offizier jenes Protokoll über den industriellen Massenmord des imperialistischen Deutschlands.[16]

Zum Instrument des politischen Geheimdienstes gehörte auch die Geheimdiplomatie. Ihrer bediente sich Berlin auch zur Klärung der entscheidenden Frage: Beteiligen sich die USA und Großbritannien an einem Feldzug gegen die Sowjetunion, oder verhalten sie sich im Kampf gegen die Bolschewisten mindestens neutral?

Dies zu ermitteln war eine delikate Aufgabe, mit der Hitlers Stellvertreter Rudolf Heß betraut wurde, der wiederum zur Vorbereitung seinen engsten Vertrauten, Prof. Albrecht Haushofer, konsultierte, wie der *Spiegel* schrieb.[17]

Am 10. Mai 1941, fünf Wochen vor dem Überfall auf die Sowjetunion, verließ Heß mit einer Me 109 Augsburg. Er flog selbst die Maschine und nahm Kurs auf Nordengland, dort lag Dungavel Castle, das Gut von Lord Hamilton. Heß hatte aber den Treibstoffverbrauch falsch berechnet und musste 14 km vor dem Ziel abspringen. Bauern nahmen ihn fest und brachten ihn in die Kaserne von Maryhill in der Nähe von Glasgow.

Im Auftrag der britischen Regierung verhandelte deren Sondervertreter Ivon Kirkpatrick offiziell mit Heß. Außer ihm suchten Lord Hamilton, Lord Simon und Lord Beaverbrook, alles führende Politiker Englands, Hitlers Stellvertreter auf. Mit Simon, dessen Sympathien für den deutschen Faschismus bekannt waren, sprach Heß offener als mit den anderen.[18]

Im Auftrag Hitlers unterbreitete Heß folgende Vorschläge: Friedensschluss mit Großbritannien sowie Handlungsfreiheit für Deutschland in Europa wie für Großbritannien im britischen Empire mit Ausnahme der ehemaligen deutschen Kolonien, die Deutschland zurückverlange.

In den »Vorschlägen« wurde auch die Sowjetunion angesprochen, an deren Adresse bestimmte Forderungen gerichtet wurden. Diese sollten entweder auf dem Verhandlungswege oder mit Waffengewalt durchgesetzt werden.

An der Stelle vermerkte das Protokoll, dass Kirkpatrick gefragt habe, »ob Deutschland vorhabe, auch das asiatische Russland in seine Sphäre einzubeziehen«.[19] Allein dieser Satz offenbart, dass Kirkpatrick offenkundig keine Einwände gegen eine »Einbeziehung« des europäischen Teils der Sowjetunion in die deutsche »Sphäre« hatte. Was darunter zu verstehen war, muss hier nicht erörtert werden.

Heß erklärte weiter, dass Hitler gegenseitiges Einvernehmen zwischen dem Deutschen Reich und Großbritannien auf Dauer wünsche und die Unverletzlichkeit des britischen Empires zusichere. Sein Flug habe das Ziel, Großbritannien die Möglichkeit zu geben, ohne Prestigeverlust zu verhandeln.[20] So ist es auch in Nürnberg vorgetragen worden.

Heß' Offerte zur Verhinderung eines Zweifrontenkrieges führte sowohl in Politikerkreisen der USA als auch Großbritanniens zu kontroversen Diskussionen. Gruppierungen mit starken Bindungen zur Wirtschaft waren dafür, während nüchtern kalkulierende Strategen davon ausgingen, dass Deutschland den Frieden nur zeitweilig brauchte und es darum reichlich blauäugig wäre, den Garantieerklärungen zu glauben. Außerdem: London sollte Hitlers Eroberungen in Europa und Asien unterstützen, mindestens aber billigen, und für ein vages Bestandschutzversprechen sollte es überdies Territorien abtreten, die es mit dem Versailler Abkommen bekommen hatte.

Am 3. Juni 1941 diskutierte die sozialdemokratische Labour Party auf einer Konferenz die Heß-Vorschläge. Mit überwältigender Mehrheit sprach sich die Partei gegen Verhandlungen mit dem Nazi-Regime aus, das inzwischen große Teile Europas okkupiert hatte und ausplünderte. Mit Hitlerdeutschland verhandelte man nicht, sondern man bekämpfte es!

Mit dieser Absage war die Mission von Heß gescheitert. Das war wohl der eigentliche Grund, weshalb Hitler Heß aller Partei- und Staatsämter enthob und anordnete, ihn zu erschießen, wenn er jemals wieder nach Deutschland käme. Auch wurden Personen aus seiner Umgebung festgenommen, ein Adjutant saß bis Kriegsende in einem KZ. Das alles veranlasste einige Historiker zu dem Schluss, dass die Aktion von Heß nicht mit Hitler abgestimmt gewesen sei. Allerdings lässt die Tatsache, dass der Ehefrau von Heß eine Rente gezahlt wurde, gewisse Zweifel an dieser Version aufkommen. Üblicherweise verhielt sich das Regime in Verratsfällen nicht so nachsichtig.

Nach den »Blitzkrieg-Siegen« war die Hitlerclique größenwahnsinnig genug zu glauben, auch ohne eine Vereinbarung mit Großbritannien den Krieg gegen die Sowjetunion auf die Tagesordnung setzen zu können.[21]

Am 22. Juni 1941 fiel Nazideutschland in die Sowjetunion ein. Das Unternehmen Barbarossa sah vor, binnen kurzem das Land zu unterwerfen. Allerdings scheiterte das Vorhaben schon nach wenigen Monaten. Der Vormarsch stoppte vor Moskau und Leningrad. Anfang 1943 verlor die Wehrmacht in Stalingrad ihre 6. Armee. Von diesem Zeitpunkt an ging es nur noch zurück.

Damit hatte sich die Geheimdiplomatie jedoch nicht erledigt. Im Gegenteil: Sie nahm noch zu. Verschiedene Gruppierungen des imperialistischen Deutschlands versuchten in Geheimverhandlungen, mit den Westalliierten zu separaten Abmachungen zu gelangen. Im Wesentlichen zielten diese auf zwei Momente. Zum einen wollte man diese zum Ausscheiden aus der Antihitlerkoalition und dazu bewegen, mit den Deutschen gegen die Russen, also gegen die Bolschewisten, zu kämpfen. Man müsse gemeinsam das christliche Abendland vor dem Kommunismus retten, lautete die Parole. Zum anderen ging es vielen deutschen Unterhändlern darum, den eigenen Kopf zu retten. Denn angesichts der unzähligen Verbrechen wussten alle, was nach einer Niederlage jeden Exponenten des Nazireiches erwartete.

Der politische Geheimdienst im Auswärtigen Amt wurde umstrukturiert und mit neuem Personal besetzt. Luther, wir erinnern uns, hatte zur selben Zeit, als die 6. Armee in Stalingrad unterging, in einem Schreiben an Himmler Ribbentrops Tätigkeit kritisiert. Luther bezeichnete seinen Chef als »geisteskrank und amtsunfähig«, worauf Ribbentrop Luther am 10. Februar 1943 verhaften ließ und am 1. April 1943 die von Luther geführte *Abteilung Deutschland* aufteilte.

Luthers Abgang lieferte jedoch nur den äußeren Anlass zu den Veränderungen im Auswärtigen Amt. Der Grund war die zunehmende Erosion auch der nachrichtendienstlichen Basis, weshalb Ribbentrop in einem Kraftakt eine neuerliche Konzentration der allein von ihm beherrschten Spionagedienste vornahm. Ob er dabei auch schon eine geheimdienstliche

Tätigkeit nach Kriegsende ins Kalkül zog, kann nicht bewiesen, aber auch nicht ausgeschlossen werden.

Ribbentrop löste den politischen Geheimdienst des Auswärtigen Amtes, die *Deutsche Informationsstelle* (DIS III) aus der *Abteilung Deutschland* heraus und schuf eine selbständige Gruppe, die von Wilhelm Marschall von Bieberstein geleitet wurde.

Der Leiter des *Referates DII*, Rudolf Likus, bekam zu seinen geheimdienstlichen Aufgaben auch solche übertragen, die bisher in der Verantwortung von Luther erledigt wurden. Dazu gehörte etwa die Führung eines eigenständigen Informationsnetzes in den deutschen Auslandsvertretungen, von einigen Historikern fortan als »Likus-Dienst« bezeichnet.

Die neuen Strukturen konzentrierten sich auf Schwerpunkte. Die Gruppen »Inland I« und »Inland II« setzten im Wesentlichen die Arbeit der *Abteilung Deutschland* fort.

In der Gruppe »Inland II« bearbeitete man alle Aufgaben, die mit dem faschistischen Terror in Verbindung standen.

Inland II A beispielsweise trieb in enger Zusammenarbeit mit dem RSHA das unheilvolle Judenvernichtungsprogramm voran, *Inland II B* war federführend bei der Verfolgung von Partisanen und anderen Widerstandshandlungen in den besetzten Gebieten, was in Zusammenarbeit mit der Sicherheitspolizei und dem SD (außer Amt VI) geschah. Dort wurden auch Sabotage- und Diversionshandlungen geplant sowie die unbemerkte Einbindung von Polizeiattachés, also Agenten, in Auslandsvertretungen.

Inland II C war, in Arbeitsteilung mit dem RSHA, verantwortlich für die politische Steuerung der deutschen Volksgruppen und die »wissenschaftliche Arbeit« auf diesem Gebiet.

Inland II D bearbeitete Fragen der Aufstellung von Verbänden der Waffen-SS aus »germanischen und fremdvölkischen Freiwilligen«. Das betraf auch die sogenannte Wlassow-Armee, die Arabische und die Indische Legion.

Inland II S (Sondergruppe) besorgte die Integration eigener und Agenten der Abwehr und des Amtes VI in deutsche Auslandsvertretungen. Sie führte deren Personalakten, erfasste politisch interessantes Material des geheimen Meldedienstes, klärte Spionage- und Verhaftungsfälle und erarbeitete für Ribbentrop Belastungsmaterial prominenter Kollaborateure.[22]

Kennzeichnend für die Lage im Jahr 1943 war das Schwinden der operativen Basis deutscher Geheimdienste im Ausland aufgrund der militärischen Niederlagen im Osten, in Nordafrika und der Landung der Alliierten auf Sizilien.

Es häuften sich Fälle, dass Operationen des SD und der Abwehr scheiterten, weil Mitarbeiter und Agenten Verbindungen zum gegnerischen Geheimdienst aufnahmen. Insbesondere im Nahen Osten liefen etliche Geheimdienstler zu den Briten über. Diese Übertritte waren Gegenstand eingehender Untersuchungen sowohl im AA als auch im RSHA. Man gab sich gegenseitig die Schuld. Gleichwohl: Das Geheimdienstsystem, bislang effektiv und bedingungslos funktionierend, zeigte Risse und Schwachstellen.

Mit einem Befehl vom 12. Februar 1944 versuchte Hitler, die Geheimdienstlandschaft neu zu gestalten. Er wies an:

1. Es ist ein einheitlicher deutscher geheimer Meldedienst zu schaffen.

2. Mit der Führung dieses deutschen Meldedienstes beauftrage ich den Reichsführer SS.

3. Soweit hierdurch der militärische Nachrichten- und Abwehrdienst berührt wird, treffen der Reichsführer SS und der Chef OKW die notwendigen Maßnahmen im beiderseitigen Einvernehmen.

Mit der Zusammenlegung von Abwehr und SD sollte eine straffe Organisation gesichert werden. Hitler hatte zudem bestimmt, dass der Meldedienst, soweit das Ausland in Betracht kam, mit dem Außenminister besprochen werden sollte. Die inhaltliche Abfassung dieses Abkommens wurde von Himmler und Ribbentrop vorgenommen und auch von beiden unterzeichnet.

Diese Vereinbarung wurde als »ein wichtiges Instrument für die Nachrichtenbeschaffung auf außenpolitischem Gebiet« für den Reichsaußenminister bezeichnet. Der eigene politische Nachrichtendienst Ribbentrops blieb von diesem Abkommen jedoch unberührt.

Trotz dieser Regelung kam es in der Endphase des Krieges zwischen Ribbentrop und SS-Obergruppenführer und General der Polizei Ernst Kaltenbrunner, in der Nachfolge Heydrichs Leiter des RSHA, Chef des berüchtigten Gestapo-Amtes, des Reichskriminalpolizeiamtes und des Sicherheitsdienstes, immer wieder zu Reibereien und Kompetenzgerangel. Ribbentrop verhielt sich gegenüber Kaltenbrunner ablehnend, als dieser forderte, Mitarbeiter des neu geschaffenen *Meldedienstes* (Mil) verstärkt in Auslandsvertretungen einzubauen.

Ribbentrop wollte in der Endphase des Krieges offensichtlich keine Mitarbeiter des geheimen Meldedienstes in die von gegnerischen Geheimdiensten observierten deutschen Vertretungen entsenden und damit »verbrennen« lassen. Im Gegensatz zu Abwehr und SD verfügte er über eine solide Zahl exponierter, antisowjetisch eingestellter politischer Agenten in den betreffenden Ländern.

Als der geheime deutsche Meldedienst auf Befehl Himmlers in den okkupierten Ländern Spionage- und Sabotageorganisationen aufbaute, die nach Rückzug der Wehrmacht arbeiten sollten, traf der politische Geheimdienst des Auswärtigen Amtes eigene Maßnahmen und sicherte das Überleben seiner Leute.[23]

Während Abwehr und SD in Nürnberg als verbrecherische Organisationen verurteilt und viele ihrer führenden Köpfe der gerechten Strafe zugeführt wurden, tauchte die Organisation des politischen Geheimdienstes des Außenministeriums unter, seine Angehörigen entzogen sich der juristischen Verfolgung. Diese fand nie statt.

Ein Heer von politischen Agenten überlebte den Zweiten Weltkrieg und fand eine neue Heimat im Auswärtigen Amt der BRD. Das lässt sich in der 2010 erschienenen Studie »Das Amt« nachlesen.[24]

Anmerkungen

1 Dokumentation Liebezeit: S. 33
2 a.a.O., S. 34
3 a.a.O., S. 37
4 Martin Luther (1895–1945) wurde im Februar 1943 durch die Gestapo verhaftet und im KZ Sachsenhausen eingeliefert. Er hatte in einem Memorandum Ribbentrop eines »krankhaften Geisteszustandes« bezichtigt. Dieses Memorandum hatte er Himmler übergeben, und dieser ließ es durch seinen Adjutanten Ribbentrop übergeben.
5 Dokumentation Liebezeit: S. 39
6 a.a.O., S. 40

7 a.a.O., S. 41
8 Beispielsweise wurden nach dem 1. September 1939 durch die Abwehr sogenannte Kriegsorganisationen (KO) in deutschen Botschaften eingerichtet: 1. KO Ostseeraum (skandinavische und baltische Staaten), 2. KO Iberische Halbinsel (Madrid, Lissabon, Nebenstellen in Tanger und Casablanca), 3. KO Argentinien, 4. KO Südosteuropa, 5. KO Schweiz, 6. KO Nahost (Ankara, Nebenstellen in Istanbul und Teheran), 7. KO Shanghai.
9 Dokumentation Liebezeit: S. 43
10 Braunbuch, Kriegs- und Naziverbrecher in der Bundesrepublik und in Westberlin, Berlin 1965, S. 208
11 Dokumentation Liebezeit: S. 43
12 *Der Spiegel* 7/2002, S. 49
13 Braunbuch, S. 203
14 Dokumentation Liebezeit: S. 43 f.
15 Braunbuch, S. 210 f.
16 *Der Spiegel* 7/2002, S. 50
17 a.a.O., S. 50
18 Dokumentation Liebezeit: S. 45
19 Der Prozess gegen die Hauptkriegsverbrecher vor dem Internationalen Militärgerichtshof, Nürnberg 1946, (im Weiteren IMG Nürnberg), Bd. XL, Dokumente Heß
20 a.a.O., S. 280 ff.
21 ebenda
22 Dokumentation Liebezeit: S. 47 f.
23 a.a.O., S. 5
24 Eckart Conze, Norbert Frei, Peter Hayes, Moshe Zimmermann: Das Amt und die Vergangenheit. Deutsche Diplomaten im Dritten Reich und in der Bundesrepublik, München 2010. »Vom ersten Tag an war das Auswärtige Amt unmittelbar in die Gewaltpolitik des NS-Regimes eingebunden. Es schirmte die Judenpolitik des Dritten Reichs nicht nur nach außen ab, sondern war in allen Phasen aktiv an ihr beteiligt. Überall in Europa fungierten deutsche Diplomaten als Wegbereiter der Endlösung, sie wirkten mit an der Erfassung der Juden und an ihrer Deportation. Opposition aus dem Auswärtigen Dienst heraus blieb individuell und die Ausnahme. Nach Kriegsende wurden nur wenige Beamte für ihr Verhalten zur Rechenschaft gezogen, viele konnten auf ihre Wiederverwendung hoffen und setzten ihre Karriere fort. Noch auf Jahrzehnte lagen über den außenpolitischen Entscheidungen der Bundesrepublik die Schatten der Vergangenheit. Gestützt auf zahlreiche bis heute unter Verschluss gehaltene Akten, räumt das Buch mit alten Legenden auf und korrigiert das Geschichtsbild einer der wichtigsten politischen Funktionseliten des Landes«, heißt es in der Selbstdarstellung des Blessing-Verlages.

11. »Barbarossa« oder der schnelle Feldzug

Die Hauptgedanken für den Barbarossa-Plan hatte Hitler in der Weisung 21 vom 18. Dezember 1940 festgeschrieben. Danach sollten in einem »schnellen Feldzug« die Masse der sowjetischen Streitkräfte in den westwärts des Dnepr und der westlichen Dwina liegenden Gebieten vernichtet, Leningrad, Moskau und das Donezkbecken erobert und die Wolga erreicht werden.

Hitler und die Wehrmachtführung beabsichtigten, »die sowjetischen Streitkräfte unter Vortreiben starker Panzerkeile einzukesseln und zu vernichten, um schließlich eine Abwehrlinie zu erreichen, aus der die sowjetische Luftwaffe dem deutschen Reichsgebiet nicht mehr gefährlich werden kann«.

Am 3. Februar 1941 erklärte Hitler bei einer Besprechung des OKW: »Wenn ›Barbarossa‹ steigt, hält die Welt den Atem an und verhält sich still.«[1]

Das OKW beschloss am 30. April 1941: »Beginn ›Barbarossa‹ am 22. Juni.«[2]

Am Morgen des 22. Juni 1941 fiel das imperialistische Deutschland von der Ostsee bis zum Schwarzen Meer in die Sowjetunion ein. Es war der Beginn eines Eroberungs- und Vernichtungskrieges mit ideologischem Hintergrund. Es ging nicht nur um Territorien, Öl und andere Bodenschätze, nicht nur um Produktionskapazitäten und Arbeitssklaven, sondern vornehmlich um die Liquidierung eines politischen Systems.

Die Propaganda behauptete, der Angriff erfolge vorbeugend. Mit dem »Präventivkrieg« sei man einem Überfall der Sowjetunion zuvorgekommen. Damit wiederholte man die Aussage einer Wehrmachtstudie von 1937, erarbeitet vom Generalstab des Heeres unter Leitung des Generalstabschefs Ludwig Beck, dass die Russen bald angreifen würden. Deshalb müsse man ihnen zuvorkommen. Obgleich durch Fakten und Dokumente als absurd widerlegt, wird diese irrige These noch heute gelegentlich kolportiert.

Diese Behauptung, unter Zwang handeln zu müssen, trug Hitler am 23. Juni 1941 im *Völkischen Beobachter* ebenfalls vor: »Ich habe mich deshalb entschlossen, das Schicksal und die Zukunft des Deutschen Reiches und unseres Volkes wieder in die Hände unserer Soldaten zu legen!«

Damit wurde sowohl der sowjetisch-deutsche Nichtangriffspakt vom 23. August 1939 als auch internationales Völkerrecht gebrochen. Der Angriff der deutschen Armeen im Bunde mit Einheiten aus Italien, Rumänien, Ungarn, Finnland und der Slowakei überraschte die Sowjetunion auf allen Ebenen, weil Stalin, trotz dringlicher Warnungen, die internationale Lage falsch eingeschätzt hatte.

In der ersten Phase der Aggression erlitten die sowjetischen Truppen bedeutende Verluste an Menschen und Material. Sie mussten sich unter verlustreichen Kämpfen zurückziehen. Abertausende sowjetische Soldaten gerieten in Kriegsgefangenschaft. Die Angreifer stießen innerhalb der ersten zwei Kriegswochen in den wichtigsten Operationsrichtungen 400 bis 600 Kilometer vor. Zum Teil lag der durchschnittliche Tagesvormarsch zwischen 30 und 40 Kilometer. Am 9. Juli 1941 wurde Minsk, die Hauptstadt Belorusslands, besetzt.

Das deutsche Militär und Hitler triumphierten. Der Chef des Generalstabes des Heeres, Generaloberst Franz Halder (1884–1972), notierte euphorisch: »Es ist wohl nicht zuviel gesagt, wenn ich behauptete, dass der Feldzug gegen Russland in vierzehn Tagen gewonnen sein wird.«[3]

Auch führende Vertreter westlicher Staaten teilten diese Überzeugung. In seinen Memoiren schrieb Winston S. Churchill: »Beinahe alle verantwortlichen Militärs waren der Meinung, die russischen Armeen würden demnächst geschlagen und vernichtet werden.«

Associated Press, die US-Nachrichtenagentur, verbreitete eine Meldung über eine Konferenz führender US-Militärs im Sommer 1941, in der es hieß: »Gut unterrichtete Persönlichkeiten erklären, Deutschland werde die Rote Armee in drei Monaten vernichtet haben.«

Es schien tatsächlich so, dass Hitler seinem Ziel, die Weltherrschaft zu erobern, immer näherrückte.

Auf dem Territorium, das Hitlers Truppen bis November 1941 erobert hatten, lebten 40 Prozent der sowjetischen Bevölkerung. Dort befanden sich etwa 60 Prozent der landwirtschaftlichen und der Industrieproduktion.

Trotz des scheinbar unaufhörlichen Vormarsches gab es ab August 1941 Indizien, dass das deutsche Oberkommando die wirtschaftliche und militärische Stärke der Sowjetunion unterschätzt hatte. Später hieß es, dass die geheimdienstliche Aufklärung durch deutsche Nachrichtendienste nahezu wertlos gewesen sei. Und die Generalität musste sich eingestehen, dass diese vordergründig erfolgreichen Operationen »jedoch weder die schnelle Vernichtung aller gegenüberstehenden Streitkräfte gebracht (hatten), noch war das eingetreten, womit Hitler in erster Linie gerechnet hatte: das Absinken des Kampfeswillen der Roten Armee nach den ersten Einbrüchen«.[4]

Trotz Verzögerungen wollte das deutsche Oberkommando Moskau noch vor dem Winter nehmen. Es rechnete damit, den Widerstand der Roten Armee zu brechen und siegreich in die sowjetische Hauptstadt einzuziehen. Politiker und Militärs in Berlin sahen die Bedeutung Moskaus als Symbol. Wäre das Zentrum des Russenreichs genommen, bräche der gesamte Widerstand zusammen.

Der Plan des deutschen Oberkommandos sah vor, Moskau durch Schläge starker Gruppierungen, Panzer und motorisierter Verbände, die über Kalinin und Tula angreifen würden, vom Norden und Süden zu umfassen und gleichzeitig mit Infanterieeinheiten einen frontalen Angriff von Westen her zu führen.

Am 2. Oktober 1941, als die deutsche Offensive auf Moskau begann, erklärte Hitler in einem Tagesbefehl: »In diesen dreieinhalb Monaten, meine Soldaten, ist nun endlich die Voraussetzung geschaffen worden zu dem letzten Hieb, der noch vor Einbruch des Winters diesen Gegner zerschmettern soll. Alle Vorbereitungen sind, soweit sie Menschen meistern können, nunmehr fertig. Planmäßig ist dieses Mal Schritt um Schritt vorbereitet worden, um den Gegner in jene Lage zu bringen, in der wir ihm jetzt den tödlichen Stoß versetzen können. Heute ist nun der Beginn der letzten großen Entscheidungsschlacht dieses Jahres.«[5]

Hitler blies zur »Generaloffensive« mit dem Decknamen »Taifun«. Es waren bereits Befehle an die Truppe gegeben worden, in welchen Gebäuden und Kasernen sie in Moskau untergebracht werden sollten.

In Erwartung des Feindes hatten staatliche Stellen und die Partei die Moskauer Bevölkerung mobilisiert. Mehr als 500 000 Menschen errichteten Befestigungs- und Verteidigungsanlagen. In Moskau wurden elf Volkswehrdivisionen und 87 Vernichtungsbataillone aufgestellt. Im Rücken der Moskau angreifenden deutschen Truppen entbrannte der Partisanenkampf.[6]

In einem Aufruf an die Bevölkerung hieß es: »Moskau droht Gefahr, doch wir werden zäh, erbittert, bis zum letzten Blutstropfen für Moskau kämpfen. Jeder von euch, auf welchem Posten er auch immer steht, welche Arbeit er auch immer geleistet hat, soll ein Soldat der Armee werden, die Moskau gegen die faschistischen Eroberer verteidigt. Wer ein Soldat der Roten Armee ist, Soldat eines Vernichtungsbataillons, sollte daran denken, dass das Volk ihm die Waffe in die Hand gegeben hat, damit er sein Vaterland und sein Volk bis zum letzten Blutstropfen verteidigt.«[7]

Viele Industriebetriebe und die meisten Regierungsbehörden wurden evakuiert. Das Staatliche Verteidigungskomitee, an dessen Spitze Stalin stand, und das Hauptquartier des sowjetischen Oberkommandos verblieben jedoch in der Hauptstadt.

Der erste deutsche Angriff blieb stecken. Er kam etwa 100 Kilometer vor Moskau zum Erliegen. Am 6. November musste der Oberbefehlshaber der 2. Panzerarmee, Generaloberst Heinz Guderian (1888–1954) melden: »Für die Truppe ist es eine Qual und für die Sache ein großer Jammer, denn der Gegner gewinnt Zeit, und wir kommen mit unseren Plänen in den Winter. Die einzigartige Gelegenheit, einen ganz großen Schlag zu führen, entschwindet immer mehr, und ich weiß nicht, ob sie je wiederkehrt.«[8]

Das deutsche Oberkommando begann am 16. November 1941 die zweite »Generaloffensive«. Für den direkt auf Moskau zielenden Vorstoß stellte das deutsche Oberkommando 51 Divisionen bereit, darunter 21 Panzerdivisionen und motorisierte Verbände. In zwanzig Angriffstagen kamen sie 80 bis 90 Kilometer voran. Sie drängten die sowjetischen Streitkräfte bis an die Stadtgrenze von Moskau zurück. In einigen Richtungen standen die faschistischen Truppen 25 bis 30 Kilometer vor Moskau.

Den Hauptstoß der angreifenden deutschen Verbände fingen die 5. Armee unter General L. A. Goworow und die 16. Armee unter General K. K. Rokossowski auf. Goworows Divisionen, die zum Teil erst wenige Wochen zuvor aus Sibirien eingetroffen waren, verteidigten den Abschnitt im Gebiet Borodino, auf jenem Schlachtfeld, auf dem 130 Jahre zuvor die Schlacht gegen Napoleon getobt hatte, sowie bei Moshaisk und Swenigorod. Die Truppen der 16. Armee verteidigten die Wolokolamsker Chaussee, auf der die deutschen Angreifer direkt nach Moskau durchbrechen wollten.

Bei dieser zweiten Offensive erschöpften die deutschen Verbände alle ihre Möglichkeiten, sie erlitten ungeheure Verluste an Menschen und Material. Alle Reserven wurden verbraucht. Die stark geschwächten deutschen Gruppierungen kämpften auf einer etwa 1200 Kilometer langen Front, und die Flanken waren nur schwach gesichert. Der sowjetische Heerführer Shukow meinte über den Feind: »Damit hatte er seine Truppen in der Schlacht um Moskau so weit auseinander gezogen, dass er seine Stoßkraft an den unmittelbaren Zugängen zu Moskau einbüßte.«[9]

Hitler war über das Scheitern außer sich. Er suchte Sündenböcke. Der Oberbefehlshaber des Heeres, Generalfeldmarschall von Brauchitsch, der Oberbefehlshaber der Heeresgruppe Mitte, Generalfeldmarschall von Bock, der Oberbefehlshaber der 2. Panzerarmee, Generaloberst Guderian und viele andere Generale wurden abgesetzt. Er selbst übernahm das Oberkommando.

Bereits am 6. Oktober war Armeegeneral Shukow auf Weisung Stalins von der Leningrader Front ins Hauptquartier befohlen und mit der Verteidigung Moskaus beauftragt worden. In dem vom Chef des Generalstabes unterzeichneten Befehl heißt es: »Alle künftigen Entschlüsse des Genossen Shukow, die den Einsatz der Truppen bei den Fronten und Führungsfragen betreffen, sind verbindlich.«[10] Shukow übernahm gleichzeitig den Oberbefehl der Westfront, die die Hauptlast zu tragen hatte.

Als die deutschen Truppen nicht mehr fähig waren vorzugehen und ihre Angriffsbemühungen in allen Richtungen auf Moskau steckenblieben, ging die Westfront zum allgemeinen Angriff über, nachdem die Kalininer Front unter General Konew und die Südwestfront unter Marschall Timoschenko einen Tag früher angegriffen hatten. Der Plan für diese Gegenoffensive war in seinen Grundzügen bereits im November 1941 im Hauptquartier des Oberkommandos der Roten Armee diskutiert worden. Solange die Verteidigung Moskaus Vorrang hatte, wurde seine Ausarbeitung zurückgestellt. Ende November 1941, nachdem die Angriffe der deutschen Verbände zum Stehen gebracht worden waren, nahm er konkrete Gestalt an. Der geplante Gegenschlag bestand aus mehreren aufeinander abgestimmten Offensiven verschiedener Fronten. Durch Stöße des rechten und linken Flügels der Westfront, die Shukow kommandierte, im Zusammenwirken mit der Kalininer Front, unter Konew, und der Südwestfront, unter Timoschenko, sollten die gegnerischen Stoßgruppierungen zerschlagen werden, die Moskau von Norden und Süden zu umfassen versuchten.

Die Gegenoffensive bei Moskau, bei Tichin und Rostow entwickelte sich zur allgemeinen Offensive der im Mittelabschnitt der sowjetisch-deutschen Front operierenden Truppen der Roten Armee.

Am weitesten kam die Westfront voran, sie drang in einzelnen Richtungen bis 400 Kilometer vor und bereitete der Heeresgruppe Mitte eine schwere Niederlage. Riesige Mengen technischer Kampfmittel blieben auf dem Schlachtfeld zurück. Die Sowjetarmee hatte den Mythos der »Unbesiegbarkeit« der deutschen Truppen zerstört. Das wirkte demoralisierend auf die Soldaten.

Mit dem Scheitern der »Blitzkriegsstrategie« waren auch andere militärtheoretische Überlegungen wie etwa die einseitige Orientierung auf die Panzertruppen und die Vorherrschaft der Luftstreitkräfte erledigt. Die Niederlage der deutschen

Truppen bei Moskau sollte sich auf den weiteren Verlauf des Krieges auswirken.

Generalleutnant Kurt von Tippelskirch (1891–1957), dessen 30. Infanterie-Division im Dezember bei Demjansk eingekesselt wurde, schrieb zutreffend: »Für die deutsche Kampfführung hatte das Ergebnis dieses Winters jedoch auf längere Sicht die verderblichsten Folgen.«[11]

Auch die Haltung in den anderen Staaten änderte sich. Am 23. Februar 1942 legte US-General Douglas MacArthur seine Gedanken zum bisherigen Verlauf des Krieges in einem umfangreichen Zeitungsartikel dar. »In der gegenwärtigen Weltlage stützen sich alle Hoffnungen der Zivilisation auf die ruhmvollen Banner der tapferen Roten Armee. Ich habe im Laufe meines Lebens an verschiedenen Kriegen teilgenommen; andere habe ich als Zeuge verfolgt, und schließlich habe ich Feldzüge vieler hervorragender Heerführer der Vergangenheit mit großer Aufmerksamkeit studiert. Aber noch nie habe ich einen so wirksamen Widerstand gegen die schwersten Schläge eines bis dahin unbesiegten Feindes beobachtet, einen Widerstand, dem ein vernichtender Gegenangriff folgte. Der Feind wird in sein eigenes Land zurückgetrieben werden.«

In der ersten Hälfte des Jahres 1942 hielt sich der Stellvertretende Vorsitzende des Ministeriums für Kriegsproduktion der USA, William Batt, in offizieller Mission in Moskau auf. Nach seiner Rückkehr berichtete er: »Bei meiner Abreise *(aus den USA – H. W.)* hegte ich Zweifel darüber, ob die Russen den Anforderungen eines totalen Krieges gewachsen sein würden; aber ich konnte mich bald davon überzeugen, dass die gesamte Bevölkerung ihre Pflicht tat, sogar Frauen und Kinder. Bei meiner Abreise hielt ich nicht allzu viel von der technischen Begabung der Russen; ich musste feststellen, dass sie die Leitung ihrer Fabriken und die Produktion von Kriegsmaterial mit ungewöhnlicher Energie und Umsicht betrieben.

Bei meiner Abreise fühlte ich mich durch die in Amerika verbreiteten Gerüchte über die Uneinigkeit und Willkür der russischen Regierung beunruhigt; ich fand eine starke, tatkräftige Regierung vor, die von der Liebe und Anhänglichkeit des ganzen Volkes getragen wurde. Mit einem Wort, bei mei-

ner Abreise fragte ich mich: Ist Russland ein verlässlicher, leistungsfähiger Bundesgenosse?
Die Antwort, die ich erhielt, war ein lautes, deutliches Ja.«
Ein weiteres Moment registrierten die westlichen Alliierten mit Erstaunen: Die verschiedenen Nationalitäten in der Sowjetunion standen hinter der Zentralregierung in Moskau. Sie einte der Kampf gegen die faschistischen Eroberer für das gemeinsame Vaterland.
Am 31. August 1943 sagte der englische Premier Winston Churchill, wahrlich kein Freund der Sowjetunion, in Quebec über die Sowjetregierung: »Keine einzige Regierung der Menschheitsgeschichte hat sich fähig erwiesen, Schädigungen von solcher Schwere und Grausamkeit zu überleben, wie sie Russland von Hitler erdulden musste. Russland hat diese furchtbaren Schädigungen nicht nur überlebt und sich davon erholt, sondern es hat der deutschen Armee tödliche Schläge zugefügt, wie sie keine andere Streitmacht der Welt hätte führen können.« Und es kristallisierte sich immer deutlicher heraus, dass ein Bündnis der westlichen Staaten mit Sowjetrussland, eine Antihitlerkoalition, die Möglichkeit eröffnete, die faschistischen Diktaturen und ihrer Satelliten zu vernichten und künftig eine internationale Ordnung der Sicherheit und des Friedens zu schaffen.
Im Leitartikel der *New York Herald Tribune* am 11. Februar 1943 hieß es: »Es gibt heute nur zwei Möglichkeiten, zwischen denen die Demokratien zu wählen haben: gemeinsam mit Russland die Welt neu aufzubauen, was ohne weiteres möglich ist, wenn wir an die Stärke unserer eigenen Grundsätze glauben und sie durch praktische Anwendung beweisen, oder in Zusammenarbeit mit allen reaktionären antidemokratischen Kräften Europas Komplotte zu schmieden, deren einziges Ergebnis die Entfremdung des Kremls wäre.«
Bis zur endgültigen Zerschlagung des Faschismus war aber noch ein weiter Weg. Die Lasten waren unterschiedlich verteilt. Die Hauptlast lag auf den Schultern der Sowjetarmee.
Im Juni 1944, als die Rote Armee sich anschickte, nach Rumänien, die Tschechoslowakei und Polen vorzudringen, da eröffneten die Westalliierten endlich die lange angekündigte zweite Front. Drei Jahre waren seit Kriegsbeginn gegen die So-

wjetunion vergangen. Jetzt war absehbar, dass die Rote Armee auch allein in der Lage sein würde, das faschistische Deutschland endgültig zu zerschlagen. Die Westalliierten verfolgten eigene Ziele und fürchteten nun, zu spät zu kommen. Vor allem die politische Sorge um das zukünftige Europa und ihren Einfluss veranlasste sie endlich, die zweite Front zu eröffnen.

Der englische Militärhistoriker J. F. Fuller schrieb über diese Periode: »Der Krieg hatte in Wirklichkeit schon aufgehört, ein strategisches Problem zu sein, und nachdem er jetzt in eine rein politische Bahn eingetreten war, fand das Rennen nicht mehr zwischen bewaffneten Mächten, sondern zwischen zwei politischen Systemen statt: auf der einen Seite das System der Westalliierten und auf der anderen das der Russen. Welches von beiden würde Ost- und Mitteleuropa beherrschen, das war die Frage.«[12]

Seit einigen Jahren wird in Deutschland der Eindruck vermittelt, die Befreiung Europas vom Faschismus sei durch die westlichen Alliierten erfolgt. Die Zerschlagung der Hauptkräfte der deutschen Wehrmacht durch die Rote Armee wird ignoriert oder heruntergespielt. Seriöse Historiker haben keinen Zweifel, dass zum Zeitpunkt der Eröffnung der zweiten Front die Niederlage Hitlerdeutschlands längst besiegelt war. Als im Juni 2004 der Landung der angloamerikanischen Streitmacht in der Normandie feierlich gedacht wurde, fiel auf, dass alle bürgerlichen Medien in der BRD den früher üblichen Begriff »Zweite Front« vermieden. Wenn es eine zweite Front gab, dann muss es wohl auch eine »Erste Front« gegeben haben. Diese Frage zu stellen wollte man offenkundig vermeiden. Stattdessen wurde die Öffentlichkeit mit Bezeichnungen wie »Landung«, »D-day«, »Normandieschlacht« oder »Operation Overlord« konfrontiert.

Unmittelbar nach dem Kriege war man diesbezüglich korrekter und ehrlicher: »Die Offensiven der Roten Armee spielten die entscheidende Rolle bei der Niederwerfung Deutschlands«, so Dwight D. Eisenhower (1890–1969), Oberbefehlshaber der alliierten Streitkräfte in Westeuropa während des Zweiten Weltkrieges und in den 50er Jahren der 34. US-Präsident.

Die Befreiung Europas war zweifellos das Ergebnis der gemeinsamen Anstrengungen aller Völker und Armeen der

Antihitlerkoalition, der Partisanen und aller antifaschistischen Widerstandskämpfer – einschließlich der Kundschafter und Aufklärer, die für die Sowjetunion und ihre Verbündeten arbeiteten. Und selbstverständlich waren die Eröffnung der zweiten Front und die darauf folgenden Kampfhandlungen ein wichtiger Beitrag zum Sieg über den Hitlerfaschismus.

Aber der Beitrag der Sowjetunion kann nicht hoch genug gewürdigt werden. Denn wie würde heute die Welt aussehen, wenn damals im Winter 1941/42 Moskau von den Nazitruppen genommen worden wäre?

Anmerkungen

1 Internationaler Militärgerichtshof, Nürnberg 1946, Bd. XV, S. 28
2 a.a.O., S. 285
3 Kurt Assmann: Deutsche Schicksalsjahre. Wiesbaden 1950, S. 262
4 Die Außenpolitik der Sowjetunion. Moskau 1946, Bd. 1, S. 135
5 G.A. Deborin: Der Zweite Weltkrieg. Berlin 1959, S. 189
6 a.a.O., S. 191
7 a.a.O., S. 192
8 Heinz Guderian: Erinnerungen eines Soldaten. Heidelberg 1951, S. 223
9 G.K. Shukow: Erinnerungen und Gedanken. Berlin 1976, Bd. 2, S. 38
10 a.a.O., S. 7
11 A.M. Wassilewski: Sache des ganzen Lebens. Berlin 1977, S. 143 ff
12 J.F.C. Fuller: Der Zweite Weltkrieg 1939–1945. Wien-Stuttgart 1952, S. 416

12. Die Feindlage im Osten

Symptomatisch für die Unfähigkeit der deutschen Geheimdienste, das politische, wirtschaftliche und militärische Potenzial der Sowjetunion zu beurteilen, waren die Aussagen des deutschen Generalstabschefs. Bereits am 11. August 1941 kam Franz Halder zu dem Eingeständnis, »dass der Koloss Russland […] von uns unterschätzt worden ist. Diese Feststellung bezieht sich ebenso auf die organisatorischen wie auf die wirtschaftlichen Kräfte, auf das Verkehrswesen, vor allem aber auf die rein militärische Leistungsfähigkeit. Wir hatten bei Kriegsbeginn mit etwa 200 Divisionen gerechnet. Jetzt zählen wir bereits 360.«[1]

Dabei hatte Halder noch vor Kriegsbeginn anmaßend geäußert: Sowjetrussland sei wie eine Fensterscheibe, gegen die man nur heftig zu schlagen brauche, damit sie in tausend Teile zersplittert.

Die vielfältigen Versuche des militärischen Geheimdienstes, vor dem Krieg in der Sowjetunion ein stabiles und intaktes Spionagenetzes zu installieren und mit diesem Informationen über die Rote Armee zu gewinnen, waren an den sowjetischen Abwehrorganen gescheitert. Paul Carell (1911–1997), einst als SS-Obersturmbannführer Pressesprecher von Joachim Ribbentrop, schrieb hierzu in einem 1963 erstmals erschienenen Buch (da arbeitete er bereits für den *Spiegel* und *Die Zeit*): »Wie war es um die deutsche Spionage gegen Russland bestellt? Was wusste die deutsche Führung von den militärischen Geheimnissen der Sowjetunion?

Die Antwort ist in zwei Worten gesagt: sehr wenig! Der deutsche Geheimdienst wusste nichts von den wichtigen militärischen Geheimnissen der Russen.«[2]

Der ehemalige Chef Oberquartiermeister IV im deutschen Generalstab und Verantwortliche für die Aufklärungsabteilungen Fremde Heere Ost und Fremde Heere West, Kurt von Tippelskirch, stellte dazu fest: »Die Stärke der Sowjetunion als militärischem Gegner annähernd richtig zu bestimmen war ein undurchführbares Unterfangen. Spionage fand in der Sowjetunion kein Betätigungsfeld.« Im deutschen Generalstab, so von Tippelskirch, existierte nur »ein ungefähres Bild dessen, was die Sowjetunion im Kriegsfall etwa zu leisten vermochte«.[3]

Im Nürnberger Prozess musste der Chef des Oberkommandos der Wehrmacht, Generalfeldmarschall Wilhelm Keitel, eingestehen: »Vor dem Krieg bekamen wir sehr dürftige Informationen über die Sowjetunion und die Rote Armee. Während des Krieges betrafen die Angaben unserer Agenten nur die taktische Zone. Wir haben nie Informationen bekommen, die sich ernsthaft auf die Entwicklung der militärischen Operationen ausgewirkt hätten.«[4] Er räumte ein, dass die militärische Aufklärung während des gesamten Krieges nicht imstande war, vorab Informationen über auch nur eine bedeutende Frontoperation der Roten Armee zu beschaffen.

Zuständig dafür war die Abteilung Fremde Heere Ost im Generalstab des Heeres, die zwischen 1938 und 1942 von Oberst Eberhard Kinzel (1897–1945) geleitet wurde, ehe Reinhard Gehlen diese Funktion übernahm. In einem von Kinzels Dossiers für den Generalstabschef vor dem Angriff auf die Sowjetunion hieß es: »Der russische Volkscharakter: Schwerfälligkeit, Schematismus, entschluss- und verantwortungsscheu, ändert sich nicht. Die Führer aller Grade sind in absehbarer Zeit nicht in der Lage, große, moderne Verbände wendig zu führen. Zu großen Operationen eines Angriffskrieges, schnelles Zufassen bei günstiger Lage und selbständiges Handeln im Rahmen des Ganzen sind und werden sie kaum befähigt sein.«[5] Abgesehen davon, dass das der deutschen Kriegsbegründung, man sei einem Überfall durch die Sowjetunion zuvorgekommen, deutlich widersprach: Das war keine nachrichtendienstliche Analyse, sondern ein ideologisches Propagandapapier.

Wie schon in den Kapiteln zuvor festgestellt, waren für Spionage und Gegenspionage zwei Institutionen zuständig: das Amt Ausland/Abwehr beim Oberkommando der Wehrmacht und das Reichssicherheitshauptamt beim Reichsinnenministerium. Die tragende Rolle im militärischen Bereich hatte die Abwehr. Sie war die führende Kraft in der Vorbereitungsphase und in den ersten Jahren des Zweiten Weltkrieges innerhalb des deutschen Geheimdienstsystems und dessen koordinierende Zentrale. Die Abwehr kooperierte mit allen deutschen Industriekonzernen, die oft über eigene geheimdienstlich organisierte Abteilungen verfügten und über ihre Auslandsfilialen und Vertreternetze Informationen sammelten. Dazu gehörten die Deutsche Bank, Carl Zeiss, IG Farben und andere Unternehmen. Die IG Farbenindustrie AG beispielsweise unterhielt zu diesem Zweck in Berlin in der Allee Unter den Linden Nr. 78 ein »Büro NW 7«.[6]

Nicht unwesentlich, das wurde schon festgestellt, waren die Informationen, die der Canaris-Apparat von Organisationen und Vereinen erhielt, die sich mit Auslandsdeutschen und deutschen Minderheiten in den Ostgebieten befassten.

Der Abwehr gelang es, in den politischen Apparaten und gesellschaftlichen Organisationen westeuropäischer Länder Spione zu rekrutieren, sie fasste Fuß in Militäreinrichtungen und Geheimdiensten. Aber eben nur im Westen.

In der Hochzeit der Abwehr I wurde dieser sogenannte »Geheime Meldedienst« von Hans Piekenbrock (1893–1959) geleitet. Der studierte Jurist (»Piki«) prägte die militärische Auslandsspionage und Nachrichtenbeschaffung der Abwehr im Stabe des Vizeadmirals Wilhelm Canaris zwischen 1936 und 1943, ehe er als Generalmajor Kommandeur der 208. Infanterie-Division wurde. Er befand sich bis 1955 in sowjetischer Kriegsgefangenschaft.

Als rechte Hand von Canaris gehörte er zu den Organisatoren der »Fünften Kolonne« in West-, Süd- und Nordeuropa. Belegt ist sein Engagement vor dem Anschluss Österreichs: Er gewann den österreichischen Oberstleutnant Erwin Edler von Lahousen-Vivremont aus der Nachrichtenabteilung im Bundesheer, der seit 1936 für ihn arbeitete und nach dem Einmarsch der Wehrmacht 1938 in Österreich Karriere im Amt Ausland/Abwehr machte.

Piekenbrocks Stern sank allerdings, als der Verlauf des Krieges gegen die Sowjetunion offenbarte, dass Aufklärungsergebnisse und Analysen der Abwehr I ungenügend, unzutreffend und fehlerhaft waren. »Von den existierenden Divisionen der

Roten Armee war etwa ein Drittel nicht erkannt worden. Ungewöhnlich falsch waren die Annahmen über die Panzerbewaffnung, die Artillerie und die vorhandenen Luftstreitkräfte. Die Anzahl der vorhandenen Panzer wurde um ein Mehrfaches unterschätzt; so entging der deutschen Führung der für einen Blitzkrieg mehr als wichtige Umstand, dass die Sowjets zweieinhalb Mal soviel Panzer besaßen wie die deutsche Wehrmacht.

Unbekannt waren beispielsweise die Kampfpanzer T 34, die sich bereits in der Auslieferung an die Truppe befanden. Mit herkömmlichen deutschen panzerbrechenden Waffen war dieser Panzertyp nicht zu bekämpfen.

Unbekannt waren die riesige Zahl von kriegstauglichen Flugzeugen der Roten Armee und das Vorhandensein eines Mehrfachen an Geschützen.

Restlos entgangen war es der deutschen Aufklärung, dass die Rote Armee in große gepanzerte Verbände, die Mechanisierten Korps, umgegliedert worden war, während man deutscherseits mit Panzern als Infanterieunterstützungswaffen rechnete. Die Aufstellung dieser Mechanisierten Korps hatte 1940 begonnen. Sechs davon waren schon im Jahr der Erstaufstellung verfügbar. Im Februar und März 1941 folgten weitere 20 dieser gepanzerten Großverbände. Sie bestanden jeweils aus zwei Panzerdivisionen und einer mechanisierten, sprich: motorisierten Schützendivision. Das waren klassische Angriffswaffen für das moderne bewegliche Gefecht.

Unbekannt waren zudem die Anzahl und die Stärke der Verbände in der Tiefe des russischen Raumes«[7], urteilte Helmut Roewer in einer 2004 von ihm publizierten Untersuchung. (Roewer, das nur nebenbei, leitete von 1994 bis 2000 das Landesamt für Verfassungsschutz, ehe er wegen zahlreicher Skandale suspendiert wurde. Zu diesen gehörte auch die Tatsache, dass er über einen Strohmann mit Mitteln des Landesamtes Aktien der Edition Ost Verlag und Agentur AG erworben hatte, was bei den Ermittlungen der Erfurter Staatsanwaltschaft in über sechzig Fällen von Untreue herauskam.)

Für die deutsche Blitzkriegsführung erwies sich dieses Unwissen der Militäraufklärung als tödlich.

Die Struktur des Amtes Ausland/Abwehr blieb in Vorbereitung und während des Krieges gegen die Sowjetunion bestehen, da sie sich in den Feldzügen gegen Polen und Frankreich bewährt hatte: Abwehr I befasste sich mit Spionage (militärische Aufklärung); Abwehr II war für Diversion, Sabotage und Terror verantwortlich und Abwehr III kümmerte sich um die militärische Gegenspionage und den antifaschistischen Widerstand in der Truppe.

Die Abwehr besaß Gliederungen in den Wehrkreisen und in strategisch wichtigen Zentren. Das waren die sogenannten Abwehrstellen und Abwehrnebenstellen. In den verbündeten und neutralen Ländern konzentrierte die Abwehr ihre Mitarbeiter in den Kriegsorganisationen (KO).

Die Abwehr unterhielt eine Reihe von Agentenschulen. In Vorbereitung des Überfalls auf die Sowjetunion waren weitere Einrichtungen entstanden, etwa in Groß-Mischen bei Königsberg und in Sulejowek bei Warschau.

Bereits während des Polenfeldzuges bildete die Abwehr besondere Frontorgane: Abwehrkommandos mit ihren Abwehrtrupps. Sie hatten sich nach dem deutschen Selbstverständnis bewährt und wurden vor dem Krieg gegen die Sowjetunion nur modifiziert.

»Als Chef der Abwehr I habe ich in der Zeit von Februar 1941 bis Juni 1941 mehrere Male dienstlich über der Plan Barbarossa mit dem Chef Oberquartiermeister IV, Generalleutnant von Tippelskirch, und dem Chef der Abteilung Fremde Heere Ost, Oberst Kinzel, gesprochen«, erinnerte sich Piekenbrock später. »Die Gespräche betrafen Präzisierungen von verschiedenen Aufträgen für die Abwehr bezüglich der Sowjetunion, und zwar die Nachprüfung von alten Nachrichtenunterlagen über die Rote Armee und ebenfalls die Präzisierung der Angaben über die Dislozierung der Sowjettruppen in der Zeit der Vorbereitung des Angriffs.

Außerdem wurden alle Abwehrstellen, die sich mit der Spionage gegen Russland befassten, angewiesen, den Einsatz von Agenten gegen die Sowjetunion zu vermehren.«[8]

Das betraf auch die Ic-Abteilungen bei den Armeen, Korps und Divisionen. Sie gehörten zu den jeweiligen Stäben und befassten sich mit Frontaufklärung und galten als der verlängerte Arm der Abteilung Fremde Heere Ost im OKH. Die Ic-Offiziere arbeiteten auch eng mit der Abwehr zusammen.

Das aber führte nicht zu einer qualitativen Verbesserung der Informationsgewinnung. Das OKW-Amt Ausland/Abwehr unterschätzte nicht nur die militärische Stärke und Fähigkeiten der Roten Armee, sondern auch die politisch-moralische Geschlossenheit der Sowjetvölker. Die sowjetische Rüstungsindustrie und deren Potenzen blieben für die deutschen Spione verschlossen. Das einzige, was die deutsche militärische Aufklärung bei Kriegsbeginn erreicht hatte, war die Sammlung annähernd vollständiger Informationen über die in den baltischen Gebieten, im westlichen Belorussland und in der Westukraine stationierten sowjetischen Truppen. Dazu trugen auch etwa 500 Luftaufklärungsflüge vor Kriegsbeginn bei.

»Zum Zweck der erforderlichen Leitung aller Frontabwehrdienststellen wurde im Mai 1941 ein Sondernachrichtenstab mit dem Decknamen ›Walli I‹ organisiert. Dieser Stab befand sich zuerst in der Nähe von Warschau, in der Ortschaft Sulejowek *(später in der Nähe von Winniza in der Ukraine, ab Herbst 1943 in Ostpreußen, 1944 in einem Ort in der Nähe von Strausberg und ab Anfang 1945 in den Bayerischen Alpen – H. W.)* Major Baun[9] als bester Sachkundiger für Russland wurde zum Chef des Stabes ›Walli I‹ ernannt. Später, als nach unserem Beispiel Abwehr II und Abwehr III ihre eigenen Stäbe, ›Walli II‹ *(in Suwalki im Memelgebiet – H. W.)* und ›Walli III‹ *(in Breslau – H. W.)* organisierten, wurde dieses Organ im Ganzen als ›Stab Walli‹ bezeichnet und leitete den ganzen Nachrichten-, Abwehr- und Sabotagedienst gegen Russland als vorgeschobener Stab.

An der Spitze des Stabes stand Oberstleutnant Schmalschläger.[10]

Aus mehreren Vorträgen des Oberst Lahousen[11] bei Canaris, denen ich beiwohnte, ist mir bekannt, dass diese Abteilung (Abwehr II) große Vorarbeiten bezüglich des Krieges gegen die Sowjetunion durchführte«[12], erklärte später Piekenbrock.

Lange vor dem Überfall auf die Sowjetunion hatte sich die Abwehr II bei der Agentenwerbung und -ausbildung vor allem auf die in Westeuropa ansässigen russischen Emigrantenorganisationen und auf Angehörige verschiedener antisowjetischer Organisationen in Deutschland und den okkupierten westeuropäischen Ländern konzentriert. Zu ihrem Reservoir gehörten der *Russische Allgemeine Wehrbund* (RFS), der *Nationalbund der Schaffenden* (NTS) und die *Organisation Ukrainischer Nationalisten* (OUN). Der Anführer der OUN, Stepan Andrijowytsch Bandera (1909–1959), war Schlüsselagent der Abwehr II, den Oberst Erwin Stolze geworben hatte. Bandera war 1934 an der Ermordung des polnischen Innenministers Pieracki beteiligt und an einem Massaker der OUN am 30. Juni 1941 in Lemberg, bei dem etwa 7000 Juden und Kommunisten abgeschlachtet wurden. Dafür wurde dem Terroristen und ukrainischen Nationalisten Bandera am 13. September 2007 in Lemberg/Lwow/Lwiw ein Denkmal gesetzt, und der ukrainische Präsident Wiktor Juschtschenko verlieh ihm am 22. Januar 2010 den Titel »Held der Ukraine«.

In einer 1994 verlegten Arbeit des *Spiegel*-Journalisten Peter-Ferdinand Koch hieß es zu diesem Thema: »Das Duo Lahousen und Erwin Stolze machte den Russen bereits vor Hitlers Überfall auf die Sowjetunion die Hölle heiß. Dieses Gespann legalisierte den staatlichen Terror. Diese beiden Offiziere ließen in der Sowjetunion Dörfer niederbrennen, Zivilisten erschießen. Ihnen zur Seite standen politische Desperados, die noch Jahrzehnte nach Ende des Zweiten Weltkrieges dem Untergrund erhalten blieben.

Auf ein besonderes aktives Mordorchester konnte sich vor und nach 1945 auch Gehlen verlassen, auf die Bandera-Bande, ein Block, der unter Leitung Erwin Stolzes während des Dritten Reiches seinen Höhepunkt erlebte, in der Ära Gehlens als oberster Geheimdienstchef der BRD freilich endgültig unterging.«[13]

Die Abwehr II verfügte über eigene militärische Einheiten, so das Lehrregiment (später Division) »Brandenburg«[14], das Bataillon »Nachtigall« und das Regiment »Bergmann«. Deren Angehörige trugen bei Einsätzen Uniformen des Gegners, womit ihre Aufgaben erkennbar waren. Das Personal rekrutierte sich zu einem erheblichen Teil aus Auslandsdeutschen, aus Ukrainern (»Nachtigall«) und Kaukasiern (»Bergmann«).

Im Feldheer der deutschen Wehrmacht wurde mit der Geheimen Feldpolizei (GFP) ein spezielles Terrororgan geschaffen. Formell unterstand es dem OKW, aber es wirkte sehr eng mit der Abwehr zusammen. In dieser »Front-Gestapo«

wachten Kriminalpolizisten, SS-Angehörige und Gestapobeamte über die innere Ordnung der deutschen Truppen. Sie wurden zur Partisanenbekämpfung eingesetzt und handelten gegen die Zivilbevölkerung in den Frontgebieten. Der Historiker Klaus Geßner belegte in seinem Standardwerk »Geheime Feldpolizei – die Gestapo der Wehrmacht«, 2010 im Militärverlag in Berlin erschienen, dass die GFP Zehntausende Menschen in der Sowjetunion ermordete.

Das zweite mächtige Geheimdienstorgan des faschistischen deutschen Staates – neben der Abwehr – war das *Reichssicherheitshauptamt* (RSHA). Es unterstand dem Reichsführer SS und Chef der Deutschen Polizei, Heinrich Himmler, der seit August 1943 diese Funktion ausübte. Das RSHA wurde von 1939 bis Mai 1942 von Reinhard Heydrich und nach dessen Tod von SS-Gruppenführer und General der Polizei Ernst Kaltenbrunner geleitet. Zum RSHA gehörten die *Sicherheitspolizei* (Sipo), die 1936 aus der Gestapo und der Kriminalpolizei gebildet worden war, und der *Sicherheitsdienst*. Der SD war ein staatlicher politischer Geheimdienst, der sich ursprünglich nur mit der NSDAP befasste. Er hielt alle Lebensbereiche des deutschen Volkes unter Kontrolle, den Staats- und Parteiapparat, die Betriebe und Institutionen, die Wissenschaft und die Kunst.

In zunehmendem Maße wurde der SD auch außenpolitisch aktiv. Seine Abgesandten und Agenten operierten als Vertreter, Korrespondenten, Händler und Diplomaten. Diese betrieben politische Spionage, inspirierten politische Morde, Aufruhr und Aufstände.

Es sind keine Dokumente vorhanden, die belegen, dass das RSHA besondere Vorkehrungen in Vorbereitung des Unternehmens »Barbarossa« getroffen hätte. Das musste man auch nicht. Der Krieg gegen die Sowjetunion war von vornherein als ideologisch motivierter Vernichtungsfeldzug angelegt, bei dem das RSHA eine wichtige Rolle spielen sollte. Deshalb wurden im Vorfeld Mechanismen geschaffen, Einrichtungen und Organe gebildet, die diesen »Weltanschauungskrieg« realisieren sollten.

Nach dem »Anschluss« Österreichs 1938 vereinbarten OKW und RSHA, dass künftig jeder Wehrmachtsarmee Einsatzgruppen und Einsatzkommandos zur Seite gestellt werden sollten. Diese Einsatzgruppen aus Sipo, SD, Gestapo und Polizei, die dem Reichsführer SS unterstanden, mordeten sich durch Polen und die anderen besetzten Staaten. In der Sowjetunion handelten sie geradezu im Blutrausch. Heydrich befahl, dass leitende Mitarbeiter des RSHA ihre »Frontbewährung« in den Einsatzgruppen und Einsatzkommandos abzuleisten hätten.

Aber auch das Oberkommando des Heeres bereitete sich auf den Feldzug gegen die Sowjetunion vor. Am 1. Oktober 1940 wurde die Dienststelle »General z.b.V.« geschaffen und dem Oberbefehlshaber des Heeres direkt unterstellt. Unter dem Kommando von Generalmajor Eugen Müller (1891–1951) wurden dort Rechts- und Disziplinarfragen bearbeitet sowie die Truppenbetreuung organisiert. Sie war damit maßgeblich an der Ausarbeitung des »Erlasses des OKW über die Kriegsgerichtsbarkeit im Gebiet Barbarossa und über besondere Maßnahmen der Truppe« sowie des so genannten »Kommissarbefehls« 1941 beteiligt. Diese Dokumente bildeten die Grundlage für Kriegsverbrechen an der sowjetischen Bevölkerung.[15]

Am 3. März 1941 hatte der Chef des OKW, Generalfeldmarschall Wilhelm Keitel (1882–1945), den Charakter des Krieges gegen die Sowjetunion in einer Richtlinie formuliert: »Dieser kommende Feldzug ist mehr als nur ein Kampf der Waffen, er führt auch zur Auseinandersetzung zweier Weltanschauungen.« Besetzte Territorien würden nicht militärisch durch Ortskommandanten verwaltet, sondern von deutschen Regierungskommissaren verwaltet werden. Es sei erforderlich, »alle Bolschewistenhäuptlinge und Kommissare sofort unschädlich zu machen«. Dafür seien nicht die deutschen Militärgerichte zuständig. Diese würden sich nur »mit Gerichtssachen innerhalb der Truppe« befassen. Nach diesen Richtlinien wurde gehandelt. Sie bildeten den Kern des Terrorsystems in den besetzten sowjetischen Territorien.[16]

Die militärische, politische und wirtschaftliche Aufklärung der Sowjetunion und eine damit verbundenen Analyse durch die deutschen Geheimdienste war unter diesen Umständen nebensächlich. Und so hieß es in einer 2002 erschienenen Studie völlig zutreffend: »Die ›klassische Spionage‹ hat im Krieg gegen die Sowjetunion keine wesentliche Rolle mehr gespielt. Das Schwergewicht der deutschen Bemühungen lag auf der Aufklärung im Frontbereich und erbrachte zum Teil brauchbare Ergebnisse. Insgesamt bleibt festzustellen, dass es den Organen der Spionage nicht gelungen ist, der politischen und militärischen Führung des Reiches ein umfassendes Bild ihres Hauptgegners zu vermitteln. Die Prognosen der Abteilung Fremde Heere Ost aus dem militärischen Bereich reichten nicht aus, ein für Maßnahmen auf höchster Ebene geeignetes Lagebild zu gewinnen.«[17]

Als der Krieg begann, war der Nachholbedarf in dieser Frage besonders groß. Der Abwehrmitarbeiter Gert Buchheit formulierte das so: »So kam es zur Tätigkeitsphase der ›offensiven Improvisation‹, die von Mitte 1941 bis zur Niederlage der Wehrmacht an der Wolga um die Jahreswende 1942/43 reichte.«[18]

Anmerkungen

1 Hans-Albert Hoffmann: Die deutsche Heeresführung im Zweiten Weltkrieg, Selbstverlag 2003, S. 58 ff.
2 Paul Carell: Das Unternehmen »Barbarossa«. Der Marsch nach Russland. Frankfurt am Main, Berlin-Wien 1963, S. 52
3 Kurt von Tippelskirch: Geschichte des Zweiten Weltkrieges, Bonn 1959, S. 178 ff.
4 Sergej S. Ostrjakow: Militärtschekisten, Berlin 1985, S. 201
5 Helmut Roewer: Skrupellos, Leipzig 2004, S. 620
6 Julius Mader: Hitlers Spionagegenerale sagen aus, Berlin 1970, S. 56 ff.
7 Helmut Roewer, a. a. O., S. 621
8 Julius Mader: Hitlers Spionagegenerale …, a. a. O., S. 94 ff.
9 Hermann Baun (1897–1970), in Odessa geboren, lebte seit Mitte der 20er Jahre in Leipzig. 1939 zur Wehrmacht eingezogen. Da er perfekt Russisch sprach, kam er zur Abwehr. Von Juni 1941 bis Kriegsende Chef der Frontaufklärungsstelle »Walli I«. Nach 1945 einer der Gründer der Organisation Gehlen, dort Leiter der Beschaffung. Nach Streit mit Gehlen schied er 1950 aus der OG aus.
10 Heinz Schmalschläger, im Ersten Weltkrieg Offizier, ab 1935 bei der Abwehr, 1938 Leiter der Abwehrstelle Wien. Beim Überfall auf Polen Kommandeur eines Frontaufklärungskommandos, das einen Großteil der Akten des polnischen militärischen Geheimdienstes (»2. Büro«)

stiehlt. Ab Juni 1941 Leiter von »Walli III« und damit Chef des »Stabes Walli« an der Ostfront. Nach dem Krieg beim militärischen US-Geheimdienst CIC, später bei der OG und dem BND.
11 Erwin Lahousen Edler von Vivremont(1897–1955), österreichischer Offizier, ab 1938 Wehrmacht. Karriere im Amt Abwehr, zuerst Stellvertreter in der Abwehr I, von 1939 bis 1943 Leiter Abwehr II, ab 1944 Kommandeur eines Jäger-Regiments an der Ostfront. Belastungszeuge bei den Nürnberger Kriegsverbrecherprozessen.
12 Julius Mader: Hitlers Spionagegenerale ..., a. a. O., S. 95 ff.
13 Peter-Ferdinand Koch: DDR contra BRD. Bern, München, Wien 1994, S. 348 ff.
14 Hans Bentzien: Division Brandenburg, Die Rangers von Admiral Canaris. Berlin 2005. Darin schildert der ehemalige Kulturminister der DDR sehr anschaulich Entstehung, Rolle und Einsätze der »Brandenburger«.
15 Hans-Albert Hoffmann: Die deutsche Heeresführung ..., a. a. O., S. 18
16 Hans Bentzien: Division Brandenburg ..., a. a. O., S. 132 ff.
17 Peter F. Müller & Michael Mueller: Gegen Freund und Feund, Hamburg 2002, S. 39
18 Gert Buchheit: Der deutsche Geheimdienst – Geschichte der militärischen Abwehr, München 1966, S. 213

13. Die Prager Mission

SS-Gruppenführer und General der Polizei Reinhard Heydrich zog am 28. September 1941 in Prag ein. Er war zum Stellvertretenden Reichsprotektor von Böhmen und Mähren ernannt und von Hitler mit Sondervollmachten ausgestattet worden. Heydrich, so der Auftrag, sollte die Tschechen auf »Vordermann« bringen, blieb jedoch Chef des Reichssicherheitshauptamtes, jener Zentrale, der alle Zweige der Polizei, Gestapo und des SD untergeordnet waren.

Heydrich ist eine der wichtigsten Personen in der Hierarchie der Naziführung, nach Hitler und Himmler das »Dritte H«, und bezogen auf die innere und äußere Sicherheit des Reiches der zweite Mann hinter Himmler. Laut Walter Schellenberg (1910–1952) war Heydrich die verdeckte Achse, um die sich das faschistische System drehte. Heydrich habe hoch über seinen politischen Kameraden gestanden und sie genauso kontrolliert wie die gesamte Maschinerie des Geheimdienstes und der Polizei des Dritten Reiches.

Hitler würdigte ihn in seiner Grabrede im Juni 1942: »Er war einer der besten Nationalsozialisten, einer der stärksten Hüter des deutschen Reichsgedankens, einer der größten Feinde der Gegner dieses Reiches. Als Führer der Partei und Führer des Dritten Reiches verleihe ich dir, mein lieber Kamerad Heydrich, nach dem Parteigenossen Todt als zweitem Deutschen die höchste Auszeichnung, die ich zu vergeben habe, den Deutschen Orden in Gold.«

Trotz des Einsatzes »eines der besten Nationalsozialisten« regte sich Widerstand in allen vom Nazireich okkupierten Territorien. Nach dem Überfall auf Polen musste die Gestapo in einer Einschätzung einräumen: »Seit Ausbruch des Krieges erachten im besonderen Maße die Kommunisten und Marxisten die Zeit für gekommen, ihre Zersetzungsarbeit in allen Bevölkerungsschichten der werktätigen Arbeiterschaft und des Bürgertums durch Mund- und Schriftpropaganda usw. mit Aussicht auf Erfolg aufzunehmen. Aus der anliegenden Übersicht über die Festnahmen von Kommunisten und Marxisten ergibt sich eine erhöhte Zunahme der Aktivitäten in diesen Kreisen.«[1]

Die Mission Heydrichs in Prag muss unter diesem Gesichtspunkt betrachtet werden. Das »Reichsprotektorat« sollte zum »befriedeten« Musterland« werden, das von »gegnerischen Elementen« gereinigt war. Zur Durchsetzung holte sich Heydrich ihm treu ergebene Mitarbeiter aus den RSHA, darunter Kriminalrat Heinz Pannwitz, der unter Heydrich eine Blitzkarriere gemacht hatte. Heydrichs Einsatz in Prag endete bereits nach sieben Monaten. Am 27. Mai 1942 liquidierte ihn ein Kommando tschechischer Patrioten, das von der Exilregierung in London geschickt worden war.

Dieses reichliche halbe Jahr genügte jedoch dem Nazihäuptling, dem Terrorregime im »Reichsprotektorat« seinen eigenen Stempel aufzudrücken.

Heydrich war 1931 in Unehren aus der Marine entlassen worden, man degradierte ihn vom Oberleutnant zum Soldaten, weil er sich »unehrenhaft« verhalten hatte: Er hatte sich mit einer Frau verlobt, während er noch ein Verhältnis mit der Tochter des Marinewerftdirektors von Kiel unterhielt. Dieser tiefe Sturz war der Anfang eines schwindelerregenden Aufstiegs in der Nazipartei. Himmler: »Der ehemalige Oberleutnant Heydrich trat nun als einfacher SS-Angehöriger in eine kleine Hamburger Gruppe ein und versah gemeinsam mit allen diesen tapferen, größtenteils arbeitslosen Jungen, die sich dort ihre ersten Sporen verdienten, Ordnungs- und Propagandadienst in Versammlungen in den zahlreichen roten Vororten (das war 1931). Bald danach berief ich ihn nach München und betraute ihn in der Reichsführung, die damals noch eng begrenzt war, mit neuen Aufgaben.«

Heydrich war an den ersten Stufen der Leiter zur Macht angelangt. Er entwickelte ein Prinzip, worauf sich seine Macht begründete und festigte: immer mehr zu wissen als die anderen, von jedem mehr zu wissen, als bekannt war und als dieser selbst annehmen konnte, dass es bekannt sein würde. Heydrich war der Vertreter jenes Menschentyps, auf dem sich das faschistische Regime aufbaute.

Heinrich Himmler erklärte in seiner Rede am Sarg Heydrichs 1942: »Heute kann man ruhig sagen, dass Heydrich an dem unblutigen Einmarsch deutscher Truppen in der Ostmark, in das Sudetenland und in Böhmen und Mähren sowie an der Befreiung der Slowakei große Verdienste hatte, und zwar dadurch, dass er alle Gegner gewissenhaft ermittelte, ihnen die Stirn bot und in den meisten Fällen eine bis ins kleinste Detail gehende Übersicht hatte über die Tätigkeit der Feinde in diesen Ländern, über ihre Organisationszentralen und führenden Persönlichkeiten.«

Tuchatschewski und andere

Durch verschiedene Publikationen und wissenschaftliche Forschungen ist belegt, dass Heydrich an der Beseitigung hoher sowjetischer Militärs und Militärfachleute, die den Stalinschen Säuberungen vor dem Zweiten Weltkrieg zum Opfer fielen, beteiligt war. Man hatte sie beschuldigt, Agenten des deutschen Generalstabes zu sein. Diese Unterstellungen waren vom deutschen Geheimdienst lanciert worden. Darüber machte Nikita S. Chruschtschow auf dem XXII. Parteitag der KPdSU 1961 eine Andeutung. »In der ausländischen Presse erschien einmal eine sehr interessante Mitteilung, wonach Hitler bei der Vorbereitung des Überfalls durch seinen Geheimdienst ein gefälschtes Dokument unterschreiben ließ, aus dem hervorging, dass die Genossen Jakir, Tuchatschewski und andere Agenten des deutschen Generalstabes seien. Dieses angeblich geheime Dokument kam dem Präsidenten der Tschechoslowakei, Beneš, in die Hände, und dieser wiederum, offenbar von guten Absichten geleitet, übersandte es Stalin. Jakir, Tuchatschewski und andere Genossen wurden verhaftet und später liquidiert. Es wurden viele hervorragende Führer und Politleiter der Roten Armee liquidiert.«[2]

Die »Tuchatschewski-Intrige« war ein »geheimdienstliches Spiel« aus dem Hause Heydrich, das von Himmler und Hitler genehmigt worden war. Heydrichs Idee: eine angebliche Korrespondenz zwischen Tuchatschewski und deutschen Generalstabsoffizieren zu produzieren. Dazu benutzte er Unterlagen des deutschen Generalstabes aus der Zeit der Zusammenarbeit von Reichswehr und Roter Armee in den 20er Jahren. Darin wurde der Eindruck erweckt, dass die deutsche Seite bereit sei, einer von Tuchatschewski benannten Gruppe sowjetischer Militärs bei einem »Putsch« behilflich zu sein. Michail N. Tuchatschewski (1893–1937) war einer der ersten fünf Marschälle der Sowjetunion und de facto Oberbefehlshaber der Roten Armee.

Die Korrespondenz wurde im Mai 1937 durch den tschechischen Doppelagenten Carl Wittig über diplomatische Kanäle in Prag der sowjetischen Seite zugespielt. Am 11. Mai 1937 wurde Marschall Tuchatschewski als Stellvertretender Volkskommissar für Verteidigung suspendiert und ins Wolgagebiet versetzt. Am 31. Mai erfolgte seine Verhaftung, mit ihm wurden sieben weitere hohe sowjetische Militärs verhaftet. In einem Prozess vor einem militärischen Sondertribunal des Obersten Gerichtshofes unter Ausschluss der Öffentlichkeit wurden die Angeklagten beschuldigt, mit feindlichen Mächten gegen die Sowjetunion konspiriert zu haben. Schon am nächsten Tag wurden alle zum Tode verurteilt, das Urteil binnen 24 Stunden vollstreckt. Im offiziellen Kommuniqué hieß es: »Die Untersuchung hat ergeben, dass die Angeklagten ebenso wie General Jan Gamarnik *(dieser hatte sich in der Untersuchungshaft das Leben genommen – H. W.)* staatsfeindliche Beziehungen zu führenden militärischen Kreisen einer ausländischen Macht unterhielten, die eine der UdSSR feindliche Politik betreibt. Die Angeklagten arbeiteten für den militärischen Geheimdienst dieser Macht. Sie lieferten den militärischen Kreisen dieses Landes regelmäßig Geheiminformationen über die Rote Armee. Die Angeklagten betrieben Sabotage, um die Rote Armee zu schwächen und dadurch die Niederlage der Roten Armee im Falle eines Angriffs auf die Sowjetunion vorzubereiten.«

Am 13. Juni 1937 standen vor den Gewehrläufen des Exekutionskommandos: Marschall M. N. Tuchatschewski, General I. E. Jakir, Chef der Leningrader Garnison, General A. I. Kork, Leiter der Frunse-Akademie, General B. M. Feldmann, Leiter der Kaderabteilung des Generalstabes, General V. M. Primakow, Chef der Garnison Charkow, General I. P. Uborewitsch, Chef des Militärbezirks in Belorussland, General R. P. Eidermann, Leiter der Organisation für Zivilverteidigung, und General V. I. Putna, Militärattaché in London, vorher in Tokio und Berlin.

Heydrich hatte Stalins prinzipielles Misstrauen bewusst in Rechnung gestellt und war damit erfolgreich gewesen. Moskau selbst hatte sich um seine militärische Führung gebracht. Dieses Kalkül korrespondierte auch mit der Tatsache, dass Stalin auf der Suche nach Sündenböcken war, denen etliche von ihm per Parteibeschluss veranlasste Fehlentwicklungen übergeholfen werden konnten. Die Volkswirtschaft stagnierte, die Entwicklung der Landwirtschaft kam nicht voran, die Modernisierung der Streitkräfte stockte. Dafür machte Stalin ausschließlich »Volksfeinde«, »Trotzkisten« und »Verräter« haftbar. Die Verfolgung des »Trotzkismus« in all seinen Formen war Mitte der 30er Jahre zu einer der wichtigsten Aufgaben der sowjetischen Staatssicherheit geworden.

Genrich G. Jagoda (1891–1938), seit 1934 Leiter des Volkskommissariats des Innern (*Narodny kommissariat wnutrennich del*, NKWD), hatte eine Reihe von »Spezialagenten« in der russischen Emigration und in trotzkistischen Strömungen in Paris und Berlin platzieren können. Er ließ dort verbreiten, dass es in der Sowjetunion nicht nur eine gut organisierte trotzkistische Organisation gebe, sondern auch eine Opposition im Militär. Was damit bezweckt wurde, ist bis heute ebenso unklar wie der Umstand, ob Stalin darüber informiert war oder nicht. Nicht auszuschließen ist, dass Jagoda ein ähnliches Ziel verfolgte wie seinerzeit Dzierzynski mit den erfolgreichen Operationen »Trust« und »Syndikat«.

1936 wurde Jagoda durch Nikolai I. Jeschow (1895–1940) wegen Erfolglosigkeit im Kampf gegen die inneren und äußeren Feinde abgelöst, im März 1937 verhaftet, in einem Schauprozess verurteilt und umgehend erschossen. Sein Nachfolger Jeschow vollzog die »Große Säuberung« 1937/38, der Zehntausende Kommunisten zum Opfer fielen. Über 30 000 Soldaten der Roten Armee – Marschälle, Generale, Truppenkommandeure, Offiziere und Rekruten – wurden erschossen oder verschwanden in Arbeitslagern. Abertausende Menschen wurden nach Sibirien verbracht und starben dort.

Auch Jeschow ließ durch seine Leute in Berlin und Paris das Gerücht streuen, in der Sowjetunion bereiteten Militärs einen Staatsstreich vor. Einer dieser »Spezialagenten« mit Namen Nikolai Skolbin, ein ehemaliger zaristischer General und Exilpolitiker, stand seit etwa 1935 auch auf Heydrichs Honorarliste. Im Dezember 1936 nannte Skolbin Marschall Tuchatschewski als potenziellen Putschisten.

Ob Jagoda oder Jeschow dies veranlasst hatten, ist nicht mehr feststellbar: Beide wurden erschossen.

Die mörderische Intrige wurzelte möglicherweise in den Diskussionen um die künftige strategische Ausrichtung der Roten Armee, die in den 30er Jahren in militärischen Lehranstalten, im Generalstab und unter Truppenkommandeuren lebhaft und kontrovers geführt wurden. Auf der einen Seite standen Kräfte, die eine Modernisierung der Roten Armee verlangten, und auf der anderen die sogenannte Fraktion der Bürgerkriegshelden mit Budjonny, Woroschilow und anderen erfahrenen Militärs, die auf die schnellen Reiterverbände schworen, die im Bürgerkrieg siegreich gewesen waren. »Wir tauschen das Pferd nicht gegen das beste Fahrzeug ein«, erklärten sie.

Tuchatschewski hatte während des Bürgerkrieges die 1. und die 5. Armee kommandiert, er leitete auch den verlustreichen und unglücklichen Verteidigungskampf gegen die eingefallenen Polen. Mitte der 20er Jahre übernahm er die Leitung der Militärakademie und stritt seit dieser Zeit für eine entschiedene Modernisierung. Zudem begann er nicht nur die spontanen Operationen des Bürgerkrieges an den Militärhochschulen zu analysieren und zu lehren, sondern auch die Schlachten des Ersten Weltkrieges. In den Vordergrund rückte dabei die »Brussilow-Schlacht«. Der russische General Brussilow[3] hatte am 4. Juni 1916 der österreichisch-ungarischen Armee eine vernichtende Niederlage beigebracht. Brussilow hatte neue Elemente sowohl in die taktische Vorbereitung als auch bei Angriffen aus der Verteidigung eingeführt. Brussilows Erfahrungen flossen in die sowjetische Militärwissenschaft ein.

Diese theoretischen Prinzipien standen zum Teil im Gegensatz zu Auffassungen der politischen Führung und der »Bürgerkriegsfraktion«. Noch größer war die Ablehnung, als diese Militärtheorie die Verteidigung definierte. Danach war die Verteidigung eine vom Gegner aufgezwungene Gefechtsart. Sie trug zeitweiligen Charakter und diente der Vorbereitung sowie dem Übergang zum Angriff.

Die Gegner dieser Theorie führten ins Feld, dass es niemals dazu kommen werde, dass ein Feind sowjetisches Territorium betreten würde: Er werde zuvor außerhalb der Grenzen der Sowjetunion vernichtet werden. Es war somit fast logisch, dass Befürworter der Theorie von Angriff und Verteidigung wie Tuchatschewski und anderen damit ins Visier der Traditionalisten gerieten.

Aufgrund seiner Erfahrungen im Ausland und wegen seines diplomatischen Geschicks vertrat Tuchatschewski die Sowjetunion auch auf internationaler Bühne. Anfang 1936 weilte er in London, um an einem Empfang König Georges V. von England teilzunehmen. Auf der Hinreise konferierte er auch in Warschau und in Berlin. Bei seinen Gesprächen registrierte er, dass Polen keineswegs gewillt war, seine starke Militärpräsenz an der polnisch-sowjetischen Grenze zu reduzieren. Die Begegnungen in Berlin führten zu der Überzeugung, dass Deutschland seine Wehrmacht mit dem Ziel aufbaut und vergrößert, den Versailler Vertrag zu korrigieren.

Über seine Feststellungen informierte er auch seine Gesprächspartner in London.

Auf dem Rückweg machte Tuchatschewski in Paris Halt, wo ihm zu Ehren die sowjetische Botschaft einen Empfang gab. Gegenüber Diplomaten erklärte er dort: »Deutschland ist schon jetzt unbesiegbar.« Das war aber weniger als anerkennende Sympathiebekundung für das Nazireich, sondern als Warnung an Europa gedacht. Dieser Appell zum Zusammengehen wurde vermutlich nur in Moskau aufmerksam registriert.

Am 8. Juni 1937, drei Tage vor dem Prozess gegen Tuchatschewski und Genossen, fand im Kreml eine Besprechung der höheren Kommandeure der Roten Armee statt. Einige meldeten sich zu Wort und erklärten, dass sie schon früher diesem oder jenem Beschuldigten nicht getraut hätten. Als einziger sprach Kirill A. Merezkow (1897–1968) für die Beschuldigten. Der Militärberater der spanischen Republik erklärte, dass er jahrelang eng mit Jeronim P. Uborewitsch zusammengearbeitet habe und diesem uneingeschränkt vertraue.

Darauf soll Stalin gesagt haben: »Wir haben ihm ebenfalls vertraut.«[4] Damit war klar: Er glaubte den haltlosen Anschuldigungen des deutschen Nachrichtendienstes uneingeschränkt.

Anschlag auf Heydrich

Besetzte Staaten wie Belgien, Dänemark, die Niederlande oder Norwegen waren nach den Vorstellungen Berlins zu »germanisieren«. Dies plante auch Heydrich für Böhmen und Mähren. Zu diesem Zweck erfolgte eine Überprüfung der Bevölkerung unter »völkischen« Gesichtspunkten. Im Mai 1940 war dazu eine Denkschrift des Rassenpolitischen Amtes der NSDAP, die sogenannte Wenzel-Schrift, erarbeitet worden. Gemäß der darin formulierten Vorgabe sollten etwa 50 Prozent der Tschechen germanisiert, also eingedeutscht werden. Die anderen sollten um- und ausgesiedelt, Angehörige »niedriger Rasse« vernichtet werden.

An seinem ersten Tag in Prag ordnete Heydrich an: »Zum Schutze der Interessen des Reiches verhänge ich mit Wirkung vom 28. September 1941, zwölf Uhr, bis auf weiteres über das Gebiet des Protektorates Böhmen und Mähren den zivilen Ausnahmezustand.

Alle Handlungen, durch welche die öffentliche Ordnung, das Wirtschaftsleben oder der Arbeitsfrieden gestört werden, sowie der unerlaubte vorsätzliche Besitz von Schusswaffen, Sprengstoffen oder Munition fallen unter Standrecht. Das bezieht sich ebenfalls auf alle Zusammenrottungen und Versammlungen in geschlossenen Räumen und auf öffentlichen Plätzen.

Gegen die Standgerichtsurteile ist eine Berufung ausgeschlossen. Die Urteile werden durch Erschießung oder Erhängung sofort vollstreckt.«

Zwei Wochen später forderte Heydrich beim Reichsführer SS alle Bataillone der Waffen-SS umschichtig an, um Exekutionen vorzunehmen oder zu überwachen. Er meldete, wie viele Menschen in Prag bereits ermordet wurden:

»Erschossen neunundneunzig (99), gehängt einundzwanzig (21).

In Brünn: erschossen vierundfünfzig (54), gehängt siebzehn (17).

Insgesamt wurden hunderteinundneunzig (191) Menschen hingerichtet, darunter sechzehn (16) Juden.«[5]

Am 16. Oktober 1941 fertigte Heydrich einen Bericht, den er über Bormann an Hitler schickte. Darin schilderte er die Situation vor seinem Eintreffen im Protektorat als in höchstem Maße kritisch. »Es hätten nur noch vierzehn Tage gefehlt, dass es der Untergrundbewegung gelungen wäre, das gesamte tschechische Volk zu einer Massenerhebung gegen die Okkupation zu aktivieren.«[6]

Wenn auch Heydrich hier etwas übertrieb, um sich ins beste Licht zu setzen, so hatte er doch sein Ziel erreicht: Berlin würde nunmehr keine Einwände gegen sein Vorgehen im Protektorat haben.

Zugleich korrumpierte Heydrich die Tschechen: Für jede Überstunde bekam der tschechische Arbeiter als Prämie kein – im Prinzip wertloses – Geld, sondern Fett- und Fleischmarken. Auf diese Weise stieg die Industrieproduktion merklich an. Die spürbaren Zuwendungen wurden von einem Propagandafeldzug begleitet, der von einer »deutsch-tschechischen Versöhnung« sprach und eine relative Autonomie in Aussicht stellte.

In dieser Situation musste die tschechische Exilregierung in London handeln. Nach Rücksprache mit dem britischen Geheimdienst und mit dessen Unterstützung wurden zwei Kommandos nach Prag geschickt. Die Freiwilligen sollten Heydrich beseitigen.

Der Anschlag von Jan Kubiš und Josef Gabčík in den Morgenstunden des 27. Mai 1942 glückte. Heydrich wurde in seinem offenen Mercedes (Kennzeichen: SS-3) von ihren Pistolenschüssen und den Splittern einer Kugelhandgranate so schwer verwundet, dass er am 4. Juni 1942 seinen Verletzungen erlag.[7]

Karl Hermann Frank, Reichsprotektor für Böhmen und Mähren, erklärte noch am Tage des Attentats: »Aus Anlass des Anschlages auf den Stellvertretenden Reichsprotektor, SS-Obergruppenführer Heydrich, wird Folgendes bestimmt:

Artikel 1
Aufgrund 1 der Verordnung über die Verhängung des zivilen Ausnahmezustandes vom 27. September 1941 wird mit sofortiger Wirkung der zivile Ausnahmezustand über das gesamte Protektorat Böhmen und Mähren verhängt.
Artikel 2
Wer Personen, die an der Verübung des Anschlages beteiligt waren, beherbergt oder ihnen Hilfe leistet oder in Kenntnis von ihrer Person oder ihrem Aufenthalt keine Anzeige erstattet, wird mit seiner Familie erschossen.
Artikel 3
Dieser Erlass tritt mit Bekanntgabe im Rundfunk in Kraft.
gez. Frank.«[8]

Himmler kommandierte die wichtigsten Personen, die sich mit Sicherheitsfragen des Reiches befassten, aus dem RSHA nach Prag: Heinrich Müller, Chef des Amtes IV (Gestapo), Arthur Nebe, Chef des Amtes V (Kriminalpolizei), Walter Schellenberg, Stellvertretender Chef des Amtes VI (SD-Ausland) und den Kommandeur der Schutzpolizei, Kurt Daluege.

Noch in der Nacht riegelten Wehrmacht und SS die tschechische Hauptstadt hermetisch ab, wobei es dabei nicht nur um die Ergreifung der Attentäter geht. Führende Nazis des Dritten Reiches fordern ein »Sühneopfer«. Fünfhundert Juden wurden in Deutschland verhaftet, zweihundert davon umgehend erschossen, dreihundert starben in Theresienstadt.

In Prag und in anderen tschechischen Großstädten wurden »zur Vergeltung« über 10 000 Personen als Geiseln genommen, vor allem aus der tschechischen Intelligenz. Noch in der Nacht vom 27. zum 28. Mai 1942 wurden 100 Personen aus diesem Kreis erschossen.[9]

Über 1300 Personen, darunter 200 Frauen, starben in der nächsten zwei Tagen. Auf dem Lande wurden mehr als 5000 Dörfer durchgekämmt und 660 Personen erschossen.

Als Heydrich am 4. Juni 1942 starb, erfolgte ein weiteres Blutbad. Im Pankraz, dem berüchtigten Gefängnis in Prag, ermordet die SS 1700 und im Gefängnis von Brünn 1300 Tschechen.

Am Tage von Heydrichs pompöser Beisetzung in Berlin erhielt der Chef des Prager SD-Leitabschnittes eine telefonische

Weisung aus der Reichshautpstadt. Horst Böhme notierte: »Am 9. Juni 1942, um 19.45 Uhr, teilt SS-Gruppenführer K. H. Frank aus Berlin telefonisch mit, dass laut Unterredung mit dem Führer im Dorf Lidice noch am gleichen Tag folgende Maßnahmen getroffen werden sollen:

1. Alle erwachsenen Männer sind zu erschießen.

2. Alle Frauen sind in ein Konzentrationslager zu überführen.

3. Alle Kinder sind zusammenzufassen und soweit sie zur Germanisierung geeignet sind, bei SS-Familien im Reich unterzubringen. Der Rest wird einer anderen Erziehung zugeführt (Säuglinge wurden an Ort und Stelle erschossen).

4. Das Dorf ist niederzubrennen und dem Erdboden gleich zu machen.«[10]

Am Abend des 9. Juni 1942 umstellten Angehörige der Gestapo, des SD und der Schutzpolizei unter dem Kommando von SS-Offizieren einer Sonderkommission und des Befehlshabers der Sipo in Prag den Ort, in welchem die Attentäter vermutet wurden, und blockierten alle Zufahrtswege. In der Nacht wurden die Dorfbewohner zusammengetrieben. Alle 172 Männer, die älter als 15 Jahre waren, wurden in den Hof der Familie Horák gebracht, wo sie tags darauf erschossen wurden. Weitere neun Männer, die auswärts in der Nachtschicht in einem Kohlebergwerk arbeiteten, und sieben schwangere Frauen wurden nach Prag gebracht. Die Bergleute wurden dort erschossen, die Frauen durften noch ihre Kinder zur Welt bringen und wurden dann, wie schon 195 Frauen aus Lidice, in das KZ Ravensbrück deportiert, wo 52 von ihnen ermordet wurden.

Das Dorf wurde in Brand gesteckt, gesprengt und schließlich vom Reichsarbeitsdienst (RAD) eingeebnet, um Lidice vollständig von der Landkarte zu tilgen.

Die 105 überlebenden Kinder wurden nach Lodz, das nunmehr Litzmannstadt hieß, verbracht. 17 von ihnen galten als »germanisierungsfähig« und wurden zu diesem Zweck nationalsozialistisch einwandfreien Familien im Reich übergeben. Sie überlebten den Krieg, von sechs Kindern weiß man, dass sie starben. Von den 82 übrigen fehlt jede Spur. Sie wurden für tot erklärt, nachdem die Suche nach ihnen 1949 beendet wurde. Man geht davon aus, dass sie 1942 in das Vernichtungslager Kulmhof (Chelmno) und ins Gas kamen.

Heinz Pannwitz (1901–1975) leitete die Sonderkommission der Prager Gestapo zur Aufklärung des Attentats, die Gesamtleitung lag in den Händen der RSHA-Zentrale in Berlin. Ein Verräter, der Stabsunterfeldwebel der tschechischen Armee Karel Curda, brachte den Chefermittler auf die Spur der beiden Kommandotrupps. Er meldete sich gegen Mittag am 16. Juni 1942 in der Prager Gestapoleitstelle und lieferte die sieben Kameraden ans Messer, die sich in der Krypta der Kirche St. Cyrill und Method in Prag verborgen hatten. Nach mehrstündigem Kampf mit SS-Einheiten unter der Führung des Generalmajors der Polizei und Befehlshaber der Waffen-SS im Protektorat Böhmen und Mähren Karl von Fischer-Treuenfeld (1885–1946) erschossen sich die Attentäter in aussichtsloser Lage. Bischof Pavlík, der Geistliche der Kirche, wurde von den Nazis hingerichtet.

Der Chef der Prager SD-Leitstelle, Böhme, legte am nächsten Tag einen Beförderungsvorschlag dem Reichsprotektor zur Bestätigung vor: »Heinz Pannwitz war Leiter der unter meiner Führung stehenden Sonderkommission und hat sich voll bewährt. Pannwitz hat sich darüber hinaus bei allen früheren Arbeiten der Stapostelle Prag derart bewährt, dass er vom SS-Gruppenführer Heydrich und bei dem Besuch des Reichsführer SS in der Stapoleitstelle Prag auch von diesem besonders belobigt wurde. Aus diesem Grund könnte der Einwand gegen das Alter Pannwitz von 31 Jahren ausnahmslos übergangen und er bevorzugt außer der Reihe zum Kriminalrat vorgeschlagen werden.«

Frank bestätigte diesen Beförderungsvorschlag.[11]

Kriminalrat Pannwitz überreichte am 29. Juni 1942 dem Verräter Curda ein Sparbuch mit fünf Millionen Protektoratskronen und einen Personalausweis mit falschem Namen. Curda diente den Nazis als Spitzel und Agent provocateur. Er gab sich im Protektorat als tschechischer Fallschirmspringer aus, der aus Großbritannien käme. Jene, die ihn unterstützten, meldete er an Pannwitz. Am 5. Mai 1945 wurde Curda von tschechischen Widerstandskämpfern in der Nähe der Grenze nach Bayern aufgegriffen, als er mit einer Million

Reichsmark im Koffer und falschem Pass zu den Amerikanern flüchten wollte.[12]

Heinz Pannwitz zog noch eine breite Blutspur bis zum Ende des Krieges, auch in der Verfolgung der »Roten Kapelle« tat er sich hervor. 1955 kehrte er aus sowjetischer Kriegsgefangenschaft in die BRD zurück und bezog seine Pension als harmloser Kriminalrat.

Anmerkungen

1 Ernst Nippert: Prinz-Albrecht-Str. 8, Berlin 1988, S. 99
2 Dokumente des XXII. Parteitages der KPdSU, Berlin 1964
3 Alexei A. Brussilow (1853–1926), russischer General, kommandierte im Ersten Weltkrieg die 8. Armee, später Oberbefehlshaber der russischen Südwestfront, von Mai bis Juli 1917 Oberbefehlshaber des russischen Heeres. 1919 Eintritt in die Rote Armee, zuletzt Inspekteur der Kavallerie
4 Kirill A. Merezkow: Im Dienste des Volkes, Berlin 1982, S. 150
5 Dusan Hamsik / Jiri Prazak: Eine Bombe für Heydrich, Berlin 1964, S. 68
6 a.a.O., S. 85
7 a.a.O., S. 201
8 a.a.O., S. 233
9 a.a.O., S. 267 ff.
10 a.a.O., S. 292 ff.
11 a.a.O., S. 316
12 a.a.O., S. 335

14. Die »Rote Kapelle« in Berlin

Die »Rote Kapelle« war eine Erfindung des Reichssicherheitshauptamtes. Damit bezeichnete das RSHA alle Spionagegruppen in Europa, die für die sowjetische Aufklärung arbeiteten. Laut dem Canaris-Mitarbeiter Oscar Reile wurde die Bezeichnung »Rote Kapelle« von der Abwehr erstmals verwandt, als Ende 1941 in Brüssel die ersten Funksendungen Richtung Moskau festgestellt wurden. Das RSHA übernahm dann diesen Code, als ihm die Hauptverantwortung für die Bearbeitung übertragen wurde.[1]

Auf Weisung Hitlers bildete Himmler das Sonderkommando »Rote Kapelle«. Es wurde bis Sommer 1943 von SS-Hauptsturmführer Karl Giering geleitet, der Ende 1943 an Krebs verstarb. Im Juli 1943 übernahm Kriminalrat und SS-Hauptsturmführer Heinz Pannwitz diese Funktion. Himmler selbst hatte Pannwitz dafür vorgeschlagen. Aus dem Sonderkommando »Rote Kapelle« wurde nunmehr das Sonderkommando Pannwitz, das in Paris am Boulevard de Courcelle seine Zentrale hatte.

»Die Rote Kapelle« bestand aus drei territorialen Gruppierungen, wobei es sich dabei keineswegs um eine einheitliche, unter einer Führung agierende Struktur handelte. Innerhalb dieser drei großen Gruppierungen gab es wiederum eine ganze Anzahl von Gruppen, deren Mitglieder vorwiegend Kundschafter der Militäraufklärung und der Staatssicherheit der Sowjetunion waren.

Abwehr und das RSHA teilte das Netz so ein:
• *deutsche Gruppierung*, in die Geschichte eingegangen als Schulze-Boysen / Harnack-Organisation. In dieser Gruppierung befanden sich sowohl Kundschaftergruppen der sowjetischen Militäraufklärung als auch der Auslandsaufklärung (INO) der Staatssicherheit;

- *westeuropäische Gruppierung* in Frankreich, in Belgien und den Niederlanden, welche Leopold Trepper (»Grand Chef«) führte;
- *Schweizer Gruppierung*, vom RSHA auch »Rote Drei« oder »Rote Troika« genannt und von Sándor Radó geleitet.

Alle drei Gruppierungen waren allenfalls durch lose oder einmalige Kontakte durch Mittelspersonen verbunden, was sich später negativ auswirken sollte. Die Kundschafter, die – wie im Falle der deutschen Gruppierung – auch organisierten Widerstand gegen das Hitlerregime leisteten, verfügten über hervorragende Informationsquellen bis in die höchsten militärischen und politischen Machtzentren des faschistischen Staates. Sie waren ein jahrelanger Albtraum von Himmler und Canaris und sollen Hitler am 17. Mai 1942 zu dem Eingeständnis veranlasst haben: »Die Bolschewiken sind uns auf einem einzigen Gebiet überlegen: in der Spionage.«

Es war die rechte Front

Im November 1942 verfasste Harro Schulze-Boysen in seiner Todeszelle in Plötzensee ein Gedicht, welches 1945 nach der Befreiung gefunden wurde. Ein Vers lautet: »Der Stunde Ernst will fragen: Hat es sich auch gelohnt? An Dir ist's nun zu sagen: Doch! Es war die rechte Front.«

Bevor der Henker den Strick um seinen Hals legte, schrieb er an seine Eltern: »Mag sein, dass wir nur ein paar Narren waren, aber so kurz vor Toresschluss hat man wohl das Recht auf ein bisschen ganz persönliche historische Illusion.« Seine, wie er formulierte, »historische Illusion«, war keine: 1945 zerschlug die Antihitlerkoalition die Nazidiktatur und beendete den Völkermord.

Heinz Harro Max Wilhelm Georg Schulze-Boysen (1909–1942) kam aus bürgerlichem Hause. Sein Vater war Fregattenkapitän, der Groß- und Patenonkel Großadmiral Alfred von Tirpitz. Ab 1928 studierte er Rechts- und Staatswissenschaften in Freiburg und Berlin. Dieses Studium schloss er nicht ab, sondern betätigte sich journalistisch und gab die Monatszeitschrift *Der Gegner* heraus. Im April 1933 verboten die faschistischen Machthaber seine Zeitschrift, verwüsteten die Redaktion, misshandelten ihn schwer und inhaftierten Schulze-Boysen einige Zeit. Mitherausgeber Henry Erlanger wurde in seiner Gegenwart zu Tode geprügelt. Wieder in Freiheit schrieb er an seine Mutter: »Eben wieder freigelassen. Ich habe herrliche Menschen kennengelernt. Darum: Nun erst recht.«

Um der Gestapo zu entkommen, nahm er an einem Lehrgang der Verkehrsfliegerschule in Warnemünde teil und schloss ihn mit glänzenden Zeugnissen ab. 1934 erhielt er eine Anstellung in der Nachrichtenabteilung des Reichsluftfahrtministeriums, wo er es bis zum Oberleutnant brachte. Etwa 1939 knüpfte Harro Schulze-Boysen auf Vermittlung des Schriftstellers Adam Kuckhoff Kontakte zu Arvid Harnack, der wie Schulze-Boysen seit 1933 einen Kreis von Hitlergegnern um sich geschart hatte.

Seit 1934 unterhielt Schulze-Boysen auch lose Verbindung zu Mitarbeitern der sowjetischen Botschaft in Berlin, darunter auch zu Alexander Hirschfeld, einem Mitarbeiter des sowjetischen Auslandsnachrichtendienstes (INO). Anfang 1941 wurde er von dem in der Botschaft akkreditierten Mitarbeiter der Handelsmission Alexander Erdberg als »Choro« angeworben.

Arvid Harnack (1901–1942) entstammte einer bekannten deutschen Gelehrtenfamilie, studierte in Jena und Graz Rechtswissenschaften und erwarb 1924 den Grad eines Dr. jur. Ab 1925 studierte er an der Universität Madison in den USA Nationalökonomie. Dort lernte er die Literaturwissenschaftlerin Mildred Fish kennen, die er heiratete. 1928 kehrten beide nach Deutschland zurück. Harnack promovierte 1931 an der Universität Gießen zum Dr. phil. mit der Arbeit »Die vormarxistische Arbeiterbewegung in den Vereinigten Staaten«. Das Ehepaar Harnack lebte seit 1930 in Berlin.

1931 gründete Arvid Harnack mit anderen eine Arbeitsgemeinschaft zum Studium der sowjetrussischen Planwirtschaft. Er wurde ihr Sekretär und organisierte im Sommer 1932 eine Studienfahrt von Nationalökonomen und Ingenieuren in die Industriezentren der Sowjetunion. Seit dieser Zeit nahmen die Kontakte zur sowjetischen Botschaft in Berlin zu. Etwa 1934 warb ihn INO-Mitarbeiter Alexander Hirschfeld an, er gab ihm den Decknamen »Korse«. Von Alexander Erdberg, der ihn später steuerte, erhielt er den Decknamen »Wolf«.

1935 wurde Arvid Harnack im Reichswirtschaftsministerium angestellt, wo er es bis zum Oberregierungsrat bringen sollte. Damit war er eine exzellente Quelle der sowjetischen Auslandsaufklärung.

Adam Kuckhoff (1887–1943) kam aus einer rheinischen Fabrikantenfamilie, studierte Volkswirtschaft, Germanistik und Philosophie. 1912 promovierte er an der Universität Halle zum Dr. phil., Ende der 20er Jahre kam er in Kontakt mit kommunistisch orientierten Journalisten. 1930 wurde Kuckhoff Spielleiter des Staatstheaters Berlin. Nach 1933 gehörten er und seine Frau Greta zum Kreis der Hitlergegner um Arvid Harnack. Seit Anfang 1941 arbeitete er mit dem sowjetischen Auslandsnachrichtendienst zusammen und führte wie Harnack und Schulze-Boysen eine eigene Kundschaftergruppe. Sein Führungsoffizier war ebenfalls Alexander Erdberg, der ihn unter dem Decknamen »Bauer« führte.

Die Gründe für die Zusammenarbeit dieser deutschen Antifaschisten mit der sowjetischen Aufklärung fußten auf Überzeugungen und Einsichten. »In klarer Erkenntnis der nationalen und internationalen Verantwortung der deutschen Antifaschisten und der entscheidenden Rolle der Sowjetunion für den Befreiungskampf der Völker gegen den Hitlerfaschismus hielt es die Leitung der Widerstandsorganisation für ihre Pflicht, den Sowjetstaat über alle ihr bekannt gewordenen faschistischen Kriegspläne zu informieren.«[2] Haltungen und Einstellungen wie diese waren während des Zweiten Weltkrieges in Deutschland, Frankreich, Belgien, in den Niederlanden, in Dänemark, Norwegen, Polen, in der Tschechoslowakei, in Jugoslawien, Bulgarien und Griechenland verbreitet. Diese Menschen handelten als Patrioten und keineswegs als Landesverräter. Die Interessen der Nation verrieten die Nazis und deren Kollaborateure.

In der illegalen Organisation der KPD in Berlin unter Leitung von Robert Uhrig (1903–1944) gab es einige Personen, deren Aufgabe darin bestand, wichtige politische und militärische Informationen der sowjetischen Seite zukommen zu lassen. Die Nachrichten wurden in einen Umschlag in den Briefkasten der sowjetischen Botschaft geworfen, solange das möglich war. Später wurden sie über eine Funklinie der Roten Kapelle »nach drüben« weitergeleitet.[3] Das ging bis Frühjahr 1942, als die gesamte illegale Berliner KPD-Organisation durch Verrat zerschlagen wurde.

In früheren Veröffentlichungen in der BRD wurde der Widerstandskampf von Harro Schulze-Boysen und Arvid Harnack auf deren Agententätigkeit für die Sowjetunion reduziert, sie wurden als Landesverräter denunziert. Auch wurden ihre engen Bindungen zum organisierten kommunistischen Widerstand nicht zur Kenntnis genommen. Die Zulässigkeit, dieses Netzwerk als Organisation zu bezeichnen, wurde bestritten. Die Situation in Deutschland im Jahre 1941 führte Hitlergegner aus unterschiedlichen Lagern in eine Verflechtung von antifaschistischem Widerstand und Aufklärung für die Sowjetunion. Der Kampf gegen das Naziregime im Innern zwang objektiv zur Verbindung mit den Hitlergegnern im Ausland. Man war aufeinander angewiesen, wenn denn der Widerstand zum Erfolg führen sollte.

Die deutschen Widerstandskämpfer stellten eine Minderheit dar. Sie kamen aus allen gesellschaftlichen Schichten und Klassen, was sie – trotz massiver Repression – für das Naziregime so gefährlich machte. Es bestand nie auch nur annähernd die Gefahr, dass sie das System hätten stürzen können. Das wurde in den ersten Jahren durch Massenloyalität, in der Kriegszeit durch Einschüchterung, Terrororgane und Angst vorm Untergang an der Macht gehalten. Aber die Tatsache, dass Menschen aus der »Volksgemeinschaft« ausscherten und sich ihr widersetzten, zudem mit »fremden Mächten« in Verbindung standen, war für die Naziclique ein Ärgernis, das beseitigt werden musste.

Im Urteil des Reichskriegsgerichtes vom 19. Dezember 1942 wurden Schulze-Boysens »Verbrechen« aufgelistet. Er habe an Zusammenkünften teilgenommen, in denen über kommunistische Literatur und Ziele diskutiert wurde. Er habe mit »Gesinnungsgenossen« eine »Art Arbeitsgemeinschaft« gegründet. Er und Harnack seien die »Rädelsführer« einer organisierten Gruppe gewesen.

Diese »organisierte Gruppe« hatte seit 1940 Flugschriften und -blätter verfasst und verbreitet, die das Naziregime anprangerten. Die aufklärenden Appelle stammten vor allem von Herbert Grasse, John Graudenz, Wilhelm Guddorff, Walter Husemann, John Sieg, Adam Kuckhoff, Arvid Harnack und Harro Schulze-Boysen. Guddorff, Husemann und Sieg arbeiteten vor 1933 für das Zentralorgan der KPD *Rote Fahne* und waren bis 1939 in verschiedenen Konzentrationslagern inhaftiert. Guddorff und Sieg galten als die offiziellen Vertreter der illegalen Berliner KPD-Organisation in der »Roten Kapelle«, was aber nur Harnack, Schulze-Boysen und Kuckhoff wussten. Auch Walter Husemann (1909–1943) war in die Tätigkeit der »Roten Kapelle« eingebunden. Über seine Frau Marta hatte er Schulze-Boysen kennengelernt und fungierte als eine Art von Berater.

Erhalten geblieben sind einige der sogenannten »Agis«-Schriften, die über illegale Kanäle in die Öffentlichkeit gelangten. Die zur Jahreswende 1941/42 trug die Überschrift: »Die Sorge um Deutschlands Zukunft geht durch das Volk.« Darin analysierten John Sieg und Harro Schulze-Boysen die politische Lage und zogen den Schluss: »In allen Ländern werden heute täglich Hunderte, oft Tausende von Menschen verhaftet, denen man nichts anders vorzuwerfen hat, als dass sie ihrem Lande die Treue halten, wie das ehedem in Deutschland Männer wie Hofer, Schill und Palm auch taten. Im Namen des Reiches werden die scheußlichsten Quälereien und Grausamkeiten an Zivilpersonen und Gefangenen begangen. Noch nie in der Geschichte ist ein Mann so gehasst worden wie Adolf Hitler. Der Hass der gequälten Menschheit belastet das ganze deutsche Volk.«[4]

Die beiden hatten keinen Zweifel, dass »ein Endsieg des nationalsozialistischen Deutschlands« unmöglich sei. Nach ihrer Auffassung wäre es »Pflicht aller verantwortungsbewussten Deutschen, durch aktives Handeln den Sturz des faschistischen Systems herbeizuführen«.

Und auf die Option eingehend, mit dem Westen gegen die Sowjetunion zu kämpfen, erklärten sie: »Die Politik gewisser deutscher Feudaler, Diplomaten, Bankiers usw., welche davon träumen, nach einem Staatsstreich dem Lande durch die blutige Verfolgung aller bisher an der Macht Beteiligten eine neue politische Grundlage zu geben und alsdann ein restauriertes Deutschland auf Kosten Russlands mit den ›Plutokraten‹ zu versöhnen, hat keinen Boden unter den Füßen und bringt nicht den Frieden. Mit Hass, Demagogie und rückschrittlicher Gesinnung wird keine Zukunft gezimmert.

Freunde unseres Volkes finden sich vielmehr unter den fortschrittlichen Kräften Europas und in der UdSSR. Die Zusammenarbeit mit diesen Kräften muss die kommende deutsche Regierung suchen. Diese Kräfte muss sie unterstützen.«[4]

Die führenden Köpfe um Schulze-Boysen und Harnack vertraten schon Anfang 1942 die Auffassung, dass ein friedliebendes Deutschland nicht mit den alten imperialistischen Kräften, die mitverantwortlich waren für den Faschismus in Deutschland, erreicht werden könne. Sie gelangten zu dem gleichen Schluss wie die *New York Harald Tribune* am 11. Februar 1943. Sie lehnten die Pläne jener Verschwörer ab, die zwar Hitler beseitigen, aber den Krieg gegen die Sowjetunion fortführen wollten.

Arvid Harnack und Schulze-Boysen unterhielten Kontakte zu Wilhelm Leuschner, einem Sozialdemokraten und Gewerkschaftsfunktionär, der Minister in einer von Carl Goerdeler geführten Regierung werden sollte, und zu Adam Trott zu Solz, einem Beamten des Auswärtigen Amtes, der im »Kreisauer Kreis« eine dominierende Rolle spielte.

Sie trafen sich mit »Verschwörern« wie Dietrich und Claus Bonhoeffer und wurden von ihnen über die verschiedenen Strömungen sowohl der »zivilen« wie die »militärischen« Hitlergegner informiert. Beide Bonhoeffers lehnten entschieden das von Carl Goerdeler, Johannes Popitz, Hjalmar Schacht und anderen vertretene Konzept ab, nach der unausbleiblichen Niederlage Hitlerdeutschlands mit Hilfe der Westmächte den imperialistischen Staat – nur ohne die Nazis – zu retten.

Mitte des Jahres 1941 erschien erstmals die illegale Zeitung *Die innere Front*. Sie war auf Anregung von John Sieg nach Abstimmung mit Robert Uhrig entstanden. Eine Gruppe um Otto Grabowski und Herbert Grasse übernahm Redaktion, Herstellung und Verbreitung. Herbert Grasse besorgte Papier und Matrizen. Der Kunstmaler Max Grabowski besaß in Berlin-Rudow ein Laubengrundstück, auf dem er einen kleinen Handel mit Malerbedarf betrieb. Hier wurde fast drei Jahre lang *Die innere Front* in etwa 600 Exemplaren hergestellt. Von Otto Grabowski, seinem Bruder, war ein gut durchdachter Verteilungsapparat aufgebaut worden. Kommen und Gehen von Kunden des kleinen Farbenladens erregte keinen Verdacht, so dass die hier hergestellte Zeitung bald in fast alle größeren Fabriken gelangte, sie wurde auch unter den Zwangsarbeitern in Berliner Betrieben verteilt. Für sie gab es Beilagen in russischer, französischer, tschechischer, polnischer und italienischer Sprache.

Zu militärischen und militärpolitischen Fragen äußerte sich Schulze-Boysen. In der Nr. 15 im August 1942 schrieb er unter der Überschrift »Der Katastrophe entgegen«: »Noch ist Hitlers Sommeroffensive nicht zum Stillstand gebracht. Noch werden Tag für Tag Hunderttausende deutsche Soldaten aller Altersstufen, von der Grenze der Kindheit bis zum hohen Mannesalter, sinnlos in den Tod gejagt.

Sinnlos, denn das eine Ergebnis hat der bisherige Kampfverlauf bereits eindeutig gezeigt: Die Gewissheit, dass auch dieser mit letzter und äußerster Anspannung aller Kräfte unternommene Ansturm den Krieg nicht entscheiden, die Sowjetunion nicht in die Knie zwingen wird. Nachdem die großmäulig angekündigte Frühjahrsoffensive Hitlers durch Timoschenkos Angriff bei Charkow bereits im Aufmarsch zerschlagen worden war, sollte die jetzt abrollende Offensive durch einen Durchbruch über Woronesh hinaus und ein anschließendes gewaltiges Umfassungsmanöver die Sowjetfront auseinanderreißen und die zwischen Donezk und Wolga massierten Kräfte der Roten Armee einkesseln und vernichten. Damit hoffte Hitler, die Kampfkraft der Roten Armee entscheidend brechen zu können. Aber wieder einmal hat er sich verrechnet.«[6]

Harro Schulze-Boysen sah die Katastrophe von Stalingrad voraus. Dieser Beitrag endet mit dem Aufruf: »Nur die sofortige Beendigung des Krieges kann Europa vor dem Untergang und das deutsche Volk vor dem Zusammenbruch seiner nationalen Existenz retten. Darum muss das deutsche Volk endlich sein Schicksal in die Hand nehmen und durch den Sturz der Hitlerdiktatur die Voraussetzungen schaffen für ein freies, in

Frieden und Freundschaft mit allen Völkern lebendes und arbeitendes Deutschland.«

Neben der *Inneren Front* und den »Agis«-Schriften verfertigten Mitglieder der Schulze-Boysen / Harnack-Organisation weitere antifaschistische Schriften, die sich an bestimmte Personengruppen wandten. Dazu zählen die »Briefe des Polizeihauptmanns Denken an seinen Sohn« und die »Offenen Briefe an die Ostfront«, in denen etwa die faschistische Okkupationspolitik und der gegen die Zivilbevölkerung gerichtete Terror in den besetzten Gebieten verurteilt wurden.

Die von Harro Schulze-Boysen verfasste »Napoleon«-Schrift, die den Russlandfeldzug Napoleons mit dem Nazideutschlands verglich, beschäftigte auch das Reichkriegsgericht. Es stellte fest, dass die von ihm im Frühjahr 1942 verfasste Schrift zersetzende Tendenzen aufweise, die »sich aus einer raffinierten Gegenüberstellung von Worten und Taten Napoleons und des Führers« ergeben.

Heinz Strehlow, John Graudenz und Cato Bontes van Beck, die Tochter eines Bildhauers und Keramikers, die an der Vervielfältigung und Verteilung der Schriften beteiligt waren, wurden, wie andere Mitglieder der »Roten Kapelle« auch, in Berlin-Plötzensee hingerichtet. Im Abschiedsbrief an ihre Mutter schrieb Cato Bontes van Beck: »Du kannst Dir die Überraschung vorstellen, als der Ankläger für uns alle – außer einem 18-jährigen Mädchen – die Todesstrafe beantragte. Wir waren alle ganz junge Menschen. Wunderbar waren die letzten Worte jedes Einzelnen, wir waren alle zutiefst erschüttert.«[7]

Im Mai 1942 zeigte die Nazipropaganda im Berliner Lustgarten die Hetzausstellung »Das Sowjetparadies«. Goebbels präsentierte Fotos mit zerlumpten Gestalten, Elendsbehausungen und andere abstoßende Szenen, die angeblich den Alltag der Sowjetbürger dokumentieren. Es sollte der Eindruck vermittelt werden, dass dort Untermenschen und Halbwilde hausten, weshalb es nötig gewesen sei, dort »deutsche Ordnung und Kultur« hinzubringen.

Einige Tage nach Eröffnung der Ausstellung wurden in der Nacht in fünf Stadtbezirken Berlins A5-große Zettel geklebt. »Ständige Ausstellung: Das Naziparadies. Krieg – Hunger – Lüge – Gestapo – Wie lange noch?«

Ein Beteiligter, Werner Krauss (1900-1976), berichtet darüber: »Die gesamte Aktion war so vorbereitet, dass immer zwei von uns in einer bestimmten Straße Flugblätter klebten. Wir waren paarweise – ein Mann und eine Frau – eingesetzt, weil ein spazierengehendes Liebespaar relativ unauffällig war. Ich selbst war mit Ursula Goetze in der Gegend des Sachsendamms eingesetzt, wo wir die Flugblätter klebten, den Rest klebten wir in der S-Bahn.«[8]

Krauss und Goetze gehörten zu einer Gruppe um Dr. John Rittmeister, dem Leiter der Poliklinik des Deutschen Instituts für Psychologie. Er stand seit Ende 1941 in Verbindung mit Harro Schulze-Boysen. Zu dieser Gruppe gehörte auch Fritz Thiel, der, ebenso wie Ursula Goetze, aus der kommunistischen Jugendbewegung kam. Er stellte seine Wohnung für funktechnische Verbindungen zur Verfügung. Werner Krauss wurde 1942 als Mitglied er »Roten Kapelle« verhaftet und 1943 wegen Hochverrats zum Tode verurteilt. Später wurde das Urteil in fünf Jahren Zuchthaus umgewandelt. Nach 1945 lehrte er als Professor für Romanistik in Marburg, Leipzig und Berlin.

Schulze-Boysen selbst – in der Uniform als Oberleutnant der Luftwaffe – sicherte zwei Klebegruppen, die um den Alexanderplatz und Unter den Linden eingesetzt waren.

Wenige Tage nach dieser Flugblattaktion verübte eine Gruppierung um den Jungkommunisten Herbert Baum einen Brandanschlag auf die Ausstellung. Die meisten Mitglieder dieser Gruppe waren jüdischer Herkunft. Bis zur Zwangsauflösung aller bürgerlichen jüdischen Organisationen 1938 hatten Herbert Baum und mehrere seiner Freunde im Auftrag der KPD unter den dort organisierten Jugendlichen gewirkt.

Die Gestapo nahm über zwanzig Personen aus dem Umfeld von Herbert Baum fest. Viele von ihnen wurden hingerichtet, andere zu hohen Zuchthausstrafen verurteilt oder in die Vernichtungslager geschickt.

Ob es einen Zusammenhang zwischen beiden Aktionen gab, ist nie geklärt worden. Eine Erklärung lautete: Der von Herbert Baum durchgeführte Brandanschlag war eine spontane Aktion. Unbeachtet dabei blieb jedoch, dass Walter Husemann auch Verbindung zu Herbert Baum unterhielt.

Arvid Harnack informierte seit 1935 die sowjetische Seite über verschiedene Aspekte der Entwicklung des Hitlerfaschismus. Die Fakten gewann er bei seiner Tätigkeit im Reichswirtschaftsministerium und durch seine Beziehungen und Kontakte zu Institutionen und Einrichtungen des faschistischen Staates. Er dehnte die Aufklärungstätigkeit ab Frühjahr 1941 aus, indem er eine Kundschaftergruppe bildete. Es gelang, stabile Verbindungen zum OKW, dem IG Farben Konzern, in die Reichswirtschaftskammer und zum Institut für kriegswirtschaftliche Statistik herzustellen.

Unterstützt wurde er von seiner Frau Mildred. Diese war seit 1941 als Dozentin und Übersetzerin an der Auslandswissenschaftlichen Fakultät der Berliner Universität tätig.

Zu dieser Gruppierung gehörten ferner Karl Behrens, ein Konstrukteur im Rüstungsbetrieb AEG Turbine, Rosa Schlösinger, Sekretärin in einem Rüstungsbetrieb, und Bodo Schlösinger, Dolmetscher im Auswärtigen Amt. Als er im Februar 1943 vom Todesurteil gegen seine Frau erfuhr, nahm er sich an der Ostfront das Leben.

John Graudenz – Fremdenführer, Journalist, Handelsvertreter – beherrschte mehrere Sprachen und nutzte seine umfangreichen Verbindungen zu Journalisten und Geistesschaffenden sowie zu Mitarbeitern des Reichsluftfahrtministeriums, um Informationen zu beschaffen.

Hans Coppi, der Funker der Gruppe, nutzte Graudenz' Wohnung für Sendungen nach Moskau.

Harro Schulze-Boysen baute ebenfalls eine Kundschaftergruppe auf. Er selbst war eine Spitzenquelle aufgrund seiner Tätigkeit in der 5. Abteilung des Luftwaffenführungsstabes. 1938, während der deutschen Invasion in Spanien, hatte er Informationen über die Nazi-Abwehr mit Hilfe der jungen Antifaschistin Gisela von Pöllnitz an die sowjetische Botschaft in Paris weitergeleitet.

Neben Walter Husemann gehörten zu Schulze-Boysens Gruppe Oberst Erwin Gehrst, Gruppenleiter beim Chef des Ausbildungswesens der Luftwaffe, und Oberleutnant Herbert Gollnow. Dieser kam im Oktober 1941 auf Vermittlung von Schulze-Boysen zur Abwehr II, und zwar in eine Abteilung, die sich mit Sabotage- und Diversionsakten im Hinterland der

Roten Armee befasste. Weiter war dabei Gefreiter Horst Heilmann, der in der Dechiffrierabteilung des OKH arbeitete. Wie viele andere auch sah Harro Schulze-Boysen in der Kundschaftertätigkeit für die Sowjetunion ein legitimes Mittel, das Regime des Nationalsozialismus zu bekämpfen.

Am 12. November 1941 ging in der Zentrale in Moskau ein Funkspruch aus Brüssel ein. Wie üblich hatte ein Kurier aus Berlin die verschlüsselten Informationen in die belgische Hauptstadt gebracht. Es war Ina Ender. Sie arbeitete als Vorführdame für einen Berliner Modesalon, der im Herbst 1941 in Brüssel eine Modenschau bestritt. Ina Ender (1917–2008) berichtete später darüber: »Kurz vor der Reise nach Belgien erhielt ich von Hans Coppi ein kleines Päckchen (nicht größer als eine Zigarettenschachtel), das ich in Brüssel übergeben sollte.«[9] Sie wusste, dass dieser Auftrag von Schulze-Boysen kam.

Dieser Funkspruch, so schrieb später der französische Romancier Gilles Perrault in seinem 1967 erschienenen internationalen Bestseller »L'Orchestre Rouge«, war vermutlich der wichtigste von Schulze Boysen. Er informierte Moskau über die von der Naziführung für 1942 geplanten Operationsziele in der Sommeroffensive der Heeresgruppe Süd. Erstmals tauchen darin die Wolga und Stalingrad auf.

»Von Kent an Direktor. Quelle: Coro. Plan III mit Ziel Kaukasus, der ursprünglich für November *(1941 – H. W.)* vorgesehen war, tritt im Frühjahr 1942 in Kraft. Aufmarsch soll bis 1. Mai beendet sein. Aller Nachschub geht ab 1. Februar im Hinblick auf dieses Ziel. Aufmarschraum für Kaukasusoffensive Losowaga – Balakleja – Tschugujew – Achtyrka – Krasnograd. Oberkommando in Charkow. Weitere Einzelheiten folgen.«[10]

Die von Schulze-Boysen übermittelte Nachricht bezog sich auf die »Weisung 41«, die im Spätherbst 1941 schon umgesetzt sein sollte, aber aufgrund der Schlacht um Moskau auf das Frühjahr 1942 verschoben worden war.

In der »Weisung 45« vom 23. Juli 1942 stellte die Naziführung folgende Aufgaben:

»Die Heeresgruppe B (bestehend aus der 6. Armee, der 4. Panzerarmee, dem IV. rumänischen Armeekorps) fällt – wie befohlen – die Aufgabe zu, im Vorstoß gegen Stalingrad die dort im Aufbau befindliche feindliche Kräftegruppe zu zerschlagen, die Stadt selbst zu besetzen und die Landbrücke zwischen Don und Wolga selbst zu sperren.

Im Anschluss hieran sind schnelle Verbände entlang der Wolga anzusetzen mit dem Auftrag, bis Astrachan vorzustoßen und dort gleichfalls den Hauptarm der Wolga zu sperren.«[11]

Ob allein mit diesem Funkspruch eines der bedeutendsten Ereignisse des Zweiten Weltkrieges – die Stalingrader Schlacht – vorausgesagt wurde, wie es Gilles Perrault macht, muss bezweifelt werden. Er schrieb: »Und während sich die Rote Armee noch vor den Toren Moskaus schlägt, gibt die Rote Kapelle mit dem historischen Telegramm vom 12. November – neun Monate im Voraus – bekannt, wo das entscheidende Treffen stattfinden wird: Stalingrad.«[12] Gleichwohl: Die Informationen aus Berlin via Brüssel sind für die sowjetische Militärführung von großem Wert.

Allerdings erwies sich ein vier Wochen zuvor abgesetzter Funkspruch als verhängnisvoll. Die Moskauer Zentrale funkte nach Brüssel Adressen in Berlin. Der Funkspruch an »Kent« – das ist der sowjetische Aufklärer Anatoli M. Gurewitsch (1913 bis 2009) in Leopold Treppers Gruppe *petit chef* – wurde von der deutschen Abwehr aufgefangen.

Am 10. Oktober 1941 ging in den Äther:
»An Kent von Direktor. Persönlich
Begeben Sie sich sofort zu den drei angegebenen Adressen in Berlin und stellen Sie fest, weshalb Funkverbindung ständig versagt. Falls Unterbrechungen sich wiederholen, übernehmen Sie Funkübermittlung. Arbeit der drei Berliner Gruppen und Nachrichtenübermittlung von größter Wichtigkeit.
Adressen: Neuwestend, Altenburger Allee 19, drei Treppen rechts: Coro; Charlottenburg, Fredericiasstr. 26a, zwei Treppen links: Wolf; Friedenau, Kaiserallee 18, vier Treppen links: Bauer
Erinnern hier an Eulenspiegel. Kennwort überall. Direktor.
Geben Sie Nachricht bis 20. Oktober. An alle drei Stellen mit Funkplan am 15. vormittags beginnen.«[13]

Der Hintergrund: Die Berliner Kundschaftergruppe hatte tatsächlich Schwierigkeiten mit der Funkverbindung nach Moskau, da einige funktechnische Hinweise nicht richtig angewendet wurden. Also versuchte Moskau, die »Rote Kapelle« in Belgien einzuschalten, damit diese das Problem klärte.

Am 14. Juli 1942 hatte die deutsche Funkabwehr den Code geknackt und den Spruch nach neun Monaten entschlüsselt. Im Dezember 1941 hatte sie in Brüssel den ersten Funkstützpunkt aufgespürt, ihn liquidiert und dabei auch das Verschlüsselungsbuch gefunden.

Nunmehr begann die Sonderkommission des RSHA unter Einbeziehung der militärischen Abwehr und der Funkabwehr den deutschen Zweig der »Roten Kapelle« in der Reichshauptstadt aufzurollen.

Dabe wurden zwei weitere, unabhängig von der Schulze-Boysen / Harnack-Organisation tätige Kundschaftergruppen der Militäraufklärung der Sowjetunion aufgespürt.

Die eine Gruppe stand unter Leitung von Hansheinrich Kummerow. Er war Entwicklungsingenieur bei der Firma Loewe Radio AG, seine Ehefrau Ingeborg half ihm. Hansheinrich Kummerow hatte bis 1933 für den Nachrichtendienst KPD gearbeitet und war dann aufgrund einer zentralen Entscheidung der KPD an den Apparat der Militäraufklärung beim Generalstab der Roten Armee übergeben worden. Der Dritte war Erhard Tohmfor. Als Assistent des Direktors der Loewe AG hatte er Zugang zu kriegswichtigen Entwicklungsunterlagen, die nach Moskau weitergegeben wurden.

Falsch behaupteten einige Historiker, Hansheinrich Kummerow habe auch für den englischen Geheimdienst gearbeitet. Diese Annahme rührt daher, dass Hansheinrich Kummerow kurz vor Beginn des Überfalls auf Polen ein Memorandum an die Regierungen Frankreichs und Englands richtete, welches er im Sommer 1939 den Botschaften dieser Länder in Berlin zukommen ließ. Kummerow hatte die Westmächte auf den zu erwartenden Überfall auf Polen hingewiesen. Nach 1945 wurde die Existenz eines solchen Papiers durch die Briten bestätigt. Es wurde als »Kummerow-Report« bezeichnet.

Die zweite Gruppe, die auf der Suche nach der »Roten Kapelle« aufflog, wurde von Ilse Stöbe geleitet. Sie war seit Anfang der 30er Jahre Resident der Militäraufklärung der Sowjetunion. Ihre wichtigste Quelle war Rudolf von Scheliha aus dem Auswärtigen Amt.

Am 31. August 1942 erfolgten die ersten Verhaftungen, die sich bis Anfang 1943 erstreckten. In jener Zeit wurden im Reichsgebiet etwa 400 Personen, in Frankreich etwa 200 und in Belgien und Holland weitere 200 Personen verhaftet. In Belgien und Holland waren bereits Ende 1941 und Anfang 1942 Verdächtige festgenommen worden.

Von den rund 800 Verhafteten gehörte nur ein Teil zu den Kundschaftergruppen der »Roten Kapelle«. Die Gestapo hatte auch andere Widerstandskämpfer und ebenso »Unschuldige« gegriffen.[14]

Die Aktion gegen den deutschen Zweig der »Roten Kapelle« wurde – um sie vor dem deutschen Volk und der internationalen Öffentlichkeit zu verbergen – als »geheime Kommandosache« eingestuft. Von August 1942 bis März 1943 wurden allein in Berlin 120 Antifaschisten verhaftet, gefoltert und verurteilt.

Hitler, Himmler und Göring nahmen persönlich Einfluss auf die Untersuchungen und die Urteile der Blutjustiz. Die Richter verhängten 54 Todesurteile. 34 Männer und 20 Frauen starben auf den Hinrichtungsstätten in Berlin-Plötzensee, in Halle, Brandenburg und auf dem Schießplatz in Berlin-Tegel.

Sieben Antifaschisten hatten die Henker in schwarzer Uniform bereits in der Untersuchungshaft ermordet, zwei nahmen sich das Leben, sieben weitere verschwanden in Konzentrationslagern.

25 Mitglieder der Schulze-Boysen / Harnack-Organisation, darunter aber auch Nichtbeteiligte und Sympathisanten, erhielten 130 Jahre Zuchthaus. Fünf wurden zusammen zu 40 Jahren Gefängnis und acht zur »Frontbewährung« verurteilt.[15]

Im Gestapo-Bericht vom 22. Dezember 1942, der vor allem die Ergebnisse der Untersuchung gegen die Berliner Gruppe der »Roten Kapelle« zusammenfasste, hieß es: »Aus eigenen Motiven heraus waren fast alle inzwischen festgenommen Personen bereit, die Sowjetunion in ihrem Kampf gegen Deutschland mit allen ihnen zur Verfügung stehenden Mitteln zu unterstützen.

Wie gefährlich diese Gruppe war und geworden wäre, erhellt die Tatsache, dass sie unter anderem Verbindungen hatten zum Reichsluftfahrtministerium, dem Oberkommando der

Wehrmacht, dem Oberkommando der Marine, dem Reichswirtschaftsministerium, der Universität Berlin, Volkshochschule Berlin, Propagandaministerium, Auswärtigen Amt, zur Eichstelle für Arbeitsschutz, und dass sie Schriftsteller, Künstler, Dolmetscher, Fabrikanten usw. als aktive Mitglieder umfasste.« Und an anderer Stelle vermerkte der Bericht: »Beschlagnahme von zehn Sende- und Empfangsgeräten, von zwei Vervielfältigungsapparaten, je einem Fotovergrößerungs- und Vervielfältigungsgerät zur Herstellung illegaler Schriften sowie zahlreiche Bescheinigungen, Ausweispapiere und Lebensmittelkarten, die wahrscheinlich für Untergetauchte bestimmt sind«.[16]

Als Erste wurden am 22. Dezember 1942 hingerichtet: Harro Schulze-Boysen, Oberleutnant im Reichsluftfahrtministerium; Arvid Harnack, Oberregierungsrat im Reichswirtschaftsministerium; Hans Coppi, Dreher und Funker; Johannes Graudenz, Handelsvertreter, KPD-Funktionär; Kurt Schulze, Funker; Horst Heilmann, in der Dechiffrierabteilung des OKH tätig; Elisabeth Schumacher, Fotografin und Kunstgewerblerin; Kurt Schumacher, Bildhauer; Libertas Schulze-Boysen, Ehefrau von Harro Schulze- Boysen; Rudolf von Scheliha, Legationsrat im Reichsaußenministerium; Ilse Stöbe, Mitarbeiterin im Reichsaußenministerium.

Die von Himmler und der Gestapo intern verbreitete Darstellung, bei der »Rote Kapelle« handle es sich um einen »organisierten roten Spionagering« großer Dimension, war genauso falsch wie die im Kalten Krieg verbreitete Legende, die »Rote Kapelle« wirke als Moskaus »Fünfte Kolonne« in der BRD und den anderen westlichen Staaten fort.

In der DDR neigte man zu einer Heroisierung der hingerichteten Mitglieder der »Roten Kapelle«. Alle hätten absichtsvoll und mit fester Überzeugung ihr Leben für ein besseres Deutschland hingegeben. Das war hypothetisch. Viele der meist sehr jungen Menschen hatten Ideale und glaubten an eine bessere Zukunft. Aus diesem Grunde lehnten sie das verbrecherische Naziregime ab. Aber sie hatten kaum Vorstellungen, wie eine gesellschaftliche Alternative aussehen könnte und was nach dem Sieg über das Hitlerreich kommen würde.

Obwohl die Gestapo versuchte, alle Verbindungen und Aktivitäten der Schulze-Boysen / Harnack-Organisation aus den Inhaftierten herauszuprügeln, gelang es nicht, alle zu enttarnen, geschweige die über Jahre erfolgte Widerstandtätigkeit aufzuhellen. Hitler, Göring und Himmler wollten Köpfe rollen sehen, die Gestapo stand unter Zeitdruck.

Zu sechs Jahren Zuchthaus verurteilt wurde beispielsweise Elfriede Paul (1900–1981), die tapfer bei der Vernehmung schwieg, es aber später aufschrieb: »Es wurde fleißig gearbeitet. Wichtige Materialien, die Harro aus seiner Dienststelle mitbrachte, wurden für Flugblätter ausgewertet. Walter *(Küchenmeister – H. W.)* entwarf gemeinsam mit Kurt *(Schumacher – H. W.)* die Texte. Elisabeth *(Schumacher – H. W.),* die seit 1933 mit Harro bekannt war und 1934 Kurt heiratete, war Grafikerin und Fotografin. Sie leistete hervorragende Arbeit. Nächtelang fotokopierte sie Bilder aus dem Spanienkrieg, verkleinerte Texte, manchmal bis zur Größe einer Briefmarke. Es waren Karten aus militärischen Fachzeitschriften zu kopieren, um die Bewegung der Fronten zu zeigen, und sie vervielfältigte streng vertrauliche Materialien über eingesetzte Waffen, Panzer, Flugzeuge, sowohl der Volksfront als auch des Gegners, der spanischen, italienischen und deutschen Faschisten.

Harro verschaffte sich Zugang zu Originalberichten über Verlauf der Kämpfe und die Unterstützung der internationalen Brigaden bei der Verteidigung der Volksfront in Spanien. Er zeigte uns Zahlen und Texte, über welche gewaltige Übermacht die deutsche Legion Condor und die italienischen Schwarzhemden verfügten.«[17]

An anderer Stelle hieß es bei der Ärztin Dr. Paul, an die vor ihrem einstigen Wohnhaus in der Sächsischen Straße 63a in Berlin-Wilmersdorf ein sogenannter Stolperstein erinnert: »Das Sprechzimmer tarnte unsere Zusammenkünfte, und die Patientenkarten enthielten, ihrer Funktion entsprechend, manches über unsere Kameraden. Dass die Gestapo sie nach unserer Verhaftung unausgewertet ließ, ist mir bis heute ein Rätsel. Die Kartei eines Arztes ist in vieler Hinsicht aussagefähig. Hätten die Faschisten meine Notizen sorgfältig geprüft, wären sie manchem Genossen noch zusätzlich zum Verhängnis geworden.

Ich erinnere mich, mit welchem Herzklopfen ich nachts in meiner Zelle an diese Kartei dachte. Allein die Suche nach Abtreibungsvergehen hätte ausgereicht.

Nach der Befreiung erhielt ich die Kartei und die Praxiseinrichtung zurück; meine Schwester hatte sie in Sicherheit bringen können.«[18]

Verborgen blieb der Gestapo auch, welchen Beitrag die Gruppierung um Schulze-Boysen, Elfriede Paul[19], Kurt Schumacher und Walter Küchenmeister[20] bei der Ausschleusung von Verfolgten in die Schweiz und bei der Organisierung antifaschistischer Arbeit mit deutschen Emigranten in der Schweiz leistete. Zu diesen gehörte Wolfgang Langhoff[21]. Der kommunistische Schauspieler war 1933 ins KZ einwiesen worden und nach seiner Entlassung 1934 umgehend in die Schweiz geflüchtet. Im Juni 1939 brachte Elfriede Paul, eine weitläufige Verwandte von Libertas Schulze-Boysen, Gisela von Poellnitz, mit ihrem Auto in die Schweiz. Die Journalistin kannte Harro Schulze-Boysen seit 1932, sie arbeitete für ihn als Kurier. 1938 war sie von der Gestapo festgenommen worden. Bei der mehrmonatigen Haft brach eine Tbc-Erkrankung erneut aus. Sie wurde entlassen, konnte ihre Tätigkeit als Korrespondentin der *United Press* aber nicht mehr ausüben. Im August 1939 verstarb Gisela von Poellnitz, nicht mal 24-jährig, in einem Sanatorium in der Schweiz.

Am 29. August 1939 war es dem KPD-Funktionär Rudi Bergtel gelungen, aus dem KZ-Außenlager Aschendorf zu fliehen. Zuerst versteckte ihn eine aktive Mitstreiterin der Gruppe um Schulze-Boysen, Lotte Schleif. Danach verbarg ihn Kurt Schumacher in seinem Atelier, später brachte er ihn in die Schweiz. Beide waren zuvor von Schulze-Boysen mit einem Material vertraut gemacht worden, das er aus dem Reichsluftfahrtministerium »ausgeliehen« hatte. Es handelte sich um eine sehr umfangreiche Ausarbeitung über den spanischen Bürgerkrieg. Es enthielt Schlussfolgerungen über den Einsatz von Fliegerverbänden, das Zusammenwirken zwischen Fliegerverbänden und Bodentruppen sowie Abstimmungen mit verbündeten spanischen und italienischen Verbänden.

Nach ihrer Ankunft in der Schweiz legten Bergtel und Schumacher das angelesene und von Schulze-Boysen erläuterte Material aus der Erinnerung schriftlich nieder. Die Ausarbeitung ging über Fritz Bläsel zu Wolfgang Langhoff in Zürich, der es in die Sowjetunion weiterleitete. Einbezogen in dieses Verbindungssystem war auch der Schweizer Kommunist Edgar Woog, der die Buchhandlung »Staufacher« in Zürich leitete. Woog spielte eine wichtige Rolle zwischen illegalen Widerstandsgruppen in Deutschland und den deutschen Emigration in der Schweiz. Später kümmerte sich Woog um internierte Deutsche. Nach Ausbruch des Krieges hatte die Schweiz zunächst viele deutsche Exilanten in Lagern interniert.

Franz Dahlem bestätigte diese Verbindung in seinen Erinnerungen. Man habe »direkt aus Berlin, und zwar aus der unmittelbaren Umgebung der Nazispitze, sehr aufschlussreiche Informationen« erhalten. Sie wussten damals zwar nicht, woher die Nachrichten kamen, wohl aber, dass sie zuverlässig waren. »Ihren Ursprung hatten jene wichtigen Nachrichten in der Kundschaftergruppe, die innerhalb der ausgedehnten antifaschistischen Widerstandsorganisation Schulze-Boysen / Harnack wirkte.«[22]

Die Schulze-Boysen / Harnack-Organisation unterhielt zwischen 1939 und 1941 verschiedene Informationslinien nach Frankreich, Belgien und in die Schweiz. Die »Poststelle« befand sich in der Arztpraxis von Dr. Elfriede Paul in Berlin-Wilmersdorf, in einer »besseren« Gegend. Dort wurde das Material abgegeben und von Kurieren abgeholt, die es ins Ausland brachten. Eingebunden in dieses Netz waren die KPD-Mitglieder Fritz Sperling, Bruno Goldhammer, Paul Elias und Hans Teubner.

Verborgen blieben der Gestapo auch die Unternehmungen, die 1936 vom Abwehrapparat der KPD zur Befreiung von Ernst Thälmann aus dem Zuchthaus ausgingen, in die Schulze-Boysen ebenfalls involviert war.[23] Der Abwehrapparat war im Oktober 1935 gebildet worden, die Zentrale befand sich in Paris. Er sollte den Schutz der Partei sichern, indem er Arbeitsmethoden der Gestapo studierte, Spitzel und Provokateure bekämpfte und Parteikader überprüfte. Ferner sollten Treffs und Sitzungen abgesichert, stabile Verbindungen zu Gefängnissen und Konzentrationslagern aufgebaut und die Konspiration verbessert werden.[24] Mitte 1936 war der Mitarbeiter des Abwehrapparates der KPD, Walter Trautzsch (Deckname: Edwin), beauftragt worden, Verbindung zu Thälmanns Ehefrau Rosa aufzunehmen. Ende 1936 wurde er als »Thälmann-Kurier« durch die Parteiführung bestätigt.[25]

Es waren bereits umfangreiche Vorbereitungen für die Befreiungsaktion getroffen worden. Man hatte den Justizvollzugsbeamten Emil Moritz gewonnen, und Trautzsch beriet mit Schulze-Boysen, wie Thälmann außer Landes gebracht werden könnte. Im Herbst 1936 hatte Trautzsch an den KPD-Abwehrchef Hermann Nuding (1902–1966) Thälmanns Bitte übermittelt, bei Stalin die Möglichkeit eines Austausches zu prüfen. Nuding teilte später ohne Kommentierung mit, dass dies nicht möglich sei.[26]

Bekanntlich hat Stalin zwischen 1933 und 1945 mit keinem deutschen Kommunisten gesprochen, die Auslandsleitung der KPD in Moskau konsultierte er nicht einmal, selbst als in der Endphase des Krieges die Fragen der Nachkriegspolitik in Deutschland auf die Tagesordnung gerückt waren.

Ob und welcher Zusammenhang zwischen dieser Absage und der Einstellung der Planung für eine Befreiungsaktion bestand, ist nicht bekannt. 1937 wurde Thälmann von Berlin in das Gerichtsgefängnis Hannover als »Schutzhäftling« verlegt.

Lange Zeit nahm man an, dass die Schulze-Boysen / Harnack-Organisation erst in das Blickfeld der Gestapo geriet, als im Juli 1942 der bewusste Funkspruch entschlüsselt worden war, welcher die Adressen von Schulze-Boysen, Harnack und Kuckhoff enthielt.

Jedoch: Bereits Ende 1941 hatte die Gestapo V-Männer sowohl an der Peripherie als auch im Kreis von Harnack eingeschleust. Diese Spitzel nahmen an Zusammenkünften in der Wohnung der Harnacks teil.[27]

Da die meisten der sich hier treffenden Personen miteinander bekannt waren und mitunter – ähnlich wie beim »Kreisauer Kreis« unter dem Grafen Helmuth von Moltke – sogar Gästelisten geführt wurden, fiel es der Gestapo relativ leicht, den Bekannten- und Umgangskreis von Harnack und Kuckhoff zu erfassen.[28]

Im »Kreisauer-Kreis« und im »Solf-Kreis« hatte die Gestapo den V-Mann Dr. Paul Reckzeh eingeschleust. Er löste die Verhaftung in beiden konservativen Kreisen aus. Die meisten ihrer Mitglieder wurden hingerichtet.

Der Gestapo gelang es auch, im Sommer 1941 zwei V-Männer – Hans Kurz, Angestellter der Lorenz AG, Deckname: Hans, und der Grafiker Willi Brecker, Deckname: Theo und Ernst – in die von Robert Uhrig geführte illegale KPD-Organisation einzuschleusen. Als dies bemerkt wurde, war es zu spät. Am 4. Februar 1942 wurden fast alle Funktionäre verhaftet. Kurz und Brecker traten später in den Prozessen als Belastungszeugen auf.[29]

Damals vermochte die Gestapo nicht, Querverbindungen zur Schulze-Boysen / Harnack-Organisation festzustellen.

Als von Ende 1942 bis Anfang 1943 die Verhaftungswelle gegen die »Rote Kapelle« in Berlin rollte, spülte sie auch Gestapospitzel in die Zellen, die dort weiter gegen Mitglieder der »Roten Kapelle« arbeiteten. Gertrud Breitner, eine Mitarbeiterin des RSHA, erschlich sich das Vertrauen von Libertas Schulze-Boysen und entlockte ihr eine Reihe von Informationen, so dass die Gestapo weitere Verhaftungen vornehmen konnte. Die Vernehmer ließen die dem Tode Geweihte anschließend höhnisch wissen, wer sie da »abgeschöpft« hatte. Vor ihrer Hinrichtung schrieb Libertas Schulze-Boysen an ihre Mutter: »Ich hatte noch den bitteren Kelch zu trinken, dass ein Mensch, dem ich mein Vertrauen geschenkt habe, Gertrud Breitner, mich (und Dich) verraten hat. Aber: Nun iss die Früchte Deiner Taten, denn wer verrät, wird selbst verraten.«[30]

Vieles ist darüber geschrieben worden, Spekulationen und Vermutungen gab es auch genug, woran es lag, dass die Schulze-Boysen / Harnack-Organisation in so kurzer Zeit zerschlagen werden konnte. Nach meiner Überzeugung lag es im Wesentlichen daran: Zu viele wussten zuviel. Ein Zeitzeuge berichtete von einer Zusammenkunft bei den Harnacks: »Da stehen sie, die Leute, lässig am Kamin gelehnt, und erzählen so ganz beiläufig Sachen, Sachen. Jeder einzelne Satz kann sie den Kopf kosten. Da sprechen sie von Hitler und Himmler und Rosenberg und Frick, als seien das ausgemachte Trottel, und sie erzählen mir, ich kenn die Leute kaum: Wissen Sie, ich weiß es aus todsicherer Quelle, ich habe einen direkten Draht nach Zürich.«[31]

Und auch Gerhard Kegel machte in seinen Memoiren darauf aufmerksam. »Etwa Mitte 1942 hatte sich bei mir ein Mann gemeldet, der behauptete, ein alter Bekannter zu sein, zu meiner Zeit ebenfalls an der Breslauer Universität studiert zu haben und mich von daher zu kennen. Ich konnte mich nicht an ihn erinnern. Er behauptete, Schriftsteller zu sein. Nach einigem Vorgeplänkel bezeichnete er sich als Gegner des Naziregimes und setzte bei mir als Selbstverständlichkeit die gleiche Haltung voraus.

Er besuchte mich – ob ich wollte oder nicht – jede Woche einmal in meiner Dienststelle in der Mauerstraße, ging mit mir zum Mittagessen und erzählte mir große Geschichten von seinen Aktivitäten und politischen Diskussionen. Es war einfach nicht möglich, ihn loszuwerden. Ich war sehr misstrauisch geworden, als er mich eines Tages fragte, ob ich keine Verbindung zu aktiven antifaschistischen Kreisen hätte. Denn er fühle sich verpflichtet, etwas mehr als bisher gegen Hitler zu tun.

Schließlich bot er mir an, mich zu einer Soiree bei einem Dr. Harnack mitzunehmen, dieser Name war mir damals noch nicht bekannt, bei dem sich – wie er mir sagte – sehr interessante und geistig hochstehende Hitlergegner zu versammeln pflegen.

Ich fragte erstaunt, ob denn dort jeder hingehen könne? Er sagte, er kenne den Gastgeber und seine ebenfalls sehr gebildete Frau gut genug, um seinerseits auch einmal einen zuverlässigen Gast mitbringen zu können.«[32]

Der »alte Bekannte« aus Breslau entpuppte sich als Gestapospitzel, der ähnlich vorging wie der Gestapospitzel Dr. Paul Reckzeh.

Der zweite Grund: Innerhalb dieser Widerstandsgruppierung gab es Einzelpersonen, die für die Sowjetunion arbeiteten. Sie lieferten, meist aus eigenem Antrieb, seit Mitte der 30er Jahre über die Botschaft in Berlin und andere Wege (Schweiz, Frankreich, Belgien) Informationen an den Nachrichtendienst in Moskau. Über ihre Anbindung hatten auch andere aus dieser Gruppierung Kenntnis, die aus Gründen der Konspiration davon nichts hätten wissen dürfen.

Die bekanntesten und wichtigsten Kundschaftergruppen der sowjetischen Militäraufklärung weltweit wurden von Kommandeur-Kundschaftern geleitet: Leopold Trepper in Frankreich *(Grand Chef)*, Anatoli Gurewitsch in Belgien *(Petit Chef)*, Sándor Radó in der Schweiz, Ruth Werner in China, Polen, Schweiz und Großbritannien, Iwan Winarow in Mittel- und Südeuropa, Dr. Richard Sorge in China und Japan sowie Rudolf Herrnstadt in Polen.

Bersin hatte diese besondere Form von Führungskadern geschaffen, die für die illegale Arbeit, Untergrundtätigkeit und Aufklärung ausgebildet worden waren. Sie galten als Spezialisten der Tarnung und der Konspiration. Ein solcher Kopf fehlte in Berlin.

Hinzu kam, dass es in der Reichshauptstadt zwei Aufklärungsstrukturen gab: das Netz der Auslandsaufklärung der Staatssicherheit (INO) und das Netz der Militäraufklärung. Beide Linien waren nicht konsequent genug auf den Ernstfall vorbereitet worden. Gesteuert wurden beide Netze durch Geheimdienstmitarbeiter, die in der sowjetischen Botschaft abgedeckt tätig waren. Ein kapitaler Fehler, denn gerade sie standen unter ständiger Kontrolle der deutschen Sicherheitsdienste. Die sowjetischen Aufklärung arbeitete im Zentrum des europäischen Faschismus sehr dilettantisch und unbedarft.

Aufschlussreich in diesem Kontext war der Bericht an den Chef des RSHA Reinhard Heydrich vom 10. Juni 1941, den das Amt IV (Gestapo) verfasste. Darin sollten der sowjetischen Seite schwere Verstöße gegen den deutsch-sowjetischen Pakt nachgewiesen werden, um zu belegen, dass Deutschland zum Krieg gezwungen war. »Seit dem Paktabschluss hat sich der russische Spezial-Spionagedienst in einer fast provozierend wirkenden Form in seiner Arbeitsweise gezeigt. Er ging bei seinen bereits üblichen Methoden immer mehr auch dazu über, die russischen Vertretungen im Reich – und hier an der Spitze die Russische Botschaft – für seine Ausspähungszwecke weitestgehend einzuschalten.

Das Ziel der russischen Spionage im Reich ging dahin, neben der rein militärischen Nachrichtengewinnung die politische Planung des Reiches zu erfahren und durch Ausbau geheimer Schwarzsendeanlagen an vielen Stellen Deutschlands

Meldeköpfe bereit zu haben, die nach einem ausgeklügelten Chiffriersystem alle für Russland wichtigen Meldungen durchgeben sollten.«[33]

Da die sowjetische Seite für 1941 nicht mit einem Angriff Deutschlands rechnete und zum anderen die Abwehr- und Kontrollmaßnahmen der Gestapo gegen sowjetische nachrichtendienstliche Aktivitäten, wie aus dem Heydrich-Bericht hervorgeht, sehr massiv waren, unterließ es Moskau, in der ersten Hälfte des Jahres 1941 weitere stabile Verbindungswege (etwa Kurierverbindungen, TBK oder separate Funklinien) zu installieren.

Die sowjetische militärische Aufklärung bereitete sich langfristig auf einen Verteidigungskrieg vor, indem weltweit strategische Kundschaftergruppen mit qualifiziertem Führungspersonal in Stellung gebracht wurden. Nicht so in Deutschland, und nach dem Hitler-Stalin-Pakt wurde es sogar von Moskau ausdrücklich untersagt.

Als der Krieg gegen die Sowjetunion begann und das Botschaftspersonal Berlin verlassen musste, blieben die Kundschaftergruppierungen in Deutschland ohne Führung zurück. Harnack, Schulze-Boysen, Kuckhoff und Kummerow mussten auf einen einzigen Funker zurückgreifen, Kurt Schulze. Dadurch mussten, was sich als verhängnisvoll erwies, Nachrichten von Belgien aus übermittelt werden. Im Verlaufe des Jahres 1942 versuchte man einiges zu korrigieren. Albert Hößler wurde Anfang August 1942 mit dem Fallschirm über Ostpreußen abgesetzt, schlug sich bis Berlin durch und begann auftragsgemäß für Harro Schulze-Boysen eine neue Funklinie nach Moskau aufzubauen. Er soll aus der Wohnung von Erika von Brockdorff vergeblich Funkversuche unternommen haben und wurde Ende September 1942 von der Gestapo verhaftet und ermordet.

Wilhelm Fellendorf und Erna Eifler, die im Mai 1942 ebenfalls über Ostpreußen abgesprungen und zur Unterstützung der Kundschaftergruppen geschickt worden waren, fanden zeitweise Unterschlupf in der Berliner Wohnung von Ilse Imme. Erst im Oktober 1942 erreichten die beiden Hamburg und bekamen dort Kontakt zur Familie des Spanienkämpfers Heinz Priess. Am 15. Oktober wurden beide verhaftet und in Gestapohaft ermordet.

Auch der Versuch, Hans Coppi als Funker für die Kundschaftergruppe einzubauen, geschah unter Zeitdruck und unter Verletzung der Prinzipien der Konspiration. Coppi, Hößler und Schulze sendeten mitunter gemeinsam

»Ich habe standgehalten«

Ähnlich verhängnisvoll wie der Funkspruch der Zentrale an »Kent« war der vom 28. August 1941 an den gleichen Empfänger. »Kent« wurde angewiesen, Kontakt zu »Alta« aufzunehmen und für sie eine eigene Funkverbindung zur Zentrale herzustellen. »Ilse Stöbe, Deckname: Alta, Berlin Charlottenburg, Wielandstraße 37.«

Auch dieser Funkspruch wurde Ende Juli 1942 durch die deutsche Funkaufklärung entschlüsselt.[34]

Am 17. September 1942 wurde Ilse Stöbe verhaftet und grausam gefoltert. Sie schwieg. Einige Tage vor Vollstreckung des Todesurteils sagte Ilse Stöbe zu einer Zellennachbarin: »Ich habe standgehalten. Ich habe drei Männer und einer Frau das Leben gerettet.«[35] Viele Jahre glaubte man, dass dies möglicherweise Wichtigtuerei gewesen sei. Rudolf von Scheliha galt als einzige Quelle, die sie steuerte. Erst Mitte der 80er Jahre wurde bekannt, dass in der Tat weitere unentdeckte Kundschafter zu ihrer Gruppe gehörten. Ilse Stöbe hat sie sehr gut abgeschirmt und ihr Geheimnis mit ins Grab genommen.

Ende September 1942 funkte dazu Rado aus der Schweiz nach Moskau: »Im September in Berlin eine umfangreiche Organisation aufgedeckt, die Nachrichten an die Sowjetunion lieferte. Viele Verhaftungen sind bereits erfolgt, und weitere sollen bevorstehen. Gestapo hofft, die gesamte Organisation aufdecken zu können. Leiter der Organisation und Funker sind verhaftet worden. Aufdeckung erfolgte durch Funkpeilung.«[36]

Die Vorgeschichte: Am 13. Juli 1941 passierte ein Sonderzug aus Moskau die Grenze zur Türkei. Auf der gleichen Strecke kam ihm ein Zug aus dem bulgarisch-türkischen Grenzort Ardaschai entgegen. In dem einen saß ein Bulgare, der für die sowjetische Aufklärung arbeitete, in dem anderen ein deutscher Kundschafter. Beide wussten nichts voneinander.

Der Sonderzug aus der sowjetischen Hauptstadt brachte 114 Mitarbeiter der deutschen Botschaft in Moskau und der Konsulate in Leningrad, Kiew und Baku in die neutrale Türkei und von dort weiter nach Berlin. Unter dem diplomatischen Personal befand sich Gerhard Kegel (Deckname: Kurt) aus der Wirtschaftsabteilung der Botschaft. Seit 1933 arbeitete er für die Sowjetunion.

Im Gegenzug saßen 99 Mitarbeiter der Botschaft der UdSSR in Berlin, die in ihre Heimat zurückkehrten. Im türkischen Grenzort Kapukele stiegen mehrere Personen zu, unter diesen der Kommandeur-Kundschafter Iwan Winarow, seit 1922 in der Aufklärung. Sie sollten für den Schutz der Diplomaten sorgen.

Kegel war eine von sehr vielen Quellen, die die Sowjetunion vor einem Überfall nicht nur gewarnt, sondern auch konkrete Hinweise auf den bevorstehenden Krieg geliefert hatten. Aber auch seine Informationen waren als unzutreffend, gar als Geheimdienstprovokation abgetan worden, wie man es beispielsweise in einem Papier von Filipp I. Golikow (1900–1980), seit 1940 Chef der Militäraufklärung GRU, lesen konnte. Der hatte am 20. März 1941 Stalin die Berichte und seine Schlüsse wissen lassen:

»1. Aufgrund aller oben angeführten Äußerungen und möglichen Aktionsvarianten für das Frühjahr dieses Jahres bin ich der Ansicht, dass als wahrscheinlicher Termin für den Beginn von Aktionen gegen die UdSSR ein Zeitpunkt nach dem Sieg über England oder nach Abschluss eines für Deutschland annehmbaren Friedens mit England infrage kommt.

2. Die Gerüchte und Dokumente, aus denen hervorgeht, dass in diesem Frühjahr ein Krieg gegen die UdSSR unvermeidlich sei, müssen als Falschmeldung betrachtet werden, die vom britischen und vielleicht sogar vom deutschen Geheimdienst ausgehen.«[37]

Unter den angeführten Informationen war auch der Ende Februar 1941 von Ilse Stöbe ihrem Führungsoffizier in Berlin übergebene Bericht. Darin stand Schwarz auf Weiß: »Die Vorbereitungen zu einem Krieg gegen die UdSSR sind schon weit gediehen. Nach wie vor ist in den herrschenden Kreisen die Meinung vertreten, dass der Krieg gegen Russland noch in diesem Jahr geführt wird.

Es werden drei Armeegruppen unter Führung der Feldmarschälle Bock, Rundstedt und von Leeb gebildet. Armeegruppe Königsberg rückt gegen Leningrad; Armeegruppe Warschau gegen Moskau; Armeegruppe Posen gegen Kiew. Als Termin für den Angriff muss man mit dem 20. Mai rechnen. Es ist eine gewaltige Kesselschlacht bei Pinsk geplant, an der von deutscher Seite 120 Divisionen beteiligt sein werden. Es werden bereits Panzerzüge mit russischer Spurweite gebaut. Alta.«[38]

Stalin und die sowjetische Militärführung erfuhren von Stöbe das Konzept für das Unternehmen »Barbarossa«, was man in den Erinnerungen von Shukow lesen kann: »Von den wahrscheinlichsten gegen die UdSSR geplanten Kriegshandlungen verdienen folgende beachtet zu werden: Variante 3, nach Angaben vom Februar 1941. Für den Angriff gegen die UdSSR werden, wie die Meldung besagt, drei Heeresgruppen geschaffen, die erste unter Oberbefehl von Generalfeldmarschall Bock stößt in Richtung Leningrad vor; die zweite Heeresgruppe unter dem Oberbefehl von Feldmarschall Rundstett in Richtung Moskau und die dritte unter dem Oberbefehl von Generalfeldmarschall von Leeb in Richtung Kiew. Angriffsbeginn schätzungsweise der 20. Mai.«[39]

Die verhängnisvolle Fehleinschätzung der sowjetischen Führung fußte nicht nur auf einem grundsätzlichen Misstrauen gegenüber ausländischen Quellen, sondern auch auf dem Misstrauen gegenüber den eigenen Leuten. Hinzu kam wohl auch ein gehöriges Maß an Naivität und Vertrauensseligkeit.

Nicht minder tragisch war die Tatsache, dass Idealisten und überzeugte Kommunisten, die unter Einsatz ihres Lebens weltweit geheime Informationen von existenzieller Bedeutung für die Sowjetunion beschafften, von dieser oft als Agenten des Klassenfeinds denunziert und verfolgt wurden.

Gerhard Kegel bekam dies selbst wenige Stunden vor Beginn des Krieges in Moskau noch zu spüren. Sein Führungsoffizier Pawel I. Petrow hatte den Wunsch an Kegel herangetragen, dass »einige führende Genossen der Moskauer Zentrale das Bedürfnis hätten, sich ausführlicher mit ihm zu unterhalten«.[40] Bei diesem Gespräch ging es, wie es schien, um die Fragen: Wird Hitlerdeutschland die Sowjetunion militärisch angreifen? Wenn ja, wann ist das zu erwarten? Wie schätzen die verantwortlichen Leute der Botschaft die Situation ein? Aufgrund welcher Tatsachen sind Sie zu dieser Einschätzung gekommen? Kegel erinnerte sich später: »Zu der ersten Frage bestand volle Übereinstimmung. Niemand zweifelte daran, dass Hitler die Absicht hat, die Sowjetunion zu überfallen, wenn er sich dazu in der Lage fühlen würde.

Ich merkte aber bald, dass meine in den vergangenen Monaten und Wochen mitgeteilten alarmierenden Nachrichten von einigen Genossen mit erheblicher Skepsis aufgenommen worden waren. Die skeptische Frage eines der anwesenden Genossen, ob ich meine Überzeugung dokumentarisch belegen könne, musste ich verneinen. Ich gab zu, dass ich ein Papier mit dem Angriffsbefehl und der Unterschrift Hitlers nicht gesehen hatte. Aber eine Fülle von Tatsachen, über die ich laufend berichtete, stützte meine Überzeugung. Ich blieb bei meiner verzweifelten Hartnäckigkeit. Ein Teilnehmer: Der militärische Angriff Hitlerdeutschlands sei wahrscheinlich in zwei bis drei Jahren zu erwarten, aber nicht jetzt.«[41]

Über die letzten Stunden in Moskau vermerkt Kegel: »Am Freitag, dem 20. Juni 1941, empfahl mir Botschaftsrat Hilger, ein oder zwei Koffer, aber nicht mehr, als ich tragen könne, zu packen. Ich solle auf alle Eventualitäten vorbereitet sein.

Am gleichen Abend hatte ich noch einen Treff mit Pawel Iwanowitsch, dem ich den herannahenden Krieg ankündigende Informationen übergab und dem ich mit Nachdruck versicherte, dass nach meiner festen Überzeugung am Sonnabend, dem 21., oder Sonntag, dem 22. Juni, der militärische Überfall erfolgen werde. Ich ließ mich von dieser Meinung, die ich wiederum nicht durch Dokumente erhärten konnte, durch keinerlei Argumente abbringen.«[42]

Für Kegel war es bitter festzustellen, dass man ihn nicht ernst nahm, dass er als unglaubwürdig galt.

Auch deshalb hatte Kegel den Vorschlag seines Führungsoffiziers abgelehnt, in der Sowjetunion zu verbleiben und war in den Zug gestiegen. In Deutschland lebte seine Familie. Und als überzeugter Kommunist wollte er dort aktiv werden, wo er meinte, am nützlichsten zu sein.

Bis zu seiner Abreise aus Moskau meldete sich Petrow, sein Führungsoffizier, nicht wieder. Es gibt keine Instruktionen, nichts. Bei einem Stopp in Kursk wurde ihm einen Zettel zugesteckt. Nach Ankunft in Berlin solle er Verbindung zu »Alta« aufnehmen. Kegel wusste, dass damit Ilse Stöbe gemeint war. Er kannte sie seit den 30er Jahren. Und Kurt Schulze in Berlin-Karow sollte er kontaktieren. Ferner war ein Chiffrierverfahren genannt, das dieser Schulze bei seinen Sendungen nach Moskau verwenden sollte.[43]

Seit 1931 hatte Kegel nach seinem ersten juristischen Staatsexamen als Gerichtsreferendar in Schlesien gearbeitet. Dass er in der KPD war, wurde verschleiert: Sein Parteidokument wies einen anderen Namen aus. 1933 wechselte er als Redakteur zu den *Breslauer Neueste Nachrichten* und wurde Korrespondent in Warschau. Dort erhielt Kegel über Lothar Bolz[44], den er als einen guten Freund und Rechtsanwalt aus Breslau bezeichnete, Verbindung zu Rudolf Herrnstadt[45]. Herrnstadt (1903–1966) leitete eine Gruppe deutscher Antifaschisten und war Resident der GRU. 1934 wurde Kegel wissenschaftlicher Mitarbeiter in der deutschen Botschaft in Warschau. Damit gelangte Kegel in eine exponierte Stellung, die für die sowjetische Aufklärung von großer Bedeutung war. »Warschau war ein politischer Kampf- und Beobachtungsposten von Rang geworden. Als erst der Zugang zu den Informationsquellen erschlossen war, konnten hier viele Vorgänge – vor allem hinter den Kulissen – besser beobachtet werden als in anderen europäischen Hauptstädten, die über ein erheblich größeres politisches Eigengewicht verfügten. In Warschau haben wir zum Beispiel nicht nur vieles von dem erfahren, was das polnische Regime in wichtigen Fragen unternahm oder zu unternehmen gedachte. Hier konnte man vieles von dem hören und dokumentarisch untermauern, was in Berlin zusammengebraut wurde und welche Haltung London und Paris dazu einnahmen. Die Botschaften Hitlerdeutschlands, Frankreichs und Großbritanniens wurden von ihren Regierungen oder von guten Freunden in den Außenministerien besonders sorgfältig über die einschlägigen Probleme und Schachzüge informiert«[46], erinnerte sich später Kegel.

Nach dem Fall »Weiß«, der Okkupation Polens, wurde Kegel Mitarbeiter im Reichsaußenministerium in Berlin. Ende 1939 ging er an die Handelsmission in Moskau, ab 1940 gehörte er zur deutschen Botschaft.

Ilse Stöbe, eine überzeugte Kommunistin und glühende Verehrerin der Sowjetunion, arbeitete seit 1931 für die GRU. Rudolf Herrnstadt hatte sie geworben. Sie war damals Sekretärin des Chefredakteurs des *Berliner Tageblatts*, Theodor Wolff. Bei diesem Blatt arbeitete auch Rudolf Hernstadt, seit Ende der 20er Jahre Kundschafter des Bersin-Apparates, der militärischen Aufklärung der Roten Armee. Er wurde von Wolff gefördert, der ihn 1931 als Korrespondent seiner Zeitung nach Warschau schickte. Herrnstadt holte Ilse Stöbe nach, wo sie ab 1936 Korrespondentin des *Berliner Tageblatts* wurde. Herrnstadt selbst hatte diese Stellung verloren, weil er Jude und deshalb aus der Reichspressekammer ausgeschlossen worden war.

Als »Wolfgang« arbeitete er für die 4. Verwaltung des Generalstabes der Roten Armee. Er warb den 1. Sekretär der deutschen Botschaft in Warschau, Rudolf von Scheliha (Deckname: »Arier«) unter »fremder Flagge«[47] an. Scheliha glaubte, für den britischen Geheimdienst zu arbeiten und dass dieser ihm aus seinen Geldnöten half.

Herrnstadt ging bei Kriegsbeginn nach Moskau, Ilse Stöbe übernahm die geheimdienstliche Steuerung von Scheliha. Dieser wurde im September 1939 in die Presse- und Nachrichtenabteilung des Auswärtigen Amtes nach Berlin versetzt und beschaffte Ilse Stöbe eine Anstellung in dieser Abteilung.

Bis Anfang Juni 1941 traf sich Ilse Stöbe wöchentlich mit ihrem Führungsoffizier, der unter diplomatischer Abdeckung in der sowjetischen Botschaft in Berlin tätig war. Ilse Stöbe war fast überfordert, so viele Informationen beschaffte sie. Alles übergab sie, auch Originaldokumente, die sie von Rudolf von Scheliha, Dr. Klaus Heine – ihrem Lebensgefährten und Journalisten aus der Infomationsabteilung des Auswärtigen Amtes – und bis Ende 1939 auch von Gerhard Kegel erhielt. Deshalb richtete man für sie eine eigenständige Verbindungslinie über den Journalisten Helmut Kindler ein, die jedoch abriss, als mit dem sowjetischen Botschaftspersonal auch ihr Führungsoffizier Berlin verlassen musste.

Beim ersten Treffen von Kegel und Stöbe im August 1941 in Berlin wird das Dilemma offenbar. Kegel weiß nun aber auch, warum er Kontakt zu Kurt Schulze aufnehmen soll. Offenkundig ist er der Kanal zur Zentrale nach Moskau. Ilse

Stöbe hatte jedoch Bedenken, zu dem Funker eine Verbindung herzustellen, sie fürchtete eine Falle der Gestapo. Sie hielt sich strikt an die Weisung, keinerlei Kontakte zu Widerstandsgruppen oder zu bekannten Kommunisten aufzunehmen. Wegen dieser konsequenten Konspiration wüssten wir fast nichts über Stöbes wichtige Arbeit und ihre Kundschaftergruppe, wenn es nicht ihre Freundin Erika Gräfin von Brockdorff (1911–1943) gegeben hätte. Auch sie starb als Widerstandskämpferin in Plötzensee unter dem Fallbeil.

Weil für Stöbe Schulze als Funker nicht infrage kam, versuchte Kegel über einen ihm bekannten Kundschafter an der deutschen Botschaft in Bukarest eine Verbindung zur Zentrale in Moskau herzustellen. Dieser Erwin Kirchhoff kam im April 1942 nach Berlin. Im Gespräch mit Kegel offenbarte er, dass er nach dem Überfall auf die Sowjetunion die Verbindung nach Moskau habe abreißen lassen. Er hatte keinen Mut mehr gehabt. Nicht jeder hielt es aus, zitierte ihn Kegel in seinen Erinnerungen, über Jahre »im Kampf gegen einen übermächtig erscheinenden Gegner immer mit dem Strick um den Hals zu leben«.[48]

Nach 1945 musste er mit dem Makel leben, während des Faschismus versagt zu haben, obgleich Erwin Kirchhoff keineswegs zum Verräter[49] geworden war.

Der bereits erwähnte Funkspruch der Zentrale an »Kent« mit der Adresse von Ilse Stöbe alias »Alta« wurde entschlüsselt, die Gestapo legte sich auf die Lauer und fing den Kurier mit der Nachricht von »Kent« ab, dass »Köster« käme, ein Funkgerät übergeben und ein Gespräch mit von Scheliha führen werde. Am 26. Oktober 1942 wurden »Köster«, das war Heinz Koenen, Rudolf von Scheliha, Ilse Stöbe und Klaus Heine verhaftet. Ilse Stöbe hielt sich an die Verabredung, die sie mit Kegel getroffen hatte: Zugeben, was die Nazis bereits wussten, beharrlich verschweigen, was ihnen unbekannt war.[50]

Charlotte und Gerhard Kegel (1907–1989) erwähnte sie mit keiner Silbe, sie belastete weder ihren Kurier Helmut Kindler noch Klaus Heine, die alle zu ihrer Kundschaftergruppe gehörten. Insofern hatte sie recht, als sie ihrer Zellengenossin vor ihrer Hinrichtung verriet, drei Männer und einer Frau das Leben gerettet zu haben. Heine überlebte das KZ Mauthausen, auf seiner Akte hatte gestanden: RU (Rückkehr unerwünscht).

In der Bundesrepublik verschwieg man zunächst den antifaschistischen Widerstand, dann beschränkte man sich auf die Würdigung des bürgerlichen und militärischen Widerstandes, insbesondere konzentrierte man sich auf den 20. Juli 1944, auf die »Weiße Rose«, den »Kreisauer Kreis« und den »Solf-Kreis«. Die »Rote Kapelle« blieb bis in die späten 60er Jahre weitgehend unbekannt, und im Prinzip besteht unverändert Distanz. Schließlich hat diese Widerstandsorganisation für Stalin und die Sowjetunion gearbeitet – nicht für die Antihitlerkoalition, der auch die heutigen NATO-Verbündeten angehörten. Über allem schwebt der Ruch des Landesverrats und der Kollaboration mit einem »Unrechtssystem«. Das heißt, die Bewertung der »Roten Kapelle« und ihrer Verdienste unterliegt antikommunistischen, antisowjetischen Vorurteilen.

In der DDR hingegen galt die »Rote Kapelle« als Beleg für eine im antifaschistischen Widerstand realisierte Volksfrontpolitik der KPD. Schließlich kamen ihre Mitglieder aus verschiedenen politischen und sozialen Lagern.

Der Schriftsteller Günther Weißenborn (1902–1969), seit 1932 Freund Arvid Harnacks und 1943 zu fünf Jahren Zuchthaus verurteilt, beschrieb in seinem 1953 verlegten Buch »Der lautlose Aufstand« seine damaligen Gefährten und ihre Motive. Dieses differenzierte Beurteilung wird ihnen gerechter als heroische Verklärung oder verschämtes Verschweigen.

»Es gab jedoch während des Hitlerregimes Überzeugungstäter, die in jener Zeit der Rechtlosigkeit zum Äußersten sich gedrängt sahen, sei es zum Attentat oder zur Verbindung mit dem Gegner in Ost und West. Dabei ist genau zu berücksichtigen, dass in Deutschland bis 1945 über unsere damaligen Gegner andere Vorstellungen bestanden als heute. Das Bestreben dieser des Landesverrates Angeklagten war, dem täglichen Menschenopfer ein Ende zu machen, da sie aufgrund ihrer Einsicht wussten, dass der Krieg auf jeden Fall verloren war.

Sie waren nicht ängstlich und feige genug, um stillzuhalten, wenn an den Fronten immer wieder sinnlos Hunderttausende in die MG-Garben des Feindes kommandiert und unschuldiges Blut in Strömen floss. Sie wollten Menschenleben retten. Schulze-Boysen sagte einmal, so viele Deutsche müssten Hoch- und Landesverrat betreiben, dass der aussichtslose

Krieg Hitlers schon nach einem halben Jahr durch einen Aufstand beendet werde, dann würden Millionen Menschenleben gerettet werden.

Man kann darüber verschiedener Meinung sein. Er jedenfalls handelte danach und starb dafür. Allerdings stand er auf dem Standpunkt, dass ein deutsches Menschenleben nicht mehr wert sei als ein amerikanisches oder russisches. Wäre die Widerstandsbewegung stark gewesen, so hätte der Gegner mit ihr verhandeln können, und die Besetzung von Deutschland wäre uns möglicherweise erspart geblieben. Wenn die Widerstandsbewegung nicht gewesen wäre, so hätte der verlorene Krieg wahrscheinlich länger gedauert, und die Atombomben wären auf Deutschland gefallen.

Das alles sind tragische Überlegungen, die jeder nach seinem Gewissen entscheiden muss.

Wohin sind wir gekommen mit Hass, Hetze und Verdächtigung, dass nicht einmal mehr saubere Motive geglaubt werden?

Ich kann bezeugen, dass Schulze-Boysen und seine Freunde (außer Scheliha) aus edlen Motiven gehandelt haben, dass sie ihr Leben freiwillig geopfert haben und dass die meisten eine heroische Haltung in der Gestapo bewiesen. Der Hitlerstaat hatte das Recht, sie unschädlich zu machen, hart und kalt, denn sie waren seine Feinde. Aber es hat niemand das Recht, den Fall in dieser infamen Art zu justifizieren, und niemand hat das Recht, sie heute hinterher zu beschimpfen.«[51]

Anmerkungen

1 Oscar Reile: Geheime Westfront, München 1962, S. 209
2 Geschichte der deutschen Arbeiterbewegung, Berlin 1966, Bd. 5, S. 281
3 Luise Kraushaar: Berliner Kommunisten im Kampf gegen den Faschismus, Berlin 1981, S. 185 ff.
4 Karl Biernat / Luise Kraushaar: Die Schulze-Boysen / Harnack-Organisation, Berlin 1970, S. 27
5 a. a. O., S. 28
6 Luise Kraushaar: Berliner Kommunisten ..., a. a. O., S. 223
7 Karl Biernat / Luise Kraushaar ..., a. a. O., S. 71
8 a. a. O., S. 32
9 a. a. O., S. 41

10 Gilles Perrault: Auf den Spuren der Roten Kapelle, Hamburg 1969, S. 79 ff.
11 Hans Doerr: Der Feldzug nach Stalingrad, Darmstadt 1955, S. 125
12 Gilles Perault: Auf den Spuren ..., a. a. O., S. 80
13 a. a. O., S. 81
14 Oscar Reile: Geheime Westfront ..., a. a. O., S. 222
15 Karl Biernat / Luise Kraushaar ..., a. a. O., S. 42
16 Gedenkstätte Deutscher Widerstand, Material 17.1
17 Elfriede Paul: Ein Sprechzimmer der Roten Kapelle, Berlin 1981, S. 98
18 a. a. O., S. 96
19 Elfriede Paul (1900–1981), Sozialhygienikerin, Mitglied KPD, SED, 1926–33 Medizinstudium in Hamburg und Berlin, Promotion in Berlin, Schulärztin und Privatpraxis in Berlin. Seit 1936 Mitarbeit in der »Roten Kapelle«, 1942 wegen Hochverrats zu sechs Jahren Zuchthaus verurteilt, 1946 Landtagsabgeordnete der KPD im Landtag Niedersachsens, von August bis November 1945 Ministerin für Arbeit und Wohlfahrt, seit 1947 in Berlin lebend, 1950–56 am Institut für Sozialhygiene der HU Berlin, danach Übernahme des Lehrstuhls für Sozialhygiene in Magdeburg. Zuletzt lebte sie in Ahrenshoop, wo sie auch starb.
20 Walter Küchenmeister (1897–1943), Schriftsteller, Journalist, Lebensgefährte von Elfriede Paul. Seit 1935 gehörte er zum Kreis um Schulze-Boysen. Am 13. Mai 1943 in Plötzensee hingerichtet
21 Wolfgang Langhoff (1901–1966), Schauspieler, Regisseur, Intendant seit 1928 Schauspielhaus Düsseldorf, 1928 KPD, 1933/34 KZ Esterwege; 1934–1945 Emigration in der Schweiz, 1946–1963 Intendant des Deutschen Theaters in Berlin, 1950 Entbindung von allen Parteifunktionen wegen angeblicher Verbindung zu Noel Field; 1956 Rehabilitation, tragende Rollen in Theater, Film und Fernsehen
22 Franz Dahlem: Am Vorabend des Zweiten Weltkrieges, Berlin 1977, Bd. 2, S. 293
23 Ernst Thälmann (1886–1944) gehörte der SPD, dann der USPD an und war aktiv gewerkschaftlich tätig. Nach Zusammenschluss der KPD mit dem linken Flügel der USPD wurde er 1920 in den KPD-Zentralvorstand und 1923 in die Zentrale gewählt. 1925 Vorsitzender der KPD und Leiter des Roten Frontkämpferbundes (RFB). Er war Abgeordneter der Hamburgischen Bürgerschaft und des Deutschen Reichstages. Am 3. März 1933 wurde Thälmann verhaftet und am 18. August 1944 im KZ Buchenwald ermordet.
24 Bernd Kaufmann u. a.: Der Nachrichtendienst der KPD, Berlin 1993, S. 397
25 a. a. O., S. 418 ff.
26 a. a. O., S. 331
27 Gerhard Kegel: In den Stürmen unseres Jahrhunderts, Berlin 1983, S. 354 ff.
28 a. a. O., S. 362

29 Luise Kraushaar: Berliner Kommunisten ..., a. a. O., S. 262
30 Gilles Perrault: Auf den Spuren ..., a. a. O., S. 274
31 Ernst von Salomon: Der Fragebogen, Hamburg 1961, S. 398
32 Gerhard Kegel: In den Stürmen ..., a. a. O.
33 Gilles Perrault: Auf den Spuren ..., a. a. O., S. 49 ff.
34 Herausgeberkollektiv: Kämpfer vor dem Sieg, Leipzig 1981, S. 71
35 a. a. O., S. 86
36 Sándor Radó: Dora meldet, Berlin 1971, S. 318
37 G. K. Shukow. Erinnerungen und Gedanken, Berlin 1981, Bd. 1, S. 270 ff.
38 Herausgeberkollektiv: Kämpfer ..., a. a. O., S. 86 ff.
39 G. K. Shukow: Erinnerungen ..., a. a. O., Bd. 1, S. 270 ff.
40 Gerhard Kegel: In den Stürmen ..., a. a. O., S. 221
41 a. a. O., S. 221 ff.
42 a. a. O., S. 225 ff.
43 a. a. O., S. 259 ff.
44 Lothar Bolz (1903–1986), Rechtsanwalt, Exil in Danzig, Prag und Moskau, leitende Tätigkeit im NKFD, 1953–1965 Minister für Auswärtige Angelegenheiten der DDR
45 Rudolf Herrnstadt (1903–1966), bis 1943 Mitarbeiter im Generalstab der Roten Armee, von 1943 bis 1945 leitende Tätigkeit im NKFD, 1949–1954 Chefredakteur des *Neuen Deutschland*, im Juli 1953 wegen angeblicher fraktioneller Tätigkeit aus dem ZK und SED ausgeschlossen
46 Gerhard Kegel: In den Stürmen ..., a. a. O., S. 107
47 »Unter fremder Flagge« zu werben bedeutete, einen potenziellen Spion für die Arbeit eines fremden Geheimdienstes zu gewinnen, jedoch ihn im Unklaren zu lassen, wer der tatsächliche Auftraggeber und Abnehmer der Informationen war. Damit wurden mögliche Ressentiments ausgeschaltet: Für die CIA, zum Beispiel, war man im Westen eher bereit zu arbeiten als für den KGB.
48 Gerhard Kegel: In den Stürmen ..., a. a. O, S. 342 ff.
49 Mit diesem Begriff wurde insbesondere in der Sowjetunion sehr rasch und sehr absichtsvoll hantiert. Wer anderer Auffassung war oder angeblich »von der Linie« abwich, traf dieses Verdikt. Es war eine probate Methode, Widerspruch und Opposition auszuschalten. Während des Zweiten Weltkrieges und bis 1953 wurden pauschal alle Rotarmisten, die in deutsche Kriegsgefangenschaft gerieten, als »Verräter« denunziert.
50 vgl. Gerhard Kegel: In den Stürmen ...
51 Günther Weisenborn: Der lautlose Aufstand, Berlin 1953. Das Buch über den antifaschistischen Widerstand fußte auf Material, das Ricarda Huch zusammengetragen hatte. Es erlebte mehrere Auflagen und erschien 2000 auch in Frankreich (»Une Allemagne contre Hitler«).

15. Die »Rote Kapelle« in Westeuropa

Im Unterschied zur Schulze-Boysen / Harnack-Organisation, die mit verschiedenen Aktionen den Faschismus in Deutschland auch direkt bekämpfte, arbeitete die von Leopold Trepper[1] geleitete Gruppierung ausschließlich für die Auslandsaufklärung der Sowjetunion.

Der »Grand Chef« Leopold Trepper (1904–1982) war ein polnischer Jude, der in ärmlichen Verhältnissen unweit von Zakopane aufwuchs. Er floh als Kommunist vor der polnischen Polizei mit 20 nach Palästina und wurde dort 1929 von den Briten arretiert. 1930 flüchtete er nach Moskau, studierte und ging im Herbst 1938 im Auftrag der GRU nach Brüssel. Als kanadischer Geschäftsmann getarnt, organisierte er als »Otto«, »Adam Mickler« und »Jean Gilbert« in Westeuropa das Netz der »Roten Kapelle«.

Er war in diesem Metier nicht unerfahren. 1937 hatte er aufklären können, wie es der französischen Polizei gelungen war, das Spionagenetz der FKP zu zerschlagen. Der Leiter des sowjetischen Netzes in den USA, ein holländischer Jude, war vom FBI umgedreht und in das französische Netz eingeschleust worden. Und die Amerikaner hatten das so gewonnene Wissen an die Franzosen weitergegeben.[2]

Trepper war für die Aufgabe in Brüssel von Jan K. Bersin (1889–1938) vorbereitet worden. Der gebürtige Lette[3] leitete, mit einer zweijährigen Unterbrechung, seit 1924 den militärischen Aufklärungsdienst der Roten Armee. »Wir brauchen Sie. Nicht hier im Apparat. Sie sollen unsere Aktionsbasis in Westeuropa aufbauen, und bis Kriegsbeginn muss Ihre Geheimorganisation in Ruhestellung bleiben«, soll er laut Trepper gesagt haben. Bersin, der sich an vielen Frontabschnitten ausgezeichnet hatte, zuletzt in Spanien, wofür er den Lenin-Orden erhalten hatte, geriet in das Räderwerk der Stalinischen

Säuberungen. Mit dem Vorwurf, die sowjetische Militärspionage sei von Deutschen unterwandert, wurde er im Ferbuar 1938 als »Volksfeind« aus der Partei ausgeschlossen, im Juli wegen angeblicher Mitgliedschaft in einer konterrevolutionären terroristischen Organisation zum Tode verurteilt und erschossen. 1956 wurde Bersin rehabilitert. Seine Ausschaltung hinterließ eine Lücke, die für die sowjetische Aufklärung verhängnisvolle Folgen hatte.

Die Strategie, die Bersin mit Trepper verfolgte, unterschied sich von der, die Iwan Winarow vorgegeben war. In Bersins Auftrag baute der Bulgare ab November 1936 im Zusammenhang mit dem spanischen Bürgerkrieg ein Informationsnetz in europäischen Häfen auf, das sofort aktiv wurde. Diese Kundschaftergruppe wirkte von Paris aus, ihre Funkstation war in einer kleinen Molkerei untergebracht.

Als im März 1939 der spanische Krieg endete, gingen Teile dieses Netzes in Reserve und wurden erst 1940 wieder aktiviert. Es arbeitete parallel zur »Roten Kapelle«.

Trepper berichtete später, was der Grund seines antifaschistischen Engagements war. »Als ich im Zusammenhang mit meiner ersten Mission am 1. Mai 1937 nach Frankreich fuhr und in Berlin Station machte, traute ich meine Augen nicht. Unerträglich der Anblick, der sich mir auf den Straßen bot: Tausende von Arbeitern mit Schirmmütze, Tausende von Jugendlichen marschierten hinter den Fahnen und Standarten der Nazis her und sangen laut die hitlerschen Hymnen. Gebannt stand ich am Straßenrand, unfähig zu begreifen, was ich sah. Welcher Massenwahn hatte die Deutschen befallen?

In diesem Augenblick, unter dem Eindruck der schmetternden Gesänge, die bald ganz Europa hören sollte, gewann ich die Überzeugung, dass der Nazismus nur in eine Katastrophe, in einen Weltbrand münden konnte, und ich beschloss, in diesem unerbittlichen Kampf, bei dem die Zukunft der Menschheit auf dem Spiel stand, meinen Platz einzunehmen. In vorderster Linie.

Gelegenheit sollten mir die Nachrichtendienste der sowjetischen Armee geben. Der sowjetische Geheimdienst funktionierte zu der Zeit anders als seine westlichen Konkurrenten, und zwar insofern, als er sich im Wesentlichen auf Kommunisten in aller Welt stützen konnte. Echte Agenten auszubilden hatte der während des Bürgerkrieges gegründete russische Spionagedienst noch nicht die Zeit gehabt.

Auch für ihn galt natürlich die Grundregel, möglichst im Lande selbst, in dem er arbeitete und aus dem er Informationen beziehen wollte, Agenten zu werben. Zwangsläufig strömten der Roten Armee Tausende Genossen zu, die sich selbst nicht als Spione betrachteten, sondern als Kämpfer in vorderster Front der Weltrevolution. Diesen internationalen Charakter hat Russlands militärischer Geheimdienst sich bis 1935 bewahrt, und man versteht den selbstlosen Einsatz der für ihn tätigen Männer nur dann, wenn man ihn im Zusammenhang mit der Weltrevolution sieht. Die Informanten – das kann ich aus eigener Kenntnis beurteilen – handelten völlig uneigennützig. Von Geld und Lohn war niemals die Rede.«[4]

Trepper installierte sein Netz so, dass er von Belgien, Holland und Frankreich aus auch die englische Seite unter Kontrolle halten konnte. Vorerst spielte Deutschland in der Auftragsstruktur der Zentrale an Trepper keine vorrangige Rolle.

Als am 1. September 1939 der Weltkrieg begann, war Trepper aus dem Stand in der Lage, die aus der Zentrale eingehenden Aufträge trotz fehlender Funkverbindung auszuführen. 1940 übergab er das belgische Netz an den »Petit Chef« Viktor Sukulow / Anatoli Gurewitsch alias »Kent«. Er selbst kümmerte sich fortan vorrangig um den französischen Apparat und um dessen Ausbau.

Trepper machte alsbald die gleichen Erfahrungen wie Rado in der Schweiz, Dr. Sorge in Japan, Schulze-Boysen, Harnack und Ilse Stöbe in Deutschland: Stalin schenkte auch seinen Informationen über den bevorstehenden Angriff Hitlerdeutschlands auf die Sowjetunion einfach keinen Glauben.

Wiederholt warnte Trepper seine Moskauer Vorgesetzten. Zweimal wandte er sich direkt an den sowjetischen Militärattaché Susloparow in Vichy-Frankreich. Das war nur in Ausnahmefällen erlaubt. Es handelte sich um einen Notfall, der Überfall stand unmittelbar bevor. Er übergab Dokumente, die das belegten. Trepper war auch aus anderem Grunde beunruhigt, er brauchte Funkgeräte und Funker und bat den Militärattaché, ihm endlich die nötige Ausrüstung zu beschaffen. General Susloparow wiegelte ab, beruhigte ihn, Trepper solle keine Panik verbreiten. Der Krieg gegen die Sowjetunion sei noch weit.

Am Abend des 21. Juni 1941 drang Trepper erneut in Vichy zum Militärattaché vor und teilte ihm mit, dass die Wehrmacht noch in der gleichen Nacht die UdSSR angreifen werde. Susloparow reagierte unverständlich, Trepper sei »völlig im Irrtum. Ich traf heute mit dem japanischen Militärattaché zusammen, der eben aus Berlin gekommen ist. Er hat mir versichert, dass Deutschland nicht den Krieg vorbereitet. Auf ihn kann man sich verlassen.«[5]

Trepper bestand jedoch darauf, dass Susloparow einen Funkspruch nach Moskau schickte.

Am nächsten Morgen weckte ihn der Hotelbesitzer mit dem Satz: »Es ist so weit. Deutschland hat den Krieg gegen die Sowjetunion begonnen!«[6]

Am 23. Juni 1941 traf der sowjetische Luftwaffen-Attaché bei Susloparow in Vichy ein; er hatte Moskau wenige Stunden vor Ausbruch des Krieges verlassen. Er erzählte Trepper, dass er vor seiner Abreise bei General Golikow war, dem seit einem Jahr amtierenden Chef des militärischen Geheimdienstes GRU.

Golikow habe ihm erklärt: »Sagen Sie ›Otto‹, dass ich seine Informationen über den bevorstehenden deutschen Angriff an Stalin übermittelt habe.

Der Oberste Chef habe sich sehr gewundert, dass ein Mann wie ›Otto‹, ein Mann des Geheimdienstes, sich durch die englische Propaganda habe irreführen lassen.

Sie können ihm die feste Überzeugung des Obersten Chefs mitteilen, wonach der Krieg gegen Deutschland nicht vor 1944 beginnen werde.«[7] Diese »feste Überzeugung des Obersten Chefs« kam die Sowjetunion in der Anfangsperiode des Krieges sehr teuer zu stehen.

In den Abendstunden des 22. Juni 1941 erhielten Armeekommandeure in den Militärgrenzbezirken den Befehl, den Feind über die Grenze zurückzuwerfen. Da waren die Panzerdivisionen der Wehrmacht schon einige Hundert Kilometer tief in sowjetisches Territorium vorgestoßen.

Dreißig Jahre nach dem Krieg, 1975, schrieb Filipp I. Golikow, inzwischen Marschall der Sowjetunion: »Der sowjetische Nachrichtendienst hatte rechtzeitig die Termine und Daten des Angriffs gegen die UdSSR erfahren und zur gegebenen Zeit Alarm gegeben. Der Geheimdienst hat genaues Material hinsichtlich des Militärpotenzials Hitlerdeutschlands, die genauen Ziffern der Streitkräfte, der Rüstungsmenge und der strategischen Pläne des Wehrmachtskommandos geliefert.«

Noch am 20. März 1941 hatte Golikow an Stalin berichtet: »Alle Dokumente, die behaupten, der Krieg stehe unmittelbar bevor, müssen als Fälschungen betrachtet werden, die aus britischen oder sogar deutschen Quellen stammen.«

Ab dem 22. Juni 1941 begann auch für Treppers Apparat eine schwere Zeit. Moralisch aber, so meinte er später, »waren wir um eine schwere Last erleichtert. Als Kommunisten waren wir mit dem Nichtangriffspakt des Jahres 1939 nie einverstanden gewesen.«[8]

Trepper hatte mit seiner Organisation den Faschismus schon kennengelernt. Seit der Besetzung von Belgien, den Niederlanden und Frankreichs konnte man täglich auf gelben Plakaten die Todesurteile lesen. Es schien, als kämpften die Davids mit dem Goliath. Und Treppers Funker sendeten fast fünf Stunden in der Nacht, wohl wissend, dass die Nazis mit ihrer neuesten Peiltechnik nur 20 Minuten brauchten, um einen Sender zu orten. Binnen kurzer Zeit verlor Trepper drei Funker.

Seine Informationsquellen saßen fast überall, daher die vielen Informationen, die an die Zentrale übermittelt werden mussten. Trepper führte zwei Handelsunternehmen, die Brüsseler SIMEXCO und die Pariser SIMEX, die in die Aufklärungstätigkeit einbezogen waren. Über sie liefen Verbindungen und Kontakte zur Organisation Todt (OT), zum Beschaffungsamt der Wehrmacht und zum Stab des Militärbefehlshabers in Frankreich sowie zu weiteren Führungsstäben der Wehrmacht, zum Amt Sauckel, das für den Arbeitskräfteeinsatz in Frankreich verantwortlich war, und zu einer Reihe von Personen, die in faschistischen Organisationen und Einrichtungen tätig waren.

Eine seiner wichtigsten Informationsquellen war Käte Voelkner, die Chefsekretärin im Amt Sauckel in Paris.[9]

Zwischen 1940 und 1943 wurden von der westeuropäischen »Roten Kapelle« etwa 1500 Funksprüche an die Zentrale nach Moskau geschickt. Trepper klassifizierte sie später in zwei Kategorien. Es gab Funksprüche, die betrafen die militärische und materielle Sicherstellung der deutschen Wehrmacht. Darin wurden Angaben zur allgemeinen Kriegsindustrie, zu Rohstoffreserven, Transportkapazitäten, Waffen- und Flugzeugproduktion und neue Waffenmodelle geliefert, etwa die Pläne des Panzertyps T 6 (Tiger). Der zweite Typ von Informationen betraf die Beurteilung der militärischen Lage und die militärische Stärke der Wehrmacht an bestimmten Frontabschnitten der deutsch-sowjetischen Front.

In der Nacht vom 12. zum 13. Dezember 1941 fiel die erste Funkstation in Brüssel den Funkfahndern in die Hände. Von Mai 1942 bis Juni 1943 wurden weitere Sendestationen liquidiert, einige gerieten unter die Kontrolle des Sonderkommandos. Am 24. November 1942 wurde auch Leopold Trepper festgenommen und zum Tode verurteilt wie andere Mitstreiter: Alfred Gorbin, Leon Großvogel, Hersch Sokol, Käte Voelkner, Hillel Katz, Suzanne Spaak und Fernand Pauriol. Etwa siebzig wurden zu unterschiedlich hohen Zuchthaus- und Gefängnisstrafen verurteilt. Neun von ihnen sollten überleben. Die »Rote Kapelle«, so bilanzierte man nach 1945, verlor in Belgien, Frankreich und in den Niederlanden über 100 Frauen und Männer. Sie bezahlten ihren Einsatz für die Sowjetunion mit dem Leben.

Anatoli M. Gurewitsch, der Petit Chef, war nicht darunter. Er war 1942 in Marseille verhaftet und in das Funkspiel des Sonderkommandos einbezogen worden.

In einem zusammenfassenden Bericht am 22. Dezember 1942 wurde erklärt, dass über das Netz der »Roten Kapelle« in Westeuropa ein vollständiger Sieg errungen worden sei. Nunmehr plante man, so Perrault, auf den »Trümmern des zerstörten Netzes ein Wunderwerk offensiver Gegenspionage aufzubauen. Der Reichsführer SS Himmler und seine Adjutanten hatten ihrem Gefangenen Leopold Trepper bereits eine Rolle zugedacht, die seiner Person würdig war.« Sie hatten den Chef der sowjetischen Spionage in Europa nicht gefangengenommen, um ihn einfach im Kerker verschwinden zu lassen.[10]

Einen Tag nach seiner Verhaftung machte der Leiter des Sonderkommandos Karl Giering ihm klar, was man von ihm erwarte. Trepper berichtete in seinen Erinnerungen über Gierings aberwitzige Auslassungen. »Das Dritte Reich hat das einzige Ziel, zu einem Frieden mit der Sowjetunion zu gelangen. Es ist zwar leicht, in den neutralen Ländern Beziehungen mit den Vertretern der Westmächte aufzunehmen, jedoch praktisch unmöglich, mit Sendboten der Sowjetregierung zusammenzutreffen. Dieses Problem blieb für uns unlösbar bis zu dem Tag, da wir den Einfall hatten, die Rote Kapelle dafür zu benutzen. Wenn das Netz einmal umgedreht ist, werden dessen Sender die Werkzeuge dieses Weges zum Frieden sein.«[11]

Giering erläuterte das Große Spiel, das sie mit Trepper aufziehen wollten. Sollte dieser nicht mitspielen, würde er zweimal sterben: physisch in Frankreich und moralisch in der Sowjetunion. Man werde Moskau davon überzeugen, dass er Verrat begangen habe.[12]

Hingerichtet zu werden sei die logische Folge seiner Tätigkeit, antwortete Trepper, und ob Moskau ihn für einen Verräter halten würde, könne er nicht beeinflussen. Außerdem könne es ihm auch egal sein, schließlich sei er tot. Überlegenswert sei allerdings die Sache mit dem Friedensschluss zwischen Deutschland und der Sowjetunion. Daran mitzuwirken sei eine interessante Sache.

Trepper ließ sich auf ein kompliziertes Doppelspiel ein. Einerseits tat er so, als folge er Giering, andererseits wollte er die Möglichkeit nutzen, Moskau und andere Kundschafter zu warnen. In seinen Memoiren schrieb er: »Ich hoffte, dass Giering früher oder später gezwungen sein werde, mich in das Große Spiel nicht als manipulierte Figur, sondern als unentbehrlichen Partner einzuschalten. Dann könnte ich die Maschine von innen in Unordnung bringen.«[13]

Allerdings war ihm auch bewusst, dass in den folgenden Wochen und Monaten die Zentrale in Moskau in erheblichem Maße durch ihn getäuscht werden würde. Die von der Gestapo in Abstimmung mit der Abwehr fabrizierten Informationen militärischer, politischer und diplomatischer Art, von ihm an die Zentrale übermittelt, würden dort für bare Münze genommen werden.

Als Trepper Ende 1942 verhaftet wurde, hatten sich »Kent« und »Bordo« bereits offenbart und das »Funkspiel« mit Moskau begonnen.

Konstantin Jefremow (»Bordo«), Hauptmann der GRU und Organisator der »Roten Kapelle« in den Niederlanden, war im Sommer 1942 verhaftet worden. Ihn hatte ein Spitzel namens Mathieu, ein ehemaliger Oberinspektor der belgischen Polizei, verraten. Mathieu und Kurt Schumacher waren zwei V-Männer, die die Gestapo eingeschleust hatte. Als Trepper sie enttarnte, war es bereits zu spät.[14]

Nach Jefremows Festnahme flog fast die gesamte Gruppe der »Roten Kapelle« in Belgien auf, drei Mitglieder der Gruppe in Holland wurden verhaftet sowie Kontakte zur »Roten Kapelle«, die in der Schweiz tätig war, der Gestapo bekannt. Jefremows weiteres Schicksal ist unbekannt, sowjetische Quellen sagen, der Verräter sei 1943 in Berlin hingerichtet worden.

Viktor Sukulow alias Anatoli M. Gurewitsch (»Kent«) war, wie schon erwähnt, am 12. November 1942 in Marseille verhaftet worden. Er informierte über die Gruppen der »Roten Kapelle« in Frankreich, Belgien, Deutschland und in der Schweiz, er verriet seinen eigenen Code, den von Trepper und den von Rado. Er verriet auch Treppers Verbindung zwischen Moskau und der illegalen Kommunistischen Partei Frankreichs. Von Gurewitsch erfuhr das Gestapo-Sonderkommando von Hillel Katz, Alfred Corbin, Nazarin Drailly, Harri Robinson und Leo Großvogel. Und »Kent« chiffrierte in der Folgezeit unter Aufsicht des Sonderkommandos die Funksprüche an die Zentrale. Mit diesen sollte der Eindruck vermittelt werden, die »Rote Kapelle« in Westeuropa erfülle unverändert ihre Aufgaben.

Genau diesen Eindruck wollte Trepper zerstören. Allerdings misstraute Giering ihm, weshalb er Treppers »Vorschlägen« nicht folgte. So hoffte er, auch ohne dessen Mitwirkung die Verbindung zur Führung der Französischen Kommunistischen Partei herzustellen. Die Schlüsselfigur war, wie Abraham Raichman aus Treppers Gruppe unter Folter verraten hatte, Juliette Moussier in der Konditorei Jacquin in der Rue Pernelle in Paris. Die betagte Kommunistin war seit 1941 der »lebende Briefkasten« zwischen der Parteiführung und Leopold Trepper.

Da aber Gierings erster und auch zweiter Versuch scheiterte, musste er sich auf Trepper einlassen. Dieser sollte Madame Juliette Moussier einen für die Zentrale in Moskau bestimmten Funkspruch übergeben, dass alles in Ordnung sei.

Als Gierung Trepper über diese Absicht informierte, begann er, wie er sich später in seinen Memoiren erinnerte, einen Bericht aufzusetzen, den er in der Konditorei ebenfalls zu übergeben gedachte. »Am leichtesten konnte ich zwischen zwei und drei Uhr arbeiten, wenn die Wächter, mit den Ellenbogen auf dem Tisch, schliefen. Laut Vorschrift sollten sie aufstehen und ans Gitter kommen, um zu sehen, was ich tat, aber faktisch verzichteten sie darauf. Im Notfall hätte ich das Papier noch rasch unter der Decke verschwinden lassen.

Ich schrieb meinen Bericht auf Papierstückchen, die aus den Zeitungen geschnitten waren, mit winzigen Buchstaben in einer Mischung aus Jiddisch, Hebräisch und Polnisch. Sollte ich Pech haben und erwischt werden, würde mir die für die Entzifferung notwendige Zeit ein wenig Aufschub gewähren.«[15]

In seiner Niederschrift führte Trepper chronologisch alle Ereignisse seit dem 23. Dezember 1941 auf, als die erste Funkstation der Gestapo in die Hände gefallen war, nannte Sender, Funksprüche und die Codes, die dem Feind bekannt waren, sowie Personen, die verhaftet worden waren bzw. mit deren Verhaftung zu rechnen war. Trepper erläuterte die ihm bekannten Absichten des »Großen Spiels« und schlug vor: Entweder erklärte sich die Zentrale mit dem Funkspiel einverstanden, dann sollte der Direktor am 23. Februar 1943 per Funk Glückwünsche zum Tag der Roten Armee und zu Treppers Geburtstag übermitteln. Oder sie lehnte ab, dann sollte sie noch etwa zwei Monate allgemeine Funksprüche senden und dann den Funkverkehr einstellen.

Trepper entschloss sich, zum ersten Treff in die Konditorei ohne Gierings Funkspruch zu gehen. Dieser stimmte zu. Trotz umfangreicher Absicherungsmaßnahmen durch die Gestapo außerhalb und innerhalb des Geschäftes gelang es Trepper, die entscheidende Informationen bei der Umarmung Juliette Moussier ins Ohr zu flüstern: Er übergebe ihr in einer Woche eine Botschaft, die sie weitergeben solle. Dann sollte sie sofort untertauchen. Der zweite Treff fand am letzten Sonnabend im

Januar 1943 statt. Trepper schob bei der Begrüßung seinen Bericht und die chiffrierte Giering-Meldung in ihre Hand.

Am 23. Februar informierte Giering Trepper in der Gefängniszelle, dass »Kent« zwei Funksprüche des Direktors empfangen habe: »Zum Jahrestag der glorreichen Roten Armee und zu ihrem Geburtstag schicken wir ihnen unsere besten Wünsche. In Anerkennung ihrer hervorragenden Dienste beschließt die Direktion, der Regierung vorzuschlagen, ihnen einen militärischen Orden zu verleihen.«[16]

Der zweite Funkspruch bestätigte den Eingang einer Funksendung über »unsere Freunde«, forderte jedoch auf, diese Verbindung bis auf weiteres zu unterbrechen. Trepper solle aber auf weitere Weisungen aus der Zentrale warten.

Damit war Trepper klar: Moskau wusste Bescheid und stimmte dem Funkspiel zu, womit nunmehr die Initiative in der Zentrale lag. Diese bestimmte jetzt die Spielregeln, nicht mehr die deutsche Abwehr.

Was Trepper nicht wusste: Seinen schriftlichen Bericht hatte der FKP-Vorsitzende Jacques Duclos für so wichtig gehalten, dass er ihn nicht per Funk nach Moskau schickte, sondern per Kurier nach London in die sowjetische Botschaft. Von dort ging er auf diplomatischem Wege nach Moskau.

Im Januar 1943 kehrt Heinz Pannwitz in die Gestapo-Zentrale in Berlin in der Prinz-Albrecht-Straße zurück und wurde in die Arbeit gegen den deutschen Zweig der »Roten Kapelle« einbezogen. Im Sommer verschlechterte sich Gierings Zustand. Er hatte schon immer getrunken, im Endstadium seiner Krebserkrankung verfiel er völlig dem Alkohol. Seinen Berichten, die er nach Berlin sandte, merkte man das wohl an, weshalb Pannwitz im Juli 1943 seine Stelle in Paris übernahm und eine neue Strategie im Vorgehen gegen die »Rote Kapelle« einschlug: die Führungskräfte verhaften und »umdrehen«, die technische Basis des Kundschafternetzes (Funkgeräte, Funker, Codes usw.) aufspüren, die Funker festnehmen und ebenfalls »umdrehen«.

Das erforderte umfangreiche Beobachtungen, Überprüfungen, Ermittlungen, Funkpeilungen sowie das An- und Einschleusen von V-Männern. Je nach Sachlage erfolgten dann Exekutiv- oder andere Maßnahmen.

Als dann Pannwitz in Paris eintraf, war Trepper aus seiner Zelle in der Rue de Saussaies nach Neuilly in eine Villa verlegt worden. Dort hatte sich der Gestapochef von Paris, Carl Bömelburg, in seinem Wohnhaus ein Sondergefängnis eingerichtet, in dem eine Reihe Prominenter inhaftiert waren: Albert Lebrun, letzter Präsident Frankreichs vor der Besetzung, André François-Poncet, letzter französischer Botschafter in Berlin, Largo Caballero, ehemaliger Präsident der spanischen Republik, und nun auch Leopold Trepper. Einige Zeit später tauchte auch »Kent« mit seiner Frau Margarete Barcza auf.

Die Moskauer Zentrale wies im Funkspiel an, nur noch militärische Informationen zu übermitteln. »So wurden die Deutschen ab Februar 1943 gezwungen, Moskau Auskünfte zu geben, die ein normal funktionierendes Netz, so mächtig es auch sein mochte, sich kaum verschafft hätte«[17], kommentierte später Trepper den geschickten Schachzug. Die Fragen aus Moskau wurden immer detaillierter.

Die Antworten lieferten Heinrich Müller, der Gestapochef, und Martin Bormann, Hitlers Stellvertreter.

Es musste der Eindruck vermittelt werden, dass der »Grand Chef« und der »Petit Chef« mit ihren Netzen weiter arbeiteten und von ihren Quellen mit Informationen versorgt wurden. Deshalb brauchte man natürlich echtes »Spielmaterial«, um in Moskau keine Zweifel aufkommen zu lassen. Was man preisgab, konnte nur in der Führungsspitze entschieden werden.

Ein Funkspruch der Zentrale vom 31. Mai 1943 führte zu einem Konflikt zwischen RSHA und OKW West. Trepper sollte in Erfahrung bringen, »ob die Besatzungsarmee Giftstoffe anzuwenden beabsichtigt. Wird derartiges Material derzeit transportiert? Hat man Gasbomben auf Flugfeldern gelagert? Wo, wie viele? Welches Kaliber haben die Bomben? Welches Gas wird verwendet? Welcher Wirkungsgrad? Werden mit diesen Waffentypen Versuche gemacht? Haben Sie von einem neuen Gift für militärische Zwecke namens *Gau Halle* gehört? Sie müssen alle in Frankreich arbeitenden Agenten auf diese Arbeit ansetzen.«[18]

Gerd von Rundstedt ließ dem RSHA in Berlin mitteilen, dass es »völlig unmöglich sei, diese Fragen zu beantworten«.

Die Abwehrleitstelle West gab am 1. Juni 1943 zu bedenken, »dass der Leitsender Moskau seit geraumer Zeit Fragen militärischer Art in so präziser Form stellt, dass eine Fortsetzung des Funkspiels nur dann möglich ist, wenn präzise Fragen auch in präziser Form beantwortet würden, da andernfalls Moskau das Spiel durchschaut. Oberbefehlshaber West aber kann aus militärischen Gründen die präzisen Fragen, die Angaben der Nummern der Divisionen, Regimenter verlangen sowie Namen der Kommandeure usw. nicht in Form von Spielmaterial beantworten. Oberbefehlshaber West steht auf dem Standpunkt, dass bei der derzeitigen militärischen Lage im Westraum an einer Irreführung des Leitsenders Moskau kein Interesse besteht.«[19]

Am 9. Juli 1943 kam eine Weisung aus Berlin, die als »Geheime Kommandosache« eingestuft war. »RSHA erbittet Freigabe des militärischen Materials für die Funkspiele im Westen über Alst *(Abwehrleitstelle – H. W.)* Frankreich von Oberbefehlshaber West.«[20]

An diesem komplexen »Großen Spiel« waren angeblich folgende Funkstationen der »Roten Kapelle« beteiligt:

Funklinie »Buche« (Brüssel): Konstantin Jefremow (Deckname: Pascal) und Hermann Isbutzki (Deckname: Bob);

Funklinie »Eiche« (Paris): Auguste Sésée;

Funklinie »Tanne« (Amsterdam): Anton Winterink;

Funklinie »Weide« (Brüssel): Johann Wenzel;

Funklinie »Eifel 1« (Brüssel): Viktor Sukulow (Deckname: Kent);

Funklinie »Mars« (Marseille): Viktor Sukulow (Deckname: Kent);

Funklinie »Eifel 2« (Brüssel): Abraham Raichman.

Allerdings: Lediglich Jefremow und Sukulow besaßen eigene Codes, um am Funkspiel teilnehmen zu können. Winterink, Isbutzki und Sésée konnten dies nicht, ihre Geräte wurden von der Gestapo benutzt. Alle drei befanden sich zudem bis zu ihrer Hinrichtung im Gestapogefängnis Breendonk. Johann Wenzel (1902–1969) war von November 1942 bis Januar 1943 einbezogen worden, ihm gelang es jedoch, die Zentrale in Moskau zu informieren, dass seine Sendestation inzwischen unter Kontrolle der Gestapo stand. Wenzel, der seit 1934 in Deutschland für die GRU gearbeitet hatte, floh am 18. November 1942 aus der Haft, tauchte unter und schloss sich dem belgischen Widerstand an. Von 1946 bis 1950 befand er sich in sowjetischer Haft, seit 1955 lebte er bis zu seinem Tode in der DDR.

Die Funker Pier Girard, Hermann Isbutzki, David Kamy, Michael Markow, Fernand Pauriol, Sophie Posanska, Hersch Sokol, Mira Sokol, Auguste Sésée wurden von den Nazis ermordet.

Unentdeckt blieben Vera Ackermann (Chiffriererin der Sendestation Hersch und Mira Sokol), Lucien Giraud (Chiffreur) sowie fünf Mitglieder der aus Spaniern bestehenden Gruppe und der Reservefunker Wilhelm Vogeler in Amsterdam. Verborgen blieben den Nazis neun der zwölf Mitglieder der holländischen Gruppe und zwei Sendegeräte.

»Ein schwerer Schlag folgt dem anderen; am 10. September hat das Sonderkommando«, schrieb später Trepper, »neuerlich einen Erfolg erzielt, indem es im Gebiet von Lyon eine Rundfunksendestation der FKP aushob. Es wurden sehr viele Funksprüche und Akten beschlagnahmt. Die Deutschen sind nun überzeugt, endlich die zentrale geheime Funkstation der kommunistischen Parteileitung entdeckt zu haben. Unter den verschlüsselten Funksprüchen hoffen sie die Miteilungen zu finden, welche die geheime Parteizentrale bezüglich der Roten Kapelle nach Moskau sandte.«[21]

Pannwitz forderte eine spezielle Dechiffriergruppe unter Dr. Wilhelm Vauck an. Sie sollte unter allen aufgefangenen Funksprüchen jene herausfiltern, welche die »Rote Kapelle« betrafen. Trepper fürchtete, dass er damit auffliegen könnte, weil die Nazis sein doppeltes Spiel durchschauen würden.

Es gelang ihm, bei einem Apothekenbesuch in Paris zu fliehen und unterzutauchen.

Pannwitz reagierte wie in Prag: Razzien, Kontrollen, Verhaftungen. Über 100 Personen nahm das Sonderkommando in Gewahrsam. Keiner von diesen hatte etwas mit Trepper zu tun, sie kannten ihn nicht einmal.

Trepper versteckte sich ein Jahr lang, ohne dass es ihm gelang, mit der Zentrale in Verbindung zu kommen. Er konnten Moskau zwar über die FKP-Linie über seine Situation informieren, von der Tätigkeit der »Roten Kapelle« und der GRU jedoch blieb er abgeschnitten.

Nach der Flucht Treppers und der ergebnislosen Fahndung legte es Pannwitz darauf an, Treppers Ruf in der Zentrale in Moskau zu schädigen. Er gab an alle Polizeistationen in den Benelux-Staaten und Dienststellen der Gestapo und der Abwehr sowie an sämtliche deutsche Verwaltungs-, Wirtschafts- und Militärbehörden in diesem Raum eine Suchmeldung heraus. »Fahndung nach Jean Gilbert. Hat Polizeiapparat für Zwecke der Resistance unterwandert. Mit Unterlagen geflüchtet. Alle Mittel einsetzen für Festnahme. Bericht an Lafont.« Der Steckbrief mit Foto und Personenbeschreibung zeigte Trepper.

Pannwitz spekulierte darauf, dass Moskau davon erfahren würde und Trepper dadurch verbrannt wäre. Allerdings ging auch ohnedies das »Funkspiel« schon bald zu Ende. Hitler selbst untersagte die Fortsetzung nach dem 20. Juli 1944.

In der Endphase des Krieges versuchte Pannwitz seinen eigenen Kopf zu retten. Er sah drei Optionen. Entweder er ging wie Jefremow, dem er dabei behilflich war, nach Südamerika und tauchte dort unter. Oder er begab sich in britische oder amerikanische Gefangenschaft. Dort jedoch, so fürchtete er zu Recht, könnte man ihm wegen der Verbrechen im Protektorat den Prozess machen. Der blühte ihm auch bei den Russen, denen er sich – dritte Möglichkeit – andienen könnte. Schließlich hatte er ihnen beim »Funkspiel« wichtige Informationen zugespielt, die er als Unterstützung im Kampf gegen Hitler ausweisen könnte. Das setzte aber zwingend voraus, dass es keine Zeugen gab, die nach dem Krieg das Gegenteil, also die Wahrheit sagten. Also mussten diese beseitigt werden.

Im Juli und August 1944 ließ Pannwitz Köpfe rollen. Später erklärte er im Prozess zu seiner Entschuldigung: »Die auf meinen Befehl hingerichteten Agenten der ›Roten Kapelle‹ waren vor meiner Ankunft zum Tode verurteilt worden.«[22]

Tatsache war: Auf Anordnung von Pannwitz wurden sieben Angehörige der Familie Suzanne Spaak im Rahmen der »Sippenhaftung« im Oktober 1943 festgenommen. Suzanne Spaak selbst wurde am 9. November 1943 in Brüssel verhaftet und in das Gefängnis Fresnes bei Paris gebracht. Im Januar 1944 wurde sie zum Tode verurteilt und am 12. August 1944, wenige Tage vor der Befreiung, in ihrer Zelle erschossen. Um die Spuren des Verbrechens zu vertuschen, ließ Pannewitz die Leiche auf dem Friedhof Bagneux verscharren und auf den Grabstein schreiben: »Eine Belgierin«. Dem Außenminister der belgischen Exilregierung, Paul Henri Spaak, ließ er mitteilen, seine Schwägerin Suzanne Spaak und sein Bruder Claude Spaak wären nach Deutschland in Sicherheit gebracht worden.

Fernand Pauriol wurde am gleichen Tag am gleichen Ort erschossen. Er war im August 1943 verhaftet, in das Gefängnis Fresnes gebracht, dort grausam gefoltert und am 12. Januar 1944 zum Tode verurteilt worden. Auf Anordnung von Pannwitz wurde er am 12. August 1944 in seiner Zelle erschossen. Wie Suzanne Spaak wurde Pauriol auf dem Friedhof Bagneux verscharrt; auf seinem Stein stand: »Ein Franzose«.

Hillel Katz wurde am 13. September 1943 auf Anordnung von Pannwitz gefoltert. Er starb an den Folgen.

Anton Winterink wurde am 16. September 1942 in Amsterdam verhaftet und seit dem 18. November im Gestapo-Gefängnis Breendonk gefangengehalten. Auf Anordnung von Pannwitz wurde er am 6. Juli 1944 auf dem Nationalfriedhof in Brüssel erschossen. Auf seinem Grab steht: »Unbekannt«.

Hermann Isbutzki: Er wurde am 13. August 1942 verhaftet und in das Gestapo-Gefängnis Breendonk eingeliefert. Dort wurde er monatelang gefoltert und im April 1943 an einen unbekannten Ort verbracht. Im gleichen Jahr wurde er zum Tode verurteilt und am 6. Juli 1944 in Berlin auf Betreiben von Pannwitz enthauptet.

Auguste Sésée: Er wurde am 25. August 1942 verhaftet und ebenfalls nach Breendonk gebracht; dort wurde er im April 1943 zum Tode verurteilt und nach Berlin überstellt. Im Januar 1944 starb er wie Isbutzki in Berlin unter dem Fallbeil.[23]

Der Tod vieler Mitstreiter von Leopold Trepper straft all jene Lügen, die behaupteten, sie seien willfährige Handlanger der Gestapo gewesen. Und andere wiederum denunzierten sie als Landesverräter, weil sie mit der Sowjetunion zusammengearbeitet hatten. Egal, wie sie gescholten wurden: Übel beleumdet und verleumdet wurden sie in jedem Falle.

Gilles Perrault, der Überlebende der »Roten Kapelle« interviewte und sowohl mit Leopold Trepper als auch mit Heinz

Pannwitz sowie mit weiteren Mitgliedern des Sonderkommandos in den 60er Jahren sprach, kam zu dem Schluss: »Dann aber, als die Zeugenaussagen sich häuften und sich gegenseitig untermauerten, begann das Unvorstellbare glaubhaft zu werden. Alle, die bisher über die Sache geschrieben hatten, gelehrte Professoren oder einfache Journalisten, alle hatten sich geirrt, als sie die Behauptung aufstellten, die Gestapo habe schließlich die ›Rote Kapelle‹ besiegt und ihre Chefs in willfährige Handlanger verwandelt. Ich konnte den Beweis erbringen, dass die Niederlage der ›Roten Kapelle‹ in Wirklichkeit kein Waterloo, sondern ein Triumph à la Austerlitz gewesen war. Selten findet ein Historiker auf seinem Weg ein ähnliches vierblättriges Kleeblatt: die Möglichkeit, den Sieger einer 25 Jahre früher geschlagenen Schlacht bestimmen zu können.«[24]

Im Juli 1944, als die alliierten Verbände sich Paris näherten, ließ Pannwitz über »Kent« bei der Zentrale anfragen, ob er in Paris bleiben oder sich mit den Deutschen absetzen solle. Er erhielt vom Direktor die Weisung, mit den Deutschen mitzuziehen, aber den Kontakt zur Zentrale zu halten. Pannewitz wähnte sich damit im Boot. Sein Rückzug dauerte bis Mai 1945 und fand auf dem Territorium Frankreichs statt. Bis zum letzten Augenblick des Krieges ließ er zur Rückversicherung über »Kent« militärische Nachrichten an die Zentrale in Moskau übermitteln, als sei er deren Agent. Weisungsgemäß meldete er sich bei der sowjetischen Militärmission.

Leopold Trepper, der »Grand Chef« der »Roten Kapelle« in Westeuropa, sein Stellvertreter Anatoli Gurewitsch, der »Petit Chef«, und der Leiter des Nazi-Sonderkommandos »Rote Kapelle«, Heinz Pannwitz, sollten, ohne sich zu sehen, 1945 unter einem Dach sein sein: im Lubjankagefängnis in Moskau.

Anmerkungen

1 Leopold Trepper hatte eine Reihe Decknamen: Jean Gilbert, Adam Mikler, Otto, Georges, Herbert, Eddy, Bauer, General, Onkel, Rene, Heun und weitere. Als er 1955 nach Polen zurückkehrte und Vorsitzender der jüdischen Gemeinde Polens wurde, nahm er wieder seinen alten »Kampfnamen« Leiba Domb an. 1973 reiste er nach Israel aus, wo er 1982 verstarb.
2 Gilles Perrault: Auf den Spuren der Roten Kapelle, Hamburg 1969, S. 14 ff.

3 Jan Bersin (1888–1938), eigentlich: Petris Kjusis, Lette, General der Roten Armee
4 Leopold Trepper: Die Wahrheit, Paris und München 1975, S. 74
5 a.a.O., S. 123
6 a.a.O., S. 124
7 a.a.O., S. 123
8 a.a.O., S. 123 ff.
9 Käte Voelkner hatte zwei Söhne: Hans, (1928–2000) und Henry, 1933 geboren. 1941 wurden beide Kinder durch die AO der NSDAP, die sich mit Auslandsdeutschen befasste, »heim ins Reich« geholt. Hier sollten sie nach faschistischen Grundsätzen erzogen werden. Hans Völkner bekam im Februar 1945 ein Ermittlungsverfahren wegen Hochverrat und Fahnenflucht, Anfang Mai 1945 wurde er von der Roten Armee aus dem Zuchthaus Bötzow befreit, floh mit französischen Kriegsgefangenen im Juni 1945 nach Frankreich. Ab 27. Juni Internierung in Frankreich. Im Dezember 1945 Flucht aus dem Internierungslager. Im November 1947 Ausweisung aus Frankreich wegen politischer Betätigung. Aufenthalt in der französischen Besatzungszone in Deutschland. 1948 Kreisleiter der FDJ in Mainz und Eintritt in die KPD. Von November 1948 bis Mai 1949 in Haft. Ausschluss aus der KPD, Haftgrund: Diebstahl, wollte sich Geld für eine Fahrkarte beschaffen, um in die sowjetisch besetzte Zone zu kommen. Im Juni 1949 über die »grüne Grenze« Flucht in die sowjetische Besatzungszone, Festnahme und Verurteilung zu 25 Jahren Arbeitslager durch die sowjetische Militärverwaltung. Ab Oktober 1949 Haft in der Strafvollzugsanstalt Bautzen. Am 5. Mai 1955 Entlassung, danach tätig im Kulturbereich in Mecklenburg. Ab Mitte der 60er Jahre aktiv für die Auslandsaufklärung (HV A) der DDR. Völkner steuert eine Quelle im NATO-Generalsekretariat in Paris. 1969 Festnahme in Frankreich. 1970 Verurteilung zu 12 Jahren Gefängnis. 1989 erschienen im Militärverlag der DDR seine Erinnerungen unter dem Titel »Salto mortale«.
10 Gilles Perrault: Auf den Spuren …, a.a.O., S. 298
11 Leopold Trepper: Die Wahrheit, Paris und München 1975, S. 167
12 Gilles Perrault: Auf den Spuren …, a.a.O., S. 298
13 Leopold Trepper: Die Wahrheit …, a.a.O., S. 172
14 a.a.O., S. 394
15 a.a.O., S. 193
16 a.a.O., S. 198
17 a.a.O., S. 215
18 a.a.O., S. 217
19 a.a.O., S. 217
20 a.a.O., S. 418
21 a.a.O., S. 233
22 a.a.O., S. 271
23 a.a.O., S 409 ff.
24 Gilles Perrault: Auf den Spuren …, a.a.O., S. 412

16. Die »Rote Kapelle« in der Schweiz

Weil die sowjetische Kundschaftergruppe in der Eidgenossenschaft drei Funkstützpunkte unterhielt, sprach das RSHA von der »Roten Drei« und der »Roten Troika«. Im Unterschied zu den anderen Gruppierungen der »Roten Kapelle« lebten sie vergleichsweise sicher. Was andere den Kopf kostete, wäre im Falle der Entdeckung hier lediglich mit vergleichsweise kurzen Haftstrafen geahndet worden.

Die Gruppe wurde von Sándor Radó (Deckname: Dora) geleitet. Radó (1899–1981) hieß mit bürgerlichem Namen Alexander Radolfi, kam aus Budapest und wirkte aktiv in der Ungarischen Räterepublik mit. 1919 floh er nach Österreich, studierte in Wien Geografie, 1921 nahm er am Gründungskongress der III. Internationale in Moskau teil. 1933 floh er aus Deutschland, 1936 ging er von Paris in die Schweiz. Radó war ein talentierter Geograf und Kartograf, er galt als einer der Pioniere der Luftkartografie, später, in den 60er Jahren, wurde er Professor und Leiter des Instituts für Wirtschaftsgeografie der Budapester Karl-Marx-Universität.

1935 reiste Radó, der bereits seit fünf Jahren mit der GRU zusammenarbeitete, nach Moskau zu einem Karten-Verlag. Dort traf er auch mit dem Chef der sowjetischen Militäraufklärung Semjon P. Uritzki[1] zusammen. Am Gespräch nahm auch Artur Artusow[2] teil, der Leiter der Auslandsaufklärung der sowjetischen Staatssicherheit.

Jan Bersin bereitete sich in jener Zeit als Leiter des Zentralarchivs im Verlag »Großer sowjetischer Weltatlas« auf seinen Einsatz im Fernen Osten vor.

Radó zitierte in seinen Erinnerungen Uritzki: »Wir wissen, dass Sie kein Neuling in der konspirativen Arbeit sind. Für einen sowjetischen Kundschafter ist jedoch eine gute Konspiration noch nicht alles. Er muss fähig sein, sich schnell im Wechsel der politischen Situationen zurechtzufinden, denn die Nachrichtenbeschaffung ist eine politische Arbeit. Zuerst müssen wir in der gegenwärtigen Periode unseren wahrscheinlichen militärischen Gegner bestimmen, erst danach setzen wir unsere Nachrichtennetze in Funktion.

Auch Sie wissen, dass die Sowjetunion in Europa mehrere potenzielle Gegner hat. In erster Linie Deutschland und Italien. Von diesen objektiven Umständen ausgehend, bauen wir die Strategie unserer Kundschaftertätigkeit in den kapitalistischen Ländern auf. Und jetzt wollen wir entscheiden, wohin Sie übersiedeln sollten. Ich weiß, dass Sie mehrere europäische Sprachen beherrschen.«[3]

Uritzki und Artusow sahen also in Deutschland und Italien die Hauptgegner, von ihnen ging die größte Gefahr für die Sowjetunion aus. Die Aufdeckung ihrer Absichten war darum vordringliche Aufgabe der Aufklärung. In diesem Sinne sollte Radó wirksam werden. Es wurde beschlossen, dass er Frankreich verlässt, sich in Belgien oder in der Schweiz als Geograf ansiedelt und eine kartografische Agentur aufbaut.

In Genf gründete er die Agentur »Geopress«. Bis 1937 hatte Radó seine Legalisierung in der Schweiz abgeschlossen, 1938 übernahm er das erste nachrichtendienstliche Netz.

Die sowjetische Militäraufklärung hatte seit 1933 in der Schweiz kleine Agentennetze aufgebaut, die insbesondere die internationalen Organisationen infiltrieren und in diplomatischen Kreisen Fuß fassen sollten. Daraus entwickelte sich die strategische Aufgabe, von der Schweiz aus Deutschland und Italien nachrichtendienstlich zu bearbeiten. Die Idee stammte vom Chef der Militäraufklärung Jan Bersin.

Eine solche Gruppe hatte der Militäraufklärer Leonid Anulow[4] (Deckname »Kostja«) aufgebaut, es war die erste Gruppe, die Radó übernahm. »Sie bleiben, ich gehe«, sagte Major Anulow (1897–1974), als er nach Moskau in eine unklare Zukunft abberufen wurde. »Morgen stelle ich Sie in Bern einem gewissen Otto Pünter[5] (Deckname: Pakko) vor. Er hat brauchbare Leute. Pakko ist ein zuverlässiger, erprobter Mann.«[6] Pünter arbeitete als Journalist und führte die Internationale Sozialistische Agentur (INSA). Er verfügte über vielfältige Kontakte zu Presse- und Diplomatenkreisen.

Eine zweite Gruppe war nach deren Kopf »Sonja« benannt. Das war der Deckname für Ruth Werner[7], Berlinerin und Schwester Jürgen Kuczynskis, die Richard Sorge 1930 in China für die sowjetische Militäraufklärung geworben hatte. Sie war in Moskau ausgebildet worden, hatte zwischen 1935 und 1938 in Polen als Funkerin gearbeitet und ging danach mit der Familie in die Schweiz. Seit 1939 gehörte sie mit »Jim« (Alexander Foote)[8] und »John« (Charles Beurton)[9] zur Organisation von Radó. »Sonja« bildete »Jim« und »John« im Funken aus, die wiederum anschließend weitere Mitglieder der Radó-Gruppe im Funken, Chiffrieren und Dechiffrieren unterwiesen. »Sonja« übergab ihren Funkstützpunkt 1940 an Radó, nachdem sie durch die Ehe mit dem ehemaligen Spanienkämpfer Charles Beurton (1914–1997) die britische Staatsbürgerschaft erworben hatte, und im Auftrag der GRU auf die britischen Inseln ging. Ab 1941 führte sie dort die Quelle Klaus Fuchs (1911–1988), der an der Entwicklung der Atombombe beteiligt war. Furchs lieferte die Pläne für den Bau dieser Waffe an die Sowjetunion.

Neben diesen beiden Schweizer Gruppen gab es noch die Nachrichtenlinie »Sevilla«, die von Rachel Dübendorfer[10] (»Sissy«) bedient wurde. Diese lebte seit 1934 im Lande, kam aus Warschau und war mit einem Schweizer Kommunisten verheiratet. »Sissy« arbeitete beim Internationalen Arbeitsamt (IAO) in Genf und war für die GRU von der Militäraufklärerin Maria Poljakowa (Deckname: Vera)[11] angeworben worden. »Sissy« führte ein umfangreiches Netz zusammen mit ihrem Lebensgefährten Paul Böttcher (Deckname: Herbert Rubin).[12] Im Mai 1941 erhielt Radó die Weisung, Verbindung zu »Sissy« herzustellen und ihre Gruppe zu übernehmen. Dabei stellte sich heraus, dass Radós Frau Helene und Rachel Dübendorfer sich kannten. Beide hatten in der Agitationsabteilung des KPD-Parteivorstand in Berlin gearbeitet.

Ferner existierte die Gruppe »Pierre«: Dahinter verbarg sich der Schweizer Pier Noel. Der Sohn eines bekannten Schweizer Politikers mit linker Orientierung unterhielt umfangreiche Verbindungen und Kontakte zu Regierungskreisen.

Aus 2000 freigegebenen Unterlagen der russischen Militäraufklärung geht hervor, dass Sándor Radós Schweizer Residentur über 77 menschliche Quellen verfügte. In Genf hatte er 19 Informanten, in Bern 15 und in Zürich neun, in anderen Städten der Schweiz weitere 27 Informanten. Aus Deutschland informierten ihn 17, aus Italien zwei, aus Österreich drei und aus Frankreich fünf Personen.

Die zahlenmäßig stärkste Agenturgruppe war die von »Pakko« mit insgesamt 34 Agenten, darunter »Gabel« bzw. »Nikola«, ein spanischer Konsul mit weitreichenden Verbindungen zu militärischen Kreisen in Italien und Jugoslawien, und »Poisson«, ein deutscher Sozialdemokrat, der beim Völkerbund angestellt gewesen und inzwischen Schweizer Staatsbürger war. Zur Gruppe gehörten »Luise«, Mitarbeiterin des Schweizer militärischen Geheimdienstes, »Salter«, ehemaliger Presseattaché der französischen Botschaft in Bern mit Verbindungen zum gaullistischen Geheimdienst, und »Long«, Offizier der französischen Ehrenlegion, Mitarbeiter des französischen Geheimdienstes *Deuxieme Bureau* des französischen Generalstabes und zeitweise Korrespondent französischer Zeitungen in Berlin.

Eine der wichtigsten Quellen von »Long« war »Agnes« alias Ernst Lemmer (1898–1970).[13] Der einstige Gewerkschaftsfunktionär arbeitete in Berlin als Korrespondent verschiedener ausländischer Zeitungen und, wie er selbst in seinen Memoiren verschwieg, lancierte als Mitarbeiter im Informationsreferat der Abteilung Auslandspresse in Goebbels' Propagandaministerium für die Nazis Texte und Meldungen in ausländische Blätter. Da er auch für die *Neue Zürcher Zeitung* schrieb, kam er häufig zu Beratungen in die Schweiz und wurde von »Long« abgeschöpft. Lemmer gehörte nach dem Krieg zu den Kalten Kriegern in der CDU, im Adenauer-Kabinett war er 1956/57 Bundesminister für Post- und Fernmeldewesen, von 1957 bis 1962 Bundesminister für Gesamtdeutsche Fragen sowie von 1964 bis 1965 Bundesminister für Vertriebene, Flüchtlinge und Kriegsgeschädigte.

In der Aufklärungslinie »Sevilla« waren 20 Informanten aktiv, darunter »Taylor«. Das war Christian Schneider (1896–1962), ein promovierter Journalist, der von 1926 bis 1939 als Übersetzer beim Internationalen Arbeitsamt in Genf arbeitete. Die dort ebenfalls tätige »Sissy« warb ihn für die sowjetische

Militäraufklärung an. »Taylor« wiederum gewann »Lucy«, das heißt Rudolf Rößler (1897–1958), einen emigrierten deutschen Theaterkritiker und Verleger, für das Radó-Netz. Es war jene Linie, die später einige Historiker zu der steilen These verführte, der Zweite Weltkrieg sei in der Schweiz entschieden worden. Diese Linie lief so: hochrangige militärische Quellen in Berlin – Rößler (»Lucy«) – Schneider (»Taylor«) – Dübendorfer (»Sissy«) – Radó (»Dora«) – Direktor (Moskau).

In der Gruppe »Jim« (ehemals »Sonja«) arbeiteten neun und in der Gruppe »Pierre« vier Informanten.

Mit Beginn des Krieges gegen die Sowjetunion nahm das Informationsaufkommen mit einem Schlag zwangsläufig zu, so dass Radó Schwierigkeiten mit der Übermittlung nach Moskau bekam. In der Schweiz tobte hinter den Kulissen ein Kampf der Geheimdienste der USA, Großbritanniens, Frankreichs, Deutschlands, Italiens und der Sowjetunion.

In der Nacht vom 16. zum 17. Juni 1941, fünf Tage vor dem Überfall, fing die deutsche Funküberwachungsstelle Crantz in Ostpreußen einen Spruch von Radó auf. Crantz informierte darüber die Funküberwachungsstelle Breslau, und als der Funkspruch zum zweiten Mal gesendet wurde, war man sich relativ sicher: Die Funkmeldung kam aus der Schweiz, und zwar aus der Region um den Genfer See. Am nächsten Tag ging diese Meldung an den Chef der Dechiffrierabteilung, Generalleutnant Fritz Thiele, den Chef der Abwehr Admiral Wilhelm Canaris, den Gestapochef Heinrich Müller und den Leiter der Auslandsspionage im RSHA, Walter Schellenberg. Man konnte zwar nicht den Inhalt des Funkspruches entschlüsseln, aber Schellenberg war sich darüber im Klaren, dass der Spruch in einem Zusammenhang mit dem geplanten Krieg im Osten stand. Der Spruch lag auch dem Chef der Militäraufklärung der Roten Armee, General Filipp Golikow, vor. »Dora« meldete die Konzentration deutscher Militärverbände an der deutsch-sowjetischen Grenze und die Verlegung deutscher Divisionen aus Polen und Griechenland in diese Region.

Also eine weitere Warnung. Auch sie wurde ignoriert.

In der Folgezeit kam zu Radós Funker ein weiterer und später ein dritter hinzu. Und das Schweizer Ehepaar Edmond und Olga Hamel (Deckname: »Maud«) funkte aus Genf, der

Engländer Alexander Foote (»Jim«) aus Lausanne. In Genf kam später die damals 22-jährige Italienerin Margareta Bolli (»Rosa«) hinzu.

Aus den im Jahre 2000 geöffneten Akten der russischen Militäraufklärung geht hervor, dass Radó im Verlauf des Jahres 1942 rund 800 chiffrierte Funksprüche, mit einem Umfang von 1300 Seiten, zwischen Januar 1943 und Juni 1943 etwa 750 Funksendungen mit einem Umfang von 1700 Blatt Papier an die Zentrale in Moskau übermittelte. Zum Teil arbeiteten alle Funkstationen mehrere Stunden täglich, auch nachts.

Die Leitung der Residentur bedeutete eine gewaltige Arbeit. Fast täglich traf sich Radó mit den Gruppenleitern. Er nahm Meldungen entgegen, erteilte Weisungen und Aufträge, bearbeitete die Informationen und Mitteilungen seiner Quellen und formulierte die Funksprüche an die Zentrale. Das heißt er chiffrierte und dechiffrierte alle Meldungen. Doch je mehr Funksprüche an den Direktor geschickt wurden, je häufiger sie in den Äther gingen, desto verwundbarer wurde das nachrichtendienstliche Netz. In Moskau hatte man diese Lage erkannt, ändern konnte man nichts. Die Informationen aus der Schweiz, besonders was die Pläne des Oberkommandos des Heeres der deutschen Wehrmacht an der Ostfront betrafen, wurden für den Generalstab der Roten Armee immer wichtiger. Die Bedeutung nahm noch einmal zu, als Ende 1942 die »Rote Kapelle« in Deutschland und Westeuropa durch die deutsche Gegenspionage nahezu zerschlagen worden war.

Das RSHA bemerkte, dass trotz seines Erfolges weiterhin Informationen aus Deutschland nach Moskau gelangten, und zwar über die Schweiz. Dort funkten gleich drei Stützpunkte mehrere Stunden täglich. Im Auftrag von Himmler sollte Schellenberg »diesem Spuk« ein Ende bereiten. In dessen Dienststelle SD VI (Auslandsnachrichtendienst) in der Berkastraße in Berlin-Schmargendorf liefen alle Informationen seiner Agentennetze zusammen. SS-Brigadeführer Walter Schellenberg setzte auf seine Bekanntschaft mit dem Chef des Schweizer militärischen Geheimdienstes Roger Masson. Im Herbst 1942 trafen sie sich. Bis 1944 kamen sie viermal zusammensammen. Nach dem ersten Treffen wurde die sogenannte »Senner«-Linie installiert. Diese führte von Schellenberg über Sturmbannführer Hans Eggen zu Hauptmann Paul Meyer-Schwertenbach (Deckname: »Senner 2«) vom militärischen Geheimdienst der Schweiz, Verbindungsoffizier zum SD und Geschäftspartner von Hans Eggen bzw. Franz Holzbach (»Senner 3«), einem Hauptmann des militärischen Geheimdienstes der Schweiz und Kurier zwischen Masson (»Senner 1«) und Schellenberg. Dem Chef des Schweizer militärischen Nachrichten- und Spionagedienstes Masson unterstanden auch der Zolldienst und die Grenztruppen. Oberstbrigadier (vergleichbar dem deutschen Generalmajor) Roger Masson gehörte auch dem Generalstab der Schweizer Armee an.

All diese Ämter erleichterten und begünstigten nicht nur Treffen mit dem Nazi Schellenberg, sondern auch den Schmuggel von Gold-, Devisen- und Falschgeld sowie die die unkontrollierte Ein- und Ausreise von SD-Agenten.

Hans Eggen war der »Chefeinkäufer« des RSHA in der Schweiz und einer der Depositare Schellenbergs. Depositare belegten und betreuten Depots bei Banken. Er hinterlegte für das Reichssicherheitshauptamt Wertsachen, Schmuck, Gold, Falschgeld und Dokumente und betreute auch Nummernkonten der Nazis in der Schweiz. Durch diese Geschäfte wurde er einer der vielen »Kriegsmillionäre«.

Schellenberg veranlasste, dass sich der Schweizer Geheimdienst und die Bundespolizei um die sowjetischen Kundschaftergruppen »kümmerten«, insbesondere ging es dabei um das Aufspüren der Funkstützpunkte. Marc Payat, seit März 1943 Verbindungsoffizier zwischen der Chiffrierabteilung des Armeekommandos und der Gegenspionageabteilung des militärischen Geheimdienstes, erinnerte sich später: »Im Herbst 1943 trug die Arbeit der Spezialkompanie der Funkpeilung in der Genfer Gegend Früchte. Am 10. September hörte man erstmals einen Sender, der illegal zu sein schien, und irgendwo in der Westschweiz stand, dann am nächsten Tag einen zweiten und schließlich am 27. September hörte man sogar einen dritten. Alle drei funktionierten mit den gleichen Arbeitsmerkmalen.«[14]

Am 15. Oktober 1943 wurden in Genf die Funkstützpunkte von Edmond Hamel (Deckname: »Eduard«), Olga Hamel (Deckname: »Maud«) und Margareta Bolli (Deckname:

»Rosa«) von der Schweizer Bundespolizei liquidiert und die Funker festgenommen. Diese Operation, an der annährend 70 Polizisten beteiligt waren, wurden vom Genfer Polizeichef persönlich geleitet. Unterstützt wurde er dabei vom Kommandeur des Stabes der Gendarmerie und dem Leiter der Politischen Polizei.

Bei der Duchsuchung des Radiogeschäftes von Edmond Hamel wurde auch der Sender von Margareta Bolli entdeckt, der außer Betrieb war. »Rosa« wurde später in der Wohnung ihres Lebensgefährten Hans Peters festgenommen, bei dem es sich – was erst später bekannt wurde – um einen Agenten der deutschen Abwehr handelte. Schellenberg hatte nämlich nicht nur die Schweizer Behörden für eine Mitarbeit gewinnen können, sondern auch ein Heer von Spitzeln, V-Männern und Agenten über die »Senner-Linie« in der Schweiz zum Einsatz gebracht.

Am 20. November wurde auch Alexander Foote (»Jim«) in Lausanne verhaftet und damit seine Funkstation neutralisiert.

Die Liquidierung der drei Funkstützpunkte mit dem Verlust von vier Sendern beendete praktisch die Tätigkeit der »Roten Kapelle« in der Schweiz. Das Ziel, das Schellenberg mit Hilfe Massons angestrebt hatte, schien erreicht.

Bei der Ursachenforschung kam auch zutage, dass »Kent« Radó in der Schweiz im Chiffrieren und Dechiffrieren ausgebildet hatte, ihm war folglich auch dessen Verschlüsselungsbuch bekannt. Radó erinnerte sich später: »Kents Festnahme bedeutet später für die Schweizer Gruppe eine schwere Belastung, denn er wusste viel und verriet manches.«[15]

Eingeschleuste Agenten der Gestapo und der Abwehr waren in das Netz von Radó eingedrungen. Es gab auch Versuche, Alexander Foote, Rachel Dübendorfer, Otto Pünter und selbst Radó anzuwerben und umzudrehen. Alexander Foote, einst einer der wichtigsten Funker Radós,[16] lief 1947 – aus Moskau kommend – zu den Engländern über. 1949 verriet er in seinem »Handbuch für Spione«, wie ein solcher Versuch durch die Nazis bei ihm ausgesehen hatte: »Anfang 1943 erhielt ich die Weisung der Zentrale, einen Kurier aus Frankreich zu treffen und ihm Geld für das französische Netz zu übergeben.« Der Treff erfolgte, ein Unbekannter trat an ihn heran.»Wir tauschten die richtigen Parolen aus, und ich übergab das Geld.

Der Direktor hatte mir befohlen, mich mit dem Kurier nicht zu unterhalten, sondern lediglich das Geld zu übergeben und fortzugehen.

Der Kurier jedoch übergab mir ein großes Buch, das in helles orangefarbenes Papier eingewickelt war und sagte, ich würde zwischen den Seiten drei verschlüsselte Sprüche finden, die ich dringend an die Zentrale auf dem Funkweg absetzen müsse. Er sagte außerdem, dass er wichtige Informationen hätte, die er weiterzuleiten wünsche, und schlug so bald wie möglich einen neuen Treff vor.

Hierzu nannte er einen Ort bei Genf, der sich sehr nahe an der von Deutschen kontrollierten französischen Grenze befand. Das alles erregte meinen Verdacht, da solche Geschwätzigkeit bei einem sowjetischen Agenten höchst ungewöhnlich ist. Ich wurde misstrauisch.

Das orange Einwickelpapier konnte bequem als weithin leuchtendes Kennzeichen für jeden dienen, der mich bis nach Hause verfolgen wollte, und der Treffort nahe der Grenze war ausgezeichnet für eine Entführung nach bester Gestapo-Art. Was die Sprüche anbelangte, so konnten diese, wenn sie auch verschlüsselt waren, auf hervorragende Weise zur Identifizierung meines Senders dienen. Denn ich hatte keinen Zweifel, dass die Deutschen schon seit geraumer Zeit unseren Funkverkehr abhörten.

Ich versuchte, mein Misstrauen so gut wie möglich zu kaschieren, und sagte, ich könne den Termin nicht wahrnehmen, da ich anderswo zu tun hätte, und vereinbarte deshalb einen Treff für eine Woche später.«

Nach Radó erfolgte der von Foote beschriebene Treff am 6. Mai 1943. Kurz vor dem am 11. Juni 1943 ins Auge gefassten zweiten Treffen mit dem Kurier kam von der Zentrale die Bestätigung, dass es sich bei dem diesem um einen Gestapo-Agenten handele.[17]

Mit der Liquidierung der Funkstützpunkte durch die Schweizer Behörden war Radó von der Zentrale abgeschnitten. Er konnte nun auch nicht mehr die Informationen, die »Lucy« aus Berlin bekam, nach Moskau weiterleiten. Aber zu diesem Zeitpunkt war der Krieg im Osten mehr als entschieden. Die Rote Armee war überall in der Offensive. »Lucy« hatte Anteil am Sieg der Roten Armee in der Schlacht um den Kursker Bogen, die im Juli und August 1943 tobte, was nach 1945 zu den wildesten Spekulationen geführt.

Im Jahre 1955 gab der ehemalige Chef des Generalstabes des Heeres, Franz Halder, als Zeuge in einem Prozess folgendes zu Protokoll: »Nahezu alle deutschen Angriffshandlungen wurden unmittelbar nach ihrer Planung im Oberkommando der Wehrmacht, noch ehe sie auf meinem Schreibtisch landeten, dem Feinde durch Verrat eines Angehörigen des OKW bekannt. Diese Quelle zu verstopfen, ist während des ganzen Krieges nicht gelungen.«[18] Damit wiederholte er wörtlich, was Generaloberst Alfred Jodl, Chef des Wehrmachtführungsstabes, im Nürnberger Kriegsverbrecherprozess ausgesagt hatte, womit offenkundig eine Dolchstoßlegende kreiert werden sollte.

Reinhard Gehlen schrieb in seinen Memoiren: »In manchen Veröffentlichungen äußern sich Verfasser, die den Admiral Canaris sicherlich nicht gründlich gekannt haben, kritisch über seine Persönlichkeit und sein Wirken. Sie werfen ihm Zaudern, mangelndes Stehvermögen und letztlich immer wieder Undurchsichtigkeit vor. Sogenannte Enthüllungen über Verratsfälle während des Krieges, wie etwa der Fall Rößler (›Lucy‹), haben zweifellos zur Trübung seines Bildes beigetragen.«[19]

Rudolf Rößler (»Lucy«) war ein Jahr lang, von November 1942 bis November 1943, die wichtigste Informationsquelle, die Radó in seinem Netz hatte.

Und das kam so: Im August 1942 führte Rachel Dübendorfer ihren Bekannten Christian Schneider (»Taylor«) an die nachrichtendienstliche Tätigkeit heran. Dieser lieferte außerordentlich gute Informationen, verriet aber nicht deren Herkunft. Radó: »In der zweiten Novemberhälfte 1942 jedoch, als bei Stalingrad die Einschließung der Armee von Paulus begann, teilte ›Taylor‹ mit, sein deutscher Freund, von dem er die Informationen bekäme und mit dem er in dieser Sache gesprochen habe, sei bereit, die sowjetische Zentrale regelmäßig mit Materialien, die interessieren, zu versorgen.«[20]

Einer der Gründe für diese Entscheidung: Er habe sich darüber empört, dass seine Informationen über die Ostfront, die er über den Schweizer Nachrichtendienst nach London schickte, dort vermutlich im Papierkorb landeten. Gegen Erstattung der Unkosten sei er bereit, der Sowjetunion zu helfen. Einzige Bedingung des geheimnisvollen Informanten: es zu unterlassen, seine Identität festzustellen. Nur so viel: er wohne in Luzern.

Die Zentrale akzeptierte diesen Bedingungen.

»So fand im November 1942 jemand zu uns, der von da an bei unserer Arbeit eine große Rolle spielte. Ich gab ihm den Decknamen ›Lucy‹, der sich im Klang an den Wohnort des Betreffenden anlehnte: Luzern. Wie alle Decknamen, so verwendete ich diesen nur in den Funksprüchen. Der den Decknamen Tragende kannte ihn nicht!

Wie ›Lucy‹ wirklich hieß, stellte sich erst nach 1944 heraus, als mehreren Mitgliedern unserer Gruppe der Prozess *(in der Schweiz – H. W.)* gemacht wurde. Damals tauchte zum ersten Mal der Name Rudolf Rößler auf. Und nach dem Krieg erschienen Dutzende von Aufsätzen und Bücher über ihn.«[21]

Rößlers nachrichtendienstliche Bedeutung wurde unterschiedlich bewertet. Manche nannten ihn »den besten Kundschafter des Zweiten Weltkrieges«, was gewiss ein wenig übertrieben war. Andere sahen in ihm »einen wahren deutschen Patrioten, einen Kämpfer gegen den Faschismus«. Und einigen galt er als Landesverräter. Rößlers Quellen im OKW, im Generalstab, im Oberkommando der Luftwaffe, im Außenministerium, im Heereswaffenamt und anderenorts sind bis heute unbekannt.

Rudolf Rößler war der Sohn eines höheren Forstbeamten im bayerischen Kaufbeuren. Während des Ersten Weltkrieges war er Soldat, nach dem Krieg arbeitete er als Journalist in Bayern, dann ging er als Literaturkritiker nach Berlin. Im Sommer 1933 floh er mit seiner Frau Olga in die Schweiz, nachdem er aus seiner Tätigkeit als Dramaturg und geschäftsführender Direktor des *Bühnenvolksbundes e. V.* vertrieben worden war und er gleichzeitig auch den Job als Direktor des Bühnenvolksbundverlages verlor. Dadurch ging er auch seiner Funktionen als Vorsitzender der Aufsichtsräte der Südwestdeutschen Bühne in Frankfurt am Main, der Schlesischen Bühne in Breslau, der Ostpreußischen Bühne in Königsberg sowie weiterer Bühnen verlustig. Selbst die ehrenamtlich-öffentliche Tätigkeit als Mitglied der Film-Oberprüfstelle und als Mitglied des Kunstausschusses beim Polizeipräsidium Berlin wurde Rößler verboten.

In Luzern gründete er den Verlag »Vita Nova«, nebenbei begann er alle ihm zugänglichen Materialien über den deutschen Faschismus zu sammeln. Irgendwann begann Rößler für einen Zweig des Schweizer Nachrichtendienstes, das *Bureau Ha*, zu arbeiten. Dieser trug ausschließlich politische und militärische Informationen aus dem Ausland zusammen, ab 1941 lag der Schwerpunkt auf Deutschland und Italien. Geleitet wurde dieser Nachrichtendienst durch den Major der Schweizer Armee, Hans Hausmann. Mit hoher Wahrscheinlichkeit wurde der Kontakt zwischen Rößler und Hausmann durch Xaver Schnieper hergestellt, der zu Rößlers besten Freunden zählte.

Ein Zeitzeuge zum Nachrichtendienst Hausmanns: »Brauchte man einen Gesamtüberblick über die politische Lage in Deutschland? Bureau Ha. Sollten deutsche Diplomaten in der Schweiz überwacht werden? *Bureau Ha*. Schweizer Diplomaten im Ausland geschützt? *Bureau Ha*. Geheimagenten nach Deutschland geschleust? *Bureau Ha*.«[22] Das Gute daran war, dass es *Bureau Ha* offiziell gar nicht gab!

Hausmann erhielt ab 1939 alle für ihn wichtigen Informationen, die im Zusammenhang mit dem Zweiten Weltkrieg standen, von Rößler. Und Rößler wiederum konnte das gesamte Spektrum der Informationen beim *Bureau Ha* nutzen. Vorwiegend handelte es sich um Material, das er analysieren und auswerten konnte.

Das waren zum Beispiel Aussagen von deutschen Deserteuren, von Schmugglern und Flüchtlingen aus Deutschland und aus den besetzten Ländern, von verwundeten deutschen Soldaten und Offizieren, die in Schweizer Krankenhäusern behandelt wurden, und es betraf die gesamte diplomatische Post. Rößler konnte auch die sogenannte »Wiking-Linie« anzapfen. Es handelte sich um eine eigene Informationslinie des *Bureau Ha*, die bis ins OKW, ins Führerhauptquartier Hitlers und zu höchsten Stellen nach Finnland führte. Als Rößler das Gentlemen's Agreement mit Hausmann vereinbarte, sprudelten bereits seine Quellen in Berlin. Rößler erhielt seine nachrichtendienstlichen Informationen von Quellen, die in beachtlichen Positionen standen und mit Dokumenten der höchsten Geheimhaltungsstufe zu tun hatten oder mit brisanten Unterlagen in Berührung kamen. Es handelte sich um Militärs und Staatsbeamte, die kritisch zu Hitler standen, und um deutsche Emigranten in der Schweiz mit Rückverbindungen. Rößler konnte das Material des *Bureau Ha* mit seinen Informationen abgleichen und daraus eigene Schlüsse ziehen.

Die Zusammenarbeit zwischen Rößler und Hausmann funktionierte problemlos. Rößler erhielt im Frühjahr 1942 vom Generalstab der Schweizer Armee ein Papier, das ihn legitimierte, jegliche Unterstützung durch offizielle staatliche Stellen und Privatpersonen zu fordern.

Ohne Zweifel arbeitete Rößler anfangs nur für die Schweiz. Nach 1939, mit Kriegsbeginn, wurden dadurch seine Informationen auch den westlichen Alliierten zugeleitet.

Unklar ist bis heute, ob Berliner Informanten Rößler aufgefordert hatten, Kontakt auch zum sowjetischen Nachrichtendienst aufzunehmen, nachdem erkennbar war, dass die Briten ihr Wissen für sich behielten und nicht mit dem Verbündeten im Osten teilten. Oder ob dies Rößler selbst bemerkt hatte und eigene Schlüsse daraus zog.

Spekulationen ranken sich auch darum, wie schnell die Informationen von Berlin zu Rößler kamen. Auch Allen W. Dulles, einst CIA-Chef und OSS-Resident in der Schweiz, beteiligte sich später daran und schrieb in »Die Kunst des Nachrichtendienstes«: »Die Zentrale der Sowjets benutzte damals eine fantastische Nachrichtenquelle, den in der Schweiz lebenden Rudolf Rößler, der den Decknamen »Lucy« trug. Rößler gelang es, mit Hilfe bisher unbekannt gebliebener Informanten«, so Dulles 1964, »regelmäßig die dem Oberkommando in Berlin zur Verfügung stehenden Angaben zu erhalten, oftmals nur knapp 24 Stunden, nachdem die Entscheidungen in Fragen, die mit der Ostfront zusammenhingen, getroffen worden waren.«[23]

In Wirklichkeit dauerte die Übermittlung Berlin – Rößler – Schneider – Dübendorfer – Radó drei bis sechs Tage, was Radó selbst überprüft hatte.

Das Besondere der Schweizer »Roten Kapelle« bestand darin, dass sie Informationen direkt aus dem militärischen Machtzentrum beschaffte und in der Lage war, diese Informationen auch relativ rasch nach Moskau zu übermitteln. War die Zentrale erst skeptisch, als sie solche absolut einmaligen Informationen auf den Tisch bekam, flossen diese kurze Zeit später unmittelbar in die Pläne der sowjetischen Militärführung ein. Radós Informationen wurden bei der Erarbeitung des Planes zur Einkreisung der deutschen 6. Armee und ihrer Vernichtung bei Stalingrad berücksichtigt. Seine Informationen fanden Berücksichtigung bei der Erarbeitung der sowjetischen Gegenoperation bei Kursk, das deutsche »Unternehmen Zitadelle«. Dank Radó kannte die sowjetische Führung die Parameter der dort erstmals eingesetzten schweren Panzer »Tiger« und »Panther« und der Selbstfahrlafette »Ferdinand«. Auch die Daten der chemischen Kampfstoffe, die in deutschen Fabriken hergestellt wurden, über deren Einsatz aber keine Befehle vorlagen, konnte Radó beschaffen.

Die Herkunft der Informationen, die Rößler übermittelte, waren gekennzeichnet: »aus dem OKW«, »von der Wehrmacht«, »von der Luftwaffe«, »aus dem Generalstab«, »vom Auswärtigen Amt« usw. Im Funkverkehr mit Moskau gab Radó diesen Quellen natürlich Decknamen. Und es ließ sich mit einiger Sicherheit sagen, »Werther« war eine Quelle im Oberkommando des Heeres, »Teddy« ein Offizier im Oberkommando der Wehrmacht, »Olga« einer im Verbindungsstab zwischen der obersten Heeresleitung und einer Heeresgruppierung, »Anna« war eine Gruppe von Quellen im Auswärtigen Amt. Bis heute, wie gesagt, sind diese Antifaschisten namentlich unbekannt.

Einmal allerdings verletzte Rößler die Konspiration. Er machte gegenüber Christian Schneider (»Taylor«) Angaben zu einigen seiner Quellen. Diese Auskünfte gelangten über Rachel Dübendorfer (»Sissy«) zu Radó und von diesem per Funkspruch an die Zentrale. An 19. März 1943 erfuhr Moskau, dass »Werther« bei »Lucy« war, dabei habe »Werther« mitgeteilt, dass eine seiner Quellen General Thomas sei. Die Dokumente des Generals kämen über Offiziere seiner Abteilung. Weiter habe »Werther« mitgeteilt, dass die Informationen zu Italien und Afrika von einem Major Kaiser stammten, der an der deutschen Botschaft in Rom arbeite.

Ferner ging aus diesem Funkspruch hervor, dass die Informationen aus Berlin mit Kurieren in die Schweiz gebracht werden würden.

Am 22. März 1943 übte Radó wegen dieses Funkspruches Selbstkritik und ließ die Zentrale wissen, dass es ihm von »Sissy« nicht erlaubt gewesen sei, General Thomas und Major Kaiser namentlich als Quellen zu nennen. »Sissy« selbst bedauere, gegen »Lucys« Bitte verstoßen zu haben.

Am 1. Juni 1943 funkte Radó an die Zentrale, offenkundig nunmehr dazu ermächtigt: »Nach Angaben von ›Lucy‹ ist die Quelle ›Teddy‹ beim OKW ein Experte in Fragen der rumänischen Armee in der Abteilung von General Thomas. Früher war ›Teddy‹ Diplomat in den USA und arbeitete für den amerikanischen Geheimdienst. Das Material, dass zu uns gelangt, kommt aus diesem Bereich und ist für den Schweizer Geheimdienst bestimmt.«

Nachdem das Naziregime zerschlagen war und viele Antifaschisten und Widerstandskämpfer sich offenbarten, schwiegen diese Quellen, und auch Rößler machte bis zu seinem Tode 1958 in Luzern keine Angaben. Wahrscheinlich handelte es sich bei den wichtigsten Quellen um Personen, die nach dem 20. Juli 1944 verhaftet und hingerichtet wurden.

Nach Günther Weisenborn wurden allein aus der Gruppe im Generalstab *(identisch mit dem Oberkommando des Heeres – H. W.)* 60 Offiziere zum Tode verurteilt. Insgesamt wurden etwa 700 Offiziere erschossen. Von den rund 2000 Generälen, die die Wehrmacht zu dieser Zeit zählte, wurden 20 unmittelbar im Zusammenhang mit dem Attentat auf Hitler zum Tode verurteilt. Später fällten faschistische Kriegsgerichte weitere 36 Todesurteile über Generäle wegen ihrer oppositionellen Haltung. Weitere 49 Generäle entzogen sich der Terrorjustiz durch Selbstmord. Von Hitlers Feldmarschällen wurde Erwin von Witzleben zum Tode verurteilt. Vier weitere Feldmarschälle legten Hand an sich. Hinzu kam, dass Heinz Guderian einen

Tag nach dem Attentat zum Chef des Generalstabes ernannt wurde und er alle Offiziere entfernen ließ. Gerieten sie nicht in die Hände der Gestapo, wurden sie zur Frontbewährung Richtung Osten abkommandiert an einen Abschnitt, wo ein Überleben als unwahrscheinlich galt.

Am 25. April 1943 entschlüsselte die deutsche Funkabwehr einen Spruch an Rachel Dübendorfer (»Sissy«): »Wir teilen dir den Titel eines neuen Buches für deine Chiffre mit. Kaufe es, und wir geben dir Benutzungsanweisung. Albert (Radó) soll das neue Buch nicht kennen. Es heißt ›Tempete sur la Maison‹, Editions H. Jebers, 471 Seiten, Direktor.«[24]

Damit geriet das Codebuch in die Hände der deutschen Abwehr und der Gestapo. »Es bedeutete nicht mehr und nicht weniger, als dass man von Beginn an imstande sein würde, die mit diesem Buch überschlüsselten Funksprüche mitzulesen«, schrieb Wilhelm F. Flicke in seinem 1954 in der Schweiz erschienenen Buch »Agenten funken nach Moskau«.

Ein Teil der Funksprüche, die Radó nach Moskau funken ließ und von dort erhielt, wurden auch dadurch entschlüsselt, weil die deutsche Seite das Chiffrebuch von Margareta Bolli (»Rosa«) kannte. Der Nazi-Agent Hans Peters (»Romeo«), ein gutaussehender Deutscher, der Anfang der 30er Jahre in die Schweiz gegangen war und in Genf als Friseur arbeitete, hatte von seinem V-Mannführer, Hermann Henseler (»Rhenanus«) den Auftrag erhalten, sich an Margareta Bolli heranzumachen. Das tat er mit Erfolg – und sah in ihrer Wohnung eben jenes Buch. Für »Rosa« war ihr neuer Freund ein deutscher Kommunist im Exil.

Peters Mitteilung gelangte in die deutsche Botschaft in Bern, wo seit Anfang 1942 der Canaris-Mitarbeiter Hans Meisner und das »Büro F« arbeitete. Es befasste sich ausschließlich mit dem Radó-Netz und koordinierte alle Maßnahmen. im »Büro F« liefen alle Informationen, die von Agenten und V-Männern zusammengetragen wurden, ein. Wie aus später archivierten Unterlagen hervorgeht, besaß man im Sommer 1943 bereits umfangreiches Material zum Verbindungskreis um Radó.

Margareta Bolli wurde gemeinsam mit Peters in dessen Wohnung festgenommen. Der faschistische Agent wurde bald wieder auf freiem Fuß gesetzt. »Die verliebte ›Rosa‹ aber glaubte während der Untersuchunghaft und auch nach ihrer Entlassung hartnäckig daran, Peters habe mit ihrer Verhaftung nichts zu tun gehabt, und sie wollte ihn heiraten. Die bittere Ernüchterung trat erst ein, als Peters seine Maske fallen ließ«, erinnerte sich Sándor Radó 1970.[25]

Anfang 1944 wurden Rachel Dübendorfer, Paul Böttcher und Christian Schneider verhaftet. Radó gelang es unterzutauchen, er und seine Frau wurden von französischen Partisanen nach Frankreich geschleust.

Der einzige, der Rößler bei der Schweizer Polizei belasten konnte, weil er ihn kannte, war Christian Schneider (»Taylor«). Und er tat es. Dennoch wurden im Verlauf des Jahres 1944 alle Inhaftierten von den Schweizer Behörden auf freien Fuß gesetzt. Rachel Dübendorfer, Paul Böttcher und Alexander Foote gelang die Flucht nach Frankreich, wo sie Kontakt zur sowjetischen Militärmission aufnahmen.

Nach Kriegsende prozessierte die Schweiz im Oktober 1945 gegen Radó und Genossen. Das Verfahren endete ohne Urteil, die Kundschafter hatten dem Gastland keinen Schaden zugefügt. Ein Zweites im Jahre 1947 war bereits vom Kalten Krieg geprägt. Angeklagt wurden in Abwesenheit Sándor Radó und seine Frau Helene, Rachel Dübendorfer, Paul Böttcher und Alexander Foote. Auf der Anklagebank saßen zudem Rudolf Rößler, Christian Schneider, Margareta Bolli sowie Edmond und Olga Hamel. Das Militärgericht verhängte Haftstrafen zwischen drei Monaten und drei Jahren zuzüglich Geldstrafen. Keiner der Verurteilten brauchte seine Haft anzutreten. Rudolf Rößler wurde freigesprochen. Radó wurde der Aufenthalt in der Schweiz für elf Jahre untersagt.

Im Dezember 1958 verstarb der geheimnisvolle »Lucy«. Laut Radó habe er kurz vor seinem Tod dem Sohn seines Schweizer Freundes Schnieper die Namen der Offiziere genannt, die ihm Informationen aus dem deutschen Generalstab zukommen ließen. Rößler soll zur Bedingung gemacht haben, dass dieser die Namen erst zwanzig Jahre später bekanntgeben dürfe. Ein Jahr nach Rößlers Tod fiel der junge Mann einem Autounfall zum Opfer. Damit scheinen alle Spuren zu den Quellen verwischt zu sein.

In der Zwischenzeit sind viele Jahre vergangen, und der Erkenntnisstand ist weiter gewachsen. Auch die Veröffentlichung der russischen Militäraufklärung zu ihrem »Netz in der Schweiz« hat dazu beigetragen, ein wenig Licht in die Sache zu bringen. Heute wissen wir:

1. Die hochrangigen Quellen von Rößler kamen tatsächlich aus den Führungsstäben. Die Informationen wurden zum Teil durch die Quellen selbst an Rößler in der Schweiz übergeben, zumindest gilt das für »Werther«. Außerdem gab es Kuriere, die offensichtlich ständig in der Schweiz dienstlich zu tun hatten.

2. Offenkundig existierte auch eine dienstliche Telefonverbindung. Während einer Diskussionssendung im Schweizer Fernsehen im Mai 1966 sagte Dr. Xaver Schnieper, Rößlers bester Freund, bestimmte Nachrichten seien auf einer dienstlichen Fernsprechleitung der Wehrmacht nach Mailand und von dort mittels Kurier nach Luzern zu Rößler gelangt. Rößler hatte gegenüber der Schweizer Polizei bei seiner Verhaftung 1944 ausgesagt, dass er mit zwei Kurieren gearbeitete habe, die die Informationen abgeholt hätten, ohne Details zu nennen.[26]

Auch Wilhelm Ritter von Schramm, der als Offizier in der Propagandaabteilung des Oberkommandos der Wehrmacht und als sogenannter Höherer Berichter in Generalstäben in Frankreich und der Sowjetunion eingesetzt war, teilte in seinem 1967 erschienenen Buch »Verrat im Zweiten Weltkrieg« die Auffassung Schniepers. »Berlin, das dem Bundesgenossen *(Italien – H. W.)* nicht mehr vertraute, etablierte seit der Landung der Alliierten in Nordafrika immer mehr Dienststellen zur Versorgung des Afrikakorps in Italien: In Mailand war ein ganzes deutsches Rüstungskommando eingerichtet worden. Jedenfalls ist nicht ausgeschlossen, dass ein Eingeweihter auf einer dortigen Dienststelle die Telefongespräche mit Berlin geführt und wohl auch den geheimdienstlichen Pendelverkehr Luzern-Mailand organisiert hat.«[27]

Es gibt einen weiteren Hinweis auf diese Variante. Er stammte von Josef Kiefel, viele Jahre Leiter der Spionageabwehr des MfS.[28] Etwa 1949/50 sei er von den »sowjetischen Freunden« gebeten worden, an der Klärung einer Angelegenheit mitzuwirken, die in Potsdam vorzunehmen war. Kiefe war damals bei der Landesregierung in Potsdam tätig. Ein Offizier der sogenannten Kurlandgruppierung, der 1945 in sowjetische Gefangenschaft geraten war, hatte ausgesagt, dass er ursprünglich im Generalstab der Wehrmacht tätig gewesen sei und im Zusammenhang mit dem 20. Juli 1944 zur »Frontbewährung« strafversetzt worden sei. Er habe zu einer Gruppe Hitlergegner gehört, die Informationen an die Alliierten über die Schweiz weitergegeben habe. Sie hätten ihre Nachrichten von Potsdam oder Jüterbog nach Norditalien telefonisch an eine »Schaltstelle« durchgegeben. Auch ein ehemaliger Bürgermeister von Potsdam habe dabei eine Rolle gespielt.

Die Angaben wurden von den sowjetischen Genossen sehr skeptisch beurteilt. Es sollte dennoch der Bürgermeister gesucht werden. Laut Kiefel blieb diese Angelegenheit ungeklärt, da der Mann nicht gefunden wurde.

Diese vage Information gewinnt an Gehalt, wenn man weiß, dass einer der führenden Köpfe der Militäropposition und Verschwörer gegen Hitler Feldmarschall Erwin von Witzleben war. Und der war Befehlshaber des Wehrkreises III (Berlin-Brandenburg), und die Garnison Potsdam kommandierte General Graf Erich von Brockdorf-Ahlefeldt, ebenfalls ein Verschwörer. Der Bezug auf Jüterbog ist auch erklärlich: Dort befand sich die Artillerie-Schule der Wehrmacht, an der von Hitler abgesetzte hohe Militärs tätig waren.

Wenn man weiter berücksichtigt, dass unterschiedliche Gruppen und Kreise der deutschen Führungsschicht, auch der Wehrmacht, über die Schweiz im Kontakt mit englischen und amerikanischen Verbindungspersonen standen, so bekommt Kiefels Bemerkung Gewicht.

Diese Zusammenhänge waren aber kurz nach dem Krieg unbekannt. Möglicherweise war hier eine Spur zu den Quellen von Rudolf Rößler. Nicht auszuschließen ist, dass es sich bei dem erwähnten Bürgermeister um Carl Eugen Rosenthal handelte, der bis etwa 1935 Bürgermeister eines Vorortes von Potsdam war, der im Rahmen der nationalsozialistischen Gebietsreform Babelsberg zugeschlagen wurde. Carl Eugen Rosenthal verfügte über einen umfangreichen Freundeskreis, der auch Carl Friedrich Goerdeler, einem der Köpfe der Verschwörer gegen Hitler, umfasste.

3. Die freigegebenen Materialien der russischen Militäraufklärung, die auf den in Radós Funksprüchen genannten »General Thomas« Bezug nehmen, lassen den Schluss zu, dass es sich um General Georg Thomas, Chef des Waffenamtes beim Oberkommando der Wehrmacht, handelte. Damit lässt sich auch »Teddy« zuordnen: Er ist ein Untergebener des Generals. Georg Thomas gehörte zu einer Gruppe Militärs und Rüstungsindustrieller, die Bedenken zur Kriegsstrategie Hitlers anmeldeten. Zwei Denkschriften dieser Gruppe sind erwähnenswert.

Die erste Denkschrift von General Thomas wurde im August 1939 für den Chef des Oberkommandos der Wehrmacht, Wilhelm Keitel, verfasst. Sie war nach ausführlichen Beratungen mit Carl Friedrich Goerdeler, Ludwig Beck und Hjalmar Schacht niedergeschrieben worden. Die Idee eines Blitzkrieges wurde als unrealistisch zurückgewiesen. Ohne mächtige Verbündete verfüge Deutschland nicht über die notwendigen Ressourcen an Rohstoffen, Material und Nahrungsmittel, um einen sich lang hinziehenden »Erschöpfungs-Krieg« führen zu können.

Im Jahre 1942 verfasste Thomas eine zweite Denkschrift mit dem Titel: »Warnruf der deutschen Wirtschaft«. Unterzeichnet war dieses Dokument vom stellvertretenden Vorsitzenden der Reichsgruppe Industrie, dem Bankier Heinrich Stahl, Carl Friedrich Goerdeler und zwei Großagrariern. Einige Industrielle weigerten sich, dieses Dokument zu unterschreiben. Die Autoren der Denkschrift versuchten, im Zusammenhang mit der schwierigen Wirtschaftslage Deutschlands die Aussichtslosigkeit des Krieges nachzuweisen. Thomas übermittelte diese Denkschrift auch an den Chef des Generalstabes Franz Halder, dieser distanzierte sich aber von dem Dokument.[29]

Die um General Thomas gruppierten Industriellen nahmen an, dass die ökonomischen Ressourcen Deutschlands für die Verwirklichung von Hitlers Weltherrschaftsplänen nicht ausreichen würden. Ihre Befürchtung war, dass bei einer Niederlage Deutschlands auch die Macht der deutschen Industrie verloren gehen könnte. Sie waren der Auffassung, dass der Krieg beendet werden müsse, bevor er Deutschland in die Katastrophe stürze und setzten alle ihre Hoffnungen auf einen Separatfrieden mit den Westmächten.

Ein weiteres Indiz dafür, dass die Informationen aus dem Waffenamt des OKW über die Schweiz nach Moskau gingen, sind Hinweise auf das »Rüstungskommando Mailand«. Das Waffenamt des OKW war dort mit einem starken Mitarbeiterstab präsent, so dass über die sogenannte »Adolfleitung«, eine abhörsichere Standleitung von Wünsdorf nach Mailand, auch Informationen gekabelt werden konnten, die nur für Eingeweihte bestimmt waren. Die Weitergabe von dort nach Luzern war nur eine organisatorische Frage. Züge verkehrten genügend.

Ein weiterer Hinweis: Das OKW in Gestalt des Waffenamtes betrieb in Genf ein Büro für Rüstungskäufe in der Schweiz. Ständig pendelten Kuriere und Experten zwischen dem OKW und Genf. Radó verfügte über eine Quelle in diesem Büro. Es war »Bill«, eine dort als Sekretärin tätige Schweizerin. Funksprüche bestätigten das:

»2.5.1943. An Direktor. Von Bill.

Mannerheim *(finnischer Staatschef – H. W.)* hat in Genf mit General Müller verhandelt, der das OKW in dem Ausschuss vertritt, das Schweizer Rüstungsmaterial für die deutsche Armee übernimmt. Dora.«

»18.5.1943. An Direktor. Von Bill.

Nach Mitteilung aus dem Kreis General Müllers will deutsche Kriegsführung Sommer 1943 an der Ostfront den neuen schweren Panzer Tiger zum Masseneinsatz bringen. Dora.«

»28.6.1943. An Direktor. Von Bill.

Aus dem Heereswaffenamt. Die Deutschen arbeiten jetzt an einem neuen Panzer, Typ Panther, der die Verbesserung des Typs Tiger darstellen soll. Er soll stärkere Panzerung und größere Beweglichkeit besitzen. Dora.«

Ergeben diese Indizien ein relativ sicheres Gesamtbild, so können zwei Fragen das Waffenamt betreffend immer noch nicht beantwortet werden. Zum einen: Wer war namentlich in dieses konspirative Informations-, und Verbindungssystem eingebunden? Und zweites: Hat General Georg Thomas bewusst mitgespielt, hat er es stillschweigend geduldet, oder war er gänzlich uninformiert?

Radó wäre vielleicht zur Beantwortung dieser Fragen in der Lage gewesen, wenn er gewusst hätte, dass das Lösen dieses Rätsels auch in der Schweiz möglich gewesen wäre.

Ihn quälten aber damals, 1944, ganz andere Sorgen. Wie würde die Zentrale seine Handlungen während der Phase der Liquidierung seines Netzes beurteilen? Er hatte eine ungutes Gefühl, was seine Zukunft betraf. Am 6. Januar 1945, in den Vormittagsstunden, startet vom Flugplatz Le Bourget das erste Flugzeug seit 1939 von Paris nach Moskau. Es ging über Nordafrika und den Nahen Osten in die sowjetische Hauptstadt. Im Flugzeug befanden sich zwölf Personen, darunter Leopold Trepper und auch Alexander Foote.

In Moskau kamen aber nur elf an.

Radó versuchte in Kairo »unterzutauchen«, nachdem ihm Trepper zu verstehen gegeben hatte, dass Moskau sie wohl nicht mit offenen Armen empfangen würde.

Ende 1945 waren die wichtigsten Akteure der »Roten Kapelle« jedoch wieder »vereint«. Leopold Trepper, Sándor Radó, Viktor Sukulow, Paul Böttcher, Rachel Dübendorfer und all die anderen, die überlebt hatten. Im Gefängnis des NKWD, der Lubjanka.

Anmerkungen

1 Semjon P. Uritzki (1892–1938), im Ersten Weltkrieg einfacher Soldat in der Zarenarmee, nach der Oktoberrevolution 1917 in der Roten Armee, Kommandeur einer Kavallerieeinheit während des Bürgerkrieges; in den 20er Jahren Studium an der Militärakademie der Roten Armee, danach als Spion für die Militäraufklärung in Deutschland tätig; dann Leiter der internationalen Infanterieschule in Moskau. Ab 1930 Truppen- und Generalstabsoffizier. Von 1935 bis Juni 1937 Chef der sowjetischen Militäraufklärung GRU. Danach im Moskauer Militärbezirk. Ende 1937 verhaftet und im Sommer 1938 hingerichtet
2 Artur Artusow (1891–1937), gilt als einer der brillantesten Köpfe des sowjetischen Geheimdienstes. Wurde im Mai 1937 als Teilnehmer einer angeblichen antisowjetischen Verschwörung verhaftet und im August des gleichen Jahres hingerichtet
3 Sándor Radó: Dora meldet, Berlin 1974, S. 17
4 Leonid Anulow (1897–1974), sowjetischer Geheimdienstmitarbeiter; seit 1918 in der Roten Armee; Anfang der 20er Jahre Auslandseinsatz

für die sowjetische Militäraufklärung; bis Ende der 20er Jahre in der Zentrale tätig, ab 1933 in China, seit 1936 in der Schweiz, baute dort ein Nachrichtennetz auf, das er 1938 an Sándor Radó übergab. Rückberufung nach Moskau, wo er in die Große Säuberung geriet und zu 15 Jahren Lagerhaft verurteilt wurde. 1955 entlassen und rehabilitiert
5 Otto Pünter (1900–1988), Schweizer, Journalist und Presseredakteur. Ab Ende der 20er Jahre im Pressedienst der Sozialdemokratischen Partei der Schweiz, von 1935 bis 1955 Bundeshausberichterstatter der Sozialdemokraten. 1936 durch Anulow für die sowjetischen Militäraufklärung angeworben, ab 1938 Zusammenarbeit mit Radó; baute für diesen ein eigenes Netz mit über 30 Informanten auf. Nach dem Krieg in führenden Funktionen des Schweizer Presse-, und Rundfunkwesen tätig
6 Sándor Radó: Dora ..., a. a. O., S. 136
7 Werner, Ruth (1907–2000), Deckname Sonja, baute von 1938 bis1940 für Radó das Funknetz in der Schweiz auf.
8 Alexander Foote (1905–1957), Engländer, Teilnehmer am spanischen Krieg; 1938 durch »Sonja« für die sowjetische Militäraufklärung geworben, ab 1939 unter den Decknamen »Jim« als Funker für Radó tätig: November 1943 in der Schweiz verhaftet; nach Entlassung im September 1944 Flucht nach Frankreich; ab Januar 1945 in Moskau. Wurde dort für einen Auslandseinsatz in Westeuropa vorbereitet und sollte später in Südamerika gegen die USA wirksam werden. Foote stieg aus und flüchtete 1947 in den britischen Sektor von Westberlin.
9 Leon Beurton (1914–1997), Engländer, Teilnehmer am spanischen Krieg, durch »Sonja« für die sowjetische Militäraufklärung GRU geworben und 1939 in der Schweiz zum Einsatz gebracht. Bis Ende 1942 bei Radó als Chiffrierer. Folgte Ende 1942 seiner Frau Ruth Werner (»Sonja«) nach England. Arbeitete dort bis etwa 1946 im Netz seiner Frau, dann wurde die Verbindung zur Zentrale unterbrochen. Ruth Werner und ihre Familie lebten seit 1952 in der DDR.
10 Rachel Dübendorfer (1900–1973), Decknamen: Esther Bösendorfer und Sissy. Deutsche Kommunistin jüdischer Abstammung, arbeitete bis Anfang der 30er Jahre im Zentralapparat der KPD in Berlin, 1933 Emigration in die Schweiz. Leitet nach 1937 ein eigenes Netz mit dem Namen »Sevilla«, das später Radó unterstellt wurde
11 Maria Poljakowa (1908–1995), Deckname: Vera, seit 1932 Mitarbeiterin der sowjetischen Militäraufklärung, in dieser Zeit auch Einsatz in Deutschland, ab etwa 1934 in Österreich und der Schweiz tätig, baute in der Schweiz ein Nachrichtennetz für Kriegszeiten auf und warb auch »Sissy« für diese Kundschaftertätigkeit an. 1937 Rückkehr nach Moskau und Übergabe des Netzes an Radó. Bis etwa 1956 in der Zentrale tätig
12 Paul Böttcher (1891–1975), Deckname: Herbert Rubin, deutscher Kommunist, Emigrant in der Schweiz, führte mit »Sissy«, seiner

Lebensgefährtin das Netz »Sevilla« und arbeitete später im Netzwerk von Radó
13 Ernst Lemmer (1898–1970) wurde für das Radó-Netz abgeschöpft, er gab eine Reihe interessanter Informationen an seine Verbindungsperson in die Schweiz weiter. War zu jener Zeit Korrespondent ausländischer Zeitungen in Berlin. Nach 1945 Mitbegründer der CDU (Ost). 1948 Flucht nach Westberlin, zählte zu den Kalten Kriegern der CDU, war Mitglied des Bundestages von 1952 bis 1970 und Bundesminister
14 Janusz Piekalkiewicz: Spione, Agenten und Soldaten, Hamburg 1988, S. 219
15 Sándor Radó: Dora ..., a.a.O., S. 162
16 Nach seinem Übertritt 1947 zu den Engländern verriet Foote die nachrichtendienstliche Tätigkeit von Ruth Werner und Leon Beurton, gegenüber den Engländern nicht, so meinte jedenfalls Ruth Werner. Sie seien zwar durch den MI 5 (Spionageabwehr des militärischen Geheimdienstes) befragt worden, aber ihnen gegenüber wurden keine Anschuldigungen erhoben, die von Foote hätten stammen können.
17 Sándor Radó: Dora ..., a.a.O., S. 370ff.
18 *Der Spiegel* vom 16. Januar 1967
19 Reinhard Gehlen: Der Dienst, München 1971, S. 45
20 Sándor Radó: Dora ..., a.a.O., S. 276ff.
21 a.a.O., S. 278
22 Pierre Accoce/Pierre Quett: Moskau wusste alles, Zürich 1966, S. 84
23 Allen W. Dulles: Die Kunst des Nachrichtendienstes, Stuttgart 1964, S. 210
24 Sándor Radó: Dora ..., a.a.O., S. 321
25 a.a.O., S. 462
26 a.a.O., S. 293
27 Wilhelm von Schramm: Verrat im Zweiten Weltkrieg. München 1958, S. 118
28 Josef Kiefel (1908–1988), Major der Roten Armee, Einsatz als Partisan und Aufklärer während des Zweiten Weltkrieges u.a. in Polen, nach 1945 in den Landesregierungen Sachsen-Anhalt und Brandenburg tätig, 1949/50 Stellv. Chef der Verwaltung zum Schutz der Volkswirtschaft des Landes Brandenburg, Vorläufer des MfS, 1953 bis 1960 Leiter der HA II (Spionageabwehr) im MfS, Oberst
29 Daniil Melnikow: Der 20. Juli 1944, Berlin 1964, S. 123ff.

17. »Achtung Partisanen«

Bereits vor dem Überfall auf die Sowjetunion 1941 war in deutschen Stäben und Behörden geplant worden, was in den besetzten Territorien und nach dem »Sieg« dort geschehen sollte. Das künftige politische Staats-, Wirtschafts- und Gesellschaftsgebilde war punktuell bis ins Detail konzipiert. Allerdings hatten die Planer die Rechnung ohne den Wirt gemacht, wie der Volksmund sagt. Mindestens zwei wesentliche Momente blieben unberücksichtigt: die Tapferkeit der Rotarmisten und der Widerstand der Zivilbevölkerung. Die Partisanen bereiteten dem deutschen Oberkommando schon in den ersten Kriegstagen erhebliche Probleme.

Am 25. Juli 1941, vier Wochen nach Kriegsbeginn, sah sich das OKW gezwungen, einen Sonderbefehl zur Partisanenbekämpfung zu erlassen. Am 25. Oktober 1941 folgte das Oberkommando des Heeres mit der nächsten Sonderanweisung »Über den Kampf gegen die Partisanen«. In der Anleitung, die vom Oberbefehlshaber des Heeres Generalfeldmarschall Walther von Brauchitsch[1] unterzeichnet war, hieß es: »Die russischen Partisanen fügen nicht nur kleineren Verbänden und Einheiten der Kampftruppe erheblichen Schaden zu, sondern behindern auch die Versorgung des Heeres und zerstören militärische Anlagen in den rückwärtigen Gebieten.« In den »10 Geboten für die deutschen Soldaten bei der Bekämpfung der Partisanen« hieß es:

»Das Hauptergebnis des Partisanenkampfes sind Unruhe, Furcht und mögliche Gerüchte unter der Bevölkerung. Die Partisanen können uns nur in dem Falle schaden, wenn unsere Sicherung unzureichend ist, das heißt, wenn wir selbst ihnen die Möglichkeit geben. Jeder muss eine Waffe bei sich haben! Immer und überall! Wer über diese Regel lacht und beim Schlafen seine Waffe im Nebenzimmer lässt, ist kein Held, sondern ein Dummkopf. Wo ein Partisan auftaucht, muss er stets auf das Feuer unserer Waffen treffen!«[2]

Diese »10 Gebote« vermochten die Partisanenbewegung natürlich in keiner Weise einzudämmen.

In einer Lage-Analyse des Oberkommandos der Wehrmacht kam man zu dem Schluss, dass im Hinterland der Wehrmacht ein neuer strategischer Faktor entstanden sei, der eine Gefahr darstelle und darum liquidiert werden müsse. In der Weisung vom 16. September 1941 des OKW las sich das so: »Seit Beginn des Feldzuges gegen Sowjetrussland sind in den von Deutschland besetzten Gebieten allenthalben kommunistische Aufstandsbewegungen ausgebrochen. Die Formen des Vorgehens steigern sich von propagandistischen Maßnahmen und Anschlägen gegen einzelne Wehrmachtsangehörige bis zu offenem Aufruhr. Die bisherigen Maßnahmen, um dieser allgemeinen kommunistischen Aufstandsbewegung zu begegnen, haben sich als unzureichend erwiesen. Der Führer hat nunmehr angeordnet, dass überall mit den schärfsten Mitteln einzugreifen ist, um diese Bewegung in kürzester Zeit niederzuschlagen. Nur auf diese Weise, die in der Geschichte der Machterweiterung großer Völker immer mit Erfolg angewandt worden ist, kann die Ruhe wiederhergestellt werden.«[3]

Die Unruhe in den deutschen Stäben wuchs. Dieser »neue strategische Faktor« wurde zu einem immer größeren, unkalkulierbaren Problem. Nach Guderian »wurde der Partisanenkrieg zu einer wahren Plage, der auch seelisch auf die Männer der Front wirkte«.[4] Zur Jahreswende 1941/42 waren die Partisanen im Leningrader Gebiet so aktiv, dass selbst der Oberbefehlshaber der Heeresgruppe Nord, Feldmarschall von Leeb,[5] seine Fahrten an die Front einstellen musste. Das betraf auch Armeebefehlshaber, Kommandeure von Korps und Divisionen. Schilder wurden aufgestellt, die unheilvoll verkündeten: »Achtung Partisanen!« und »Achtung Partisanenzone!«.

Generalleutnant Kurt Dittmar (1891–1959), Kommandeur der 169. Infanterie-Division, erinnerte sich: »Im Rücken der deutschen Armee hat sich ein zahlenmäßig starker Gegner formiert. Die Tätigkeit der feindlichen Partisanenabteilungen stellte dem deutschen Oberkommando bedeutende Hindernisse hinsichtlich der Versorgung der Front und der vordersten Linien in den Weg und wurde in diesen Gebieten schließlich zu einer Plage.«[6]

Sogar Hitlers Propagandaminister Goebbels musste in seinen Tagebüchern eingestehen, dass die Widerstandsbewegung im Osten die Naziaktivitäteten unterminiere:

6. März 1942: »Ein SD-Bericht orientiert mich über die Lage im besetzten Russland. Sie ist noch prekärer, als man allgemein annimmt. Die Partisanengefahr erhöht sich von Woche zu Woche. Die Partisanen beherrschen ganze Gebiete im besetzten Russland und üben dort ihren Terror aus.«

16. März 1942: »Die Partisanentätigkeit hat in den letzten Wochen wieder beachtlich zugenommen. Die Partisanen führen einen richtigen Kleinkrieg. Es ist ihnen sehr schwer beizukommen, weil sie in den von uns besetzten Gebieten mit so terroristischen Mitteln vorgehen, das die Bevölkerung schon aus Angst sich nicht mehr bereit findet, loyal mit uns zusammenzuarbeiten.«

29. April 1942: »In den besetzten Gebieten ist die Partisanengefahr weiterhin im alten Umfang vorhanden. Die Partisanen haben uns im Winter sehr große Schwierigkeiten gemacht, und diese Schwierigkeiten haben mit Beginn des Frühlings durchaus noch nicht aufgehört.«

Die Wirkung der Partisanenbewegung auch auf die moralische Verfassung der Okkupanten war beachtlich, womit ein merklicher Beitrag zur Befreiung des Landes geleistet wurde. Es war in der Tat ein »Vaterländischer Krieg«. Ende 1941 existierten bereits über 2000 Partisanengruppen mit etwa 90 000 Kämpfern, die erhebliche Kräfte der Besatzungstruppen banden und die Versorgung der deutschen Fronttruppen störten. Mitte April 1942 stellte der deutsche Befehlshaber des Rückwärtigen Heeresgebietes Mitte fest, dass die Kampfkraft der Partisanenabteilungen mit der von regulären Truppenteilen vergleichbar wäre. Bewaffnung und Organisationsgrad der Partisanen wurden ständig weiter ausgebaut. Im Mai 1942 wurde ein Zentraler Stab und entsprechende Stäbe bei den sowjetischen Armeen und an den Fronten gebildet. Die Partisanen unterhielten Funkverbindungen und wurden aus der Luft versorgt. 1943 zählte man bereits über eine Viertelmillion.

Anfang April 1942 sprengten Partisanen in der Ukraine unter dem Kommando von Alexej F. Fjodorow einen PKW des ungarischen Generalstabes in die Luft. Dabei wurden wichtige Dokumente erbeutet, darunter ein Papier »Über einige Erfahrungen des gegenwärtigen Krieges«. Den Partisanen wurde darin große Aufmerksamkeit geschenkt. In seinen 1957 erschienenen Erinnerungen zitierte Fjodorow aus diesem ungarischen Dokument: »Der Kampf gegen die Sowjets hat uns mit einer besonderen und erbarmungslosen Form der Partisanenbewegung bekanntgemacht. Erstaunlich dabei sind der vom russischen Volk an den Tag gelegte Fanatismus, die Todesverachtung und Zähigkeit, die uns hier begegnen. Erschütternd sind die Ausmaße dieser von den Russen angewandten Kampfformen. Die sich auf immer größerem Territorium ausweitende Partisanenbewegung nimmt bereits die Form einer Volksbewegung an. Die Partisanenbewegung tritt auf als eine Volksbewegung hinter unserer Frontlinie, und zwar nicht nur unmittelbar dahinter, sondern auch mehrere hundert Kilometer im Hinterland.«

An anderer Stelle heißt es bei Fjodorow, aus dem Dokument der ungarischen Nazis zitierend: »Der Erkundungs-, Informations- und Verbindungsdienst der Partisanen ist gut entwickelt. Er arbeitet außerordentlich schnell und reibungslos. Über die Vorgänge an der Front sind sie eher unterrichtet als die Truppenteile, die das besetzte Territorium bewachen. Die kleinsten Bewegungen unserer Truppenteile bleiben für sie kein Geheimnis. Es besteht keine Notwendigkeit, einzelne und grundlegende Angaben über die Partisanen aufzutreiben. In der Zeit, in der die Ergebnisse der Aufklärung der Kommandoführung zugeleitet werden, die zur Säuberung des gegebenen Territoriums bestimmt sind, und die Truppenteile in Aktion treten, werden die einzelnen Partisanenabteilungen durch ihren gut organisierten Informationsdienst von dem Herannahen unserer Truppen bestimmt unterrichtet sein und sich dann nicht mehr an dem von unserer Aufklärung ermittelten Standort befinden.« Damit wurde auf die Verzahnung des Kampfes der Roten Armee mit der Partisanenbewegung duetlich hingewiesen.

»Man darf auf keinen Fall in leichtsinniger Weise die Bedeutung der Partisanenbewegung unterschätzen! Es ist notwendig, sich mit ihr gründlich bekanntzumachen, um unangenehme Überraschungen zu vermeiden. Berichte über die

Partisanenbewegung gelangen gewöhnlich in stark verzerrter und übertriebener Form in die Hände der Okkupationsmächte und der Heeresleitung.

Es ist so, dass die Bevölkerung stets von irgendwelchen Aktionen der Partisanen in benachbarten oder weit entfernten Ortschaften weiß. Dagegen will sie niemals über die Ereignisse im eigenen Dorf unterrichtet gewesen sein.

Auf dem Gebiet der Nachrichtenermittlung muss unser Verhalten gegenüber den Russen von Misstrauen begleitet sein. Wir müssen stets daran denken, dass es keine zuverlässigen Personen gibt! Eine junge Frau ist immer verdächtig, wenn sie als Fremde irgendwo auftaucht; es handelt sich dann mit Sicherheit um eine Agentin der Partisanen. Unter den Dorfältesten findet sich eine Anzahl von Menschen, die sich als Anhänger der Partisanen entpuppen. Aber auch unter den ukrainischen Hilfspolizisten gibt es solche, die den Partisanen nahestehen. Deshalb ist die restlose Unschädlichmachung der Bevölkerung voll und ganz in unserem Interesse.

Wir müssen uns darüber im Klaren sein, dass die patriotisch gesinnten Schichten der ukrainischen Bevölkerung keinerlei Schicksalsgemeinschaft mit den Völkern der Achsenmächte empfinden. Im Endergebnis sehen sie in unseren Mächten die feindliche Besatzung und in unseren Truppen fremde Herren. Der Kampf gegen die Partisanen bedeutet nicht nur die Vernichtung einzelner Partisanenabteilungen. Man muss ihnen die Möglichkeit zu weiterer Organisierung, Versorgung und Auffüllung ihrer Menschen- und Materialreserven nehmen. Im anderen Falle behalten sie trotz aller administrativer Bemühungen ihre eigentliche Kraftquelle und sind immer wieder in der Lage, ihr Haupt von neuem zu erheben. Hinzu kommt, dass wir durch den notwendigen Einsatz unserer Truppen an verschiedenen Stellen ständig Verluste zu verzeichnen haben. In Anbetracht dessen darf es keine Milde gegenüber einem Russen geben, wer es auch sein möge. Nur die erbarmungslose und gründliche Ausrottung der Bevölkerung wird uns ans Ziel bringen.«[7]

Wie man sieht: Nicht nur Nazi-Deutschland, sondern auch ihre faschistischen Satelliten wollten die »erbarmungslose Ausrottung« der sowjetischen Bevölkerung!

Der Partisanenkampf hatte in Russland eine lange Geschichte. Leo Tolstoi nannte ihn »Keule des Volkskrieges«. Als Napoleon 1812 in Russland einfiel, traf er auf Widerstand, wie er ihn noch nie erlebt hatte. Bauern weigerten sich, die französische Armee mit Lebens- und Futtermittel zu beliefern. Sie erschlugen Soldaten und Offiziere, die als Furiere unterwegs waren, stellten Abteilungen auf und überfielen die Franzosen aus dem Hinterhalt. Auf diese Weise erlitt die Armee Napoleons bereits in der Anfangsperiode des Feldzuges Verluste an Menschen und Material. Nach dem Einmarsch Napoleons im September 1812 ins brennende Moskau – die Stadt war von den Russen selbst angezündet worden – und dem panikartigen Rückzug im Oktober 1812 nahmen die Zahl der Überfälle auf die napoleonische Armee zu.

Einer der Organisatoren der Partisanenbewegung gegen Napoleon war der Dichter und Husar Denis W. Dawydow (1784–1839). Seine Partisanen lauerten dem französischen Tross auf, fielen über ihn her und lockten die Nachhut in Hinterhalte. Die Partisanen wurden von den Bauern unterstützt. Später fasste Dawydow seine Erfahrungen in seinem Buch »Tagebuch der Partisanenaktionen im Jahre 1812« zusammen. General Michail I. Kutusow (1745–1813), der das russische Feldheer gegen Napoleon führte, unterstützte diese Partisanenbewegung in jeder Weise. Es war, auch damals so bezeichnet, ein Vaterländischer Krieg.

Auch reichlich ein Jahrhundert später, während des Bürgerkrieges in Sowjetrussland (1918–1922), besaßen die Partisanenverbände, die gegen die »Weißen« kämpften, besonders im Uralgebiet und Fernost große Bedeutung.

Nunmehr, im Großen Vaterländische Krieg, sprengte die Partisanenbewegung jedoch alle bisherigen Dimensionen. Man sprach von Massenheroismus und »Volksrächern«. Auch wenn dies pathetischen Bezeichnungen heute ungewohnt, vielleicht sogar propagandistisch überzeichnet wirken, waren sie seinerzeit berechtigt. Und was ebenfalls zur historischen Wahrheit gehört: Hauptorganisator der Widerstandsbewegung gegen die faschistischen Eindringlinge war die KPdSU.

Das Zentralkomitee der Kommunistischen Partei der Sowjetunion und die von ihnen geleiteten illegalen Gebietskomitees in den besetzten Gebieten Russlands, Belorusslands und der Ukraine mobilisierten, organisierten und führten den Widerstands- und Partisanenkampf. Dieser wiederum war ein Beispiel für antifaschistische Widerstandskämpfer in anderen Ländern Europas. In Bulgarien, Polen, der Tschechoslowakei, Italien, Jugoslawien Griechenland und West- und Nordeuropa wuchs unter diesem Eindruck der Widerstand.

Die erste Etappe der Partisanenbewegung umfasste die Periode von Kriegsbeginn bis Spätherbst 1942. In jener Zeit entstanden Partisanenabteilungen, wurden entsprechend den territorialen und anderer Bedingungen, die wirksamsten Kampfmethoden und -formen entwickelt sowie der organisatorische und strukturelle Aufbau vollzogen.

Am 18. Juli 1941 fasste das ZK der KPdSU den Beschluss »Über die Organisierung des Kampfes im Hinterland der deutschen Truppen«.

Bereits Anfang Juli 1941 beriet das ZK der Partei der Kommunistischen Partei der Ukraine auf einer Tagung über die Organisierung der Partisanenbewegung. Es wurden Hinweise und Orientierungen gegeben, wie in allen besetzten und bedrohten Gebieten der Ukraine Partisanengruppen gebildet werden sollten. Zunächst ging es dabei um das Anlegen von Lebensmittel-, Waffen- und Sprengstofflagern in den Wäldern und die Ausbildung der künftigen Partisanen an der Waffe und an Sprengmitteln.[8]

Am 6. Juli 1941 fasste das ZK der KP Belorusslands den Beschluss über die Bildung von Partisanenabteilungen und Volkswehreinheiten. Diese Arbeit wurde von den Stadt- und Bezirkskomitees geleitet, sie waren später auch die Organisatoren illegaler Aktionen gegen die Besatzer. Nicht nur Kommunisten schlossen sich den Partisanen an. Es kamen Parteilose, Intellektuelle, Bauern, Frauen und Jugendliche.

Bereits am 30. Juni 1941 hatte in Mogilow eine gemeinsame Sitzung des ZK der Partei und des Rates der Volkskommissare Belorusslands stattgefunden. Dort waren Aufgaben zur Organisierung des Volkskampfes gegen die faschistischen Okkupanten erörtert worden. Unverzüglich sollten illegale Parteizellen im besetzten Territorium Belorusslands geschaffen werden. »Mobilisiert das Volk zum Kampf gegen den Feind.

Soll jeder die Okkupanten vernichten, so gut er kann«, lautete die ausgegebene Losung.

Vom 11. bis 13. Juli 1941 berieten in Leningrad führende Funktionäre der KPdSU über die Organisierung der Partisanenbewegung. Zugegen waren auch Marschall Kliment J. Woroschilow[9] (1881–1969) und Andrej A. Shdanow[10] (1896–1948), Gebiets- und Stadtsekretär der Parteiorganisation Leningrads. Der Tagesbefehl Woroschilows als Oberbefehlshaber der Nordwestfront orientierte auf eine breite Volksbewegung gegen die deutschen Eindringlinge: »Steht auf für den heiligen Vaterländischen Krieg gegen die deutschen Eindringlinge und Unterdrücker, für eure Freiheit, eure Ehre und eure Heimat. Organisiert Partisanengruppen und Partisanenabteilungen, holt Waffen und Munition vom Feind, vernichtet ihn schonungslos aus dem Hinterhalt und im offenen Kampf.«

In seiner Radioansprache am 3. Juli 1941 an das sowjetische Volk hatte Stalin gefordert, »in den vom Feind besetzten Gebieten Partisanenabteilungen zu Fuß und zu Pferde zu bilden. Zusätzlich müssen Trupps von Saboteuren und Diversanten organisiert werden, um feindliche Einheiten zu bekämpfen, Brücken und Straßen zu sprengen, Telefon- und Telegrafenverbindungen zu unterbrechen und Unterkünfte sowie Vorratslager in Brand zu stecken.«

Stalin gab das Ziel vor. »In diesen Gebieten *(die von Deutschen besetzt sind – H. W.)* müssen Bedingungen geschaffen werden, die für den Feind unerträglich sind. Ihr müsst ihm überall folgen und seine Kräfte vernichten.«

Das Staatliche Verteidigungskomitee beschloss am 30. Mai 1942, beim Hauptquartier des Oberkommandos einen Zentralen Stab der Partisanenbewegung zu bilden. Oberbefehlshaber wurden Kliment J. Woroschilow, Chef des zentralen Stabes der Partisanenbewegung, und Panteleimon K. Ponomarenko (1902–1984), 1. Sekretär des ZK der KP Belorusslands.

Parallel dazu bildeteten sich auch der Belorussische Stab und der Ukrainische Stab der Partisanenbewegung sowie Partisanenstäbe in den besetzten Gebieten. Über diese Stäbe wurde auch die Hilfe des »Großen Landes«, d. h. des nicht besetztes Gebietes der Sowjetunion, organisiert. Die von Partisanen kontrollierten Gebiete hießen analog »Kleines Land«.

Im Wesentlichen gab es drei Kategorien von Partisanenabteilungen bzw. -verbänden. Solche, die von örtlichen oder territorialen Parteiorganisationen formiert wurden. Sie bestanden vornehmlich aus Parteimitgliedern, Mitarbeitern staatlicher Organe, Komsomolzen, Angestellten gesellschaftlicher Organisationen, Kolchosbauern, Vertretern der Intelligenz. So entstanden die Partisanenabteilungen Kowpaks (Ukraine), Fjodorows (Ukraine), Ignatows (Kubangebiet), Saslonows und Schmyrnows (beide Belorussland).

Die zweite Kategorie Partisanenabteilung entstand aus der örtlichen Bevölkerung und Sowjetsoldaten, deren Truppenteile von den Deutschen eingeschlossen worden waren oder denen die Flucht aus deutscher Kriegsgefangenschaft geglückt war. Auf diese Weise entstanden die Einheiten von Saburow, Naumow, Grischin, Melnik, Rasumow, Flegontow und anderen.

Die dritte Kategorie wurde mit ausgewählten Kadern – meist Mitarbeiter sowjetischer Geheimdienste und Offiziere der Roten Armee – aufgestellt. Diese Spezialisten wurden und mit Flugzeugen im Rücken des Gegners abgesetzt oder durch die Front geschleust. Diese Gruppen unterstanden der Sonderabteilung des Volkskommissariats für Staatssicherheit und dem Zentralen Stab der Partisanenbewegung in Moskau und erledigten spezielle Aufträge. Solche Sonderabteilungen wurden von Korsh, Medwedew, Waupschassow, Linkow, Prokopjuk, Schtrachow und anderen geführt. Die Leiter solcher Verbände nannte man »die Moskauer«. Das war Hinweis auf die Herkunft und hatte durchaus eine politisch-moralische Wirkung auf die Bevölkerung in den besetzten Gebieten. Es zeigte nämlich, dass die Hauptstadt sie nicht abgeschrieben hatte.

Die Partisanenabteilungen operierten in der ersten Etappe entsprechend ihrer territorialen Entstehung. Sie schufen in den von Deutschen und ihrer Satelliten besetzten Gebieten für diese unerträgliche Bedingungen und durchkreuzten ihre Pläne, indem sie Soldaten ausschalteten und Waffen, Nachschub und andere Hilfs- und Betriebsmittel vernichteten.

Allein in der belorussischen Hauptstadt Minsk töteten die Partisanen während der Okkupation über 1600 Wehrmachtsangehörige und einige Hundert Zivilbeamte, darunter auch den Statthalter Hitlers, Wilhelm Kube (1887–1943).[11] Der

Generalkommissar für Weißrussland starb in seinem Bett, unter welchem die Partisanin Elena Masanik, als Dienstmädchen eingeschleust, eine Bombe deponiert hatte. Vor seiner Berufung am 17. Juli 1941 war der SS-Rottenführer, was dem militärischen Rang eines Gefreiten entsprach, im KZ Dachau eingesetzt. Kube galt als besonders korrupt, brutal und unberechenbar.

Aber auch einheimische Kollaborateure entgingen nicht der Vergeltung. Minsker Widerstandskämpfer töteten den Anführer der belorussischen Nationalisten und Zuträger des SD, Fabia Akintschitz, den Chefredakteur der faschistischen *Belorussischen Zeitung*, Koslowski, und den Bürgermeister von Minsk, Iwanowski.

Am 31. August 1942 empfing Stalin im Kreml etwa ein Dutzend Kommandeure von Partisanenverbänden, darunter Kowpak, Saburow, Naumow, Melnik und Schmyrew. Bei dieser Zusammenkunft sicherte Stalin zu, sie ausreichend mit einheimischen Waffen zu versorgen: »Jetzt sind wir soweit«!

Seine Hauptorientierung für die Partisanenkommandeure lautete: »Die Hauptsache ist, Genossen, dass ihr mit der Bevölkerung enge Verbindung haltet.« Und: »Vorläufig seid ihr unsere zweite Front.«[12]

Danach erging am 5. September 1942 ein Befehl an alle Frontoberbefehlshaber sowie an den Zentralen Stab der Partisanenbewegung, in dem es hieß: »Das Oberkommando der Roten Armee fordert von allen leitenden Organen, Kommandeuren, Politarbeitern und Kämpfern der Partisanenbewegung, den Kampf im Hinterland des Feindes noch breiter und stärker zu entfalten, die faschistischen Eindringlinge ständig und schonungslos zu schlagen und ihnen keine Atempause zu gönnen.«

Der Stalin-Befehl verpflichtete die Befehlshaber der Fronten konkret, ihre Unterstützung für die Partisanenbewegung zu verstärken, den Führern der Partisanen Hilfe bei der Ausarbeitung von Plänen für Kampfoperationen zu leisten und die Versorgung mit Waffen und Munition zu verbessern.

Stalin erteilte bei dieser Beratung am 31. August 1942 den einige Zeit später zu Generälen ernannten Partisanenkommandeuren Kowpak und Saburow Order, mit ihren Verbänden einen Vorstoß im Hinterland der Deutschen quer durch die Ukraine bis ins westliche Gebiet Belorusslands durchzuführen.[13] Die Verbände Kowpaks gelangten bis in die Karpaten, in die Slowakei, Polen und Ostpreußen. Seit Frühsommer 1943 unternahm auch Fjodorow einen solchen Streifzug in der westlichen Ukraine und im Gebiet Wolhynien, das einst polnisches Einflussgebiet war.

So etwas hatte es bisher in der Geschichte noch nicht gegeben. Denis Dawydow hatte einst im Rücken der Napoleonischen Armee über 800 km durch die Wälder von Smolensk und Grodno zurückgelegt. Kowpak und Saburow und später Fjodorow unternahmen nun Streifzüge von Tausenden Kilometern mit riesigen Trossen im Hinterland eines bestausgerüsteten Feindes. Saburow verfügte über 1000 Fuhrwerke und Schlitten und einen Personalbestand von über 3500 Mann. Kowpaks und Fjodorows Verbände waren noch größer.

Der Sinn solcher Streifzüge bestand nicht nur darin, Feinde zu töten, Brücken, Gleisanlagen und Militärtransporte in die Luft zu jagen. Sie hatten auch eine propagandistische Bedeutung: Sie sollten Hunderttausenden Sowjetbürgern, die sehnlichst auf die Rückkehr der Roten Armee warteten, um von der faschistischen Fremdherrschaft befreit zu werden, Hoffnung und Gewissheit geben.

Zugleich hinderte man die Okkupationstruppen daran, die dauerhafte Etablierung der Besatzungsstrukturen – die sogenannte Neuordnung der Territorien – durchzusetzen.

Was unter der Neuordnung zu verstehen war, konnte man in den Papieren eines Leutnants lesen, der 1942 von Fjodorows Partisanen gefangen genommen wurde. Er gehörte nicht zur kämpfenden Truppe und gab an, Vertreter einer großen Berliner Handelsfirma zu sein. Er hätte die Aufgabe, in den besetzten Gebieten geschäftliche Verbindungen herzustellen.

»Nach drei Monaten Aufenthalt in der Ukraine habe ich endlich begriffen, dass in diesem Lande die überlieferten und meine eigenen beruflichen Erfahrungen keinerlei Bedeutung haben. Das sehen alle denkenden Menschen so. Die Offiziere ebenfalls. Ich spreche hier von modernen Menschen, die verstehen, dass Krieg und persönlicher Vorteil nicht voneinander zu trennen sind.

Das Fehlen von Komfort war das erste, was mir hier auffiel. Hier gibt es keine Menschen, die für Komfort sorgen, hier gibt es keine geschulten Dienstboten wie in Frankreich oder bei uns in Berlin. Dort geben die russischen Emigranten die besten Lakaien ab. Hier ist alles absurd. Um sich hier in dem ganzen Geschehen zurechtzufinden, muss man auf Händen gehen.

In Frankreich, Belgien und in Polen konnte man bereits nach dem Durchzug der Armee Geschäftsleute finden, kluge, flinke Kaufleute, die begriffen hatten, dass man keine Zeit verlieren und das Kapital nicht ungenutzt liegenlassen dürfe. Der Franzose, der Belgier, der Norweger, der Pole, sie alle mochten in ihrem Innern Patrioten sein und mich als Deutschen hassen. Wenn sie aber Kaufleute oder Fabrikanten, Bankiers oder einfach nur Beamte waren, so konnte man mit ihnen stets eine gemeinsame Sprache finden. In Russland nicht. Ich begegne hier weder Kaufleuten noch Fabrikanten, nicht einmal Beamte finde ich, die eventuell über kommerzielle Verbindungen verfügen. Es gibt keine Kontrahenten. So etwas ist unfassbar!

Ich habe nicht einen einzigen Großhändler, nicht einen einzigen Menschen mit Kapital gefunden. In den drei Monaten bin ich nicht einem einzigen ordentlichen Russen begegnet, dem die Firma einen Kredit eröffnen könnte. Die russische oder, wie man es hier zu bezeichnen für nötig hält, die ukrainische Verwaltung setzt sich aus Menschen zusammen, die unsere Militärs zur Teilnahme an der Verwaltung herangezogen haben. All diese Menschen sind Schweine! Das sind Kriminelle, Banditen, die aus Gefängnissen befreit wurden. Alle oder fast alle geben sie vor, früher einmal reiche Leute gewesen zu sein. Einige nennen sich Adlige, achtzig Prozent sind Alkoholiker. Sie stinken entsetzlich.«

Offenherzig beschrieb dieser Leutnant, ein Vertreter des deutschen Kapitals, im Weiteren die verschiedenen Arten von Verrätern und Kollaborateuren, mit deren Hilfe die deutschen Besatzer die »Neuordnung«[14] einführen wollen. Seine Bilanz: »Wir haben in der Gebietskommandantur eine Kartei eingerichtet. Das ist vielleicht sehr gut. Es wird Ordnung herrschen. Alles wird registriert. Häuser, Kühe, Maschinen, Knaben, Mädchen, Gänse und Hühner.

Hier gibt es jedoch nichts Beständiges. Die Häuser brennen nieder, alte Weiber und Kinder sterben vor Hunger oder unter unseren Bomben.

Ihr werdet fragen: Warum explodieren unsere Bomben Hunderte Kilometer von der Front entfernt? Glaubt mir, es ist notwendig. Diese Dörfer dienen unseren Nachwuchsfliegern als großartige Zielobjekte. Denn je mehr von diesen Widerstandsnestern vernichtet werden, desto besser für uns. An Gänsen, Hühnern und Ferkeln gibt es ebenfalls von Tag zu Tag weniger. Die werden von unseren Offizieren, Soldaten und Beamten aufgegessen, ich esse ebenfalls jeden Tag davon. Die Kühe werden von unserer Armee als Schlachtvieh beschlagnahmt. Die Bevölkerung jedoch schlachtet sie, damit sie nicht uns, sondern den Partisanen zugutekommen.

Da seht ihr, die ganze Registrierung geht zum Teufel. Es wird nichts dabei herauskommen.«

Und dann kam der junge Leutnant auf die Partisanen zu sprechen. »Ihr fragt, wie ist es möglich, dass unsere glänzende Armee die Partisanen immer noch nicht kleingekriegt hat? Ich antworte darauf: Es werden immer mehr! Und nicht nur deshalb, weil wir plündern! Wir plündern überall. Das Plündern ist für uns eine Notwendigkeit. Wozu ist der Soldat in den Krieg gezogen?

Nein, das ganze Unglück besteht darin, dass wir uns mit keiner angesehenen und geachteten Persönlichkeit aus dem Volk verständigen können. In den anderen Ländern finden wir eine gemeinsame Sprache mit den besitzenden Kreisen … Wir haben nicht einen einzigen bekannten Politiker ausfindig gemacht, der mit uns zu gehen bereit wäre. Die Deputierten und die Führer der Partei sind in die Illegalität, in die Armee oder an die Spitze der Partisanen gegangen. Wir wenden uns an sie, versprechen ihnen Land und Besitz, Macht und Reichtum. Diese Menschen aber sind zur Verachtung gegenüber allen Besitzes erzogen worden. Es bleibt nur übrig, sie zu vernichten.«

Der unbedarfte, naive Jünger des Kapitals zum Schluss: »Ich schaue in die Zukunft und wende mich unwillkürlich der Vergangenheit zu. Die Engländer in Indien, die Holländer in Indonesien, die Amerikaner auf den Philippinen – keiner von ihnen begegnet solchen Problemen, wie sie von unseren Landsleuten nach dem Kriege hier gelöst werden müssen. Kann man mit den Russen Handel treiben, soll man die Russen kolonisieren? Das ist eine Utopie! Es gibt nur einen Weg: sie ausrotten. Mögen einige Dutzend Russen zurückbleiben. Mag alles so vor sich gehen wie in Amerika mit den Indianern. Das wäre die beste Lösung des Problems.«[15]

Gegen die Partisanen setzte bis Herbst 1942 das deutsche Oberkommando 144 Polizeibataillone, 27 Polizeiregimenter, zehn Schutz- und SS-Strafdivisionen, zwei Schutzkorps, über 20 deutsche, rumänische, ungarische und slowakische Infanteriedivisionen und 72 Spezialabteilungen ein. Insgesamt war die Naziführung gezwungen, etwa 60 Divisionen – also etwa eine halbe Million Mann – gegen die Partisanen einzusetzen. Diese Kampfkraft fehlte an der Front.

Die zweite Etappe der Partisanenbewegung umfasste die Zeit von November 1942 bis Sommer 1944, vom Beginn der Offensive bei Stalingrad bis zur »Operation Bagration«, bei der die Heeresgruppe Mitte zerschlagen wurde. Die Vernichtung von 28 Divisionen der Wehrmacht gilt als die schwerste und verlustreichste Niederlage der deutschen Militärgeschichte.

In dieser Zeit gingen die Partisanen zu Großangriffen über, die eng mit der allgemeinen Offensive der Roten Armee koordiniert waren. Seit Ende 1942 waren die Partisanenverbände und -abteilungen den Strukturen der Roten Armee angeglichen. Das betraf auch die Einführung militärischer Dienstgrade. Die Partisanenkommandeure Fjodorow, Kowpak, Rudnew, Naumow, Saburow und Werschigora waren nunmehr Generalmajore. Linkow, Medwedew, Melnik, Waupschassow und andere wurden Oberst der Roten Armee. Am 9. Oktober 1942 gab es den Erlass des Präsidiums des Obersten Sowjets »Über die Einführung der uneingeschränkten Einzelleitung und Abschaffung der Institution der Kriegskommissare in der Roten Armee«. Auch dieses System fasste immer mehr Fuß in den Partisanenbewegungen. Damit wurde der Partisanenkommandeur auch oberster Richter bei Verfehlungen von Partisanen.

Oberst Linkow wurde im Mai 1943 in das Brester Gebiet geschickt, um den Partisanenkampf zu organisieren. Im Sommer 1942 waren dort mehrere starke Partisanenabteilungen entstanden. Sie bestanden zumeist aus versprengten Rotarmisten und geflohenen Kriegsgefangenen, die sich in den Rushansker Wäldern gesammelt hatten. Die selbsternannten Kommandeure vermochten es jedoch nicht, Ordnung und Disziplin durchzusetzen. Linkow erschoss nach einem Tag Aufenthalt im Lager den Kommandeur einer Partisanenabteilung, der es abgelehnt hatte, sich seinem Befehl zu unterstellen.

Dieser Major war aus deutscher Kriegsgefangenschaft geflohen und hatte um sich Vertraute gesammelt, die ebenfalls aus deutscher Gefangenschaft kamen. Darunter waren etliche, die sich der Gestapo verpflichtet hatten. Der Aufklärungschef dieser Abteilung und zwei seiner Adjutanten wurden als Spione der Deutschen erschossen.

Im Brester Gebiet kämpften etwa 5000 Partisanen, aber nur knapp die Hälfte war nach Feststellung Linkows für ernsthafte militärische Operationen zu verwenden. Der Selbstlauf der Partisanenbewegung hatte nach seiner Überzeugung ganz offensichtlich zum Verlust militärischer Ordnung und Disziplin sowie der Wachsamkeit geführt.

Die dritte Etappe der Partisanenbewegung reichte vom Sommer 1944 bis zum Kriegsende. Es war die Etappe des engen Zusammenwirkens der Partisanen mit der Roten Armee. Oberbefehlshaber der Fronten und Armeen nahmen ganze Partisanenabteilungen in ihren Bestand auf oder sie wurden in den befreiten Gebieten für unterschiedliche Aufgaben eingesetzt.

Die Truppen der 1. Baltischen Front und den drei belorussischen Fronten begannen am 22. Juni 1944 die »Operation Bagration«. In der Nacht davor führten Partisanen über 10000 Sprengungen durch und unterbrachen den Transportverkehr der Deutschen von der Front bis westlich von Minsk (Operation »Schienenkrieg«).

Geführt von Partisanen umgingen die 1. und die 3. Belorussische Front mit etwa zehn Armeen die gegnerischen Stützpunkte und Sicherungsabschnitte und rückten auf Minsk vor. Am 3. Juli 1944 vereinigten sich beide Fronten im Zentrum von Minsk.

Am 16. Juli 1944 zogen Partisanenkolonnen unter dem Jubel der verbliebenen Einwohner durch Minsk.

Unter Leitung des Chefs des Ukrainischen Stabes der Partisanenbewegung, Timofej A. Strokatsch, wurden kleine bewegliche Partisanenverbände geschaffen, die den neuen Hauptfeind in der Ukraine – ukrainischen Nationalisten in all ihren Schattierungen – bekämpfen sollten. Nach Stalingrad hatten die ukrainischen Nationalisten ihre Taktik sowohl gegenüber den deutschen Besatzern als auch gegenüber der Roten Armee verändert. Sie bildeten vermeintliche Partisanenverbände, die vorgaben, gegen die Deutschen zu kämpfen. Tatsächlich richteten sie ihre Waffen gegen die Rote Armee und die kommunistisch geführte Partisanenbewegung.

In einer »Resolution« von führenden Funktionären ukrainischer Nationalisten, die sich in Goryn getroffen hatten, las sich das so: »Der Feuerschein Stalingrads hängt als Damoklesschwert auch über dem ukrainischen Bürgertum. Wir müssen uns umorientieren. Im Verlaufe des Krieges ist ein unangehmer Augenblick für den ukrainischen Nationalismus eingetreten. Wir haben unser Schicksal zu offenkundig mit Hitler verknüpft. Wir müssen uns den Anschein geben, dass wir gegen die Deutschen sind. Im anderen Fall würde sich kein einziger Ukrainer finden, der uns vertrauen würde.«

In Wolhynien und der Polessje, dem Tiefland mit den Pripjat-Sümpfen, tummelten sich eine Vielzahl von Gruppen und Gruppierungen einer ukrainischen Aufständischenarmee. Da gab es die Bandera-Banditen sowie die Anhänger von Borowez alias Taras Bulba, Bulbaschas genannt, die Anhänger des sogenannten »dritten Führers« Andrej Melnik, die von Lwow aus operierten.

Die Führung der ukrainischen Nationalisten bildeten deutsche Einflussagenten wie Stepan Bandera (»der Graue«), Andriy Melnyk (»Konsul«), Kriminelle wie Klim Sawur oder die selbsternannten Generale der Gruppe Nord, Dmitri Kljatschkowski und Juri Stelmaschuk, zuständig für das Gebiet Kowel. Das gesamte Führungspersonal bis zum Hundertschaftsführer wurde der Kollaboration mit den Deutschen verdächtigt. Damit waren sie objektiv Feinde des ukrainischen Volkes. Sie selbst bezeichneten sich als »Westler«, um zu betonen, dass sie mit den sowjetisch geprägten »Ostlern« nichts zu tun haben wollten.

Ende 1943, als die Partisanenbewegung in der Ukraine und Belorusslands immer größere Dimension annahm und sich bis nach Polen ausdehnte, wurde die Verbindung zu polnischen Partisanen aufgenommen, um Schläge gegen den gemeinsamen Feind zu koordinieren und zu führen. Die sowjetischen Partisanenkommandeure nahmen erstaunt zur Kenntnis, dass es in der polnischen Partisanenbewegung, die zur *Gwardia Ludowa* (Volksgarde) gehörte, auch Abteilungen gab, die ausschließlich aus geflohenen sowjetischen Kriegsgefangenen bestanden. Eine solche Abteilung wurde von Leutnant Fjodor Kowaljow kommandiert. Kowaljow war aus deutscher Kriegsgefangenschaft auf polnischem Gebiet geflohen und hatte gemeinsam mit anderen ehemaligen Kriegsgefangenen eine Partisaneneinheit formiert, die sehr erfolgreich gegen die deutschen Besatzer kämpfte.

Kowaljow war Nachfahre deutscher Einwanderer, die sich unter Zarin Katharina am unteren Dnepr in der Ukraine angesiedelt hatten. Seine Mutter war eine Deutsche und der Vater Russe. Kowaljows Partisanenname in Polen war Theodor Albrecht. Kowaljows Motiv: »Der verfluchte Faschismus hat die ganze deutsche Nation mit Schande bedeckt. Gibt es unter den Deutschen nicht auch ehrliche, gute Menschen? Ist meine Mutter – wie Tausende andere Deutsche – etwa nicht gegen das faschistische Pack? Deshalb habe ich mich dazu entschlossen. Vielleicht ist das naiv? Sollen die feindlichen Soldaten wie auch meine Freunde ruhig denken, dass ein Deutscher eine Partisaneneinheit befehligt und entsprechende Schlussfolgerungen ziehen. Nun, und die Erzfaschisten wird das zur Weißglut bringen.«

Die Haupteinsatzgebiete der Partisanenbewegung lagen in Belorussland und in der Ukraine. Drei Jahre war Belorussland besetzt. Es gab Konzentrationslager, Gefängnisse, Galgen, Folterkammern. Gewalt und Zerstörung brachten unendliches Leid. Strafexpeditionen verwüsteten ganze Landstriche, Tausende Dörfer brannten nieder. Die berüchtigten Einsatzkommandos des SD verübten unsagbare Verbrechen.

Für Belorussland war die Einsatzgruppe B, Sonderkommando Weißruthenien, zuständig. Gegen die Ausrottungspolitik – in Belorussland wurden fast 2,5 Millionen Menschen, davon 100 000 in Minsk, umgebracht – wuchs der Widerstand. Fast 400 000 Belorussen wurden zur Zwangsarbeit ins Reich verschleppt, fast 90 Prozent der Juden wurden getötet. Allein im Juli 1942 wurden an drei Tagen im Minsker Ghetto 30 000 Menschen ermordet, nur eine Handvoll Juden überlebte.

Dagegen regte sich Widerstand, der stetig wuchs. Besatzer, Kollaborateure, Verräter und Helfershelfer konnten sich nicht mehr sicher sein. Die KP schuf ein weit verzweigtes Netz illegaler Partei- und Komsomolorganisationen. Der zentrale Stab der Partisanenbewegung erfasste in den besetzten Gebieten Belorusslands 213 Partisanenbrigaden, die in 997 Abteilungen gegliedert waren, sowie 258 selbständig operierende Partisanenabteilungen. Zusammen zählten sie mehr als 370 000 Kämpfer. Hinzu kamen Hunderttausende Ortsansässige, die die eine Art Reserve bildeten. Große Teile der besetzten Gebiete galten als Partisanenzonen oder nannten sich Partisanenrepublik, wo man nach sowjetischen Gesetzen lebte und Behörden, Schulen und Krankenhäuser unterhielt. Im Herbst 1943 herrschten die belorussischen »Volksrächer« auf 38 000 Quadratkilometern und kontrollierten darüber hinaus ein Gebiet von 108 000 Quadratkilometern. Etwa 60 Prozent des besetzten belorussischen Territoriums befand sich unter Kontrolle der Partisanen.[16]

Der den deutschen Besatzern in Belorussland zugefügte direkte Schaden war gewaltig. Etwa eine halbe Million Soldaten wurde außer Gefecht gesetzt. Vernichtet wurden 11 128 Militärzüge und 34 Panzerzüge, 29 Eisenbahnknotenpunkte, mehr als 18 000 Kraftfahrzeuge, 305 Flugzeuge in der Luft und auf Flugplätzen, 1355 Panzer und gepanzerte Fahrzeuge, 436 Geschütze, 939 verschiedene Tank- und Versorgungslager, 948 Stäbe, Garnisonen, Wach- und Stützpunkte.

Ähnlich war die Bilanz in der Ukraine.

In den Jahren der Okkupation errichteten die faschistischen Besatzer ihr Terrorregime. Etwa 6,5 Millionen Menschen, davon etwa 750 000 bis eine Million jüdische Ukrainer, verloren in jener Zeit ihr Leben. Fast die gesamte jüdische Bevölkerung, sofern nicht geflohen, wurde ausgelöscht. Viele Dörfer und Städte wurden 1943 beim Rückzug der Wehrmacht zerstört. Es gab 1945 in der Ukraine etwa zehn Millionen Obdachlose.

Die Sonderkommandos der Einsatzgruppe C des SD wütete. Die Tragödie von Babi Jar in Kiew ist bekannt, Tausende Sowjetbürger, vorwiegend Juden, wurden erschossen. Ganze Landstriche wurden entvölkert. Nach Hitlers Vorgabe ließen die Deutschen »verbrannte Erde« zurück.

In der Ukraine kämpften 46 große Partisanenverbände, 1933 Partisanenabteilungen und spezielle Diversantengruppen mit etwa 500 000 Frauen und Männern. Ungefähr 1,5 Millionen Ukrainer nahmen aktiv am Kampf gegen die Okkupanten teil und versetzten ihnen empfindliche Schläge. 465 000 Soldaten und Offiziere der Wehrmacht und ihrer Satelliten wurden außer Gefecht gesetzt, 46 700 Garnisonen, Kommandanturen, Stäbe, Wach- und Stützpunkte vernichtet. 5019 Militärzüge mit Truppen und technischem Gerät wurden gesprengt oder zum Entgleisen gebracht, 1566 Panzer und gepanzerte Fahrzeuge zerstört, 211 Flugzeuge am Erdboden vernichtet oder abgeschossen, 461 Rüstungsbetriebe und Werkstätten, 915 Versorgungs- und Treibstofflager in Brand gesetzt, 248 Telefon- und Nachrichtenzentralen, 44 Eisenbahnknotenpunkte und 607 Eisenbahn- und Straßenbrücken vernichtet, gesprengt, in Brand gesetzt.[17]

Der von den Faschisten in Kiew reaktivierte Ognenko, 1918/19 Minister in der Nationalisten-Junta unter Symon W. Petljura, registrierte verärgert, dass die Bevölkerung die Nationalisten anschaue wie einst »die Tatarenhorden«. »Man gibt uns kein Pardon. Um uns herum ist nur Härte. Alle Hinzugereisten Ukrainer, das heißt uns, nennt man Faschisten, Spione und Helfershelfer Hitlers.«

Der sowjetische Aufklärer und Partisan Nikolai I. Kusnezow (1911–1944) wurde in Rowno, der »Hauptstadt des Reichskommisariats Ukraine« (RKU) eingesetzt. Getarnt als Oberleutnant, später Hauptmann der deutschen Infanterie führte er in Rowno unter dem Namen Paul Siebert die Aufklärung, leitete als Resident einige Aufklärungsgruppen, knüpfte Kontakte zu einzelnen Offizieren der Wehrmacht und der deutschen Geheimdienste sowie zu hohen Beamten des RKU. Auf diese Weise gelangte er an wichtige Informationen, welche über die Partisaneneinheit Sieger nach Moskau weitergegeben wurden. So sollen von Kusnezow Hinweise über den geplanten deutschen Angriff bei Kursk sowie über ein beabsichtigtes Attentat auf Stalin, Roosevelt und Churchill während der Teheran-Konferenz 1943 stammen. Außerdem zählt zu seinen Verdiensten die Ortung von Hitlers Hauptquartier »Werwolf« bei Winniza. Auf Befehl der Zentrale führte Kusnezow eine Reihe von Vergeltungsakten auf hohe Vertreter der Besatzungsmacht aus. Am 20. September 1943 wurden der Leiter der Hauptfinanzabteilung des RKU, Ministerialrat Hans Gehl, und der Generalinspekteur des Gebietskommissariats Rowno, Adolf Winter, auf offener Straße in Rowno erschossen. Am 15. November 1943 wurde unter der Leitung und mit unmittelbarer Beteiligung von Kusnezow der Chef der Osttruppen 740, Generalmajor Max Ilgen, aus seinem Quartier in Rowno entführt. Am 16. November 1943 wurde Senatspräsident Alfred Funk im Gerichtsgebäude in Rowno erschossen. Am 10. Februar 1944 wurden der Vizegouverneur des Distrikts Galizien Otto Bauer und sein Sekretär Schneider vor ihrem Quartier in Lemberg/Lwiw liquidiert. Unmittelbar nach dem Attentat auf Otto Bauer verließ Kusnezow in Begleitung zweier Mitkämpfer die Stadt, um sich der vorrückenden Roten Armee anzuschließen. Auf dem Weg zur Frontlinie sind sie verschollen. Nach Version der sowjetischen Regierung fiel Kusnezow im Kampf gegen die ukrainischen Nationalisten.

Anfang 1944 übernahm Pjotr P. Werschyhora den Verband von Sidor A. Kowpak, der seit diesem Zeitpunkt den Namen Kowpaks trug. Diese 1. Ukrainische Partisanendivision zählte 10 000 Mann. Der Weg dieser Division führte ins westliche Belorussland, durch Polen, bis nach Ostpreußen, und auch in der Tschechoslowakei und Österreich streiften Abteilungen dieser Division.[18]

Für die Entstehung von Partisanengruppen, -abteilungen oder -verbänden, gab es kein Schema. Anspruch und Wirklichkeit gingen jedoch auseinander. Funktionäre meinten, die Partisanen müssten über eine gefestigte politisch-ideologische, moralische und patriotische Einstellung verfügen. Nur ausgewählte Kader dürften sie führen. Die Wirklichkeit beschrieb der Chef des Belorussischen Stabes der Partisanenbewegung, P. S. Kalinin, 1968 in seinen Erinnerungen: »Wenn wir uns mit den Freiwilligen unterhielten und ihre Dokumente prüften, interessierten wir uns natürlich hauptsächlich für folgende Angaben in ihren Personalbogen: Seit wann war der Betreffende Mitglied von Partei oder Komsomol, wo arbeitete er bis zum Krieg, hatte er Verwandte gegen die sowjetische Justizorgane Maßnahmen ergriffen hatten usw. Damals glaubten wir, dass ein Illegaler oder Partisan vor allem eine saubere Biografie haben müsse. Der Krieg bewies, dass man die Menschen nicht einseitig einschätzen durfte, dass man sie nicht nur nach den Angaben in ihrer Personalakte urteilen konnte und kein Misstrauen gegen jene hegen sollte, die, obgleich sie einmal einen Fehler gemacht haben, dennoch im Herzen immer Patrioten geblieben waren.«[19]

Kalinin belegte das mit zwei Beispielen: Ein kommunistischer Funktionär lief trotz »sauberer« Biografie über und trat in die Dienste der deutschen Besatzer. Partisanen nahmen ihn gefangen und erschossen ihn. Dagegen kam einer zu ihnen, der während der Tschistka, der Großen Säuberung, als angeblicher Verräter aus der Partei verstoßen worden war. Sie hätten ihn demnach nicht aufnehmen dürfen. Er kämpfte tapfer bis nach Berlin.

Der Partisanenkommandeur Pjotr P. Werschyhora berichtete Ähnliches. »Es kamen Leute zu uns mit eingeschlagenen Zähnen, mit verbrannter Haut, mit striemenbedecktem Körper [...]. Es kamen Leute zu uns, die, wenn man nur das Wort *Deutscher* aussprach, mit den Zähnen knirschten. Es kamen auch solche, bei denen irgendwo tief in den Augen die Flamme des Hasses, der Wut und des Verrats leuchtete. Wie sollte man das Aufrichtige und Kämpferische vom Feindseligen und Verräterischen unterscheiden? Da steht ein Mensch vor dir, den du zum ersten Mal zu Gesicht bekommst. Und es muss ein klarer und unwiderruflicher Entschluss gefasst werden: Soll der Betreffende in die Abteilung aufgenommen oder erschossen werden? Und dann gibst du ihm einen Kampfauftrag, der Hals und Kopf kosten kann, und schickst ihn ins Gefecht. Wenn der Mann die Prüfung auf Herz und Nieren besteht und am Leben bleibt, hat er den Rubikon überschritten, und dann – lebe weiter, kämpfe und zeige, wer du bist. Fällt er aber – dann Ehre seinem Andenken. Gehst du aber einen krummen Weg, dann Gnade dir: Wir haben keine Zeit für Sentimentalitäten. Das ist bei uns die Norm, eine strenge und nicht immer gerechte – aber die einzige.«

Viel ist über den Massenheroismus sowjetischer Menschen während der Großen Vaterländischen Krieges geschrieben worden. Er konnte nicht befohlen werden, wie oft in amerikanischen, westeuropäischen und auch in BRD-Publikationen dargestellt, weil angeblich der Druck der Partei oder der Kommissare dazu geführt habe. Die eigenen Erfahrungen mit den Besatzungstruppen und ihren Kollaborateuren in den besetzten Gebieten, die grausame Vernichtungspolitik, brachten diesen Massenheroismus. Es war eine natürliche Gegenreaktion. Menschen aus einfachen Verhältnissen wurden zu Helden. Sie waren nicht als Helden geboren worden, aber die Verhältnisse machten sie dazu. In Belorussland wurden 87 Partisanen und Illegale später als Helden der Sowjetunion geehrt. Allein im Verband Fjodorows erhielten 19 Partisanen diese Auszeichnung.

Bis zur Schaffung eines zentralisierten Systems der Partei- und militärischen Führung der Partisanenbewegung und der Herstellung zweiseitiger Funkverbindungen mit den meisten größeren Partisanenformationen durch den Zentralen Stab der Partisanenbewegung war es ein weiter und schwieriger Weg.

Der der von Sidor A. Kowpak, dem Vorsitzenden des Stadtsowjets von Putiwl, einer Kreisstadt bei Kursk, formierte Partisanenverband begann mit 28 Männern, die Gewehre besaßen. Es handelte sich um Funktionäre und Angestellte der Stadt. Kowpak hatte nach dem Überfall im Wald Lebensmittel-, Waffen- und Sprengstofflager anlegen lassen, die sie nun nutzten. Später vereinigte er sich mit der ähnlich starken Gruppe von Rudnew, der in Putiwl Vorsitzender der Gesellschaft zur Förderung zur Verteidigung, des Flugzeugwesens und der Chemie gewesen war. Kowpak übernahm die Funktion des Kommandeurs und Rudnew die des Kommissars. Dazu gesellten sich später versprengte Offiziere und Soldaten der Roten Armee, aus Kriegsgefangenschaft Entflohene, Kolchosbauern und Freiwillige unterschiedlicher sozialer Herkunft.

Die selbständig handelnde Aufklärungsgruppe unter Pjotr P. Werschyhora schloss sich Kowpak an. Da er über eine Funkverbindung zum »Großen Land« verfügte, wurde er Aufklärungschef. Es war der erste Partisanenverband, der mit Moskau auf diese Weise in Verbindung stand.

Alexander N. Saburow konnte aus einem Kessel bei Kiew im Herbst 1941 mit fünf Soldaten ausbrechen. Sie bildeten eine Partisanengruppe, die ständig anwuchs. Nach einem Jahr zählten sie über 2000 Mann.

Pjotr K. Ignatow, Direktor des Chemisch-Technischen Instituts in Krasnodar, berichtete über die Bildung seiner Partisanengruppe: »Die Abteilung bestand ausschließlich aus Vertretern der städtischen Intelligenz. Zu ihr gehörten Direktoren der höheren Lehranstalten und der großen Industrieunternehmen in Krasnodar, Partei- und wissenschaftliche Mitarbeiter, Wirtschaftler und qualifizierte Facharbeiter. Wir sprengten Brücken, Kraftwerke, Lager, brachten feindliche Güterzüge zum Entgleisen, Lastwagenkolonnen wurden von uns in die Luft gejagt oder in Brand gesetzt. Wir waren ein Partisanenkombinat, besaßen unsere eigene Wirtschaft, eigene Werkstätten zur Herstellung von Minen, für Schmiede- und Reparaturarbeiten, für Tischler, Schuster und Schneider, nicht nur für unsere Abteilung, sondern auch für benachbarte Abteilungen. Wir schufen ein Lazarett, das von vielen Hunderten verwundeten Partisanen und Soldaten der Roten Armee in Anspruch genommen wurde. Es gelang uns, ein ausgedehntes Netz von Unterabteilungen zu schaffen, die im kaukasischen Vorgebirge ebenso wie in der Kubansteppe tätig waren.«[20]

Diese Ignatow-Partisanen unterschieden sich in Wald-, Berg-, Steppen-, Stadt-, Fluss- und Sumpfpartisanen, je nach dem, wo sie kämpften.[21]

Im Oktober 1942 schickte das illegale Regionalkomitee der KPdSU 173 und das Gebietskomitee der Krim etwa 400 Organisatoren für illegale Arbeit sowie Funker und Instrukteure für die Diversionstätigkeit in Städte und Dörfer, darunter waren auch Ignatow-Partisanen.

Als der Nordkaukasus im Sommer 1942 von der Wehrmacht besetzt wurde, folgte die berüchtigte Einsatzgruppe D des SD ihr auf dem Fuße. Die von SS-Oberststurmbannführer

Walter Bierkamp (1901-1945) kommandierte Einsatzgruppe zählte etwa 600 Mann. Sie zog durch die Sowjetunion eine blutige Spur: Simferopol – 12 000 Opfer, Mariupol – 7000, Taganrog – 7000, Rostow am Don – 9000, Krasnodar – 7000 ... In den Jahren 1941 bis 1944 fielen ihr etwa 200 000 Bürger der Sowjetunion und Polens zum Opfer.

Zur »Kampfgruppe Bierkamp« gehörte das Sonderkommando 10a, das von SS-Oberststurmbannführer Kurt Christmann[22] (1907-1987) befehligt wurde und für das Gebiet Krasnodar zuständig war. Ein 20-jähriger Leutnant der Roten Armee wurde von Partisanen an Christmann herangeschleust, der ihn für einen Kollaborateur hielt. »Shora« gewann das Vertrauen des SS-Mannes und konnte viele Menschen, die ermordet oder deportiert werden sollten, retten. Ein Versuch, Christmann von Partisanen gefangenzunehmen, scheiterte.

Im Februar 1943 wurde Krasnodar befreit.[23] Ende des Jahres fand in Krasnodar ein Kriegsverbrecherprozesse statt. Verhandelt wurde über etliche Angehörige des Sonderkommandos 10a, »Shora« war Belastungszeuge, der wichtige Dokumente vorlegen konnte. Der Prozess wurde dokumentiert, der Film wurde 1947/48 beim sogenannten Einsatzgruppen-Prozess in Nürnberg als Beweismittel genutzt.

Bei den Ignatow-Partisanen gab es vier Züge ausgebildeter Fallschirmspringer, die von einem in der Nähe von Krasnodar gelegenen Flugplatz in ihre Operationsgebiete gelangten. Der 2. Zug wurde von einem 32-jährigen Professor für vergleichende Sprachwissenschaften an der Hochschule Krasnodar befehligt. Er sprach mehrere Fremdsprachen, natürlich auch Deutsch. Im Juli 1943 sollte sein Zug in seinem Heimatort Warenikowskaja Kollaborateure liquidieren. Dabei erfuhr er, dass der Vize-Gauleiter der Krim, Otto Stein, erwartet würde. Man lockte Stein in eine Falle und erschoss ihn. Bereshnoi schlüpfte in dessen Rolle. In diesen zehn Tagen, in denen er Vize-Gauleiter Stein war, gelangen ihm mit Hilfe seiner beiden Adjutanten eine Reihe spektakulärer Aktionen, bei denen Verräter beseitigt und inhaftierte Landsleute befreit wurden. Im September wurde er selbst schwer verwundet. Nach seiner Wiederherstellung kämpfte er sich mit der Roten Armee bis Berlin durch und lehrte nach dem Sieg an einer Hochschule in Moskau.[24]

1942 schlugen verschiedene Kommandeuren der belorussischen Partisanenbewegung vor, wie in der Roten Armee einen Fahneneid zu leisten. Mancher hielt einen solchen Eid oder Schwur für überflüssig. Sie dachten wie Kalinin: »Nimm eine Waffe in die Hand und schlage den Feind.«[25]

Die Idee dafür kam vom ZK der KP Belorusslands, das am 12. Mai 1942 einen »Schwur der belorussischen Partisanen« beschloss. »Ich, Bürger der Union der Sozialistischen Sowjetrepubliken, treuer Sohn des heldenhaften belorussischen Volkes, schwöre, dass ich weder Kräfte noch das Leben selbst schonen werde für die Sache der Befreiung meines Volkes von den faschistischen Eroberern und Henkern und die Waffe so lange nicht aus der Hand legen werde, bis die heimatliche belorussische Erde von dem faschistischen Gesindel gesäubert ist.

Ich schwöre, strikt und unerschütterlich die Befehle meiner Kommandeure und Vorgesetzten auszuführen, strikt die militärische Disziplin einzuhalten und das militärische Geheimnis zu wahren. Ich schwöre, mich grausam am Feind für die niedergebrannten Städte und Dörfer, für das Blut und den Tod unserer Frauen und Kinder, unserer Väter und Mütter, für die meinem Volk zugefügte Gewalt und die Beleidigungen zu rächen und vor nichts zurückzuschrecken, immer und überall kühn, entschlossen, mutig und erbarmungslos die deutschen Okkupanten zu vernichten. Ich schwöre, der Roten Armee mit allen zur Verfügung stehenden Mitteln und Wegen aktiv zu helfen und gemeinsam mit ihr die faschistischen Henker zu vernichten und auf diese Weise zur schnellen und endgültigen Vernichtung des blutigen Faschismus beizutragen. Ich schwöre, dass ich eher im erbitterten Kampf gegen den Feind umkommen werde, als mich selbst, meine Familie und dem belorussischen Volk der Sklaverei unter dem blutigen Faschismus zu übereignen.

Die Worte meines heiligen Schwures, die ich vor meinen Partisanenkameraden gesprochen habe, bekräftige ich mit meiner eigenhändigen Unterschrift, und ich werde von diesem Schwur niemals zurücktreten. Falls ich aus Schwäche, Feigheit oder aus bösem Willen meinen Schwur brechen sollte, möge mir ein schmachvoller Tod aus der Hand meiner Genossen zuteil werden.«

Dieser Schwur wurde in allen Partisanenverbänden in den besetzten Gebieten bei feierlichen Appellen geleistet.

Kamen Freiwillige – medizinisches Personal, Personen mit speziellen Kenntnissen oder Komsomolzen – in Sonderabteilungen zum Einsatz, sprachen sie kurz vor ihrem Abflug ins Einsatzgebiet folgendes Gelöbnis: »Auf dem Wege zur Erfüllung des Kampfauftrages im Hinterland des Feindes geloben wir, weder unsere Kräfte noch unser Leben bei seiner Erfüllung zu schonen. Wir wissen, dass uns ein schwerer Weg bevorsteht, doch nichts kann unseren Willen zum Kampf gegen den gehassten Feind lähmen. Welche Schwierigkeiten und Unbilden wir auch ertragen werden müssen, wir werden niemals vergessen, dass wir für die Ehre, die Freiheit und das Glück unserer Heimat, des Sowjetvolkes kämpfen. Wir wissen, dass die Heimat, die sowjetische Regierung, das Volk uns niemals vergessen werden.«

Ausländer, die bei den Partisanen kämpften – Polen, Slowaken, Tschechen, Griechen, Spanier, Rumänen, Ungarn und auch Deutsche – leisteten folgenden Schwur: »Ich, [...], ein Bürger [...], schwöre, dass ich die Waffe nicht eher aus der Hand legen werde, bis die russische Erde und mein Vaterland vom faschistischen Geschmeiß befreit sind. Ich schwöre, der Roten Armee mit allen Mitteln zu helfen, ohne mein Leben zu schonen.«

Was waren das für Deutsche, die sich den Partisanen und damit der weltweiten Antihitlerkoalition anschlossen?

Viele von ihnen waren vor 1939 ins Land gekommen. Entweder arbeiteten sie in internationalen Organisationen oder beim Aufbau von Industriebetrieben, nicht wenige mussten nach 1933 emigrieren. Etliche dieser Kommunisten wurden nach dem Hitler-Stalin-Pakt wieder zurückgeschickt, eine weitaus größere Zahl wurde Opfer haltloser Anschuldigungen, verschwand in Lagern oder wurde hingerichtet. Während der »Säuberungen«, die mit Recht als Großer Terror bezeichnet wurden, starben weit über tausend deutsche Genossen.

Eine andere große Gruppe waren deutsche und österreiche Soldaten, die aus der Wehrmacht desertiert und zur Roten Armee oder zu den Partisanen aus antifaschistischer Überzeugung übergetreten waren. Nicht wenige wurden in Antifaschulen überzeugt und schlossen sich dem 1943 gegründeten Nationalkomitee »Freies Deutschland« an.

Es ist nicht bekannt, wie viele deutsche Antifaschisten bei der Befreiung der Sowjetunion, Polens, der Tschechoslowakei und anderer besetzter Staaten einschließlich des eigenen Vaterlandes ihr Leben hingaben. Namen wie Fritz Schmenkel, Paul Sasnowski, Heinz Linke, Werner Röbelen, Hans Strube und Franz Pietsch stehen für viele, die im Kampf starben.[26]

Übergelaufene deutsche Soldaten hatten es in der ersten Periode des Krieges besonders schwer, in den Reihen der Partisanen aufgenommen zu werden. Auch wenn sie beteuerten Kommunisten oder Gegner Hitlers zu sein, wurden sie erschossen. Der Partisanenkommandeur Alexej Fjodorow schrieb dazu: »Für uns waren alle Hitlersoldaten, auf die der Partisan schoss oder seine Handgranate schleuderte, gleich. Wir nannten sie ausnahmslos *Fritzen*, und damit war alles gesagt. Wir hassten jeden Okkupanten. Alle Verbrechen des Faschismus, alle Grausamkeiten, die unsere Heimat, unseren Angehörigen und jeder von uns erleben mussten, stellten wir jedem Deutschen in Rechnung.«

Und an anderer Stelle bekräftige Fjodorow: »Nein, wir konnten und wollten in den Okkupanten nichts Menschliches sehen. Solange sie sich hier, auf dem Territorium der Sowjetunion, aufhielten, waren sie für uns keine Menschen, sondern einzig und allein Feinde.«[27]

Andere Partisanenkommandeure wie etwa Georgi Linkow sahen das ein wenig anders: »Genosse Stalin hat mehrfach betont, dass man die Hitlersche Führungsclique und das deutsche Volk nicht auf eine Stufe stellen dürfe. Die Hitlerdiktatur trieb Hunderttausende Kommunisten, Sozialdemokraten und ehrliche Parteilose in Gefängnisse und Konzentrationslager. Viele Tausende wurden physisch vernichtet. Zweifellos war aber auch ein Teil der Antifaschisten in Freiheit geblieben und zur Wehrmacht eingezogen worden.

Unsere Arbeit im Hinterland des Feindes zwang uns, Verbindungen zu den Deutschen und ihren Dienststellen aufzunehmen. Wir bemühten uns dabei mit großem Ernst, die antifaschistischen Kräfte unter ihnen herauszufinden, solche Menschen, die den Krieg und die menschenfeindliche nazistische Rassentheorie ablehnten und gewillt waren, den faschistischen Weltherrschaftsgelüsten entgegenzutreten. Wir fanden viele solcher Deutschen und konnten sie für uns gewinnen.«[28] Das äußerte Linkow 1956 in seinem Buch »Die unsichtbare Front«. Ob er das auch schon im Krieg so sah?

Einer der ersten Deutschen, der zu den Partisanen überlief, war Fritz Schmenkel. Im November 1941 verließ der Gefreite seine Einheit im Raum Wjasma im Smolensker Gebiet. Schmenkel saß anderthalb Jahre bis August 1941 im Militärgefängnis Torgau wegen »unerlaubten Entfernens von der Truppe«, dann war er an die Ostfront kommandiert worden. Schmenkel stieß in einem Dorf auf einen Dorfältesten, der Verbindung zu den Partisanen hatte. Der Kommandeur der Partisaneneinheit »Tod dem Faschismus« war wenig begeistert, als seine Aufklärer einen Deutschen mitbrachten. Nachdem sich Schmenkel aber im Kampf ausgezeichnet hatte, wurde er vollwertiges Mitglied der Partisanen und sogar für eine Auszeichnung vorgeschlagen.

Der Kriegsberichterstatter der *Prawda* Boris Polewoi erinnerte sich daran in seinen Memoiren.[29] Im Februar 1943 war er zum Oberbefehlshaber der Front, Armeegeneral Konew,[30] befohlen worden. »Hören Sie, Polewoi, man hat mir berichtet, dass Sie bei den Partisanen von der Abteilung ›Tod dem Faschismus‹ gewesen und dort mit einem Deutschen zusammengetroffen sind. Was ist das für einer?«

Darauf entgegnete Polewoi entschuldigend: »Ich habe ihn für einen anständigen Kerl gehalten. Und so habe ich über ihn geschrieben, wenngleich die *Prawda* meine Reportage auch nicht brachte. Was ist mit ihm?«

»Nichts ist mit ihm. Sie haben schon richtig geschrieben, und dass es nicht gebracht wurde, ist auch richtig. Wir haben Sie aus folgendem Grund hergebeten: Das Oberkommando der Partisanen hat Auszeichnungslisten für seine Leute hergeschickt. Auch Fritz Schmenkel wurde für einen Orden vorgeschlagen. An unserer Front ist noch nie ein Deutscher ausgezeichnet worden, und deshalb brauchen wir von Ihnen lebendige Eindrücke zur Ergänzung des Fragebogens.«

Konew bestätigte zwar die Auszeichnungsliste, aber hielt dennoch die Druckverweigerung der *Prawda* aufrecht. Auch über den Orden würde nichts in der Zeitung stehen. Es wäre zu früh. Die Losung: »Tod den deutschen Okkupanten« sei noch nicht zurückgenommen.[31]

Im Mai 1943 kam Schmenkel in eine Sonderabteilung der Partisanen, die einen Auftrag in Minsk erfüllen sollte. Dort geriet er bei einer Razzia in die Fänge der Gestapo. Im Februar 1944 wurde er zum Tode verurteilt und erschossen. Erst zwanzig Jahre nach dem Krieg wurde darüber berichtet, als Fritz Schmenkel 1965 postum der Titel »Held der Sowjetunion« verliehen wurde.

Auf dem Eisenbahnknotenpunkt Kalinkowitschi in Belorussland kreuzten sich die Gleise von Nord nach Süd (Witebsk-Owrutsch) und von West nach Ost (Brest-Gomel). Er galt als einer der wichtigsten Verkehrsknoten für den Nachschub der deutschen Wehrmacht. Sowohl die Heeresgruppe Mitte als auch die Heeresgruppe Nord wurde über Kalinkowitschi versorgt. Im Februar 1942 traf dort eine Eisenbahneinheit der Organisation Todt ein. Sie bestand aus Deutschen und Österreichern, die als unsichere Kantonisten galten und, zumeist aus Konzentrationslagern entlassen, nicht an die Front geschickt wurden, weil man fürchtete, sie würden zu den Russen überlaufen. Hauptmann Fritz Rademacher, ein Elektroingenieur und Nazigegner, leitete dem Trupp. Über Belorussen auf dem Bahnhof bekamen sie Kontakt zu einer Partisanenabteilung. Über mehrere Monate lieferten sie den Partisanen umfangreiche Informationen über Militärzüge, die dann angegriffen wurden, und Munition, Lebensmittel, Medikamente, Papier sowie einen Rundfunkempfänger.

Im Februar 1943 informierte Rademacher, dass sich auf der Station Kalinkowitschi eine Spionageschule der deutschen militärischen Abwehr eingerichtet hatte. Mit seiner Hilfe wurden in der Folgezeit sowohl das Ausbildungspersonal als auch die Schulungsteilnehmer identifiziert. Nachdem etliche Ausbilder und Kursanten auf mysteriöse Weise verschwanden oder getötet worden waren, schloss man diese Ausbildungseinrichtung für Agenten und Diversanten.

Mit Rademachers Unterstützung sprengten Partisanen auf dem Bahnhof schließlich das Lager mit Militärgut, das für die 2. Armee bestimmt war und Richtung Kursk transportiert werden sollte.

Hauptmann Johann Oswald, der Österreicher in Rademachers Trupp und Leiter des Lagers für Eisenbahnausrüstung, scheiterte bei seinem Versuch, einen deutschen Offizier zu gewinnen. Dieser verriet ihn, Oswald wurde festgenommen und standrechtlich erschossen. ohne dass er jemanden verraten hätte. Im September 1943 kam die Gestapo den Antifaschisten trotzdem auf die Spur. Der Kfz-Ingenieur Otto Untyt wurde als Erster verhaftet, konnte aber fliehen. Im Oktober drohte Rademacher festgenommen zu werden. Daraufhin riet der Leiter der illegalen belorussischen Organisation, dass alle deutschen Antifaschisten Kalinkowitschi sofort verlassen sollten. Fritz Rademacher, Paul Babik, August Kunst und weitere OT-Leute schlossen sich der 99. Partisanenbrigade an. Im Juli 1944, nach der Vereinigung der Partisanen mit der Roten Armee, wurden Fritz Rademacher, Paul Babik und Otto Untyt nach Moskau ausgeflogen, August Kunst war bei einem Gefecht gefallen.

Artur Schade, NSDAP-Mitglied, wurde 1942 Direktor der Textilfabrik Nr. 4 in Belostok in Belorussland, die Uniformen für die Wehrmacht produzierte. Vor Ort wurde Schade mit Verbrechen der deutschen Besatzung konfrontiert, seine Fabrik lag zwischen dem Ghetto und dem sogenannten arischen Viertel. »Ich erkannte, dass das Regime, dem ich diente, das ich in meiner Funktion als Betriebsleiter zu vertreten hatte, durch und durch verbrecherisch und inhuman war. Dieses Regime durfte nie als Sieger aus diesem Krieg hervorgehen: So wurde aus mir, dem unpolitischen Fachmann ein Hitlergegner«,[32] erklärte er 1976 in einem Erinnerungsband seinen Gesinnungswandel.

Schade suchte und erhielt Kontakt zu einer Widerstandsorganisation »Antifaschistisches Komitee« in Belostok. In den Textilfabriken Nr. 4 und Nr. 1 gab es weitere Deutsche, die wie Schade dachten. Das waren Otto Benischke, Alexander Bohle und Fritz Busse. Die vier verbündeten sich mit dem »Antifaschistischen Komitee«, das von der Kommunistin Jelisaweta Tscharpik (»Lisa«) geleitet wurde, die enge Verbindung zu einer illegalen Organisation im Ghetto unterhielt. Gleichzeitig bestand Kontakt zur Partisanenabteilung »Kastus Kalinkowski«, die unter dem Kommando von Major Woizechowski stand und in den Wäldern Belostoks operierte. Schades Wohnung auf dem Betriebsgelände mit einem separaten Eingang zur Straße war bald Treffpunkt der illegalen Netzwerker und Versteck für gesuchte Juden. Er beschaffte Illegalen Arbeitspapiere, womit sie sich frei in der Stadt bewegen konnten. Oft stellte er dem Widerstandskomitee Personen- und Lastkraftwagen zur Verfügung. Getarnt als Dienstfahrten für die Fabrik wurden auf diese Weise Waffen, Uniformen, Lebensmittel und Medikamente zur Partisanenabteilung gebracht. Besonders heikle Fahrten begleitete Schade selbst, denn seine Dokumente erleichterten das Passieren von Kontrollstellen.

Mit Schades Hilfe wurde im Juli 1944 die Sprengung von Fabriken, Wohnvierteln, Brücken und Teilen des Ghettos verhindert, die deutsche Pioniereinheiten für den Rückzug vorbereiteten. Am 17. Juli 1944 wurde Schades Fabrik evakuiert. Er setzte sich auf ein Fahrrad und fuhr zum Treffpunkt mit den Partisanen, um mit diesen in Belostok einzurücken. Schades Weg führte über Minsk, Baranowitschi und Ostpreußen bis in seine Heimatstadt Pößneck, wo er nach 1945 am Aufbau der antifaschistischen Ordnung teilnahm.

Hans Strube, der den Decknamen »Fjodor« trug, hatte dieses Glück nicht. »Er war ein guter Deutscher. Er wurde wie mein älterer Bruder Alexander Korenkow wegen Verbindung zu Widerstandskämpfern und Partisanen von den Faschisten hingerichtet«, hieß es in der Niederschrift von Sinaida Korenkowa aus Minsk. »Hätte uns beim Überfall jemand gesagt, dass schon bald ein deutscher Offizier bei uns ein- und ausgehen und mit uns an einem Tisch sitzen würde, hätten wir das als Beleidigung aufgefasst. Ein Deutscher in der verhassten faschistischen Uniform bei der Familie Korenkow, einer von denen, die gekommen waren, unsere Freiheit zu ersticken und unser Glück zu rauben? Nein, das würde niemals eintreten! Und doch kam ein Deutscher zu uns.«[33]

Sinaida Korenkowa studierte zu Beginn des Krieges an der Universität Minsk Agrarwissenschaften, ihr Bruder Alexander war Mitarbeiter der Staatssicherheit in Minsk und wurde für illegale Arbeit zurückgelassen. Nach der Besetzung der Hauptstadt erhielt Sinaida Arbeit in einem Büro für die Erfassung landwirtschaftlicher Erzeugnisse, ihr Bruder hielt Verbindung zu der Aufklärungsgruppe S. K. Wischnewski. Cousine Sina Adrianowa, die Deutsch wie ihre Muttersprache beherrschte, wurde als Dolmetscherin und Übersetzerin in der Eisenbahnverwaltung in Minsk angestellt. Ihr Chef hieß Hans Strube. Sina hatte über einen ehemaligen Eisenbahner Verbindung zur illegalen Gebiets-Parteiorganisation von Logoisk. Sie schrieb alle wichtigen Dokumente, die ihr bei der Arbeit in die Hände kamen, ab und gab sie auf diesem Wege weiter. Einmal wurde sie beim Kopieren von Hans Strube erwischt. »Sie brauchen keine Angst zu haben«, beruhigte er sie. »Sie müssen auch nichts abschreiben. Ich selbst werde die Papiere dorthin bringen, wo sie hin müssen.« Strube brachte fortan relevante Dokumente in die Wohnung der Familie Korenkow, dort wurden sie von Sina Adrianowa, später von Sinaida Korenkowa ins Russische übertragen. Die Übersetzungen, Analysen, Statistiken, die vorwiegend Militärtransporte und Durchlasskapazitäten betrafen, wurden von Sinaidas Mutter mit Verbindungsleuten zu den Partisanen gebracht.

Nach fast einem Jahr Zusammenarbeit mit den Partisanen, im Oktober 1942, verhafteten SD und Gestapo in Kooperation mit der militärischen Abwehr das illegale Stadtparteikomitee und andere illegale Widerstandskämpfer in Minsk. Auch Alexander Korenkow war unter den Festgenommenen. Sinaida Korenkowa konnte man keine Verbindungen zu ihrem Bruder nachweisen, wohl aber eine Tätigkeit bei der Besatzungsverwaltung. Sie wurde entlassen.

Im Sommer 1943 bestand die Gefahr, das Sina Adrianowa verhaftet würde. Ihr Onkel, der ebenfalls illegal arbeitete, starb bei einem Schusswechsel. Sina wurde zu den Partisanen gebracht, wo sie 1944 bei einem Gefecht mit deutschen Säuberungseinheiten getötet wurde.

Nun arbeitete Sinaida Korenkowa allein mit Hans Strube, der inzwischen selbst die Unterlagen ins Russische übertrug. Ab Mitte 1943 waren die Meldungen von Hans Strube so brisant, dass sie regelmäßig mit einem Flugzeug zum Zentralen Partisanenstab nach Moskau gebracht wurden. Er meldete die militärischen Transporte zwischen den großen Eisenbahnknotenpunkten Brest, Baranowitschi, Stolbzy, Minsk, Orscha sowie Brest, Pinsk, Lubinez, Kalinkowitschi und Gomel innerhalb von 24 Stunden. Seine Angaben spielten später bei der Partisanen-Operation »Schienenkrieg« eine wichtige Rolle.

Der Partisanenabteilung, zu der Hans Strube über Verbindungsleute Kontakt hielt, hatte sich ein belorussischer Polizist mit seiner ganzen Familie anschließen wollen. Doch die Partisanenabteilung forderten sie auf, mit Waffen kommen. Die Frau des Polizisten sollte also erst ein Gewehr oder eine Pistole besorgen, ehe man die Familie aufnahm. Sie ging zu Sergej Korenkow, einem Bruder von Sinaida Korenkowa, und diese wiederum zu Hans Strube. Der schrieb einen wütenden Brief, in dem er um eine Unterredung mit dem Partisanenkommandeur bat. Er wolle künftig nicht mit solchen Dingen belastet werden. Trotzdem besorgte er der Frau ein Gewehr.

Als Antwort auf sein Schreiben erhielt er Ort und Zeit für den gewünschten Treff genannt. Er suchte das Haus gemeinsam mit der Polizistenfrau auf. Diese ging vor, kam aber nicht, wie verabredet, wieder auf die Straße. Strube wusste nun, dass es eine Falle war. Er konnte noch Sinaida Korenkowa warnen, ehe er selbst verhaftet wurde. Ihr Bruder Sergej geriet auch in die Fänge der Gestapo. Sergej kam in das Zentralgefängnis von Minsk. Dort sah er Hans Strube. Eines Tages hieß es, dass ein Deutscher am Galgen hänge. Es war Hans Strube. Sergej überlebte Gefängnis und Konzentrationslager und konnte das Ende von Hans Strube bezeugen.[34]

Ab Sommer 1943 stießen im Gebiet Mogilow, das zu Belorussland gehörte und ans Smolensker Gebiet grenzte, das bereits Russland war, zahlreiche Franzosen, Polen, Tschechen, Slowaken, Holländer, Österreicher und auch Deutsche zu den Partisanen. Die Ausländer waren auf verschiedene Weise dorthin gelangt. Meist halfen ihnen Illegale, Verbindungsleute und Aufklärer der Partisanen. Sie wurden in der Abteilung 600 konzentriert. Aus dem Befehl zur Bildung dieser internationalen Gruppe geht hervor, dass »alle Ausländer, Deutsche, Österreicher, Franzosen, Holländer und andere«, dem Stab der Partisanenabteilung 600 unterstellt würden. »Die Abkommandierten müssen die Waffe mitbringen, mit denen sie in die Abteilungen gekommen sind. Alle die ohne Waffe gekommen sind, sollen Gewehre und mindestens 50 Patronen je Gewehr erhalten«.[35]

In kürzester Zeit sollten sie die russische Sprache erlernen.

Im Jahre 1943 hatten die Partisanen in den Bezirken Mogilew und Belynitschi feindliche Stützpunkte beseitigt. Mehr und mehr verließen die Partisanen die Wälder und quartierten sich in Dörfern ein. Die internationale Gruppe war neben dem Partisanenstab im Dorf Menshenez im Gebiet Belynitschi untergebracht. Die Kontrolle der Partisanen über dieses Territorium war aus dem Grunde so bedeutungsvoll, weil hier die Chaussee Mogilew-Minsk sowie die Eisenbahnstrecken Minsk-Orscha, Orscha-Mogilew und Mogilew-Gomel durchführten. Es waren wichtige Nachschubwege der Wehrmacht, die deshalb oft von Partisanen attackiert wurden.

Die Nähe der deutschen Besatzung, die unmittelbare und ständige Berührung mit deutschen Truppenteilen sowie das Vorhandensein wichtiger Verbindungswege im Aktionsbereich veranlasste die Partisanenführung, die Kämpfer des internationalen Zuges hauptsächlich für die Aufklärung einzusetzen. Sie beherrschten die deutsche Sprache, kannten die deutschen Dienstvorschriften, waren den Umgang mit deutschen Offizieren gewohnt und wussten mit diesen umzugehen. Dieser Gruppe gehörten die Deutschen Hans Domen, Johannes Klass, Bernhard Bader, Fritz Georgi, Werner Graß, Fritz Matubowski und Otto Nickel an. Neben der Aufklärungstätigkeit versuchten sie Wehrmachtsoldaten und Offiziere zum Überlaufen zu bewegen. Vorwiegend waren sie aber an der Zerschlagung kleinerer militärischer Stützpunkte und Garnisonen beteiligt und befragten deutsche Soldaten und Offiziere. Dabei bediente man sich der Methode »Ausweiskontrolle«.

Als angebliche Patrouille hielten sie auf Straßen Fahrzeuge an und kontrollierten Ausweise, Dienstaufträge und Frachtpapiere. Man notierte die Nummern der Truppenteile, ihre Standorte und andere interessante Fakten. Diese Informationen wurden an den zentralen Partisanenstab gefunkt.

Auf diese Weise versuchte man auch, zielgerichtet »Zungen« zu gewinnen. Wenn bei solchen Kontrollen die Situation günstig war und ein Offizier, SD-Mitarbeiter oder hoher Zivilbeamter im Auto saß, wurde dieser als »Zunge« festgenommen und ins »Große Land« ausgeflogen.

Mitarbeiter der internationalen Gruppe wurden auch für »Wirtschaftsoperationen« eingesetzt. Dabei ging es vorwiegend um Vieh und andere landwirtschaftliche Güter, die deutsche Besatzer den einheimischen Bauern geraubt hatten. Als Wehrmachtsangehörige verkleidet, lenkten sie die Begleitmannschaft ab, nahmen sie gefangen oder töteten sie. Danach wurde das Vieh wieder zurückgetrieben.

Weitere Aufgaben waren das Zerstören von Fernmeldeleitungen, Nachrichtenzentralen oder das zeitweilige »Anzapfen« militärischer Nachrichtenverbindungsleitungen.

Diese internationale Gruppe existierte bis Sommer 1944. Nach der Großoffensive »Bagration« der Roten Armee wurden die meisten Ausländer nach Moskau ausgeflogen.

Am Partisanenkampf nahmen auch sogenannte Sonderabteilungen teil. Zu deren Stammpersonal gehörten von Beginn an Ausländer, darunter auch Deutsche. Diese Sonderabteilungen wurden fast ausschließlich von Staatssicherheits- und Grenzoffizieren befehligt, die sich »Tschekisten« nannten. Die meisten der Kommandeure solcher Sonderabteilungen hatten bereits im Ausland als Kundschafter gearbeitet und gingen problemlos mit den Ausländern um.

Die Geburtsstunde dieser Sondereinheiten war die Schlacht vor Moskau im November/Dezember 1941. Das Volkskommissariat für Staatssicherheit stellte eine »Selbständige Motorisierte Schützenbrigade z.b.V.« auf, die von Oberst Michail F. Orlow befehligt wurde. Nach einem Dekret des Zentralkomitees der KPdSU und der Komintern sollten politische Emigranten in der Sowjetunion zum aktiven Einsatz in diesen Sonderbrigaden herangezogen werden. Annähernd 20 000 Männer und Frauen, darunter etwa 2000 Ausländer, kamen dort zum Einsatz. Sie unterstanden der Abteilung für Sonderaufgaben im NKWD.

Den Kern der Schützenbrigade bildeten Mitarbeiter der Staatssicherheit und der Grenztruppen. Dazu kamen etwa 1500 Freiwillige und Spezialisten unterschiedlicher Art. Einige von ihnen verfügten bereits über Erfahrungen im bewaffneten Kampf. Darunter, und das war neu, waren auch etwa 500 junge Frauen, die im Funken, Chiffrieren, Sprengen und als Sanitäterinnen ausgebildet waren.

Diese Einheit nahm an der Parade am 7. November 1941 auf dem Roten Platz teil. Von dort gingen die Truppen direkt an die Front bei Moskau. Diese Brigade zeichnete sich durch außerordentliche Standhaftigkeit, Mut und Durchhaltewillen aus. Als die Rote Armee zum Gegenangriff überging, verblieb die Einheit in ihrem Bestand und bildete kurze Zeit später den Kern für die genannten Sonderabteilungen. Mehrere Dutzend solcher Abteilungen begaben sich mit einem Stammpersonal von 30 bis 40 Mann in das vom Feind besetzte Gebiet, führten Sonderaufträge aus und bekämpften die Okkupanten mit ihren spezifischen Mitteln.

Seit Juli 1941 führte eine solche Sondereinheit W. S. Korsh, zu der der deutsche Jude Eduard Nordmann gehörte. Das wurde von Korsh aus den bekannten Gründen verschwiegen. Seine Auskunft zu Nordmann lautete stets: »Er ist ein Komsomolze mit guten Deutschkenntnissen.«

Die Sonderabteilung D. N. Medwedew hatte auch einen Deutschen in ihren Reihen. Paul Siebert war Oberleutnant der deutschen Luftwaffe. Das jedoch war eine Legende. In Wahrheit handelte es sich um Nikolai I. Kusnezow, den Abwehrmann aus Moskau, der ausgezeichnet Deutsch mit ostpreußischem Dialekt sprach. Über ihn wurde bereits ausführlich an anderer Stelle geschrieben.

Später wurden in Medwedews Abteilungen mehrere echte Deutsche integriert, namentlich bekannt ist allerdings nur einer: der Kommunist Werner Prochnow, der im Januar 1945 bei einem Diversionseinsatz ums Leben kam.

Medwedew war bei seinen zum Teil spektakulären Operationen auf Personen angewiesen, die der deutschen Sprache mächtig waren. Im Dezember 1943 erhielt er von seiner Zentrale den Befehl, in Lusk ein Waffenlager ausfindig zu machen. Die Zentrale wusste, dass dort Gasgranaten lagerten, die durch internationale Konventionen verboten waren. Moskau hatte den Verdacht, dass dieses Gift gegen Partisanen eingesetzt werden könnte, wie schon im Herbst 1943 auf der Insel Kertsch. Den Einsatz hatte der Befehlshaber der 17. Armee Erwin Jaenecke (1890–1960) befohlen. Jaenecke, Anfang 1944 zum Generaloberst befördert, wurde 1945 von einem sowjetischen Militärgericht zum Tode verurteilt, das Strafmaß später in 25 Jahre Zwangsarbeit umgewandelt. Er kehrte 1955 nach dem Adenauer-Besuch in die BRD zurück.

Die Operation in Lusk wurde von drei Deutsch sprechenden Partisanen durchgeführt. Eine junge Frau in der Uniform des medizinischen Dienstes lenkte den Fahrer eines deutschen LKW ab, während ein Partisan in Wehrmachtuniform eine Giftgasgranate vom LKW stahl, gsichert von einem Dritten in SS-Uniform. Die später vorgenommenen Vergeltungsmaßnahmen führten zur Liquidierung eines großen Teils der Illegalen in Lusk.

Stanislaw A. Waupschassow hatte in seiner Sonderabteilung gleich zwei Personen, die Deutsch sprachen: den Österreicher Karl Dobritzhofer als Dolmetscher und den Deutschen Heinz Linke für Spezialaufgaben. Hin und wieder hatte er noch weitere in seinem Camp. Die NKWD-Zentrale schickte zur Durchführung spezieller Aufgaben im Hinterland kleine Diversions- und Aufklärungsgruppen mit Deutschen. Deren Basislager befand sich im Zentrallager von Waupschassow. Von dort wurden sie logistisch unterstützt und mit Waffen, Munition, Sprengstoffen, Lebensmitteln, Funktechnik und anderem versorgt. Eine solche Gruppe war beispielsweise die Sondereinheit des Obristen Juri M. Kuzin, die Attentate auf führende Köpfe der deutschen Faschisten in Minsk plante und realisierte.

Im Spätherbst 1943 richtete der ehemalige Ausbilder an der Diversions- und Spionageschule des NKWD, Sergej I. Wolokitin, auf litauischem Territorium ein neues Partisanenlager ein. Das war eine Art Filiale von Waupschassow, sie nannte man deshalb »Kleine Zentrale«. Wolokitin, der sich »Major Sergo« nannte, unterstanden die Diversions- und Aufklärungsgruppen »Guadalajara«, »Drushina«, »Pansta« und die Sicherungsgruppe »Garda«. Zu ihr stieß auch eine »deutsche Gruppe«, die im Zentrallager von Waupschassow zusammengestellt worden war und zu der Karl Kleinjung gehörte. Die operativen Gruppen, sprich Aufklärungstrupps, setzten sich vorwiegend aus ehemaligen Interbrigadisten, hauptsächlich aus Spaniern, Franzosen, Polen, Litauern und Deutschen zusammen.

Die Gruppe »Guadalajara« erhielt den Auftrag, als Bestandteil der spanischen »Division Azul« (»Blaue Division«) Aufklärungs- und Diversionsaufgaben zu realisieren. Die »Blaue

Division« war ein spanischer Truppenverband, der an der Seite der Wehrmacht gegen die Sowjetunion kämpfte. Die Spanier trugen blaue Hemden zur deutschen Uniform, und deshalb musste sich die Gruppe »Guadalajara« ebenfalls so kleiden. Die »Blaue Division« sollte in Vilnius und Kaunas stationiert sein, doch dort gab es sie nicht mehr. Sie waren, wie sich später herausstellte, inzwischen im Bereich der 18. Armee, die der sowjetischen Wolchowfront gegenüberstand, eingesetzt worden.

Nachdem die Aufklärer einige Tage im Baltikum unterwegs waren, um die »Blaue Division« zu suchen, registrierten sie, dass sie nicht weiter auffielen. Ihre Papiere erregten so wenig Verdacht wie ihre Uniformen und füllten sich schnell mit Vermerken von Feldposten und Geheimer Feldpolizei. Sie besaßen in Vilnius legal ein großräumiges Quartier, die Eigentümerin sprach Spanisch und Französisch.

Der Gruppe »Guadalajara« gelang es auf diese Weise, das gesamte Dienst- und Bewachungssystem der Dienststelle und der Residenz des Generalkommissars von Litauen, Theodor Adrian von Renteln (1897–1946), aufzuklären.[36] Wolokitin lehnte es aber ab, diesen zu entführen oder zu liquidieren. Später dienten die Angaben der Gruppe einem SMERSCH-Kommando bei der Gefangennahme von Renteln. Als Generalkommissar in Litauen war er auf Seiten der Zivilverwaltung der Hauptverantwortliche für die Ermordung der litauischen Juden in der Zeit der deutschen Besatzung von 1941 bis 1944, er wurde zum Tode verurteilt und hingerichtet. In Deutschland, das nur nebenbei, war der gebürtige und promovierte Baltendeutsche schon 1928 der SA und der NSDAP beigetreten. Von 1933 bis 1935 war er Präsident der Nationalsozialistischen Handwerks-, Handels-, und Gewerborganisation (NS-HAGO) und in dieser Funktion maßgeblich an der Organisation der Kampagnen gegen die jüdischen Warenhäuser im Deutschen Reich beteiligt.

Wolokitins Aufklärungsgruppen und Diversionsabteilungen kamen bis nach Warschau, Krakow und Ostpreußen. Sie zerstörten etwa zwanzig Eisenbahntransporte, zwei Militärobjekte flogen in die Luft, abgeschossene Panzer und Militärfahrzeuge blieben auf der Straße liegen. An den Aktionen waren auch deutsche Partisanen beteiligt. Mitte Juli 1944, Wolokitin verlegte gerade seine »Kleine Zentrale« an die deutsche Reichsgrenze, erreichte ihn der Befehl, zur Hauptzentrale zurückzukehren.[37]

Seit Ende 1943 füllte sich das sogenannte »Quarantänelager«, das Waupschassow anlegen ließ, in welchem Überläufer der Wehrmacht zeitweise untergebracht wurden. In dem gut bewachten Isolationslager wurden die Deserteure überprüft und nach einiger Zeit zur Bewährung bei Aktionen der Partisanen eingesetzt.

Trotzdem kamen auch Banditen durch, wie Karl Kleinjung berichtete. »Anfang 1944, es war bitter kalt, kamen Heinz Linke, sein gleichaltriger Gruppenführer und ein deutscher ›Überläufer‹ zur Partisanenabteilung von Juri M. Kuzin. Sie sollten ein Aufklärungsunternehmen durchführen, das sie in die Umgebung des Dorfes Welikopolije führen würde, wo die Eltern des Gruppenführers lebten. Die Entfernung zum Dorf betrug etwa 15 km, aber um dorthin zu gelangen, mussten sie in einem großen Bogen den Bezirk Tscherwenk durchqueren, um über Niemandsland nach Welikopolije zu gelangen. Der direkte Weg war durch starke Außenposten der Deutschen gesichert. Die Umgehung zu Fuß und im Schnee hätte einige Tage gedauert. Kuzin gab ihnen ein Schlittengespann. Bei ihrer Rückkehr übernachteten sie in einer Hütte. Die Nachtwache nutzte der ›Überläufer‹, er erschoss zuerst den Gruppenführer und dann Heinz Linke. Dann fuhr er mit dem Schlitten unter Mitnahme der Waffen der Getöteten zum nächsten Außenposten der Deutschen.«[38]

Kurze Zeit später wurden mehrere dieser Außenposten durch Partisanen Waupschassows und Rabzewitschs angegriffen, wobei auch der Rest einer SS-Kompanie gefangen genommen wurde. In der Sonderabteilung, die A. M. Rabzewitsch kommandierte, war Karl Linke, der Vater von Heinz, Kommissar. Unter den Gefangenen befand sich auch der Mörder seines Sohnes und des Gruppenführers – einer aus dem SS-Jagdverband Skorzenys, der den Auftrag hatte, das Zentrallager von Waupschassow auszukundschaften.

Da er in Wehrmachtuniform gekommen war, hatte man es bei der Durchsuchung unterlassen, ihm unter die Achsel zu schauen. Dort hätte man die SS-Tätowierung festgestellt. Er wurde nach dem Urteil des Partisanengerichtes von Karl Linke erschossen.[39]

Noch immer gibt es Historiker, Militärs und Politiker, die die Rechtmäßigkeit des Partisanenkampfes bestreiten. Damit folgen sie der Argumentation der Nazi-Clique und dem Kriegsgerichtsbarkeitserlass Barbarossa, den das OKW am 13. Mai 1941 erließ. Der von Keitel unterzeichnete Befehl sah vor, Freischärler »durch die Truppe im Kampf oder auf der Flucht schonungslos zu erledigen«, auch »alle anderen Angriffe feindlicher Zivilpersonen […] auf der Stelle mit den äußersten Mitteln bis zur Vernichtung des Angreifers niederzumachen«.

Dieser völkerrechtswidrige Erlass ermöglichte es, unter dem Vorwand der Partisanenbekämpfung einen Vernichtungskrieg zu führen. Er setzte an die Stelle der herkömmlichen Militärjustiz über die Zivilbevölkerung die »sofortige Selbsthilfe« in Form der Selbstjustiz der Truppe. Zugleich wurde den deutschen Soldaten in diesem Erlass Straffreiheit für Verbrechen, die im Rahmen des Angriffs auf die Sowjetunion begangen wurden, zugesagt. Dass die Partisanenbekämpfung schon 1941 auch als ein willkommener Vorwand für die Ausrottungspolitik gesehen wurde, belegt eine Aussage Hitlers aus einer geheimen Besprechung mit führenden Nazi-Größen: »Die Russen haben jetzt einen Befehl zum Partisanenkrieg hinter unserer Front gegeben. Dieser Partisanenkrieg hat auch wieder seinen Vorteil: Er gibt uns die Möglichkeit, auszurotten, was sich gegen uns stellt.«[40]

Entsprechend dieser Auffassung wurden in der Folge insbesondere Juden als »Partisanen« ermordet. Am 8. Juli 1941 äußerte Heinrich Himmler bei einer Besprechung mit SS- und Polizeioffizieren in Bialystok, dass »grundsätzlich jeder Jude als Partisan anzusehen« sei.[41]

Insgesamt wird die Zahl der Menschen, die bei der deutschen Partisanenbekämpfung ermordet wurden, auf 345 000 geschätzt. Wenig mehr als 10 Prozent davon sollen tatsächlich Partisanen gewesen sein. 142 000 Menschen, darunter 14 000 Juden, wurden allein bei 55 Großaktionen getötet.[42]

Der historische Ursprung der Partisanenbewegung liegt im spanischen Unabhängigkeitskrieg gegen Napoleon 1808 bis

1814 und im russischen Vaterländischen Krieg 1812, ebenfalls gegen Napoleon. Im Zweiten Weltkrieg nahm der Partisanenkrieg in den von den Faschisten okkupierten Ländern einen exponierten Platz ein. In Frankreich und Jugoslawien zählte man je 500 000, in Italien rund 460 000, in Griechenland zirka 150 000 und in Polen etwa 200 000 Partisanen.

Der Partisanenkrieg gehört zu den völkerrechtlich zulässigen Mitteln der Selbstverteidigung gegen bewaffnete Aggressionen. Nach der IV. Haager Konvention vom 18. Oktober 1907 waren Partisanen wie Angehörige regulärer Streitkräfte zu behandeln. Das Genfer Abkommen vom 12. August 1949 bestätigte diese Auffassung. Verletzungen der Rechte von Partisanen gelten darum als Kriegsverbrechen.

Im Januar 2005 äußerte der deutsch-polnische Historiker Bogdan Musial in der *Frankfurter Allgemeinen Zeitung*, dass der Partisanenkampf durch Plünderung und Brandstiftung geprägt gewesen sei. In der Sowjetunion wäre der Kampf der Partisanen eine böse Erfindung Stalins und Ponomarjows *(vermutlich meinte er Ponomarenko, den Chef des Zentralen Stabes der Partisanenbewegung – H. W.)* gewesen. Prof. Dr. Horst Schneider aus Dresden ging in einem Leserbrief auf diese Veröffentlichung ein und richtete eine Reihe von Fragen an den Autor: Warum verurteilt er nicht mit einem einzigen Wort das Verbrechen des faschistischen Krieges mit seinen Folgen, wohl aber Übergriffe von Partisanen? War nicht das Kriegsziel der Alliierten die bedingungslose Kapitulation Hitlerdeutschlands? Trugen nicht die Partisanen zur Erreichung dieses Zieles bei? Das legitime Ziel der Partisanen war die Befreiung ihres Landes.

Was die Bedeutung des Partisanenkrieges betrifft (dessen Methoden in allen besetzten Ländern ähnlich waren): Hat er nicht unter anderem zur Befreiung Polens, Jugoslawiens und zum Erfolg der zweiten Front in der Normandie beigetragen, indem er faschistische Ressourcen band oder vernichtete?

Wer den Partisanenkrieg auf sowjetischem Territorium als Verbrechen ächtet, sieht nur eine Seite der Medaille.

Vermutlich geht es bei dem Streit über die Rolle der Partisanen gar nicht so sehr um die Vergangenheit, sondern um aktuelle Politik. Das Konstrukt des »ungesetzlichen Kombattanten« scheint für manche geeignet zu sein, den »Krieg gegen den Terror« historisch zu rechtfertigen. Dann wäre auch die Okkupation des Iraks und der Krieg (»Verteidigung«) am Hindukusch erlaubt, der Widerstand dagegen verboten.

Anmerkungen

1 Walther von Brauchitsch (1881–1948), Generalfeldmarschall, 1938–1941 Oberbefehlshaber des Heeres, mitverantwortlich für die faschistische Kriegspolitik, leitete die Aggressionsfeldzüge. Nach der Niederlage der Wehrmacht vor Moskau wurde Brauchitsch am 19. Dezember 1941 von Hitler entlassen.
2 N. N. Asmolow: Front im Hinterland, Berlin 1972, S. 7
3 a. a. O., S. 27
4 Heinz Guderian (1888–1954), Generaloberst, maßgeblich am Aufbau der Panzerwaffe in der Wehrmacht beteiligt, 1941 Befehlshaber der 4. Panzerarmee. Nach der Schlacht vor Moskau abgelöst. 1943 Generalinspekteur der Panzertruppen, von Juli 1944 bis März 1945 Chef des Generalstabes des Heeres
5 Wilhelm Ritter von Leeb (1876–1956), Generalfeldmarschall, 1939–41 Oberbefehlshaber verschiedener Heeresgruppen. Nach der Niederlage der Wehrmacht im Winter 1941/42 von Hitler entlassen. Wegen Kriegsverbrechen 1948 von einem US-Militärgericht zu drei Jahre Haft verurteilt
6 Pjotr P. Werschigora: Im Gespensterwald, Berlin 1961, S. 900 (heute übliche Schreibweise: Petro Petrowytsch Werschyhora)
7 Alexej Fjodorow: Das illegale Gebietskomitee arbeitet, Berlin 1957, S. 478, 491 ff.
8 G. A. Deborin: Der zweite Weltkrieg, Berlin 1959, S. 264
9 Kliment J. Woroschilow (1881–1969), nahm an der russischen Revolution 1905/07 aktiv teil. Verbannung. Im Bürgerkrieg 1918–1922 Befehlshaber verschiedener Verbände der Roten Armee. 1925 Volkskommissar für Armee und Flotte, 1934 Marschall der Sowjetunion, von 1934 bis 1944 Volkskommissar für Verteidigung, 1941 Oberbefehlshaber der Nordwestfront, 1942 Oberbefehlshaber der Partisanen
10 Andrej A. Shdanow (1896–1948), 1917 an der Organisierung der Oktoberrevolution beteiligt, von 1934 bis 1944 1. Sekretär des Gebiets- und Stadtkomitees der KPdSU in Leningrad, ab 1941 Mitglied des Obersten Kriegsrates der Leningrader Front; maßgeblich an der Organisierung der Verteidigung Leningrads während der Blockade von 1941 bis 1944 beteiligt
11 Bereits 1944 veröffentlichte R. Sidelski in Moskau eine Dokumentation unter dem Titel »Der Kampf sowjetischer Partisanen gegen die faschistischen Eindringlinge«. Dort wurde in groben Zügen über das Attentat gegen Kube berichtet. Details wurden erst später bekannt.

12 Pjotr P. Werschigora: Im Gespensterwald, a. a. O., S. 6
13 a. a. O., S. 61
14 »Neuordnung« war die Umschreibung für die Liquidierung der Sowjetunion als Staat, die Vernichtung großer Volksgruppen slawischer und jüdischer Abstammung und die Kolonisierung ihres Territoriums, zusammengefasst im »Generalplan Ost«, der wiederum von der »Neuordnung Europas« ausging.
15 Alexej Fjodorow: Das illegale Gebietskomitee arbeitet, 1957, S. 452 ff.
16 Autorenkollektiv: In der Wäldern Belorusslands, Berlin 1976, S. 7 ff.
17 Alexej Fjodorow: Der letzte Winter, Berlin 1986, S. 5 ff.
18 a. a. O., S. 901
19 Pjotr S. Kalinin: Die Partisanenrepublik, Berlin 1968, S. 21 ff.
20 Pjotr K. Ignatow: Partisanen, Berlin 1958, Bd. 1, S. 5 ff.
21 a. a. O., S. 345 ff.
22 Kurt Christmann (1907–1987), Teilnehmer am Hitlerputsch 1923; 1933 NSDAP, 1934 Dr. jur., Bayerische Politische Polizei, 1938 Staatspolizeileitstelle Wien, 1939 Gestapochef, dann RSHA, von August 1942 bis Februar 1943 Führer des Einsatzkommandos 10a in Krasnodar, Herbst 1943 Gestapochef in Klagenfurt, 1946 Flucht aus dem US-Internierungslager Dachau. Bis 1948 als Dr. Ronda bei der britischen Besatzungsmacht tätig, dann Flucht nach Rom, über die »Rattenlinie« nach Argentinien. 1956 Rückkehr in die BRD. Am 19. Dezember 1980 in München zu 10 Jahren Haft verurteilt
23 Pjotr K. Ignatow: Partisanen, a. a. O., Bd. 2, S. 212 ff.
24 a. a. O., Bd. 2, S. 230
25 Pjotr S. Kalinin: Die Partisanenrepublik, a. a. O., S. 154 ff.
26 Autorenkollektiv: In den Wäldern Belorusslands, a. a. O., S. 10 ff.
27 Alexej Fjodorow: Das illegale Gebietskomitee …, a. a. O., S. 452 ff.
28 Grigorij M. Linkow: Die unsichtbare Front, Berlin 1956, S. 625
29 Boris Polewoi (1908–1981), sowjetischer Schriftsteller und Journalist; während des Zweiten Weltkrieges Kriegsberichterstatter für das Zentralorgan der KPdSU *Prawda*. Autor von »Der wahre Mensch«, »Tiefes Hinterland«, »Gold«, »Nürnberger Tagebuch«
30 Iwan S. Konew (1897–1973), Marschall der Sowjetunion, 1941 Armeebefehlshaber, von 1941 bis 1945 Oberbefehlshaber verschiedener Fronten, Oberbefehlshaber der 1. Ukrainischen Front während der Berliner Operation
31 Boris Polewoi: Erinnerungen, Berlin 1981, S. 192 ff.
32 Autorenkollektiv: In den Wäldern Belorusslands, a. a. O., S. 351 ff.
33 a. a. O., S. 360
34 a. a. O., S. 370
35 a. a. O., S. 49 ff.
36 Theodor Adrian von Renteln (1897–1946), Ende 1929 Reichsführer des NS-Schülerbundes und 1931 Reichsführer der Hitlerjugend; 1932 MdR, 1935 Präsident des Deutschen Industrie- und Handelstages,

Leiter des Hauptamtes für Handwerk und Handel in der NSDAP-Leitung in München; Stabsleiter in der Deutschen Arbeitsfront, 1939 Akademie für Deutsches Recht, ab Juli 1941 Generalkommissar in Litauen, verantwortlich für den Judenmord in Litauen. 1946 in der Sowjetunion hingerichtet

37 Privatarchiv Wittstock
38 a.a.O.
39 a.a.O.
40 Aus dem Protokoll Bormanns einer Besprechung von Hitler mit führenden Nazi-Größen am 16. Juli 1941 im Führerhauptquartier; zitiert nach: »Beherrschen, Verwalten, Ausbeuten – Protokoll einer Führerbesprechung«; in: Der Zweite Weltkrieg, Bd. 3, Tief im Feindesland, Herrsching 1989, S. 372
41 Peter Longerich: Der ungeschriebene Befehl. Hitler und der Weg zur »Endlösung«, München 2001, S. 102
42 Wolfgang Curilla: Die deutsche Ordnungspolizei und der Holocaust im Baltikum und Weißrussland 1941–1944, Paderborn 2006, S. 742

18. Unternehmen »Zeppelin«[1]

Anfang März 1942 fand im Allgemeinen Wehrmachtsamt (AWA) des OKW in der Berliner Bendlerstraße eine Beratung statt. Diese hatte der Chef des AWA, Generalleutnant Hermann Reinecke (Spitzname: der kleine Keitel) einberufen. An dieser Beratung nahmen teil: Walter Schellenberg, RSHA, Chef Amt VI (SD-Ausland); Heinrich Müller, RSHA, Chef Amt IV (Gestapo); Erwin Lahousen, Amt Ausland/Abwehr, Chef Abwehr II (Diversion) und vom Generalstab des Heeres Kurt Matzky, Quartiermeister IV, in dessen Zuständigkeitsbereich der von Reinhard Gehlen geleitete Dienst »Fremde Heere Ost« (FHO) lag.

Auf dieser Beratung unterbreitete Schellenberg den Plan, sowjetische Kriegsgefangene für Spionage-, Sabotage- und Diversionsaktionen gegen die Sowjetunion einzusetzen. Im Gegensatz zur geheimdienstlichen Tätigkeit des Canaris-Apparates, der für den frontnahen Raum zuständig war, und der 12. Abteilung des Generalstabes des Heeres (FHO), die sich mit der Lagebeurteilung über die Rote Armee befasste, sollte »Zeppelin«, das vom Referat VI CZ des RSHA geleitet werden sollte, weit im Hinterland des Gegners wirken.

Der Hintergrund für diese Entscheidung, mit Hilfe von geworbenen sowjetischen Kriegsgefangenen und Zivilisten destabilisierend im Hinterland zu wirken, ist im Folgenden zu sehen: Die Strategen aus RSHA, dem Generalstab der Wehrmacht und der Militärspionage hatten bereits Anfang 1942 begriffen, dass die Strategie des Blitzkrieges gegen die Sowjetunion gescheitert war. Es mussten andere Überlegungen angestellt werden, etwa die Form des verdeckten Krieges weiter auszudehnen und nicht nur im frontnahen Raum einzusetzen. Dabei gewann die politische Komponente eine immer größere Bedeutung. Neben Diversionshandlungen gegen militärisch wichtige Verbindungswege und Versorgungseinrichtungen sowie Sabotageakte in verteidigungswichtigen Objekten und politischen Morden an sowjetischen Staatsfunktionären wollte man durch das Absetzen von geschlossenen Formationen künftig Aufstände anzetteln und einen antisowjetischen Untergrund schaffen.

Auch wenn wenig über Einzelheiten des Unternehmen »Zeppelin« bekannt ist, soviel schon: Das Unternehmen war ein Gemeinschaftsprojekt von RSHA, Amt VI – SD-Ausland, Amt IV – Gestapo sowie dem Amt Ausland/Abwehr, des OKW und des OKH, und dort besonders der Abteilung FHO.

Das Unternehmen konzentrierte sich vornehmlich auf »nichtrussische Völkerschaften«, deshalb ist die Behauptung, »Zeppelin« habe von 1942 bis 1945 mit Hilfe von Russen Sabotageeinsätze in der Sowjetunion realisiert, nur bedingt zutreffend. Die aufgefundenen Dokumente belegen das. Das erste Dokument vom 10. März 1942 ist vom Gestapo-Chef Müller unterzeichnet.

Dort hieß es: »Der hartnäckige Widerstand und Angriffswille der Sowjettruppen kann bekanntlich nicht etwa mit der Furcht vor Kommissaren erklärt werden, vielmehr ist es den Sowjetmachthabern gelungen, durch propagandistische Beeinflussung einen Sowjetpatriotismus im gewissen Umfang zu entfalten. Es muss der Versuch gemacht werden, den Widerstandswillen der Sowjetbevölkerung zu zersetzen. Möglichkeiten zur politischen Zersetzung sind gegeben. Sie kann mit Hilfe von besonderen Trupps, die ins sowjetische Hinterland einzuschleusen sind, durchgeführt werden.

Aufgabe der ›Zeppelin‹-Kommandos ist die Auswahl von geeigneten Personen aus der Zivilbevölkerung und den Kriegsgefangenen. Besonderes Augenmerk ist hierbei auf die nachstehenden Personengruppen zu richten:

a) nichtrussische Völkerschaften (kaukasische, zentralasiatische, mongolische Völkerschaften usw.),

b) Kosaken,

c) Angehörige kommunistischer Oppositionsrichtungen«.

Weiter hieß es: »Mit dem Oberkommando der Wehrmacht ist engste Zusammenarbeit auf diesem Gebiet vereinbart. Dabei will das Oberkommando der Wehrmacht das Unternehmen weitgehend fördern und entsprechende Weisungen seinen unterstellten Dienststellen, besonders den Kommandanten der Kriegsgefangenenlager zukommen lassen.«[2]

Im einem Dokument des Oberkommandos des Heeres, Generalstab, Quartiermeister IV vom 27. Juli 1942 wurde ausgeführt: »Zur Gewährleistung zweckmäßigen Ansatzes des durch Organe der Sicherheitspolizei und des SD durchzuführenden Unternehmens ›Zeppelin‹ und zur Sicherstellung entsprechend vorbereitender und unterstützender Maßnahmen stellen die Einsatzgruppen der Sicherheitspolizei und des SD zu den Heeresgruppen (Ic/A.O.) einen Verbindungsführer des Unternehmens ›Zeppelin‹ mit Hilfspersonal ab. Er *(der Verbindungsführer des Unternehmens »Zeppelin« – H. W.)* hat im engsten Einvernehmen mit der Abwehrgruppe die im Bereich der Heeresgruppe erforderlichen Unterstützungsmaßnahmen für das Unternehmen durchzuführen (z. B. Gefangenenauslese und -befragung, Beschaffung von Ausweisunterlagen und Ausrüstungsgegenständen, Bereitstellung von Unterkünften für Agenten usw.).«[3]

Am 12. August 1942 sandte Schellenberg den Befehl des OKH vom 27. Juli 1942 an alle mit dem Unternehmen »Zeppelin« befassten Dienststellen des RSHA im Osten. Ausdrücklich stellte Schellenberg dabei in seinem Begleitschreiben fest, dass dieser Befehl den vom RSHA an das OKW übermittelten Forderungen entspreche.[5]

Ausgehend von diesen drei Dokumenten wurden aus den Einsatzgruppen des SD und der Sipo, die vorwiegend aus Vernichtungsgruppen und Operationsabteilungen bestanden, die »Zeppelin«-Kommandos zusammengestellt. Sie wurden bei den einzelnen Heeresgruppen der Wehrmacht angesiedelt und kooperierten eng mit den Ic-Offizieren und den Abwehroffizieren. Sie wählten die Kandidaten für die vorgesehene subversive Tätigkeit im sowjetischen Hinterland nicht nur unter Kriegsgefangenen aus, sondern auch unter Zivilpersonen der okkupierten sowjetischen Gebiete.

Schellenberg beauftragte im Frühjahr 1942 Heinz Gräfe mit dem Aufbau des Sonderreferates VI/Z. Gräfe war Oberregierungsrat und SS-Obersturmbannführer im RSHA. Er formulierte die grundsätzlichen Aufgaben von »Zeppelin« in einem Einsatzplan, der die Ausbildung und den Einsatz von

Agenten und Diversanten hinter der Front zum Gegenstand hatte.

Der ganze Apparat des SD, der Gestapo, der Sipo und die Kommandanturen der Gefangenenlager hatten die Aufgabe, die Gesinnung potenzieller Kandidaten durch eigene Beobachtung und durch Zuträger in den Lagern zu erkunden. Auf diese Weise wurden auch jene Häftlinge ermittelt, die erschossen wurden oder in Gaskammern und Konzentrationslagern landeten.

Ins Auge gefasste Kandidaten wurden für Arbeiten außerhalb des Lagers oder zur Arbeit nach Deutschland abkommandiert. Durch gezielte Einflussnahme, Versprechungen und Drohungen wurden daraus Agenten. Mancher hoffte auf diese Weise lediglich, zu überleben und in die Heimat zu gelangen.

Berüchtigt für diese Selektion waren die Kriegsgefangenenlager Deblin in Polen und Wohlau in Schlesien. Dort gab es nur eine Alternative: Verrat oder Tod. In diesen Lagern wurden mehr als 200 000 sowjetische Soldaten ermordet. Der Lagerkommandant von Deblin, Oberst Arthur Giese, wurde 1945 an Polen ausgeliefert, wo er 1947 zum Tode verurteilt und hingerichtet wurde. Viele der später von sowjetischen Sicherheitsorganen festgenommen Diversanten oder Selbststeller waren in Deblin oder Wohlau gewesen.

Es wurden selbst Gefängnisse durchforstet, um Kriminelle für diese Aufgabe zu gewinen. Man handelte nach dem Grundsatz: »Wenn ich einen Agenten auf eine Sache ansetze, dann mag er sein, was er will, nur kein Kommunist. Er darf auch kein Muttersöhnchen und keine Treibhausblüte sein. Es wäre sogar weitaus besser, wenn er eine gewisse Neigung zum Verbrechen hätte.« Aber auch hier mussten die faschistischen Werber erleben, dass ehemalige Diebe oder Banditen es überhaupt nicht eilig hatten, ihr Leben für die Okkupanten einzusetzen.

Ab Mitte 1942 lief das Unternehmen »Zeppelin« (Kürzel UZ[5]) auf vollen Touren. Inzwischen hatten sich drei Hauptkommandos gebildet: »Zeppelin«-Nord, »Zeppelin«-Mitte und »Zeppelin«-Süd, was in etwa den Räumen der Heeresgruppen Nord, Mitte und Süd entsprach. Sie verfügten in Frontnähe über Außenkommandos. In diesen Außenkommandos gab es eine enge Zusammenarbeit mit »Fremde Heere Ost«. Dieser Dienst entschied, ob ein »frischer« Kriegsgefangener im Gewahrsam des Heeres verblieb oder an »Zeppelin« abgegeben wurde.

Die ins tiefe Hinterland der Sowjetunion geschleusten Agenten, Diversanten, Agitatoren und auch speziell trainierter Mörder wurden vorher ausgebildet. In jedem Bereich einer deutschen Heeresgruppe wurden Diversionsschulen und -lager eingerichtet. Einem Bericht von Mitte August 1942 von »Zeppelin«-Süd zufolge wurden in diesem Bereich in drei Sonderlagern mehr als 2000 Kandidaten geprüft, ausgebildet und instruiert. Anfang 1943 befanden sich in Lagern und Schulen etwa 10000 zukünftige Agenten, die »Zeppelin« einsetzen wollte.

Eines der größten Lager des UZ befand sich in Smolensk. Dort nahm auch die erste Aktion von »Zeppelin« ihren Ausgang. Sie entsprach zwar nicht dem vorgegebenen Aktionsrahmen, aber man glaubte, über das entsprechende Menschenmaterial zu verfügen, um eine erfolgreiche Diversionsoperation im Hinterland des Smolensker Gebietes durchführen zu können.

Bis zum Frühsommer 1942 hatten sich Truppen der Wehrmacht und der SS fünf Monate lang erfolglos bemüht, die im Smolensker Gebiet handelnde Einheit von General Below *(später Oberbefehlshaber der 61. Armee – H. W.)* zu zerschlagen. Man stellte im Lager von »Zeppelin« eine 300 Mann starke Gruppe aus Emigranten und Lehrgangsteilnehmern zusammen und schickte sie in das etwa 150 km entfernte Operationsgebiet der »Feindgruppe Below«. Sie sollte Belows Stab gefangen nehmen, Panik verbreiten und die Einheit zur Kapitulation bewegen. Geführt wurde die Diversantenabteilung von einem ehemaligen zaristischen Oberst. Alle trugen die Uniform der Roten Armee und sowjetische Handfeuerwaffen.

Einer aus der Diversantengruppe konnte fliehen und die Gruppe Below warnen. Die Diversanten wurden aufgespürt und unschädlich gemacht.

Unter den Festgenommenen befand sich auch ein Sowjetoffizier der 33. Armee. Dieser war zu den Deutschen übergelaufen, von deren Abwehr angeworben und dann, nach vorgeblicher Flucht aus deutscher Gefangenschaft, wieder in der Roten Armee eingebunden worden, nunmehr als Spion der Deutschen. Mit Informationen aus dem sowjetischen Armeestab war er wieder zu den Deutschen geflüchtet und schließlich in diese Diversantengruppe gesteckt worden.[6]

Dass es in kurzer Zeit gelang, eine derart große, militärisch gut ausgerüstete Gruppe zusammenzustellen und zum Einsatz zu bringen, hatte Gründe.

Schon das Amt Abwehr und später auch das RSHA unter Heydrich sowie das Reichsministerium für die Ostgebiete hatten begonnen, russische Emigranten in Deutschland zusammenzubringen und ihnen eine eigene Organisationsstruktur zu geben. Das waren die sogenannten Nationalkomitees. Es exististierten unter anderen ein armenisches, ein aserbaidschanisches, ein georgisches, ein kaukasisches sowie ein ukrainisches Komitee. Sie bildeten die Grundlage zur Schaffung militärischer Formationen, sogenannter Nationaler Legionen, und die Basis zur Gewinnung von Agenten, Diversanten und Hilfspolizisten. Eine Vielzahl dieser nationalistischen Kräfte suchte im Auftrag von »Zeppelin« in den Kriegsgefangenlagern Landsleute, die in ihre jeweiligen Sowjetrepubliken eingeschleust werden sollten.

Pläne für Operationen gegen Verkehrsverbindungen und andere kriegswichtige Objekte, die Hunderte und Tausende Kilometer von der Front entfernt waren, wurden erarbeitet. Diversions-, Subversions- und Spionagegruppen in der Stärke von vier bis acht Personen wurden von Flugzeugen mit Fallschirmen abgesetzt, so in Transkaukasien, im Kalmückengebiet, im Ural, bei Archangelsk, in Usbekistan, in Kasachstan und an der Petschora. Sie sollten dort einen antisowjetischen Untergrund ins Leben rufen und Diversionshandlungen in verteidigungswichtigen Objekten und an Eisenbahn-Magistralen verüben. Eine solche Gruppe in Uniformen der Roten Armee sprengte während der deutschen Offensive im Kaukasus eine Eisenbahnbrücke in der Nähe von Mineralnyje Wody.[7]

Über ein Unternehmen, das den klangvollen Namen »Wolgawelle« trug, sagte später der Leiter von »Zeppelin«-Nord aus. Er war mit der Kurlandgruppierung in sowjetische Gefangenschaft geraten. »Wolgawelle« sollte das Gebiet vom Ural bis zur Wolga umfassen. »Die ins tiefe Hinterland geschleusten kleinen Diversionsgruppen arbeiteten nicht erfolgreich genug. Deshalb wurde die Aufgabe gestellt, auf sowjetischem Territorium große Diversionsabteilungen zu formieren. Zunächst war vorgesehen, einen Schlag gegen Verbindungswege zwischen dem Ural und der Front sowie gegen die Schwerindustrie im Ural und Sibirien zu führen. Das sollte durch die gleichzeitige Sprengung mehrerer Wolgabrücken geschehen. Dann wären die Nachschubwege an die Front für längere Zeit unterbrochen gewesen.

Wir rechneten damit, dass Teile der Roten Armee von der kämpfenden Truppe abgezogen würden, um die Diversionsgruppen zu liquidieren. Wir glaubten, dass die örtlichen Organe außerstande seien, unseren Gruppen den nötigen Widerstand entgegenzusetzen. Große, gut ausgerüstete Gruppen sollten Kriegsgefangene aus Lagern befreien und damit ihre Kampfkraft vergrößern. Die aufgefüllten Diversionsgruppen sollten Züge anhalten und die Personen bewaffnen, die sich ihnen anschlossen.«[8]

Einige Vorhaben dieses Unternehmens konnten teilweise verwirklicht werden. So gelangte eine Diversionsgruppe bis nach Perm, einer Industriestadt am Westhang des Urals, wo sie Vorbereitungen für Anschläge auf das Eisenbahnnetz und die Industrie traf. Die Verkehrsverbindungen aus Sibirien waren dabei von besonderem Interesse. Bevor sie jedoch Schaden anrichten konnte, wurde die Gruppe ausgeschaltet.

Hier und da hatten die Diversanten Erfolg. Letztlich aber blieben die örtlichen und übergeordneten Organe der sowjetischen Staatssicherheit Herr der Lage. Die wichtigsten Objekte der Schwerindustrie, die die materiellen Voraussetzungen für die Verteidigung des Landes schufen, wurden zuverlässig geschützt.

Dass die Diversionsoperation »Wolgawelle« so kläglich scheiterte, hat Schellenberg in seinen Memoiren resignierend mitgeteilt: »Das waren Nadelstiche. Wir waren nicht in der Lage, die sowjetische Front zu schwächen. Es fehlte an Flugzeugen zum Absetzen der Agenten. Die sowjetische Abwehr setzte eine Unmenge ihrer Leute ein, die die ganze Aktion ›Zeppelin‹ beherrschten und unterminierten.«[9]

Eine der Aktionen der sowjetischen Staatssicherheit war die Operation »Sturm« (russ. *Schtorm*), die von der sowjetischen Transkaukasusfront von 1943 bis 1945 betrieben wurde. Ausgangspunkt war Sewastopol. Die Hafenstadt auf der Krim verteidigte sich 250 Tage, von November 1941 bis Juli 1942, gegen die Angriffe deutscher Heeres- und SS-Verbände. Am 3. Juli 1942 wurde Sewastopol durch die Deutschen besetzt. Überlebende Verteidiger wurden nicht in Kriegsgefangenenlager, sondern in KZ gebracht. So erging es auch dem Georgier Georgi Leshawa, einem Artilleristen, der bei einem Volltreffer auf sein Geschütz eine schwere Kontusion erlitt und als Kriegsgefangener nach Auschwitz kam. Dort wie auch in Buchenwald und Sachsenhausen gab es mit Stacheldraht umzäunte Bereiche, in denen sowjetische Kriegsgefangene unter katastrophalen Verhältnissen untergebracht waren.

Ende 1942 tauchten im KZ Auschwitz zwei georgische Nationalisten auf. Sie wählten etwa zwanzig Kriegsgefangene aus, die entweder Georgier waren oder in Georgien gedient hatten. Sie wurden in einer gesonderten Baracke untergebracht, besser verpflegt und intensiv im antisowjetischen Sinne bearbeitet. Man schlug ihnen vor, einen Auftrag des deutschen militärischen Geheimdienstes im Hinterland der Roten Armee auszuführen.

Leshawa und einige Mitgefangene gingen darauf ein, weil sie auf diese Weise der Gefangenschaft zu entrinnen hofften. Sie wurden im Funken, in verschiedenen Spionage- und Diversionsmethoden sowie im Fallschirmspringen, Selbstverteidigung und Nachtschießen ausgebildet. Die Gruppe wurde dann per Eisenbahn nach Ossypenko in der Ukraine gebracht. Dort wurden sie in einer Einrichtung von »Zeppelin« weiter geschult. Leshawa wurde nach der Ausbildung als Leiter einer fünfköpfigen Spionage- und Diversionsgruppe eingesetzt. Die fünf verabredeten, sich nach dem Absetzen sofort den sowjetischen Sicherheitsorganen zu stellen.

Kurz vor dem Start in einer Julinacht 1943 wurde Leshawa ein weiterer Diversant zugeteilt, der über ein eigenes Funkgerät verfügte und von einer anderen Diversionsschule kam. Ein »Wachhund«, wie die Gruppe richtig vermutete. Eine deutsche »Heinkel« setzte sie mit Fallschirm in den Bergen von Tiflis ab.

Unmittelbar nach der Landung wurde der »Wachhund« von der Gruppe entwaffnet und gefesselt. In Tiflis stellte sich die Gruppe den Sicherheitsorganen und übergab Waffen, Sprengstoff, beide Funkgeräte, falsche Personaldokumente und mehrere 10 000 Rubel. Da sie Aufträge zur Beschaffung von Informationen über die in Transkaukasien stationierten Truppen an ihre Zentrale übermitteln und Diversionsakte gegen Verkehrsverbindungswege durchführen sollten, wurden sie dem Oberkommando der Transkaukasusfront überstellt.

Mit Zustimmung der Zentrale in Moskau und des Oberkommandos der Front wurde entschieden, die Gruppe »Venus 1«, so lautete der Funkrufname der Gruppe Leshawa, gegen »Zeppelin« einzusetzen.

Vier Tage nach ihrer Landung ging der erste chiffrierte Funkspruch an »Zeppelin«: »In den Bergen gelandet; einander drei Tage gesucht; ein Funkgerät zerschellt; einer bei Absprung schwer verletzt; zwei weitere Verletzte.« Der schwer Verletzte war natürlich der »Wachhund«, um dadurch zu verschleiern, weshalb der sich nicht meldete.

»Zeppelins« Antwort lautete: »Gratulieren zum Erfolg: meldet Standort und Bedarf.«

Dass »Zeppelin« Leshawas Gruppe voll vertraute, war daraus ersichtlich, dass man Verstärkung ankündigte. Einige Tage später landete eine weitere Sechsergruppe mit Fallschirmen auf georgischem Boden. Von Leshawas Gruppe in Empfang genommen und beeinflusst, stellte sich auch diese Diversions- und Spionagegruppe und ließ sich in die Operation »Sturm« einbinden. Diese Gruppe war nun »Venus 2«.

Beide Funkstationen übermittelten »Zeppelin« getürkte Informationen über die Truppen der Transkaukasusfront und trugen zur Verwirrung bei den Deutschen bei.

Der Leiter von »Venus 2« war darüber informiert, dass die Deutschen planten, einen eingefleischten georgischen Nationalisten abzusetzen, der die Führung des antisowjetischen Untergrundes in Georgien übernehmen sollte. Er kannte auch die Anlaufstelle für diesen »Führer« in Tiflis, da er der Kontaktmann zu ihm sein sollte.

Einige Zeit später wurden auch dieser Nationalist und dessen Kontaktmann festgenommen.

Nun gingen Informationen in den Äther, dass man »große Erfolge bei der Formierung eines antisowjetischen Untergrundes« erzielt hätte. »Venus 1« und »Venus 2« forderten von Zeit zu Zeit neue Kräfte, Geld und Waffen an. »Zeppelin« schickte Agentengruppe um Agentengruppe »zur Unterstützung« nach Transkaukasien und setzte sie per Fallschirm an den mit Landefeuern gekennzeichneten Stellen ab.

Die Operation »Sturm« dauerte von Juli 1943 bis Mai 1945. In dieser Zeit wurden über dreißig »Zeppelin«-Akivisten festgenommen. Mehrere Millionen Rubel und Tonnen von Waffen und Munition fielen in die Hände der sowjetischen Staatssicherheit. Das Allerwichtigste allerdings war, dass »Zeppelin« und damit das Amt VI des RSHA fest daran glaubten, man verfüge über Spionage- und Diversionsagenturen in Georgien und der Aufbau einer antisowjetischen Untergrundbewegung mache deutliche Fortschritte, so dass man in dieser Hinsicht keine weiteren Maßnahmen ergriff und auch nach nicht nach Wegen zur Infiltration Georgiens suchte.[10]

Ähnliches versuchte »Zeppelin« auch in Usbekistan, Kasachstan und im Kalmückengebiet zu realisieren.

Im Juli 1943 wurde eine Fünfergruppe nahe der Wüste Kysylkum abgesetzt. Sie landete allerdings direkt in der Sandwüste, wobei ein Fallschirmspringer ums Leben kam. Der Lastenfallschirm wurde weit in die Wüste getrieben, und beim Aufprall zerbarst der Wasserbehälter. Der Leiter der Gruppe begab sich auf die Suche nach der nächsten Oase und wurde später tot aufgefunden. Die übrigen Diversanten warfen daraufhin ihre ganze Ausrüstung fort, erreichten mit letzter Kraft eine Siedlung und stellten sich der Miliz. »Zeppelin« hat nie wieder eine Diversantengruppe nach Usbekistan einzuschleusen versucht.

Anfang Mai 1944 meldete die sowjetische Luftaufklärung in Astrachan, dass ein Flugzeug unbekannter Nationalität Gurjew anfliege. Gurjew, heute Atyran, ist eine Stadt in Kasachstan am Fluss Ural, der dort ins Kaspische Meer mündet.

Diese Meldung versetzte das gesamte Gebiet Gurjew in Alarmzustand. Dort befanden sich ein riesiges Erdölfeld mit Erdölförderanlagen, Pumpstationen und ein strategisch wichtiges Erdölverarbeitungskombinat sowie andere wichtige Industrieanlagen. Das betreffende Gebiet umfasste mehrere hundert Quadratkilometer. In den wüsten- und steppennahen Gebieten wurden berittene Suchtrupps mit einer Stärke von bis zu sechzig Mann ausgesandt.

Die aus vierzehn Mann bestehende Diversantenabteilung wurde in der Nacht in zwei Gruppen per Fallschirm in der Steppe am Kaspischen Meer abgesetzt.

Damit begann die Operation der kasachischen Staatssicherheit zur Zerschlagung dieser Gruppe, die später als »Alasch«-Abteilung identifiziert wurde und eine Formation der »Turkestanischen Legion« war.

Die Geschichte von »Alasch« ist schnell erzählt: Bei den Kämpfen im Umland Moskaus lief im November 1941 der Kommandeur eines Kavalleriezuges, ein Kasache, zu den Deutschen über. Er landete in einem Gefangenenlager in Süddeutschland, wo er den Deutschen seine Dienste anbot. »Ich schrieb am 17. Februar (1942) den ersten Brief nach Berlin, in dem ich die Aufstellung einer Abteilung kasachischer Reiter vorschlug«, notierte er später in einem Tagebuch. Im Mai 1942 wurde er von Erwin Stolze, Diversionsspezialist des Amtes II der Abwehr, aufgesucht, der ihn anwarb und in ein Schulungs- und Ausbildungslager nach Luckenwalde brachte. In Stolzes Auftrag besuchte er verschiedene Gefangenenlager, wo er Landsleute für eine Reiterabteilung warb. Mit Erpressung, Drohungen und Versprechungen gelang es ihm, eine Gruppe zu bilden, die nun zur »Turkestanischen Legion« gehörte.

Mit ausgesuchten Legionären zog er von Luckenwalde nach Poltawa. In einem ehemaligen Nonnenkloster befand sich die Agentenschule »Orion«, die dem Stab der Heeresgruppe Mitte unterstand. Im Dezember 1942 war die Ausbildung der etwa zwanzig Personen umfassenden Abteilung abgeschlossen. Der Tag für den Einsatz im sowjetischen Hinterland war bereits festgelegt, als die Aktion abgeblasen wurde. Später wurde der Grund für diese Absage bekannt: Ein Mitglied der Legionärsabteilung, ein ehemaliger Grenzsoldat, hatte mit einigen weiteren kasachischen Landsleuten abgesprochen, sich nach dem Absetzen im sowjetischen Hinterland zu stellen. Er war verraten worden. Daraufhin wurde die Legionärsabteilung in die Wälder von Lwow zum Holzfällen geschickt.

331

Mitte 1943 wurde der Rest dieser Abteilung zurück nach Luckenwalde gebracht. Stolze überreichte eine Fahne: Auf grünem Tuch zeigte sie einen Halbmond, einen Pfeil und arabische Schriftzeichen. Es war das alte Symbol »Alasch«, das Zeichen kasachischer und kirgisischer Nomaden. Der von den Deutschen zum Oberleutnant beförderte ehemalige Kommandeur eines Kavalleriezuges der Roten Armee teilte seinen Legionären mit, dass sie nun den Namen »Alasch« tragen würden und er von nun an mit »Chef« anzureden sei.

Im April 1944 beförderte man die Legion in die Nähe von Königsberg. Dort wurde sie mit Rotarmistenuniformen, gefälschten Papieren, Waffen und Sprengmitteln ausgerüstet. Weiter ging es nach Bukarest, wo sie die letzten Instruktionen erhielt. Schließlich wurde sie mit dem Flugzeug in Kasachstan abgesetzt. Vor dem Abflug hatte der »Chef« der Abteilung den angetretenen Legionären erklärt, dass ihre Aufgabe darin bestehe, das »kasachische Volk im Kampf gegen die Sowjets zu führen«.

Später sagten die übergelaufenen Diversanten übereinstimmend aus, dass sie auf keine Zielobjekte angesetzt worden wären. Gestützt auf nationale Strömungen und alte Bey-Anhänger sollten sie in Kasachstan lediglich einen Volksaufstand entfesseln.

Die Landung der Fallschirmspringer und ihre Vereinigung klappte vorzüglich, so dass der erste Funkspruch abgesetzt werden konnte: »Beide Gruppen ohne Zwischenfälle im Raum Sarkas vereinigt. Bei der Landung Funkgerät mit großer Leistung beschädigt. Nächste Funkverbindung nach dem 25. Mai.«

Am 11. Mai begann sich das Ende von »Alasch« anzukündigen. Fünf Diversanten mit ihrem »Chef« gerieten in ein Feuergefecht mit einem berittenen Suchtrupp. Im Regen und im Schutze der Nacht konnten sie noch einmal entkommen. Sie plünderten einen Kolchos und nahmen einen Brigadier mit, den der »Chef« später bestialisch ermordete. Dieser hatte einen berittenen Boten zur Miliz geschickt, da er am Tag zuvor schon einmal auf vermeintliche Rotarmisten getroffen war, die angeblich nach Deserteuren suchten, was ihm in dieser abgelegenen Gegend sehr merkwürdig erschien. Nach der Ermordung des alten Brigadiers flohen in der gleichen Nacht zwei Diversanten von ihrem Rastplatz. Ihr »Chef« nahm daraufhin allen übrigen die Papiere ab. In der dritten Nacht flohen erneut fünf Mann und dann noch einmal zwei, so dass von den ursprünglich vierzehn Aktivisten von »Zeppelin« nur noch fünf übrig blieben. Diese fünf wurden in den Morgenstunden des 20. Mai in der Nähe einer Erdölpumpstation mit einem berittenen Suchtrupp in ein Feuergefecht verwickelt. Alle fünf fanden in den Dünen den Tod.

Bei dem toten »Chef« fand man ein Tagebuch, die gesamten Personaldokumente seiner ehemaligen Abteilung sowie eine umfangreiche Liste der von ihm angeworbenen Diversanten. Bei den anderen Toten handelte es sich um seine beiden Stellvertreter sowie den Oberfunker und dessen Gehilfen. Unter den neun, die sich den Sicherheitsorganen gestellt hatten, befand sich ein weiterer Funker, der sich bereiterklärte, die Verbindung zur Zeppelin-Zentrale herzustellen. Ende Mai ging folgender Funkspruch ab: »Alles in Ordnung. Funkgerät instandgesetzt. Erwarten Gäste.«

Kurze Zeit später meldete sich die Zentrale: »Schicken Gäste. Lagefeuer anzünden im Quadrat [...]«

Auf Seiten der kasachischen Staatssicherheit rechnete man damit, dass nun eine weitere große Gruppe wie im Kalmückengebiet abgesetzt werden würde; es landeten jedoch nur drei Fallschirmspringer. Es waren Mitarbeiter des Amtes IV (Gestapo) des RSHA, die als »Kontrolleure« abgesetzt worden waren.

Nach einiger Zeit antwortete die Zentrale nicht mehr auf Funksprüche von »Alasch«. Offensichtlich war man misstrauisch geworden, weil kein Funkspruch vom Oberfunker der Abteilung einging.

So scheiterte auch in Kasachstan der Versuch, einen Putsch anzuzetteln.[11]

Der Gipfel der Menschenverachtung während des Krieges waren Versuche des deutschen militärischen Geheimdienstes und des SD-Auslandsgeheimdienstes, sowjetische Kinder und Jugendliche zu Diversionszwecken zu missbrauchen. Dahinter steckte die Überlegung, dass die Heranwachsenden unverdächtig wären. Überdies irrten Abertausende von ihnen auf der Suche nach ihren Eltern oder Verwandten hinter der Front umher, ein Umstand, der auf das deutsche Kriegskonto ging.

In Hemfurth, in der Nähe von Kassel, wurde eine entsprechende Ausbildungsstätte eingerichtet. SD-Sonderkommandos durchkämmten Städte und Dörfer, Kinderheime und Verkehrsknotenpunkte auf besetztem sowjetischem Gebiet. Es war praktisch die Fortsetzung der »Heu-Aktion« mit einer anderen Zielsetzung. »Heu-Aktion« nannte man die Einsammlung von zehn- bis vierzehnjährigen Heimat- und Obdachlosen, um sie zum Arbeitseinsatz nach Deutschland zu verschleppen.

Nach der Ausbildung in Hemfurth wurden in der Nacht vom 28. zum 29. August und noch einmal am 1. September 1943 mehrere Gruppen von Kindern mit Fallschirmen im Hinterland der Roten Armee bei Kalinin (heute Twer), Tula und Charkow abgesetzt. Die »Kinderdiversanten« waren ausgestattet mit der Legende, sie suchten ihre Eltern, mit abgerissener Kleidung, mehreren hundert Rubel und Sprengstoff, der wie Steinkohlebrocken aussah. Sie sollten diesen auf die Tender von Lokomotiven oder in Kohlelager auf Bahnhöfen werfen.

Jedoch: Auch dieses »Zeppelin«-Unternehmen schlug fehl. Die Halbwüchsigen wandten sich an die Miliz, übergaben ihre Ausrüstung und offenbarten ihren Auftrag.[12]

Im Mai 1945 räumte ein Sonderkommando des militärischen Nachrichtendienstes *SMERtj SCHpionam* (»Tod den Spionen«), bekannter unter dem Kürzel SMERSCH, die Büros der SD-Ausbildungsschule in Hemfurth aus und verbrachte das sichergestellte Material nach Moskau. SMERSCH, das zur Ergänzung, war im April 1943 vom NKWD zur Ausschaltung von Spionen, Verrätern und Diversanten gebildet worden und hieß mit vollständigem Namen *Hauptverwaltung für Spionageabwehr SMERSCH des Volkskommissariats für Verteidigung der UdSSR*. SMERSCH-Abteilungen gab es in den Landstreitkräften, der Flotte und im NKWD selbst. Sie wurden im Mai 1946, also nach drei Jahren, aufgelöst.

Ab 1943 nahm »Zeppelin« die physische Vernichtung führender sowjetischer Militärs in die Planung.

Im April/Mai 1943 wurden die Passierscheinbüros der sowjetischen Frontstäbe darüber informiert, dass gefälschte

Dienstausweise für Kommandeure aufgetaucht seien. Die Fälschungen unterschieden sich von bisher festgestellten Falsifikaten. Sie wichen durch drei minimale, kaum zu erkennende Merkmale von den sowjetischen Originaldokumenten ab. Erstmals hatte die sowjetische Abwehr einen solchen Dienstausweis beim Leiter einer Agentengruppe gefunden, der als Oberleutnant der Roten Armee mit drei weiteren Diversanten nach Leningrad wollte, um dort militärische Informationen zu sammeln und sie über Funk an die Zentrale der Heeresgruppe Nord zu übermitteln. In die Stadt einzudringen war sehr schwer. Bis Januar 1943 ging das nur über den zugefrorenen Ladogasee und im Sommer mittels kleinerer Schiffe. Zudem wechselten ständig die Parolen an den Übergangsstellen.

Ende 1942 war ein Zugführer einer Marineschützenbrigade an der Leningrader Front zu den Deutschen übergelaufen. Der Leutnant verriet alles, was er über seinen Truppenteil wusste. Er übergab selbst seine militärischen Auszeichnungen, darunter den Orden »Roter Stern«.

Das Abwehrkommando 204 der Heeresgruppe Nord mit Sitz in Pskow interessierte sich sehr für diesen Leutnant. Dessen Chef war Heinz von Eschwege (1890–1951). Der Sohn eines preußischen Oberst hatte als Kavallerieoffizier im Ersten Weltkrieg gedient und danach unter dem Pseudonym Heinz von Lichberg als Journalist und Schriftsteller gearbeitet. 1938 hatte er beim Nachrichtendienst von Wilhelm Canaris angeheuert. Seit dem Überfall auf die Sowjetuniom war er im Oberkommando der Heeresgruppe C bzw. Nord, ein Jahr später, inzwischen Oberstleutnant, saß er im Abwehrkommando 204.

Der Überläufer zeigte sich mehr als kooperativ und wurde für ein Attentat vorbereitet: Er sollte den Oberbefehlshaber der Leningrader Front, Armeegeneral Leonid A. Goworow (1897–1955), ausschalten. Der nunmehrige Agent der Abwehr wählte für sich den Decknamen »Sawinkow«. Boris W. Sawinkow (1879–1925), wir erinnern uns, war der ukrainischer Terrorist und Antikommunist, der im Auftrag des britischen Geheimdienstes SIS gemeinsam mit Sidney Reilly gegen die Bolschewiki kämpfte.

Ende Mai 1943 wurde nun der Agent »Sawinkow« nachts etwa 80 km von Tscherepowez, einer kleinen Stadt am Ladogasee, entfernt mit Fallschirm abgesetzt. Dieses Gebiet gehörte zum Verteidigungsabschnitt der 8. sowjetischen Armee. Per Anhalter gelangte er an eine Übergangsstelle. Von einem redseligen jungen Unterleutnant der Nachrichtentruppe, der über das Leben in Leningrad berichtete und mit dem er eine Feldflasche Wodka leerte, erhielt er die Parole. Am Morgen des 28. Mai 1943 traf Sawinkow in Leningrad ein, gegen Mittag erschien er im Passierscheinbüro des Stabes der Leningrader Front und verlangte, zum Oberbefehlshaber der Front gebracht zu werden, er habe für ihn eine sehr wichtige Nachricht. Goworows Diensträume befanden sich jedoch nicht im Stabsgebäude, sondern im Smolny-Institut. Man verlangte den Marschbefehl und den Dienstausweis auf den Namen »Iwan Michailowitsch Sawinkow«. Der Diensthabende des Passierscheinbüros erkannte die Fälschung und informierte die Spionageabwehr. Der potenzielle Attentäter wurde entwaffnet und festgenommen. Die Leibesvisitation förderte weitere belastende Unterlagen zutage.[13]

Anfang 1944 plante »Zeppelin«, in Moskau die militärische Führung der Sowjetunion einschließlich des Obersten Befehlshabers, J. W. Stalin, zu töten. Verschiedene Agenten aus der russischen Emigration und Renegaten, darunter Pjotr Politow alias Pjotr Iwanowitsch Tawrin und seine Lebensgefährtin Lidija Adamistschewa-Schilowa, wurden getestet und mit ihnen Attentatsvarianten durchgespielt.

Das Pärchen lebte in der von den Deutschen besetzten russischen Stadt Pskow, diese lag etwa 50 km von der litauischen und lettischen Grenze entfernt. In den 30er Jahren leitete Politow ein Erdölversorgungslager auf einem Bahnhof der Transsibirischen Eisenbahn in Mittelasien. Dort unterschlug er eine größere Summe und entzog sich der Verfolgung durch Flucht. Er tauchte mit falschem Namen in Mittelasien, Baschkirien und der Ukraine unter. Zuletzt war er als Pjotr Tawrin in Woronesh, wo er es mit gefälschten Papieren bis zum Untersuchungsrichter in der Staatsanwaltschaft brachte. Nach der Mobilisierung wurde er Zugführer. Im Mai 1942, inzwischen an der Front, kam ihm das NKWD auf die Spur. Nach der ersten Vernehmung lief er zu den Deutschen über und verpflichtete sich schriftlich zur Zusammenarbeit mit der Gestapo. Er wurde an einer Spionageschule in Österreich ausgebildet und danach als Agent Provocateur im Gebiet Pskow eingesetzt.

Die Lebensgefährtin arbeitete in der deutschen Garnison in Pskow und teilte seine antikommunistische Gesinnung. Anfang 1944 wurden beide nach Berlin gebracht. Tawrin erhielt eine Ausbildung bei Otto Skorzeny in Friedenthal an speziellen Handfeuerwaffen, Sprengmitteln und in diversen Mordtechniken, seine Frau wurde als Funkerin qualifiziert. Mitte 1944 kamen beide zu einer speziellen Dienststelle von »Zeppelin«-Nord in Riga. Die Ausbildung ging dort weiter. Tawrin sollte als Major auf Genesungsurlaub nach Moskau gehen, zu diesem Zweck brachten ihm deutsche Ärzte Narben am Arm und am Bauch bei. Aus der Asservatenkammer des OKH wurde ein Lenin-Orden und der Goldene Stern eines Helden der Sowjetunion bereitgestellt. Diese gehörten Generalmajor I. M. Scheperow, der 1941 verwundet in deutsche Gefangenschaft geraten und von den Deutschen umgebracht worden war. Außerdem schmückten Tawrins Brust zwei Rotbannerorden, der Alexander-Newski-Orden und der Orden »Roter Stern«. Dazu händigte man ihm auch Verleihungsurkunden aus, die gefälscht waren. In je einem Exemplar der *Prawda* und der *Iswestija*, die Tawrin mit sich führte, waren Beiträge über seine Heldentaten, sein Porträtfoto und der Erlass über die Verleihung des Titels »Held der Sowjetunion« hineinmontiert worden.

Später aufgefundene deutsche Dokumente besagen, dass über fünf Millionen Reichsmark in das Vorhaben investiert wurden. Allein die Entwicklung des sogenannten »Unterarm-Panzerknackers« hätte Hunderttausende Reichsmark verschlungen. Damit war die am Unterarm montierte Abschussvorrichtung für ein panzerbrechendes Geschoss gemeint, mit der Stalin von Tawrin getötet werden sollte. Folgerichtig trug das Vorhaben bei »Zeppelin« die Bezeichnung »Unternehmen Panzerknacker«.)

Außerdem war für Tawrin ein Sprengkörper konstruiert worden, der in einer kleinen Tasche untergebracht war. Diesen sollte er während der Festveranstaltung zum 27. Jahrestag der Oktoberrevolution oder einer anderen Zusammenkunft mit führenden Repräsentanten von Partei und Staat sowie Militärs zur Explosion bringen. Die Detonation sollte seine Frau nach einem vereinbarten Zeichen mittels Funksignal auslösen.

Zum Gepäck der beiden gehörten ferner spezielle Handgranaten mit hoher Sprengkraft und mehrere Pistolen. Zur Munition gehörten neuartige Explosivgeschosse sowie präparierte Kugeln mit tödlichem Gift. Sie verfügten zudem über eine große Kollektion gefälschter Dokumente und verschiedene gesiegelte Blankovordrucke, darunter Ausweise und Dienstaufträge, die für den »in dienstlichen Angelegenheiten auf dem Weg nach Moskau befindlichen stellvertretenden Leiter der Abwehrabteilung SMERSCH der 39. Armee, Major P. I. Tawrin« ausgestellt waren. Er wurde begleitet von der »Sekretärin derselben Abteilung, Unterleutnant des administrativen Dienstes L. J. Schilowa«. Die 39. Armee operierte zu jener Zeit am rechten Flügel der 3. Belorussischen Front.

In den Arado-Flugzeugwerken wurde im Auftrag des Reichssicherheitshauptamtes eine Spezialausführung des viermotorigen Bombers »Arado 332« gebaut, mit dem die beiden Auftragskiller hinter der Frontlinie abgesetzt werden sollten. Neben den Rädern war diese Sonderausführung mit zwölf Paar Kufen aus Guttapercha, eine Art Naturkautschuk, ausgestattet, auf denen die Maschine notfalls auch auf kleinen, unebenen Flächen landen konnte. Im Flugzeug befand sich ein sowjetisches Beiwagenkrad der Marke M-72 (Molotow), am Heck eine hydraulisch bewegte Klappe, über die das Motorrad nach draußen startete.

Die Operation war jedoch bereits von der sowjetischen Abwehr aufgeklärt worden.

Im Juni 1944 hatte eine dreiköpfige Agentengruppe, die mit Fallschirm im Waldgebiet nördlich von Smolensk abgesetzt worden war, sich SMERSCH gestellt und offenbart. Vorm Abflug in Riga war ihnen der Auftrag erteilt worden, in den Wäldern nördlich von Smolensk und Jarzewo mehrere 1941/42 von der deutschen Luftwaffe benutzte Feldflugplätze zu überprüfen und den besterhaltenen per Funk zu melden. Sodann sollten sie dort Vorbereitungen für die Nachtlandung eines Transportflugzeuges treffen.

19. Winniza, Idylle und Tod

Am 31. Juli 1940 erläuterte Hitler Generalfeldmarschall von Brauchitsch und Generaloberst Halder auf dem Berghof seinen noch nicht endgültig gefassten Entschluss, im Frühjahr 1941 die Sowjetunion in einem schnellen Feldzug niederzuwerfen. Er ordnete bei dieser Gelegenheit an, dass in Ostpreußen bombensichere Befehlsstellen für OKW und OKH geschaffen werden sollten, das spätere Führerhauptquartier »Wolfsschanze« und das OKH-Feldquartier »Mauerwald«.

Zum Hauptquartier des OKH, das in Zossen/Wünsdorf untergebracht war, gehörten alle für die operative Führung des Feldheeres notwendigen Dienststellen des Generalstabes des Heeres, die Verbindungsgruppe des Heerespersonalamtes sowie die Waffeninspektoren (später Waffengeneräle). Das OKH-Hauptquartier trug die Tarnbezeichnung »Unterkunft III«, im allgemeinen Sprachgebrauch dann Unterkunft »Zeppelin«, später auch Objekt »Maybach«.[1]

Mit Beginn des Krieges gegen die Sowjetunion wurde am 22. Juni 1941 der Befehl zur Verlegung der Feldstaffel des HQu OKH von Zossen in den »Mauerwald« gegeben.

Im Feldquartier lebten und arbeiteten etwa 1500 Stabsangehörige in rund 200 Baracken. Ein neu angelegter Bahnhof verband das Feldquartier »Mauerwald« mit dem Führerhauptquartier »Wolfsschanze«, das aus bombensicheren Bunkeranlagen und unterschiedlichen Gebäuden bestand. In der Nähe befand sich ein Flugplatz bei Lötzen, der die Verbindungen nach Berlin und zu den Heeresgruppen sicherte.[2] Reichsmarschall Hermann Göring siedelte in der Nähe seinen Luftwaffenführungsstab an.

Im Mai 1942 wurde das zeitweilige Feldquartier in Winniza in der Ukraine fertiggestellt, im Juli 1942 zog die Feldstaffel des OKH vom »Mauerwald« dorthin. Im von Hans-Albert Hoffmann 2011 im Selbstverlag herausgegebenen Buch »Die deutsche Heeresführung im Zweiten Weltkrieg« heißt es zum

Umzug nach Winniza: »Dazu hatte die Organisation Todt (OT) Gebäude im Universitätsviertel am Rande der Stadt ausgebaut. Hitler mit seinem WFSt. bezog 15 km nordöstlich von Winniza ein Waldlager aus Blockhäusern, transportablen Baracken und drei kleinen Schutzbunkern, das von ihm selbst mit dem Decknamen *Werwolf* belegt wurde. Diese Verlegung sollte die Befehlskette zu den beiden südlichen Heeresgruppen verkürzen und das System der operativen Führung für die Sommeroffensive an der Ostfront verbessern.«[3]

Im Tagebuch von Halder war zu lesen: »Unterkunft sehr gut vorbereitet. Gute Arbeitsmöglichkeiten für alle Abteilungen.« General Gründel schrieb: »Die Straßen und Wege, welche zu dem vom OKH besetzten Stadtteil führten, waren mit Wachen besetzt. Drahtzäune wurden nicht für notwendig gehalten. Die Arbeit des Generalstabes wurde in dieser Stadt nicht ein einziges Mal gestört. Man konnte sich einzeln bewegen, reiten, spazieren gehen auch außerhalb der Stadt ohne Zwischenfälle, da eben gegenseitiges Vertrauen zwischen der Bevölkerung und der Besatzungsmacht herrschte.«

Ulrich de Maizière, damals Major in Hitlers Generalstab und in den 60er Jahren Generalinspekteur der Bundeswehr, erinnerte sich: »Die äußeren Lebensbedingungen waren dort angenehmer. Die Isolierung wurde weniger streng gehandhabt […] Trotz […] größerer Frontnähe spielte in der Stadt noch regelmäßig ein Provinztheater, dessen Aufführungen ich häufig besuchte.«[4]

Idylle überall, so könnte man meinen. Aber das war die Sicht der Eroberer und Besatzer.

Winniza, vor dem Kriege eine Stadt mit fast 100 000 Einwohnern, war geprägt von der Technischen Universität, diversen technischen Instituten und einem florierenden Theaterleben. Der Ort wurde nach der Besetzung zu einem ghettoähnlichen Gebilde, da ganze Stadtteile abgesperrt waren. Das gesamte Universitätsviertel wurde praktisch entvölkert und für das OKH bereitgestellt. Der Theaterbetrieb für die neuen ukrainischen und deutschen »Herren« ging tatsächlich weiter.

Am 29. und 30. September 1941 wurden in der Schlucht von Babi Jar unweit Kiews annähernd 34 000 Juden umgebracht. Ende Oktober 1941 geschah Ähnliches bei Winniza etwa 10 000 Juden, russische, polnische und ukrainische Bürger wurden in Massengräbern verschart. An diesem Massenmord waren auch ukrainische Nationalisten beteiligt.

Die Massaker in Babi Jar und in Winniza verantwortete das Sonderkommando 4a der Einsatzgruppe C unter Führung von SS-Standartenführer Paul Blobel (1894–1951). Blobel wurde 1948 im sogenannten Einsatzgruppen-Prozess zum Tode verurteilt und 1951 in Landsberg/Bayern hingerichtet.

Im November 1941 erhielt der überrollte NKWD-Resident Iwan D. Kudrja (1912–1942) die ersten Hinweise auf das Verbrechen in Winniza und geheime Großbauten. Ein ukrainischer Hilfspolizist, der eng mit der Kiewer Gestapo und SD zusammenarbeitete, berichtete ihm, dass in den Wäldern wie in Babi Jar Tausende Menschen umgebracht worden wären. Außerdem würden in der Nähe unweit der Chaussee Winniza-Kiew streng geheime unterirdische Anlagen von sowjetischen Kriegsgefangenen errichtet.

Am 19. September 1941 hatten die sowjetischen Truppen Kiew geräumt. Aus Kudrja, Absolvent einer Pädagogischen Hochschule und Mitarbeiter des NKWD, wurde der Lehrer Iwan D. Kondratjuk aus Charkow, der zu seiner Verlobten nach Kiew gekommen war. Er gehörte zu einer ganzen Reihe Residenten der sowjetischen Sicherheitsorgane, die in allen größeren Städten der Ukraine, Belorusslands und Russlands blieben. Die meisten ließen bei ihrem illegalen Einsatz ihr Leben.

Zu den wichtigsten illegalen Verbindungen, die Kudrja in Kiew unterhielt, gehörte die zur Opernsängerin Raissa Okipanja und deren Freundin Jewgenija Bremer. Sie wurden wegen ihrer deutschen Sprachkenntnisse von den Besatzern für »Volksdeutsche« gehalten. Dadurch hatten sie intensive Kontakte zu hoher Offizieren der Wehrmacht, der Polizei sowie zum Stab der ungarischen Truppen und zu einheimischen ukrainischen Polizeikräften. Kudrjas Netz reichte auf diese Weise bis in die Bezirks- und Stadtverwaltung sowie zur Eisenbahn und in den Fuhrpark der Besatzer. Dort wurden schon bald Autos präpariert, die später in die Luft flogen. Eine Wirtschafterin konnte bei Kochs Stellvertreter, dem Reichskommissar in der Ukraine, eingeschleust werden. Und Kudrja hatte Vertraute in einer Spionagedienststelle, die Agenten ins Hinterland der Roten Armee schickte.

Ab Frühjahr 1942 verfügte Kudrja wieder über eine Funkverbindung zur Zentrale nach Moskau, nachdem seine Funk- und Chiffrierunterlagen bei der Sprengung des Hauses, wo diese versteckt waren, vernichtet worden waren. So funkte er die ihm im Mai 1942 über Winniza zugegangenen Informationen nach Moskau. Der Bau wichtiger militärischer Anlagen, Straßen und Flugplätze bei Winniza stehe vor dem Abschluss. Man habe die Einwohner eines breiten Streifens längs der Chaussee Winniza-Kiew evakuiert. In zwei Dörfern wäre jeder, den die Deutschen für unzuverlässig hielten, umgebracht worden. Die übrigen Einwohner seien aus ihren Häusern vertrieben worden. Von der Bahnstation Winniza sei eine gesonderte Eisenbahnstrecke und eine Straße zu einem jener Dörfer angelegt worden. In diesem Sperrgebiet existiere eine weitreichende Funkstation. Außerdem befänden sich dort Flakstellungen und Stellungen für schwere MG. In Winniza befänden sich SS-Truppen sowie ein Panzerverband. Überall wimmele es von Gestapobeamten, SS- und SD-Chargen sowie einheimischer Polizei und Feldgendarmerie.

Kudrja beauftragte die Opernsängerin Raissa Okipanja, unter einem Vorwand in ihre Heimatstadt Winniza zu reisen. Kudrja konnte nicht ahnen, dass er sie in die Nähe von Hitlers geheimem Hauptquartier schickte und damit zwangsläufig das Interesse der deutschen Geheimdienste auf seine Kundschafterin lenken würde.

Schon wenige Stunden nachdem Raissa Okipanja dem Intendanten des Kiewer Opernhauses mitgeteilt hatte, dass sie gern ein Konzert in Winniza geben würde, aktivierte der Kiewer SD seine Agentin »Nanette«. Die Ärztin Natascha Bonjakowitsch-Sewastjanowa, Leiterin eines Labors in einer städtischen Poliklinik, erhielt den Auftrag, sich mit der Opernsängerin anzufreunden.[5]

Die Anschleusung gelang, »Nanette« zählte bald zu Okipanjas Vertrauten und kam über sie mit Jewgenija Bremer und Iwan Kondratjuk alias Kudrja in Kontakt. Sie stellte ihre Wohnung für die illegale Arbeit zur Verfügung. Dort wurden am 5. Juli 1942 Kudrja und Raissa Okipanja verhaftet. Kurze Zeit später fiel auch Jewgenija Bremer den Häschern in die Hände. Kudrja[6], Raissa Okipanja und Jewgenija Bremer wurden im November 1942 erschossen.[7]

Die illegale Organisation arbeitete weiter. Kudrjas Stellvertreter Dmitri Sobolew übernahm die Leitung. Maria Iljitschina Grusdowa, Kudrjas Verlobte, verließ Kiew, um dessen letzten Auftrag auszuführen, Sie schlug sich nach Moskau durch und informierte über die illegale Arbeit in Kiew.

Kudrja hatte ein Heft angelegt, worin er über achtzig Namen aufgeführt hatte, die Spione und Verräter waren und für die Deutschen gearbeitet hatten. Später vervollständigte Sobolew die Liste, worin auch der Name der deutschen Agentin »Nanette« aufgeführt war. Nach dem Tod von Dmitri Sobolew fiel das Heft der Gestapo in die Hände.

Am Morgen des 6. November 1943 befreite die 1. Ukrainische Front Kiew. Der Vorstoß erfolgte so schnell, dass die Faschisten nicht dazu kamen, die Gestapoakten zu vernichten. Sie wurden im Büro des SS-Sturmbannführers Helmut Korchel gefunden. So blieb das Heft von Kudrja erhalten.

Korchel sollte im Februar 1944 bei Kowel als Sonderbevollmächtigter des SD durch ein Bataillon des Partisanenverbandes Alexej Fjodorow gefangengenommen und nach Kiew überstellt werden. Am 2. April 1963 wurde die ehemalige deutsche Agentin »Nanette« alias Natascha Bonjakowitsch-Sewastjanowa in einem entlegenen Dorf des Wolgagebietes verhaftet und ebenfalls einer gerechten Strafe zugeführt.[8]

Kudrjas Informationen über Winniza veranlassten die Zentrale in Moskau zur Absetzung eines Funkspruchs an die Sonderabteilung von Dmitri N. Medwedew, Oberst und Held der Sowjetunion. Er sollte feststellen, ob Hitler in Winniza ein Hauptquartier unterhalte und wo genau es sich befinde. Medwedew nannte man den »Fänger deutscher Generale«. Mit seinem Trupp jagte er hohe deutsche Offiziere. So hatte er den Chef der Geheimen Feldpolizei in der Ukraine, Gendarmeriegeneral Ilgen, samt Dienstwagen entführen lassen.

Über die Suche nach Hitlers Hauptquartier berichtete später Medwedews Aufklärungschef Lukowkin, man habe sich nicht vorstellen können, dass Hitler sein Hauptquartier in der Nähe der Front errichten lassen würde. Man suchte in Gebieten um Rowno, Luzk, Kiew und Winniza. Dort wurde man fündig. Allerdings hielt sich Medwedews Aufklärungsabteilung im Herbst 1942 über 400 km von Winniza entfernt auf.

Deshalb trug man alle zu Winniza vorliegenden Erkenntnisse zusammen: Da waren Hinweise von aus dem Kriegsgefangenenlager Winniza geflohenen Rotarmisten. Die nationalistisch-ukrainische Zeitung *Wolyn* berichtete auffällig, dass Reichsmarschall Göring in Winniza ein Konzert der Deutschen Staatsoper Berlin besucht habe. Die *Deutsche Ukrainische Zeitung*, die in Luzk erschien, vermeldete, dass der Chef des Oberkommandos der Wehrmacht, Generalfeldmarschall Wilhelm Keitel, in Winniza bei eine Aufführung der Oper »Tannenhäuser« gewesen sei. Und dergleichen mehr.

Ohne Zweifel, Hitlers Hauptquartier befand sich in Winniza. Aber wo genau?

So kam man auf die Idee, einen Hinterhalt zu organisieren. Eine Gruppe von Partisanen, als ukrainische Polizisten verkleidet, sollte auf mehreren Fuhrwerken einen Abschnitt der Chaussee Kiew-Shitomir-Rowno-Lemberg passieren und sich den Anschein geben, als wollte sie aus umliegenden Dörfern Lebensmittel beschaffen.

Der bewegliche Hinterhalt hatte Erfolg, zwei »Rebhühner« gelangten unverletzt in die Hände der Partisanen. In einem abgelegenen Gehöft wurden die Gefangenen, ein Major und ein Oberstleutnant der Nachrichtentruppen, arretiert und vernommen. Unter den mitgeführten Stabsdokumenten befand sich auch eine Messtischkarte mit vielen topografischen Zeichen sowie Verkehrs- und Nachrichtenverbindungswegen auf dem Territorium der Ukraine, Polens und Deutschlands.

Es dauerte lange, ehe sie auch die rote Linie erläuterten, die zwischen den Dörfern Jakuschinzy und Stryshawka in der Nähe von Winniza begannen und in Berlin endeten. Es handelte sich um ein Telefonkabel, das von Hitlers Hauptquartier bis nach Berlin reichte und welches von sowjetischen Kriegsgefangenen 1942 gelegt worden war, welche anschließend liquidiert wurden. Die beiden Offiziere machten technische Angaben und sagten, dass das Objekt ursprünglich »Eichenhaus« genannt wurde, jetzt aber die Bezeichnung »Werwolf« trage.

Von dort gingen Kabel auch nach Kiew, Rostow, Charkow, Dnepropetrowsk und Shitomir. In der Nähe von Kalinowka befänden sich das Stabsquartier von Göring und ein Flugplatz.

Sie verrieten ferner die gesamten Sicherungs- und Bewa-

Sergej S. Ostrjakow[14], Major der SMERSCH, später General bei der Spionageabwehr, erhielt den Auftrag, mit Hilfe der drei Fallschirmdiversanten ein Funkspiel mit »Zeppelin« zu beginnen, um die Absichten des Gegners aufzuklären.

Der Funker der Gruppe meldete der Zentrale in Riga, man sei wohlbehalten gelandet und befinde sich bereits auf der Suche. Die Zentrale antwortete mit Glückwünschen und drängte auf die schnelle Ausführung des Auftrags. In der Zwischenzeit flog Ostrjakow in einer U-2, einem Doppeldecker aus Holz und Leinwandbespannung, welche seit den 30er Jahren im Einsatz waren, alle provisorischen Feldflugplätze ab, die die Deutschen im Norden des Smolensker Gebietes für ihre Luftwaffe angelegt hatten, wählte einen aus und meldete ihn der Zentrale in Riga.

Dieser Feldflugplatz wurde präpariert, Riga meldete: »Feuer in der Nacht zum 6. September entzünden.« Das Flugzeug kam, das Motorengeräusch eines schweren Flugzeuges war auch zu hören, aber die Maschine flog nördlich am vorbereiteten Landeplatz vorbei! War das Absicht oder Zufall?

Die Luftverteidigungskommandostellen und die Staatssicherheitsorgane wurden in Alarmbereitschaft versetzt. Später wurde bekannt: Die Maschine war bei Smolensk in starkes Sperrfeuer der Flak geraten und musste wiederholt den Kurs ändern. Schließlich hatte sich der Flugzeugführer entschlossen, die Maschine auf einem Platz zu landen, den er aus dem Jahre 1941 kannte. Dieser lag etwa 150 km von dem geplanten Landeplatz entfernt. Gegen 3 Uhr am 6. September 1944 landete dort das Flugzeug und prallte beim Ausrollen mit einer Tragfläche an einen Baum, wobei die Hälfte der Tragfläche samt äußerem Motor abgerissen wurde. Ein Rückflug war nicht mehr möglich. Tawrin und seine Frau machten sich mit dem Motorrad auf den Weg nach Moskau.

Die nächstgelegene Dienststelle der Luftverteidigung hatte jedoch bereits während des Anflugs das Flugzeug geortet und die regionale Dienststelle der Staatssicherheit informiert. Eine Großfahndung wurde ausgelöst. Mitarbeiter der Staatssicherheitsorgane und Miliz sowie Rotarmisten rückwärtiger Truppen sperrten alle Wege und Straßen und errichteten Kontrollstellen. Gleichzeitig begann eine Suchaktion. Man fand bald die beschädigte Maschine und die deutschen Piloten, die sich im Wald versteckt hatten. Es wurden fünf Besatzungsmitglieder festgenommen und einer erschossen.

Etwa drei Stunden später gerieten Tawrin und seine Beifahrerin in eine Kontrolle. Sie wiesen sich aus, das schien alles in Ordnung. Etwas anderes machte die Posten jedoch stutzig: Die staatlichen Auszeichnungen waren an Tawrins Feldbluse anders angebracht, als es eine seit kurzem geltende Vorschrift vorsah: Der Orden »Roter Stern« und der Alexander-Newski-Orden hingen an der linken statt an der rechten Brustseite. Außerdem wunderten sie sich, dass die Motorradfahrer schon angeblich über 200 km gefahren sein wollten, was man aber weder dem Motorrad noch ihnen ansah. Das Motorrad sah aber nicht nur ungewöhnlich gut aus, sondern es roch auch anders, als gemeinhin eine M-72 stank. Kein Wunder – sie war mit deutschem Kraftstoff betankt worden.

Tawrin und seine Begleiterin wurden festgenommen.

Bei der Durchsuchung des Gepäcks fand man mehrere Pistolen, Munition, Handgranaten, eine Mine, ein Funkgerät deutscher Herkunft, eine halbe Million Rubel und den sogenannten »Panzerknacker« nebst Ausrüstung.

Die beiden Terroristen wurden durch die SMERSCH »umgedreht«. Wenig später meldete Lidija Adamistschewa-Schilowa ihre Ankunft in Moskau. Es folgten in Abständen weitere Funksprüche an die »Zeppelin«-Zentrale – bis März 1945.

Nach dem Krieg wurden Tawrin und Schilowa vom Militärkollegium des Obersten Gerichts der Sowjetunion zum Tode verurteilt und im März 1952 hingerichtet.[15]

Mit dem Vormarsch der Roten Armee versiegten auch die materiellen und logistischen Voraussetzungen zur Realisierung größerer Geheimdienstoperationen im Hinterland der Sowjetunion. »Bagration« führte zur Auflösung von »Zeppelin«-Nord und »Zeppelin«-Mitte.

Man war fortan gezwungen, sich auf »Aktivistengruppen« zu beschränken, die man im weiten Hinterland der Sowjetunion zum Einsatz gebracht hatte. Zu etwa dreißig solcher Gruppen bestand Funkkontakt.

Für Aufgaben im sowjetischen Hinterland übernahm ab Ende 1944 im Auftrag Himmlers Obersturmbannführer Otto

Skorzeny, Kommandeur der SS-Jagdverbände, zunehmend das Kommando. Er wollte Widerstandsorganisationen aufbauen und dazu mit nationalistischen und antikommunistischen Gruppierungen, die zum Teil wie Partisanen wirkten, in Kontakt kommen. Skorzeny konzentrierte sich dabei auf ukrainische und baltische Nationalisten, auf national-polnische Gruppierungen, die zum Teil der polnischen Exilregierung in London nahestanden, sowie auf antisowjetische Separatisten aus der Kaukasusregion. 1985 schrieb dazu der westdeutsche Geheimdienstexperte Heinz Höhne: »Mit diesen Gruppen standen, sofern sie nicht zum Unternehmen ›Zeppelin‹ gehörten, die Frontaufklärungsstellen und damit die FHO in Verbindung. Skorzeny musste also Gehlen konsultieren, wollte er Kontakt zu den Partisanen bekommen. Gehlen aber wollte über Skorzenys SS-Jagdverbände und Hengelhaupts UZ-Gruppen die Basis seiner Feindaufklärung verbreitern. Die Berichte Skorzenys inspirierten Gehlen zu einem fantastischen Plan, der nichts Geringeres bezweckte, als Widerständler und Frontaufklärer zu einem geschlossenen Agentenapparat hinter der sowjetischen Front zusammenfassen.«

Gehlen meinte, um die Agenten-Aufklärung »kampfkräftig zu gestalten«, sei es notwendig, ihr das Gesicht einer Partisanenbewegung zu geben. »Ihm schwebte eine von FHO und RSHA geführte Nachrichtenorganisation vor, die sich über ganz Osteuropa bis tief in die Sowjetunion erstreckte und sich auf alle Völkerschaften im Osten stützte.«[16]

Die antikommunistischen Partisanen-, Agenten- und Diversantengruppen existierten nur in der Vorstellung der deutschen Geheimdienstler. Tatsächlich waren sie längst von NKWD und SMERSCH unterwandert. Die sowjetische militärische Abwehr und die Gegenspionage diktierten den Funkverkehr angeblicher sowjetfeindlicher Kräfte mit ihren deutschen Auftraggebern.

Anmerkungen

1 Im »Lexikon der Geheimdienste im 20. Jahrhundert«, erschienen 2003 in München, heißt es zum Unternehmen »Zeppelin« (UZ): »Tarnbezeichnung des SD-Ausland für die von 1942 bis 1945 mit Hilfe von

Russen durchgeführten Sabotageeinsätze in der Sowjetunion. Über die Einzelheiten ist wenig bekannt; ihr Erfolg ist vielfach bezweifelt worden.«

2 Archiv des Autors
3 Archiv des Autors
4 Archiv des Autors
5 Als einer der Gründer des UZ gilt SS-Obersturmbannführer Rudolf Oebseger-Röder, der auch der erste Leiter war. Er überstand den Krieg schadlos und war in den 50er/60er Jahren Resident des BND in Indonesien unter der Abdeckung als Korrespondent der *Süddeutschen Zeitung* und der *Neuen Zürcher Zeitung*. Sein Nachfolger als Leiter des Referates VI CZ im RSHA und damit Leiter des UZ wurde SS-Obersturmbannführer Walter Kurrek. Dieser fiel aber bei Himmler in Ungnade, als der die Arbeitsergebnisse von »Zeppelin« beurteilte. Sein Fazit war, dass »Zeppelin« seine Hauptaufgabe – groß angelegte Diversion und wirksame Subversion im tiefen Hinterland der Sowjetunion – schlecht erfüllt hätte. Von 1943 bis 1944 war der SD-Funktionär und SS-Sturmbannführer Erich Hengelhaupt für das UZ verantwortlich. Ihm gelangen einige erfolgreiche Aktionen. Ab Mitte 1944 war offensichtlich auch Erwin Stolze als Koordinator in das Unternehmen »Zeppelin« eingebunden. Bei seiner Festnahme am 31. Mai 1945 in Berlin durch sowjetische SMERSCH-Fahnder wurden umfangreich UZ-Unterlagen sichergestellt.
6 Sergej S. Ostrjakow: Militärtschekisten, Berlin 1985, S. 146
7 a. a. O., S. 149
8 Autorenkollektiv: Schild und Flamme, Berlin 1973, S. 277 ff.
9 Walter Schellenberg, Memoiren, München 1959, S. 232
10 Sergej S. Ostrjakow: Militärtschekisten, a. a. O., S. 167 ff.
11 Autorenkollektiv: Schild und ..., a. a. O., S. 365 ff.
12 a. a. O., S. 282 ff.
13 Autorenkollektiv: Duell mit der Abwehr, Berlin 1971, S. 90 ff.
14 Sergej S. Ostrjakow nahm in seinem 1979 in Moskau erschienenen Buch »Militärtschekisten« auf das Unternehmen »Zeppelin« Bezug. Es ist eine der wenigen authentischen Quellen für sowjetische Abwehroperationen. Ostrjakow gehörte nach Kriegsende zu einem Sonderkommando von SMERSCH, das intensiv nach Personen und Objekten von »Zeppelin« in Deutschland und Westeuropa fahndete. Sein Buch wurde 1985 vom Militärverlag der DDR herausgebracht und nur in der NVA, der Volkspolizei und beim MfS vertrieben.
15 Sergej S. Ostrjakow: Militärtschekisten, a. a. O., S. 185 ff.
16 Heinz Höhne: Der Krieg im Dunkeln, München 1985, S. 452 ff.

chungsmaßnahmen. Hitlers Feldquartier war nicht mehr geheim. Bald war auch die Zentrale in Moskau informiert.[9] Die beiden Nachrichtenoffiziere wurden in die Hauptstadt ausgeflogen.

Schlüsselfigur dieser Operation war der an anderer Stelle bereits erwähnte Nikolai I. Kusnezow (1911–1944), ein talentierter Militäraufklärer, der im Frühjahr 1942 mit weiteren Tschekisten bei Rowno in der Ukraine mit Fallschirm abgesetzt worden und dem Kommando Medwedews unterstellt worden war. Sudoplatow nannte Kusnezow »einen der seltenen Menschen, die in einem Kampfgeschehen absolute Ruhe bewahren und realistisch und überlegt handeln können«.[10]

In Rowno, Luzk und Lemberg war er bei mehreren Anschlägen auf hohe zivile Beamte der deutschen Besatzung erfolgreich. Die sorgfältig geplanten Attentate wurden von einer Kampfgruppe abgesichert.

Zusammen mit anderen Partisanen wollte Kusnezow in der Uniform eines deutschen Offiziers im Sommer 1944 bei Lemberg die Frontlinie überqueren und sich der Roten Armee anschließen. Dabei wurden sie von ukrainischen Nationalisten in der Nähe des Ortes Webra gefangengenommen. Kusnezow sprengte sich mit einer Handgranate in die Luft.

Das Präsidium des Obersten Sowjets der UdSSR verlieh ihm am 5. November 1944 postum den Titel »Held der Sowjetunion«.

Anmerkungen

1 Hans-Albert Hoffmann: Die deutsche Heeresführung im Zweiten Weltkrieg, Selbstverlag 2011, S. 18 ff.
2 a. a. O., S. 48 ff.
3 a. a. O., S. 73
4 ebenda
5 Autorenkollektiv: Schild und Flamme, Berlin 1973, S. 264
6 Am 10. Mai 1965 wurde Iwan Danilowitsch Kudrja postum als »Held der Sowjetunion« ausgezeichnet.
7 Autorenkollektiv: Schild und Flamme, a. a. O., S. 266 ff.
8 a. a. O., S. 272 ff.
9 a. a. O., S. 213 ff.
10 Pawel A. Sudoplatow: Der Handlanger der Macht, Köln 1994, S. 172

20. Operation »Preuße«

Im September 1943 starb der Generalkommissar für Belorussland Wilhelm Kube bei einem Attentat. Das Kommandounternehmen lief unter der Bezeichnung »Prussak« (russisch für »Preuße«) und war eines der spektakulärsten politischen Attentate auf einen Nazi-Spitzenfunktionär auf dem besetzten Territorium der Sowjetunion.

Kube hatte im Juli 1941 die Zivilverwaltung im »Generalkommissariat Weißruthenien« übernommen. Er wollte aus Beorussland eine »preußische Provinz« machen.[1] In einem Aufruf an die Bevölkerung vom September 1941 heißt es: »Wer noch im Besitz irgendeiner Waffe oder irgendwelcher Munition ist, die bei ihm gefunden wird, ist zu erschießen. Ebenso werden die erschossen, die von dem Vorhandensein von Waffen oder Munition wissen.«

In der Hauptstadt Minsk befanden sich zahlreiche Militär- und Verwaltungseinrichtungen der Okkupanten, Ämter, Kommandanturen, Reservelager und Kanzleien aller Art. Die Stadt war seit Herbst 1941 in das rückwärtige Zentrum der deutschen Heeresgruppe Mitte verwandelt worden. Dort wurden die Wehrmachtsreserven konzentriert sowie Truppenteile zur Erholung und Auffüllung verlegt. Und schließlich waren in Minsk die Eisenbahnverwaltung mit ihrem Wirkungsbereich von Brest bis Smolensk und Luftwaffenverbände stationiert.

Aufgrund dieser Ämterhäufung kam es zu dem üblichen Kompetenz- und Machtgerangel. Da Kube aber Hitlers absolutes Vertrauen genoss, hatte er als Zentralfigur das Sagen. Er herrschte autoritär, rücksichtslos und als eingefleischter Antisemit. Im Mai 1934 hatte der Journalist Kube im *Cottbusser Anzeiger* geschrieben: »Was Pest, Schwindsucht und Syphilis für die Menschheit bedeuten, das bedeutet das Judentum sittlich für die weißen Völker. Wer seine Rasse und damit unseres Volkes bestes Erbgut durch Mischehe schändet, muss unfruchtbar gemacht werden.«

Kube stützte sich auf ein System unterschiedlicher Instanzen und Institutionen, darunter der ungeheuer aufgeblähte Apparat der militärischen Abwehr, der Sicherheitspolizei, des Sicherheitsdienstes, der Feldgendarmerie und der Gestapo sowie unterschiedliche Sonderkommandos und einheimische Hilfskräfte und Polizisten. Die Minsker Garnison zählte 5000 Mann, faktisch aber war die ganze Stadt ein einziges Truppenlager. Tag und Nacht gab es militärische Bewegungen in der Stadt.

Im Jahre 1942, als die Tätigkeit der Partisanen und Illegalen anwuchs, antworteten die faschistischen Straf- und Säuberungstrupps mit grausamen Vergeltungsmaßnahmen, die sich auch gegen die Zivilbevölkerung richteten. In der »Kampfanweisung für die Bandenbekämpfung im Osten«, die 1942 von Jodl ausgearbeitet und von Keitel bestätigt wurde, hieß es: »Alle Männer und Frauen, die bei Strafexpeditionen gefangen genommen werden, sind zu erschießen oder aufzuhängen.« Die Vollstrecker dieser Befehle schlossen auch die Kinder mit ein. Entsetzliche Vergeltung übten die Okkupanten an unbotmäßigen Dörflern. Während ihrer Strafexpeditionen steckten sie die Häuser der Bauern an, erschossen sämtliche Einwohner des Ortes und jagten Frauen, Kinder und alte Männer ins Feuer, was selbst bei Offizieren auf Unmut stieß. Dazu hieß es in einem Bericht an Reichsminister Alfred Rosenberg: »Männer, Frauen und Kinder in Scheunen zu sperren und diese anzuzünden, scheint mir selbst dann keine geeignete Methode der Bandenbekämpfung zu sein, wenn man die Bevölkerung ausrotten will. Diese Methode ist der deutschen Sache nicht würdig und tut unserem Ansehen stärksten Abbruch.«

Ein besonders grausames Gemetzel im Minsker Ghetto begann am 28. Juli 1942 und dauerte vier Tage. Dabei starben 25 000 Menschen, zumeist Juden.

Aus taktischen Gründen gab es – Zuckerbrot und Peitsche – auch Angebote an die belorussische Bevölkerung. Auf einer Tagung der Gebietskommissare im Frühjahr 1943 in Baranowitschi erklärte Kube: »Wir müssen uns darüber klar sein, dass wir es hier mit einem ganz anderen Gegner zu tun haben als im übrigen Europa [...]. Die Stärke der Bolschewisten liegt in ihrer Organisation. Wir müssen in Belorussland nationale Verbände bilden [...], eine Jugendorganisation auf den organisatorischen Prinzipien des Komsomol [...], Jugendliche sollten im Reich mit den Errungenschaften der Wirtschaft, der Kultur und des Lebens vertraut gemacht werden, bestimmte Bevölkerungsschichten sollten an den Aufgaben der Besatzungsmacht beteiligt werden, aber überall muss unsere Vormachtstellung deutlich werden. Im gegenwärtigen Augenblick aber müssen wir den Anschein erwecken, als wäre das belorussische Volk im Besitz aller Rechte.«[2]

Diese »loyale Taktik«, von der Kube sprach, stand im Gegensatz zur Wirklichkeit. Die fortgesetzten Straf- und Vernichtungsaktionen, an denen einheimische Kollaborateure und Nationalisten teilnahmen, nahmen Kubes Angebot die Glaubwürdigkeit. Kein Wunder, dass der Hass gegen den Statthalter Hitlers immer mehr anwuchs.

Militärischer Abwehrdienst, Sicherheitspolizei, Gestapo und Sicherheitsdienst ersannen viele Methoden, um in die Widerstands- und Partisanenbewegung einzudringen. Zweimal gelang es, den in Minsk handelnden Patrioten schwere Verluste zuzufügen. Im März 1942 wurden 402 Illegale verhaftet, von denen 250 erschossen wurden und 28 am Galgen endeten. Die zur selben Zeit durchgeführte Aktion gegen Gruppen der Illegalen und Partisanen im Bereich der Eisenbahn endete mit der Verhaftung von 126 Männern und Frauen. Die meisten verschwanden in Konzentrationslagern.

Noch größer waren die Verluste im September/Oktober 1942.

Der patriotische Elan der illegalen Kämpfer war größer als die Kenntnis der Konspiration. Hass, Hingabe und Verwegenheit dominierten, womit der Feind aber viele Angriffsmöglichkeiten bekam. Mit den Verhaftungswellen im Frühjahr und Herbst 1942 wurde fast der gesamte Kaderbestand des ersten und des zweiten illegalen Stadtparteikomitees vernichtet. Die Liquidierung der beiden Stadtkomitees ging auf das Konto des Verräters Boris Rudsjanko. Der ehemalige Parteifunktionär hatte sich den »neuen Herren« angedient. Der SD schleuste ihn im Herbst 1941 in die illegale Bewegung in Minsk ein. Erst nach dem Krieg gelang es, ihn zu entlarven.[3]

Das dritte illegale Minsker Stadtkomitee wurde in die Partisanenabteilung »Gradow« integriert, und Kommandeur Gradow alias Stanislaw A. Waupschassow wurde in das Stadtkomitee kooptiert. Den Grund dafür nannte später der Chef des Zentralen Stabes der Partisanenbewegung, Panteleimon K. Ponomarenko: »Stanislaw Waupschassow unterhielt im von den Hitlerfaschisten besetzten Minsk dermaßen ausgedehnte Verbindungen, dass das Zentralkomitee der KP Belorusslands nach der Verhaftung zahlreicher Minsker Widerstandskämpfer und wegen des wütenden faschistischen Terrors in der Stadt selbst vorschlug, das neue, dritte Minsker illegale Stadtkomitee der Partei in Waupschassows Einheit unterzubringen.«[4]

Nach dem Massaker an den Juden im Minsker Ghetto im Juli 1942 hatte Ponomarenko an alle Partisanenverbände in Belorussland Befehl erteilt, Kube zu töten. Bevor jedoch die *BBC* am 25. September 1943 melden konnte, »Reichskommissar Kube in Minsk bei einem Attentat getötet«, waren mehrere Anschläge auf Kube gescheitert.

Im Gegensatz zu Heydrich, der sich in Prag fast ohne Sicherungsschutz bewegte und ahnungslos in die Falle fuhr, war Kube gewarnt und entsprechend gesichert. Er wechselte oft den Aufenthaltsort, unternahm getarnte Fahrten mit unterschiedlichen Pkw und Nummernschildern. Sowohl in seiner Privatresidenz als auch im »Reichskommissariat« ließ er ein gestaffeltes Sicherungs- und Passierscheinsystem installieren, so dass Fremde kaum Chancen hatten, an Kube heranzukommen.

Eine Reihe von Partisanenkommandeuren versuchten mit Einzelaktionen, Kube zur Strecke zu bringen, und scheiterten. Dabei verloren etliche Illegale und Partisanen ihr Leben. Es war zum Verzweifeln.

Im Oktober 1942 informierte eine Kundschafterin Partisanenkommandeur Grigorij M. Linkow (»Batja«), dass Iwan B. Konopadski aus Mikaschewitschi, Filmvorführer in einem deutschen Soldatenkino, seine Bereitschaft erklärt habe, in den Saal eine Handgranate zu werfen, wenn Kube unter den Zuschauern wäre.

Linkow, der vor einem Jahr mit einer Gruppe von 55 Freiwilligen abgesprungen war und südlich von Minsk, im Wald-,

Sumpf- und Flussgebiet des Pripjat seinen Partisanenverband führte, sprang sofort an. Er ließ Kontakt zu diesem Mann aufnehmen und vorschlagen, den ganzen Saal zu verminen. Konopadski war, wie sich zeigte, technisch versiert und verlegte Zündkabel und Sprengsätze so, dass sie bei einer möglichen Kontrolle nicht gefunden werden konnten. Die Zündung sollte vom Filmvorführraum aus am 7. November, dem Tag der Oktoberrevolution, erfolgen.

Doch an jenem Tag hatten andere Partisaneneinheiten mehrere Militärzüge zum Entgleisen gebracht, weshalb Wehrmacht- und SS-Einheiten abkommandiert wurden, um die Schäden an der Strecke zu beheben und zusätzlich zu sichern. Alle Kinoveranstaltungen waren darum abgesagt worden.

Am 10. November traf aus dem Reich ein SS-Bataillon in der Ortschaft Senkewitschi ein, in deren Nähe ein Munitionszug in die Luft geflogen war. Die Soldaten trieben etwa 240 Menschen, Frauen, Kinder und Greise, im Schulgebäude zusammen und zündeten es an. Jene, die aus dem brennenden Gebäude flüchteten, wurden niedergemäht.

Nach dem 10. November wurden überall die Kontrollen verstärkt. Konopadski meldete, dass das Kino mehrmals inspiziert worden sei, was aber nicht mit den Anschlägen zu tun hatte. Die Soldaten erzählten, es werde ein »hohes Tier« erwartet. Am 17. November sollte eine Kinoveranstaltung stattfinden. Entgegen der Erwartung erschien Kube nicht, jedoch einige zivile Beamte, höhere SS- und Wehrmachtoffiziere. Das Soldatenkino flog in die Luft. 150 Soldaten und Offiziere, darunter auch die Mörder aus dem SS-Bataillon, das vor sieben Tagen ein Dorf und seine Bewohner liquidiert hatte, starben.

Ein weiteres Jahr verging. Ende August 1943 erhielt Waupschassow (»Gradow«) die Information, dass am 6. September die deutsche Verwaltung in Minsk aus irgendeinem Anlass ein Bankett geben werde. Daran würden führende Vertreter von SS, SD, Wehrmacht und ziviler Einrichtungen teilnehmen. Man ging davon aus, dass auch Kube daran teilnehmen würde. Die Abteilung Waupschassow zählte zu jener Zeit rund 700 Partisanen, 400 Aufklärer, Verbindungsleute und Diversanten. Im Familienlager hielten sich 500 Frauen, Kinder und Alte auf. Der Stab umfasste sieben Mitglieder, und der operative Zug war 20 Mann stark. Dieser Zug und die 30 berittenen Aufklärer unterstanden dem Leiter der Aufklärung. Es gab sechs Funker und ebenso viele Gehilfen, die Tag und Nacht vier Funkgeräte besetzten. Der Sanitätszug bestand aus zwölf Mann, darunter vier Ärzte. Der Wirtschaftzug hatte 45 Mann und der Kommandantenzug 50 Mann. Zu den Pflichten des letzteren gehörten der Schutz des Lagers und die Versorgung des Familienlagers mit Lebensmitteln.[5]

Waupschassow hoffte, Kube endlich erwischen zu können. Alle bisherigen Bemühungen, Kube zu richten, waren ins Leere gelaufen. Waupschassow hatte mehrere Aufklärer in Minsk eingesetzt, die nach Wegen und Möglichkeiten suchen sollten, Kube der gerechten Strafe zu zuführen, darunter auch den 20-jährigen Deutschen Heinz Linke. Gleichzeitig war eine bewegliche Gruppe an den Zufahrtsstraßen nach Minsk im Einsatz, doch Kube konnte nirgends gestellt werden.

Der erste Schritt bestand darin festzustellen, wo dieses Bankett stattfinden würde. Hierzu sollte ein Illegaler in Minsk kontaktiert werden, der bei der Stadtverwaltung arbeitete. Der nächste Schritt sollte klären, wie man zu diesem Ort gelangen und eine Sprengladung installieren konnte.

Seit Sommer 1943 hatten die deutschen Besatzer über Minsk den Belagerungszustand verhängt und ein engmaschiges Kontroll- und Passierscheinsystem eingeführt. Nur zu bestimmten Zeiten und an vorgeschriebenen Orten durfte die Stadt betreten oder verlassen werden. Dieses System hatte für die Partisanen und Illegalen aber auch Vorteile: Besaß man solche Dokumente, konnte man sich relativ frei bewegen.

Die nach Minsk entsandten Aufklärer kamen mit guten Nachrichten zurück. Der bei der Stadtverwaltung tätige Illegale berichtete, dass mit hoher Wahrscheinlichkeit dieses Bankett in der SD-Kantine im Gebäude der ehemaligen Historisch-Philosophischen Fakultät stattfinden werde. Dieses Gebäude sei bestens gesichert, und keine Person ohne Erlaubnis könne es betreten.

In dieser Kantine arbeiteten zwei Mädchen, zu der die Frau des Illegalen Verbindung habe. Beide gehörten wie seine Ehefrau zu einer illegalen Gruppe, die in Minsk Informationen sammelte.

Diese beiden Mädchen – Kapitolina Gurjewa (Kapa) und Uljana Koslowa (Ulla) – deponierten am Abend des 5. September 15 Kilo Trinitrotoluol (TNT) in der Kantine: Den Sprengstoff verstecken sie unter Reinigungsmitteln in einer Abstellkammer in der Nähe des Speisesaales. Ein Partisan hatte ihn mit einem Lieferfahrzeug direkt auf den Hof gebracht. Kurze Zeit später brachte die Ehefrau des Illegalen eine kleine Haftmine mit Zeitzünder, die sie an ihrem Körper versteckt hatte, zu den Mädchen. Der Zeitzünder war so eingestellt, dass er in zwanzig Stunden hochgehen würde, also während des Banketts.

Nachdem sich der Speisesaal geleert hatte, holten sie die beiden Eimer mit den Sprengmitteln aus der Abstellkammer und stellten sie in die Nähe einer Palme. Diese Pflanze stand auf einem Holzfass ohne Boden. Dorthinein schoben sie die Sprengmittel.

Am Morgen des 6. September war in der Kantine ganz gewöhnlicher Betrieb. Uljana Koslowa hatte frei. Nach dem Mittagessen wurde die Kantine geschlossen und SD-Leute inspizierten die Räume. Einer blieb an der Palme stehen und trat mit dem Fuß gegen den Holzbottich. Das war's. Zwei SS-Posten blieben als Wache am Eingang des Speisesaales zurück. Das Bankett wurde planmäßig eröffnet, als ein General erschien, wurden die Gläser zum Toast erhoben.

Pünktlich, 20.45 Uhr, verließ Kapa Gurjewa die Kantine, die in einer Viertelstunde in die Luft fliegen würde. Der Fahrer des Lkw, der den Sprengstoff gebracht hatte, erwartete sie bereits. Das Mädchen stieg ein, fuhr zum verabredeten Treffpunkt, wo ihre Mutter mit zwei jüngeren Schwestern zustieg, und alle verließen unbehelligt Minsk Richtung Familienlager. Als sie außer Gefahr waren, vernahmen sie im Rücken eine gewaltige Detonation. Eine rotgelbe Flamme stand über dem Universitätsgelände.

Am nächsten Tag wurde bekannt, dass 36 hohe SD- und Wehrmachtoffiziere, darunter ein General, getötet und 32 verletzt worden waren. Unter den Verwundeten war SS-Standartenführer Erich Isselhorst, Kommandeur und Leiter des SD in Belorussland.

Kube jedoch war nicht dabei. Er war nicht gekommen.

Ein neuer Anlauf: Am 19. September 1943 sollte im Stadttheater eine Beratung hoher ziviler und militärischer Führer über die Verstärkung des Kampfes gegen die Partisanenbewegung stattfinden. Trotz hoher Sicherheitsvorkehrungen gelang es, eine Sprengladung im Theater zu deponieren. Die Detonation war so gewaltig, dass eine Wand zahlreiche Teilnehmer unter sich begrub.

Kube jedoch kam mit heiler Haut davon. Seine Bewachung wurde noch einmal verstärkt.

Der Zentrale Stab der Partisanenbewegung erteilte den Partisanenkommandeuren Weisung, vorerst von Attentaten abzusehen, da die Repressionsmaßnahmen gegen die Bevölkerung zu hoch seien. Tatsächlich bereitete die Direktion für besondere Aufgaben des NKWD eine Aktion vor.

Einige Partisanenkommandeure erhielten Befehl, namentlich benannte Partisanen zu einem »Waldlehrgang« in einen vorgegebenen Verband abzukommandieren. Sie wurden unter höchster Konspiration von einem Spezialisten, der Ende August 1943 gekommen war, angeleitet.

Was jedoch nur der Abgesandte aus Moskau wusste: Das Zentralkomitee der KP Belorusslands hatte die 21-jährige Galina (Jelena) Masanik zur illegalen Arbeit im okkupierten Minsk zurückgelassen. Aufgrund ihrer Deutschkenntnisse war sie bald in den von den deutschen Besatzern installierten Verwaltungseinrichtungen tätig, nachdem sie sich über das Arbeitsamt beworben hatte. Als ausgewählte, zuverlässige Kraft der Deutschen war sie Anfang 1943 als Stubenmädchen zu Kube kommandiert worden. Kube suchte für solche Aufgaben Frauen, die attraktiv waren und »arisch« ausschauten. Sein Personal führte er Besuchern aus dem Reich als Idealtyp der germanisch-weißruthenischen Rassenmischung vor.[6]

Neben Anita, einer deutschen Haushälterin, und Galina waren noch zwei weitere belorussische Mädchen in Kubes Haushalt tätig.

Galina Masanik (»die Schwarze«, russ. Tschornaja) hielt Verbindung mit Maria Ossipowa, diese wiederum zur Partisanenabteilung von Major Fedorow (»Onkel Dima«), welche die in Minsk gesammelten Informationen zum Zentralen Partisanenstab funkte. Seitdem Galina Masanik bei Kube arbeitete, wurde die Verbindung zu Maria Ossipowa besonders konspirativ behandelt. Galina Masanik sollte das Todesurteil gegen Wilhelm Kube vollstrecken.

Nachdem sie ihre Zusage gegeben und den Weg gewiesen hatte, wie das schier Unmögliche zu realisieren wäre, erfolgten weitere Maßnahmen. Es war unmöglich, irgendetwas in Kubes Residenz einzuschmuggeln. Das Wohnhaus befand sich auf dem Gelände des Generalkommissariats. Das Hauspersonal besaß einen speziellen Ausweis. Am direkten Eingang zur Residenz erfolgte die Kontrolle der Handtasche und eine visuelle Untersuchung der Bekleidung. Mitunter mussten Jacken und Mäntel ausgezogen werden. Man entschied sich, beim wöchentlichen Marktbesuch den Sprengsatz unterm Gemüse zu verbergen.

Maria Ossipowa wurde von der Sprengspezialistin Trojan aus der Partisanenabteilung Lopatin (»Onkel Kolja«) in die Funktionsweise des Sprengsatzes eingewiesen. Es handelte sich um eine englische Magnetmine, nicht größer als eine Zigarettenschachtel. Einige Tage später instruierte Maria Ossipowa Galina.

Es lief alles nach Plan. Der Sprengsatz befand sich in einem Steinguttopf mit Quark, den Galina auf dem Markt kaufte. Kube aß gern süßen Quark mit Beeren. Den Einkaufskorb mit Quarktopf und Beeren trug ein SS-Mann ins Haus. In der Küche nahm Galina den Sprengsatz aus dem Quarktopf, die Mine war bereits scharf. Sollte etwas dazwischen kommen, konnte sie mittels eines kleinen Stiftes entschärft werden.

Kube, sein Adjutant und der Personenschützer hatten das Haus verlassen, das zweite Dienstmädchen Shanita hielt sich in der dritten Etage auf. Galina versteckte unbemerkt die tödliche Mine unter der Matratze von Kubes Bett.[7]

Morgens gegen 3 Uhr am 23. September ging sie hoch, Kube wurde völlig zerrissen. Seine sterblichen Reste, in diesem Fall die einzige zutreffende Bezeichnung, wurden in einem Zinksarg mit dem Flugzeug nach Berlin überführt.

Kubes Platz übernahm Curt von Gottberg (1896–1945), ein Generalleutnant der Polizei und Höherer SS- und Polizeiführer (HSSPF[8]). Seine erste Handlung bestand darin, einige Dutzend SS-Männer der Wachmannschaft erschießen zu lassen, die für die Sicherheit Kubes verantwortlich waren. Die Ernennung Gottbergs bedeutete, dass der Oberste SS- und Polizeiführer in Personalunion auch das höchste Amt der Zivilverwaltung übernahm. Seine brutalen »Befriedungsaktionen« führten seit jener Zeit zu einer absoluten Zentralisierung der Macht in der Hand der SS.

Für ihren Mut, Tapferkeit und gewissenhafte Befehlsdurchführung wurde Galina Masanik, Maria Ossipowa und die Sprengspezialistin Trojan aus der Partisanenabteilung Lopatin, N. W. Trojan, der Titel »Held der Sowjetunion« verliehen. Weitere beteiligte Personen erhielten hohe militärische Orden.

Der parallele Attentatsversuch

»Im Februar 1943 erhielt ich von der Dienststelle des Generals P. A. Sudoplatow, der Partisanendirektion des NKWD[9] der UdSSR, eine Aufgabe, die für mich die schwierigste und gefährlichste war, die mir im Kampf gegen den Faschismus gestellt wurde. Der Auftrag lautet: ›Hinrichtung des Generalkommissars von Belorussland, Wilhelm Kube.‹« So begann die Niederschrift von Karl Kleinjung.[10]

Generalleutnant Sudoplatow war seit Ende 1939 stellvertretender Chef der Auslandsaufklärung (INO) der Hauptverwaltung für Staatssicherheit und seit Juli 1941 Direktor für besondere Aufgaben (Einsatz im Hinterland des Feindes).

Der Auftrag zur Hinrichtung Kubes (Deckbezeichnung »Herzog«) wurde nach der Zerschlagung der 6. Armee in Stalingrad erteilt. Die physische Vernichtung exponierter Personen der Nazi-Diktatur in den besetzten Gebieten der Sowjetunion war so legitim wie der Anschlag am 20. Juli 1944 auf Hitler. Es war die Zeit, als die in die Defensive gedrängten faschistischen Machthaber in den besetzten Gebieten den Terror verstärkten. Generalkommissar Kube wollte in Belorussland Exempel statuieren. Unter der Tarnbezeichnung »Das Laub fällt« wollte er etwa eine Million Belorussen ermorden lassen. Bei der Erläuterung seiner Absicht sagte er den Sonder- und Bezirksbevollmächtigten, er wolle, »dass allein die Erwähnung meines Namens bei jedem Russen oder Belorussen ein Zittern hervorruft, dass ihnen das Hirn erstarrt, wenn sie den Namen Wilhelm Kube hören. Ich bitte Sie, dem großen Führer treu Ergebene, mir dabei zu helfen.«[11]

Das Attentat sollte Karl Kleinjung zusammen mit dem NKWD-Mitarbeiter Nikolai J. Chochlow ausführen, den er »Michael« nannte. Dieser war 21 Jahre alt und seit 1941 bei der Staatssicherheit. Zuvor hatte er an der Moskauer Schauspielschule studiert. Chochlow war »Vorgesetzter« des 30-jährigen Kleinjung, der seit Anfang der 30er Jahre konspirativ für die KPD an unterschiedlichen Orten gearbeitet hatte.

Chochlow und Kleinjung wurden in einer konspirativen Wohnung untergebracht, wo sie mehrere Monate lebten und nur deutsch miteinander sprachen. Sie wurden mit deutschsprachigen Büchern und Zeitungen versorgt. Chochlow beschrieb diese Zeit später so: »Zuerst mussten meine deutschen Sprachkenntnisse den richtigen Schliff erhalten. Ich wurde mit Karl Kleinjung, einem deutschen Kommunisten, in einer gemeinsamen Wohnung untergebracht. Die Gespräche mit Karl gaben die nötige Praxis. Ich achtete sorgsam auf sein Benehmen und sein Sprechen und erwarb mir so einen Schatz von geflügelten Worten, typischen Gesten, verschiedene Besonderheiten des Benehmens, Einzelnes aus seinen Erinnerungen an Deutschland, mit einem Wort, das erforderliche Material, um einen deutschen Offizier darzustellen. Aber auch für ihn war es etwas Neues, die Uniform eines faschistischen Offiziers anzuziehen und hinter die Frontlinie zu gehen. In ideologischen Fragen gab es keine Meinungsverschiedenheiten zwischen uns.«[12]

Der Frühling kam, und General Naum I. Ejtingon (1899–1981), der Stellvertreter Sudoplatows, fragte die beiden nach ihrer Bereitschaft, diesen Auftrag auszuführen. Zur Probe sollten beide für einen Monat in einem deutschen Gefangenenlager leben.

Ein Wehrmacht-Verband, der von Oberstleutnant Baron von Sass kommandiert wurde, war gerade in einer Kesselschlacht fast vollständig aufgerieben worden. Chochlow und Kleinjung wurden als Versprengte dieser Einheit in ein neu errichtetes Lager bei Obolowka, etwa 400 km von Moskau entfernt, eingeschleust. Eingeweiht waren nur der Leiter dieses

Bezirkes des NKWD und der Lagerkommandant. So verblieben Michael und Kurt als Leutnant Walter Latte und Gefreiter Otto Becker 30 Tage und Nächte hinter Stacheldraht. Im Lager mussten sie schmerzlich erfahren, dass die Mehrheit der deutschen Soldaten noch immer an den Sieg glaubte.

Im August 1943 brachte sie eine alte »Douglas« von Moskau zu einem Partisanenflugplatz etwa 60 km östlich von Minsk. Im Flugzeug befanden sich etwa 20 Personen, darunter zwei weitere Deutsche, die Karl Kleinjung aber unbekannt waren. Alle gehörten zu einer operativen Gruppe des Oberst Kuzin, der ein kleines Partisanenlager in der Nähe der Ortschaft Luschizo befehligte

Der Leutnant Otto von Wittgenstein alias Nikolai Chochlow, Angehöriger der Fronteinheit Nr. 49, und der Unteroffizier Otto Schulze alias Karl Kleinjung machten sich nach Minsk auf. Sie trugen die Uniform der Geheimen Feldpolizei. Ihre Marschbefehle besagten, dass sie aus Orscha kamen, um in Minsk Befehle ihres Kommandeurs auszuführen.[13]

Der Leiter der Aufklärungsgruppe Koslow von Oberst Kuzins Spezialtruppe geleitete mit einem Dutzend MPi-Schützen die beiden bis in die Nähe der Chaussee nach Smilowitschi. Dort hofften sie, von einem Wehrmachtfahrzeug nach Minsk mitgenommen zu werden. Neben 30 000 Reichsmark führte jeder eine Pistole mit Schalldämpfer mit sich, außerdem zwei Panzergranaten und zwei englische Magnetminen mit chemischem Zünder, die man beliebig bis 24 Stunden einstellen konnte. Etwa einen Kilometer vor Smilowitschi verabschiedeten sich Koslow und seine Schützen.

Der Weg bis zu dieser Stelle war nicht ohne Komplikationen verlaufen: Von den beiden etwa 20-jährigen Mädchen aus Minsk, die die Verbindung zu Kuzin aufrechterhalten sollten, war jenes, das an einer Bushaltestelle auf den Linienbus nach Minsk wartete, von einer deutschen Patrouille festgenommen worden. Der Versuch Koslows, sie mit seinem MPi-Schützen zu befreien, scheiterte. Drei Monate später wurde sie von den Deutschen erschossen. Sie hatte keinen Verrat begangen. Auch der Bürgermeister des Ortes, wo Koslow mit seinen Schützen übernachtet hatte, wurde später erschossen.

Kein gutes Omen für Chochlows und Kleinjungs Mission.

Österreicher nahmen sie mit nach Minsk. Die Beschaffung eines Quartiers erwies sich als schwierig. Fedor T. Prostak waren dabei behilflich. Seine Tochter Larissa arbeitete als Bedienungskraft im »Deutschen Haus« in Minsk, wo auch Kube gelegentlich verkehrte. Nachdem aber das Offizierskasino in der Philosophischen Fakultät am 6. September 1943 in die Luft geflogen war, hatte man alle Sicherheitsvorkehrungen enorm verschärft.

Kube sollte ursprünglich von Chochlow und Kleinjung auf offener Straße hingerichtet werden, was sich als unmöglich erwies: Kube ging nicht mehr in die Öffentlichkeit. Nunmehr sollte er entweder im Generalkommissariat oder in seiner Residenz erledigt werden. Beide schlugen vor, Kube bei einer Audienz zu richten oder am Morgen vom Innenhof des Generalkommissariats aus, wenn er von der Residenz zu seinem Büro ging. Das Verbindungsmädchen Marussja flocht diesen schriftlichen Vorschlag in ihr Haare und übergab ihn Kuzin. Dieser reagierte aufgebracht und verbot jegliche abenteuerliche Aktion. Es musste ein anderer Weg gefunden werden.

Über Prostak kamen Chlochow und Kleinjung mit Lydia Danilowa Dragun in Verbindung, die in der Passabteilung der städtischen Verwaltung arbeitete. Mit ihrer Hilfe kamen sie mit »Onkel Mischa« zusammen, der bis Anfang 1943 bei Kube als Koch gearbeitet hatte und dann altersbedingt entlassen worden war. Er kannte aber Galina Masanik, die als Dienstmädchen bei Kube angestellt war.

Darüber wurde Kuzin informiert. Dieser wandte sich per Funkspruch an den Zentralen Partisanenstab mit einer Anfrage zu Galina Masanik. Die Antwort fiel sinngemäß folgendermaßen aus: Sie ist keine Agentin der Gestapo, darf aber nicht unter starken Druck gesetzt und in die Hinrichtung Kubes einbezogen werden.

Ob die Weisung direkt von Sudoplatow kam, ist ungeklärt. Kuzin jedenfalls gab seine Zustimmung, Galina zu kontaktieren und zu bitten, eine Magnetmine mit Stiftzünder unter dem Bett von Kube zu platzieren. Es kam zu zwei Zusammenkünften zwischen Galina Masanik und Nikolai Chochlow. Beim zweiten Zusammentreffen übergab ihr Chochlow das Paket mit der Mine.

Ob es tatsächlich so ablief, wie er es später wortreich und ein wenig überzogen beschrieb, ist zu bezweifeln. Karl Kleinjung, der die Zusammenkünfte absicherte, hat Galinas Werbung ein wenig kritischer erlebt: »Bei diesen beiden Treffen übte Michael sehr großen Druck auf Galina aus. Sie musste das als Provokation von Seiten der Gestapo ansehen.«[14]

Sie tat in dieser Situation das einzig Richtige: Sie ließ Chochlow im Unklaren. Wenn sie es dennoch tat, dann einzig deshalb, weil Maria Ossipowa, mit der sie seit 1941 zusammenarbeitete, grünes Licht gab.

Als zwei Tage später die Mine Kube zerfetzte, gingen Chochlow, Kleinjung und auch Kuzin davon aus, dass das Attentat ihr Werk sei. Sie wurden im Partisanenlager als erfolgreiche Attentäter gefeiert. Kleinjung traf auch die beiden Deutschen wieder, die mit ihnen aus Moskau gekommen waren. Es stellte Vater und Sohn, Joseph (Sepp) und Rudolf (Rudi) Gutsche. Sie waren ihre Double. Wäre Chochlow und ihm etwas zugestoßen, hätten sie den Anschlag ausführen sollen.

Etwa Mitte Oktober 1943 informierten die Illegalen Olga und Nadja, dass Kubes Nachfolger Curt von Gottberg anlässlich der Übernahme des Amtes eine Besprechung mit anschließendem Empfang abhalten wolle. Die Inthronisierung sollte am 30. Oktober 1943 in der Villa in Loschitza stattfinden. Vorbereitet wurde dieses Treffen von Gottbergs Stellvertreter, SS-Standartenführer Wilhelm Freitag, im Generalkommissariat Weißruthenien zuständig für Landwirtschaft und Rüstung.

Sofort wurde die Zentrale informiert. Von dort kam die Weisung, die Gelegenheit zu nutzen und die ganze Gesellschaft hinzurichten. Marussja bereitete in Minsk ein Treffen mit Fedor Prostak und Olga Werbitzkaja vor.

Leutnant von Wittgenstein und Unteroffizier Schulze machten sich wieder auf den Weg. Karl Kleinjung erinnerte sich später: »Wir fuhren nach Minsk mit zwei Minen, die ich in einem kleinen Koffer verpackte und auf dem Gepäckträger meines Fahrrads befestigte. Es war ein waghalsiger Plan, der aber reibungslos funktionierte. Glücklich kamen wir in unserem alten Quartier in Minsk an, stellten unsere Fahrräder ab und gingen zu Fuß zu unserem alten Freund Prostak. Hier kontaktierten wir Olga Werbitzkaja und Nadeshda Mossejewa und gewannen zudem noch zwei weitere Verbündete, die Köchin in der Villa, Maria Tschishewskaja, und deren Tochter Lilia.«[15]

Am 27. Oktober 1943 traf man sich erneut in der Wohnung von Prostak. »Hier bauten wir unsere zwei Minen mit einem chemischen Zünder in einer Aktentasche ein und ließen uns dann genau erklären, in welchem Zimmer oder Saal die Beratung stattfinden werde. Genau ließen wir uns alle Möbelstücke, wie Tische, Schränke, Sessel u. a. m. benennen, die in diesen Räumen vorhanden waren. Wir kamen dabei auf den Ofen zu sprechen, der zwei kleine Säle gleichzeitig beheizte. In einem dieser Räume sollte die Beratung mit etwa einem Dutzend hoher Wehrmacht- und SS-Führer stattfinden.«[16]

Am nächsten Tag radelten Karl Kleinjung und Olga Werbitzkaja nach Loschitza, wo sie den Sprengsatz in Olgas Wohnung hinterlegten. Über die Garage der Villa, in der Lilia Tschishewskaja tätig war, gelangte der Sprengsatz mit Hilfe von Nadeshda Mossejewa, einer ehemaligen Studentin des Minsker Medizinischen Instituts und jetzt bei Freitag als Servierin tätig, ins Haus. Zusammen mit Lilias Mutter, Maria Tschishewskaja, einer ehemalige Lehrerin einer Mittelschule in Minsk, und jetzt ebenfalls bei Freitag als Hausgehilfin tätig, wurde die tödliche Ladung scharf gemacht und im Ofen deponiert.

Der Sprengsatz wurde entdeckt, die drei Frauen – Lilia und Maria Tschishewskaja sowie Nadja Nadeshda Mossejewa – wurden verhaftet.

20 Jahre nach Kriegsende berichtete die *Prawda* über das fehlgeschlagene Attentat. Es wurde ein Funkspruch des Partisanenkommandeurs Kuzin zitiert: »Am 30. Oktober findet in der Wohnung von ›Führer‹ (russ. *prowodnik*) eine Beratung der Bezirkssonderführer der SS statt. Es werden etwa 12 Personen teilnehmen. Unter den Teilnehmern befindet sich ›Ganter‹ (russ. *rusak*). Im Zusammenhang damit ist die Durchführung der Operation (Attentat) gegen ›Ganter‹ *(d. i. SS-Gruppenführer Curt von Gottberg – H. W.)* und ›Führer‹ *(d. i. SS-Standartenführer Wilhelm Freitag – H. W.)* für den 30. Oktober vorgesehen. Als Leiter für die Vorbereitung und Durchführung der Operation ist ›Jungfrau‹ (russ. *dewa*) bestimmt. »Jungfrau« *(d. i. die 19-jährige Lilia Tschishewskaja –*

H. W.) wurde eine Ladung übergeben, die aus zwei Magnetminen, elf Kilo Trinitrotuluol und drei Handgranaten besteht. Die Ladung wird in den Ofen gelegt, der für Speiseraum und Gästezimmer gemeinsam existiert.«[17]

Wilhelm Freitag ließ in den Vormittagsstunden des 30. Oktober 1943 die gesamte Villa auf den Kopf stellen. Es hatte allein im letzten halben Jahr ein halbes Dutzend Anschläge gegen führende Funktionäre der deutschen Besatzungsmacht gegeben. Man fand den Sprengsatz unterhalb der Feuerung des Ofens. Bei der Durchsuchung der Wohnung von Lilia und Maria Tschishewskaja fand man Sprengmittel und Waffen.

Am 25. Dezember 1943 wurden die Bewohner von Loschitza und aus den umliegenden Ortschaften auf dem Marktplatz zusammengetrieben und die drei Frauen gehenkt.

Heute erinnert in Loschitza eine Stele mit drei Frauenköpfen an diese Heldinnen.

Elf Jahre später, im Jahre 1954, macht einer der Mitbeteiligten an den Attentatsversuchen auf Kube und von Gottberg, Nikolai J. Chochlow, Schlagzeilen in der bundesdeutschen Presse. Als Hauptmann des KGB in die BRD geschleust, war er übergelaufen und hatte seinen Auftrag offenbart: Er sollte im Rahmen der Operation »Rhein« den Exilpolitiker Georgi Okolowski, ein leitendes Mitglied der nationalistisch-antisowjetischen Organisation NTS *(Voksbund der Arbeit)*, töten. Chochlow schloss sich dieser Organisation an. In der Sowjetunion wurde er zum Tode verurteilt. 1957 soll auf ihn in der BRD ein Mordanschlag verübt worden sein. 1960 ging er in die USA. Er gehört zu den Personen, die nach dem Zerfall der Sowjetunion rehabilitiert bzw. begnadigt wurden.[18]

Anmerkungen

1 Nach Karl Linke wurde deshalb Wilhelm Kube, wenn von ihm die Rede war, »Preuße« genannt.
2 G. Linkow: Die unsichtbare Front, Berlin 1956, S. 558 ff.
3 Sergej Waupschassow: Vierzig Jahre in der sowjetischen Aufklärung, Moskau 1981, S. 317
4 a. a. O., S. 5
5 S. Waupschassow: Vierzig Jahre ..., a. a. O., Moskau 1981, S. 325

6 Privatarchiv Wittstock
7 ebenda
8 Höherer SS- und Polizeiführer (HSSPF), eine Dienststellung, die Himmler direkt unterstellt und per Erlass vom 13. November 1937 begründet worden war. Ab Kriegsbeginn Schaltstelle der Vernichtungs- und Unterdrückungspolitik. Der HSSPF befehligte zum Massenmord eingesetzte Einsatzgruppen, ihm unterstanden die Vertreter der Sicherheits- und Ordnungspolizei, der Waffen-SS, des Wirtschafts- und Verwaltungshauptamtes. Der HSSPF im Osten war zugleich Beauftragter des Reichskommissars für die Festigung des Deutschen Volkstums (RKF).
9 Im Februar 1941 wurde das NKGB innerhalb des NKWD neu geschaffen. Im April 1943 erfolgt die Ausgliederung der Hauptverwaltung für Staatssicherheit (NKGB) aus dem NKWD. Daraus wurde ein eigenes Volkskommissariat (Ministerium). Das NKWD bleibt in erster Linie für die innere Sicherheit der Sowjetunion zuständig. Die Grenztruppen, die Inneren Truppen, die Transporttruppen und die sogenannten Sperrtruppen gehören dazu.
10 Privatarchiv Wittstock
11 ebenda
12 ebenda
13 Der Dienstausweis der Geheimen Feldpolizei »für den Militärpolizeibeamten Otto Schulze« war mit zwei Passfotos versehen, einmal in Uniform und einmal in Zivil. Im Ausweis hieß es: »I. Die Angehörigen der GFP sind befugt: a) zum Durchschreiten jeder militärischen Absperrung und zum Betreten militärischer Dienstgebäude; b) zu Festnahmen, Durchsuchungen und Beschlagnahmen; c) zur Sicherstellung von Heeresgut; d) zu jeglicher Personenfeststellung jeden Dienstgrades. II. Die Angehörigen der GFP sind berechtigt: a) zur jederzeitigen Benutzung aller militärischen Nachrichtenmittel; b) zur Benutzung jeglicher Wehrmachtsfahrzeuge (soweit Platz vorhanden); Die Angehörigen der GFP führen ihren Dienst in Uniform oder Zivilkleidung aus. Die Truppe, alle Kommando- und Verwaltungsbehörden sowie jeder Wehrmachtsangehörige sind der GFP gegenüber zu Hilfeleistung verpflichtet.
14 Privatarchiv Wittstock
15 ebenda
16 ebenda
17 ebenda
18 Nikolai Chochlow: Recht auf Gewissen, Stuttgart 1959

21. Unternehmen »Zitadelle«

»Von den Erfolgen der sowjetischen Aufklärung in der Vergangenheit und der Geschicklichkeit, weit in die Tiefe der Hauptobjekte ihrer Tätigkeit einzudringen, zeugen am besten die uns jetzt bekannt gewordenen Operationen des Zweiten Weltkrieges. Man muss annehmen, dass wir über viele einzelne Operationen einfach nichts wissen. Aber auch das Bekannte genügt vollkommen, um die geschickte Fähigkeit zu beweisen, die die sowjetische Aufklärung besaß, sogar bei ungünstigen Bedingungen erfolgreich die wichtigsten Aufklärungsaufgaben zu erfüllen. Im Allgemeinen sind Informationen, die sowjetische Kundschafter mittels Operationen während des Zweiten Weltkrieges erreichen konnten, so wertvoll, dass sie den militärischen Bestrebungen der Sowjets geholfen haben. Sie lieferten ein solches Material von dem die Aufklärung eines beliebigen Landes nur träumen kann.« So urteilte nüchtern und vorurteilsfrei Allen W. Dulles, Resident des OSS von 1942 bis 1945 in der Schweiz und Direktor der CIA von 1953 bis 1961, über die Abwehrerfolge der sowjetischen Dienste.

Im Frühjahr 1943 hatte sich für die Rote Armee eine günstige Lage herausgebildet. Nach erbitterten Schlachten zur Jahreswende an verschiedenen Fronten war relative Ruhe eingetreten. Beide Seiten rüsteten sich für die entscheidenden Schlachten. Das Oberkommando der Wehrmacht strebte nach einer Wiedergewinnung der strategischen Initiative und wollte für die verheerende Niederlage in Stalingrad Revanche nehmen. Die Rote Armee dagegen strebte danach, die deutschen Okkupanten zu zerschlagen und vom sowjetischen Territorium zu vertreiben. Die deutsche Seite wählte für die Sommeroffensive den sogenannten Kursker Vorsprung, wo die sowjetische Front breit in die deutschen Linien hineinstieß. Dieser Frontverlauf war zu Beginn des Jahres 1943 zwischen Orel und Belgorod entstanden und ging unter der Bezeichnung »Kursker Bogen« in die Kriegsgeschichte ein.

Insgesamt bot die deutsche Seite für die geplante Offensive über 50 Divisionen mit etwa 900 000 Soldaten und Offizieren auf, darunter 16 Panzer- und motorisierte Divisionen; zwei selbständige Panzerbrigaden, elf Panzerbataillone und Sturmgeschützabteilungen sowie 10 000 Geschütze und Granatwerfer. Unter den 2800 Panzern und Selbstfahrlafetten waren die neuen Typen: »Tiger«, »Panther« und »Ferdinand«. Es standen über 2000 Flugzeuge der Luftflotten 4 und 6, drei Viertel der deutschen Fliegerkräfte an der deutsch-sowjetischen Front, bereit.

Das war eine Kräftemassierung, wie es sie an keinem anderen Frontabschnitt während des Zweiten Weltkrieges jemals gab – weder in Frankreich noch in Nordafrika oder Italien.

Alle angriffsbereiten Divisionen waren im Wesentlichen auf Kriegsstärke gebracht worden. Hitler konzentrierte dort seine besten Kampfformationen wie die SS-Panzerdivisionen »Leibstandarte Adolf Hitler«, »Das Reich«, »Totenkopf« und »Großdeutschland«. In Vorbereitung der Sommeroffensive hatte er Mitte März 1943 die Oberbefehlshaber der Heeresgruppen Nord, Mitte und Süd in die »Wolfsschanze« nach Rastenburg befohlen. Dort gab er seinen Paladinen in kurzen Worten bekannt, dass er den Entschluss gefasst habe, die deutsche Sommeroffensive unter der Bezeichnung »Zitadelle« an der südöstlichen Front zu führen. Die drei Oberbefehlshaber erhielten Order, für den reibungslosen Nachschub ihrer Verbände zu sorgen.

Am 15. April 1943 erließ Hitler den Operationsbefehl Nr. 6 für das Unternehmen »Zitadelle«. »Ich habe mich entschlossen, sobald die Wetterlage es zulässt, als ersten der diesjährigen Angriffsschläge den Angriff »Zitadelle« zu führen. Diesem Angriff kommt daher ausschlaggebende Bedeutung zu. Deshalb sind alle Vorbereitungen mit größter Umsicht und Tatkraft durchzuführen. Die besten Verbände, die besten Waffen, die besten Führer, große Munitionsmengen sind an Schwerpunkten anzusetzen.

Der Sieg von Kursk muss für die Welt wie ein Fanal wirken. Es kommt darauf an, das Überraschungsmoment weitgehend zu wahren und den Gegner vor allem über den Zeitpunkt des Angriffs im Unklaren zu lassen. Zur Geheimhaltung sind nur die unbedingt notwendigen Persönlichkeiten in die Absicht einzuweisen. Es muss auf jeden Fall erreicht werden, dass nicht wieder durch Unvorsichtigkeit und Nachlässigkeit etwas von den Absichten verraten wird.«

Als Hitler diesen Befehl gab, kannte Moskau bereits seine Absichten.

Im Mai 1943 hatte der sowjetische Generalstab die eigene Planung für den Sommerfeldzug abgeschlossen. Bis zu jenem Zeitpunkt war durch Front- und Partisanenaufklärung sowie durch den Einsatz des Radó-Netzes in der Schweiz einwandfrei festgestellt worden, dass umfangreiche Militärtransporte in die Räume Orel, Kromy, Brjansk, Charkow, Krasnograd und Poltawa gingen.

Der sowjetische Heerführer Alexander M. Wassilewski erinnerte sich später: »In dieser verantwortungsvollen Zeit stellte das sowjetische Oberkommando an die Aufklärung besondere Forderungen. Und sie arbeitete nicht schlecht. Der Gegner bemühte sich sehr, seine Angriffspläne geheimzuhalten und unsere Aufklärung von wichtigen Konzentrationsräumen abzulenken. Unserer Aufklärung gelang es aber trotzdem, die allgemeine Idee des Gegners für den Sommer 1943, die Stoßgruppierungen, den Bestand der Gruppierungen und Reserven, ja, sogar den Zeitpunkt des Beginns der Offensive auszumachen.

Gesagt werden muss auch, dass der Generalstab im Mai den Fronten in der Kursker Richtung zweimal mitteilen ließ, in den nächsten Tagen sei mit einem Angriff des Gegners zu rechnen.

In beiden Fällen stimmte es nicht.

Allerdings stellte sich später heraus, dass nicht die Aufklärung schuld war, sondern Hitler den Angriffstermin verschoben hatte, weil die bei Kromy und Borissowka versammelten Truppen weiter verstärkt werden sollten.«[1]

Die Informationen über die Angriffstermine und deren Verschiebung kamen von Radó. Bereits im April 1943 hatte er die wesentlichen Inhalte des Aufmarschplanes an die Zentrale weitergeleitet. Dieser war als Erstfassung vom Wehrmachtführungsstab bestätigt worden. Für Radó und sein Netz drehte sich ab Februar 1943 alles um Kursk. Am 22. Februar stellte die Zentrale hierzu den ersten Auftrag: »Geben Sie Lucy den Auftrag, sofort Pläne des OKW betreffend der Gruppe im Zentralsektor unter Kommando Kluge festzustellen. Gesamte Information über zentralen Frontabschnitt ist sehr wichtig.«

Solche Informationen konnten nur die Quellen von Lucy beschaffen, und sie beschafften sie. Beispielsweise konnte nur eine Quelle mit wirklich speziellem Insiderwissen nachfolgende Frage beantworten:

»28.3.43. An Dora.

1. Wir bitten, Teddy, seine Information über Panzertypen durch taktische und technische Angaben zu ergänzen. Stärke der Panzerung, Bewaffnung, Geschwindigkeit. Unbedingt benötigen wir Angaben darüber, wie viel Panzer monatlich gebaut werden.

2. Über Teddy sollte möglichst festgestellt werden, wie viele Flugzeuge monatlich in Deutschland und Italien gebaut werden, außerdem Typen der deutschen Kampfflugzeuge. Direktor.«

Bekanntlich setzten die deutsche Heeresleitung und Hitler selbst sehr große Hoffnungen auf den neuen Panzertyp, »Tiger«, der als eine Art Wunderwaffe am Boden klassifiziert wurde. Prompt kam die Antwort am 12. April 1943 über den Probeeinsatz dieses schweren Panzers von »Teddy«: »Nach Meinung General Fischers, des Kommandeurs der 10. Panzerarmee, und der von Guderian nach Tunis geschickten Panzeroffiziere eignet sich dieser Panzer nur bedingt zum Kampf gegen befestigte Stellungen. Im beweglichen Kampf, an dem in beträchtlichem Maß auch Fliegerkräfte teilnehmen, kann er wegen seiner unzureichenden Geschwindigkeit (26 km/h) nicht sonderlich gut eingesetzt werden. Außerdem ist die Panzerung der Gleisketten nicht ausreichend. Die sonstige Panzerung ist völlig befriedigend. Von 17 Panzern dieses Typs, die gegenwärtig in Tunis verloren gingen, wurden 13 von britischen Flugzeugen außer Gefecht gesetzt. Die unzureichende Beweglichkeit dieses Panzers erleichterte seine Bombardierung. Die Höchstgeschwindigkeit beträgt auf der Landstraße oder im ebenem Terrain 36 km/h. Panzerungsstärke 88 bis 100 mm. Meinungen über Schussfestigkeit der Panzerung, die von der Front eintreffen, sind positiv.«

Und auch die nächste Information Ende April/Anfang Mai von »Teddy« war für das sowjetische Oberkommando von Interesse: »Deutsches Oberkommando gab dem Zwang zum Übergang zum Defensivkrieg nach und beschleunigt seit Dezember 1942 die Produktion von Jagd- und Nahkampfflugzeugen, es konzentriert sich auf den Bau von Messerschmidt-109, Focke-Wulf, M-190, Ju-87 und Ju-88.

Im März wurden 320 Panzer P III, 400 bis 410 P IV und 90 P VI (Tiger) gebaut.«

Deutschland hatte 1943 die totale Mobilmachung ausgerufen, auch darüber informiert Radó die Zentrale. Seine Quellen »Olga« und »Teddy« hatten berichtet: »Auswirkung totaler Mobilmachung in Mannschaftsbestand der Wehrmacht seit 1. Januar bis Ende März 1943:

Zugang an kriegsverwendungsfähigen Mannschaften durch Neueinberufung 286 000 Mann. Außerdem von April bis Juni 290 000 Mann. Zugang durch Versetzung aus anderen Wehrmachtteilen und Freiwilligenmeldung über 95 000 Mann. Vorerst zurückgestellt weitere 57 000 kriegsfreiwillige Jugendliche. Vom Ersatzheer wurden garnisonsverwendungsunfähige und arbeitsverwendungsunfähige Wach- und Baubataillone der Luftwaffe und der Organisation Todt überwiesen.

Normaler Zugang an kriegsverwendungsfähigen Mannschaften, genesenen Heeresangehörigen usw. nur 190 000 Mann. Im erwähnten Zeitraum erhielten SS-Truppen Zugang von 80 000 bis 120 000 Mann. Dora.«

Dieser Funkspruch war die Antwort auf die Anfrage der Zentrale vom 5. April 1943 zu Angaben »über die Ergebnisse der totalen Mobilmachung und Zahl der neu aufgestellten Verbände.

Außerdem wollte Moskau noch wissen, wie viele Truppen Deutschlands Verbündete an der Ostfront hätten.

Antwort: »17. Juni 1943. An Direktor. Dringend.

Von Olga, Berlin 13. Juni.

An sowjetisch-deutscher Front sind gegenwärtig rund 20 Felddivisionen der Verbündeten Deutschlands stationiert. Davon elf finnische (drei in Reserve hinter der Front), fünf rumänische, zwei ungarische und zwei slowakische (für Sicherungsdienste hinter der Front). Dora.«

In Vorbereitung der Sommeroffensive 1943 wurde der Bestand der Wehrmacht im Zusammenhang mit der totalen Mobilmachung auf eine zahlenmäßige Stärke von 10 300 000 Mann gebracht, womit die Stärke des Vorjahres erreicht worden war. Im Sommer 1943 hatten die deutsche Wehrmacht und ihre Verbündeten an der deutsch-sowjetischen Front 42 Divisionen mehr stehen als zu Beginn des Krieges gegen die Sowjetunion.

Für das sowjetische Oberkommando war es wichtig zu erfahren, wie sich die einzelnen Verbände und Armeegruppen der Deutschen im Osten zusammensetzten. Darauf gab es eine Antwort: »30. April 1943. An Direktor.

Von Werther und Teddy.

1. Nach Angaben der Wehrmacht an der Ostfront und im hohen Norden aus dem Zeitraum zwischen 4. und 10. April:

Zur 2. Armee gehören 5. und 8. motorisierte Division sowie 45., 62., 75., 168., 299. und 499. Infanteriedivision.

2. Zur neuen 6. Armee (Heeresgruppe Manstein) gehören u. a. die SS-Panzerdivisionen ›Das Reich‹, ›Leibstandarte‹ und ›Totenkopf‹, 82., 208., 211., 216., 254. und 370. Infanteriedivision und SS-Division ›Groß-Deutschland‹.

3. Zusammensetzung der 9. Armee (Heeresgruppe Kluge): 6., 78., 129., 162., 183., 256., 292., 328., 342., 385. und 539. Infanteriedivision.

4. Zusammensetzung 16. Armee: 30., 65., 96., 117., 123., 207., 223., 267. und 290. Infanteriedivision und 3. Gebirgsdivision.

5. Zusammensetzung der 3. Panzerarmee: 1., 2., 4. und 5. Division sowie 10., 14., 25. und 36. motorisierte Division.

Dazu wurde folgende Ergänzung geliefert:

An der Ostfront aufgestellte Armeen nach Angaben vom 22. April:

2. Armee: Oberbefehlshaber von Salmuth
4. Armee: Oberbefehlshaber Model
14. Armee: Oberbefehlshaber Dietl
16. Armee: Oberbefehlshaber Busch
17. Armee: Oberbefehlshaber Ruoff
18. Armee: Oberbefehlshaber Lindemann
Panzerarmeen:

1. Armee: Befehlshaber von Kleist
2. Armee: Befehlshaber Schmidt
3. Armee: Befehlshaber Reinhardt
4. Armee: Befehlshaber Hoth
Heeresgruppen:
Heeresgruppe A: Befehlshaber von Küchler
Heeresgruppe B: Befehlshaber von Kluge
Heeresgruppe C: Befehlshaber von Manstein.«

Wenn es Veränderungen gab, wurden sie umgehend aus Berlin an das Radó-Netz übermittelt.

Bei der Betrachtung des Unternehmens »Zitadelle«, in dessen Verlauf es zur größten Panzerschlacht der Menschheitsgeschichte kam, wird als Schlüsselfigur »Lucy«, also Rudolf Rössler, gehandelt, da er durch die Weitergabe seiner Informationen an das Radó-Netz dazu beitrug, dass diese Schlacht für Nazi-Deutschland verlorenging. Das stimmt in der Tat insofern, als »Lucy« ab April 1943 hierüber aus dem OKW und dem Generalstab sehr genau informierte.

Allerdings kam die Erstinformation nicht von »Lucy«, sondern vom Stabschef des 101. Slowakischen Regiments, Jan Nalepka. Er informierte sowjetische Partisanen, die die Meldungen nach Moskau an den Zentralen Stab der Partisanen funkten. Dieser Fakt war bisher in der Behandlung dieser Thematik unbekannt.

Das slowakisches Regiment war seit 1942 südwestlich von Minsk an den Eisenbahnknotenpunkten zur Sicherung der Verbindungswege eingesetzt. Nalepka hatte Kontakt zu sowjetischen Partisanen gesucht und bekam sie zum Partisanenverband Saburow, der damals im südwestlichen Gebiet zwischen Belorussland und der Ukraine operierte. Anlexander N. Saburow offenbarte später: »Am nächsten Abend kam Labrew *(der Verbindungsmann zu Nalepka – H. W.)* zurück. Er brachte Informationen von Nalepka, die unseren Stab zwangen, die ganze Nacht hindurch angestrengt zu arbeiten. Nalepka hatte uns Angaben zur neuen Offensive des Gegners an der sowjetisch-deutschen Front mitgeteilt. Sie trug den Decknamen. ›Zitadelle‹. Wir werteten die Informationen in allen Einzelheiten sorgfältig aus, und dann unterrichteten wir Moskau.«[2]

Bei den von Nalepka übergebenen Materialien, die Saburow in der Nacht zum 29. März 1943 nach Moskau funkte, handelte es sich vorwiegend um Dokumente aus dem Stab der Heeresgruppe Mitte, die von Kluge befehligte. Unter diesen Papieren befanden sich eine Lagebeurteilung im Hinterland der Heeresgruppe Mitte, eine Weisung über einzuleitende Maßnahmen im Zusammenhang mit der vorgesehenen Sommeroffensive, besonders in Bezug auf die Sicherung der rückwärtigen Verbindungswege. Konkret wurden die Erfordernisse beschrieben, um den Nachschub zu sichern. Als Schwerpunkte wurden die Eisenbahnstrecken Minsk-Smolensk-Brjansk, Minsk-Gomel-Brjansk, Kowel-Kiew und Lwow-Kiew benannt, die vorrangig zuverlässig zu sichern seien, da sie »für die Verschiebung von Truppen und Gerät von großer Bedeutung sind«.

Wörtlich heißt es in dieser Weisung: »Konzentrierung von Truppen und Technik für den Angriff auf Kursk wird ein Problem. Die Termine für die Operation ›Zitadelle‹ sind gefährdet. An allen Verbindungswegen fangen Partisanen unsere Transporte ab. In der Nacht zum 21. März haben Partisanen die Brücke über die Desna südlich von Brjansk gesprengt. An der Bahnstrecke Sarny-Luminez wurde die Brücke über den Besed gesprengt. Im Vergleich zum Januar (1943) haben sich die Diversionsakte verdoppelt, es wurden insgesamt 765 registriert. 54 Lokomotiven und 2170 Waggons wurden unbrauchbar gemacht und 50 Kilometer Schienenwege zerstört. An Lokomotiven und Waggons herrscht deshalb Mangel. Die zehn Divisionen (für die Heeresgruppe Mitte), die Richtung Osten unterwegs sind, können ihren Transport nur unzulänglich sichern.«[3]

Wie wichtig diese Information für das sowjetische Oberkommando war, geht daraus hervor, dass das Hauptquartier sofort mit einem Funkspruch reagierte und Saburow anwies, die Quelle, die diese Nachricht zur Operation »Zitadelle« gegeben hatte, für eine staatliche Auszeichnung vorzuschlagen. Jan Nalepka (1912–1943) wurde – als einziger Slowake – postum »Held der Sowjetunion«. Der slowakische Präsident beförderte ihn 2004 postum zum Brigadegeneral.

Ab 1. April 1943 wurden die Fragen der Zentrale an das Radó-Netz immer präziser. So erhielt Radó den Auftrag, festzustellen, welche Absicht die deutsche Seite am zentralen Frontabschnitt (Bereich Heeresgruppe Mitte) verfolge. Bereits am 8. April gab Radó auf der Basis einer Information von »Werther« einen detaillierten Funkbericht.

»8.4.1943. An Direktor. Dringend. (Auszug)
Von Werther. Berlin, 3. April.
Die Meinungsverschiedenheiten zwischen OKW und OKH wurden mit der Vorentscheidung bereinigt, Fortsetzung des Angriffs auf Kursk bis Anfang Mai aufzuschieben. Diese Entscheidung wurde dadurch erleichtert, dass Bock, Kluge und Küchler beweisen konnten, dass am gesamten nördlichen Frontabschnitt, besonders im Raum Welikije Luki und Leningrad immer stärker sowjetische Kräfte zusammengezogen werden. Sie machen auf die Gefahr aufmerksam, die aus einem vorzeitigen Einsatz der vorhandenen Reserven entstehen könnte. Manstein dagegen erklärte, er kann südlichen Frontabschnitt und Charkow nicht halten, wenn Rote Armee weiterhin so großartiges Aufmarschgebiet wie das von Kursk hat. Dora.«

Am 20. April 1943 kam dann von »Werther« die Information, dass der Termin des ursprünglich für die erste Maiwoche geplanten Angriffs auf Kursk verschoben wurde. Vierzehn Tage später übermittelte er den neuen Termin: Beginn der deutschen Offensive am 12. Juni 1943. Aber auch dieser Termin wurde verschoben. Was war der Grund?

Der Historiker Martin Göhring (1903–1968) bemerkte dazu in seinem Buch »Bismarcks Erben 1890–1945«: »Aber Hitler nimmt sich Zeit, sein Schlag soll mit absoluter Sicherheit tödlich treffen; er erwartet Panzerlieferungen und das Eintreffen sämtlicher erfassbarer Reserven ab.« Sein »tödlicher Schlag« sollte aus zwei Hauptstößen gegen die sowjetischen Truppen vor dem Kursker Bogen bestehen. Einer sollte aus dem Raum südlich von Orel, mit der Heeresgruppe Mitte unter von Kluge, und einer aus dem Raum Charkow, für den die Heeresgruppe Süd unter von Manstein zuständig war, geführt werden. Die zweite Etappe dieses Unternehmens sollte sich dann gegen die sowjetische Südwestfront richten. Danach war ein nordöstlicher Angriff auf Moskau vorgesehen.

Die Rolle, die die Zentrale dem Radó-Netz zugedacht hatte, formuliert Radó so: »Wir hatten zu jener Zeit die Aufgabe herauszufinden, welche Veränderungen es in den Plänen des Gegners gab, welche strategischen und taktischen Entscheidungen er fällt, und darüber die Zentrale so schnell wie möglich in Kenntnis zu setzen. ›Lucys‹ Berliner Informanten beobachteten aufmerksam die Veränderungen. Es war ihnen möglich, uns exakt mitzuteilen, welche Aktionen das OKW und die Führung des deutschen Heeres im Raum der bevorstehenden Schlacht vorbereiteten.«[4]

Sie konnten auch über die Gründe der wiederholten Verschiebung der Offensive »Zitadelle« berichten:

»6.5.1943. An Direktor.

Von Werther. Berlin, 2. Mai

Wiederaufstellung der motorisierten und Panzerdivisionen vollzieht sich mit Verspätung. Plantermine für Organisation und Marschbereitschaft der 60. motorisierten und der 16. Panzerdivision um vier Wochen verschoben, weil Ausrüstung mit Fahrzeugen und Panzern infolge verspäteter Lieferungen noch ungenügend. Dora.«

Aber auch die Furcht vor der Schlagkraft der Roten Armee war einer der Gründe für das Verzögern.

»13.5.1943. An Direktor.

Von Werther. 7. Mai

Bei Kursk, Wjasma, Welikije Luki deutscherseits bedeutende Kräfteansammlung erkennbar. OKW hält es für möglich, dass sowjetisches Oberkommando in mehreren Abschnitten gleichzeitig auszulösende Präventivangriffe vorbereitet, und zwar jeder dieser Angriffe auf der Basis des Angriffs, den Timoschenko im Mai vorigen Jahres zur Störung deutschen Aufmarsches auf Charkow richtete. Dora.«

Ein ähnlicher Funkspruch ging am 28. Mai 1943 nach Moskau ab:

»28.5.1943. An Direktor. Dringend. (Auszug)

Von Werther.

Plan des OKH kann fehlschlagen, wenn Rote Armee, deren rückwärtige Dienste Verkehrslinien bereits repariert haben, schnell und kraftvoll südwestlich Tula und Raum Kursk angreift. OKW weiß nicht und will aufklären, ob sowjetisches Oberkommando Angriffsaktionen im Mittelabschnitt der sowjetisch-deutschen Front vorhat.«

Auch der nächste Spruch vermittelte die Sorgen des OKW:
»2.6.1943. An Direktor. Dringend.
Von Werther. Berlin, 29. Mai
Durchführung der Operationspläne des deutschen Oberkommandos an sowjetisch-deutscher Front stößt auf immer größere militärische und organisatorische Schwierigkeiten. Deutsches Oberkommando hat wegen Art der Reaktion des Gegners auf deutsche Truppenbewegungen den Eindruck, dass dieser auf das Entschlossenste für Erhaltung des gegenwärtigen Frontverlaufes kämpft, keinerlei deutsche Offensive entfalten lassen und überall mit starkem Gegenschlag antworten will, wo deutsche Verkehrslinien das begünstigen.

Vorläufig keine Zurücknahme des Befehls, der Heeresgruppe Manstein vorschreibt, zum 28. Mai die Ausgangsstellungen gegen Kursk einzunehmen. Dora.«

Und die Unsicherheit im deutschen Oberkommando ging weiter. Diese Hektik hatte offensichtlich ihren Grund darin, dass die deutsche Seite immer noch nicht einzuschätzen vermochte, was die sowjetische Seite plante. Das bewies der nächste Funkspruch:

»11.6.1943. An Direktor. Dringend.
Von Werther und Teddy. Berlin, 5. Juni.

Bis zur veränderten Lage Ende Mai plante deutsches Oberkommando, an sowjetisch-deutscher Front anzugreifen (Front zu durchbrechen) mit folgenden Verbänden: 1. und 4. Panzerarmee, 6. Armee, ferner neu aufgestelltes, aus fünf Divisionen bestehendes XI. Korps, das Stoßflügel der 2. Armee ist. Deutsches Oberkommando wollte zuerst mit 1. Panzerarmee und Teil der 6. Armee gegen Woroschilowgrad und unteren Don angreifen. Noch Mitte Mai wurde Plan erwogen, zuerst mit 4. Panzerarmee und XI. Korps gegen Kursk vorzugehen. Trotz Zögerns bleiben die angriffsbereiten Verbände der Heeresgruppe Manstein weiter in Ausgangsstellungen. Vorläufig keine konkreten Angriffsoperationen im nördlichen Sektor, zwischen Leningrad und Ilmensee oder Zentralabschnitt Nordwesfront. Dora.«

Schwierig war besonders die Lage am mittleren Frontabschnitt, und hier in dem Raum, in dem die Divisionen der Heeresgruppe Mitte unter Kluge standen. Aus diesem Raum sollte der Angriff auf Kursk von Norden her erfolgen. Partisanen machten hier den rückwärtigen Raum der Heeresgruppe Mitte unsicher.

Davon zeugte der nächste Funkspruch:
»23.6.1943. An Direktor. Dringend.
Von Werther. Berlin, 17. Juni

a) Stellungen der zur Heeresgruppe Kluge gehörenden 4. Armee und besonders der 2. Armee haben sich seit 11. Juni verschlechtert, weil wegen Unterbrechung mehrerer Verkehrsverbindungen normale Versorgung der Front nicht gesichert. Ernsthafte Meinungsverschiedenheiten im OKW. OKW will am zentralen Frontabschnitt unter keinen Umständen Großangriff des Gegners provozieren. Deshalb hält es für Mai und Anfang Juni am südlichen Frontabschnitt geplanten Präventivangriff nicht mehr für zweckmäßig, weil er vermutlich sowjetischen Gegenschlag im Zentralabschnitt auslösen würde, da sowjetischer Aufmarsch dort ab 1. Juni verstärkt wurde. Angriff auf Kursk, den OKW auf Ende Mai verschoben hatte, scheint jetzt riskant, weil Rote Armee ab 1. Juni so starke Kräfte zusammengezogen hat, dass Deutsche nicht mehr von Überlegenheit sprechen können. Hitler strebt dennoch Offensive an.

b) Sowjetangriff mit zwei bis drei Divisionen im Raum Bolchow und Mzensk hat bisher nur lokale Bedeutung, beeinflusst aber wegen schlechter Verfassung des rückwärtigen Dienstes im Raum Brjansk empfindlich Sicherheit der Verteidigungslinie nördlich und östlich Orel.

c) Deutsche stellen fest, dass Rote Armee zwischen Beljow, Kaluga und Juchnew Truppen zusammenzieht, die Heeresgruppe Kluge bedrohen. Dora.«

Trotz vieler Unsicherheiten, Bedenken und Nachschubsorgen entschloss sich Hitler mit Zustimmung des OKW zum entscheidenden Schritt: Angriff! Hitler wurde auch von der Zeit gedrängt. Er musste handeln, wollte er überhaupt noch einen überzeugenden Erfolg an der Ostfront erzielen. Und er wollte seine Verbündeten mit einem militärischen Sieg wieder fester an sich binden. Es war eine politische Entscheidung Hitlers, diesen Angriff zu beginnen. Letztlich war er überzeugt, dass die deutschen Waffen siegen würden. Man hatte alle materiellen Voraussetzungen geschaffen, wozu die deutsche und die Industrie im besetzten Europa fähig waren. Alles, wozu Nazi-Deutschland noch in der Lage war, wurde für diese Schlacht aufgeboten.

»Was das deutsche Heer noch an Angriffskraft aufzubringen vermochte, wurde an das Unternehmen ›Zitadelle‹ verwendet«, wusste Waldemar Erfurth, ein ehemaliger Generalstabsoffizier, 1957 zu berichten.[5]

Am 1. Juli 1943 befahl Hitler die Oberbefehlshaber der Heeresgruppen und Armeen und die Kommandierenden Generale der Korps, deren Truppen an der Offensive teilnehmen sollten, in das ostpreußische Führerhauptquartier. In seinem Vortrag über den bevorstehenden Sommerfeldzug erklärte er, die Verschiebung des Unternehmens »Zitadelle« habe es ermöglicht, die Verbände personell voll aufzufüllen, sie mit neuem Kriegsgerät auszurüsten und sehr starke Kräfte bereitzustellen. Hitler betonte mehrmals, dass die deutsche Überlegenheit an Panzern einen entscheidenden Vorteil darstelle.

In der Nacht vor dem Angriff, am 4. Juli, wurde ein von Hitler unterzeichneter Aufruf in den deutschen Einheiten, die die vordersten Angriffsgruppierungen bildeten, verlesen. Dort hieß es: »Vom heutigen Tage an werdet ihr Teilnehmer gewaltiger Angriffskämpfe sein, deren Ausgang den Krieg entscheiden kann. Euer Sieg wird mehr denn je die ganze Welt davon überzeugen, dass jeder Widerstand gegen die Deutsche Wehrmacht letzten Endes vergeblich ist. Der gewaltige Hieb, der den sowjetischen Armeen versetzt wird, muss sie bis auf den Grund erschüttern. Und ihr müsst der Tatsache eingedenk sein, dass vom Erfolg der Schlacht alles abhängt.«[6]

In der Zeit vor der Kursker Schlacht bildete sich im Duell der sowjetischen Aufklärung und der deutschen Geheimdienstlinien eine paradoxe Situation heraus: Das deutsche Oberkommando versuchte mit allen Mitteln, das Geheimnis um das Unternehmen »Zitadelle« sowohl an der Front als auch im Hinterland auf das Strengste zu hüten.

Im Frühjahr 1943 war es der deutschen Funkabwehr gelungen, zurückliegende Funksprüche aus den Jahren 1941/42 zu dechiffrieren, die auf der Basis der Verschlüsselungsunterlagen chiffriert worden waren. Es gelang der deutschen Seite auch, Funkrückfragen der Zentrale an Radó, die er Ende 1942/

Anfang 1943 von Moskau empfing, lesbar zu machen. Wilhelm F. Flicke führte1954 dazu aus, dass die Funksprüche davon zeugten, »wie sehr sich die Erkundungsarbeit der *Roten Drei* auf ein höheres Niveau verlagert hatte. Hier ging es nicht mehr um die Verschiebung von Regimentern oder Verlegung von Fliegerstaffeln, sondern bereits um Armeen und Gruppierungen.«[7]

Radó meinte später: »Beim Lesen unserer Informationen konnte der Gegner allmählich, wenn auch mit beträchtlicher Verspätung, die Decknamen vieler Informanten und zahlreicher Mitglieder der Schweizer Gruppe feststellen. Außer mir standen ›Pabko‹, ›Sissy‹, ›Luise‹, ›Long‹, ›Salter‹, ›Rosa‹, ›Taylor‹ und andere auf der Liste. Und ab Dezember 1942 tauchten neue Namen in den Funksprüchen auf: ›Lucy‹, ›Werther‹, ›Olga‹, ›Teddy‹, ›Anna‹. Natürlich vermochte man nicht herauszufinden, wer sich hinter diesen Decknamen verbarg, aber es wurde deutlich, dass diese Informanten aus hohen Kommandostellen der Wehrmacht geheimste Angaben in die Schweiz schickten.«[8]

Die Vorbereitungen für die Offensive »Zitadelle« liefen auf Hochtouren, viele Einzelheiten dazu wurden dem sowjetischen Oberkommando in kürzester Zeit übermittelt. Die Abwehr und das RSHA konnten diesen Informationsabfluss weder eindämmen noch verhindern. Sie kannten keinen Funkspruch, der das Unternehmen »Zitadelle« direkt betraf, da Radó die wichtigsten selbst mit seinem eigenen bzw. »Jim« mit seinem Code verschlüsselte, und diese waren der deutschen Seite unbekannt. Aber aufgrund der Intensität der »Funkarbeit« mussten die deutschen Geheimdienste davon ausgehen, dass Informationen zum Unternehmen »Zitadelle« abflossen.

Ohne Zweifel haben Rössler und seine Informanten den Sieg der Roten Armee über die faschistischen Eindringlinge in der Schlacht um Kursk beeinflusst. Aber es gab zwei weitere »geheime Komponenten«, die ebenso wichtig waren.

Zum einen war das die große Desinformationsoperation der sowjetischen Militäraufklärung und der SMERSCH[9], die darin bestand, der deutschen Seite vorzugaukeln, die sowjetische Seite verhalte sich passiv und befasse sich vorwiegend mit Verteidigungsaufgaben.

Ein an diesem Spiel aktiv Beteiligter schrieb dazu: »Der gegnerische militärische Geheimdienst 1943/44 rüstete die in die Stationierungsräume der sowjetischen Truppen geschleusten Spionage- und Diversionsgruppen immer öfter mit transportablen Funkgeräten aus. Sehr bald machte es sich die sowjetisch-militärische Abwehr zur Praxis, die Funker der Faschisten zu benutzen und mit deren Mitwirkung Verbindung zum Gegner zu halten, um seine Aufklärungstätigkeit zu paralysieren und ihn nicht nur in militärischen Belangen, sondern auch in Abwehrfragen zu desorientieren. Für diesen Funkverkehr wurden solche Agentenfunker des deutschen militärischen Geheimdienstes eingesetzt, die sich selbst gestellt und der Wahrheit entsprechende Aussagen gemacht sowie die von den Faschisten benutzten Chiffren, Codes und Kennworte für den Funkverkehr mitgeteilt hatten.

Wenn solche Funker unzweifelhaft den ehrlichen Wunsch hatten, mit den sowjetischen Staatssicherheitsorganen zusammenzuarbeiten, nahmen sie nach entsprechender Überprüfung und Einweisung unter Kontrolle der Tschekisten den Sendebetrieb auf, stellten mittels Kennwort den Kontakt zur gegnerischen Spionagestelle her und übermittelten dem faschistischen Geheimdienst Spielmaterial, also der jeweiligen operativen Idee entsprechende, den Gegner desinformierende Meldungen. An solchen Maßnahmen waren viele Dutzende Funker beteiligt. So übermittelten neunzehn Funker am Vorabend der Kursker Schlacht aus verschiedenen frontnahen Gebieten Angaben, die die Angriffsvorbereitungen der sowjetischen Truppen in der Richtung Kursk-Orel tarnen und die faschistische Führungsstellen glauben machen sollten, die Rote Armee baue hier nur Verteidigungsstellungen aus. Bekanntlich haben es die Faschisten nicht vermocht, den Plan der sowjetischen Gegenoffensive gegen die Oreler Gegnergruppierung aufzuklären.«[10]

Immer wieder wurden der deutschen Seite exakte Angaben über im Bau befindliche Verteidigungsstreifen übermittelt. Die meisten davon waren jedoch »Scheinstellungen«.

Zum anderen handelte es sich um die Operation »Konzert«, die im Rahmen des »Schienenkrieges« der Partisanen in den besetzten Gebieten Belorußlands und der Ukraine bis weit im Hinterland der Deutschen durchgeführt wurde.

Im Mai/Juni 1943 hatte der Zentrale Partisanenstab die Stäbe der ukrainischen und belorussischen Partisanen aufgefordert, Pläne auszuarbeiten, die nicht nur auf die Vernichtung von Militärzügen des Feindes ausgerichtet waren, sondern auf die Zerstörung des Eisenbahnnetzes überhaupt. In einem späteren Befehl dazu hieß es: »Die Aufgabe besteht darin, innerhalb kürzester Zeit so viele Schienenwege wie möglich zu sprengen. Der Gegner wird gezwungen sein, umfangreiche und aufwendige Reparaturarbeiten zum Auswechseln der Schienen vorzunehmen.«

Noch vor der Schlacht liefen die geheimen Vorbereitungen weiter, die Nachschubwege der deutschen Wehrmacht empfindlich zu treffen. Ab Ende Mai hatten Flugzeuge im Hinterland der Front auf von Partisanen vorbereiteten Flug- und Abwurfplätzen Unmengen von Sprengstoff, Zündkapseln und Zündschnüren abgeworfen oder angelandet. Tag und Nacht wurden neue Minenleger in den Partisanenlagern ausgebildet. Diversionsspezialisten trafen aus dem »Großen Land« ein.

Parallel zur Gegenoffensive der Roten Armee bei Kursk, die am 12. Juli 1943 begann, hob der Dirigent den Stab zur Operation »Konzert«. Der »Schienenkrieg« hatte eine neue Dimension erreicht. In kurzer Zeit wurden mehrere hundert Kilometer Schienenwege zerstört, Knotenpunkte lahmgelegt, Bahnanlagen, Lokomotiven und Waggons vernichtet, wobei der Nachschub der deutschen Wehrmacht empfindlich getroffen wurde. Ein Dokument der Heeresgruppe Mitte sagte dazu: »Die Partisanen haben eine Operation von noch nie dagewesenem Ausmaß zur Desorientierung unserer Transporte durch planmäßige und überraschende Zerstörung unserer Bahnverbindungen vorgenommen.«

Die Absicht des Oberkommandos der Roten Armee, mit dieser Operation die Wehrmacht ernsthaft zu treffen, ging auf. Die Versorgung der Truppen geriet ins Stocken. Zwei Monate dauerte diese Operation. Mit dem Ende der Schlacht am Kursker Bogen reduzierten die Partisanen auf Befehl Moskaus ihre Aktivitäten gegen die Besatzer auf ein »normales Maß«.

Im Juli 1944, im Rahmen der Operation »Bagration«, wurde dieser »Schienenkrieg« im Hinterland der deutschen Heeresgruppe Mitte erneut für kurze Zeit aufgenommen.

Von einigen Historikern ist behauptet worden, die Entscheidung Stalins, in der Schlacht am Kursker Bogen erst die deutschen Angriffsgruppierungen in einer massiven, tief gestaffelten Verteidigungszone »ausbluten« zu lassen und dann erst anzugreifen, sei aufgrund der Informationen des Radó-Netzes zustande gekommen.

Diese Auffassung entspricht nicht dem tatsächlichen Sachverhalt. Die späteren Funksprüche von Radó bestätigten allerdings, dass das sowjetische Oberkommando die richtige strategische Entscheidung getroffen hatte.

Die Idee für dieses Vorgehen stammte von Shukow: »Ich halte es für unzweckmäßig, unsere Truppen in den nächsten Tagen zum Angriff übergehen zu lassen, um dem Gegner zuvorzukommen. Es wäre besser, wenn wir ihn durch unsere Verteidigung zermürben, seine Panzer vernichten und dann seine Hauptgruppierung unter Einsatz frischer Reserven im Generalangriff endgültig schlagen.«[11]

In der Nacht zum 12. April 1943 fand im Hauptquartier eine Besprechung statt, an der Stalin, sein 1. Stellvertreter Shukow, der Generalstabschef Wassilewski und dessen Stellvertreter Antonow teilnahmen. Es wurde entschieden, dass die sowjetischen Truppen vorläufig zur Verteidigung übergehen sollten. Bei dieser Beratung verhehlte Stalin nicht seine Besorgnis, ob die eigenen Truppen dem zu erwartenden massierten deutschen Panzerangriff würden standhalten können.

Wassilewski erinnerte sich seiner Entgegnung: »Aber wir lebten nicht mehr im Jahre 1941. Die Rote Armee war in Schlachten erstarkt, hatte große Kampferfahrungen gesammelt, verfügte über ausgezeichnete Waffen und Kampftechnik, und die Faschisten fürchteten uns. Die Bedenken wurden zerstreut. Eine gründliche Einschätzung der Lage und der möglichen Entwicklung der Ereignisse führte uns zu dem richtigen Entschluss, die Hauptanstrengungen nördlich und südlich von Kursk zu konzentrieren, den Gegner in einer Verteidigungsschlacht ausbluten zu lassen und ihn dann im Gegenangriff zu zerschlagen.«[12]

Ein gestaffeltes Verteidigungssystem, das eine Tiefe von teilweise bis zu 300 km einnahm und bis zur Steppenfront reichte, befand sich mit seinen pioniermäßig angelegten Stellungssystemen im Bau. Die Steppenfront bildete die Generalreserve des Hauptquartiers und sollte dann zum Einsatz kommen, wenn Gefahr drohte, dass die Deutschen die sowjetische Front durchbrechen. Zu ihr zählten die 5. Gardepanzerarmee unter P. A. Rotmistrow und die 5. Gardearmee unter A. S. Shadow, die damals zu den am besten ausgerüsteten und personell besetzten sowjetischen Armeen zählten. Weiterhin befanden sich dort Verbände, die bei Stalingrad gekämpft hatten. Solche mächtigen strategischen Reserven zusammenzuziehen und sie einem Frontoberkommando zu unterstellen, weist in der Kriegsgeschichte immer auf etwas Bedeutsames hin. Zu Beginn der Schlacht bei Kursk wurde I. S Konew Oberbefehlshaber der Steppenfront.

Stalin: »Ihre Front, die hinter der Zentral- *(Oberbefehlshaber K. K. Rokossowski – H. W.)* und der Woronesher Front *(Oberbefehlshaber N. F. Watutin – H. W.)* liegt, muss bereit sein, die Angriffe des Gegners abzuwehren und einen etwaigen Durchbruch in Richtung Orel und Belgorod verhindern. Darum ist Ihr Frontabschnitt gut auf die Verteidigung vorzubereiten, am Woronesh und am Don ist eine stattliche Verteidigungslinie zu errichten.«[13]

Eine besondere Rolle bei der Organisation der materiellen Sicherstellung der sowjetischen Fronten vor der Schlacht bei Kursk spielten die Rückwärtigen Dienste. Die vom Hauptquartier geplanten Handlungen der Fronten erforderten eine kolossale Arbeit zur materiell-technischen Sicherstellung. Allein an der Zentral- und Woronesher Front waren 1 330 000 Mann, etwa 3600 Panzer und Selbstfahrlafetten, 20 000 Geschütze und 3130 Flugzeuge konzentriert. Dazu kamen die strategische Reserve des Hauptquartiers, die Steppenfront, mit annährend 500 000 Mann und die entsprechende Ausrüstung. So standen den deutschen Offensivtruppen mit annährend 900 000 Soldaten etwa zwei Millionen Sowjetsoldaten gegenüber. Von diese Kräftemassierung hatte die deutsche Seite keine Ahnung. Vor allem war der deutschen Aufklärung die Konzentrierung der Steppenfront völlig unbekannt geblieben.

Da das sowjetische Hauptquartier – aufgrund der Funksprüche aus der Schweiz und der exakten eigenen Frontaufklärung – die Dislozierung und die an der Offensive beteiligten

Truppen und ihre waffentechnische Ausrüstung kannte, waren diese enormen Kräfte zusammengezogen worden. Die Stunde des Angriffs rückte immer näher. Das Radó-Netz reagierte:
»27.6.1943. An Direktor. Dringend.
Von Werther. Berlin, 21. Juni.
OKH nimmt Umgruppierung der Heeresgruppe Manstein vor. 4. Panzerarmee wird im Raum Charkow-Graiworon-Sumy-Lebedin-Achtyrka-Bguduchow-Charkow konzentriert. Umgruppierung bezweckt Gefährdung des Flügels der Roten Armee (Armee und Armeegruppe) für den Fall, dass sie aus Raum Kursk nach Westen Richtung Konotop angreift. Dora.«

24 Stunden vor Schlachtbeginn meldete sich »Werther« aus Berlin. Dieser Funkspruch erreichte das sowjetische Oberkommando aber erst fünf Tage *nach* Beginn der Schlacht:
»9.7.1943. An Direktor. Dringend.
Von Werther. Berlin, 4. Juli.
Die Deutschen stellen fest, dass die sowjetischen Truppen als Antwort auf die im Gang befindliche Umgruppierung der Armeen Mansteins starke motorisierte Kräfte im Raum Kursk und östlich Charkows zusammengezogen haben. Die Deutschen können nicht zulassen, dass westlich und südwestlich Kursk weitere sowjetische Truppen zusammengezogen werden, denn wenn Rote Armee an diesem Abschnitt die Offensive beginnt, gefährdet sie den ganzen Mittelabschnitt. Falls ein Angriff vorbereitet wird, müssen die Deutschen Präventivangriff einleiten, um der Offensive der Roten Armee zuvorzukommen, bevor sie sich entwickelt und im ganzen Zentralabschnitt deutsche Verteidigung bedrängt und 3. und 4. Panzerarmee zur Abwehr zwingt. Dora.«

Den genauen Angriffstermin erfuhr die sowjetische Seite auf folgende Weise: Bis zum 3. Juli 1943 war es aus sowjetischer Sicht an der Woronesher und der Zentralfront relativ ruhig. Am 4. Juli, 16.00 Uhr, führte die deutsche Front in einem breiten Abschnitt der Woronesher Front mit rund vier Bataillonen, die von Panzern sowie Artillerie- und Fliegerkräften unterstützt wurden, eine gewaltsame Aufklärung durch. Es gelang aber nicht, in die erste sowjetische Stellung einzudringen. Ein gefangengenommener Angehöriger der 168. Infanteriedivision sagte aus, die Truppen hätten Kaltverpflegung und Branntwein erhalten und sollten am 5. Juli zum Angriff übergehen.[14]

Die Nervenanspannung wuchs. Würde das eintreten, worauf man nun schon seit Monaten wartete? Skukow erinnerte sich später: »Gegen Abend des 4. Juli hielt ich mich im Stab Rokossowskis auf. Nach einem Gespräch mit Wassilewski, der sich im Stab Watutins befand, wusste ich bereits die Ergebnisse der Kämpfe gegen die Vorausabteilungen des Gegners im Raum Belgorod. Ich hatte erfahren, dass die früheren Mitteilungen eines kriegsgefangenen Soldaten der 168. Infanteriedivision über den Beginn der Offensive im Morgengrauen des 5. Juli bestätigt worden seien. Gemäß dem Plan des Hauptquartiers sollte die Woronesher und die Zentralfront eine Artillerie- und Fliegergegenvorbereitung durchführen.

Am 5. Juli wurde Rokossowski kurz nach 2.00 Uhr vom Oberbefehlshaber der 13. Armee, General N. P. Puchow, angerufen. Puchow meldete, ein gefangener Pionier der 6. Infanteriedivision habe ausgesagt, die Truppen stünden in Angriffsbereitschaft. Als wahrscheinlichen Angriffsbeginn nannte er den 5. Juli, 3.00 Uhr.«[15]

Laut Katukow, der sich auf den Frontstab der Woronesher Front beruft, handelte es sich bei dem Gefangenen um einen Slowaken, der zur Roten Armee übergelaufen wäre. Rokossowski, dem damals die 13. Armee und 48. Armee unterstanden, wusste zu berichten, das sowjetische Frontaufklärer im Streifen dieser Armeen deutsche Pioniere gefangennahmen, die beim Aufnehmen von Minen waren. Sie hätten ausgesagt, dass der Angriff auf 3.00 Uhr morgens angesetzt sei und die Truppen bereits ihre Ausgangsstellungen bezogen hätten.

Gegen 2.20 Uhr gab Shukow Befehl, mit dem Artillerieschlag zu beginnen.

Gegen 5.30 Uhr hatte sich die deutsche Seite vom Schreck erholt und begann mit dem Angriff. Allerdings musste Shukow im Nachhinein konstatieren, dass er sich von diesem Gegenschlag mehr versprochen hatte und meinte, den Befehl zu früh erteilt zu haben. Besser wäre gewesen, das Feuer 30 bis 40 Minuten später zu eröffnen. Man habe zwar den in den Schützengräben wartenden deutschen Angriffsverbänden große Verluste zugefügt, aber die deutsche Seite habe sich davon nicht beirren lassen. Die deutsche Feuerwalze richtete sich nun in zwei riesigen, keilförmigen Angriffsgruppierungen gegen die Zentralfront Richtung Kursk und gegen die Woronesher Front Richtung Belgorod.

Im Raum Belgorod entbrannte in der Richtung Obojan eine der blutigsten Schlachten des Krieges. Hunderte Flugzeuge, Panzer und Selbstfahrlafetten wurden auf beiden Seiten in den Kampf geführt. Die deutsche Seite war jedoch nicht in der Lage, die stabile Verteidigung der sowjetischen Truppen zu durchbrechen. Allein am 6. Juli verlor hier die Wehrmacht über 200 Panzer, Zehntausende Soldaten und etwa 100 Kampfflugzeuge. Die Verluste auf sowjetischer Seite waren ebenfalls hoch.

Am nächsten Tag gruppierte Manstein seine Truppen um und warf die Panzergrenadierdivision »Großdeutschland«, die SS-Panzerdivisionen »Adolf-Hitler«, »Totenkopf« und »Das Reich« in den Kampf. Diese Streitmacht richtete sich gegen die sowjetische 6. Gardearmee unter I. M. Tschistjakow und die 1. Panzerarmee unter M. J. Katukow. Beide Armeen hatten die Rolle eines Schutzschildes in der Hauptstoßrichtung übernommen. Katukows Panzerarmee zählte bei Schlachtbeginn 631 Panzer, nach Beendigung der Verteidigungsgefechte am 14. Juli noch 500.

Schon in den ersten acht Tagen wurde sichtbar, das dass OKW die Gefechtsstärke seiner Truppen zu hoch bewertet und die Potenzen der Sowjettruppen unterschätzt hatte. Die Erwartung, mit den neuen Panzern »Tiger« und »Panther« sowie der Selbstfahrlafette »Ferdinand« einen entscheidenden Vorteil zu besitzen, erfüllten sich nicht. Die Absicht, die sowjetischen Truppen mit zwei Rammstößen der Panzerverbände zu überraschen und damit die Führung zu desorientieren, ging nicht auf.

Es zeigte sich, dass Rokossowski an seiner Zentralfront die Verteidigung und auch die Gegenangriffe besser und kompakter organisiert hatte. Da die sowjetische Infanterie mit ihren 45-mm-Kanonen die Panzerung der »Tiger« und »Panter« nicht durchschlagen konnte, musste aus kurzer Entfernung auf die Ketten gefeuert werden. Nur so war ihnen beizukommen.

Am 11. Juli brach einer der stählernen deutschen Rammstöße in sich zusammen. Nach sechs Tagen pausenloser Angriffe hatten die deutschen Truppen nur sechs bis zwölf Kilometer in die sowjetische Verteidigung eindringen können. Rokossowski brachte am 12. Juli mit einem Blitzangriff seiner 48., 13. und 70. Armee die deutschen Truppen ins Wanken und warf sie in ihre Ausgangspositionen zurück. Er benötigte keine Reserven des Hauptquartiers.

Zur gleichen Zeit trat der rechte Nachbar der Zentralfront, die Brjansker Front, zur Offensive an. Damit musste sich die deutsche Heeresgruppe Mitte unter Generalfeldmarschall von Kluge auf eine zweite Front einstellen. An Angriff war nun nicht mehr zu denken. Kluge dazu: »Der Stab der Heeresgruppe ist sich darüber klar, dass die ursprüngliche Absicht, dem Gegner beim Rückzug möglichst viele Schläge zu versetzen, jetzt nicht mehr zu verwirklichen ist, wenn man bedenkt, dass die Truppe viel von ihrer Kampfkraft eingebüßt hat und übermäßig erschöpft ist. Jetzt kommt es darauf an, den Orel-Bogen möglichst schnell zu räumen.«

An der Woronesher Front war die Lage für die sowjetischen Truppen kritisch. Dort war es Generalfeldmarschall von Manstein gelungen, mit seinen Angriffsverbänden bis 35 Kilometer tief in die sowjetische Verteidigung einzudringen.

Manstein hatte am 10. Juli seine Hauptkräfte umgruppiert und sie an einem schmalen Angriffsabschnitt in Richtung Prochorowka zusammengezogen. Dort glaubte er geschwächte sowjetische Truppen vorzufinden, die er meinte überrennen zu können. Für die deutsche Seite völlig überraschend tauchten wie aus dem Nichts im Gefechtsstreifen der 1. Panzerarmee und der 6. Gardearmee zwei neue Armeen auf: die 5. Gardearmee unter A. S. Shadow und die 5. Gardepanzerarmee unter P. A. Rotmistrow. Sie wurden in den Morgenstunden des 12. Juli in den Kampf geführt. Die 5. Gardepanzerarmee verfügte über 800 Panzer und hatte eine große Anzahl Selbstfahrlafetten in ihrem Bestand.

Die deutsche Seite besaß in den Richtungen Obojan und Prochorowka eine ähnlich starke Streitmacht, aber der Kampfgeist der Truppen war in den vergangenen Gefechten gegen die 1. Panzerarmee, die 6. und 7. Gardearmee erschüttert worden.

Den ganzen 12. Juli über kämpften an der Woronesher Front Panzersoldaten, Artilleristen, Schützen und Flieger. Besonders erbittert tobte die Schlacht in der Richtung Prochorowka, wo die 5. Gardepanzerarmee unter General P. A. Rotmistrow am erfolgreichsten operierte.[16] Rotmistrow galt als »geistiger Vater« der neu strukturierten sowjetischen Panzerarmeen.[17]

An jenem Tag fand dort die größte Panzerbegegnungsschlacht der Geschichte statt. Wassilewski sprach von einem »wahrhaft titanischen Duell zweier stählerner Armaden. Bis zu 1200 Panzer waren daran beteiligt. Das Schlachtfeld war in Staub und Rauch gehüllt; in diesem Inferno brannten Hunderte von Panzern aus. Das 29. Panzerkorps Rotmistrows verlor 60 Prozent und das 18. Korps 30 Prozent seiner Panzer. Diese Panzerschlacht brachte aber auch die Wende in den Kämpfen um Kursk. Ausgeblutet und tief in ihrem Glauben an den Sieg erschüttert, gingen die deutschen Truppen allmählich zur Verteidigung über.«

Der Militärhistoriker Görlitz schätzte die schweren Verluste der Heeresgruppe Süd wie folgt ein: »Zwischen dem 10. und 15. Juli gelang es Generalfeldmarschall von Manstein, mit seinen Angriffsverbänden die Wasserscheide zwischen Donezk, Psjol, Sejm, und Worska zu erreichen, dann erlahmten auch hier die Kräfte. Auf den Höhen bei Schebekino und am Wald von Gorki kam der Angriff zum Stehen. General Konew sprach später vom ›Schwanengesang der deutschen Panzerwaffe‹. Die letzten angriffsfähigen Verbände brannten zu Schlacke aus, der Panzerwaffe war das Genick gebrochen.«[18]

Am 16. Juli stellte das OKH die Angriffe endgültig ein und begann die rückwärtigen Einrichtungen zu verlegen. Einen Tag später begann der allgemeine Rückzug.

Shukow: »Mit der Zerschlagung der gegnerischen Hauptgruppierung im Raum Kursk schufen wir die Voraussetzungen für die darauf folgenden groß angelegten Angriffsoperationen der sowjetischen Truppen zur restlosen Vertreibung der Okkupanten von unserem Territorium und auch zur Befreiung Polens, der Tschechoslowakei, Ungarns, Jugoslawiens, Rumäniens und Bulgariens sowie zur endgültigen Niederwerfung des deutschen Faschismus.«[19]

Und was hatte das Radó-Netz aus der Schweiz zu melden?
»10.7.1943. An Direktor. Dringend.
Von Werther. Berlin, 6. Juli.

a) Ein deutscher Präventivangriff auf die sowjetische Truppenkonzentrationen südlich Kursk war von Deutschen erwogen, aber noch nicht befohlen worden, als massiver sowjetischer Gegenangriff am 5. 7. gegen lokalen deutschen Vorstoß bei Tomorowka einsetzte. Die Deutschen machten dort am 4. 7. nur gewaltsame Aufklärung mit einer Division. Sie befürchteten eine ähnliche Entwicklung zwischen Welikije Luki und Dorogobush.

b) Nach Feststellung des Umfangs der sowjetischen Angriffe zwischen Charkow und Kursk gab OKH der 2. Armee Befehl zum Entlastungsangriff im Abschnitt Kursk. Am 6. 7. waren die Kampfhandlungen für das OKH noch immer Abwehrschlacht. Im Gegenangriff kommen Reserven zum Einsatz, die hauptsächlich über Charkow, Lebedin, Konotop herangeführt werden. Dabei werden die Reserven sparsam eingesetzt, nur genau nach Maßgabe des sowjetischen Einsatzes. Dora.«

Ein Funkspruch vom 7. Juli machte deutlich, dass die deutsche Heeresleitung von irrealen Vorstellungen ausging und ihre Strategen immer noch glaubten, die sowjetische Seite sei zu Offensivhandlungen im Kursker Raum unfähig.

»11.7.1943. An Direktor. Dringend.
Von Werther. Berlin, 7. Juli.

OKH führte heute entscheidenden Angriff gegen Kursker Gruppierung Roter Armee mit dem Ziel, Kursk einzukreisen. Eingesetzt wurden die gesamte 4. Panzerarmee und ein Teil der 3. Panzerarmee, die gegenwärtig in voller Stärke Richtung Brjansk zusammengezogen wird. OKH hat vor allem Absicht, Überlegenheit in Richtung Kursk sicherzustellen.

Weitere Entwicklung der Schlacht hängt davon ab, ob Oberkommando der Roten Armee Angriff im Raum Kaluga und Smolensk beginnt, also davon, ob zulässig ist, dass fast die Hälfte aller deutscher Panzerdivisionen zwischen Orel und Woltschansk zusammengezogen wird. Um den Erfolg abzusichern, setzt deutsches Oberkommando den größten Teil der Reserven der Heeresgruppe Manstein, die kontinuierlich über

Charkow herangeführt werden, in den Kämpfen ein. Oberkommando sieht rechten Flügel und zentralen Abschnitt der Heeresgruppe Manstein nicht gefährdet.

Deutsche Führung hält Lage auf der Linie Orel-Bransk derzeit für weniger riskant, weil

a) die sowjetische Führung kaum eine Großoffensive vor der Aktivierung der angloamerikanischen Front in Europa einleitet,

b) Deutschland an der sowjetisch-deutschen Front sowieso nichts mit passiver Verteidigung gewinnen kann und deshalb gezwungen ist, aktiv zu werden. Dora.«

In der kapitalen Fehleinschätzung des OKW, die davon ausging, dass die sowjetische Seite nicht in der Lage sein würde, die Linie Orel-Bransk anzugreifen und nur dann aktiv werden würde, wenn die Westalliierten die zweite Front eröffneten, wurde die Stärke der Roten Armee in diesem Bereich nicht beachtet. Mehr noch, diese Fehleinschätzung des OKW bewies einmal mehr, dass man tatsächlich keine näheren Angaben über den Umfang der in diesem Raum konzentrierten Kampfverbände und Reserven des sowjetischen Hauptquartiers besaß.

Am 23. Juli wurde im Bogen Orel-Kursk-Belgorod der Zustand von vor dem 5. Juli wiederhergestellt. Seit jenem Zeitpunkt nahmen die sowjetischen Angriffe an den unterschiedlichen Frontabschnitten an Stärke zu. Ende Juli drohte die Einschließung einer großen deutschen Truppenkonzentration im Raum Orel. Zu dieser für Hitler verhängnisvollen Situation meldete »Werther« aus Berlin:

»7.8.1943. An Direktor. Dringend.

Von Werther. Berlin, 30. Juli.

Die deutschen Verteidigungsstellungen bei Orel, zwischen Oka und Don, sind auseinandergefallen, weil die Deutschen nicht genügend Feuerkraft und Munition besaßen, das vernichtende Feuer der Artillerie abzuwehren. Um die Einkreisung des Orel verteidigenden deutschen Korps zu verhindern, befahl Kluge den Panzern und der motorisierten und Feldartillerie stufenweise Rückzug zur Absicherung der Verbindung Orel-Brjansk. Zwischen Karatschow und Orel steht noch ein Korps, dem von Norden Gefahr droht, hauptsächlich bei Chotynez. Um Katastrophe zu vermeiden, zog sich die Infanterie unter Deckung durch einen starken Panzerkeil allmählich entlang der

Bahnstrecke zurück. Ab 24. Juli ist sowjetischer Angriff langsamer. Nach Meinung deutscher Führung erstrebt sowjetische Führung keine schnelle Lösung des Problems Orel, um möglichst viele deutsche Reserven aufzureiben. Die Deutschen waren von dieser Taktik überrascht. Dora.«[20]

Sowjetischerseits gruppierte man die Kräfte in ausgewählten Stoßrichtungen um und orientierte sie auf die Befreiung großer Städte. Am 5. August wurde Orel befreit. Charkow erlebte die Befreiung am 23. August. Moskau schoss Salut.

Plötzlich hatte die deutsche militärische Führung andere Sogen. Kursk war vergessen. Es musste gerettet werden, was noch zu retten war. Die Wehrmacht war erneut in eine große Katastrophe geraten: Von den 50 Divisionen, die bei Kursk eingesetzt worden waren, waren 30 zerschlagen. In den neun Wochen tobenden Kämpfen verlor die Wehrmacht nach deutschen Angaben über eine halbe Million Soldaten und Offiziere. Eine besonders schwere Niederlage brachten die sowjetischen Truppen den Panzerverbänden bei. Von 20 Panzer- und Panzergrenadierdivisionen, die an der Schlacht bei Kursk teilnahmen, wurden sieben zerschlagen, die anderen trugen schwere Verluste davon.

»Die drei gewaltigen Schlachten bei Kursk, Orel und Charkow, die innerhalb von zwei Monaten ausgefochten wurden, bedeuteten den Ruin der deutschen Armeen im Osten«, schrieb Churchill später in seinen Memoiren.

Der Oberbefehlshaber der Heeresgruppe Süd, von Manstein, musste das Scheitern der deutschen Strategie bei Kursk eingestehen: »Frühjahr und Sommer 1943 haben auf dem Ostkriegsschauplatz unter dem Zeichen der Operation ›Zitadelle‹ gestanden. Sie ist der Versuch gewesen, deutscherseits im Osten die Vorhand zu bewahren. Mit ihrem Abbruch, der einem Fehlschlag gleichzusetzen war, ist die Initiative endgültig auf die sowjetische Seite übergegangen. Insofern stellt ›Zitadelle‹ einen entscheidenden Wendepunkt im Ostkrieg dar.«[21]

Der deutsche »ungekrönte Panzerkönig«, Guderian, damals Generalinspektor der deutschen Panzertruppen, schloss: »Die mit großer Mühe aufgefrischten Panzerkräfte waren durch die schweren Verluste an Menschen und Gerät auf lange Zeit verwendungsunfähig. Selbstverständlich nutzten die Russen ihren

Erfolg aus. Die Ostfront kam nicht mehr zur Ruhe. Die Initiative war endgültig auf den Gegner übergegangen.«[22]

Auffallendes Moment der Kursker Schlacht war, dass die Angriffskraft der sowjetischen Truppen auch in der Phase des vermeintlich passiven Verhaltens wuchs. Während der Schlacht bei Moskau im November/Dezember 1941 waren es zwei, im Winter 1942/1943 bei Stalingrad drei und bei Kursk waren es fünf Fronten, die an den Kampfhandlungen beteiligt waren. Für die Gegenoffensive bei Kursk war bezeichnend, dass an ihr alle fünf Panzerarmeen, die es damals in der Roten Armee gab, und 22 Armeen unterschiedlicher Strukturierung teilnahmen.

Welchen Stellenwert hatte die sowjetische Aufklärung, eingeschlossen das Radó-Netz in der Schweiz, in Bezug auf Vorbereitung, Verlauf und Sieg in der Kursker Schlacht?

Im Jahre 1970 veröffentlichte der Marschall der Sowjetunion Georgij K. Shukow in der Zeitschrift *Kommunist* einen Artikel, der den Titel »Der ruhmreiche Sieg der Sowjetunion und die Ohnmacht der Geschichtsfälscher« trug. Dort hieß es: »Um die Bedeutung des Sieges der Sowjetarmee zu verwischen, wärmen einige bundesdeutsche Historiker die alte faschistische Behauptung vom ›Verrat hinter der Front‹ als Grund für die Niederlage der Wehrmacht wieder auf, ›Moskau siegte durch Spione‹« – in diesem Geist stellen sie die Geschichte der Kursker Schlacht dar. Was können wir dazu sagen?

Im Frühjahr 1943 wurden uns dank der brillanten Arbeit der sowjetischen Kundschafter zahlreiche wichtige Angaben über die Gruppierung der deutschen Truppen vor der Sommeroffensive bekannt. Nachdem wir diese Angaben analysiert hatten und mit den Oberbefehlshabern der Woronesher und der Zentralfront sowie dem Generalstabschef A. B. Wassilewski diskutiert hatten, konnten wir aus den wahrscheinlichen Plänen des Gegners Schlussfolgerungen ziehen, die sich später als richtig erwiesen. Unter Beachtung dieser Schlussfolgerungen arbeiteten wir unseren Plan für die Kursker Schlacht aus, der sich gleichfalls als vollauf zweckdienlich erwies. Zuerst ermüdeten die sowjetischen Truppen den Gegner in Abwehrkämpfen, dann gingen sie zur Gegenoffensive über und zerschlugen seine Heeresgruppen. Aber die gute Arbeit der Aufklärung allein können wir nicht als den entscheidenden Faktor für den Sieg am

Kursker Bogen ansehen. Wer die Strategie auch nur ein wenig kennt, versteht, woraus sich der Erfolg im Krieg zusammensetzt: sichere Beurteilung der Gesamtsituation, richtige Wahl der Hauptstoßrichtung, eine gut durchdachte Kampfordnung der Truppen, exakte Zusammenarbeit aller Waffengattungen, hohes Bewusstsein und hohe Qualifikation der Kämpfer, ausreichende materielle und technische Sicherstellung, eine entschlossene und flexible Führung, modernes Manövrieren und vieles andere ist notwendig, um den Sieg zu erringen.

Das alles zusammen bildet die Kunst der modernen Kriegsführung. Nur dadurch, dass sich die Kommandeure und Kämpfer auf allen Ebenen diese Kunst angeeignet hatten, konnten sie den herausragenden Erfolg bei Kursk erringen. Somit wurde unser Sieg sichergestellt durch die Erfahrungen aller Kommandeure, die sorgfältige Vorbereitung auf die Schlacht, die entschlossene Verwirklichung des Planes und den Massenheroismus der Kämpfer der Sowjetarmee.

Die gut funktionierende Aufklärung war ein Faktor in der Gesamtheit der Ursachen für den Erfolg dieser gigantischen Schlacht.«

Anmerkungen

1 Alexander M. Wassilewski: Sache des ganzen Lebens, Berlin 1977, S. 302
2 Alexander N. Saburow: Partisanenwege, Berlin 1982, S. 210
3 a.a.O., S. 211
4 Sándor Radó. Dora meldet. Berlin 1974, S. 419
5 Waldemar Erfurth: Die Geschichte des deutschen Generalstabes von 1918–1945, Frankfurt am Main 1957, S. 304
6 Geschichte des Großen Vaterländischen Krieges 1941–1945, Berlin 1963, Bd. 3, S. 292
7 Wilhelm F. Flicke: Agenten funken nach Moskau, Kreuzingen 1954, S. 298
8 Sándor Radó: Dora …, a.a.O., S. 416
9 Die Organe der SMERSCH nutzten folgenden Umstand zur massiven Desorientierung und Irreführung der deutschen Wehrmachtführung: Die deutsche militärische Abwehr schickte eine Vielzahl von Aufklärungstrupps mit leicht handhabbaren Funkgeräten im Operations- und Hinterland der Roten Armee zur Vorbereitung des Unternehmens »Zitadelle«. Die meisten dieser Gruppen stellten sich sofort den sowje-

tischen Frontsicherheitsorganen. Sie sendeten dann unter ihrer Kontrolle, desinformierende Nachrichten an die deutsche Seite. So wurde keine einzige Information über Formierung der Steppenfront gefunkt, was fatale Folgen für die Deutschen hatte.
10 S. S. Ostrajakow: Militärtschekisten, Berlin 1979, S. 166 ff.
11 Georgi K. Shukow: Erinnerungen und Gedanken, Berlin 1976, Bd. II, S. 140
12 Alexander M. Wassilewski: Sache des ganzen Lebens, Berlin 1977, S. 297
13 Iwan S. Konew: Aufzeichnungen eines Frontoberbefehlshabers 1943/44, Berlin 1972, S. 13
14 Alexander M. Wassilewski: Sache ..., a. a. O., S. 306
15 Georgi K. Shukow: Erinnerungen ..., a. a. O., Bd. II, S. 173
16 ebenda
17 Mitte Januar 1943 vermittelte der Chef der Panzer- und mechanisierten Truppen im Volkskommissariat für Verteidigung, Generaloberst Federenko, in Verbindung mit dem Generalstab der Roten Armee ein Gespräch zwischen Stalin und dem Kommandeur des 3. Gardepanzerkorps, Generalleutnant Rotmistrow. Dieser war von der Südfront eingetroffen und hatte Vorschläge für den effektiveren Einsatz der Panzertruppen ausgearbeitet. Der Stellvertreter des Generalstabschefs für Organisationsfragen, F. J. Bokow, nahm an diesem Gespräch mit Stalin teil. Stalin empfing Rotmistrow mit den Worten: »Nun, erzählen Sie, wie Sie Manstein geschlagen haben?« Rotmistrow war mit seinem Panzerkorps gegen die Gruppierung der Deutschen eingesetzt worden, die von Manstein kommandiert worden war und die 6. Armee bei Stalingrad aus der Einkesselung entsetzen sollte. Rotmistrow hatte bei diesem Einsatz auf Schützeneinheiten verzichtet und konnte dadurch sein Angriffstempo und die Stoßkraft erhöhen. Die Diskussion mit Stalin dauerte zwei Stunden. Rotmistrow schlug vor, einer Panzerarmee zwei Panzer- und ein mechanisiertes Korps, ein Panzerartillerieregiment und Flakartillerie einzugliedern. Stalin fragte Rotmistrow, ob er sich traue, eine solche neustrukturierte Panzerarmee zu befehligen. Dieser bejahte. Rotmistrow übernahm die 5. Gardepanzerarmee. Am 28. Januar 1943 gab es für diese neue Struktur einen Beschluss des Staatlichen Verteidigungskomitees. Rotmistrow wurde nach der Schlacht um Kursk und der Befreiung Charkows Generaloberst und im Februar 1944 der erste Marschall der Panzertruppen der Sowjetarmee.
18 Walter Görlitz. Der Zweite Weltkrieg, Berlin 1961, S. 208
19 Georgi K. Shukow: Erinnerungen ..., a. a. O., Bd. II, S. 171
20 Sándor Radó: Dora ..., a. a. O., S. 312 ff. (Es betrifft alle Funksprüche, die als Vergleich herangezogen wurden)
21 Erich von Manstein: Verlorene Siege, Bonn 1955, S. 473
22 Hans Guderian: Erinnerungen eines Soldaten, Heidelberg 1951, S. 283

22. Operation »Heureka«

Am 19. Dezember 1943 stand in der *Prawda* eine Meldung über eine Pressekonferenz, die der US-Präsident nach seiner Rückkehr aus Teheran gegeben hatte. Roosevelt teilte dort mit, er habe in der sowjetischen Botschaft gewohnt, um Fahrten in die Stadt zu vermeiden, da Stalin von einem Anschlag der Faschisten auf die Konferenz Kenntnis erhalten hatte.

Von einer Reihe Historiker wurde diese Aussage so interpretiert: Stalin hätte diese »Verschwörungstheorie« erfunden, um Roosevelt und Churchill besser unter Kontrolle zu haben.

Hatte Stalin gebluftt?

Roosevelt und Churchill hatten im August 1943 ein Treffen der »Großen Drei« in Kairo oder Bagdad vorgeschlagen. Stalin waren diese Orte nicht genehm, er schlug stattdessen Teheran vor. Anfang Oktober willigte Roosevelt ein, nach Teheran zu kommen und schlug als Konferenztermin Ende November 1943 vor. Die britische und die sowjetische Seite stimmten zu. Es wurde strengste Geheimhaltung vereinbart. Trotzdem kamen die Deutschen dahinter. Heinz Felfe, der zu jener Zeit das Referat VI B3, Schweiz/Liechtenstein, im RSHA leitete, schrieb 1986, dass er über »Cicero« davon Kenntnis erhielt.[1] Wer war »Cicero«?

Ein Albaner namens Eliaza Bazna, persönliche Kammerdiener des britischen Gesandten in der Türkei, Sir Hughe Montgomery Knatchbull-Hugessen (1886–1971). Bazna meldete sich als Selbstanbieter bei der deutschen Botschaft in Ankara und war bereit, für 300 000 Pfund, etwa 4,6 Millionen Reichsmark, geheime Dokumente des Gesandten abzulichten, die dieser unter persönlichem Verschluss hielt.

Der in der Botschaft eingebaute SS-Obersturmführer im Amt VI des RSHA, Ludwig Moyzisch, stimmte nach Absprache mit Berlin zu, und zahlte den geforderten Preis. Allerdings handelte es sich bei der Mehrheit der Banknoten um Blüten. Im Oktober 1943, etwa zu dem Zeitpunkt, wo sich die

»Großen Drei« über Ort und Zeit ihres Treffens geeinigt hatten, trat »Cicero« in deutsche Dienste. Er lieferte alles, was ihm vor die Linse kam, darunter auch das, was Teheran betraf. Mit dieser Quelle hatte sich den Deutschen eine wahre Fundgrube erschlossen.

Was aber steckte nun hinter der vermeintlichen sowjetischen »Verschwörungstheorie«?

Im Jahre 1964 gab der in Madrid lebende Österreicher Otto Skorzeny (1908–1975), zuletzt SS-Obersturmbannführer und 1948 aus deutscher Haft geflohen, in einem Interview mit einem Korrespondenten des Pariser *Le Figaro* auf eine entsprechende Frage folgende Auskunft: »Von allen amüsanten Geschichten, die über mich erzählt werden, sind diejenigen am amüsantesten, die von Historikern geschrieben worden sind. Sie behaupten, während der Konferenz von Jalta hätte ich mit meinem Trupp Roosevelt entführen sollen. Hitler hat mir das niemals befohlen. Ich will Ihnen jetzt die Wahrheit sagen: In Wirklichkeit hatte mir Hitler befohlen, Roosevelt während der vorhergehenden Konferenz in Teheran zu entführen (oder zu töten). Aber aus verschiedenen Gründen ließ sich die Sache nicht erfolgreich deichseln.«

Die politische und militärische Lage im Iran stellte sich damals für die deutsche Seite als sehr kompliziert und ungünstig dar. Nachdem sowjetische und britische Truppen am 25. und 26. August 1941 im Gebiet von Teheran stationiert worden waren und am 29. Januar 1942 zwischen der Sowjetunion, Großbritannien und dem Iran ein militärpolitisches Bündnis geschlossen worden war, sank der Einfluss Deutschlands bis 1943 auf Null. Die Sowjetunion und Großbritannien erhielten das Recht, sowohl gegen Deutsche als auch gegen die »Fünfte Kolonne« im Iran vorzugehen. Die mit deutscher Unterstützung dort operierende »Arabische Brigade« zog sich daraufhin in die Kaukasusregion zurück.

Im März 1941 hatte Admiral Canaris eine »Geheime Kommandosache« über »Geplante Maßnahmen des Amtes Ausland/Abwehr im Vorderen Orient« vorgelegt. Darin wurde der Ausbau des Spionagenetzes in der Türkei, in Ägypten, Palästina, Jordanien, Irak und Iran gefordert. Im Vordergrund standen dabei geheime Operationen zur Forcierung von Sabotage und Protesten gegen Großbritannien. Die Abwehr II (Diversion) begann im Juni 1941 mir Sabotageaktionen (Unternehmen »Alina«). Ziel war die Zerstörung der Erdölraffinerie von Abadan, um die Versorgung der britischen Flotte in Nahost als auch der englischen Landstreitkräfte zu stören. Die Operation scheitert. Im August 1941 gingen sowjetische und britische Streitkräfte gegen Kollaborateure vor, um die drohende Einbeziehung des Iran in das Kriegslager der faschistischen Achsenmächte zu verhindern. Das profaschistische iranische Kabinett trat daraufhin zurück.

Im April 1942 nahm der Major der Abwehr Julius Schulze-Holthus als Konsularsekretär in Täbris im Iran seine geheimdienstliche Tätigkeit auf. Er versuchte, einheimische Kollaborateure und russische Emigranten gegen Großbritannien und die Sowjetunion zu mobilisieren. Im August 1942 scheiterte ein Komplott der deutschen Abwehr gegen britische Einrichtungen. Bei Julius Schulze-Holthus wurden 50 Kilogramm Sprengstoff gefunden. Trotz diplomatischer Immunität wurde Schulze-Holthus verhaftet, konnte aber Ende des Jahres aus der Haft entfliehen. Er kaufte den iranischen Korpskommandeur von Isfahan, General Zahidi, für antisowjetische und antibritische Aktionen. Ab Ende 1942 wurden die Aktionen der Abwehr und des SD-VI, Ausland, im Iran gegen Großbritannien und der Sowjetunion koordiniert. Schulze-Holthus avancierte zum »Militärberater« rebellierender Stämme. Im Verlaufe des Jahres 1943 gingen die deutschen Aktivitäten im Iran zurück, laut Schellenberg verharrte ein Teil des Agentennetzes tatenlos.

Anfang September starteten die Abwehr II und der SD-Ausland von der Türkei aus eine Aktion, bei der mehrere Agentengruppen mit Fallschirm in verschiedenen Gebieten Irans abgesetzt wurden. Sie sollten Sabotageakte gegen die Eisenbahn und das Straßennetz verüben. Die Agenten wurden liquidiert. Die iranische Regierung erklärte Hitlerdeutschland den Krieg mit der Begründung, »dass deutsche Agenten in beträchtlicher Zahl abgesetzt worden seien«.

Die sowjetische Seite hatte seit Ende 1942 im Iran eine Reihe qualifizierter Geheimdienstmitarbeiter zum Einsatz gebracht, die sowohl bei den sowjetischen Besatzungstruppen als auch in der sowjetischen Botschaft angesiedelt waren. Auffallend war die Konzentration von solchen Mitarbeitern, die gut deutsch sprachen und über ausreichende Erfahrungen im Umgang mit deutschen Geheimdiensten verfügten. Darunter befand sich auch Alexander M. Korotkow, der unter dem Decknamen Alexander Erdberg in Deutschland die »Rote Kapelle« mit aufgebaut hatte. Auch deutsche Antifaschisten wie der Spanienkämpfer Gustav Roebelen (1905–1967) kooperierten mit sowjetischen Geheimdienstmitarbeitern. Ihr Auftrag bestand nicht nur darin, mitzuhelfen deutsche Agentenringe im Iran zu zerschlagen, sondern auch den Versuch zu unternehmen, aus diesem Kreis Anwerbungen vorzunehmen.

Symbolisch für die Zerschlagung der deutschen Agentennetze im Iran war die Festnahme von Julius Schulze-Holthus im Oktober, der mit Zustimmung der Sowjets den Engländern überstellt wurde.

Die Sicherheitslage hatte sich seit Mitte 1943 im Iran so stabilisiert, dass sowohl die sowjetische als auch die britische Seite keine Bedenken gegen ein Treffen der »Großen Drei« in Teheran hatte.

Die Russen – zusammen mit den Briten für die Sicherheit dieser Konferenz zuständig – gaben dieser Konferenz die Deckbezeichnung »Heureka«.

Wie kam es dazu, dass sich »die Sache« für den deutschen Dienst »nicht so erfolgreich deichseln ließ«, wie Skorzeny anmerkte?

Es gab zwei Linien, über die die sowjetische Seite erfuhr, dass die Deutschen einen Anschlag auf das Gipfeltreffen planten. Die eine Quelle war Nikolai I. Kusnezow alias Paul Siebert. Kusnezow, wir erinnern uns, war ein versierter Mitarbeiter der sowjetischen Staatssicherheit, der im Hinterland der deutschen Truppen eingesetzt war. Er soll als Oberleutnant der deutschen Luftwaffe von einem deutschen Geheimdienstmitarbeiter in Rowno, der bei ihm einen »Haufen Schulden« hatte und diese mit persischen Teppiche abzahlen wollte, wenn er aus Teheran zurückkehre, über die beabsichtigte Iran-Operation erfahren haben.

Wahrscheinlicher ist eine andere Version: Kusnezow/Siebert war im Dezember 1942 nachweislich an einer Operation beteiligt, bei der zwei hohe deutsche Nachrichtenoffiziere gefangen genommen wurden. Sie befanden sich auf der Chaussee Winniza-Kiew. Kusnezow trat als deutscher Offizier und Dolmetscher in Erscheinung und vermochte detaillierte Angaben zum Objekt »Werwolf« und zu dessen Verbindung zum Objekt »Maybach«, dem Sitz des OKH in Wünsdorf, zu gewinnen. Später wurde diese Telefonleitung von sowjetischen Spezialisten »angezapft«. Kusnezow fungierte dabei vor Ort wiederum als Übersetzer.

Ein Telefonat, das Skorzeny, der sich dienstlich in Winniza aufhielt, mit Schellenberg führte, berührte auch die deutsche Operation in Teheran und nahm Bezug auf Skorzenys Einsatzkräfte, die bei Winniza ausgebildet wurden.

Diese Information sei sofort nach Moskau gefunkt worden. Als Quelle/Übersetzer war »Kusnezow« angegeben.

Die zweite Linie betraf eine Quelle, die direkt an der logistischen Vorbereitung der Operation in Teheran beteiligt war.

Anfang der 30er Jahre war es der Auslandsaufklärung der sowjetischen Staatssicherheit (INO) gelungen, einen ihrer Mitarbeiter als Wolgadeutschen ins Reich zu übersiedeln. Dieser Mitarbeiter wird in der sowjetischen Spionageliteratur als Ilja Swetlow bezeichnet.[2] Swetlow nahm die Identität eines gleichaltrigen Deutschen an, mit dem er großgeworden war und dessen Onkel in Deutschland wohnte. Der wahre Swetlow und dessen Eltern waren bei einer Hungerkatastrophe 1932 ums Leben gekommen.

Der Onkel in Deutschland ermöglichte ihm zu studieren, und Swetlow geriet wegen seiner Russischkenntnisse bald in das Blickfeld der Abwehr, die ihn nach dem Studium einstellte. Swetlow bearbeitete den Nahen Osten, insbesondere den Iran. Wiederholt weilte er über einen längeren Zeitraum im Lande.

Im November 1943 wurde er zum Leiter des SD-Ausland, Walter Schellenberg, befohlen. Nachdem sich Schellenberg vergewissert hatte, dass Swetlow noch über intakte Verbindungen zum Iran verfügte, erläuterte er den Auftrag, den Swetlow erfüllen sollte: »Wir haben Sie in eine Operation eingeschaltet; deshalb werde ich offen mit Ihnen reden. In nächster Zeit wollen sich in Teheran Roosevelt, Churchill und Stalin treffen. Unsere Aufgabe besteht darin, diese Begegnung zu vereiteln. Ein erfolgreicher Ausgang unseres Vorhabens kann sich günstig auf den Kriegsverlauf auswirken. An der Operation ist der Führer selbst interessiert. Die Hauptrolle bei der Operation werden ein paar Offiziere übernehmen. Wir setzen Sie mit Fallschirmen dort ab, wo sich der Stamm Ihres Scheichs aufhält, und der (Pole) wird Sie in Teheran verbergen, nachdem sie die Offiziere vom Scheich abgeholt haben.«[3]

Bei dem Scheich handelte es sich um einen Kurden, dessen Stamm in der Nähe der türkischen Grenze lebte. Dieser hatte in Deutschland studiert, und Swetlow hatte ihn im Auftrag der Abwehr bereits in Deutschland kontaktiert. Bei seinen Aufenthalten im Iran hatte er diese Beziehung vertieft und ihn in Aktionen der Abwehr einbezogen.

Der »Pole« war ein Deutscher, der mit einem polnischen Namen als Emigrant im Iran vom SD-Ausland zum Einsatz gebracht worden war.

Schon am nächsten Tag reiste Swetlow mit Diplomatenpapieren nach Bern. Dort traf er sich mit dem Leiter der KO-Schweiz, Hans Meisner, den er unter dem Decknamen »Lindenblatt« kannte. Von diesem erhielt er einen Pass, der auf den Namen eines Schweizers Kaufmanns ausgestellt war. Gleichzeitig bekam er eine größere Summe Schweizer Franken und englische Pfund. Von dort reiste er mit dem Zug weiter.

Nach seiner Ankunft in Teheran informierte Swetlow über seinen Verbindungsweg die sowjetische Seite und per Funk Berlin. Dann stellte er den Kontakt zum »Polen« her. Dieser beabsichtigte, die avisierten Fallschirmspringer im Haus eines Scheichs in Teheran unterzubringen, der Sympathien für Deutschland hegte.

In Moskau entschied der Leiter der Auslandsaufklärung, Pawel M. Fitin (1907–1971), dass einer seiner Stellvertreter und ein Mitarbeiter, der Swetlow persönlich kannte, nach Teheran fliegen und vor Ort alles Weitere besprechen sollten. Erst danach wurde Stalin informiert.

Als Moskau noch diskutierte, war Swetlow bereits auf dem Weg ins Kurdengebiet. Nach zwei Tagen traf er den Scheich, der die Fallschirmspringer auf seinem Gebiet in Empfang nehmen wollte. Swetlow drückte ihm eine beträchtliche Summe zur Begleichung seiner künftigen Ausgaben in die Hand. Nach seiner Rückkehr aus dem Kurdengebiet setzte Swetlow Berlin mit einem ausführlichen Funkspruch in Kenntnis und gab die Koordinaten des Landeplatzes durch. Anschließend traf sich Swetlow mit den beiden Moskauern und besprach alle Details. Nach wenigen Tagen traf sich Swetlow erneut mit den beiden, nachdem er Nachricht aus Berlin erhalten hatte.

Er wusste nunmehr das Datum, wann die Fallschirmspringer, die die Operation in Teheran führen sollten, mit dem Flugzeug aus der Türkei kommen würden. Swetlow sollte sie gemeinsam mit dem Scheich erwarten und nach Teheran ins Versteck bringen. Ihr Eintreffen sollte sofort Berlin gemeldet werden.

Es musste aber verhindert werden, dass die Fallschirmspringer im Kurdengebiet absprangen. Sie konnten dadurch unbemerkt in die Hauptstadt gelangen, womit sie eine Gefahr für die Konferenz darstellten.

Pawel M. Fitin in Moskau wurde informiert. Für ihn muss es eine große Genugtuung gewesen sein, diese Information Stalin zu überbringen. Über ihn wurde in der Auslandsaufklärung der sowjetischen Staatssicherheit kolportiert, dass ihn nur der Ausbruch des Krieges vor dem Erschießungskommando gerettet habe. Fitin hatte von Januar bis Juni 1941 über einhundert Warnungen vor dem deutschen Angriff an Stalin überbracht, die dieser in den Wind schlug, womit Fitin zu einem Belastungszeugen geworden war. Stalin merkte aber während des Krieges sehr schnell, was für ein fähiger Kopf Fitin war.

Moskau stimmte den Vorstellungen aus Teheran zu.

Swetlow begab sich termingemäß mit dem Scheich in die Nähe des Gebietes, wo die Diversanten landen sollten. Zum angegebenen Zeitpunkt war kein Flugzeug am Himmel zu sehen. Er wartete noch eine Nacht und kehrte dann nach Teheran zurück. Er teilte Berlin das Ausbleiben der Fallschirmspringer mit. Einige Tage später wurde er kommentarlos nach Berlin zurückgerufen.

Das Flugzeug mit den Diversanten war pünktlich in der Türkei gestartet. Eine sowjetische Jagdfliegerstaffel überwachte den Luftraum, in dem das Diversantenflugzeug in den Iran eindringen würde. Das Flugzeug wurde ausgemacht und von der sowjetischen Staffel abgefangen. Als es der Aufforderung zur Landung nicht nachkam, wurde es abgeschossen. Die Untersuchung der Wrackteile bestätigte, dass das richtige abgeschossen worden war. Die sowjetische Führung informierte Roosevelt und Churchill daraufhin, dass Attentate während der Konferenz geplant seien. Es sei nicht auszuschließen, dass noch weitere Kommandos unterwegs wären, von denen man nichts wusste.

Russen und Briten verstärkten die Sicherheitsvorkehrungen für die viertägige Konferenz, die Festlegungen für eine gemeinsamen Politik gegenüber Hitlerdeutschland traf. Stalin erhielt die Zusage, dass im Frühjahr 1944 die zweite Font endlich eröffnet werden würde. Gleichzeitig akzeptierten Roosevelt und Churchill, dass nach dem Kriege die sowjetischen Grenzen von 1941 völkerrechtlichen Bestand haben würden. Es handelt sich dabei um die Gebiete Ostpolen, Moldawien und das Baltikum.

Churchill wie auch Roosevelt fühlten sich moralisch verpflichtet, diese Zugeständnisse zu machen, denn bis dahin trug die Sowjetunion die Hauptlast des Krieges gegen Deutschland. Ohne Zweifel verließ Stalin Teheran als moralischer Sieger.

Mit einem Anflug von Sarkasmus kommentierte Churchill später die Situation in Teheran: »Da saß ich zwischen dem großen russischen Bären mit ausgefahrenen Krallen auf der einen Seite und dem großen amerikanischen Büffel auf der anderen Seite, und zwischen ihnen saß der arme kleine englische Esel.«

»Cicero«, der von einer Kanzleiangestellten der deutschen Botschaft in Ankara an die Briten verraten worden war, flüchtete Anfang 1945 mit dem im KZ Sachsenhausen gedruckten Geld, um sich nach Südamerika abzusetzen. Felfe merkte dazu an, dass »Cicero« in den 50er Jahren an das Bundeskanzleramt in Bonn ein Schreiben richtete, in dem ordentliches Geld für seine Leistungen forderte. »Das Schreiben wurde zuständigkeitshalber weitergegeben an General Gehlen, der sich als legitimen Rechtsnachfolger von Admiral Canaris und seine Organisation als Nachfolgeapparat der ehemaligen Abwehr betrachtete. Da der Albaner aber für die politischen Auslandsnachrichten gearbeitet hatte, bestand [...] keine Veranlassung etwas zu unternehmen.«[4]

Swetlow kam vermutlich in den letzten Tagen des Krieges ums Leben. Fitin wurde, obgleich Generalleutnant und mit dem Rotbannerorden ausgezeichnet, von Beria degradiert und 1953 aus dem KGB entlassen.

Anmerkungen

1 Heinz Felfe: Im Dienst des Gegners, Hamburg-Zürich 1986, S. 84
2 Autorenkollektiv: Schild und Flamme, Berlin 1973, S. 285
3 a. a. O., S. 288
4 Heinz Felfe: Im Dienst ..., a. a. O., S. 85

23. SMERSCH –
Tod den Spionen

SMERSCH ist die Abkürzung für *Smert Spionam* – deutsch: Tod den Spionen, und war die Bezeichnung für die sowjetische militärische Spionageabwehr von 1943 bis 1946. Die vollständige Bezeichnung lautete: Spionageabwehr SMERSCH des Volkskommissariat für Verteidigung der UdSSR.

Oberster Chef dieses militärischen Abwehrdienstes war der Oberste Befehlshaber der Roten Armee, Volkskommissar für Verteidigung, J. W. Stalin. Geleitet wurde die Hauptverwaltung SMERSCH von einem Stellvertreter des Verteidigungsministers.

Historisch belegt sind die Hintergründe für diese Namensgebung. Bei der Übergabe der militärischen Abwehr aus dem Bereich der Staatssicherheit, damals ein eigenes Volkskommissariat, an das Verteidigungskommissariat wurde während einer Beratung bei Stalin auch die Frage nach dem Namen dieses Abwehrdienstes erörtert. Bei dieser Beratung, die im April 1943 stattfand, gab es verschiedene Vorschläge. Die meisten Vorschläge bezogen sich auf die Anfangsbuchstaben einer damals weit verbreiteten Losung: *Smert nemetzkim schpionam!* – Tod den deutschen Spionen! Heraus kam die Abkürzung »Smernesch«. Stalin konnte sich mit diesem Vorschlag nicht anfreunden.

»Warum«, so meinte er, »soll es nur um die deutschen Spione gehen? Arbeiten nicht auch andere Geheimdienste gegen unsere Armee?« Er wollte die Geheimdienste der Satelliten Deutschlands, aber auch die Japans und die immer stärker werdenden geheimen Aktivitäten der polnischen Exilregierung in dieses System mit einbeziehen. »Sagen wir doch: Tod den Spionen!, also SMERSCH.« Und so kam es.

Stalin verband mit diesem Vorschlag auch eine propagandistische Komponente. Er griff auf einen Aufruf vom Mai

Jahre 1919 zurück, der von Lenin und Dzierzynski unterzeichnet worden war und sich an alle Werktätigen des Sowjetlandes richtete. In jener schweren Zeit, als Sowjetrussland durch Bürgerkrieg und ausländische Intervention in höchster Gefahr war, war dieser Aufruf als Appell an alle gedacht, höchste Wachsamkeit gegenüber den Feinden der neuen Ordnung zu üben. Dieser Aufruf hatte mit den Worten begonnen: »Smert schpionam«!

In den Vorschriften der SMERSCH wurde hervorgehoben, dass die allererste Aufgabe der militärischen Abwehr die kompromisslose Bekämpfung der Wühltätigkeit ausländischer Geheimdienste gegen die kämpfende Rote Armee zu sein habe. Die Mitarbeiter nannten sich Militär- oder Armeetschekisten. Der Beschluss des Rates der Volkskommissare vom 19. April 1943 formulierte als Hauptaufgaben: Unterbindung feindlicher Aktionen (Sabotage, Spionage, Mord, individuellen Terror u. a.), Abwehr von in die Truppe eingedrungenen Elementen; Bekämpfung der Militärspionage, Diversion und Zersetzung; Verfolgung von Eidbruch, Landesverrat, Fahnenflucht und krimineller Handlungen; Sicherung der Frontlinie vor gegnerischen Agenten und ihr Einsickern ins sowjetische Hinterland; Realisierung von Sonderaufgaben des Volkskommissars für Verteidigung (Fahndungen, Tarnungen, Desinformationsmaßnahmen, Funkspiele und andere geheimdienstliche und operative Aufgaben).

Eine weitere, gesonderte Aufgabe bestand darin, gemeinsam mit der Militärstaatsanwaltschaft Untersuchungen durchzuführen, wenn höhere Offiziere – bis zu Oberbefehlshabern von Armeen – Befehle nicht befolgten oder nicht konsequent durchsetzten.

Je erfolgreicher die Rote Armee an allen Frontabschnitten die Offensive vorantrieb und die feindlichen Eindringlinge von ihrem Territorium vertrieb, desto intensiver und konzentrierter entfachten der deutsche militärische Geheimdienst und die Terrororgane des RSHA Aktivitäten in Bezug auf Spionage, Sabotage, Terror, Mord und Zersetzung gegen die sowjetische Truppen sowohl im unmittelbaren Kampfgebiet als auch im Hinterland.

SMERSCH war darauf die Antwort.

*Die Feindlage im rückwärtigen Raum
nach der Operation »Bagration«*

Von März bis Anfang Mai 1944 zerschlug die Rote Armee im Zusammenwirken mit der Schwarzmeerflotte und der Asowschen Flottille die deutschen Truppen in der Kaukasusregion und befreite Odessa und die Halbinsel Krim.

Mit diesen Angriffsoperationen befreite die Rote Armee mehr als drei Viertel des von der deutschen Wehrmacht besetzten sowjetischen Territoriums. Auf über 400 km Breite war die sowjetische Staatsgrenze erreicht.

Nach den Planungen des sowjetischen Hauptquartiers sollten die wichtigsten Operationen des Sommerfeldzuges 1944 in Belorussland und im Baltikum erfolgen. Dazu wurden vier Fronten gebildet, die von Nordwest nach West disloziert waren: die 1. Baltische Front unter Armeegeneral Bagramjan, die 3. Belorussische Front unter Generaloberst Tschernjachowski, der im Verlaufe der Operation Armeegeneral wurde, die 2. Belorussische Front unter Generaloberst Petrow, dann Generaloberst Sacharow (ab 28. Juli Armeegeneral), und die 1. Belorussische Front unter Armeegeneral Rokossowski, der im Verlaufe der Offensive Marschall wurde.

Das deutsche Oberkommando hatte starke Kräfte auf belorussischem Territorium konzentriert, Weißruthenien, wie Belorussland bei den Deutschen hieß, sollte unbedingt gehalten werden. Dazu gehörte nicht nur die Heeresgruppe Mitte unter Generalfeldmarschall Busch mit einer Panzerarmee und drei allgemeinen Armeen, sondern auch ein Teil der Divisionen des rechten Flügels der 16. Armee der Heeresgruppe Nord sowie Panzerdivisionen der Heeresgruppe Nordukraine. Etwa 60 Divisionen und drei Brigaden mit insgesamt 1,2 Millionen Soldaten standen den vier sowjetischen Fronten gegenüber, die über eine ähnliche Mannschaftsstärke verfügten.

Bevor eine der größten Angriffsoperationen des Großen Vaterländischen Krieges in Belorussland, die Operation »Bagration«[1], begann, hatte die Rote Armee an anderer Stelle erfolgreiche Angriffsoperationen eingeleitet. Im Juni 1944 führten die Truppen der Leningrader Front unter Marschall Goworow und die Truppen der Karelischen Front unter Marschall Merezkow überraschend Kampfhandlungen gegen die deutsche Heeresgruppe Nord und finnische Verbände und erreichten die sowjetisch-finnische Staatsgrenze.

Am 23. und 24. Juni 1944 eröffneten die vier sowjetischen Fronten in Belorussland und dem Baltikum ihre Angriffsoperationen. Sie durchbrachen die deutsche Verteidigung an sechs Abschnitten, schlossen schon in den ersten Tagen Wehrmachtverbände in den Räumen Witebsk, Bobruisk und Mogilow ein und vernichteten sie. Am 3. Juli war eine feindliche Gruppierung, vorwiegend Truppen der 4. deutschen Armee, ostwärts von Minsk in einem riesigen Kessel eingeschlossen worden. Um seine Soldaten zu retten, kapitulierte General Vincenz Müller als Kommandierender der 4. Armee.

Während ein Teil der sowjetischen Truppen Kampfhandlungen im Kessel führte, verfolgte ein anderer Teil die panikartig zurückflutenden deutschen Verbände und warf sie bis an die sowjetische Staatsgrenze zurück.

In der Operation »Bagration« wurde die deutsche Heeresgruppe Mitte (bestehend aus der 2., 4., und 9. Armee und der 3. Panzerarmee) zerschlagen, Zehntausende Soldaten kamen in Gefangenschaft. Hitler, das OKW und die deutsche Heeresleitung waren entsetzt. Der Oberbefehlshaber der Heeresgruppe Mitte, Generalfeldmarschall Busch, zog sich durch seine Misserfolge den Zorn Hitlers zu und wurde von Generalfeldmarschall Model abgelöst. Dieser wiederum musste am 16. August seinen Hut nehmen und sein Amt an Generaloberst Reinhardt abtreten.

Außerdem wurden deutsche Verbände der Heeresgruppe Nord und Nordukraine stark angeschlagen. Hitler war über die erfolglosen Handlungen der Heeresgruppe Nord dermaßen aufgebracht, dass er am 3. Juli Generaloberst Lindemann als Oberbefehlshaber der Heeresgruppe ablöste und durch Generaloberst Frießner ersetzte. Abgelöst wurde auch der Oberbefehlshaber der in Richtung Riga eingesetzten 16. Armee, General Hansen. An seine Stelle trat General Lux.

Als am 26. Juli 1944 die sowjetischen Verbände den Angriff auf das litauische Siauliai begannen und diese Stadt wie auch das lettische Daugavpils am 27. Juli befreiten, löste Hitler Frießner ab und ersetzte ihn durch Generaloberst Schörner.

In einem bisher nie dagewesenen Ausmaß wirkte die Rote Armee in der belorussischen Operation mit Partisanen zusammen. In der Nacht zum 20. Juni, drei Tage vor Beginn der Operation, sprengten die Partisanen an mehr als 1000 Stellen Eisenbahngleise und legten damit den Schienenverkehr im feindlichen Hinterland zeitweilig lahm. Dadurch wurde die Versorgung der deutschen Truppen mit Munition, Hilfsgütern und Reserven empfindlich gestört.

Die Partisanen beherrschten ganze Regionen und Territorien, sie kontrollierten wichtige Verbindungsstraßen und Trassen und führten Truppen der Roten Armee in den Rücken der zurückweichenden deutschen Verbände.

Am 13. August 1944, etwa sechs Wochen nach Beginn der Operation, fertigte der Chef der Truppen zum Schutz der Rückwärtigen Dienste und der Rückwärtigen Etappe eine Analyse über die Lage in den befreiten Gebieten an. Sie war für den Chef der Verwaltung SMERSCH und die vier Frontoberbefehlshaber bestimmt. Daraus ging hervor, dass

– die schnelle Zerschlagung der deutschen Heeresgruppe Mitte und die damit verbundene Befreiung des gesamten Territoriums Belorusslands sowie eines beträchtlichen Teils Litauens es mit sich gebracht habe, dass es keinen überschaubaren Frontverlauf mehr gäbe;

– sich Hunderte versprengte Gruppen von gegnerischen Soldaten und Offizieren im rückwärtigen Raum aufhielten, wobei ihnen die territorialen Bedingungen – ausgedehnte Wald- und Buschvegetation – entgegenkämen;

– diese natürlichen Bedingungen auch verschiedenen einheimischen nationalistischen Untergrundorganisationen und bewaffneten Formationen, die zum überwiegenden Teil mit der deutschen Besatzung kooperiert und zusammengearbeitet hatten, entgegenkämen. Darüber hinaus seien Erscheinungen des kriminellen Bandentums erkennbar;

– sich im Territorium zahlreiche Agenten feindlicher Spionage- und Diversionsorgane sowie Kollaborateure und Komplizen der nun vertriebenen deutschen Besatzer, aber auch Abtrünnige und Vaterlandsverräter aufhielten und zu Banden zusammengeschlossen hätten. Diese würden sich in Waldgebieten und einsam gelegenen Gehöften verstecken;

– auf den Schlachtfeldern im rückwärtigen Raum große Mengen an Kriegsgerät, Waffen, Munition und andere Dinge von den Deutschen zurückgelassen worden wären, so dass sich diese Kräfte mühelos bewaffnen und Waffen- und Vorratslager anlegen können;
– es in dieser Zeit, kurz nach der Befreiung, besonders in den Gebieten, in denen noch Kampfhandlungen stattfinden, noch nicht gelungen sei, die örtlichen sowjetischen Organe zu konsolidieren, so dass die Ordnung schutzlos den antisowjetischen Kräften ausgeliefert sei.
– Erschwerend käme hinzu, dass es auch an den vier sowjetischen Fronten empfindliche Menschenverluste gegeben habe. Deshalb hätten sie bisher keine Truppen und Verbände für Säuberungsaktionen im rückwärtigen Raum zur Verfügung stellen können.

Die versprengten Gruppen des Gegners verfolgten in der ersten Julihälfte das Ziel, sich nach Westen abzusetzen, unbemerkt oder kämpfend durch die Stellungen sowjetischer Truppen zu gelangen und sich mit deutschen Einheiten zu vereinen. Jedoch hätte die deutsche Heeresführung um den 20. Juli herum alle überrollten Truppen über Funk wiederholt angewiesen, keine Frontdurchbrüche mehr zu erzwingen, sondern im operativen Hinterland der sowjetischen Truppen zu verbleiben, Informationsmaterial zu sammeln und per Funk zu übermitteln. Zu diesem Zweck wurde ihnen empfohlen, unter Ausnutzung der natürlichen Deckung insbesondere an Schienenwegen, Landstraßen und sonstigen Kommunikationswegen zur Front Beobachtungen vorzunehmen, den laufenden Gütertransport zu ermitteln und sich einzelner sowjetischer Armeeangehöriger zu bemächtigen, um sie zu verhören und anschließend zu erschießen.

Weiter wurde angemerkt, dass bis in die erste Augusthälfte mehr als 200 bewaffnete Gruppen des Gegners und verschiedene im rückwärtigen Raum operierende Banden liquidiert wurden. Neben eine Unzahl von Gewehren und Maschinenpistolen habe man auch zwei Dutzend Granatwerfer und eine Menge schwere Maschinengewehre erbeutet sowie intakte und defekte Sender, davon mehr als ein Dutzend Kurzwellensender, sicherstellen können.

Auffallend sei die Zunahme von Diversionsakten bewaffneter illegaler Einheiten der *Armja Krajowa*, deren Aktivitäten von der polnischen Exilregierung in London gesteuert würden.

Eine weitere gefährliche Kraft seien bewaffnete nationalistische Banden, die auf dem befreiten Gebiet Litauens operierten. Diese würden sich in Wäldern und abgelegenen Ortschaften verbergen. Die Deutschen sprächen von »litauischen Partisanen«, sie selbst bezeichneten sich als »grüne Partisanen«.

Allein in den ersten zehn Tagen des Monats August wurden über 150 Militärangehörige getötet, entführt oder galten als vermisst. Im gleichen Zeitraum wurden Vertreter örtlicher Machtorgane ermordet sowie Einrichtungen der Dorfsowjets in mehreren Ortschaften in Brand gesetzt.

Aus diesem Grunde sei angewiesen worden, dass die Angehörigen sämtlicher Einheiten und Truppenteile der Front ihren Standort nur in Gruppen nicht unter drei Mann und nur unter der Bedingung verlassen, dass jeder von ihnen eine automatische Waffe bei sich führe. Mit diesem Befehl wurde die Bewegung von Fahrzeugen zur Abend- und Nachtzeit außerhalb bewohnter Gebiete ohne zuverlässigen Schutz verboten.

Etwa zur gleichen Zeit schickte die Hauptverwaltung SMERSCH eine Lageinformation an das Hauptquartier, in der mitgeteilt wurde, dass im rückwärtigen Raum der 1. Baltischen und 3. Belorussischen Front wiederholt Kurzwellensender aktiv geworden seien, die sowohl deutschen Agenten als auch der *Armja Krajowa* zugeordnet werden konnten.

Der kurze Tagesbericht der militärischen Spionageabwehr gelangte auch zu Stalin. Vielleicht ein halbes Dutzend Zeilen betrafen die beiden genannten Fronten.

Zunächst war an dieser Meldung nichts Ungewöhnliches; das Hauptquartier wollte über alle Feststellungen von Spionage informiert werden. Da in diesem Bericht aber die Rede von *zwei Fronten* war und diese beiden Fronten in einem Monat eine strategisch wichtige Operation beginnen sollten, was augenblicklich nur ein ganz kleiner Personenkreis wissen konnte, schrieb Stalin mit seinem berühmten Blaustift an den Rand: »ausführlich berichten.« Stalin befürchtete, dass Informationen, die die Truppenkonzentration und die Formierung einer Stoßgruppierung im rückwärtigen Bereich der 1. Baltischen Front betrafen, an die deutsche Seite abflossen und somit das Gelingen der Operation infrage stellen könnte. Seine Randbemerkung führte dazu, dass das Hauptquartier fortan ständig über die Lage im rückwärtigen Raum der beiden Fronten informiert wurde.

Die Offensive bei Moskau im Winter 1941, als unauffällig zwei frische Armeen herangeführt und im entscheidenden Moment, für die Deutschen völlig überraschend, in den Kampf geworfen wurden, hatte bereits zu Beginn des Krieges bestätigt, wie wichtig die geheime Vorbereitung eines Überraschungsschlages war.

Später, während der Stalingrader Schlacht und der Operation am Kursker Bogen, waren die militärischen Erfolge ebenfalls zum großen Teil Ergebnis geheimer Truppenkonzentrationen und der Täuschung der deutschen Seite gewesen.

Auch die belorussische Operation war im Wesentlichen geheim geblieben. Durch geschickte Desinformation führte das sowjetische Oberkommando die Deutschen in die Irre. Allerdings war eine völlige Geheimhaltung der Kräftekonzentration im rückwärtigen Raum von vier Fronten praktisch unmöglich; es wurden dabei annähernd anderthalb Millionen Mann zusammengezogen, über 6500 Panzer und Selbstfahrlafetten, rund 25 000 Geschütze und mehr als 6000 Flugzeuge bereitgestellt. Das konnte nicht verborgen bleiben.

Später gaben gefangene deutsche Generäle der Heeresgruppe Mitte zu Protokoll, dass diese sowjetische Militärkonzentration zum Teil erkannt worden war, aber ohne Konsequenzen blieb, weil man den Meldungen nicht traute. Der deutsche Generalstab, das OKW und Hitler selbst waren bis zum Schluss überzeugt, dass die Sommeroffensive der Roten Armee 1944 nicht in Belorussland, sondern weiter südlich, in der Ukraine, erfolgen würde.

Der Stabsmitarbeiter bei der Heeresgruppe Mitte, Hermann Gackenholz, schrieb später: »Der Ausgang der Winterkämpfe 1943/44 hatte zu einer starken Konzentration der russischen Kräfte in der westlichen Ukraine geführt. Hier, wo in Ostgalizien ostwärts von Lemberg das Vordringen des Feindes nur mit großen Anstrengungen zum Stehen gebracht worden war, musste nach Hitlers Auffassung, die auch von seinen Ratgebern im OKW und OKH geteilt wurde, die große russische Sommeroffensive erwartet werden.

Jedenfalls zog die deutsche Führung unter Entblößung der übrigen Teile der Front alle noch verfügbaren Reserven, in erster Linie die Mehrzahl der Panzerdivisionen, in Galizien zusammen. Bei der Heeresgruppe Nordukraine sollte der erste entscheidende Schlag fallen«.[2]

Anmerkungen

1 Operationsbenennung nach Fürst Pjotr Iwannowitsch Bagration, einem russischen Feldherrn, der während des Vaterländischen Krieges gegen Napoleon 1812 die 2. Westarmee befehligte. In der Schlacht bei Borodino wurde er als Führer des linken Flügels des russischen Heeres tödlich verwundet.
2 Hitlers Lagebesprechungen 1942–45, Stuttgart 1962, S. 297

24. Die doppelte Operation »Memel«

Die militärische Operation »Memel« gab es. Eine geheimdienstliche Operation »Memel« ist nicht eindeutig bestätigt. Die militärische Operation »Memel« war eine der interessantesten und strategisch wichtigen Offensiven der Roten Armee am Ende des Zweiten Weltkrieges.

Stalin ließ sich im Vorfeld vom Stab der 1. Baltischen Front über die Vorbereitungen informieren. Die Aktivitäten in einem Gebietsabschnitt, wo ein Angriff vorgetäuscht werden sollte, liefen planmäßig. Die Konzentration in jenem Gebiet, wo insgeheim die Offensive vorbereitet wurde, verlief ebenfalls entsprechend den Vorgaben des sowjetischen Hauptquartiers.

Besonders beeindruckt zeigte sich Stalin, über den Bericht des Stabschefs der 1. Baltischen Front, Generaloberst Kurassow: Um den Gegner irrezuführen, wurden im rückwärtigen Raum in einer Entfernung von mehr als 100 Kilometern Scheinstellungen von acht bis zehn Infanteriedivisionen mit großen Mengen Panzer- und Artillerieattrappen installiert. Solche Ablenkungs- und Täuschungsmanöver erfolgten auch bei der 3. Belorussischen Front. Allein in diesen beiden Bereitstellungsräumen wurden etwa 1000 Panzer- und 400 Flugzeugattrappen bereitgestellt.

Ein Teil der Attrappen wurde bei gegnerischer Luftaufklärung bewegt und mit Lautsprechern Motorenlärm erzeugt. Zudem wurde ein reger Funkverkehr geführt. Hingegen herrschte in den tatsächlichen Konzentrationsräumen bis zur letzten Stunde vor dem Angriffsbeginn absolute Funkstille.

Neben der Umgruppierung von Truppenverbänden entlang der Front gab es noch einen Schwachpunkt, der die vorgesehene Operation gefährden konnte. Der sowjetische Generalstab hatte die Versorgung der 1. Baltischen Front mit über 500 Panzern und annähernd 300 Selbstfahrlafetten verfügt, insbesondere zur Ergänzung der 5. Gardepanzerarmee, die in den letzten Monaten Hunderte Maschinen, aber auch Mannschaften verloren hatte. Sie sollten neue Panzer aus dem Ural erhalten. Diese Eisenbahntransporte wurden in zwei Bereitstellungsräumen nordwestlich von Moskau zusammengestellt und sollten auf Befehl des sowjetischen Hauptquartiers in zwei Nächten ohne Aufenthalt an ihren Bestimmungsort gebracht werden.

Für September plante das sowjetische Hauptquartier unter Einbeziehung der 2. und 3. Baltischen Front eine Offensive, die das gesamte deutsche militärische Potenzial westlich Leningrads bis nach Litauen ausschalten sollte. Als Ziel war vorgegeben, einen bedeutenden Teil Litauens und Lettlands zu befreien und die deutsche Heeresgruppe Nord mit mehr als 700 000 Soldaten, Offizieren und Generälen von den übrigen deutschen Kräften in Ostpreußen abzuschneiden, was durch eine stabile Abriegelung Kurlands erfolgen sollte. Dabei war der 1. Baltischen Front eine besondere Rolle zugedacht: Sie sollte mit ihren Hauptkräften gedeckt und in kürzester Frist von der rechten an die linke Flanke wechseln, um dann für die deutsche Seite unerwartet einen massierten Stoß in Richtung Memel zu führen, der die gegnerischen Truppen spalten sollte, und im Abschnitt Memel-Palanga die Ostsee erreichen. Deshalb erhielt diese Teiloperation die Bezeichnung »Memel«.

Konnte Stalin der Aussage der 1. Baltischen Front trauen? Die Maßnahmen zur operativen Tarnung sind so wirksam und umfassend, dass die Deutschen lediglich das sehen können, was wir ihnen zeigen wollen, hatte man versichert. Stalin wollte sichergehen und bestellte den Volkskommissar für Inneres und Chef des NKWD, Lawrentij Berija, den Chef des neuen NKGB (Staatssicherheit), Wsewolod Merkulow, und den Chef von SMERSCH, Viktor Abakumow, zu einer außerordentlichen Besprechung ins Hauptquartier.

Eine große geheimdienstliche Abwehroperation sei erforderlich. Stalin forderte von diesen dreien, das rückwärtige Gebiet von allen feindlichen Elementen, Spionen und Agenten zu »säubern«. Die beiden Volkskommissare sollten auch die territorialen und lokalen Organe in die Fahndungsaktion einbeziehen.

Alle erforderlichen Maßnahmen fasste man unter der Codebezeichnung »Memel« zusammen.

Der SMERSCH-Chef war sich darüber im Klaren, dass es nicht leicht werden würde, das riesige Gebiet der beiden Fronten mit einer Ausdehnung von bis zu 400 km Breite und 600 km Tiefe – ein Gebiet größer als die spätere DDR – zu durchkämmen, unter Kontrolle zu nehmen und die dort agierenden deutschen Agenten zur Strecke zu bringen.

Täglich waren in diesem Raum Tausende Militärs und Zivilisten auf den Verbindungswegen zur und von der Front unterwegs. Es gab viele Siedlungen, Hunderte Verkehrsknotenpunkte und Eisenbahnstationen und überall Wälder und undurchdringliche Buschgebiete. Die Feinde konnten überall sein. Berücksichtigt werden musste auch, dass von den dort lebenden Menschen kaum Unterstützung zu erwarten war. Sie waren misstrauisch, verschwiegen und sahen in der Roten Armee keineswegs ihre Befreier. Das lag nicht zuletzt an der Eingliederung Lettlands und Estlands in die Sowjetunion im Gefolge des Hitler-Stalin-Paktes. Litauen war der deutschen »Interessensphäre« zugeschlagen und faktisch geopfert worden. Moskau wollte sich mit dem Vertrag eine Atempause bis zum Krieg mit Hitlerdeutschland verschaffen, brach mit diesem aber selber das Völkerrecht und brachte die im Baltikum lebenden Völker gegen sich auf.

Im Sommer 1943 war von Canaris die Weisung ergangen, in den Territorien, die von der Wehrmacht aufgegeben würden, Diversions- und Spionageresidenturen aufzubauen und sie mit Funkmitteln und anderem notwendigen Bedarf für Diversionszwecke auszustatten. In einer Weisung des OKW vom Frühjahr 1944 wurde angeordnet, alle einheimischen Agenten der Gestapo und der Feldpolizeidienststellen in den betreffenden Gebieten der Abwehr zu übergeben. Dem Partisanenverband Linkow, der damals im Gebiet um Brest operierte, war ein Dokument in die Hände gefallen, in dem es hieß: »Die gesamte Agentur der Polizei und SD sowie ihr Agenturmaterial im Frontgebiet müssen den Organen der militärischen Abwehr übergeben werden. Jeder Resident muss bis zu fünf Agenten einsetzen können, die, durch ihr Alter oder ihren Gesundheitszustand bedingt, nicht in die Rote Armee, sondern nur zur Arbeit einberufen werden. In dem Maße, wie sich die Front nähert, hat der Resident den Einsatzbefehl für diejenigen Agenten zu geben, die auf dem von der Roten Armee besetzten Territorium tätig werden sollen. Sie haben folgende Informationen zu sammeln: Standorte und Bezeichnungen militärischer Einheiten, Art der Einheiten, Lage der Stäbe, Standorte der Batterien, Anzahl der Flugplätze und Flugzeuge, der Panzer, Flakgeschütze, und Panzerabwehrgeschütze. Besondere Aufmerksamkeit ist auf Granatwerfer und Salvenwerfer (Katjuscha) zu richten. Der Resident erteilt präzise Aufgaben. Legt die Codeworte sowie Zeit und Ort von Treffs fest.«

Der deutsche militärische Geheimdienst (seit Februar 1944 unter der Bezeichnung *Mil* wirksam) und das RSHA hatten ab Mai 1944, noch vor der belorussischen Operation, im östlichen Hinterland der Roten Armee, in den Räumen Witebsk, Orscha, Mogilow und Minsk, Agentengruppen eingeschleust, die operativ aufklärten und Diversionsakte verübten. Dutzende Agenten gerieten in die Fänge der SMERSCH oder stellten sich selbst den sowjetischen Abwehrorganen. Einige dieser Aufklärungs- und Diversionsgruppen wurden für Funkspiele zur Desinformation des OKW benutzt. Nach Beginn der belorussischen Operation wurden die Desinformationskanäle geschlossen, da man im sowjetischen Hauptquartier meinte, die Deutschen hätten die Funkspiele durchschaut.

Nun war eine neue Situation eingetreten. In kürzester Zeit sollten feindliche Agentengruppen und ihre Funkstationen zum Schweigen gebracht werden.

Auf schnellstem Wege wurden unterschiedliche geheimdienstliche Spezialkräfte und bewaffnete Formationen im Dreieck Vilnius-Lida-Grodno zusammengezogen. Die Koordinierung der Kräfte erfolgte von den Einsatzzentralen in Vilnius (Bahnhofsgebäude) und Lida (Flugplatz).

Die Volkskommissariate für Staatssicherheit und für Inneres konzentrierten etwa 7000 bewaffnete Kräfte. Sie sollten bestimmte Gebiete durchkämmen, versprengte Gruppen deutscher Soldaten und bewaffnete nationalistische Gruppierungen und Banden aufspüren, gefangennehmen oder vernichten. Später, nach der Befreiung Polens und dem gesamten Baltikum, erhöhte sich die Anzahl dieser Kräfte durch abkommandierte Verbände der Roten Armee auf über 20 000 Mann.

Eine Funkpeilabteilung sollte feindliche Funksender aufspüren und Frequenzbereiche stören. Dazu nutzte man Technik aus den USA, die der Verbündete geliefert hatte.

Innerhalb dieser Spezialkräfte spielten die operativen Fahnder eine besondere Rolle. Einmal waren es besonders geschulte Fachleute, die unzählige Personenbeschreibungen und Charakteristika deutscher Agenten im Kopf hatten und dadurch in der Lage waren, sie zu identifizieren. Zum anderen waren es solche Spezialisten, die »Flaneure«, »Streckenfahrer« und »stationäre Beobachter« – das waren von SMERSCH gewählte Bezeichnungen für bestimmte Agententypen – aufgrund ihres Verhaltens als solche erkennen konnten.

Als »Flaneure« galten Agenten, die Truppenbewegungen, Transporte von Kriegsmaterial, Lebensmitteln und anderen Güter aufklärten, indem sie von Bahnstation zu Bahnstation »flanierten«, und sich, um keinen Verdacht zu erregen, nicht länger als unbedingt notwendig an einem Ort aufhielten.

»Streckenfahrer« reisten mit der Eisenbahn oder als Anhalter und sammelten auf diese Weise Informationen über die Rote Armee. Sie waren in sowjetischen Uniformen, mit gefälschten Dokumenten und oft in Gruppen mit drei oder vier Personen unterwegs. Der Gruppenführer war sehr oft ein ehemaliger Exilrusse. Und man verfügte über Funkgeräte.

»Stationäre Beobachter« waren vorwiegend Zivilisten, die entweder zum Bahnhofspersonal gehörten oder aufgrund ihrer Tätigkeit oder Wohnadresse Informationen über die Rote Armee sammeln konnten.

Während der geheimdienstlichen Operation »Memel«[1] bekam der nachrichtendienstlich ausgelegte Begriff »Maskerade« eine völlig neue Dimension und Qualität. Bisher hatte die SMERSCH, in Ausnahmefällen und bei günstiger Konstellation, einzelne deutsche Agenten – ausnahmslos ehemalige Rotarmisten, die in der Kriegsgefangenschaft durch die deutsche Abwehr angeworben worden waren und sich den sowjetischen Abwehrorganen gestellt hatten – in Uniformen der Roten Armee gesteckt und sie bei der Fahndung nach deutschen Agenten als Identifizierer mitwirken lassen. Diese Methode führte in einer Reihe von Fällen zum Erfolg. Nun ging man von der »Maskerade« zum »Maskenball« über.

Die Analyse der seit Mai 1944 im belorussischen Raum festgenommenen deutschen Einzelagenten oder Agentengruppen sowie derjenigen, die sich den sowjetischen Abwehrorganen gestellt hatten, ergab, dass alle, auch die Funker, in Einrichtungen der deutschen Abwehr ausgebildet worden waren:

1. An der Aufklärungsschule der deutschen Abwehr in Sulejowek in der Nähe von Warschau (»Warschauer«). Dort befand sich auch die Frontaufklärungs-Leitstelle »Walli I« der deutschen Abwehr.

2. An der Abwehrschule Groß-Raum bei Königsberg (»Königsberger«).

3. An der Spionage- und Diversionsschule Dahlwitz bei Insterburg (»Insterburger«).

Nun landeten, aus Moskau kommend, Sondermaschinen auf den Militärflugplätzen Grodno, Vilnius und Lida. Sie brachten etwa fünf Dutzend »Identifizierer«. Diese ehemaligen deutschen Agenten waren in den Ausbildungsstätten der deutschen Abwehr geschult worden, trugen Offiziersuniformen der Roten Armee und wurden gemeinsam mit den SMERSCH-Fahndern zur Suche nach aktiven deutschen Agenten eingesetzt. Sie operierten auf den wichtigen Frontverbindungswegen Vilnius-Siauliai, Vilnius-Grodno und Vilnius-Lida. Sie bewegten sich genauso wie deutsche Agenten: als »Flaneure« von Bahnhof zu Bahnhof oder als »Streckenfahrer« in Zügen, aber auch als Mitfahrer auf Militärkraftwagen. Dazu hatte die SMERSCH ein Kontingent sogenannter »Köderwagen«, mit denen Fahndungsgruppen auf ausgewählten Frontstraßen unterwegs waren.

Die hohe Anzahl der »Identifizierer« rührte daher, dass es der sowjetischen militärischen Aufklärung seit 1943 gelungen war, in viele deutsche Spionagedienststellen und -schulen einzudringen. Meist waren es in deutsche Gefangenschaft geratene Rotarmisten, die sich hatten anwerben lassen, um auf diesem Weg in die Heimat zurückkehren zu können. Nachdem sie die Front überschritten hatten, stellten sie sich sofort den sowjetischen Sicherheitsorganen. Aus diesem Reservoir schöpfte die SMERSCH die geheimen Mitarbeiter, die sie mit

»Spielmaterial« zu den Deutschen über die Front zurückschickten. Gleichzeitig wurden auch zielgerichtet »Überläufer« so präpariert, dass sie ins Visier der deutschen Abwehr gerieten und die darauf sofort reagierte.

Ein solcher Kundschafter drang Mitte 1943 in die Spionageschule Groß-Raum bei Königsberg ein und baute dort eine zehnköpfige Organisation auf, die für ihre sowjetische Heimat arbeitete. Er brachte der SMERSCH Angaben zu 97 Agenten und 45 hauptamtlichen Mitarbeitern der deutschen Abwehr mit.

Ein anderer Aufklärer gelangte in die Spionageschule »Bussard« in Poltawa und gewann zwei hauptamtliche Mitarbeiter dieser Schule. Sie waren von Hass und Rache durchdrungen und suchten einen Weg in die Heimat. Durch diese drei geheimen Aufklärer wurden 42 Agenten ausgeschaltet.

Eine bemerkenswerte Leistung vollbrachte ein Aufklärer aus dem Memelgebiet, der Deutsch, Litauisch und Russisch sprach. Er wurde 1943 Lehrer an der Spionage- und Diversionsschule »Saturn« in Borissow, baute ein eigenes Verbindungssystem zur SMERSCH auf und übermittelte Angaben über Hunderte von Agenten, die an dieser Schule ausgebildet worden waren. Er nahm auch Einfluss auf Agenten, dass sie sich nach dem Einschleusen den sowjetischen Behörden stellten.

Eine illegale Gruppe sowjetischer Patrioten formierte Kapitänleutnant Andrej M. Dobrjanski in der Spionage- und Diversionsschule in Keila-Jua in Estland. Dobrjanski befehligte zwei Torpedoschnellboote, die im Juli 1942 von deutschen Flugzeuge versenkt worden waren. Von eigenen Matrosen gerettet, geriet er verwundet in ein Kriegsgefangenenlager auf der Insel Kirkkomansari. Aus diesem Lager wurden etwa zwanzig Kriegsgefangene ausgewählt, darunter Dobrjanski und sein 1. Offizier. In Keila-Jua wurde er Lehrer für Nautik, Gelände- und Verhaltenskunde. Mit Gleichgesinnten baute Dobrjanski an dieser Schule eine illegale Organisation auf. Sie schaffte es, dass sich fast alle an dieser Schule ausgebildeten und ins Hinterland der Roten Armee geschleusten Agenten den sowjetischen Sicherheitsbehörden stellten. Zweimal wurde die Organisation durch Verrat liquidiert. Dobrjanski wurde nach Berlin in die Gestapo-Zentrale gebracht. Im August 1944 gelang ihm unmittelbar vor der Erschießung die Flucht mit drei Esten. Daheim mochte ihm niemand glauben. Erst Anfang der 50er Jahre wurde er rehabilitiert. Entsprechende Dokumente und Aussagen von Zeugen bestätigten Dobrjanskis Angaben. 1966 traf er sich mit den Überlebenden.[2]

Für den Einsatz der »Identifizierer« gab es eine Weisung des Chefs der SMERSCH, die Stalin abgesegnet hatte. »Identifizierer«, die aktive deutschen Agenten erkannten, erhalten eine staatliche Auszeichnung, hieß es. Sie würden auch rehabiliert, das heißt die ihnen für die Kollaboration mit den Deutschen drohende Strafe sollte erlassen werden.

Der Einsatz von Spezialkräften der SMERSCH und ehemaligen deutschen Agenten führte tatsächlich zu Erfolgen. Schwerpunktmäßig auf den wichtigsten Frontverbindungswegen eingesetzt, brachten sie die erhofften Ergebnisse.

Eine aus drei Personen bestehende Agentengruppe in Uniform der Roten Armee – später stellte es sich heraus, dass sie litauischer Nationalität waren und nicht in der Roten Armee gedient hatten – wurde von einer solchen Fahndungsgruppe auf einem Bahnhof zwischen Lida und Grodno festgenommen. Einem Fahnder, der mit einem Fahndungstrupp in einem Militärzug unterwegs war, hatte registriert, dass die drei sich bereits zwei Tage zuvor auf dem Bahnhof in Grodno aufgehalten hatten. Als nun der Militärzug auf diesem Bahnhof verkehrsbedingt hielt, wurde die Gruppe kontrolliert. Es stellte sich dabei heraus, dass ihr Marschbefehl nicht mit der geheimen Kennzeichnung versehen war. In den Marschbefehlen der kämpfenden Verbände und Einrichtungen der Roten Armee sowie Truppen des Volkskommissariats des Inneren zum Schutz der Rückwärtigen Dienste wurde seit Ende Juli 1944 bei den belorussischen und baltischen Fronten ein geheimes Zeichen eingetragen, das hier fehlte.

In solchen Fällen galt: Zusätzlich zur allgemeinen Kontrolle der Dokumente hatte sofort eine Durchsuchung der persönlichen Sachen zu erfolgen. Diese Anordnung war von der Militärstaatsanwaltschaft der 1. Baltischen und 3. Belorussischen Front ergangen und durch die Militäroberstaatsanwaltschaft der Roten Armee genehmigt worden.

Bei der Kontrolle der Rucksäcke wurden ein Kurzwellensender und Schlüsselunterlagen für den Funkverkehr sowie andere schriftliche Aufzeichnungen gefunden.

Diese Agentengruppe war nicht in den bekannten Ausbildungseinrichtungen der deutschen Abwehr für diesen Einsatz vorbereitet worden, sondern in einem Lager in der Nähe von Bromberg/Bydgoszcs. Dort würden ausschließlich litauische Nationalisten ausgebildet, sagten die drei.

Ihre Aufgabe habe darin bestanden, Informationen über die Rote Armee auf den Strecken Daugavpils-Bialystock (über Vilnius-Grodno) und Vilnius-Brest (über Lida) zu sammeln. Sie hätten zu vorgeschriebenen Zeiten per Funk die Informationen zu übermitteln.

Kurze Zeit später wurden zwei Gruppen von Fallschirmagenten der Schule Dahlwitz dingfest gemacht. Sie hatten den gleichen Auftrag. Ein »Identifizierer« hatte einen Funker von einem »Köderwagen« aus an einer Verpflegungs- und Sammelstelle erkannt. Unauffällig erfolgte die Festnahme.

Der Funker offenbarte sich und nannte eine weitere Zweiergruppe, die in Lida Verbindung zu einer Spionageagentur aufnehmen solle, um sie zu unterstützen. Er beschrieb den Anlaufpunkt und den Funker. Wie sich herausstellte, war der Resident dieses Agentennetzes der deutschen Abwehr ein belorussischer Nationalist, der vor dem Krieg in Polen als Rechtsanwalt gearbeitet und sich später den Deutschen angedient hatte.

Die Funkpeilabteilung fing einen Funkspruch auf, der aus einem Gebiet kam, das der besonderen Kontrolle unterlag. Vier Tage später war dieser Funker erneut aktiv. Militärisch gesehen befand sich dieser feindliche Funkstützpunkt an der Nahtstelle zwischen der 1. Baltischen und der 3. Belorussischen Front. Der Funkstützpunkt wurde in einem Bauerngehöft in einem Vorwerk, das aus drei auseinander liegenden Gehöften bestand, geortet. Der Einsatzleiter der SMERSCH in Lida entschied, »Säuberer« einzusetzen. Das waren Spezialisten, die in Frontnähe oder im rückwärtigen Raum eingesetzt wurden, um Agenten unschädlich zu machen, aber lebend in die Hände zu bekommen. Sie beherrschten Angriffs- und Selbstverteidigungstechniken und konnten mit allen

Stich- und Handfeuerwaffen umgehen. Intern wurden sie »Wolfshunde« genannt, da sie – einmal auf eine Spur gesetzt – nicht eher ruhten, bis sie das Zielobjekt zur Strecke gebracht hatten: tot oder lebendig. Die »Säuberer« waren nicht älter als 30 Jahre, trugen Offiziersuniformen verschiedener Waffengattungen, eine großkalibrige Pistole, einen Marinedolch und gelegentlich Maschinenpistolen vom Typ MP 41, die statt des üblichen Trommelmagazins ein Stabmagazin hatten. Nach einer Vorschrift der Hauptverwaltung des Medizinischen Dienstes der Roten Armee erhielten sie bei ihren Einsätzen eine besondere Nahrung, die pulverförmig war und in Wasser aufgelöst werden konnte. Außerdem hatten sie Kolatabletten, ein stark koffeinhaltiges Anregungs- und Kräftigungsmittel, womit sie mehrere Tage ohne Schlaf auskommen konnten.

Nach einem Fußmarsch erreichten sie in den frühen Morgenstunden das Vorwerk und umstellten es. Die Funkstation sollte funktionsfähig übernommen und die Personen im Haus lautlos ausgeschaltet werden. Alle sollten lebend festgenommen werden. Doch aus dem Haus wurde sofort gefeuert, als man dort etwas bemerkt hatte. Bei der Erstürmung des Objektes wurden die drei Anwesenden, darunter eine Frau, getötet. Bei dem Funkgerät und dem Kurzwellenempfänger handelte es sich um Geräte englischer Produktion.

Die intensive Hausdurchsuchung erbrachte neben diversen Ersatzteilen und Batterien für den Funkverkehr unbenutzte Unterlagen zur Aufzeichnung der Funkverbindung sowie eine Anzahl gesendeter und empfangener Funksprüche. Dieser Fund war für die sowjetische Funkaufklärung von großer Bedeutung, konnte sie doch ab sofort den Funkverkehr zwischen der polnischen Exilregierung in London und der im Untergrund wirkende *Armja Krajowa* mitlesen.

Die eigenständigen Aktionen innerhalb der Operation »Memel« nahmen in der Folgzeit zu. So meldete die Luftverteidigung im Raum von Lida dem SMERSCH-Einsatzstab, dass östlich der Stadt in den Nachtstunden ein deutsches Flugzeug gekreist sei. Es wurde ein Fahndungstrupp gebildet, der das Gebiet durchkämmte. An einem Baum am Waldesrand entdeckte man durchschnittene Fallschirmgurte. Wenig später wurde auch der Fallschirm gefunden. Blutdurchtränktes

Verbandsmaterial wies auf einen Verletzten. Dieser wurde im nächsten Dorf gefunden. Eine Bauernfamilie hatte den vermeintlichen Rotarmisten aufgenommen, der von zwei »Genossen« zu ihnen gebracht worden war.

Für die Suche nach den beiden anderen deutschen Agenten wurde eine Operativgruppe aus etwa zwei Dutzend Fahndern gebildet. Der erste Einsatzort war Lida. Dort wollte man sich drei Tage nach dem Absprung treffen, so war vor dem Absprung vereinbart worden. Man wartete vergebens, wohl aber sendete der Funker. Nach neun Tagen nahm man die beiden Agenten beim Mittagessen in der Standortkantine in Lida fest. Eine weitere Funkstation fiel also in die Hände der SMERSCH und funkte unter ihrer Anleitung »wichtige Informationen« an die deutsche Seite.[3]

Bei der Routinekontrolle eines Eisenbahners polnischer Nationalität auf dem Bahnhof Grodno, der dadurch auffiel, dass er sich besonders für mit Planen abgedeckte Militärtechnik auf Transportzügen interessierte, wurden Aufzeichnungen über Militärtransporte Richtung Front gefunden. Bei der Befragung erklärte der Pole, dass sich sein Bruder in Bialystok dafür interessiere. Daraufhin nahmen Abwehrmitarbeiter der 2. Belorussischen Front den Bruder fest. Es handelte sich um einen ehemaligen Offizier der polnischen Armee, der sich 1942 von der Gestapo hatte anwerben lassen. In deren Auftrag ging er in eine polnische Partisanenabteilung, die mit sowjetischen Partisanen kooperierte. 1944 war er von der Gestapo an die Abwehr übergeben worden. Die hatte ihn als Resident nach Bialystok geschickt, um im Hinterland der sowjetischen Truppen aktiv zu werden. Er offenbarte, dass die Deutschen in den Wäldern um Bialystok Lager mit Waffen, Munition, Sprengstoff und Lebensmitteln angelegt hätten, kannte diese Verstecke jedoch nicht selbst, da er bisher keine Kontakte zu den ortsansässigen Leitern der illegalen Gruppen hatte. Er nannte aber acht Personen, die jeweils ein Versteck kannten. Diese Namen hatte ihm der Chef Abwehrgruppe 205 genannt, und zu diesen sollte er auch die Verbindung aufnehmen.

Es wurde die Bildung einer operativen Kampfgruppe aus Spezialisten der SMERSCH beschlossen, die der Pole leiten sollte. Was blieb ihm auch anderes übrig? Ihm drohte die Erschießung, nun bekam er die Chance zu überleben. Nachdem die Personen angelaufen und die geheimen Depots lokalisiert worden waren, funkte der Resident die entsprechende Meldung. Es wurde ein Verbindungsmann angekündigt, der auch mit dem Flugzeug abgesetzt wurde und Geld, Waffen und einen Funker mit Ausrüstung mitbrachte.

Auch hier begann ein Funkspiel.

An einer Verpflegungs- und Sammelstelle eines Garde-Korps der 1. Baltischen Front, die sich einige Kilometer von der Bahnlinie Lida-Vilnius in einem Waldgebiet befand, traf eine Fahndungsgruppe der SMERSCH mit einem »Köderwagen« ein. Nach kurzer Musterung sagte einer der umgedrehten deutschen Agenten dem Leiter der Fahndungsgruppe: »Kontrollieren Sie den Fliegermajor, der gerade Tabak verteilt!«

An seiner Agentenschule gab es einen Lehrer von der zentralen Abwehrschule in Berlin, ein Kosak, der wiederholt im Hinterland der Roten Armee im Einsatz gewesen war. In den Pausen habe er aus einem Tabaksbeutel in Form einer Matroschka großzügig Tabak verteilt. Er hätte diesen Tabaksbeutel als Kriegsbeute bezeichnet, die er einem Kommissar abgenommen haben wollte, den er eigenhändig getötet hätte.

Der Leiter der Einsatzgruppe zögerte, denn der Fliegermajor trug mehrere Orden an der Brust, darunter auch den »Roten Stern«. Dann ließ er ihn doch kontrollieren. Der Verdacht war berechtigt. Nach ihm wurde schon seit 1938 gefahndet! Er hatte erst im Auftrag der Japaner im Fernen Osten gegen die Sowjetunion und dann für die deutschen Abwehr gearbeitet.

Nach der Schlacht am Kursker Bogen im Juli/August 1943 und der darauf folgenden Periode der Offensive der Roten Armee rückten immer öfter spezielle operative SMERSCH-Gruppen mit Vorausabteilungen der Roten Armee vor, um Dokumente und Karteien der deutschen Geheimdienst und der Polizeiorgane sicherzustellen. Sie fahndeten auch nach Mitarbeitern und Agenten deutscher Geheimdienste sowie nach Anführern und aktiven Mitgliedern der von den deutschen Okkupanten gebildeten antisowjetischen Organisationen, die nicht mehr hatten flüchten können oder in den Untergrund gegangen waren.

Nicht selten erhielten solche Spezialkommandos auch Aufträge, wichtige Objekte einzunehmen und sie bis zum Eintreffen der Hauptkräfte zu halten, oder die deutschen Besatzer, besonders die Vernichtungstrupps von SD und SS, daran zu hindern, Häftlinge zu liquidieren und Unterlagen zu vernichten.

Eine solche SMERSCH-Spezialgruppe erhielt 24 Stunden vor Beginn der Militäroperation gegen Riga im September 1944 den Auftrag, die geheimen Unterlagen der »Abwehrdienststelle Ostland« in ihren Besitz zu bringen. Die Agentenzentrale hatte ihren Sitz im Gebäude der ehemaligen japanischen Botschaft.

Diese Operation wurde von einer Fünfergruppe ausgeführt, unter ihnen war ein deutscher Resident litauischer Nationalität, der über die nötigen Ortskenntnisse verfügte. Sie gelangte in das Gebäude, töteten die Abwehrleute und verteidigten eine Nacht lang das Gebäude. Die erbeuteten Unterlagen halfen, vier hauptamtliche Mitarbeiter und etwa 50 Agenten festzunehmen. Ein Teil dieser Agenten spielte nach 1948 noch einmal eine Rolle. Die Organisation Gehlen versuchte, mit Unterstützung der Amerikaner, sie zu reaktivieren, um im Baltikum mit ihrer Hilfe Residenturen aufzubauen.

Die Operation hätte beinahe Marschall Wassilewskis Leben gekostet. »Eines Tages, es war gegen Abend, fuhr ich vom Gefechtsstand Jeremenkos (2. Baltische Front) zu Bagramjan (1. Baltische Front). Unterwegs raste uns ein Jeep entgegen. Hinter dem Steuer ein Offizier. Wir konnten weder anhalten noch ausweichen. Alle Insassen unseres Fahrzeuges wurden hinausgeschleudert. Mit Mühe stand ich auf, Kopf und Seite schmerzten stark.

Da kam ein wachsbleicher Oberleutnant auf mich zu und hielt mir seine Pistole entgegen. Mit gebrochener Stimme sagte er: ›Genosse Marschall, erschießen Sie mich, ich habe es verdient.‹«[4] Was der Heerführer nicht wusste: Es war der Leiter der Einsatzgruppe, die die »Ostlanddienststelle« »ausgeräumt« hatte, worüber er dem Feldstab der 2. Baltischen Front Mitteilung machen wollte.

Wassilewski, der zehn Tage außer Gefecht gesetzt war, setzte sich für den Oberleutnant ein und verhinderte, dass er vor ein Militärtribunal gestellt wurde. Der 23-Jährige wurde zeitgleich von seinen Vorgesetzten für die gelungene Aktion zur Auszeichnung mit dem Rotbannerorden vorgeschlagen.

Beides – das Vorkommnis mit dem Heerführer und der Auszeichnungsvorschlag – landete auf Stalins Tisch.

Der schrieb an den Auszeichnungsvorschlag mit seinem Blaustift: »Geroi« (Held).

Nicht zum ersten Male würdigte Stalin außergewöhnliche Leistungen während des Krieges mit ungewöhnlichen Entscheidungen.

Der Kriegsberichterstatter der *Prawda*, Boris Polewoi, sollte während der Kursker Schlacht ein Interview mit dem Panzergeneral Rotmistrow führen. Dieser schlug ihm vor, stattdessen über die an seiner Front eingesetzten Flieger zu schreiben. Nach der Schlacht könne er wieder bei ihm vorbeischauen. Polewoi traf so auf den Jagdflieger Alexej P. Maressjew, der gerade von einem Einsatz zurückkam und zwei Abschüsse zu verzeichnen hatte. Was er nicht wusste: Maressjew waren beide Beine unterhalb der Knie amputiert worden. Er sollte der einzige Pilot des Zweiten Weltkrieges bleiben, der mit zwei Beinprothesen ein Jagdflugzeug flog.

Polewoi schrieb einen heroischen Artikel über Maressjew, der, wie er glaubte, große Beachtung finden würde. Doch dieser Artikel erschien nicht! Dagegen war einige Zeit später in der *Prawda* zu lesen, dass dem Flieger Maressjew der Titel »Held der Sowjetunion«, der »Leninorden« und die Medaille »Goldener Stern« verliehen worden sei.

Polewoi erfuhr vom Chefredakteur dies: Sein Artikel war Stalin vorgelegt worden. Der hatte an den Rand geschrieben: »Interessant, aber jetzt nicht die rechte Zeit, das zu bringen. Genosse Polewoi soll später ausführlich darüber berichten.«

Maressjew erhielt die staatlichen Auszeichnungen und das Verbot, weitere Kampfeinsätze zu fliegen.

Die strategische Operation im Baltikum umfasste die Frontoperationen von Riga und Tallinn im September 1944, von Muhusund im Oktober/November und die Memeloperation vom 5. bis 22. Oktober, die als Schlüsseloperation zu bezeichnen ist, da sie die deutsche Heeresgruppe Nord von Ostpreußen abschnitt. So entstand der »Kurlandkessel«.[5]

Indessen ging der Krieg im Geheimen weiter. Die deutsche Seite hatte mit ihrem verstärkten Einsatz von Fallschirmagenten und einheimischen Untergrundkämpfern weder in Belorussland noch im Baltikum etwas Entscheidendes bewirken können. Fast alle Operationen deutscher Abwehragenten vollzogen sich unter Kontrolle der SMERSCH bzw. der 4. Abteilung des NKGB. Auch der Nachschub und das Absetzen von deutschen Agenten im rückwärtigen Raum ließen nach. Dienststellen und Schulen der Abwehr in Litauen, Lettland und Estland wurden evakuiert oder aufgelöst. Mit dem Vordringen der 1. und 2. Belorussischen Front nach Polen und der 3. Belorussischen Front nach Ostpreußen hörten auch die dortigen Abwehrschulen auf zu existieren.

Bei SMERSCH rückte die Suche nach einheimischen bewaffneten antisowjetischen Kräften in den Vordergrund, man verfolgte Banden und Diversanten und versprengte deutsche Wehrmachtsangehörigen. Neben dem Einsickern »umgedrehter« antisowjetischer Kräften in solchen Gruppierungen – »Banditen bekämpft man mit Banditen« – kamen auch Deutsche dabei zum Einsatz.

Operation »Beresina«

Über die Operation »Beresina« ist bisher, auch mangels Hintergrundinformationen, nur bruchstückhaft berichtet worden. Unzweifelhaft gehört die Operation »Beresina« zu den größten Desinformations- und Täuschungsoperationen des sowjetischen Geheimdienstes gegenüber der deutschen Wehrmachtsführung. Die Geheimoperation »Venus 1« und »Venus 2« hatte zwar einen ähnlichen Umfang, fand aber Tausende Kilometer von der sowjetisch-deutschen Front entfernt statt und berührte nicht militärtaktische und strategische Entscheidungen des sowjetischen Hauptquartiers, wie es bei der Operation »Beresina« der Fall war.

Die Operation hatte ihren Ausgangspunkt in der Operation »Bagration« und war ein spezieller Bereich der »Memel«-Operation.

Laut Sudoplatow hatte Stalin angewiesen, die Operation

»Kloster« als strategisches Instrument zum Einsatz aller Kräfte auszuweiten. In der Operation »Kloster« spielte der ehemalige russische Adlige und Agent des NKWD, Alexander Demjanow, eine zentrale Rolle. Als Baltendeutscher Fritz Kauders wurde er gezielt an die Abwehr in Budapest herangeschleust.[6]
Der Generalstab der Roten Armee hatte die Anweisung an die Staatssicherheit, an die Hauptverwaltung für Militäraufklärung (GRU) und SMERSCH erlassen, dafür zu sorgen, dass die in Belorussland bereits von der Roten Armee eingekesselten deutschen Einheiten den Eindruck gewinnen sollten, sie seien noch in der Lage, die sowjetischen Verbindungs- und Nachschublinien zu stören. »Stalin wollte die Deutschen zu dem Versuch verleiten, ihre eingeschlossenen Truppen zu entsetzen, zu ihnen durchzubrechen und sie mit Nachschub zu versorgen, um sie damit zu einer Verausgabung ihrer Kräfte zu überlisten«[7], erinnerte sich Sudoplatow.
Bereits Mitte Juli 1944 schickte Sudoplatow seinen Stellvertreter Generalmajor Naum Ejtingon, den Abteilungsleiter Michail Maklarski und den Funkspezialisten William Fisher (d. i. Oberst Rudolf Abel) nach Belorussland, wo sie eine Kommandozentrale einrichteten. Sie sollten die mit großer Intensität betriebene Fahndung der SMERSCH nach deutschen Agenten unterstützen, ohne dass ihnen der Zusammenhang mit der »Memel«-Operation, über die nur Stalin, Shukow, Wassilewski, Antonow und Bagramjan informiert waren, zu kennen.
Noch im Juli 1944 funkte Demjanow, der bei den Deutschen unter dem Decknamen »Max« geführt wurde, an die deutsche Zentrale, dass sein Nachrichtenregiment, in dem er angeblich diente, zu einer Front der Roten Armee in Belorussland abkommandiert worden sei.[8]
Anfang August 1944 wurde Karl Kleinjung, der im Juni 1944 von einem fast einjährigen Einsatz in Belorussland und Litauen zurückgekehrt war, zum NKGB bestellt. Im Vorzimmer des Generals Ejtingon, zu dem er befohlen war, wartete bereits sein alter Kampfgefährte und Freund Gustav Roebelen.[9] Ejtingon informierte beide, dass sie unter seinem Kommando an der Operation »Beresina« teilnehmen würden und in Kürze zur Basis des Einsatzstabes nach Belorussland gebracht würden.

Kurze Zeit später trafen sie dort ein. Der Einsatzstab der Operation »Beresina« lag in einem größeren Dorf tief im Wald, ungefähr 100 km von Minsk entfernt.

Kleinjung traf seinen alten Freund und Kampfgenossen Otto Schliwinski wieder, wie er berichtete. »Ejtingon teilte uns mit, dass er uns zur Erfüllung einer komplizierten und wichtigen Aufgabe in einer Operation gegen die Deutschen einsetzen wolle. Er machte aber keine Angaben. Erst nach Ablauf von zwei Wochen bekamen wir von ihm den Auftrag, uns mit einem deutschen Regimentskommandeur bekannt zu machen. Er heiße Scherhorn, und wir sollten mit ihm einen kameradschaftlichen Umgang pflegen, politische Gespräche führen und mit ihm Skat spielen, da er ein leidenschaftlicher Skatspieler sei.

Ejtingon führte uns zum besten Haus des Dorfes, dort war der Oberstleutnant untergebracht, und stellte uns dem großen, schlanken Mann als drei deutsche Kommunisten vor.

Scherhorn war erfreut, Deutsche zu sehen. Offensichtlich waren wir die ersten Deutschen, mit denen er seit seiner Gefangennahme zusammentraf. Wir begriffen uns als sein persönliches Betreuungskommando.«[10]

In knapp drei Wochen wurde in der Großoffensive »Bagration« fast die gesamte deutsche Heeresgruppe Mitte eingeschlossen und ganze Armeen vernichtet. Zehntausende deutsche Soldaten marschierten in Gefangenschaft. Nicht wenige aber waren von der Front überrollt worden. Neben diesen versprengten Soldaten und Offizieren, die oft in Kompaniestärke in den riesigen Wald- und Sumpfgebieten umherirrten, gab es auch Banden antisowjetischer Kräfte, die mit der deutschen Besatzung kollaboriert hatten, Gruppen von SS- und SD-Leuten und der militärischen Abwehr, die bewusst zurückgelassen worden waren. Immer wieder gab es bewaffnete Zusammenstöße. Anfang August kam es zu einem Schusswechsel mit einer etwa 40 Mann zählenden Gruppe deutscher Soldaten und Offiziere, bei der fast alle starben. Die wenigen Gefangenen gaben an, dass sie seit über vier Wochen auf dem Marsch gewesen seien und aus Kampfverbänden der 4. Armee stammten. Sie verfügten über ein intaktes Funkgerät und hatten Verbindung zur deutschen Heeresleitung. Die beiden Funker waren allerdings getötet worden, so dass die Funkgeräte praktisch wertlos waren.

Oberstleutnant Gerhard Scherhorn, dessen Regiment zur 2. Armee gehörte, hatte etwas mehr Glück. Seine Einheit war fast vollständig vernichtet worden. Er und einige Stabsmitarbeiter sowie sein Funker gerieten in Gefangenschaft. Das Funkgerät konnte nicht benutzt werden, da die Batterien leer waren. Sowohl der Funker als auch Scherhorn erklärten sich zur Zusammenarbeit bereit. Sie ließen sich auf ein »Funkspiel« ein. Nach der Anwerbung Scherhorns wurden auf Weisung der SMERSCH einige Gefangene von Scherhorns Regiments laufengelassen. Sie schlugen sich zur Heeresgruppe Nord durch und bestätigten die Einkesselung des Regiments.

Mitte August bestätigte »Max«/Demjanow auf Anfrage der deutschen Zentrale, dass »die von Oberstleutnant Scherhorn befehligte 2500 Mann starke Brigade unweit der Beresina[11] von der Roten Armee eingeschlossen« sei.[12]

Auf den ersten Funkspruch Scherhorns an das OKH, in dem die Unterbrechung der Funkverbindung erklärt wurde, reagierte die deutsche Heeresleitung mit einer Reihe von Fragen zur Identität des Oberstleutnants. Nachdem offensichtlich alle Fragen im Sinne des OKH beantwortet worden waren, sicherte man zu, die Wünsche nach Waffen, Munition, Lebensmitteln und Medikamenten zu erfüllen. Bald kamen regelmäßig Flugzeuge, die die Versorgungsbomben über dem angegebenen Wald abwarfen. Das OKH ging aufgrund der Informationen von Scherhorn davon aus, dass sich im Rücken der Roten Armee ein größerer Kampfverband gebildet hatte, der bewaffnete Angriffe auf militärische Objekte, Fahrzeugkolonnen und Militärtransporte führte.

Laut einigen Historikern war das Frontaufklärungskommando 103 verantwortlich für die materielle Sicherstellung des »Kampfverbandes Scherhorn«. Dazu wurde das Kampfgeschwader 200 eingesetzt worden.

In seinen Erinnerungen schrieb Skorzeny, dass er vom Leiter des Wehrmachtführungsstabes, Generaloberst Jodl, darüber in Kenntnis gesetzt worden war, dass sich in einem Waldgebiet nördlich von Minsk eine etwa zweitausend Mann starke Kampfgruppe unter einem Oberstleutnant Scherhorn befinde und zu der eine Funkverbindung bestehe. Es sei Absicht des Stabes, die Gruppe Scherhorn zur deutschen Front zurückzuführen.[13]

In Abstimmung mit dem Wehrmachtführungsstab und dem Generalstab des Heeres, insbesondere mit dem Chef FHO, General Gehlen, erarbeitete Skorzeny mit seinem Stab in Friedenthal – dem Sitz des von ihm befehligten »Sonderverband z.b.V. Friedenthal« – einen Plan, der »Unternehmen Freischütz« hieß und eine Flugbrücke zum »Kampfverband Scherhorn« herstellen sollte. »Freischütz« deshalb, erklärte Skorzeny, »weil wir alle dieselbe Energie und Begeisterung an den Tag legten wie die Ouvertüre der gleichnamigen Oper«.[14]

Skorzenys wollte vorerst vier Gruppen absetzen, die den »Kampfverband Scherhorn« aufspüren sollten. Jede einzelne Gruppe bestand aus zwei SS-Angehörigen seines Jagdverbandes Ost, der im Juni 1944 gebildet worden war, und drei geworbenen Agenten unterschiedlicher Nationalität der Sowjetunion. Sie waren mit je einem Funkgerät, russischen Maschinenpistolen, Verpflegung für vier Wochen, die der Verpflegung der Roten Armee entsprach, und russischen Papieren ausgerüstet. Ihre Köpfe waren kahl geschoren. Man hatte an alles gedacht.

An das Absetzen der ersten dieser Gruppen erinnerte sich Karl Kleinjung: »Anfang September rief Leonid Ejtingon Gustav Roebelen, Otto Schliwinski und mich zu sich und informierte uns, dass es jetzt ernst werde. Am nächsten Tag werde eine Gruppe von vier bis fünf Agenten auf einer vorbereiteten Wiese abgesetzt werden. Der Abwurfplatz, auf dem auch die Fallschirmspringer landen sollten, war eine große Wiese mitten im Wald von 200 m Länge und 100 m Breite. Wir sollten in der angegebenen Ankunftszeit des Flugzeuges, zwischen 1.00 und 2.00 Uhr, an vier Stellen im Quadrat Feuer entzünden. Wenn das Transportflugzeug, eine He 111, ein sogenanntes Schnellbombenflugzeug, das Abwurfgebebiet erreicht hatte, sollte in der Mitte des Quadrates ein fünftes Feuer entzündet werden. Damit sollte signalisiert werden, dass alles in Ordnung sei.«

Ejtingon informierte über die mögliche Zusammensetzung der Gruppen und was wir zu tun hatten. »Die Deutschen sollten von uns zu einem Zelt, das etwa einen Kilometer vom Absprungziel in einer Kiefernschonung aufgebaut wurde, geführt werden. Dort würde sie Oberstleutnant Scherhorn erwarten.«[15]

Das Empfangskomitee Karl Kleinjung, Otto Schliwinski und Felix Scheffler trug Wehrmachtuniformen. Gustav Roebelen, der den Adjutanten von Scherhorn spielte, war Leutnant. Ebenfalls in deutschen Uniformen waren Angehörige der SMERSCH gekleidet, die etwas deutsch sprachen und die Handlungen vor Ort aus der Distanz sichern sollten.

Anflug der Versorgungsmaschine und Abwurf der Versorgungsbomben verliefen problemlos. Beim ersten Anflug sprangen zwei und beim zweiten Anflug drei Männer ab.

Karl Kleinjung berichtete später: »Bei den ersten beiden, die Otto Schliwinski und ich in Empfang nahmen, handelte es sich um den Führer der Gruppe und den Funker, beides SS-Leute.« Die anderen kamen aus dem Baltikum.

»Otto und ich brachten die beiden Deutschen zum Regimentskommandeur. Unterwegs erkundigten wir uns nach der Lage in der Heimat. Das kleine Wehrmachtzelt war in einer dichten Kiefernschonung versteckt, davor stand Felix Scheffler Wache. Er meldete Scherhorn zackig unsere Ankunft. Otto und ich traten mit den beiden ins Zelt und erstatteten vorschriftsmäßig Meldung. Im Zelt war noch Gustav Roebelen, Scherhorns Adjutant.

Der Führer der abgesprungenen Gruppe zog eine Fotografie Scherhorns aus der Seitentasche und verglich die Aufnahme mit Scherhorn. Erst als er sich sicher war, meldete auch er sich vorschriftsmäßig und übermittelte Grüße von Generaloberst Jodl. Daraufhin verließen Otto Schliwinski und ich das Zelt und warteten draußen bei Felix Scheffler. Danach übernahmen wir sie wieder, um sie mit ihrem Gepäck zu unsere angebliche Hauptbasis zu bringen, die etwa zwei Kilometer entfernt lag.«[16]

Nach einem Kilometer, in der Nähe eines kleinen Ortes, an einer Straßengabelung, wo ein ausgebrannter deutscher Panzer stand, sollte die Überrumpelung erfolgen, bei der auch Kleinjung und Schliwinski festgenommen werden sollten. Als »Hände hoch!« gerufen wurde, rissen die beiden sofort die

Arme hoch. Etwa ein Dutzend Rotarmisten hatten sie umstellt und entwaffneten die vier Männer. Alles wirkte sehr zufällig und überzeugend.

Man brachte sie in ein Haus in der Nähe des Waldes und trennte die vier. Nun traten die Spezialisten auf den Plan. Sie sollten die SS-Männer umdrehen und für das nächsthöhere Niveau des Funkspiels gewinnen.

Über den Ausgang der Gespräche erfuhr man in den Memoiren bei Skorzeny: In der vierten Nacht nach dem Absprung sei der Funkkontakt zwischen der Zentrale und der Gruppe zustande gekommen. Man habe die »Kampfgruppe Scherhorn« gefunden. In der folgenden Nacht habe Oberstleutnant Scherhorn sich gemeldet und für die Grüße gedankt. »In schlichten soldatischen Worten, wie ein Kamerad dem anderen dankt. War das ein Gefühl für uns! Der Einsatz unserer Männer war nicht umsonst. Hier konnte sich echte Kameradschaft beweisen«.[17]

Damit war offenkundig der schwierigste Teil der Irreführung des Generalstabs des Heeres war gelungen.

Auf Scherhorns Dank folgte die Ankündigung weiterer Hilfsgüter und der nächsten Gruppe von fünf Mann.

Sie wurde genauso empfangen wie die erste.

Regelmäßig kamen nun »Versorgungsflieger« von »Freischütz«, und alles landete in den Händen des Kommandos »Beresina«.

Es folgten weitere deutsche Agenten, die den Auftrag hatten, unterbrochene Verbindungen in Belorussland und dem Baltikum wieder herzustellen. Es dauerte nicht lange, und sie meldeten per Funk die erfolgreiche Verbindungsaufnahme. Natürlich unter der Kontrolle von »Beresina«.

Einmal wurde eine größere Gruppe aus mehreren Flugzeugen abgesetzt, die den »Verband« verstärken sollte. Vorwiegend handelte es sich um Polen, die zu einem Diversionskommando Skorzenys gehörten. Auch diese Gruppierung marschierte los, nachdem sie sich gesammelt hatte.

»In Belorussland zog mittlerweile der Winter ein. Es lag viel Schnee, und es war sehr kalt. Für Soldaten und Offiziere des Verbandes mussten warme Bekleidung abgeworfen werden. Nach solchen Abwürfen sah es bei uns auf der Wiese und in der Umgebung im Walde so aus, als befände sich hier ein großes Versorgungslager. Viele Verpflegungsbomben gingen auf dem hartgefrorenen Boden entzwei. Es lagen Hunderte Hartwürste, Konservendosen und Schokolade herum. Und Hunderttausende Rubel in Bündeln.«[18]

Soweit Kleinjung, und nun wieder Skorzeny: »Es kam zunächst nur die Erfüllung der dringendsten Wünsche der abgeschnittenen Kampfgruppe in Betracht. Als erstes wurde Sanitätsmaterial und ein Arzt erbeten. Der erste Arzt, der an der nur durch schwache Lichtsignale gekennzeichneten Stelle absprang, brach sich beide Füße und starb laut einer Funkmeldung bald darauf. Die Ankunft des zweiten Arztes wurde mit dankbarer Freude begrüßt. Dann mussten vor allem Verpflegung und Munition für die Handfeuerwaffen abgeworfen werden. Der Gesundheitszustand der Soldaten war infolge der langen Entbehrungen so schlecht, dass an einen Abmarsch noch nicht zu denken war.

Das Kampfgeschwader flog jetzt jede zweite oder dritte Nacht einen Versorgungsflug. Über Funk kam nur die Klage, dass manche Abwürfe ziemlich ungenau erfolgten und dadurch vieles nicht ankam. Dann mussten die Versorgungsflüge wiederholt werden.«[19]

Die Zunahme der Flugaktivität aus Deutschland beschäftigte das »Beresina«-Kommando, es musste verstärkt werden. Zuerst durch eine Gruppe deutscher und österreichischer Spanienkämpfer mit Erhard König, Walter Steffens, Karl Wegmann, Karl Dobritzhofer, Hans Winkelmann, Hans Hanko, Fritz Grünwald sowie Joseph und Rudolf Gutsche.

Kurze Zeit später kam ein weiteres Dutzend Antifaschisten aus dem Nationalkomitee »Freies Deutschland« unter Leitung von Prof. Nikolai F. Janzen, dem Leiter einer Antifa-Schule. Zu dieser Gruppe gehörten Georg Gutzend, Hans Otto, Walter Kaiser, Gerhard Geyer, Walter Reichel, Alfred Grohe, Rudolf Böhme und Hermann Schauer.

Die Kräfte, die jetzt in die Operation »Beresina« eingebunden waren, so Karl Kleinjung, »waren gewaltig angewachsen. Unsere Basis – es waren zwei Dörfer und ihre Umgebung – war zu klein geworden. Weitere Dörfer samt Umland wurden in unseren Aktionsradius mit einbezogen. So entstand eine Kommandantur mit rückwärtigem Dienst und Nachrichten- und Funkzentrale. Die Funker, die wir selbst besaßen, und jene, die abgesprungen waren, mussten ständig eine stabile Verbindung zu ihren Zentralen halten.

Der Kommandant für diese Regionalkommandantur, der von Ejtingon eingesetzt wurde, war der mir aus vielen Einsätzen bekannte Alexander Fedorowitsch Koslow.«[20]

In dieser Basis wirkte auch ein Teil der von der SMERSCH bei Fahndungen festgenommenen Agenten und Diversanten, die »umgedreht« worden waren und nun unter Aufsicht ihre Meldungen an ihre Funkstützpunkte absetzten.

Nach Karl Kleinjung gab es während der Operation »Beresina« drei Vorkommnisse, die zum Scheitern der Aktion hätten führen können.

Ab Mitte Oktober forderte der deutsche Generalstab Scherhorn mehrmals auf, den Rückzug seines Verbandes in Richtung deutscher Hauptkampflinie der Heeresgruppe Nord zu forcieren. Scherhorn lehnte das unter Hinweis auf 200 Verwundete, darunter viele Schwerverwundete, ab. Daraufhin arbeitete der Einsatzstab des Kampfgeschwaders 200 ein Rettungsplan aus. Nach diesem Plan sollte neben der bisherigen Abwurfstelle eine Landebahn angelegt werden, um Kranke und Verwundete auszufliegen und später Teile von Scherhorns Verband. Als Zeitpunkt war Ende Oktober ins Auge gefasst. Diese Piste wurde auch gebaut. Vorgesehen war, dass zumindest die Besatzungen des ersten und des zweiten Flugzeuges gefangengenommen werden sollten. Als über Funk der Abflug dieser Transportflugzeuge gemeldet wurde, nahmen alle im Wald ihre Plätze ein. Etwa eine Stunde vor der geplanten Landung kam die Weisung aus Moskau: »Aufgabe geändert. Wir machen weiter. Flugzeuge dürfen nicht landen.« Es wurden die üblichen Positionsfeuer angezündet, aber kein Signalfeuer. Wie besprochen wurde beim Anflug des ersten Flugzeuges am Boden aus allen Rohren geschossen, Handgranaten explodierten, Brände wurden entfacht. Das Scheingefecht der sich verteidigenden Kampfgruppe Scherhorn war so wirkungsvoll, dass die Flugzeuge abdrehten.

Auch dieses Täuschungsmanöver wurde vom deutschen Generalstab nicht durchschaut.

Das zweite Ereignis betraf den »Arzt mit den gebrochenen Füßen, der später starb«, wie Skorzeny schrieb. Es handelte sich um einen Oberstabsarzt im Range eines Hauptmanns, ein fanatischer Nazi, der die Zusammenarbeit mit der sowjetischen Seite ablehnte. Er wurde in einer kleinen Bauernkate untergebracht und wurde von einem sowjetischen Major und einem Soldaten bewacht. Als er mit dem Major alleine war, schlug er diesen mit einer Kohlenschaufel bewusstlos und flüchtete. Es war Dezember, und es wütete ein Schneesturm. Als die Ablösung kam, fand sie den bewusstlosen Major vor, der Sturm hatte alle Spuren verwischt. Tagelang suchte man in einem Umkreis bis zu 20 km. Nach etwa einer Woche wurde er doch gefunden. Hunger und Frost trieben den Hauptmann in ein Haus. Die couragierte Bäuerin packte ihn und schrie um Hilfe.

Damit war die Gefahr der Enttarnung von »Beresina« abgewendet.

Das letzte Vorkommnis war besonders gefährlich. Es passierte außerhalb des Basislagers in einem Dorf an der belorussisch-litauischen Grenze. Ein abgesprungener estnischer Agent, der sich bereit erklärt hatte, für die sowjetische Seite zu arbeiten und das bereits seit über zwei Monaten tat, flüchtete unerwartet. Allerdings wurde diese Flucht durch zu große Vertrauensseligkeit begünstigt. An einem Morgen, als sich der SMERSCH-Mitarbeiter rasierte und für kurze Zeit den Raum verließ, entwendete der Este aus dem geöffneten Koffer eine Handgranate und floh durch das geöffnete Fenster. Der zweite Bewacher, ein Boxer (»Meister des Sports der Sowjetunion«) machte bei klirrender Kälte seinen üblichen Frühsport und und nahm sofort die Verfolgung auf. Der Flüchtling kam im hohen Schnee nur langsam voran. Der Sportler traf ihn aus 50 Metern Entfernung mit der Pistole, und als er sich dem Esten näherte, sprengte der sich mit der Handgranate in die Luft.[21]

Ab Januar 1945 wurden die Abstände zwischen den Versorgungsflügen immer größer, bis sie ganz ausblieben. Nur die Funkverbindung blieb stabil.

Skorzeny: »Das Kampfgeschwader 200 bekam von Monat zu Monat weniger Kraftstoff zugeteilt. Hin und wieder gelang es mir, für den Einsatz Freischütz ein Sonderkontingent von vier bis fünf Tonnen Betriebsstoff herauszuschlagen, aber auch das wurde immer schwerer. Wir mussten, trotz dringendster Hilferufe, unsere Versorgungsflüge immer mehr einschränken. Ich konnte mir denken, dass Scherhorn und seine Kameraden in ihrer verzweifelten Lage kaum Verständnis für unsere Schwierigkeiten aufbringen konnten. So versuchte ich wenigstens, durch persönlich gehaltene Funksprüche den Glauben an unsere Hilfsbereitschaft aufrechtzuerhalten.«[22]

»Beresina« funktionierte von Herbst 1944 bis zum Ende des Zweiten Weltkrieges. In den höchsten deutschen Führungsstellen glaubte man fest an die Existenz des »Kampfverbandes Scherhorn«. Kurz vor Toresschluss, im April 1945, beförderte Hitler Scherhorn noch zum Oberst. Der neue Generalstabschef Guderian gratulierte per Funk.

Skorzeny zweifelte erstmals in amerikanischer Kriegsgefangenschaft: »Jedoch hatte ich im Gefängnis sehr viel über die Vernehmungsmethoden der Sieger gelernt, und ich fragte mich, ob nicht der russische Nachrichtendienst die ganze Zeit über mit uns ein sogenanntes Funkspiel geführt hatte.«[23]

Von sowjetischer Seite waren annährend 500 Personen mit verschiedenen Aufgaben an der Operation »Beresina« beteiligt. Dass diese Operation so gut funktionierte, war auch das Verdienst von etwa drei Dutzend deutscher Antifaschisten.

Anmerkungen

1 Memel (russisch *Neman*), der Fluss entsprang in Russland, durchfloss Belorussland und Litauen und mündete nördlich von Königsberg in Ostpreußen in die Ostsee. In der sowjetischen Literatur taucht die hier beschriebene geheimdienstliche Operation unter dem Namen »Neman« auf.
2 Autorenkollektiv, Duell mit der Abwehr. Dokumentarische Skizzen über die Tschekisten der Leningrader Front, 1941 bis 1945, Berlin 1971, S. 200 ff.
3 S. S. Ostrjakow, Militärtschekisten, Berlin 1979, S. 170 ff.
4 A. M. Wassilewski, Sache des ganzen Lebens, Berlin 1977, S. 440
5 Kurland (lettisch *Kurzeme*) war die Bezeichnung für das baltische Gebiet im Westen und Südwesten der Rigaer Bucht. Im Zweiten Weltkrieg wurde die deutsche Heeresgruppe Nord am 10. Oktober 1944 durch die Operation »Memel« im Baltikum abgeschnitten. Dadurch waren bis

zum Ende des Krieges 35 deutsche Divisionen, etwa 300 000 Soldaten, blockiert und konnten nicht mehr in das Kriegsgeschehen eingreifen.
6 P.A. Sudoplatow: Handlanger der Macht, Düsseldorf-Wien-New York 1994, S. 212
7 ebenda
8 ebenda
9 Privatarchiv Wittstock
10 ebenda
11 Beresina, Nebenfluss des Dnepr in Belorussland, 590 km lang. Im November 1812 fand dort der verlustreiche Übergang des zurückflutenden Heeres von Napoleon statt, dabei kamen etwa 30 000 seiner Soldaten ums Leben.
12 P.A. Sudoplatow: Handlanger ..., a.a.O., S. 212
13 Otto Skorzeny: Wir kämpften – wir verloren, Königswinter 1973, Bd. 2, S. 58 ff.
14 a.a.O., S. 59 ff.
15 Privatarchiv Wittstock
16 ebenda
17 Otto Skorzeny: Wir kämpften ..., a.a.O., Bd. 2, S. 61
18 Privatarchiv Wittstock
19 Otto Skorzeny: Wir kämpften ..., a.a.O.,, Bd. 2, S. 62
20 Privatarchiv Wittstock
21 ebenda
22 Otto Skorzeny: Wir kämpften ..., a.a.O., S. 63
23 Otto Skorzeny: Meine Kommandounternehmen. Krieg ohne Fronten, Wien 1993, S. 362

25. »Reservehauptquartier« im Rücken des Feindes

In den 80er Jahren tauchte erstmals der Begriff *Gladio* in Veröffentlichungen über nachrichtendienstliche Aktivitäten der NATO auf. Es handelt sich um eine Tarnbezeichnung für eine taktische Option, die seit Anfang der 50er Jahre in der NATO realisiert wurde. »Schläfer« wurden in Westeuropa installiert, die im Falle eines Krieges mit dem Warschauer Pakt sich von der Front überrollen lassen und dann im Hinterland aktiv werden sollten: als Spione, als Saboteure, als Diversanten, als Terroristen. Zu *Gladio* gehörten entsprechende Depots und Waffenlager. Dieses geheime NATO-Netzwerk fand seinen Niederschlag auch in Befehlen und Weisungen nationaler Geheimdienste, BND eingeschlossen.

Gladio besteht, auch wenn es den Warschauer Vertrag nicht mehr gibt, entgegen anders lautenden Darstellungen unverändert fort.

Hier interessiert jedoch die Ausgangsidee für dieses geheime Netzwerk.

Vermutlich erstmals praktiziert wurde diese Kampfform durch die *Armja Krajowa* (AK), die von der Exilregierung in London gesteuerte polnische Heimatarmee. Von März 1944 bis über das Kriegsende hinaus führte die AK einen Geheimkrieg gegen die Rote Armee und die politischen Strukturen, die in ihrem Schutze im befreiten Polen entstanden.

Und auch dafür gab es Ursachen, die weit in die Geschichte zurückreichen.

Sie wurzelten in der von nationalkonservativen Kräften über Jahrhunderte verfolgten Strategie eines Großpolens, das von »Meer zu Meer, von der Ostsee bis zum Schwarzen Meer«, reichen sollte. Der daraus resultierende Ostdrang führte sogar zu einer, wenngleich kurzzeitigen Besetzung Moskaus im 17. Jahrhundert.

Doch die Großmachtträume erledigten sich mit dem Aufstieg Russlands und Preußens. Ende des 18. Jahrhunderts teilten sie und Österreich Polen untereinander auf, Warschau wurde zu einer russischen Provinzstadt. Nach dem Ersten Weltkrieg berannte Polen mit Unterstützung Österreichs Sowjetrussland. Man wollte nicht nur die einst zu Polen gehörenden Territorien zurückholen, sondern auch Litauer, Belorussen und Ukrainer in einer von Polen dominierten Föderation zusammenführen. Das militärische Abenteuer scheiterte 1921, Polen verlor sogar Gebiete an Sowjetrussland.

Das wechselseitige Misstrauen blieb, die Ressentiments verstärkten sich unter der polnischen Militärdiktatur unter Pilsudski. Das erklärt (entschuldigt aber nicht) den Einmarsch der Roten Armee nach dem Zusammenbruch des polnischen Staates im September 1939 und die Liquidierung des polnischen Offizierskorps in Katyn[1]. Die Sowjetunion hatte der in Polen regierenden reaktionären Offizierscliqe nicht verziehen, ein kollektives Sicherheitsbündnis gegen Nazideutschland verhindert zu haben.

Ende 1939 begann sich militärischer Widerstand gegen die faschistischen Okkupanten in Polen zu formieren. Die stärkste Kraft war die *Armja Krajowa* (AK), die sich um die Jahreswende 1939/40 unter General Wladyslaw Sikorsky bildete. Daneben existierten die *Gwardia Ludowa* (GL), die illegale bewaffnete Organisation der polnischen Arbeiterpartei, die *Armja Ludowa* (AL), der bewaffnete Arm des Landesnationalrates (Warschauer Regierung), aus der später die polnische Volksarmee hervorging, und die *Bataliony Chlopskie* (BCh), der vorwiegend Kämpfer der Bauernschaft angehörten. Eine starke Formation bildeten gemischte Partisanenabteilungen, die zum Teil unter Leitung sowjetischer Offiziere standen.

Als sich im Frühjahr 1944 die Rote Armee der polnischen Grenze nährte und abzusehen war, dass sie bald überschritten werden würde, reagierte die polnische Exilregierung in London nervös. Sie verstärkte ihre antisowjetische Propaganda- und Störtätigkeit. Im Sommer passierte die Rote Armee gemeinsam mit der 1. und 2. Polnischen Armee die Staatsgrenze. Je weiter sie in Polen vordrangen, desto stärker war die Unterstützung von Freiwilligen aus der einheimischen Bevölkerung.

Truppenteile der *Gwardia Ludowa*, der *Armja Ludowa*, Partisanenverbände und andere Widerstandskräfte schlossen sich den beiden polnischen Armeen an. Nur die *Armja Krajowa* hielt sich abseits. Sie beteiligte sich nicht an der euphorischen Siegesstimmung der polnischen Bevölkerung. Sie folgte den Vorgaben der polnischen Exilregierung: keine Kontakte und gemeinsame Aktionen mit der Roten Armee, der 1. und 2. polnischen Armee, keine mit Partisanen, die mit sowjetischen Partisanen kooperieren, keine Mitarbeit am Aufbau kommunaler und staatlicher Machtorgane. Passives Verhalten auf allen Ebenen.

Diese Vorgehensweise hatte der Resident des britischen Intelligence Service im Frühsommer 1944 der sowjetischen Seite über seine Partisanenverbindung mitgeteilt. »Pawel Polowzew« war ein Doppelagent und arbeitete auch für die sowjetische Seite.

Da die sowjetische Funkaufklärung fast den gesamten Funkverkehr zwischen der polnischen Exilregierung London und der AK und umgekehrt mithörte und die sowjetische Aufklärung über Beziehungen zur polnischen Emigration in der Sowjetunion verfügte, glaubte man im sowjetischen Hauptquartier, bestens informiert zu sein. Doch man wurde zweimal überrascht: vom Warschauer Aufstand im August 1944 und vom Wirken einer »Geheimarmee« auf westukrainischem, westbelorussischem und polnischem Gebiet im Hinterland der Roten Armee.

Am 18. Juni 1945 wurden bei einem Prozess in Moskau Einzelheiten bekannt. Aus der Anklageschrift der sowjetischen Militärstaatsanwaltschaft, die auch als Broschüre in englischer Übersetzung veröffentlicht wurde, lässt sich folgendes entnehmen: General Leopold Okulicki[2] war im März 1944 ins Hauptquartier noch London befohlen worden. Er galt als Spezialist für Sowjetrussland. Er erhielt Order, den Fortbestand der AK in Polen zu sichern. Sie sollte nach Vertreibung der Nazis aus Polen zum Schein aufgelöst und in geheimen Kampfgruppen und -abteilungen von maximal je sechzig Mann weiterkämpfen.

Nach der Befreiung Warschaus wurde die *Armja Krajowa* am 19. Januar 1945 offiziell aufgelöst. Danach verübten die geheimen Gruppen im Rücken der sowjetischen und der mit ihren verbündeten polnischen Truppen Terror- und Sabotageakte. Sie zerstörten Brücken, Schienen- und Gleisanlagen, jagten Militärtransporte in die Luft, überfielen Lager und raubten Magazine aus, legten Straßenminen und unterbrachen Transport- und Verbindungswege. Opfer wurde auch der Oberbefehlshaber der 3. Belorussischen Front, Armeegeneral Tschernjachowski, der am 15. Februar 1945 auf eine Straßenmine fuhr.

Nach einer unvollständigen Liste sowjetischer Militärbehörden tötete die AK im Verlaufe von acht Monaten etwa 600 Soldaten und Offiziere der Roten und der Polnischen Armee, fast 300 wurden verwundet und annähernd 200 Zivilisten ermordet.

Im Mai 1945 war der größte Teil der Führungskräfte des »Reservehauptquartiers« der AK gefangengenommen, unter ihnen auch ihr Befehlshaber General Okulicki.

Aus versprengten und »vagabundierenden« Gruppen der AK bildeten sich Banden, die bis in die 50er Jahre auf polnischem Territorium ihr Unwesen trieben.

In den Jahren 1944/45 zählte der antikommunistische Untergrund in Polen etwa 300 000 Personen, die in unterschiedlichen konspirativen, zum Teil militärischen Gliederungen organisiert waren.

Am 18. Juni 1945 begann in Moskau der Prozess gegen sechzehn führende Köpfe des »Reservehauptquartiers«. Sie wurden der Verschwörung, wegen Kriegsverbrechen, Militärspionage, politischem Mord und anderen Delikten angeklagt. Während der Verhandlung musste der Hauptangeklagte Okulicki zugeben, dass seine antisowjetische Untergrundbewegung den faschistischen Okkupanten geholfen hatte.

Der sowjetische Militärstaatsanwalt verzichtete auf die Anwendung der Todesstrafe. Er bezeichnete die Angeklagten als »Handlanger« und »Werkzeuge« der polnischen Reaktionäre in London.

Das Militärgericht gab am 21. Juni 1945 seinen Urteilspruch bekannt: Drei Angeklagte wurden freigesprochen. Okulicki erhielt die höchste Strafe: Zehn Jahre Gefängnis, die anderen Gefängnisstrafen von vier Monaten bis sechs Jahren.

Kurze Zeit später machten die USA und Großbritannien die Anerkennung der polnischen Exilregierung rückgängig. In Übereinstimmung mit den in Jalta getroffenen Vereinbarungen wurde die Regierung in Warschau offiziell anerkannt.

Anmerkungen

1 Im russischen Katyn im Rayon Smolensk entdeckte 1943 die Wehrmacht Massengräber mit den Leichnamen von rund 4000 exekutierten polnischen Offizieren. Bis 1990 bestritt Moskau die Verantwortung für dieses Massaker und hielt an der seit 1943 verbreiteten Lesart fest, die Nazis hätten daran Schuld. Das unentschuldbare Verbrechen war und ist Wasser auf die Mühlen der Antikommunisten weltweit, es belastet das Verhältnis der Polen und Russen bis heute.
2 Leopold Okulicki (1898–1946), meldete sich 1915 als Kriegsfreiwilliger, blieb nach Kriegsende in den polnischen Streitkräften und kämpfte im polnisch-sowjetischen Krieg vom Februar 1919 bis März 1921 gegen Sowjetrussland und die Ukraine. Danach besuchte er die Warschauer Militärakademie. Bis zum Krieg übte er verschiedene Kommandeursfunktionen aus. In der in der Sowjetunion 1941 aufgestellten polnischen Armee wurde er Stabschef, folgte aber der Exilregierung und übernahm im Herbst 1944 das Kommando der antikommunistischen Heimatarmee. Er wurde wegen Untergrundtätigkeit vom NKWD verhaftet, in Moskau angeklagt und verurteilt. Er starb am 24. Dezember 1946 im Moskauer Butyrka-Gefängnis unter ungeklärten Umständen.

26. Die Jagd auf den »Oberbefehlshaber«

In einschlägigen BRD-Lexika, aber auch in Artikeln über Andrej Andrejewitsch Wlassow (1900–1946) heißt es: Wlassow geriet Ende des Krieges in US-Kriegsgefangenschaft, die Amerikaner lieferten ihn am 12. Mai 1945 an Moskau aus, wo er im August 1946 bei einem Geheimprozess verurteilt und anschließend gehenkt wurde. Dass er ein Deserteur, Kollaborateur und Kriegsgegner der Sowjetunion war, wird allenfalls beiläufig, wenn überhaupt, erwähnt.

Wlassow, Jahrgang 1901, zählte zur Generation junger, aufstrebender Kommandeure der Roten Armee. 1938 war er bereits Divisionskommandeur, von 1939 bis 1941 war er Chef der sowjetischen Militärmission in China. Nach dem Überfall wurde er Befehlshaber von Korps und Armeen. Bei der Verteidigung von Moskau und später bei Kiew führte er Armeen, die gut ausgebildet waren, über intakte Stäbe und bewährte Kommandeure verfügten. Schnell geriet er im positiven Sinne ins Blickfeld des sowjetischen Oberkommandos. Inzwischen zum Generalleutnant befördert, wurde er im März 1942 zum Stellvertreter des Oberbefehlshabers der Wolchow-Front, die damals Generaloberst K. A. Merezkow befehligte, ernannt. Später urteilte Merezkow: »Mit Wlassows Namen verbindet sich ein schmähliches Kapitel des Großen Vaterländischen Krieges.«[1]

Im Wald- und Sumpfgebiet des Wolchow, südlich von Leningrad, kam es zu katastrophalen Entwicklungen, die sowohl von der Front als auch von der Führung der 2. Stoßarmee verursacht worden waren. Man hatte die kurz zuvor aufgestellten Truppenteile der 59. Armee und der 2. Stoßarmee ohne taktische Vorbereitung auf das Angriffsgefecht und ohne ausreichende Erfahrung im Umgang mit den Waffen an die Front geschickt. Viele Soldaten kamen aus der kasachischen Steppe und hatten noch nie einen Wald gesehen, geschweige denn Sümpfe. Merezkow: »Da sie fürchteten, sich in den Wäldern zu verlieren, hielten sie wie Kletten zusammen, brachten die Gefechtsordnung durcheinander, ballten sich zu Haufen zusammen und boten dem Gegner ein gutes Ziel.«[2]

Hinzu kam, dass es keine zuverlässigen Nachrichtenmittel und Formen gab, die das Zusammenwirken der Wolchowfront und der Leningrader Front gewährleisteten. Es wurden Befehle erteilt, die der jeweils anderen Front mehr schadeten als nützten. In dieser schwierigen Situation war Wlassow Befehlshaber der 2. Stoßarmee. Merezkow hatte ihn loswerden wollen, weil er mit ihm als Stellvertreter nicht zufrieden war. »Befremdet beobachtete ich während der Besprechungen die teilnahmslose Haltung meines Stellvertreters, der keine Initiative zeigte. Meinen Anweisungen kam er nur mit Unlust nach. Gereiztheit und Unzufriedenheit diesem Manne gegenüber wuchsen in mir. Damals waren mir die Gründe für sein Verhalten unverständlich.

Nach der Erkrankung des Oberbefehlshaber der 2. Stoßarmee ernannte das Hauptquartier Wlassow zu dessen Nachfolger.«[3]

Das entsprach aber nicht den Vorstellungen Wlassows. Anstatt schnell in eine höhere Dienststellung zu gelangen, sollte er nun wieder »Frontarbeit« leisten. Wlassow wurde bei seinem Eintreffen bei der 2. Stoßarmee mit einer Situation konfrontiert, der er hilflos gegenüberstand. Ihm gelang es weder seine Armee zu führen, noch seine Kommandeure auf die militärische Lage einzustellen.

Hinzukam, dass ein katastrophaler militärischer Fehler, diesmal direkt vom Hauptquartier und von Stalin selbst, verursacht wurde. Am 23. April 1942 wurde die Wolchowfront aufgelöst und als operative Gruppe in die Leningrader Front eingegliedert. Merezkow wurde Oberbefehlshaber der 33. Armee. Diese Entscheidung des sowjetischen Hauptquartiers führte dazu, dass die 2. Stoßarmee praktisch in der »Luft hing« und durch die Untätigkeit ihres Befehlshabers dem Untergang entgegenging. Am 8. Juni 1942 wurde dieser Befehl rückgängig gemacht und Merezkow zu Stalin befohlen. Dieser gab unumwunden zu, dass es ein großer Fehler gewesen sei, die

Wolchowfront mit der Leningrader Front zu vereinigen. »Chosin *(der Oberbefehlshaber der Leningrader Front – H. W.)* hat versagt. Er hat die Direktive des Hauptquartiers, die 2. Stoßarmee zurückzuführen, nicht befolgt. So gelang es den Deutschen, die Verbindungen der Armee zu durchschneiden und sie einzukreisen.«[4] Die Wolchowfront wurde wieder hergestellt und Merezkow zu ihrem Oberbefehlshaber ernannt.

Aber die Wiederherstellung der Wolochwfront führte nicht zur Verbesserung der Lage der 2. Stoßarmee. Sie blieb eingekreist und von ihren Versorgungsstützpunkte abgeschnitten. Sie litt unter Munitionsmangel. Dazu kam die desolate Armeeführung, die auch die unteren Befehlsebenen mit erfasste. Mehrere Durchbruchsversuche misslangen. Bemühungen des Stellvertreters von Wlassow, General Alferjew, die verbliebenen Truppen in einem Abschnitt zu konzentrieren, blieben ebenfalls erfolglos.

Dennoch gelang es in der Nacht zum 24. Juni 1942, einen Korridor zu schaffen, aus dem die erschöpften Soldaten und Offiziere der 2. Stoßarmee entweichen konnten. Insgesamt 16 000 der ursprünglich etwa 70 000 Mann gelang der Ausbruch, unter ihnen fast die gesamte Armeeführung – außer Wlassow. Bei diesem Ausbruch kamen etwa 6000 Mann ums Leben und 8000 gerieten in Gefangenschaft.

Am 14. Juli informierte General Afanassjew per Funk über die letzten Stunden der 2. Stoßarmee. Seines Wissens hatte sich Wlassow keiner Gruppe angeschlossen, die einen Ausbruch aus der Einkreisung versuchen wollte.

Merezkow: »Gleich nach Erhalt des Funkspruches bat ich telefonisch, den Kommandeur der Partisanenabteilung von Oredsh anzuweisen, General Wlassow und dessen Begleitung zu suchen. Vergeblich ließ Sasanow *(der Partisanenkommandeur – H. W.)* das Gelände um Puddubje durch drei Partisanengruppen kilometerweit absuchen, bis nach einiger Zeit die Meldung kam, dass Wlassow im Dorf Pjatniza zu den Faschisten übergegangen sei und die Heimat verraten habe.

Wie sich alles zugetragen hatte, erfuhren wir später durch erbeutete Dokumente vor allem aus Tagebuchaufzeichnungen deutscher Offiziere, die besagten, dass Wlassow in einer Hütte in aller Ruhe auf das Erscheinen des Gegners gewartet und den eintretenden deutschen Soldaten zugerufen habe: ›Nicht schießen, ich bin General Wlassow!‹

Sein späteres Verhalten war noch schmachvoller. Wlassow wurde zum Synonym für schmutzigen Verrat.«[5]

Wenige Monate später, im Kriegsgefangenenlager Winniza, erklärte sich Wlassow bereit, auf deutscher Seite an der Spitze von Freiwilligenverbänden aus Gefangenen und Überläufern gegen die Rote Armee zu kämpfen, in der er seit 1918 gedient hatte.

Der General war das Aushängeschild, als am 27. Dezember 1942 in Berlin das sogenannte Russische Komitee gegründet wurde. Dieses Komitee, das sich auf ein »Smolensker Komitee«[6] berief, verstand sich als ideologische und politische Basis aller antisowjetischen Kräfte. Bisher hatte Wlassows Rolle darin bestanden, antisowjetische, gegen Stalin gerichtete Flugblätter zu verfassen oder zu unterzeichnen. Nun sollte Wlassow eine russische Armee auf deutschem Boden schaffen, die an der Seite der Wehrmacht gegen die Sowjets kämpfen sollte. Die deutsche Heeresleitung unterstützte die von ihr ins Leben gerufene Wlassow-Bewegung. Sie finanzierte nicht nur diese Bewegung, die Abwehr unter Canaris und die Abteilung »Fremde Heere Ost« unter Gehlen protegierte sie. Mehr noch: Sie war ihre Erfindung.

Hitler schmeckte das nicht. Doch die »Dienststelle des Generals der Freiwilligenverbände«[7] rekrutierte schon lange in der besetzten Sowjetunion Hilfswillige (»Hiwis«) aus der nichtdeutschen Bevölkerung. Militärbehörden, Polizeieinrichtungen und die SS bedienten sich ihrer, als Schutz-, Sicherungs- und Ordnungsdienste. Sie wurden auch in die Vernichtung ihrer Landsleute einbezogen, beteiligten sich an Massenerschießungen im Rahmen der »Endlösung« und an der sogenannten Bandenbekämpfung. Die »Hiwis« wurden zu einem Synonym für die Kollaboration mit dem Feind. Und sollten sie gar eine Armee bilden?

Am 25. März 1943 verbreitete die *Russkaja Oswobodennaja Armija* (Russische Befreiungsarmee ROA) ein »Smolensker Manifest«, das alle Völker der Sowjetunion zum Kampf gegen Stalin aufrief. Es war eine propagandistische Aktion und Antwort auf das Ende der 6. Armee in Stalingrad.

Hitler hatte am 13. Januar 1943 die »totale Mobilisierung« sämtlicher materieller und personeller Ressourcen zur Sicherung des »Endsieges« gefordert. Am 18. Februar rief Propagandaminister Joseph Goebbels im Berliner Sportpalast den »totalen Krieg« aus. Und am 25. März trat nun Wlassow an die Öffentlichkeit.

Die deutschen Nachrichtendienste hatten bereits Vorarbeit geleistet. In Dabendorf bei Berlin wurden nicht nur Diversanten und Agenten ausgebildet, sondern auch Kader der »Freiwilligenarmee«.

Auch einen Stab der ROA gab es schon, ihm gehörten Wlassow, Malyschin und Shilenkow an. Als Vertreter der Emigranten war N. N. Iwanow zugeordnet worden.

Basis der ROA sollte Belorussland werden. Dort hatte sich Ende 1942 in dem nahe Suwalki gelegenen Kriegsgefangenlager die »Nationalistische Union« gebildet, gegründet von einem ehemaligen Offizier der Roten Armee, von W. W. Gil, dem Stabschef der 29. Schützendivision. Den Deutschen erschien dieser Name nicht aussagekräftig genug, so wurde daraus der »Kampfbund der Russen«. Die Abwehr riet Gil, da sein Name nicht typisch russisch war, diesem »Radionow« hinzuzufügen. Aus Gil wurde also Gil-Radionow.

Nach dem Besuch der »Führerschule« in Dabendorf sollte er nun seine *Drushina* (Gefolgschaft) bilden, die gegen belorussische Partisanen eingesetzt werden sollte. Diese zählte, nachdem sie mit »Hiwi-Polizisten« aufgefüllt worden war, 500 Mann. Erstmals wurde sie im Oktober 1942 bei einer Strafexpedition gegen Partisanen eingesetzt.

Bald schloss sich ihr eine weitere *Drushina* an, die der Wlassow-Anhänger A. E. Blashewitsch befehligte. Gil-Radionow, mit mehreren Eisernen Kreuzen dekoriert und zum Oberst befördert, sollte mit seinem Verband den Grundstock für die Wlassow-Armee in Belorussland bilden.

Im Frühjahr 1943 gab sich Wlassow mit seinem Führungsstab die Ehre und besuchte Gil-Radionow, dessen Verband auf die Stärke eines Regimentes von über 1000 Mann angewachsen war. Dort wurde der Beschluss gefasst, weitere bewaffnete Verbände und Gruppen mit dem Regiment zu vereinen und eine Brigade, etwa 3000 Mann, zu bilden, die sich dann *Rus-*

sische Befreiungsarmee nennen sollte. Als Standort benannte man die Bahnstation Dokschizy, rund 150 km nördlich von Minsk.

Zum Ausbau der »Brigade« blieb keine Zeit. Die deutsche Heeresleitung stellte sie zu Strafexpeditionen gegen Partisanen ab. Annähernd zwei Monate blieb sie im Einsatz. Doch sowohl die »Brigade« als auch die beteiligten SS-Einheiten erlitten bedeutende Verluste. Hinzu kam, dass sich die Reihen auch deshalb lichteten, weil viele zu den Partisanen überliefen.

Das ZK der KP Belorusslands und der Stab der belorussischen Partisanen schlug dem Wileikaer illegalen Gebietskomitee vor, die Zersetzungsarbeit zu verstärken. Im Juli 1943 fanden die ersten Verhandlungen statt, die zur Zusage führten, dass die »Brigade« an keinen weiteren Strafexpeditionen teilnimmt. Am 10. August kam Gil-Radionow selbst zu den Verhandlungen mit einem Beauftragten des Stabes der belorussischen Partisanen. Ihm wurden die Bedingungen für den Übertritt der »Brigade« auf die Seite der Partisanen genannt: Der sollte eine Unterstellung sein. Und die »Brigade« sollte sofort mit in den Kampf gegen die Okkupanten ziehen, damit jeder seine Schuld gegenüber Volk und Vaterland tilgen könne.[8] Drittens schließlich: Auslieferung der Verräter und Geheimdienstler Bogdanow und Graf Mirski, damit sie vor Gericht gestellt werden können. Mit den übrigen Deutschen sollte nach eigenem Ermessen verfahren werden.

Am 13. August 1943 revoltierten die ROA-Soldaten, erschossen die SS-Offiziere und traten in voller Ausrüstung über. Sie kämpften nun unter dem Namen »1. antifaschistische Brigade« unter Gil-Radionow gegen die deutschen Okkupanten. Bei einem Gefecht fiel Gil-Radionow.

Es gab noch weitere Versuche in Belorussland, solche bewaffnete Formationen im Namen von Wlassow und unter deutscher Regie aufzustellen, etwa die »Russische Nationale Armee« (RNA) oder das »Belorussische Korps«. Die meisten lebten nicht lang.[9]

Allein 1943 liefen etwa 14 000 Wlassow-Soldaten auf die sowjetische Seite über.

Die Erteilung des Generalpardons für solche bewaffneten Formationen, die an Strafexpeditionen und anderen Grausamkeiten beteiligt waren, fand nicht überall vorbehaltlose Zustimmung. Besonders sowjetische Militärs waren gegen diese Ungleichbehandlung. Aus deutschen Kriegsgefangenenlagern befreite oder ausgebrochene Rotarmisten galten als Verräter, mussten dem NKWD übergeben werden und wurden umgehend in den Weiten Sibiriens interniert diese Feinde jedoch ließ man gegen die Faschisten kämpfen oder laufen. Einige Frontoberbefehlshaber ignorierten deshalb diesen Befehl und gliederten die befreiten Rotarmisten in die kämpfenden Einheiten ein.

Im Brjansker Gebiet, in der Kleinstadt Lokot, hatten die Deutschen einen zum Bürgermeister gemacht, der wegen antisowjetischer Tätigkeit vor dem Krieg zu Arbeitslager verurteilt worden war. Im August 1942 beauftragte das Oberkommando der 2. Panzerarmee unter General Rudolf Schmidt diesen Bürgermeister mit der Führung einer damals etwa 500 Mann starken Milizeinheit, die kurze Zeit später durch Zuführung von »Hiwis« auf 2000 Mann anwuchs. Ende 1943 wurde die Kaminski-Brigade von der SS übernommen und Bronislaw Wladislawowitsch Kaminski (1899–1944) zum Brigadegeneral befördert. Der Ex-Bürgermeister befehligte nun eine Einheit von über 7000 Mann, die sich »Russische Volksbefreiungsarmee« (RONA) nannte. Sie wurde von den Deutschen für Säuberungs- und Vernichtungsmaßnahmen eingesetzt. Sollten Dörfer »befriedet« werden, war Kaminski zur Stelle. Kinder, Frauen, Alte und Gebrechliche – Kaminski ließ alles niedermetzeln. Berüchtigt waren seine Hinrichtungsmethoden.[10]

Mit dem Vormarsch der Roten Armee Richtung Westen marschierte auch Kaminski mit seiner Brigade in diese Richtung und wurde später in die 1. Division der Wlassow-Armee eingegliedert.

Vorher wurde seine Brigade zur Niederschlagung des Warschauer Aufstandes abkommandiert. Dort »glänzte« die Brigade durch ihr brutales Vorgehen gegen die Zivilbevölkerung. das selbst den Deutschen zu weit ging. Nachdem Kaminski am 1. August 1944 von Himmler zum Waffenbrigadeführer der SS und Generalmajor der Waffen-SS befördert worden war, wurde er am 28. August von einem deutschen Standgericht zum Tode verurteilt und erschossen. Vielleicht war es der

SS aber auch nur darum gegangen, einen lästigen Zeugen der von ihnen in Warschau begangenen Verbrechen zu beseitigen.

Wlassow erhielt im Herbst 1944 offiziell den Oberbefehl über »seine« Armee. Am 14. November 1944 wurde in Prag das »Komitee zur Befreiung der Völker Russlands« gegründet. Die Wlassow-Verbände waren in Prag und in Böhmen stationiert und der Heeresgruppierung von Generalfeldmarschall Schörner unterstellt. Wlassow hatte kein Interesse, Schörner zur Seite zu stehen.

Am 9. Mai 1945 hatten die Truppen der 1. Ukrainischen Front unter Marschall Konew, die 4. Ukrainische Front unter Armeegeneral Jeremenko und die 2. Ukrainische Front unter Marschall Malinowski einen weiträumigen Ring um Prag geschlossen. In diesem riesigen Kessel waren etwa eine halbe Million deutscher Soldaten der ehemaligen Heeresgruppe Schörner eingeschlossen. »Obwohl ihnen nichts anderes übrig blieb, als die Waffen zu strecken, kam es noch fast eine Woche lang zu Zusammenstößen mit kleinen bewaffneten faschistischen Gruppen«, berichtete Konew.[11]

Nicht nur die deutschen Truppen und Verbände widersetzten sich einer Gefangennahme durch die Rote Armee, sie versuchten ihr Glück Richtung Süden, dort, wo die Amerikaner standen. Auch die Wlassow-Leute strebten dorthin. In der allgemeinen Auflösung wehrten sich die einen verzweifelt und fanden im Kampf ihr Ende. Die anderen warteten apathisch auf das, was das Schicksal ihnen bringen würde. Andere versuchten eine Gelegenheit zu finden, ihr Versagen vor der Heimat, ihren Verrat wieder gutzumachen. Sie hofften auf Gnade.

Am 10. Mai 1945 meldete der Stabschef der 2. Ukrainischen Front, Generaloberst Sacharow, dem Hauptquartier, dass in den Wäldern nordwestlich von Lutow in der Nähe von Olmütz eine Gruppierung von Wlassow-Leuten eingekreist und gefangengenommen worden sei. Ihr Ziel sei die Grenze nach Österreich gewesen. Gleichzeitig wurde bekannt, dass sich Wlassow bei seiner 1. Division aufhalte, die Richtung Pilsen marschiere. Kommandeur dieser 1. Division war General Bujanitschenko, ein Verräter im Rang eines deutschen Generalmajors. Dort befanden sich auch die Reste der Kaminski-Brigade, die die Sicherheit von Wlassow gewährleisten sollte.

Am 11. Mai befand sich Wlassow mit seinem Verband etwa 40 km südöstlich von Pilsen. Seine Verhaftung schilderte Generalleutnant J. Fominych 1962 in der *Iswestija*.[12] »Als die Kämpfe um Berlin zu Ende gingen, erhielt das Panzerkorps, das ich damals befehligte, eine neue Aufgabe. Es sollte den Flankenschutz der in das aufständische Prag vorstoßenden Truppen übernehmen.

Von der Straße Prag–Pilsen wichen wir nach Süden ab in die Wälder. Am Morgen des 11. Mai 1945 erreichten wir den Fluß Uslawa, wo wir uns mit den verbündeten Amerikanern trafen. Bei einer Besprechung mit dem amerikanischen Korpskommandeur schlug ich vor, die Überreste der in den Wäldern umherstreifenden faschistischen Truppen und der Wlassow-Banditen zu entwaffnen.

›Mein lieber Gast‹, antwortete der Amerikaner. ›Wir beide sind Soldaten und keine Politiker. Das hat Zeit. Ich werde die Angelegenheit nach oben weitermelden.‹

Das bedeutete: Wir mussten auf eigene Faust handeln. Nachdem unsere Feindaufklärung herausgefunden hatte, wo der Stab Wlassows und seine Truppen einquartiert waren, wurden sie sorgfältig beschattet und die nach Westen führenden Straßen abgeriegelt. Wlassow wusste, daß wir ihn suchten, und beschloss, sich hinter die amerikanischen Linien zurückzuziehen.

Doch seine Einheiten wurden zersprengt; viele Wlassow-Offiziere liefen zu unseren Truppen über. Unser Bataillonskommandeur, Hauptmann Jakuschew[13], machte auf diese Weise die Bekanntschaft eines Wlassow-Offiziers, der früher auch Hauptmann und Bataillonskommandeur (der Sowjetarmee) gewesen war.

Als dieser von Wlassows Ausbruchversuch hörte, ließ er sich bei Jakuschew melden. Ohne lange zu überlegen, sprang Jakuschew in den Wagen des (Wlassow-)Hauptmanns Kutschinski, um der Wagenkolonne des Generals Wlassow den Weg zu verlegen. Er überholte die Fahrzeugkolonne und stellte sich mit seinem Wagen quer über die Straße.

In dem ersten Fahrzeug, das angehalten wurde, befand sich der Divisionskommandeur der Wlassow-Armee, General Bujanitschenko, der sich der Aufforderung Jakuschews, ihm zu folgen, kategorisch widersetzte. Gleichzeitig meldete Kutschinski dem Hauptmann Jakuschew, dass sich in der Kolonne auch Wlassow befinde. Alle Wagen wurden flüchtig durchsucht, aber Wlassow wurde nicht entdeckt. […]

Plötzlich zeigte der Fahrer des vierten Wagens Jakuschew durch eine Kopfbewegung an, dass Wlassow hier sei. Bei einem Blick ins Wageninnere gewahrte Jakuschew auf dem Rücksitz zunächst nur zwei verängstigte Frauen. Ungehalten riss er die Wagentür auf und erblickte einen dicken zusammengerollten Teppich. Er zerrte den Teppich auseinander und zog Wlassow buchstäblich hervor. Ohne lange zu überlegen, schleppte er Wlassow vor aller Augen zu seinem Wagen.

[…] Wlassow wurde in mein Stabsquartier gebracht. Chef-Politruk Jelissejew und ich blickten dem hochgewachsenen, gebückt eintretenden General neugierig entgegen. Er war ohne Kopfbedeckung und trug eine Brille. Bekleidet war er mit einem leichten, stahlgrauen Regenumhang. Das war er also, dieser Bastard!

›Wie wollen wir es halten?‹ begann Wlassow, arrogant die linke Augenbraue hochziehend. ›Bin ich Ihr Gefangener oder Sie Gefangener der Amerikaner? Mit welchem Recht halten Sie mich fest?‹

›Weisen Sie sich erst einmal aus! Wer sind Sie? Welche Ausweispapiere haben Sie bei sich?‹ wies ich ihn zurecht.

›Ich bin Wlassow.‹

Wlassow entledigte sich seines Regenumhangs und warf ihn über einen Stuhl. Eine eigenartige khakifarbene Uniform ohne Schulterstücke kam darunter zum Vorschein. An den Hosen hatte er rote Generalsstreifen.

Mit zitternden Händen, wobei er sich in den Innentaschen seines Uniformrockes verfing, holte Wlassow seine Papiere hervor. Es stimmte. Sie wiesen ihn als den ehemaligen Kommandeur der 2. Stoßarmee der Leningrader Front aus.

›Sind Sie bereit, Ihren Untergebenen zu befehlen, bedingungslos zu kapitulieren und sich gefangenzugeben? Wenn nicht, werde ich meinen Truppen unverzüglich Befehl geben, Ihre Banden zu vernichten.‹ Wlassow griff sich mit beiden Händen an den Kopf und versank in tiefes Nachdenken. Ich rauchte und beobachtete ihn. Dann bat er um Papier und entwarf schnell einen Befehl.

Dieser Befehl wurde vervielfältigt, und Wlassow unterschrieb alle Ausfertigungen. Zu jeder Wlassow-Einheit wurde einer unserer Offiziere entsandt, um den Befehl zu verlesen und die entwaffneten Wlassow-Leute aus den Wäldern heraus auf die Straßen zu führen.

Alles klappte schnell und reibungslos. Bei Eintritt der Dunkelheit waren die Kolonnen mit allem Gerät, ihren Verwundeten und Kranken auf dem Marsch in unsere Etappe.

Wlassow legte seine Arroganz schnell ab. ›Es wäre besser, sich eine Kugel in den Kopf zu jagen‹, sagte er düster, ehe er zum Armeestab gebracht wurde.«

Konew erinnerte sich: »Der Stab der 13. Armee schickte ihn zu meinem Gefechtsstand nach Dresden oder vielmehr direkt zum Flugplatz, von wo ich ihn unversehrt nach Moskau bringen ließ.«[14]

Am 2. August 1946 meldete die *Iswestija*, dass das Militärkollegium des Obersten Gerichts der UdSSR gegen die zwölf Agenten des faschistischen Geheimdienstes Wlassow, Malyschin, Shilenkow, Truchin, Swerew, Sakutny, Blagoweschtschenski, Majandrow, Malzew, Bujanitschenko, Karbukow und Schatow verhandelt habe: »Alle Angeklagten bekannten sich schuldig. Das Militärkollegium verurteilte alle zum Tode durch Erhängen. Das Urteil wurde vollstreckt.«

Anmerkungen

1 K. A. Merezkow: Im Dienste des Volkes, Berlin 1972, S. 242
2 a. a. O., S. 232
3 a. a. O., S. 243
4 a. a. O., S. 255
5 a. a. O., S. 261 ff.
6 Im Herbst 1941 gründeten nationalistische Kräfte in Smolensk das »Smolensker Komitee«, das den Versuch darstellte, eine breite Bewegung gegen Stalin zu formieren. Dieser Versuch scheiterte kläglich, weil er mit der Absicht der Deutschen kollidierte: Die Sowjetunion sollte ausgebeutet und germanisiert, nicht russifiziert werden.
7 Der General für die Osttruppen war gegenüber dem Chef des Generalstabes für alle Belange der Einheiten zuständig, die sich aus osteuropäischen Freiwilligen zusammensetzten, z. B. die 1. und 2. Turkestanische Legion, die Georgische, Armenische und Aserbaidschanische Legion

(zusammengefasst in der 162. Infanteriedivision) sowie die 1. Kavalleriedivision (die sich vorwiegend aus Kosaken zusammensetzte) und die »Hiwi«-Strukturen, bestehend aus Sicherungsverbänden sowie Ordnungs- und Hilfsdiensten.

8 P. S. Kalinin: Die Partisanenrepublik, Berlin 1968, S. 208 ff.
9 a. a. O., S. 215 ff.
10 S. S. Ostrjakow: Militärtschekisten, Berlin 1979, S. 17 ff.
11 I. S. Konew: Das Jahr fünfundvierzig, Berlin 1969, S. 213
12 Der Beitrag aus der *Iswestija* erschien in der Übersetzung im *Spiegel* 49/1962. Der sowjetische Militär widersprach damit allen Darstellungen, dass Wlassow von den Amerikanern an die Sowjets übergeben worden war. Das war in der Hochzeit des Kalten Krieges ein Politikum, denn die USA hatten bekanntlich weitaus größere Nazi-Verbrecher in ihrem antikommunistischen Feldzug reaktiviert, womit indirekt Fominych sie von dem Vorwurf befreite, sie hätten mit den Russen paktiert.
13 vgl. S. M. Schtemenko: Im Generalstab, Berlin 1973, Bd. II, S. 500 ff.
14 I. S. Konew: Das Jahr fünfundvierzig, Berlin 1969, S. 213
15 S. M. Schtemenko: Im Generalstab ..., a. a. O., Bd. II, S. 502

27. Götterdämmerung

Am 12. Januar 1945 beginnt unter der Bezeichnung »Weichsel-Oder-Operation« eine in die Militärhistorie eingegangene Offensive der Roten Armee. Diese Operation, ursprünglich als Frühjahrsoffensive geplant, war auf Bitten Churchills vorverlegt worden, um die bedrängten britisch-amerikanischen Truppen im Westen zu entlasten.

Aus den Brückenköpfen an der Weichsel griffen 150 Divisionen der Roten Armee an und durchbrachen alle deutschen Verteidigungsstellungen. In kurzer Zeit war Polen befreit. Am 17. Januar wurde in Warschau die rote Fahne gehisst und im KZ Auschwitz, dort fanden die sowjetischen Soldaten nur noch etwa 7000 Lebende vor, am 27. Januar die Nazi-Fahne niedergerissen. Ende Januar wurde die Oder erreicht und der erste Brückenkopf bei Kienitz errichtet. Berlin war nur noch 70 Kilometer entfernt.

Auf allen Kriegsschauplätzen, im Osten wie im Westen, rückten die alliierten Truppen gegen die deutschen Reichsgrenzen vor. In seiner Funktion als Oberbefehlshaber des Ersatzheeres befasste sich Heinrich Himmler seit Monaten mit Fragen und Strukturen des Untergrundkampfes gegen die alliierten Streitkräfte des Westens, aber besonders gegen die Rote Armee. Himmler wollte der Taktik des Untergrundkampfes eine neue Dimension geben.

Zu jener Zeit haben sich bereits die beiden geheimdienstlichen Hauptakteure Richtung Osten – *Fremde Heere Ost* des OKH, *Mil* und das *UZ* des RSHA – auf die neuen Bedingungen und auch schon auf die Nachkriegszeit eingestellt.

Walter Schellenberg gab Ende 1944 den Abwehrkommandos und den Abwehrtrupps den Befehl, ausgebildete, aber noch nicht eingesetzte Agenten sowie alle Kollaborateure und einheimische Sympathisanten der Deutschen für den Geheimkrieg im Rücken der vorstoßenden Roten Armee zu mobilisieren.

Im November 1944 erhielt Otto Skorzeny von Himmler den Auftrag, im sowjetischen Hinterland Widerstandsorganisationen aufzubauen und mit antisowjetischen Partisanen in Kontakt zu treten. Er sollte die zentrale Figur für die Organisierung der Untergrundtätigkeit antisowjetischer und bürgerlich-nationalistischer Organisationen, Gruppen und Banden in der letzten Phase des Krieges werden.

Skorzeny konnte auf das »Erbe« von Erwin Stolze (1891–1952) zurückgreifen. Oberst Erwin Stolze, Stellvertreter Lahousens im Amt II Ausland/Abwehr beim OKW, arbeitete seit über zwei Jahrzehnten im Geheimdienst und insbesondere gegen die Sowjetunion, weshalb er 1946 von einem sowjetischen Militärtribunal als Kriegsverbrecher verurteilt werden sollte.

Stolze spielte eine wichtige Rolle bei der Rekrutierung russischer Emigranten im Geheimkrieg gegen die Sowjetunion und der Formierung militärischer Gruppen und Verbände, die gegen die Rote Armee kämpften. Vor allem aber war er Organisator eines Heeres von annähernd 100 000 ukrainischen Nationalisten, die den bewaffneten Kampf gegen das »Sowjetsystem« in der Ukraine bis in die 50er Jahre führten und unzählige Verbrechen begingen.

Die Führung der »Organisation Ukrainischer Nationalisten« (OUN) kam allerdings zu Beginn des Krieges Himmler ins Gehege. Jaroslaw Stetzko, der erste Ministerpräsident der Ukrainischen Republik, hatte mit Hilfe der »Ukrainischen Aufständischen Armee« (UPA) am 30. Juni 1941 und ohne Zustimmung der deutschen Führung den Ukrainischen Staat ausgerufen. Stetzko und Bandera, beide nach 1945 Getreue von Reinhard Gehlen, wurden durch die SS festgesetzt und trotz Intervention Stolzes aus dem Spiel genommen. Erst im September 1944, als der faschistische deutsche Staat vor dem Zusammenbruch stand und jeder politische Desperado gebraucht wurde, konnte Stolze beide wieder in seine Obhut nehmen.[1]

Unbeschadet der Demütigung der ukrainischen Führung, gab es vor Ort und beim Aufbau von Untergrundzellen für ukrainische Diversanten und Banden eine relativ gute Zusammenarbeit mit den deutschen Besatzern. Die nationalistischen Anführer vor Ort unterstützten im Verein mit der Abwehr und den Kommandos der Wehrmacht die Bildung und die Bewaffnung von Banden in den Westgebieten der Ukraine und in den baltischen Gebieten. In den von den Deutschen aufgegebenen Territorien der Sowjetunion wurden für solche Terroristen in Wäldern, Einzelgehöften und entlegenen Gegenden Unterstände, Bunker und Waffen-, Sprengstoff- und Lebensmittellager eingerichtet und gefälschte Papiere, Geld, Nachrichtenmittel und Medikamente deponiert.

Im Befehl der Operationsabteilung des OKH vom 12. November 1944 wurden die Kräfte benannt, auf die sich Skorzeny stützen sollte: »die Widerstandsgruppen der ukrainischen Nationalisten; die nach Überrollen durch das sowjetische Vorrücken nicht ganz aufgelösten Gruppen der national-polnischen Widerstandsbewegung; antisowjetrussische Widerstandsgruppen im sowjetischen Hinterland bis zum Kaukasus; die sich aus Systemgegnern, Flüchtlingen usw. bildenden antisowjetischen Widerstandsgruppen aus nichtrussischen Elementen.«[2]

Ab Ende 1944 kam es in den Westgebieten der Ukraine zu einem Bürgerkrieg. Dort aktivierten die Anführer der OUN auf Befehl des RSHA im Hinterland der angreifenden Roten Armee die bewaffneten Abteilungen der UPA. Sie terrorisierten die örtliche Bevölkerung, nahmen Zwangsmobilmachungen vor, überfielen Militärfahrzeuge, zerstörten Verbindungen zur Front und griffen Gruppen von Rotarmisten an. Die Bandenmitglieder wurden von der Bevölkerung, in Anlehnung an die »Askaris«[3], verächtlich »Askars« genannt.

Dieser Krieg im Untergrund wurde in den Westgebieten der Ukraine und im Baltikum sowie in einigen Gebieten in Polen bis nach Kriegsende fortgeführt.

Die strategische Ausrichtung zur Aktivierung des Untergrundkampfes in Polen baute auf Kirche und Tradition und die *Armja Krajowa*. Es kam in einigen Landesteilen zu bürgerkriegsähnlichen Zuständen, die dazu führten, dass Kommunisten und Linke erneut in die Illegalität gehen mussten. Zu diesem Lager gesellten sich die militärisch gut ausgerüsteten Nationalisten der UPA, die aus der Ukraine in Südostpolen einsickerten. Außerdem wirkten im schlesischen Gebiet kleinere Gruppen des faschistischen »Werwolfs«.

Die UPA-Banditen terrorisierten nicht nur in Polen, sie kämpften in Belorussland, in Litauen und der Slowakei. Zwar hatten die von der Abwehr und der SS ausgerüsteten Untergrundkrieger nach dem 8. Mai 1945 ihre faschistischen Förderer verloren, sie fanden jedoch neue Verbündete im Westen. Ohne die logistische und materielle Unterstützung durch US-Geheimdienste wären sie nach 1945 erledigt gewesen.

Mit der Eingliederung der Abwehr I und II im Februar 1944 in das RSHA als Amt Mil unter Walter Schellenberg, der auch weiter das Amt VI leitete, blieb Oberst Erwin Stolze Stellvertreter des Chefs für Diversion.

Im September 1944 wurde er von Schellenberg mit einer besonders geheimen Mission beauftragt: Er übernahm das Kommando über das »Meldegebiet Berlin« mit der Weisung, den Untergang des Dritten Reiches zu verzögern und Überlebensträger sowie die noch intakten geheimdienstlichen Agenturen in die Nachkriegszeit hinüberzuretten. Vorerst organisierte Stolze in einer der letzten verbliebenen Positionen des zusammenbrechenden faschistischen Geheimdienstapparates Spionage und Diversion im Rücken der nach Berlin vorstürmenden Roten Armee. Noch immer operierten Agentennetze und Funkagenten in der Slowakei, in Polen und in Südosteuropa.

Stolze organisierte die Flucht von Agenten und Geheimdienstmitarbeitern nach Spanien. Dort sollten sie auf weitere Anweisungen warten. Seine wichtigste Aufgabe bestand aber darin, im Berliner Raum und in der künftigen sowjetischen Besatzungszone, wie sie im Februar in Jalta von den Großen Drei besprochen worden war, ein Spionage- und Diversionsnetz zu installieren. Mit Unterstützung des SD, der SS, der NSDAP und der Hitlerjugend rekrutierte Stolze eine Untergrundtruppe von annähernd achthundert Mann. In sowjetischer Gefangenschaft führte Stolze dazu aus: »Zu Beginn des April 1945 hat Schellenberg an alle Geheimdienststellen den Befehl erteilt, für den Fall der Ankunft der Roten Armee fiktive Personaldokumente für die Mitarbeiter vorzubereiten. Damit sollte das Geheimdienstpersonal sich verstecken, um besondere Anweisungen zu erwarten.«[4]

Stolze versteckte sich auch – in einer Villa in Berlin-Lichterfelde. Gut drei Wochen nach der bedingungslosen Kapitulation hob Oberst Erwin Stolze die Hände vor einem Fahndungskommando der SMERSCH.

Erwin Stolze war ein wahrer »Schatz« für die sowjetische militärische Abwehr. Er war mit 22 Berufsjahren der dienstälteste Geheimdienstmitarbeiter, der den sowjetischen Fahndern ins Netz ging, und der intimste Kenner der Sowjetspionage und -diversion.

Stolze gab seinen sowjetischen Vernehmern vieles preis. Jedes von ihm und anderen geplante und durchgeführte Unternehmen legte er detailliert dar. Er kannte auch viele Projekte der Abwehr und FHO. Bis 1951 packte er aus. 1952 starb Stolze in Moskau. Ob im Ergebnis eines Urteils eines Militärtribunals oder aufgrund von Krankheit, ist bis heute unbekannt. Auch Julius Mader teilte in seinem exzellenten Buch »Hitlers Spionagegenerale sagen aus«, das mit Hilfe des MfS geschrieben wurde, dazu nichts mit. Der große Bruder schwieg.

Mitte September 1944 befahl Himmler den »Aufbau der Widerstandsbewegung in den deutschen Grenzgebieten«. Es sollte mit einer neuen Taktik des Untergrundkampfes die kämpfende Truppe entlastet und durch terroristische Anschläge auf deutsche Zivil- und Militärpersonen, die mit dem Feind paktierten oder sympathisierten, diese Zusammenarbeit verhindert werden. In diesem Zusammenhang tauchte erstmals der Begriff »Werwolf« auf. Himmler gebrauchte ihn in einer Rede am 28. Oktober 1944 vor ostpreußischen Volkssturmabteilungen.

Zu jener Zeit war die »Werwolf«-Organisation bereits im Aufbau begriffen. Zum Chef mit dem Titel »Generalinspektor für Spezialabwehr beim Reichsführer SS« wurde der HSSPF SS-Gruppenführer und General der Waffen-SS Hans Prützmann (1901–1945) berufen. Dieser hatte von 1941 bis 1944 als Führer von Einsatzgruppen im Süden der Sowjetunion Spuren hinterlassen. Prützmann koordinierte und leitete mit seinem Stab von einem bei Königs Wusterhausen und später in Rheinsberg stationierten Reichsbahnsonderzug aus den Aufbau und den Einsatz der »Werwolf«-Organisation. Zu seinem Stab gehörten neben SS-Chargen aus den SS-Jagdverbänden Skorzenys auch Wehrmachtsoffiziere, HJ-Führer und auch eine weibliche Führungskraft aus der NSDAP, da auch Mädchen und Frauen »Werwolf« werden durften.

Auf improvisierten Ausbildungsstätten wurden die Führer von Kleinkampfgruppen, 4 bis 20 Mann groß, für den Guerillakampf ausgebildet, der damals noch nicht so hieß. Grundlage bildete die Taktikfibel »Werwolf. Winke für die Jagdeinheiten«. Laut dieser Ausbildungsanweisung sollte neben dem militärischen Häuptling auch ein »politischer Führer«, eine Art Kommissar, eingesetzt werden.

Über die Wirkung dieser Kommandos gibt es unterschiedliche Auffassungen. Ein propagandistischer Effekt war auf jeden Fall feststellbar. Zumindest am 25. März 1945, als ein von Himmler befohlenes »Werwolf«-Kommandounternehmen den Aachener Bürgermeister Dr. Franz Oppenhoff in seinem Haus erschoss. Dieser war von den Amerikanern nach der Besetzung Aachens Ende 1944 als Stadtoberhaupt eingesetzt worden. Der *Völkische Beobachter* und auch Goebbels erklärten diesen Mord »als Vollstreckung eines rechtmäßigen Urteils«.

Der Mord an Oppenhoff gab dem »Werwolf« eine neue ideologische Richtung: War man in Prützmanns Stab noch vom Einsatz militärisch notdürftig ausgebildeter Untergrund-Kleingruppen ausgegangen, so forderte Goebbels nun als »Generalbevollmächtigter für den totalen Kriegseinsatz« in einer »Werwolf-Proklamation«, jeder solle kämpfen und niemand müsse noch auf irgendwelche Konventionen Rücksicht nehmen. Der »Werwolf« müsse sich nicht an die Beschränkungen, die dem innerhalb unserer regulären Streitkräfte Kämpfenden auferlegt wären, erklärte Goebbels. »Für die Bewegung wird jeder Bolschewik, jeder Brite und jeder Amerikaner auf deutschem Boden Freiwild. Wo immer wir eine Gelegenheit haben, ihr Leben auszulöschen, werden wir das mit Vergnügen und ohne Rücksicht auf unser eigenes Leben tun. Hass ist unser Gebet und Rache unser Feldgeschrei.«[5]

Damit unterwarf Goebbels alle Deutschen, die dem sinnlosen Krieg ein Ende machen wollten oder sich den Alliierten ergaben oder sich für eine Zusammenarbeit mit ihnen aussprachen, dem Fememord. »Der Werwolf hält selbst Gericht und entscheidet über Leben und Tod.«

Um beim deutschen Volk den Eindruck zu erwecken, als wenn es sich bei den »Werwolf«-Aktionen um eine Art Erhebung des deutschen Volkes handele, die ernsthaft die rückwärtigen Verbindungen der alliierten Truppen gefährdete, wurden in den letzten Kriegswochen vorrangig solche Meldungen über Rundfunk und Zeitungen verbreitet.

Die Wirklichkeit sah anders aus: Wehrunwillige, Soldaten, Zivilisten und selbst Amtsträger der Partei fielen den aus Goebbelsscher »Werwolf«-Mentalität geborenen Mordbefehlen zum Opfer.

Die Anstiftung von Zivilisten zum bewaffneten Kampf hatte andererseits zur Folge, dass »Werwolf«-Angehörige wegen des fehlenden Kombattantenstatus den nach dem Kriegsrecht erlaubten Repressalien alliierter Truppen ausgesetzt waren und in vielen Fällen standrechtlich erschossen wurden. Letztlich waren auch sie Opfer einer fanatischen, das eigene Volk nicht schonenden Menschenverachtung, die besonders im Verlaufe des Krieges als einer der fundamentalen Wesenszüge der nationalsozialistischen Ideologie und Politik sichtbar geworden war.[6]

Die Führungsstruktur der »Werwolf«-Organisation brach im April 1945 zusammen. Prützmann setzte sich Richtung Flensburg ab. Er geriet in britische Gefangenschaft und zerbiss aber die Zyankalikapsel kurz vor seiner Auslieferung an die Sowjetunion.

Anmerkungen

1 Im KZ Sachsenhausen gab es neben dem Hauptlager und vielen Nebenlagern auch Gebäudekomplexe für Sonderhäftlinge. In vier Häusern waren prominente Häftlinge zum Teil mit ihren Familien untergebracht. Hierunter befanden sich Regierungschefs besetzter Staaten wie der ehemalige österreichische Bundeskanzler und der französische Ministerpräsident. Es wurden auch prominente Häftlinge unter falschen Namen in Sicherheitsverwahrung genommen, um ihren Aufenthalt geheimzuhalten. Zu diesen Sonderhäftlingen gehörten auch der führende ukrainische Nationalistenführer Stepan Bandera.
2 Hermann Zolling/Heinz Höhne: Pullach intern, Hamburg 1971, S. 89
3 Askar (arab. Soldat), Askaris wurden die eingeborenen Soldaten der Schutztruppe in der deutschen Kolonie Deutsch-Ostafrika genannt. Sie wurden zur Unterdrückung der einheimischen Bevölkerung eingesetzt. Ascaris sind aber auch Spulwürmer, also Parasiten.
4 Julius Mader: Hitlers Spionagegenerale sagen aus, Berlin 1970, S. 133
5 Archiv des Autors
6 Arnold Rose: Werwolf, Stuttgart 1980

28. Die Stunde Null gab es nicht

Befreiung sagten die einen, Zusammenbruch die anderen. Die einen sagten: Nie wieder Krieg! Die anderen kurze Zeit später: Die Gefahr kommt aus dem Osten. Sie müsse eingedämmt werden. Churchills Rede in Fulton/USA begeisterte viele, weil er einen neuen Feind benannte, gegen den man ziehen sollte.

Als Reinhard Gehlen, Generalmajor und Chef der 12. Abteilung (Fremde Heere Ost) im OKH im Januar 1945 letztmalig im Führerhauptquartier Hitler persönlich Bericht erstattete, hatte er bereits Vorkehrungen getroffen und Dokumente seines Geheimdienstapparates beiseiteschaffen lassen. Kurz vor seinem Selbstmord hatte Hitler Gehlen zum Generalleutnant befördert. Wenige Stunden später verließ Gehlen mit seinen zuverlässigsten Mitarbeitern den Generalstab der Wehrmacht in Zossen/Wünsdorf (Objekt »Maybach I«, Bunkerhaus A3) in Richtung »Alpenfestung« in Österreich.

Gehlen führte in wetterfesten Behältern mit sich: die mikroverfilmten Unterlagen, Agentenkarteien, Aufklärungs- und Analyseergebnisse sowie die Mitarbeiterliste der Abteilung FHO, dazu Materialien der Abwehr II des Amtes Abwehr/Ausland von Admiral Canaris einschließlich des »Sabotagekataloges der Fünften Kolonne«.

Gehlen wollte sich den Amerikanern stellen und mit ihnen gemeinsam Richtung Osten marschieren. Ende Mai 1945 war Gehlen bei den Amerikanern, die mit ihm nichts anzufangen wussten. Doch schon bald nahm ihn der Nachrichtendienst des Heeres *Counter Intelligence Corps* (CIC), der nach Kriegsverbrechern fahndete, in seine Dienste. Im Sommer 1945 saßen die Siegermächte in Potsdam und erklärten: »Kriegsverbrecher und alle diejenigen, die an der Planung und der Verwirklichung nazistischer Maßnahmen, die Gräuel oder Kriegsverbrechen nach sich zogen oder als Ergebnis hatten, teilgenommen haben, sind zu verhaften und dem Gericht zu übergeben.« Demzufolge hätte auch Gehlen einem Gericht übergeben werden müssen. Doch stattdessen landete er mit seinen Dokumentenkisten Ende Juni 1945 in Washington. Jetzt kümmerte sich das Pentagon persönlich um ihn.

Die Amerikaner brauchten Gehlen nicht, um mit seiner Hilfe Kriegsverbrecher zu suchen, sondern um Kommunisten zu jagen. Mit denen war man bislang in einer Antihitlerkoalition verbunden, nunmehr hatte aber Churchill festgestellt, dass man das falsche Schwein geschlachtet habe.

Die USA hatte kaum Informationen geheimdienstlicher Art, die die Sowjetunion betrafen, das aber änderte sich nun, da man den Sowjets in Zentraleuropa gegenüberstand. Gehlens Vorstellungen, gemeinsam mit den Amerikanern gegen die Russen zu marschieren, passte offensichtlich in die neue Strategie des Weißen Hauses. Im Sommer 1946 begann die »Organisation Gehlen« (OrG oder OG) ihren Kreuzzug gen Osten, der lediglich ein reichliches Jahr unterbrochen war.

Hitlers Generalleutnant Gehlen hatte mit den Amerikanern folgendes »Gentlements Agreement« abgeschlossen:

1. Es wird eine deutsche nachrichtendienstliche Organisation des vorhandenen Potenzials geschaffen, die nach Osten aufklärt bzw. die alte Arbeit im gleichen Sinne fortsetzt. Die Grundlage ist das gemeinsame Interesse an der Verteidigung gegen den Kommunismus.

2. Diese deutsche Organisation arbeitet nicht für oder unter den Amerikanern, sondern mit den Amerikanern.

3. Die Organisation arbeitet unter ausschließlicher deutscher Führung, die ihre Aufgaben von amerikanischer Seite gestellt bekommt, solange in Deutschland noch keine neue deutsche Regierung besteht.

4. Die Organisation wird von amerikanischer Seite finanziert, wobei vereinbart wird, dass die Mittel dafür nicht aus den Besatzungskosten genommen werden. Dafür liefert die Organisation alle Aufklärungsergebnisse an die Amerikaner.

5. Sobald wieder eine souveräne deutsche Regierung besteht, obliegt dieser Regierung die Entscheidung darüber, ob die Arbeit fortgesetzt wird oder nicht. Bis dahin liegt die Betreuung der Organisation bei den Amerikanern.[1]

Dieses Agreement vereinbarten der US-General Edwin L. Sibert, Geheimdienstchef der US-Streitkräfte in Europa, und Gehlen – erst mündlich, später schriftlich.

Der letzte Satz unter Punkt 1 »Die Grundlage ist das gemeinsame Interesse an der Verteidigung gegen den Kommunismus« bedeutete, dass die OG auch im Innern der Westzonen (ab 1949 Bundesrepublik) wirksam werden und gegen alles vorgehen würde, was nach Kommunismus roch. Gehlen konnte wie vor 1945 bestimmen, wer ein Staatsfeind war.

In diesem Zusammenhang sei daran erinnert, dass mit der militärischen Besetzung Deutschlands die politische Entwicklung in den Zonen von den jeweiligen Besatzungsmächten bestimmt wurde.

Am 1. Juli 1946 (mit der Aktivierung der OG) untersagten die westlichen Besatzungsmächte jede Überwachung oder Kontrolle der politischen Betätigung von Personen durch deutsche Polizeidienststellen, d. h. auch die Funktion der politischen Polizei in den jeweiligen Besatzungszonen wurde von ihnen selbst ausgeführt. Damit ergaben sich für die OG unter dem Patronat der Amerikaner vielfältige Wirkungsmöglichkeiten im Inneren der Westzonen, aber auch in der Ostzone.

Typisch waren beispielsweise die Versuche, in antifaschistische Organisationen, in Gewerkschaften oder Parteien einzudringen. Im Inneren der Westzonen zu schnüffeln war der Linie III (Abwehr) der OG vorbehalten.

Hermann Baun, der erste Chef des Aufklärungsdienstes in der OG, rebellierte gegen seinen Vorgesetzten. Baun: »Der Gehlen wird größenwahnsinnig! Der will doch wahrhaftig Gestapo für die Amerikaner spielen. Da mache ich nicht mit!« Gehlen hatte Baun erklärt, die OG müsse eine Staatsschutz-Organisation schaffen, die kommunistische Infiltranten aufspüren und rote Agenten-Netze zerschlagen solle.[2]

In dieser Auseinandersetzung blieb Gehlen Sieger. »Gehlen fühlte sich berufen, das Rumpfvaterland zwischen Elbe und Rhein vor Zersetzung und Umsturz zu schützen. Es entstand ein weit verzweigtes Spitzelsystem, in dem sich manche OG-Männer als antikommunistische Hexenjäger hervortaten. Der westdeutsche Geheimdienst wurde zu einer innerdeutschen Kampfgruppe im Kalten Krieg«, konstatieren die Historiker Zolling und Höhne in ihrem 1971 verlegten Buch »Pullach intern«.³

Gehlens Inlandsaufklärung betrieb Gesinnungsschnüffelei. Deutsche Kommunisten, noch bis vor Kurzem von den Nazis verfolgt, wurden nunmehr von der OG und damit von den gleichen Leuten überwacht und bedrückt. Nicht anders Landesverräter wie die Überlebenden der »Roten Kapelle«, Pazifisten, nationalkonservative Schwärmer, Neutralisten und Russland-Romantiker.⁴

Der OG-Apparat blähte sich auf mit alten Kameraden von SD und SS. Als Konrad Adenauer 1955 formell die Inlandsaufklärung ermöglichte (»wenn sie dem Auftrag des Bundesnachrichtendienstes dienlich ist«⁵), hatten bundesdeutsche Staatsanwaltschaften und Gerichte Hochkonjunktur. Alleine von 1951 bis 1968 wurden 150 000 Ermittlungsverfahren gegen vermeintliche Staatsfeinde, besonders Kommunisten und andere progressive Kräfte, eingeleitet. Etwa 20 Prozent davon, also ca. 30 000, endeten mit Strafen.

Reinhard Gehlen trieb missionarischer Eifer. Er wollte verhindern, dass Staatsfeinde, wie er sie klassifizierte, in die Strukturen der Bundesrepublik eindrangen. Krampfhaft suchte sein Apparat nach Verrätern aus dem Zweiten Weltkrieg, besonders unter Generalstabsoffizieren der Wehrmacht. Sein Apparat sollte im Nachhinein beweisen, dass durch »Verrat hoher und höchster Persönlichkeiten des Dritten Reiches« der Krieg verloren gegangen war. Nicht die Stärke der Antihitlerkoalition, sondern der Dolchstoß in den Rücken hatte Deutschland in die Knie gezwungen.

Unzuverlässige oder gar Verräter mussten daran gehindert werden, Einfluss in militärischen Formationen zu erhalten. Einmal Verräter, immer Verräter, soll er gesagt haben.

In »Gegen Feind und Freund« schrieben Peter F. Müller und Michael Mueller: »Wo der Feind stand, war jedem klar: links. Der Feind war Kommunist. Aber nun trugen nicht alle Kommunisten Pelzmützen oder wohnten in direkter Nachbarschaft Ulbrichts. Kommunisten waren oft unauffällige Menschen: Kommunisten in Blaumännern, Kommunisten in Anzügen, Kommunisten in Werkhallen, Kommunisten in Kanzleien. Das

Perfide an Kommunisten war ihr Hang zur Konspiration. Die Gesinnung stand ihnen nicht ins Gesicht geschrieben, also musste man sie erforschen. Und das tat die OG, und begab sich damit auf schlüpfriges Terrain und in Konkurrenz mit dem Verfassungsschutz.

Das Strafrechtsänderungsgesetz von 1951 hatte den Straftatbestand der landesverräterischen Konspiration und der landesverräterischen Fälschung eingeführt. Ein weiterer zentraler Begriff des Gesetzeswerkes war die ›Staatsgefährdung‹, derer sich auch schuldig machte, wer eine Vereinigung gründete, deren Zweck oder Tätigkeit sich gegen die verfassungsmäßige Ordnung richtete. Damit war der Boden bereitet für eine 17 Jahre dauernde Flut politischer Prozesse, in denen der Rahmen dessen, was unter Staatsgefährdung und Konspiration zu verstehen war, immer weiter ausgedehnt wurde.«

Ein markantes Beispiel war eine Verhaftungswelle im April 1953, die beim Verfassungsschutz den Fallnamen »Vulkan« trug und sich kurze Zeit später zur »Vulkan-Affäre« ausweitete. Auf der Grundlage zweifelhafter Angaben eines Überläufers aus der DDR wurde ein halbes Dutzend BRD-Geschäftsleute verhaftet. Jener Gotthold Kraus vom Institut für Wissenschaftliche Studien in Berlin hatte behauptet, unter den westdeutschen Interzonenhändlern befänden sich eine Reihe von Agenten der DDR. Oscar Reile, Abwehrchef in der OG, hatte die angeblichen »östlichen Agenten« listenmäßig erfasst und Gehlen vorgelegt, der diese Namen an Staatssekretär Globke und der sie wiederum an den Verfassungsschutz weiterleitete. Daraufhin wurden auf Weisung des Vizekanzlers Franz Blücher (FDP) – Adenauer war gerade in den USA – die genannten Kaufleute verhaftet und Ermittlungsverfahren gegen sie eingeleitet. In der Masse der Fälle erwies sich die völlige Unschuld der Verdächtigten.

»Vulkan« gilt darum als die erste größere Geheimdienstpanne in der BRD. Gehlen, der sie ohne Zweifel mitverschuldet hatte, delegierte alle Verantwortung an die Adresse des Verfassungsschutzes.

Parallel dazu lief, von der OG und dem VS angefacht, eine Presse- und Rundfunkkampagne, die sich gegen die »Zone« richtete, denn DDR mochte man nicht sagen.

Gehlen betrachtete sich auch als »oberster Schutzpatron« des Amtes Blank. Wehrmacht- und Generalstabsoffiziere, die bei ihm Unterschlupf gefunden hatten, wie etwa Adolf Heusinger oder Hans Speidel, »delegierte« er in das künftige Verteidigungsministerium. Für ihn war diese Offizierskategorie vertrauenswürdig: der gehorsame, tapfere Offizier, der sich im Kampf gegen die Bolschewiken ausgezeichnet hatte. Und Gehlen sorgte dafür, dass vorrangig sie die neue Uniform bekamen.

Der von Gehlen während des Zweiten Weltkrieges geführte Geheimdienstapparat FHO hatte seinerzeit Mitglieder und Angehörige des 1943 gegründeten Nationalkomitees »Freies Deutschland«[6] und des »Bundes Deutscher Offiziere« erfasst. Nun erfolgte der Abgleich. Dabei wirkte Gehlen sehr eng mit seinem ehemaligen Generalstabskollegen Matzky zusammen.

Vincenz Müller, Mitglied des NKFD, gehörte zu den ehemaligen Wehrmachtoffizieren, die nach sowjetischer Kriegsgefangenschaft nicht in den Westzonen, sondern in der Ostzone ihren Wohnsitz nahmen und damit für die OG und in der westdeutschen Öffentlichkeit als »Verräter« galten. In den Augen Gehlens, aber auch ehemaliger Wehrmachtoffiziere und reaktionärer Journalisten, hatten diese Offiziere keinen Widerstand gegen Hitler geleistet, sondern Verrat am deutschen Vaterland und den tapfer kämpfenden Frontsoldaten geübt.

Hatte sich Gehlen bereits während des Zweiten Weltkrieges mit Landesverrätern befasst, so führte er nun diese Arbeit nahtlos weiter. Dazu nutzte er die Befragung von aus sowjetischer Kriegsgefangenschaft kommender Soldaten (Aktion »Hermes«) zur Vervollständigung der bereits erfassten Angaben oder legte neue Karteikarten an.

Bis weit in die 60er Jahre hinein waren Abwehr III der OG respektive BND bemüht, über die in der DDR lebenden ehemaligen Mitglieder des NKFD und des BdO Erkenntnisse zusammenzutragen. Sie versuchten auch, in diese Kreise einzudringen. Vincenz Müller war in den Augen Gehlens einer der größten »Verräter«. Müller hatte drei Todsünden begangen: seine Kapitulation der 4. Armee im Juli 1944 im Kessel von Minsk, seine Mitarbeit im Nationalkomitee »Freies Deutschland« und seine Mitwirkung am Aufbau der DDR. Müller war seit 1949 Vizepräsident der Volkskammer, seit 1952 stellvertretender Innenminister und seit 1956 stellvertretender Verteidigungsminister und Chef des Hauptstabes der NVA. Hinzu kam, dass Müller die Begründung für die Remilitarisierung im Westen – die »Gefahr aus dem Osten« – als an »den Haaren herbeigezogen« bezeichnete.

Vinzenz Müller setzte sich auch mit einigen Autobiografien deutscher Generale auseinander, deren Texte genutzt wurden, die westdeutsche Öffentlichkeit für die Wiederbewaffnung zu gewinnen. Unter den Memoirenschreibern war auch der ehemalige Quartiermeister IV im OKH und direkte Vorgesetzte von Gehlen, Kurt von Tippelskirch, der sich kurz vor der Einkesselung der 4. Armee bei der Heeresgruppe Mitte aufhielt und sich dann ausfliegen ließ. Dieser schrieb: »So entstand ein Krieg, den niemand haben wollte, in dieser Form nicht einmal Hitler, und an dem nur eine Macht wirklich interessiert sein konnte – die Sowjetunion.«[7]

Und an anderer Stelle: »Elf Jahre nach Beendigung der militärischen Feindseligkeiten hat der Zweite Weltkrieg weder ein formelles noch ein tatsächliches Ende gefunden. Aus dem heißen Krieg wurde, mit gelegentlichen Rückgriffen auf ihn, der Kalte Krieg«, so von Tippelskirch. »Allein die Tatsache, dass es notwendig geworden ist, für einen Zustand, den die Geschichte der Völker bisher nicht kannte, einen neuen Ausdruck zu prägen, beweist, wie wenig es den militärischen Siegern des Krieges gelungen ist, der Welt den Frieden zu bringen, für den sie kämpften und den sie versprachen.

Die Hauptschuld für diese Entwicklung trifft gewiss die Sowjetunion.«[8]

So einfach war das: Schuld am Zweiten Weltkrieg hatte die Sowjetunion. Schuld am Kalten Krieg hatte die Sowjetunion.

Schon 1950 hatte Vincenz Müller in einem Brief ausführlich auf die 1949 erschienene Broschüre des ehemaligen Generalstabschefs des OKH Franz Halder »Hitler als Feldherr. Der ehemalige Chef des Generalstabes berichtet die Wahrheit« öffentlich geantwortet.

»Sie beziehen bei Ihrer Betrachtung einen begrenzten, rein militärisch-fachlichen Standpunkt. Damit erreichen Sie, wenn auch vielleicht ungewollt, dass der Leser den Krieg an sich einfach als eine Gegebenheit, vielleicht als eine Schicksalbestimmung, hinnimmt und zu dem Ergebnis kommt: Wenn dieser Hitler nicht so viele Fehler gemacht hätte, dann hätten wir den Krieg gewonnen. Und: Den Angriff auf die Sowjetunion schließlich bezeichnen Sie als einen Präventivangriff, als eine Notwendigkeit, einem bevorstehenden russischen Angriff zuvorzukommen.«[9]

Diese beiden Kernaussagen – Hitler ist schuld an der Niederlage, er hätte besser auf seine Generale hören sollen, und die Sowjetunion musste angegriffen werden, bevor sie angriff – wurde von vielen Unbelehrbaren verwandt, um den Zweiten Weltkrieg zu begründen. Dabei hatte vor dem Nürnberger Militärtribunal der Staatssekretär im Propagandaministerium und Chefkommentator des Großdeutschen Rundfunks, Hans Fritzsche, 1946 erklärt: »Es ist jedoch zu erwähnen, dass wir keine Unterlagen hatten, um die Sowjetunion in der Vorbereitung eines bewaffneten Überfalls zu beschuldigen.«[10]

Zeitweise befand sich Vincenz Müller im Visier der OG. 1955 wurde sein verwandtschaftliches Umfeld im süddeutschen Raum aufgeklärt. Ziel: Schaffung von Ausgangsbasen, um sich Vincenz Müller zu nähern. Ab 1958 nahmen diese Maßnahmen konkrete Formen an, die 1961 zum Selbstmord von Vincenz Müller führten.[11] Bis heute muss Müller als Beweis herhalten: dass die DDR auch ihre Nazis hatte. Weil die braunen Wurzeln der BRD nicht wegzureden sind, mussten auch der DDR welche angedichtet werden.

Gehlen nutzte das »Gespenst der Roten Kapelle«, um Personalentscheidungen der Bundesregierung zu beeinflussen. Er übergab 1950 den Amerikanern eine Liste mit Namen von Mitgliedern und Sympathisanten. Auf dieser Liste stand auch Otto John, der als Präsident des Bundesamtes für Verfassungsschutz vorgesehen war. Die Amerikaner, so Gehlen, sollten ihren Einfluss geltend machen, dass John nicht zum BfV-Präsidenten berufen würde.[12] John gehörte zu den »Verschwörern des 20. Juli 1944« gegen Hitler und war damit in Gehlens Augen unzumutbar.

Immer stärker wurde sichtbar, dass Gehlen die Arbeit fortsetzte, die einst vom RSHA praktiziert worden war.

Erst im Jahre 1968, als Gerhard Wessel Präsident des BND wurde, machte dieser Schluss mit der Inlandsaufklärung und löste die damalige Hauptabteilung III im BND auf. Das betraf auch die Problematik der »Roten Kapelle«. Zehn Jahre vorher hatte Gehlen noch die Materialien zu dieser Organisation und ihren toten und lebenden Mitgliedern in seinen persönlichen Stab überführen lassen. Seine langjährige Sekretärin, Annelore Krüger (Deckname »Kunze«, genannt »Alo«) war beauftragt worden, dieses Unterlagen zu führen und bei Erfordernis direkte Entscheidungen an Gehlen heranzutragen.

In »Die Sicherheit. Zur Abwehrarbeit des MfS« heißt es mit Bezug auf die Stunde »Null«: »Wie in den drei Westzonen nahm auch die Sowjetunion in ihrer Besatzungszone Regierungsgewalt in Form der Sowjetischen Militäradministration (SMAD) mit Sitz in Berlin-Karlshorst wahr. Wichtige Organe der SMAD zur Durchsetzung der Interessen der Sowjetunion im Nachkriegsdeutschland, zur Beseitigung von Resten des deutschen Faschismus und Militarismus sowie zum demokratischen Aufbau in der SBZ in Durchsetzung des Potsdamer Abkommens waren die sowjetischen Sicherheitsorgane. Dazu zählten das Komitee für Staatssicherheit (KfS) der UdSSR (*Komitet Gosudarstwennoje Besopasnosti*; KGB), bis 1954 Ministerium (MGB) und kurzzeitig dem sowjetischen Innenministerium (MWD) unterstellt.

Zum MGB/KGB in Deutschland mit Sitz bei der SMAD in Berlin-Karlshorst gehörten auch die für die Spionageabwehr des MfS wichtigen Partner, die Mitarbeiter der II. Hauptverwaltung des MGB/KGB (Spionageabwehr), die Mitarbeiter der III. Hauptverwaltung des MGB/KGB in den sowjetischen Streitkräften (Militärabwehr) mit dem zentralen Sitz in Potsdam und in den Stäben der Gruppe der sowjetischen Streitkräfte in Deutschland (GSSD), später Westgruppe der Sowjetarmee genannt, in Wünsdorf, Eberswalde und Weimar-Nohra.

Dazu gehörten auch die Mitarbeiter und Dienststellen der I. Hauptverwaltung des MGB/KGB (Aufklärung) des Verteidigungsministeriums der UdSSR in Deutschland (*Glownoje raswedi watelnoje uprawlenjenie*, GRU), also der sowjetischen Militäraufklärung. In dieses Aufgabengebiet sind auch die sowjetischen Militärverbindungsmissionen (MVM) für Westdeutschland, später der BRD, und die sowjetische Militärinspektion (MI) für Westberlin einzuordnen.

Für die Herausbildung und Entwicklung der Spionageabwehr, speziell der HA II im MfS und der Abteilungen II der BV, waren vor allem die Mitarbeiter der II. Hauptverwaltung des MBG/KGB von entscheidender Bedeutung. In der ersten Zeit waren diese Mitarbeiter direkt als Berater, und insofern als unmittelbare Anleiter und Kontrolleure, später als Verbindungsoffiziere, d. h. direkte Partner der Abteilungen der Spionageabwehr, wirksam.

Die sowjetischen Abwehrorgane sahen ihre ersten Aufgaben vor allem in der Suche, Identifizierung und rechtskräftigen Verurteilung von faschistischen Kriegsverbrechern; der Suche und Sicherung von Dokumenten und Unterlagen des faschistischen Staates und seiner Geheimdienste; dem Erkennen und der Ausschaltung faschistischer Restgruppen und entwurzelter Krimineller; der Abwehr beginnender Geheimdienstangriffe aus den Westzonen (besonders CIC, OSS und die OG) und der Aufklärung diesbezüglicher Pläne und Absichten sowie der Hilfe und Unterstützung beim Aufbau von deutschen Schutz- und Sicherheitsorganen in der sowjetischen Besatzungszone.

In diese Aufgabenstellung des MGB/KGB wurden von Anbeginn Deutsche aus dem Kreis antifaschistischer Widerstandskämpfer innerhalb und außerhalb Deutschlands einbezogen. Diese Personen bildeten die personelle Grundlage der in der Entstehung begriffenen Schutz- und Sicherheitsorgane in Ostdeutschland, darunter auch für die HA II im MfS und den Abt. II der BV.

Mit der Bildung des MfS wurden für die Spionageabwehr die Abteilung IV im Ministerium in Berlin und die Abteilungen IV in den zu dieser Zeit noch existierenden Landesverwaltungen, ab Sommer 1952 in den Bezirksverwaltungen verantwortlich gemacht.

In einer Richtlinie über Maßnahmen zur Aufdeckung der verbrecherischen Pläne des Bonner Ministeriums für Gesamtdeutsche Fragen vom Oktober 1950 wurde darauf orientiert, einen Überblick über alle im nunmehr gebildeten MfS vorhandenen Informationen zur gegnerischen Spionage und über die operative Arbeit der einzelnen MfS-Dienststellen auf dem Gebiet der Spionageabwehr zu schaffen, um auf dieser Grundlage den Arbeitsstil und die Arbeitsmethoden auf eine höhere Stufe zu heben.

Gemäß einem Befehl des Ministers für Staatssicherheit, Wilhelm Zaisser, wurden 1952 eine Abteilung II in der Zentrale und Abteilungen II in den Länderverwaltungen gebildet. Deren spezifische Aufgabe war die ›Agenturarbeit nach Westdeutschland‹, d. h. eine wirksame ›äußere‹ Spionagearbeit zu organisieren. Diese ›Westarbeit‹ in den damaligen Abt. II war von der Notwendigkeit bestimmt und geprägt, dass die Spionageabwehr bereits in und an den Ausgangspunkten der gegnerischen geheimdienstlichen Agenturarbeit organisiert werden muss.

Im November 1953 wurden die Abteilungen II und IV zur Hauptabteilung II (HA II) zusammengeschlossen.«[13]

Anmerkungen

1 Reinhard Gehlen: Der Dienst. München 1971, S. 149 ff.
2 Zolling/Höhne: Pullach intern, Hamburg 1971, S. 208
3 a. a. O., S. 213
4 a. a. O., S. 214
5 Erich Schmidt-Eenboom: Schnüffler ohne Nase, Düsseldorf 1993, S. 348
6 Zolling/Höhne: Pullach intern, Hamburg 1971, S. 87
7 Kurt von Tippelskirch: Geschichte des Zweiten Weltkrieges, München 1956, S. 6
8 a. a. O., S. 64
9 Klaus Mammach: Ich fand mein wahres Vaterland, Berlin 1963, S. 454 ff.
10 Zitiert nach IMG: 1946, Nürnberg, Bd. XVII, S. 249
11 Der Autor hat in seinem Buch: Schöne Grüße aus Pullach, Berlin 2000, ausführlich darüber berichtet.
12 Zolling/Höhne: Pullach intern …, a. a. O., S. 234
13 Die Sicherheit. Zur Abwehrarbeit des MfS, Bd. 1, Berlin 2002, S. 480 ff.

29. Tradition des Todes

Im Juli 1946 kehrte Gehlen mit seiner Begleitung aus den USA zurück und zog im »Camp King« in Oberursel/Taunus ein. Dort lebten bereits etliche Geheimdienstmitarbeiter, die von den Amerikanern in Kriegsgefangenenlagern aufgespürt worden waren, die meisten waren von Hermann Baun empfohlen worden.

Die Organisation Gehlen beschäftigte sich in den 40er Jahren mit Allem und lebte von der Improvisation. Erst zu Beginn der 50er Jahre bekam sie Struktur und ging zu organisierter Arbeit über. Mit dem Führungspersonal und einem halben Hundert Mitarbeitern nahm die OG Quartier in München-Pullach. Dort sitzt man noch heute. Und selbst wenn der Umzug nach Berlin vollzogen sein wird, bleibt die Dependance in Bayern.

Die Zentrale in Pullach war fortan die Generaldirektion (GD), darunter organisierten sich die Generalvertretungen (GV), die Bezirksvertretungen (BV), die Untervertretungen (UV) und die Filialen und Niederlassungen. Die Niederlassungen waren die Ausgangsbasen der Spionage. Sie etablierten sich zuerst in der US-Zone und in den Westsektoren Berlins. In Pullach ließ sich auch die CIA mit einem Verbindungsbüro nieder, was das Unterstellungsverhältnis der OG dokumentierte.

Seit 1950 besaß Gehlen einen direkten Draht zu Bundeskanzler Adenauer über dessen Staatssekretär Hans Globke (1898–1973), der »Grauen Eminenz« des Kanzlers. Der Jurist sorgte schon in der Weimarer Republik für die Diskriminierung von Juden, in der Nazi-Zeit bildeten seine Kommentare zu den Nürnberger Rassegesetzen die juristische Grundierung des staatlich verordneten und schließlich vollstreckten Antisemitismus. Dieser Mann war spätestes seit 1956, als aus der OG der BND wurde, der oberste Dienstherr des Nachrichtendienstes der BRD:

Etwa 1953 war die erste Organisationsstruktur der OG im Wesentlichen stabil. Sie war identisch mit der Organisations- und Aufgabenstruktur des Canaris-Apparates. In der Zentrale sah das so aus:
Hauptabteilung I: Beschaffung, Auslandsspionage
Hauptabteilung II: Diversion, psychologische Kriegführung
Hauptabteilung III: Abwehrarbeit im Innern, Spionageabwehr
Administrative Abteilung: Personal, Finanzfragen, Zentralkartei, Zentralarchiv, Schulung, Technik, Logistik, Wirtschaft.[1]

Neben der Struktur übernahm Gehlen aus dem Canaris-Apparat auch eine große Zahl alter Kollegen, etwa des Amtes Abwehr, RSHA, von »Fremde Heere Ost« und »Fremde Heere West« sowie diverse Generalstabsoffiziere.

In der Organisation Gehlen bündelten sich die strukturellen und personellen Traditionen aller Geheimdienstzweige des Dritten Reiches, deren Fortführung Gehlen sehr wichtig war, ebenso wie deren inhaltliche Ausrichtung gen Osten. Das wurde besonders in der Bremer Dienststelle der OG deutlich. Mit der Ausrichtung auf die »Zonenaufklärung« (später »DDR-Aufklärung«) signalisierte man den alten Geist. Im Kalten Krieg lebte die ungebrochene Traditionslinie aus dem Nazireich wieder richtig auf.[2] Die Männer aus SS, SD, Gestapo und Wehrmacht trugen die »Kreuzzugsmentalität« in den Dienst.[3]

Der Hass auf die Russen war besonders groß. Nicht nur, weil sie die Träger der kommunistischen Ideologie waren, sondern weil sie am Untergang des Dritten Reiches schuld waren.[4] Man ließ keine Kritik an der Ausrottungspolitik im besetzten Russland zu, diese war verpönt.[5] Die Unfähigkeit und der »Unwille gegen Überdenken hergebrachter Positionen stieß freilich auf die Sympathie vieler OG-Männer der ersten Stunde, die nicht viel anders dachten als die ehemaligen SS-Chargen«. Allen Mitarbeitern war ein »starrer Antikommunismus eigen«.[6]

Mit der Bildung der Dienststelle in Bremen wurde 1948 der aus englischer Kriegsgefangenschaft zurückgekehrte Hermann Giskes beauftragt. Hermann Giskes genoss wie Oscar Reile einen geradezu legendären Ruf, wie man bei Kurt von Tippelskirch nachlesen kann.[7]

»Giskes hatte in den Jahren 1940/41 der Abwehrstelle Frankreich in Paris angehört. Er war durch bemerkenswerte Arbeiten und Erfolge (*gegen den französischen Widerstand – H. W.*) aufgefallen. Daher wurde er im Herbst 1941, damals noch Major, mit der Leitung der Gegenspionage in den Niederlanden betraut, als dort ein tüchtiger Fachmann benötigt wurde«, berichtete sein einstiger Chef Oscar Reile.[8]

Zu den Hauptaufgaben der Abwehr III des Amtes Abwehr/Ausland, zu der Oscar Reile und Hermann Giskes gehörten, zählten das Aufspüren und Ausschalten von antifaschistischen Widerstandskämpfern. »Durch besonders raffiniert eingefädelte Gegenspionageaktionen wurde immer wieder versucht, in die französische, belgische und niederländische Partisanenbewegung beziehungsweise den französischen und britischen, später auch amerikanischen Geheimdienst einzudringen und deren Spione und Saboteure in tödliche Fallen zu locken«, hieß es dazu bei Julius Mader.[9]

Hermann Giskes hatte also »bemerkenswerte Erfolge in Frankreich« erzielt. Dabei waren die angewandten Mittel völlig egal.[10] In Frankreich arbeitete Giskes darum auch mit der Gestapo und den Einsatzgruppen des SD sehr eng zusammen. Als er im Sommer 1941 Leiter der Abwehrstelle Niederlande wurde, setzte er diese Linie konsequent fort.[11] Die »Drecksarbeit« ließ er von der Gestapo machen. Er übergab ihr »nur« die belastenden Unterlagen.[12] »Ich bat Major Giskes, mir noch das Spionagematerial zur Verfügung zu stellen, weil es bei der Vernehmung benötigt wurde, und gleichzeitig vereinbarten wir, dass er mir seine Sachbearbeiter schicken sollte; die Offiziere würden bei mir einen Arbeitsraum bekommen und könnten dann die Papiere nach militärischen Gesichtspunkten prüfen und auswerten, während die Vernehmungen noch liefen. So war beiden Seiten geholfen. Major Giskes und ich verabschiedeten uns herzlich«.[13]

1951 – Gehlen hatte die »Russlandaufklärung« wieder aufgenommen und zog verstärkt RSHA-Experten mit einschlägigen Erfahrungen in die OG – rief Gehlen Giskes in die Zentrale nach Pullach und beauftragte ihn, Auftragsrichtlinien für die im Osten eingesetzten Agenturen für den Ernstfall (»E-Fall«) zu erarbeiten.[19]

Mit dieser Order ging Giskes als Leiter der Untervertretung (später UV17) nach Hamburg und bezog seine Stellung in der ARGO-Handelsgesellschaft.[20] Mit seiner Berufung war er auch zu einem der Hauptverantwortlichen in der OG für den deutschen Zweig von *Gladio* geworden.[21]

In unmittelbarer Nachbarschaft befanden sich die Bremer Dienststelle und die Dienststelle »Nord« in Hamburg. Auch diese arbeiteten Richtung Osten. Giskes Nachfolger in Bremen war Hans Heinrich Worgitzky (1907–1969), bei Kriegsende Oberst i. G. und Ic der Heeresgruppe Mitte, seit Dezember 1946 bei der Organisation Gehlen.

Was bedeutete Ic bzw. Ic-Apparat?

In der Wehrmacht, in den Stäben der Heeresgruppen, Armeen, Korps, Divisionen, bis hinunter zu den Regimentern befanden sich Ic-Abteilungen bzw. Offiziere, die Feindnachrichten zu bearbeiten hatten und entweder der Abteilung »Fremde Heere Ost« oder »Fremde Heere West« unterstanden. Sie waren stets aufs engste mit den Abwehroffizieren des Amtes Abwehr verbunden.

Als Gehlen 1942 Chef der Abteilung »Fremde Heere Ost« wurde, besetzte er zunächst alle ihm unterstellten Ic-Stellen bei Truppenstäben mit jungen NS-Offizieren und sorgte dafür, dass die Ic-Offiziere bei den Heeresgruppen und Armeen Frontaufklärungstrupps erhielten. Diese waren nach dem Muster des Canaris-Apparates strukturiert: Abteilung I: Spionage, Abteilung II: Sabotage, Diversion und Zersetzung des Feindes, Abteilung III: Abwehr, Spitzeltätigkeit im jeweiligen Zuständigkeitsbereiches.[22] Einen solchen »Frontaufklärungstrupp« leitete auch Hans Heinrich Worgitzky bei der Heeresgruppe Mitte.

Anfang 1954 übernahm Worgitzky die Dienststelle »Nord« in Hamburg. Dort war es zu einer Reihe von Vorkommnissen mit dem Leiter Hans Sommer, einem ehemaligen Obersturmführer des SD, gekommen.[23] Sommer, der im Herbst 1941 Pariser Synagogen in die Luft jagen wollte, um die Franzosen zu judenfeindlichen Maßnahmen aufzuputschen[24], stand im

Verdacht, östlichen Diensten auf den Leim gegangen zu sein und stellte somit ein Risiko dar.

Seit 1953 pflegte Worgitzky Kontakt zum *Spiegel.* Neben Kurt Weiß (Deckname »Winterstein«) war er der erste, der die existenzielle Bedeutung der Medien für den Dienst erkannte. Mit diesen machte man Stimmung, die öffentliche Meinung ließ sich auf diese Weise für eine Bedrohung aus dem Osten aufschließen. Dieses Klima brauchte der Dienst, um seine Tätigkeit begründen und ausweiten zu können. Kurz: Die OG brauchte öffentlichen Rückenwind, der sich mit Medien erzeugen ließ.

1956 wechselte Worgitzky in die Zentrale nach Pullach und wurde Vizepräsident des BND.[25] Zuvor führte er seinen Nachfolger Adolf Wicht in die Verbindung zum *Spiegel* ein. Adolf Wicht kam aus Gehlens FHO, wo er Gruppenleiter gewesen war.[26]

Worgitzky wurde später von Gehlen kaltgestellt. Heinz Felfe dazu: »Gehlen schob Worgitzky Randgebiete der politischen Spionage zu und ließ ihn bei offiziellen Besuchen die Honneurs machen. Aus dieser Tätigkeit wuchs ihm der Spitzname Frühstück- und Grüßonkel. Als 1965/66 die BND-Pannen im Nahen Osten Kreise zogen und die Bundesrepublik gegenüber Israel belastet schien, fristete Worgitzky bis zu seinem Ausscheiden (1967) aus Krankheitsgründen ein Randdasein im BND, da er in diese Angelegenheit verwickelt war.«[27]

Die BND-Dienststelle in Bremen, die unter der Abdeckung *Bundesminister für Verkehr, Abteilung Seeverkehr/Dokumentationsstelle* und *Bundesstelle für Sondervermögen* firmierte, entwickelte sich zur auffälligsten BND-Dienststelle. Sie betrieb vierzig Jahre Spionage gegen militärische Einrichtungen der DDR und die sowjetischen Truppen in Deutschland. Bei der Spionageabwehr des MfS, Hauptabteilung II, trug diese Dienststelle die Deckbezeichnung »Ring« (mit dem Ableger »Tempel« in Westberlin).

Gegen diese BND-Dienststelle in Bremen, von Geheimdienstmitarbeitern des Dritten Reiches, an deren Händen Blut klebte, aufgebaut und geprägt, lief eine zentral geleitete MfS-Operation unter der Bezeichnung »Perspektive«. Sie wurde von der Hauptabteilung II des MfS realisiert.[28]

Anmerkungen

1 Zolling/Höhne: Pullach intern , Hamburg 1971, S. 167
2 Heinz Felfe: Im Dienst des Gegners, Berlin 1988, S. 196
3 Zolling/Höhne: Pullach intern, Hamburg 1971, S. 217
4 ebenda
5 ebenda
6 a. a. O., S. 218
7 Heinz Felfe: Im Dienst des Gegners, Berlin 1988, S. 194
8 Oscar Reile: Geheime Westfront, München 1962, S. 360
9 Julius Mader: Hitlers Spionagegenerale sagen aus, Berlin 1968, S. 24
10 Julius Mader: Die graue Hand, Berlin 1967, S. 210
11 Julius Mader: Hitlers Spionagegenerale ..., a. a. O., S. 244 ff.
12 Hermann Josef Giskes: Spione überspielen Spione, München 1951, S. 152
13 Josef Schreieder: Das war das Englandspiel, München 1950, S. 65
14 Oscar Reile: Geheime Westfront ..., a. a. O., S. 357
15 a. a. O., S. 359
16 Julius Mader: Hitlers Spionagegenerale ..., a. a. O., S. 245
17 Josef Schreieder: Das war ..., a. a. O., S. 368
18 Oscar Reile: Geheime Westfront ..., a. a. O., S. 362
19 Zolling/Höhne: Pullach intern ..., a. a. O., S. 215
20 Julius Mader: Die graue Hand ..., a. a. O., S. 216, und Zolling/Höhne: Pullach intern ..., a. a. O., S. 169
21 Erich Schmidt-Eenboom: Schnüffler ohne Nase, Düsseldorf 1993, S. 370
22 Julius Mader: Die graue Hand ..., a. a. O., S. 24 ff.
23 Zolling/Höhne: Pullach intern ..., a. a. O., S. 210
24 a. a. O., S. 217
25 Heinz Felfe: Im Dienst des Gegners, Berlin 1988, S. 28
26 Zolling/Höhne: Pullach intern ..., a. a. O., S. 279
27 Heinz Felfe: Im Dienst des Gegners, ..., a. a. O., S. 288 ff.
28 Der Autor hat in »Schöne Grüße aus Pullach«, Berlin 2000, diese Gegenoperationen ausführlich beschrieben.

30. Unerwartete Gehlen-Konkurrenz

Unmittelbar nach der Gründung der BRD drängten die Westalliierten die Adenauer-Regierung, eine Instanz zu schaffen, mit der sie militärische Fragen besprechen könnten.

Mit dieser Aufgabe wurde der ehemalige Panzergeneral Graf Gerhard von Schwerin als »Berater des Bundeskanzlers in Sicherheitsfragen« bestimmt. Schwerin nannte seine Einrichtung »Zentrale für Heimatdienst«, die der »Dienststelle für auswärtige Angelegenheiten«, der Keimzelle des künftigen Auswärtigen Amtes, zugeordnet war. Die erste Handlung von Schwerin war die Erarbeitung einer Vorlage zur militärischen Bedrohung. Hitlers einstiger Panzergeneral erklärte dem Kanzler: Wenn die Rote Armee Richtung Westen marschierte – wovon er offenbar ausging –, dann stünde sie in wenigen Tagen am Rhein.

Graf von Schwerin war am Polenfeldzug beteiligt, an der Niederwerfung der Niederlande, Belgiens und Frankreichs und zählte zu den Verfechtern der »Blitzkriegsstrategie«. Er war ein treuer Soldat und Parteigänger Hitlers, solange Nazideutschland auf der Siegerstraße war. Dann verließ auch Schwerin das Glück. 1943 hatte es gegen ihn zwei kriegsgerichtliche Untersuchungen wegen Nichtbefolgung von Befehlen gegeben, ohne dass es zur Anklage kam. Im Februar 1944 war erneut gegen ihn ermittelt worden, weil die »Gruppe Schwerin«, bestehend aus der 16. motorisierten und der 123. Infanteriedivision, ihre Aufgabe nicht erfüllt hatte. In einer mehrseitigen schriftlichen Rechtfertigung legte Graf von Schwerin nieder, dass die 16. Division von Herbst 1943 bis Ende Januar 1944 »mindestens sechsmal ihren gesamten Personalbestand verloren und der neue Mannschaftsbestand über keine Kriegserfahrung verfügt hätte«.[1]

Am 3. März 1944 durchbrachen die Truppen der 8. Gardearmee den Frontabschnitt, den Graf von Schwerin mit seiner

16. Division zu verteidigen hatte. Die gesamte 16. Division wurde aufgerieben, er floh mit seinem Stab. Auf Befehl Hitlers setzte der Kommandierende General des XXX. Armeekorps, Generalleutnant Vincenz Müller, den Divisionskommandeur und seine Stellvertreter ab und stellte sie vor ein Kriegsgericht. Dort begründete von Schwerin seine Flucht damit, dass er »einen Schock erlitten hätte«.[2] Er wurde an die Westfront versetzt.

Aus einem derartigen Hitlergegner wurde faktisch der erste Verteidigungsminister der BRD.

In einem weiteren Memorandum forderte Graf von Schwerin die Aufstellung eines auf der allgemeinen Wehrpflicht beruhenden Heeres. Seine Forderung war damals etwas verfrüht, darum musste er Mitte 1950 seinen Posten räumen, was nichts daran änderte, dass man ihn später gern als Initiator der Bundeswehr und militärpolitischen Theoretiker feierte. Er hatte schließlich die alte Stoßrichtung in die neue Zeit überführt.

Inspiriert von Adenauer, der laufend Informationen über die militärische Lage in der Ostzone zu haben wünschte, die jedoch nicht durch einen US-Filter liefen (was bei Gehlens Geheimdienst jedoch der Fall war), ließ Graf von Schwerin einen militärischen Geheimdienst aufbauen.

Mit dieser Aufgabe betraute er den ehemaligen Wehrmacht-Major Joachim Oster, der seit Mai 1950 im Büro Schwerin arbeitete. Dieser war zwar der Sohn des Generalmajors Hans Oster, Stabschef im Amt Ausland/Abwehr, doch nicht hinlänglich dafür qualifiziert.

So holte man den ehemaligen Oberstleutnant Friedrich Wilhelm Heinz aus dem Canaris-Apparat und machte ihn zum Aufklärungschef. Dieser *Friedrich-Wilhelm-Heinz-Dienst* (FWH-Dienst oder auch FWHD) sollte von einer Außenstelle in Westberlin Richtung DDR wirksam werden.[3]

Heinz (1899–1968) hatte bereits ein bewegtes Militär- und Agentenleben hinter sich und galt als »schillernde Figur« im Geheimdienstgeschäft. Er war Offizier im Ersten und im Zweiten Weltkrieg, im Freikorps und bei den Kapp-Putschisten, Stahlhelmer und Nazi schon in den 20er Jahren, in den 30er Jahren landete er bei Canaris und dann bei den berüchtigten »Brandenburgern«, mit denen er jugoslawische Partisanen bekämpfte.

Da er – angeblich – 1938 mit Admiral Canaris und General Oster gegen Hitler putschen wollte[4] und nach dem 20. Juli 1944 untertauchte, galt er als rehabiliert.

Im Oktober 1950 folgte der Wehrmacht-Offizier Theodor Blank Graf von Schwerin nach. Der CDU-Politiker war Befürworter der Remilitarisierung und der atomaren Aufrüstung der BRD. Das von ihm geleitete Amt Blank, die Dienststelle des Beauftragten des Bundeskanzlers für die mit der Vermehrung der alliierten Truppen zusammenhängende Fragen, war die Vorstufe für das 1955 gebildete Bundesverteidigungsministerium, das Theodor Blank bis 1956 leitete.

Dass diese Dienststelle von strategischer Bedeutung sein würde, war auch Gehlen bewusst, weshalb er dafür sorgte, dass einige seiner Vertrauten dort unterkamen. Horst Wendland wurde Personalchef, Adolf Heusinger und Gerhard Wessel wurden im Führungsstab platziert. Bald hatte sich folgende Struktur im Amt Blank herausgebildet:

Sekretariat des Leiters,
Abteilung I: Verwaltung,
Abteilung II: Keimzelle des künftigen Führungsstabes,
Abteilung III: Recht und Wirtschaft,
Abteilung IV: Unterkunft und Liegenschaften,
Abteilung V: Beschaffung (Aufklärung und Sicherungsgruppe).[5]

Später war die Abteilung III für den Nachrichtendienst zuständig.

Die Beschaffungs- bzw. Aufklärungsabteilung richtete sich in Wiesbaden als Verlag ein. Eine Außenstelle, der besondere Bedeutung beigemessen wurde, etablierte sich in Westberlin. Sie wurde von Jakob Kolb geleitet. Später nannte er sich Abwehrleiter des Amtes Blank (FWHD).

Ende des Sommers 1950 legte Heinz nach nur drei Wochen den ersten ausführlichen Bericht über die Dislozierung der sowjetischen Truppen in der Sowjetzone, also der DDR, vor. Adenauer stellte ihn dem Bundeskabinett zu, die Minister waren beeindruckt.

Wesentlichen Anteil an diesem Bericht hatte Jakob Kolb, der ihn – das nur nebenbei – mit sowjetischer Unterstützung verfasst hatte.

Globke legte dem US-Geheimdienst den Bericht vor, dieser bestätigte die Richtigkeit.

Gehlen aber war schockiert, denn auf seinem ureigenen Gebiet hatte er nunmehr Konkurrenz, die ihm gefährlich werden konnte.[6] Seine Bemühungen waren fortan darauf gerichtet, mit seinem weit größeren Apparat den kleinen FWH-Dienst in den Schatten zu stellen.

Gehlen fand einen Verbündeten: Otto John, den Chef des Verfassungsschutzes. Später sollte eine BRD-Illustrierte zutreffend schreiben, der »Abschuss des ehemaligen Abwehrchefs der Dienststelle Blank, Oberstleutnant a. D. Friedrich Wilhelm Heinz«, sei auf das Konto von Otto John gegangen.

Seit 1951 hatte John mit Wissen Globkes, wenn nicht gar in dessen Auftrag Belastungsmaterial gegen Heinz gesammelt. Dass er beispielsweise unberechtigt den Dienstgrad eines Obersten führe, er sei im Dritten Reich nur Oberstleutnant gewesen. Friedrich sei heimlich in die SPD eingetreten und hätte seine NS-Vergangenheit beim Eintritt in das Amt Blank verschwiegen. Diese in der frühen Bundesrepublik lässlichen Sünden wurden gekoppelt mit der Unterstellung, er stünde mit dem sowjetischen Nachrichtendienst irgendwie in Verbindung. Schließlich habe Heinz mit Jakob Kolb und Heinrich von zur Mühlen im Nachkriegs-Berlin einen schwunghaften Nachrichtenhandel für die Briten, Franzosen und Amerikaner aufgezogen.[7] Und man rückte ihn in die Nähe der »Roten Kapelle«.

»Mit der legendären prosowjetischen Spionageorganisation Rote Kapelle in Verbindung gebracht zu werden war tödliches Gift in den heißen Anfangsjahren des Kalten Krieges. Also versuchten sie, Heinz mit dem Verdacht zu Fall zu bringen, er pflege Kontakte zu einem der bedeutendsten Männer dieses europaweiten Spionageringes, Rudolf Rößler. Gehlen warf in diesem Zusammenhang gleich fünf Angehörigen des Amtes Blank, darunter Joachim Oster und Johann Adolf Graf von Kielmansegg, andauernde Kontakte zu Roten Kapelle vor.«[8]

Globkes Dossier an Adenauer fiel entsprechend aus. Blank schickte auf Weisung des Bundeskanzlers Heinz am 1. Oktober 1953 in den Urlaub, löste das Dienstverhältnis zum 31. März 1954 auf und bestimmte den Stellvertreter von Heinz, Johannes Kirsch, zum Nachfolger. Damit hatte sich der Heinz-Dienst weitgehend erledigt. Er verlor sich mit der Eingliederung in die Aufklärungsstrukturen der entstehenden Bundeswehr ab 1955.[9]

In den letzten Jahren erschien eine Reihe gut recherchierter Publikationen über den Heinz-Dienst. Sie beruhen auf jetzt zugänglichen Materialien und lassen den FWHD in einem anderen Licht erscheinen, als das bisher möglich war. Allerdings bleibt in allen Veröffentlichungen die Frage unbeantwortet: Warum erfolgten keine Festnahmen von Agenten dieses Dienstes in der DDR, warum unternahm das MfS keine Operationen gegen den Dienst?

Ich fand zwei Zeitzeugen, die ab 1951 in der Abteilung IV im MfS tätig waren. Dort gab es auch ein Referat, das aus drei Mitarbeitern bestand. Sie befassten sich mit dem Amt Blank, genauer mit dessen »Sicherungsgruppe«. Die heute dafür übliche Bezeichnung »Friedrich-Wilhelm-Heinz-Dienst« kannte man damals nicht.

Dieses Referat arbeitete sehr eng mit den »sowjetischen Freunden« zusammen. Fast täglich war einer dieser Berater in den Abendstunden in diesem Referat anzutreffen. Damals wurde wie im sowjetischen Geheimdienst von Mittag bis mindestens 22.00 Uhr gearbeitet.

Im Wesentlichen ging es um zwei Aufgabenstellungen:

1. Zwei dieser operativen Mitarbeiter hatten den Auftrag, Männer und Frauen zu suchen, die als Werbekandidaten für diese »Sicherungsgruppe« in Betracht kamen. Bei Eignung wurde der operative Mitarbeiter und der Kandidat zu einem Treff mit einem sowjetischen Geheimdienstmitarbeiter bestellt, bei dem Jakob Kolb zugegen war. Kolb verpflichtete diesen Kandidaten zur inoffiziellen Mitarbeit für die »Sicherungsgruppe« im Amt Blank.

Der IM/GM erhielt keine Decknamen, sondern eine vierstellige Buchstaben- und Ziffernkombination, die er künftig unter seine Berichte setzen sollte. Er/sie wurde in der Regel als eine Art »Marschaufklärer« gegen sowjetische Kasernen, Knotenpunkte von Militärtransporten u. ä., aber auch gegen die Kasernierte Volkspolizei eingesetzt. Dieses »Agentenspiel« ging etwa bis Ende 1953, Anfang 1954.

2. Ein operativer Mitarbeiter des MfS-Referats sichtete alle Berichte dieser inoffiziellen Mitarbeiter der Sicherungsgruppe des Amtes Blanks und erstellte auf Anforderung Zusammenfassungen. Es sollen Hunderte solcher Berichte abgegeben worden sein.

Ob Jakob Kolb seine Agenten bezahlt hat, ist unbekannt. Das MfS hat sie allerdings mit Zuwendungen bedacht.

Dort liegt eventuell der Schlüssel dafür, warum Kolb im Frühjahr 1954 »wegen finanzieller Unregelmäßigkeiten« aus dem FWHD entlassen wurde und Ende 1954 in die DDR übertrat.

Auch Heinz kam im Dezember 1954 nach Ostberlin, tauchte aber kurze Zeit später wieder in Westberlin auf. »Ein Verfahren wegen Landesverrats gegen Heinz wurde nie eingeleitet. Der US-Militärnachrichtendienst ließ ihn aber noch lange als potenziellen Sowjetspion überwachen. So starb Friedrich Wilhelm Heinz 1968, ohne rehabilitiert worden zu sein.

Der ewige Verdacht, in die Dienste des Gegners getreten zu sein, machte es Gehlen leicht, die Verdienste seines Konkurrenten kleinzureden, dass Veteranen aus Pullach auch heute noch vom Versagen des Friedrich-Wilhelm-Heinz-Dienstes überzeugt sind«[10], meinten Müller und Mueller 2002.

Anmerkungen

1 W. J. Tschuikow: Gardisten auf dem Weg nach Berlin, Berlin 1976, S. 206 ff.
2 a. a. O., S. 185 ff.
3 Hermann Zolling / Heinz Höhne: Pullach intern, Hamburg 1971, S. 238
4 Hans-Albert Hoffmann: Die deutsche Heeresführung im Zweiten Weltkrieg, Eigenverlag 2003, S. 117
5 Heinz Felfe: Im Dienst des Gegners, Berlin 1988, S. 240
6 Hermann Zolling / Heinz Höhne: Pullach intern, S. 238 ff.
7 Peter F. Müller / Michael Mueller: Gegen Freund und Feind, Hamburg 2002, S. 219
8 a. a. O., S. 219 ff.
9 a. a. O., S. 221
10 a. a. O., S. 223

31. Das Gespenst in Europa – Die »Rote Kapelle«

Als in der Nacht zum 16. Oktober 1946 die Todesurteile gegen die Hauptkriegsverbrecher in Nürnberg vollstreckt wurden, fehlten zwei Verurteilte. Reichsmarschall Hermann Göring schied 24 Stunden vor Vollstreckung aus dem Leben. Er hatte Zyankali genommen. 60 Jahre später offenbarte sich ein damals 19-jähriger US-Militärpolizist als Überbringer der Todespille, die ihm Verwandte Görings gegeben hatten.

Auch der Chef der Reichskanzlei, Martin Bormann, war vom Internationalen Militärtribunal zum Tode verurteilt worden. Allerdings in Abwesenheit. Die Richter wähnten den 45-Jährigen auf der Flucht.

Der Reichsführer-SS Heinrich Himmler fehlte ebenfalls auf der Anklagebank. Hitler hatte ihn kurz vor seinem Selbstmord am 30. April 1945 aus der NSDAP verstoßen und zum Verräter am deutschen Volk erklärt. Der »eiserne Heinrich« war in Ungnade gefallen. Bormann hatte in den Vormittagsstunden des 30. April, Hitler lebte noch, einen Funkspruch an Großadmiral Karl Dönitz in Lübeck geschickt: »Neuer Verrat im Gang. Laut Feindfunk hat Reichsführer Himmler über Schweden Kapitulationsangebot gemacht. Führer erwartet, dass Sie gegen Verräter blitzschnell und stahlhart vorgehen. Bormann.«[1]

Schellenberg hatte Himmler darin bestärkt, auch die »nordische Karte« zu spielen und Schweden für eine Vermittlerrolle mit den westlichen Alliierten zu gewinnen. Graf Folke Bernadotte verhandelte in den ersten Monaten des Jahres 1945 im Auftrag des Schwedischen Roten Kreuzes mit Schellenberg und Himmler. Bernadotte gelang es, Vereinbarungen zur Übernahme der in Sachsenhausen zusammengezogenen dänischen und norwegischen KZ-Häftlinge zu treffen. Es folgten weitere Transporte mit Skandinaviern aus den Lagern Dachau, Neuengamme und im Raum Dresden. Darunter befand sich auch der Antifaschist Odd Nansen, Sohn des norwegischen Polarforschers Fridtjof Nansen, der im April 1945 nach Dänemark zurückkehrte.[2]

Sowohl englische als auch schwedische Rundfunkstationen und Zeitungen berichteten über Bernadottes Verhandlungen, was Hitler zu einem seiner letzten Wutausbrüche veranlasste.

Himmler flüchtete mit seinen beiden Adjutanten vor Hitler und den Alliierten. Am 21. Mai 1945 geriet er in der Nähe von Bremerhaven in eine Kontrolle. Es handelte sich um sowjetische Kriegsgefangene, die in der Uniform der Briten Streife liefen. Himmler wies einen nagelneuen Ausweis auf den Namen Hinzinger vor, womit er auffiel. Britische Militärbehörden brachten ihn von einem Lager ins andere, ohne zu wissen, wen sie da vor sich hatten. Das ging Himmler nun auch wieder gegen seine Eitelkeit. Er meldete sich beim Lagerkommandanten und verlangte ein Gespräch mit Feldmarschall Montgomery. Sein Name sei Heinrich Himmler.

Der Brite zeigte sich unbeeindruckt und zog das Programm durch: Vernehmung ud Leibesvisitation. Daraufhin zerbiss Himmler die Zyankalikapsel, die er im Mund trug.[3]

In Nürnberg fehlte auch Heinrich Müller, der Gestapo-Chef. Man hatte kurz vor Kriegsende in Berlin eine Leiche gefunden mit einem Personalausweis, der auf den Namen Müller lautete, und mit Orden, die der SS-Mann besessen hatte. Das IMT hielt ihn – im Unterschied zu Bormann – für erwiesen tot, obgleich Zeugen ihn in Berlin noch lebend gesehen haben wollten.

1958 informierten BRD-Behörden Müllers in Bayern lebenden Vater über dessen Tod. Worauf sich die Nachricht gründete, ist nicht überliefert.

1961 erfolgten in Berlin umfangreiche Nachforschungen durch durch den in Ludwigsburg ansässigen Ausschuss zur Untersuchung faschistischer Verbrechen. Er fand keine Hinweise auf Müllers Tod.

1963 wurde eine als Heinrich Müller beigesetzte Leiche exhumiert. Da erhebliche Zweifel an der Identität bestanden, erneuerte 1964 die Generalstaatsanwaltschaft in Berlin (West) den Haftbefehl gegen den Gestapo-Chef.[4]

Müller war nicht der einzige, der seinen Abgang verschleierte und Fragen zurückließ. Kurz vor Kriegsende ließen sich auch andere andere hohe Gestapo- und SS-Chargen zu Grabe tragen und tauchten, nachdem sie sich kurzzeitig im SS-Lazarett Wannsee aufgehalten hatten, dann spurlos unter.[5]

Bormann, Müller und andere lösten mit ihren mysteriösen Abgängen Spekulationen aus, sie waren der Ausgang von Legenden. Reinhard Gehlen setzte einige in Umlauf

»In einem längeren Gespräch kamen Canaris und ich zu der Überzeugung, dass die Sowjets in der Obersten Führung über eine gut orientierte Nachrichtenquelle verfügen mussten. Wiederholt stellten wir unabhängig voneinander fest, dass der Feind in kürzester Zeit über Vorgänge und Erwägungen, die auf deutscher Seite an der Spitze angestellt wurden, bis ins Einzelste unterrichtet war.

Ich will an dieser Stelle mein langes Schweigen brechen, das – von sowjetischer Seite aufs sorgfältigste gehütete – Geheimnis nennen, das den Schlüssel zu einem der rätselhaftesten Fälle unseres Jahrhunderts umhüllt. Es ist die verhängnisvolle Rolle, die Hitlers engster Vertrauter, Martin Bormann, in den letzten Kriegsjahren und danach gespielt hat. Als prominentester Informant und Berater der Sowjets arbeitete er für den Gegner schon zu Beginn des Russlandfeldzuges.

Unabhängig voneinander gingen wir davon aus, dass Bormann über die einzige unkontrollierte Funkstation verfügte.

Zwei zuverlässige Informationen gaben mir in den 50er Jahren die Gewissheit, dass Martin Bormann perfekt abgeschirmt in der Sowjetunion lebte.«

Gehlens Knüller: »Der ehemalige Reichsleiter war bei der Besetzung Berlins durch die Rote Armee zu den Sowjets übergetreten und ist in der Zwischenzeit verstorben«.[6]

Erst 1998 fand auch diese wie die meisten Legenden um Martin Bormann ihr Ende. Die Analyse des Erbgutes aus 1972 in Berlin aufgefundenen Skeletteilen, die man für Bormanns Knochen hielt, bestätigte die These. Hildegard Becker-Toussaint von der Bundesanwaltschaft Frankfurt am Main: »Das Münchener Institut für Rechtsmedizin hat Beinknochen mit

Blutproben einer Verwandten von Bormanns Mutter verglichen. Der Schädel und die Knochen stammen eindeutig vom einstigen Chef der Parteikanzlei.«⁷

Eisenbahner waren bei Erdarbeiten im Bereich des Lehrter Bahnhofs auf zwei Skelette gestoßen. Zu diesen wurde ein medizinisches Gutachten angefertigt. Die Staatsanwaltschaft und das Landgericht Frankfurt am Main erklärten, dass es die sterblichen Überreste Martin Bormanns und Ludwig Stumpfbergers, SS-Obersturmbannführer und Begleitarzt Hitlers, seien. Beide hätten im Mai 1945 Selbstmord durch Gift begangen.

Dabei hatten das bereits 1945 sowjetische Militärbehörden bezeugt. Am 31. Mai 1945 erhielt das Mitglied des Kriegsrates der 5. Stoßarmee, Generalleutnant F. J. Bokow, einen »Bericht über die Herkunft des Notizbuches von Martin Bormann«, ein Notizbuch und dessen russische Übersetzung. Aus dem Bericht ging detailliert hervor, wie und wo das Buch von einem französischen Zwangsarbeiter gefunden worden war.

Der Franzose, der im Gaswerk Mitte eingesetzt war, hatte dem Toten den Mantel ausgezogen, worin sich dieses Notizbuch befand. Der Franzose gab es dem Meister Otto Ernst, von diesem gelangte es zu Kurt Kulander, der Leiter der Abteilung Sozialfürsorge des Bezirks Mitte war. Am 20. Mai übergab der es dem stellvertretenden Militärkommandanten des Stadtbezirks Mitte, Oberstleutnant Ugrjumow. Dann landete alles auf dem Tisch von Bokow.⁸ »Bormanns Tagebuch und die russische Übersetzung schickte ich über den Kriegsrat der 1. Belorussischen Front nach Moskau, einen Durchschlag der Übersetzung gab ich dem Journalisten Besymenski, der es auszugsweise in seinen Arbeiten veröffentlichte (Lew Besymenski: Die letzten Notizen von Martin Bormann, Stuttgart 1974).

Viele Jahre später fragten mich Journalisten, wie das Tagebuch in meine Hände gelangt sei. Ich konnte mich beim besten Willen nicht mehr daran erinnern und antwortete, es sei wahrscheinlich aus einem Truppenteil zu mir gebracht worden. Diese Mitteilung wurde auch in der Presse veröffentlicht.«⁹

Das Notizbuch landete dann im Archiv des Ministeriums für Verteidigung der UdSSR, wo es Bokow in den 70er Jahren bei seinen Recherchen für seine Memoiren wieder entdeckte.

Walter Schellenberg (1910–1952), SS-Brigadeführer und seit Ende 1941 Chef Amt VI, SD-Auslandnachrichtendienst im RSHA, rettete sich im April 1945 mit einem Fährschiff Richtung Schweden. Er reiste nicht allein. In seiner Begleitung befanden sich KZ-Häftlinge aus Skandinavien. Graf Bernadotte sorgte dafür, dass Schellenberg vorübergehend nicht angetastet wird. Das war der Deal.

Am 16. Juni 1945 brachte ein Flugzeug einen der wichtigsten Männer aus der SS-Hierarchie und Chef des SD-Auslandspionagedienstes nach London. Dort packte er aus. 1946 trat Schellenberg als Zeuge im Nürnberger Prozess gegen die Hauptkriegsverbrecher auf. 1949 saß er selbst auf der Anklagebank. Aber seine Strafe von sechs Jahren musste er nicht absitzen. 1950 kam er frei.

In dieser Zeit fertigte Schellenberg ein Manuskript für ein Buch, das sich mit den wichtigsten Geheimoperationen des RSHA befasste. Allerdings wurden nur jene veröffentlicht, die sich gegen die westlichen Alliierten richteten. Operationen gegen die Sowjetunion – ausgenommen die Tuchatschewski-Affäre ab – blieben unpubliziert. Die heißen Geschichten verschwanden in den Panzerschränken des Intelligence Service. Die Briten zahlten dafür ordentlich: Schellenberg wurde in einer Villa an den Ufern des Comer See in Italien untergebracht, wo er 1952 starb.[10] Vier Jahre nach seinem Tod erschienen die frisierten Memoiren in Großbritannien und in den USA. Man wollte nicht die Nachrichtenkanäle der Nazis, ihre Kontakte und Verbindungen verraten, die inzwischen wieder genutzt wurden.

Wo aber war Gestapo-Müller abgeblieben?

Nach seinem vorgetäuschten Tod in Berlin verlor sich seine Spur. Müller, ein unauffälliger, aber talentierter Kriminalbeamter aus München, war mit 34 Jahren 1934, im Schlepptau von Himmler und Heydrich, nach Berlin gekommen. Er baute für die beiden, die seine Fähigkeiten schnell erkannt hatten, einen perfekt funktionierenden Gestapo-Apparat auf, dessen Leitung er bis zum Schluss nicht aus den Händen gab. Es gab von ihm kaum Bilder, die ihn in der Öffentlichkeit zeigten.[11]

Ende 1957, als Kurt von Rohrscheidt seine Fühler nach Spanien ausstreckte, um das Territorium Spaniens für Operationen des BND zu sondieren, kam ihm zu Ohren, dass Walter Schellenberg ein Buchmanuskript hinterlassen habe. Es sei nach Überarbeitung durch den britischen Intelligence Service einem deutschen Journalisten übergeben worden, der es unter dem Titel »The Labyrinth« in englischer Sprache im Vorjahr herausgebracht habe. Darin heiße es, dass Bormann und Müller für die Sowjets gearbeitet hätten.

Die Information zum Buch stammte vom ehemaligen Residenten der Abwehr in Portugal, Paul Fidrmuc, einem gebürtigen Tschechen, der in Barcelona lebte. Von Rohrscheidt erfuhr es Gehlen, und der ließ sich das Buch aus London holen und im Frühsommer 1958 von einem ehemaligen Mitarbeiter der Abwehr übersetzen. Dieser Text sollte in einigen Abschnitten von der 1959 publizierten deutschen Ausgabe (»Walter Schellenberg. Memoiren«) abweichen.

Schellenberg äußerte sich darin über Heinrich Müller: »Ein anderer führender Mann, der eine ausgeprägt Neigung zur Sowjetunion hatte, war Müller.

Mein erster ernsthafter Verdacht geht auf eine lange persönliche Besprechung zurück, die ich im Frühjahr 1943 anlässlich einer Zusammenkunft der Polizei-Attachés mit ihm hatte. Er fing ein Gespräch über die ›Rote Kapelle‹ an. Er hatte sich persönlich sehr stark mit den Motiven und dem intellektuellen Hintergrund dieses Verratsfalles beschäftigt.

Vor mir saß ein Mann, der einen harten und erbarmungslosen Kampf gegen alle Formen des Kommunismus geführt hatte, der bei der Untersuchung der ›Roten Kapelle‹ alles getan hatte, um auch die letzte Querverbindung dieses Netzes aufzudecken. Welch eine Veränderung war in diesem Manne vor sich gegangen. Am Ende dieser merkwürdigen Unterhaltung konnte ich noch nicht herausfinden, worauf Müller hinaus wollte, aber einige Monate später ging mir ein Licht auf. Müller glaubte nicht länger an den deutschen Sieg und war der Auffassung, dass nur ein Friede mit Russland noch eine Rettung bringen könnte.«

Und dann setzt Schellenberg eine absurde Behauptung in die Welt: »Es war mir jetzt klar, dass Müller einen totalen

Frontwechsel vollzogen hatte und nicht mehr an den Sieg Deutschlands glaubte. Seitdem hatte ich verstärkte Anhaltspunkte dafür, dass er mit dem sowjetischen Geheimdienst in Verbindung stand, und 1950 berichtete ein aus russischer Gefangenschaft zurückkehrender Offizier, Müller sei 1945 zu den Sowjets übergewechselt. Er habe ihn 1948 in Moskau gesehen und später gehört, dass er kurze Zeit später gestorben sei.«

Das war weder ein Beweis noch ein hinlänglich überzeugender Verdacht. Schellenberg und Müller konnten sich nicht ausstehen, und da soll der »lautlose«, »keine Spuren hinterlassende«, »vorsichtige« und »verschlossene« Müller sich – zwei Jahre vor Kriegsende – ihm derart offenbart, also entblößt haben?

Die These vom Verrat in den höchsten deutschen Führungsebenen, die Dolchstoßlegende, passte in Gehlens Bedrohungskonzept. Er griff sie gern auf.

2002 fanden ZDF-Rechercheure im US-Nationalarchiv eine 128 Seiten umfassende Akte. Aus dieser ging hervor, dass sich bis Dezember 1945 im Sondergefangenenlager der Amerikaner im bayerischen Eisenstadt ein Heinrich Müller aufgehalten hatte. Aus dem Vermerk, dass der SS-General für das *Counter Intelligence Corps*, zuständig für Gegenspionage in den US-Streitkräften und die Suche nach Kriegsverbrechern, besonders wichtig und deshalb von einer CIC-Spezialeinheit übernommen worden wäre, ließ sich zwingend schließen, dass es sich um den gesuchten Kriegsverbrecher handelte. Und obwohl man ihn hatte, blieb sein Name in der offiziellen Fahndungsliste stehen.

Dass der Mann im Kalten Krieg gegen die Sowjetunion von einigem Interesse war, lag auf der Hand. Man musste die Russenfurcht schüren, um den Kampf gegen den einstigen Verbündeten zu begründen. Und in Westdeutschland brauchte man Argumente, damit man wieder die Waffe in die Hand nahm, was zu unterlassen sich am Ende des Krieges die meisten geschworen hatten. In diesem Kontext war der rote Krake in Gestalt der »Roten Kapelle«, Moskaus Fünfter Kolonne im Hinterland, an der Heimatfront, ein nützliches Schreckgespenst. Da war es gut, wenn man Leute hatte, die sich damit auskannten. So schien die Frage keineswegs absurd, »ob es möglicherweise ein Verbrechen war, mitgeholfen zu haben, dass die Russen bei Stalingrad siegen konnten«.[12]

Die meisten aus dem Sonderkommando Pannwitz, die Jäger aus dem Amt Abwehr befanden sich im Gewahrsam der Alliierten und gaben ihr Wissen gern preis. Und stellten den Gegner größer dar, um ihre Schuld kleinzuhalten, und suggerierten, die »Rote Kapelle« sei noch am Leben. Der ehemalige Mitarbeiter der Funkaufklärung der Wehrmacht, Wilhelm F. Flicke, behauptete, dass »die Nachfolgeorganisation der Roten Kapelle ganz Europa überwuchert«.[13]

»Eine wirkliche Zerstörung dieses hydraähnlichen Spionageringes Rote Kapelle ist jedoch bis Ende des Krieges niemals gelungen«[14], sagte auch Schellenberg.

Und Paul Leverkuehn, leitender Mitarbeiter der Abwehr, erklärte ebenfalls: »Der Kampf wurde niemals abgeschlossen, und es kann kein Zweifel darüber herrschen, dass dieselbe Organisation vielleicht in manchen Fällen mit gleichen Agenten immer noch am Werke ist.«[15]

Der ehemalige Chef der Abwehr in Frankreich, Oscar Reile, raunte 1962 verschwörerisch: »Nach dem Kriege sind in verschiedenen Ländern Veröffentlichungen über die Rote Kapelle erschienen. In einigen von ihnen wird der Vermutung Ausdruck gegeben, dass die Quellen, von denen die Verratshandlungen begangen wurden, Persönlichkeiten in hohen und höchsten Stellen gewesen sein müssen.

Den westlichen Geheimdiensten, die an der Klärung dieser Frage sicherlich interessiert waren und sind, ist jedoch, soweit aus Nachrichten geschlossen werden kann, die in die Öffentlichkeit gedrungen sind, allem Anschein nach eine Klarstellung nicht gelungen.«[16] Der ehemalige Mitarbeiter der Abwehr in Belgien, Harry Piepe, kam 1965 gar zu dem Schluss, dass die »Rote Kapelle« heute noch wirke.

An dieser »Gespensterjagd« beteiligte sich Reinhard Gehlen als BND-Präsident, wobei er sich als Unschuldslamm und unwissend gab. »Meine eigenen Feststellungen (bezogen auf die Rote Kapelle) konnten erst einsetzen, als nach 1946 für mich die Möglichkeiten bestanden.«[17]

Eine große Hilfe werden ihm dabei die »Jäger« der »Roten Kapelle« gewesen sein, die zur OG stießen: Oscar Reile, Joachim Rohleder, Hermann Giskes, Josef Schreieder, Josef Reiser, Otto Schwab und andere.

Die Rote Kapelle, schrieb Heinz Felfe, war »ein besonderes Steckenpferd Gehlens, um nicht zu sagen: ein Symptom von Verfolgungswahn. Gehlen glaubte, dass die Rote Kapelle, die bekannte Anti-Hitler-Widerstands-Organisation des letzten Krieges, noch immer unerkannt leitende Positionen in der Bundesrepublik innehabe.«[18]

Die Versuche einiger Überlebender der »Roten Kapelle«, gegen ihre Verfolger gerichtlich vorzugehen, blieben erfolglos. Dr. Adolf Grimme, damals Kulturminister in Hannover, Dr. Elfriede Paul, Sozial- und Wohlfahrtsministerin in Hannover, der Schriftsteller Günther Weisenborn und der Historiker Heinrich Scheel blitzten ab. Elfriede Paul: »Wie wenig die westlichen Alliierten unsere Freunde waren, erfuhr ich bis zur Konstituierung der Landesregierung *(am 23. August 1945 – H. W.)* auf besondere Weise. Ehemalige Kämpfer der Roten Kapelle baten mich, bei meinen Reisen durch die britische Besatzungszone nach Roeder zu fahnden, jenem Dr. Manfred Roeder, der als Oberstkriegsgerichtsrat und Sonderbeauftragter Görings auch in meinem Prozess fungiert hatte. Wir wollten seine Festnahme und gerichtliche Verurteilung. Ich fuhr bis tief in den Süden, bis in die amerikanische Zone, von Kommandantur zu Kommandantur. Nirgends gab man mir über seinen Aufenthalt Auskunft. Zynisch wurde ich abgespeist, bis ich die Suche aufgab.«[19]

Erst ein Jahr später kamen Überlebende der »Roten Kapelle« auf die Spur von Roeder, wie ein Telegramm von Weisenborn an Minister Grimme in Hannover belegte: »Bitte sendet Material gegen Roeder, da derselbe in Nürnberg gefangen.«[20]

Es gelang nicht, Roeder vor den Kadi zu bringen. Zuerst wurde er von der CIC, dann von der CIA verwendet und gedeckt – sie brauchten ihn für die Aufarbeitung der Aktivitäten der »Roten Kapelle« und im Kampf gegen den Kommunismus allgemein. Dann, nach 1950, hielten auch restaurative Kräfte der Adenauer-Regierung die Hände über Roeder, so dass er ab Mitte der 50er Jahre auch in der Politik, auf kommunaler Ebene, wieder eine Rolle spielen konnte.

Roeder äußerte sich gegenüber der Mutter von Harro Schulze-Boysen, dass der Name ihres Sohnes aus dem Gedächtnis des deutschen Volkes getilgt werden würde. Und Axel von Harnack, ein Cousin Arvid Harnacks, schrieb über Roeder: »Nie habe ich von einem Manne so ausgesprochen den Eindruck der Brutalität empfangen. Er war ein Mensch, der die Atmosphäre von Furcht um sich verbreitete und uns drohte: Ich warne die Familie Harnack dringend, irgendetwas zu Gunsten dieser Frau *(Mildred Harnack – H. W.)* zu unternehmen. Sie haben sich so einzurichten, als ob diese Frau nicht das Geringste mit Ihnen zu tun hat! Sie gehört nicht mehr zur Familie.«[21]

Roeder fühlte sich bereits 1949 so stark, dass er Adolf Grimme, Generaldirektor des Nordwestdeutschen Rundfunks, glaubte beschimpfen zu können: »Ein Verräter missbraucht unseren Rundfunk.«[22] Zwanzig Jahre später dozierte Roeder gegenüber Gilles Perrault: »als ich 1965 beim früheren Gouverneur von Michigan eingeladen war« und »als mich das letzte Mal ein hoher CIA-Beamter besuchte«.[23] Der Wichtigtuer war sich sicher, dass die Staatsanwaltschaft in Lüneburg gegen ihn nicht vorgehen würde.

Im Gegensatz zum militärischen Geheimdienst des Oberkommandos der Wehrmacht – Amt Ausland/Abwehr – unter Admiral Canaris, der ohne Auswertung arbeitete, hatte der Geheimdienst des OKH, die 12. Abteilung des Generalstabes des Heeres (»Fremde Heere Ost«) unter General Gehlen, eine gut funktionierende Auswertung. Und bereits 1950/51 verfügte auch die OG über eine für die damaligen Verhältnisse relativ gut arbeitende Auswertung.

Es wurden offene Quellen, also Informationen aus Presse und anderen Materialien systematisch ausgewertet und erfasst. Beispielsweise wurden auch die ab 1946 laufenden Kriegsverbrecherprozesse ausgewertet, wobei das Hauptaugenmerk auf Zeugen lag. Sie waren für Gehlen aus unterschiedlichen Gründen von Bedeutung.

Es wurden auch mündliche und schriftliche Angaben ehemaliger Mitarbeiter der Abwehr und des RSHA erfasst, die mit der »Roten Kapelle« oder dem 20. Juli 1944 befasst waren und nach Gefangenschaft und Internierung bei den westlichen

Alliierten in die OG aufgenommen wurden oder zu ihr in Verbindung standen. Ausgewertet wurden auch die schriftlichen und mündlichen Aussagen heimkehrender deutscher Kriegsgefangener aus der Sowjetunion im Rahmen der Aktion »Hermes«.

Auch der Hauptmann der Abwehr, Hans von Pescatore, und Unteroffizier Willy Piert gelangten nach ihrer Internierung 1950 zur OG. Pescatore hatte sich intensiv mit dem organisatorischen Aufbau und der konspirativen Arbeitsweise des Radó-Netzes befasst. Pescatore zählte zu den »Experten«, die im Ausland die »Rote Kapelle« gejagt hatten. Er konnte der OG und Gehlen wesentliche Hinweise geben.

Joachim Rohleder, Oberst im Amt Ausland/Abwehr und dort Leiter der Abteilung III F, kannte sich beim Thema ebenfalls aus. Er hatte nach den Informationsquellen der »Roten Kapelle« in OKH und OKW geforscht und schlug 1952 als Leiter der GV München Gehlen vor, nach Rudolf Rößlers Informanten zu suchen.

Rohleder war zuständig für Hoch- und Landesverratsfälle in der Wehrmacht. Im Amt IV des RSHA war er in der Gruppe E als Stellvertreter tätig. Sein Chef, SS-Standartenführer Huppenkothen, leitete das Sonderkommando »20. Juli 1944«. Himmler beauftragte Huppenkothen im April 1945, die Anklage gegen Wilhelm Canaris, Hans Oster, Hans von Dohnanyi (alle vom Amt Ausland/Abwehr), Dietrich Bonhoeffer (evangelischer Pfarrer) zu vertreten. Sie alle starben kurz vor Kriegsende im KZ Ravensbrück und Flossenbürg. Huppenkothen wurde deswegen 1951 in München angeklagt. Der Prozess durchlief sechs Instanzen und führte 1956 zur Verurteilung wegen Beihilfe zum Mord in sieben Fällen zu sechs Jahren Zuchthaus. Joachim Rohleder hingegen, der auch an diesen Verbrechen beteiligt war, blieb straffrei.

Oberst a. D. Rohleder verfügte über hervorragende Hintergrund-Informationen und Details zur »Roten Kapelle« und der »Militärverschwörung vom 20. Juli 1944«. Sein Vorschlag an Gehlen, im Nachhinein die Personen aus dem OKW und OKH zu identifizieren, die Rudolf Rößler in der Schweiz mit Informationen versorgten, griff dieser auf. Rohleder brachte einige Namen ins Gespräch, die als potentielle Informanten infrage kämen, darunter Hans Bernd Gisevius[24] (1904–1974). Der einstige Gestapobeamte und spätere Hitlergegner wurde der Öffentlichkeit während des Prozesses gegen die Hauptkriegsverbrecher 1946 in Nürnberg bekannt. Seit 1932 war der Jurist bei der Politischen Polizei, er baute die Geheime Staatspolizei (Gestapo) mit auf, 1939 wurde er zur Abwehr eingezogen, offziell war er für das Auswärtige Amt tätig. Im Auftrag des Amtes Ausland/Abwehr ging er 1940 als Vizekonsul nach Zürich. Da war er bereits in erste Attentatspläne militärischer Kreise involviert. In deren Auftrag nahm er in der Schweiz Kontakt auf zu Vertretern amerikanischer und britischer Geheimdienste. Die Briten führten ihn unter dem Decknamen »Valet«, beim Residenten der OSS in der Schweiz, Dulles, trug er die Codebezeichnung »511«. Er sondierte Möglichkeiten für Separatverhandlungen, um zu Vereinbarungen mit der westlichen Seite unter Ausschaltung der Sowjetunion zu kommen.[26]

Gisevius war am »Unternehmen Sieben« beteiligt, einer Operation des Amtes Ausland/Abwehr, bei der sieben Juden – als angebliche Agenten der Abwehr, die in Südamerika zum Einsatz kommen sollen – in die Schweiz gebracht wurden. Die Fluchtaktion Ende September 1942 gelang, es sollten auf diese Weise weitere Juden außer Landes und in Sicherheit gebracht werden. Gisevius erhielt den Zugriff auf ein Geheimkonto in der Schweiz, dort lagen Millionen der Abwehrgelder, die Hans Oster in der Schweiz deponiert hatte und die nach dem Sturz Hitlers einer neuen Regierung zugänglich gemacht werden sollten. Als ein an der Rettungsaktion beteiligter Kurier der Gestapo in die Hände fiel, platzte die Sache. Im April 1943 wurden Hans von Dohnanyi wegen Verdachts der Verschwörung und eines Devisenvergehens verhaftet und Generalmajor Hans Oster, Stabschef im Amt Ausland/Abwehr, seines Postens enthoben. Beide wurden im KZ Flossenbürg am 9. April 1945 ermordet.[27]

Als Allen W. Dulles, Resident der OSS, Ende 1942 in der Schweiz eintraf, übergaben ihm die Engländer Gisevius. Ab Frühjahr 1943 kam es zu intensiven Gesprächen zwischen beiden. Dulles machte aus seiner Mission gegenüber den Schweizer Behörden keinen Hehl: Er beabsichtigte mit der deutschen Opposition in Verbindung zu treten, um mit ihr die Möglichkeit eines Umsturzes des Naziregimes zu erörtern. Dulles bezeichnete seine Arbeit als »Tätigkeit im Dienst des Friedens.«[28] Gisevius informierte Dulles über alle Schritte der Militäropposition gegen Hitler, und beide stimmten Detailfragen ab. Anfang April 1944 funkte Dulles nach Washington: »Das Ende des Krieges in Europa ist klar abzusehen. Die Gruppe *(gemeint ist die Gruppierung um Beck, Goerdeler, von Kluge, Hoeppner, Olbricht, von Hassel, von Stauffenberg u. a. – H. W.)* ist nur dann bereit loszuschlagen, wenn sie von den Westmächten die Versicherung erhält, dass sie direkte Verhandlungen über weitere Schritte mit den Angelsachsen beginnen kann.

Die Gruppe hat ein spezielles Interesse daran, die Verhandlungen über Washington und London zu führen und nicht mit Moskau verhandeln zu müssen. Nach dem Sturz der Nazis wären die deutschen Generäle bereit, die jetzt das Kommando an der Westfront haben, den Widerstand aufzugeben und die Landung der alliierten Truppen zu erleichtern.

In derselben Weise würden auch Vorbereitungen getroffen, um (west)alliierte Fallschirmtruppen in Schlüsselstellungen in Deutschland zu empfangen.«[29]

Gisevius hatte Dulles einen Plan übergeben, der vorsah, dass die Deutschen nur vor den westlichen Alliierten kapitulieren. Die Verschwörer wollten sofort nach dem geglückten Attentat auf Hitler den westlichen Alliierten die Front öffnen und die eigenen Kräfte darauf konzentrieren, den Vormarsch der Russen zum Stehen zu bringen.

Acht Tage vor dem Attentat (Unternehmen »Walküre«) funkte Dulles nach Washington: »Im Falle eines gelungenen Komplotts würde es wohl einen geordneten Rückzug im Westen geben, während gleichzeitig die besten Divisionen Deutschlands nach dem Osten geworfen würden, um dort die Grenze zu verteidigen«.[30]

Gisevius, der als künftiger Innenminister gehandelt wurde, hielt sich in den entscheidenden Stunden in der Bendlerstraße in Berlin auf. Zuvor war er noch mit dem SS-Gruppenführer und Generalleutnant der Polizei, Artur Nebe, Chef des Amtes V im RSHA, in Kontakt getreten, um sich über die Situation in der »Wolfsschanze« zu informieren.

Nachdem offensichtlich wurde, dass das Attentat und auch die Verschwörung gegen Hitler gescheitert waren, setzte sich Gisevius ab. Als Oberst Graf von Stauffenberg, General Olbricht, Oberst von Quirnheim und Oberleutnant von Haeften erschossen wurden, befand er sich bei Dr. Theodor Strünck, der ihm eine sichere Unterkunft verschaffte. Gisevius tauchte unter, Strünck wurde am 9. April 1945 im KZ Flossenbürg ermordet. Nach seiner Rückkehr in die Schweiz noch vor Kriegsende wurde Gisevius als Nazispion angeklagt, doch Dulles breitete seine schützenden Hände über ihn ...

Rohleder war sich sicher, dass Gisevius ein Mitwirkender im Berliner Kreis von Rudolf Rößlers Informanten war.

Rößler (»Lucy«) lebte in der Schweiz, war inzwischen deren Staatsbürger und hatte im Oktober 1944 zum letzten Mal Nachrichten für die sowjetische Militäraufklärung an Alexander Foote übergeben. Seither war er apolitisch.

Im Januar 1953 war er in der Bundesrepublik, in Düsseldorf – warum auch immer – brachte er einen 13-seitigen Bericht zu Papier. Das war eine Analyse der militärischen Lage in Westeuropa, die ausschließlich auf öffentlich zugänglichen Informationen fußte. Rößler wollte sie via Zürich nach Prag schicken. »Ein in der Bundesrepublik hochgestellter Anonymus, der es schon lange auf Rößler abgesehen hat, verständigt die Schweizer Polizei; diese bemächtigt sich der Sendung. Am 13. März 1953 verhaften die BuPo-Inspektoren Maurer und Ulrich, Rudolf Rößler und Xaver Schnieper«, schrieben 1966 Accoce und Quet in ihrem Buch.[31]

Dieser »Anonymus« war die Organisation Gehlen. Sie hatte Rößler zwei Monate in Düsseldorf observiert in der Erwartung, dass er sich mit früheren Informanten treffen würde. Reile hatte dann vorgeschlagen, Rößler auf deutschem Territorium wegen Spionageverdacht zu verhaften, was Gehlen strikt ablehnte, die politischen Konsequenzen wären unabsehbar, sagte er. Als Rößler eine Postsendung aufgab, war es ein Leichtes, den Empfänger zu ermitteln. Diese Angaben erhielt Max Ulrich, Inspektor der Schweizer Bundespolizei, der alles weitere veranlasste.

Nach 242 Tagen Untersuchungshaft, so lange brauchte die Schweizer Justiz, bis die Anklage erhoben wurde, landeten

Rößler und Schnieper am 2. November 1953 vor Gericht. Nach drei Tagen Prozessdauer lautete das Urteil: ein Jahr Freiheitsentzug für Rößler und neun Monate für Schnieper, weil sie »Nachrichtendienst zugunsten eines auswärtigen Staates und zum Nachteil eines auswärtigen Staates betrieben hätten«.[32]

Rößler lebte fortan zurückgezogen und einsam bis zu seinem Tode 1958.

Im Prozess gegen Rößler im Oktober 1945 vor einem Schweizer Militärgericht war durch die Verteidigung nachgewiesen worden, dass die Schweizer Bundespolizei und der militärische Geheimdienst während des Zweiten Weltkrieges Verbindung zum SD und der Gestapo unterhalten hatten. Daran knüpfte Gehlen an. 1948 stellte er Kontakt zum Militärgeheimdienst her. Der Schweizer Geheimdienst versprach sich von einer Zusammenarbeit mit der OG nicht nur eine koordinierte Abwehr kommunistischer Subversion, sondern zugleich eine bessere Information über die Sowjetunion. Der OG gelang es, sowohl in der Schweizer Bundespolizei über Inspektor Max Ulrich Fuß zu fassen als auch den Schweizer Geheimdienstchef, Dr. Rene Dubois, für eine Zusammenarbeit zu gewinnen.

Ulrich sollte 1953 Rößler verhaften.

1957 stand er selbst am Pranger. Inspektor Ulrich hatte zugegeben, nicht nur für den BND, sondern auch für den den französischen Geheimdienst gearbeitet zu arbeiten. Als dies publik wurde, schoss sich der Schweizer Geheimdienstchef Dr. Rene Dubois, ebenfalls jahrelang Informant des französischen Geheimdienstes und der OG/BND eine Kugel in den Kopf.[33]

Der in den Skandal verwickelte Geheimdienstler Marcel-André Mercier, Mitarbeiter der französischen Botschaft in Bern, wurde aus der Schweiz ausgewiesen.

Am 8. September 1955 reiste Konrad Adenauer mit einer Delegation nach Moskau. Erstmals betrat ein Regierungschef aus der BRD den Boden der Sowjetunion. Für Gehlen war es die erste Gelegenheit, der Bundesregierung die Nützlichkeit seines Dienstes zu beweisen, und das sogleich auf allerhöchster Ebene. Er zog alle Register seines Könnens und versorgte den Kanzler und die Mitglieder seiner Delegation mit Berichten und Analysen zur Lage in der Sowjetunion und zu einzelnen sowjetischen Persönlichkeiten. Gleichzeitig beteiligte sich der Dienst auch an der Planung und praktischen Durchführung der Reise. Ein Teil der Delegation war bereits Tage vor dem Eintreffen des Bundeskanzlers in einem Sonderzug nach Moskau gereist. Dieser Zug diente während der Verhandlungen als Arbeitsplatz für die deutsche Abordnung – ein Vorschlag Gehlens, der einen Wagen als Kommunikationszentrale umrüsten und einen weiteren für geheime Besprechungen abhörsicher machen ließ.[34]

Nach der Kanzler-Visite – die Amerikaner hatten Adenauers Maschine mit dessen Wissen zum Spionageflugzeug umgebaut, mit dem die Verteidigungsstellungen um die sowjetische Hauptstadt aufgeklärt wurden – kehrten die letzten deutschen Kriegsgefangenen in die BRD zurück. Damit war Gehlen wieder in seinem Element. Schon bei »Fremde Heere Ost« gehörte die systematische Befragung von Kriegsgefangenen zu seiner Aufklärungsarbeit. Diese Methode hatte in der OG ebenfalls einen hohen Stellenwert. Alle Erkenntnisse flossen in eine Zentralkartei ein.

Diesmal kamen über 10 000 in der Sowjetunion abgeurteilte Kriegsverbrecher, darunter ein ganz besonderer Zug, dessen Waggons verplombt waren und in dem sich etwa 740 nichtamnestierte Kriegsverbrecher befanden. Es handelte sich vorwiegend um Militärs hoher Ränge, darunter die gesamte Führung der Heeresgruppe Kurland, und einst leitende Mitarbeiter des Amtes Ausland/Abwehr wie Franz Eccard von Bentivegni und Hans Piekenbrock, vom RSHA Bruno Streckenbach, Friedrich Panzinger und Heinz Pannwitz sowie die Generäle Werner Marcks, Horst von Usedom, Hanns Laenenfelder, Erich Reuter, Alfons Hitter und Friedrich Foertsch.

Diese Großaktion habe, so tönte Gehlen später, ein neues Sowjet-Bild ergeben. Wie konnten Kriegsgefangene, die isoliert lebten und durch ein antikommunistisches Feindbild geprägt waren, ein neues objektives Bild über die Sowjetunion zeichnen?

Mit einem dieser »Spätheimkehrer« sprach Gehlen mehrmals besonders intensiv: mit Franz Eccard von Bentivegni (1896–1958). Der Generalleutnant a. D. war von 1939 bis 1943 Chef der Abwehr III und kommandierte bis Kriegsende die 81. Infanteriedivision, die im Kurlandkessel eingeschlossen wurde. Unter Anrechnung seiner bisherigen Gefangenschaft war er 1952 zu 25 Jahren Arbeitslager verurteilt worden. Das aber war für Gehlen ohne Belang. Ihn interessierte dessen Wissen über die »Rote Kapelle«, das er als Chef der Abwehr III im Amt Ausland/Abwehr gesammelt hatte. Über seinen Tisch war im Dezember 1941 die Ausschaltung des Funkstützpunktes in Brüssel gelaufen.[35] Bentivegni hatte auch Admiral Canaris, dann den Reichsführer SS Himmler in Kenntnis gesetzt.

Würde er, so Gehlens Hoffnung, auch Bormanns und Müllers Verbindung zu den Sowjets aufhellen können?

Er konnte bestätigen, dass die Russen sehr detaillierte Kenntnisse über eine Vielzahl geheimer und geheimster Operationen hätten. Ob dieses Wissen aus Dokumenten oder lebenden Quellen, möglicherweise gar von Bormann oder Müller stammte, konnte von Bentivegni jedoch nicht sagen.

Das hinderte Gehlen jedoch nicht, an der These festzuhalten, Bormann sei ein Agent der Russen gewesen.

Zu den ausgesuchten Gesprächspartnern von Gehlen gehörte Friedrich Panzinger. Er und SS-Obersturmbannführer Horst Kopkow hatten die wichtigsten Köpfe des Berliner Kreises um Harro Schulze-Boysen und Arvid Harnack übernommen. SS-Oberführer Panzinger (1903–1959) hatte das Festnahmekommando geführt und 120 Personen, die man für die »Rote Kapelle« hielt, in die Folterkeller der Gestapo-Zentrale in der Prinz-Albrecht-Straße abgeliefert. Panzinger hatte überdies versucht, Arvid Harnack für die Gestapo und damit für den Verrat zu gewinnen, was allerdings nicht gelang.

Schon beim ersten Gespräch mit Mitarbeitern der OG geschah etwas Überraschendes: Panzinger offenbarte, dass er vom sowjetischen Geheimdienst KGB angeworben und mit entsprechendem Auftrag in die Bundesrepublik geschickt worden sei. Daraus entwickelte sich ein sogenanntes »doppeltes Gegenspiel«, das zuerst von Oscar Reile und später von Heinz Felfe seitens des BND geführt wurde. Felfe hat dieses »Spiel«, das unter der Deckbezeichnung »Panoptikum« lief, ausführlich beschrieben.[36] Heinz Felfe war als Chef der Gegenspionage gegen den KGB im BND tätig und gleichzeitig für die sowjetische Seite.

Panzinger: »Ich sehe für die Zukunft schwarz, und ich fühle, das ich hier allen fremd bin. Mir ist schwer zumute. Wer wird mich aus dem Leben schaffen?«[37] Das tat er selbst. Als im August 1959 von der Münchener Staatsanwaltschaft wegen NS-Verbrechen gegen ihn ein Haftbefehl erging, war er darauf vorbereitet. Er brachte sich bei seiner Verhaftung mit Zyankali um.

Heinz Pannwitz war an vielen Verbrechen der Nazis beteiligt, wie schon an anderer Stelle berichtet. Er gehörte zu den mit Sondervollmachten ausgestatteten Henkern, er hatte einen von Himmler, Keitel, Kaltenbrunner und Müller unterzeichneten Freibrief: Der Inhaber des Ausweises »besitzt das Recht, auf allen Straßen des Reiches, des Generalgouvernements, Frankreichs, Belgiens und Hollands zu fahren, hat Zutritt zu allen Sperrzonen, Lagern, Garnisonen der SS und der Wehrmacht, mit jedem Fahrzeug, in Zivil oder Uniform und in Begleitung jeder beliebigen Person (oder Personen)«.[38]

Pannwitz hatte sich sechs Wochen nach Kriegsende mit Viktor Sukulow-Gurewitsch (»Kent«), den er als Lebensversicherung betrachtete, den Russen gestellt und eine Aktentasche geheimer Dokumente mitgebracht. Pannwitz aber irrt, er landet wie »Kent« hinter Stacheldraht.

Bei seiner Rückkehr wurde er von CIA und OG/BND erwartet. Zuerst fragten die Amerikaner.

Am Beispiel Dr. Richard Sorges untersuchte 1945 eine Kommission des Pentagon Methoden und Vorgehen der sowjetischen Aufklärung, global an Brennpunkten krisenhafter Entwicklungen präsent zu sein.[39] Dabei war die am 17. Mai 1942 in Japan verbreitete offizielle Meldung über die Aushebung einer »Spionageorganisation« wichtig. Zum ersten Mal wurden die Namen ihrer wichtigsten Mitglieder genannt: der Sonderkorrespondent der *Frankfurter Zeitung*, Richard Sorge, der Stellvertretende Leiter der Tokioter Abteilung der französischen Nachrichtenagentur *Havas*, Branko Vukelic, der Kunstmaler Yotoku Miyagi, der Berater der Tokioter Regierungsabteilung Mantetsu, Hozumi Ozaki, sowie der Besitzer einer Lichtkopierwerkstatt in Tokio, Max Clausen.[40]

Der Chef der Aufklärung beim Stab des amerikanischen Heeres in Japan, General Willoughby, hatte bei der Besetzung

Tokios die Weisung erteilt, alle Unterlagen zu dieser »Spionageorganisation« zu suchen. Viele Dokumente waren vernichtet worden. Aber im Justizministerium und im Büro des Kaisers wurde man fündig. Man fand auch den Bericht vom 11. Mai 1942, den der Justizminister an Kaiser Hirohito gesandt hatte. Darin hieß es: »Die internationale geheime Kundschaftergruppe besteht aus ausländischen und japanischen Kommunisten und hat im Verlauf vieler Jahre eine große Anzahl sehr wichtiger Geheimunterlagen der japanischen Regierung in die Hände bekommen.«[41]

Alle Unterlagen kamen in die USA. Es wurde eine große Gruppe unter dem Patronat des Pentagon gebildet, die aus hohen Offizieren und Fachleuten bestand und die Tätigkeit der sowjetischen Kundschafter studieren sollte. Diese Gruppe legte dann dem US-Kriegsministerium einen etwa zweitausend Seiten umfassenden Bericht vor. Er wurde auf Geheimsitzungen der Kommission zur Verfolgung antiamerikanischer Tätigkeit im Repräsentantenhaus der USA erörtert. Später erschienen kurze Auszüge aus diesem Bericht in der amerikanischen Presse. Hervorgehoben wurde, dass es Sorge vermocht hatte, »die Sowjetunion von 1933 bis 1941 über die militärischen und industriellen Möglichkeiten und Absichten zu informieren«.[42]

Danach erhielt die CIA den Auftrag, ähnliche Untersuchungen auch in Europa, insbesondere im Zusammenhang mit der »Roten Kapelle«, vorzunehmen.

Nun war der wichtigste Mann, der Leiter des Sonderkommandos »Rote Kapelle«, Heinz Pannwitz, verfügbar, eine Quelle für dieses Thema, die unerschöpflich schien. Es sollte dabei auch die Frage geklärt werden, ob Pannwitz bereits vor seinem Übertritt 1945 mit der sowjetischen Seite zusammengearbeitet hatte oder nicht? Warum hatte er sich nach Moskau abgesetzt und nicht zu den westlichen Alliierten?

Die Amerikaner gingen nicht zimperlich mit ihm um.

Pannwitz, aus Erfahrung vorsichtig, ließ sich auf nichts ein, was ihn zum Schaden gereicht und gegen ihn hätte verwendet werden können. Wenn schon nicht damals, so hielten ihm die Amerikaner vor, dann sei er jetzt ein russischer Spion und im Auftrag des KGB zurückgekehrt. Sie unterzogen ihn auch einem Test mit dem »Lügendetektor«.[43] Pannwitz ließ sich zu keiner Aussage verleiten, die ihn in den Verdacht rückte, ein Agent der Sowjets zu sein.

Nach den Amerikanern befragten ihn Gehlens Leute. Sie gingen zielstrebiger, besser vorbereitet und mit unterschiedlichen Methoden vor. Neben den offiziellen Befragungen schickte man ehemalige Kollegen von Pannwitz ins Gefecht. Reiser, Reile, Schwab, Giskes und andere versuchten ihn zu bearbeiten. Journalisten versuchten ebenfalls ihr Glück.

Wie die Amerikaner ging auch Gehlen davon aus, dass Pannwitz ein Agent des KGB war. Panzinger, ebenfalls mit der »Roten Kapelle« befasst, hatte sich doch auch anwerben lassen, aber offenbart.

Und: Der Kronzeuge Pannwitz, auf den Gehlen seine ganze Hoffnung gesetzt hatte, blieb die Antwort auf die Frage schuldig, ob Heinrich Müller und Martin Bormann für die sowjetische Seite gearbeitet haben oder nicht.

Anmerkungen

1 Arkadi Poltorak: Nürnberger Epilog, Berlin 1965, S. 126
2 Erwin Nippert: Prinz-Albrecht-Str. 8, S. 160, S. 184
3 Arkadi Potorak: Nürnberger …, a. a. O., S. 124
4 *Berliner Kurier* vom 5. Mai 1998
5 Wadim Koshenikow: Im Labyrinth der Abwehr, Berlin 1969, S. 387
6 Reinhard Gehlen: Der Dienst, München 1971, S. 48 ff.
7 *Berliner Kurier* vom 5. Mai 1998
8 F. J. Bokow: Frühjahr des Sieges und der Befreiung, Berlin 1979, S. 342 ff.
9 a. a. O., S. 344 ff.
10 Pierre Accoce / Pierre Quet: Moskau wusste alles, Zürich 1966, S. 261
11 Gilles Perault: Auf den Spuren der »Roten Kapelle«, Hamburg 1969, S. 445
12 a. a. O., S. 48
13 Wilhelm F. Flicke: Spionagegruppe Rote Kapelle, München 1954, S. 186
14 Walter Schellenberg: Memoiren, Stuttgart 1959, S. 254
15 Paul Leverkuehn: Der Geheime Nachrichtendienst der deutschen Wehrmacht, Hamburg 1957, S. 153
16 Oscar Reile: Geheime Westfront, München 1962, S. 225
17 Reinhard Gehlen: Der Dienst , München 1971, S. 48 ff.

18 Heinz Felfe: Im Dienst des Gegners, Berlin 1988, S. 183
19 Elfriede Paul: Ein Sprechzimmer der Roten Kapelle, Berlin 1983, S. 197
20 a.a.O., S. 198
21 Günther Weisenborn: Der lautlose Aufstand, Berlin 1962, S. 195
22 Gilles Perrault: Auf den Spuren ..., a.a.O., S. 331
23 a.a.O., S. 332
24 Archiv des Autors
25 Arkadi Poltarak: Nürnberger Epilog, Berlin 1988, S. 254
26 Bernd Gisevius: Bis zum bitteren Ende: Hamburg 1947, S. 148
27 Gedenkstätte deutscher Widerstand, Material 22.04.4, Berlin 1994
28 Pierre Accoce/Pierre Quet: Moskau wusste ..., a.a.O., S. 99 ff.
29 A. W. Dulles: Verschwörung in Deutschland, Stuttgart 1949, S. 170
30 a.a.O., S. 171
31 Pierre Accoce/Pierre Quet: Moskau wusste ..., a.a.O., S. 258
32 a.a.O., S. 259 ff.
33 Julius Mader: Die graue Hand, Berlin 1961, S. 110
34 Heinz Felfe: Im Dienst des Gegners, Berlin 1988, S. 257
35 Oscar Reile: Geheime Westfront, München 1962, S. 221
36 Heinz Felfe: Im Dienst ..., a.a.O., S. 281 ff.
37 Hermann Zolling/Heinz Höhne: Pullach intern, Hamburg 1971, S. 290
38 Wadim Koshenikow: Im Labyrinth der Abwehr, Berlin 1969, S. 311
39 Sergej Goljakow/Wadim Ponisowski: Richard Sorge. Kundschafter und Kommunist, Berlin 1982, S. 447
40 a.a.O., S. 433
41 a.a.O., S. 447
42 a.a.O., S. 434
43 Archiv des Autors

32. Der geheime Krieg, der »E-Fall« und »Gladio«

Am 29. Juni 1952 hatte Gehlen die »Abhandlung Nr. 6600«, »Juno-Programm« genannt, unterschrieben. Es orientierte sich an militärischen und außenpolitischen Nachkriegsplänen der USA. Der Kalte Krieg war in Korea bereits zu einem heißen geworden. Fünf Jahre zuvor, im September 1947, war der Nationale Sicherheitsrat (*National Security Counsil*, NSC) gebildet worden, damit auch der zentrale Aufklärungsdienst der Vereinigten Staaten, die *Central Intelligence Agency* (CIA).

Das »Juno-Programm« war von führenden Köpfen der Organisation Gehlen (OG) mit Kriegserfahrung erarbeitet und mit Bonn abgestimmt worden. Es orientierte auf die Vorbereitung für einen Tag X. »Die Verschärfung der Lage macht es erforderlich, ernsthaft an die Vorbereitung für den E-Fall heranzutreten. Nach vorliegenden Erkenntnissen sind die psychologischen Voraussetzungen dafür günstig. Diesem Stadium eines künftigen Krieges müssen daher die [geheimdienstlichen] Vorbereitungen in erster Linie gelten.«[1] Die OG war somit Element und Instrument der Systemauseinandersetzung.

Amerikaner wie Sowjets hatten den »Standort Deutschland« zum Hauptschlachtfeld gewählt. Beide investierten sehr viel Kraft und finanzielle Mittel in den Aufbau ihrer dort operierenden Geheimdienste.

Dabei spielte die Militärspionage der westlichen Geheimdienste, besonders des BND, mit Abstand die wichtigste Rolle. Die USA und Großbritannien gingen unmittelbar nach Beendigung des Zweiten Weltkrieges von einem möglichen militärischen Konflikt mit der Sowjetunion und ihren »Satelliten« aus. Deshalb war es nicht verwunderlich, dass die Organisation Gehlen von Anfang bis Ende der 50er Jahre vom militärischen Szenarium einer Krise oder eines Krieges ausging und sich darauf vorbereitete.

Die OG war zu Beginn der 50er Jahre ein voll funktionsfähiger Geheimdienst, der vor allem in und von Westberlin aus Operationen gegen die SBZ/DDR und in Richtung Polen, Tschechoslowakei und Sowjetunion führte. Die Vorläufer der Dienststellen des MfS, die Dezernate K5 in den Landeskriminalämtern, bekamen davon Kenntnis und reagierten entsprechend. Ostdeutsche berichteten über Anwerbungsversuche durch eine »Organisation«, die sich meist als »deutsche Dienststelle für Demokratie, Freiheit und Einheit« oder ähnlich vorstellte. Sie wurden gebeten, die Verbindung zur »Organisation« persönlich aufrechtzuerhalten.

Aus diesem Personenkreis entwickelten sich die ersten IM des MfS mit Feindverbindung. Sie wurden Geheime Mitarbeiter (GM) genannt.

Der erste große Einbruch in die Organisation Gehlen gelang 1951. Die MfS-Kreisdienststelle Riesa warb Hans-Joachim Geyer, einen OG-Mitarbeiter, an. Kurze Zeit später wurde er stellvertretender Leiter der OG-Filiale X9592 in Westberlin. Er berichtete umfangreich über Arbeitsweise, geworbene Agenten, Auftragserteilung und Verbindungswege der OG. Dadurch konnten ihr schon in den Anfangsjahren schwere Schläge versetzt werden. Im Oktober 1953 trat Geyer in die DDR über. Im Rahmen der Aktion »Feuerwerk« wurde eine Vielzahl von Agenten der Organsiation Gehlen auf dem Territorium der DDR festgenommen.

Es war die Zeit der Massenwerbung von DDR-Bürgern, die meisten erfüllten Aufträge der Militärspionage. Parallel dazu brachten die CIA und andere US-Militäraufklärungsdienste Agenten und Diversanten von Westberlin aus durch die DDR weiter nach Osten, um sie dort einzusetzen.

Diese US-Dienste hatten bereits Ende der 40er, Anfang der 50er Jahre damit begonnen, in ihren Befragungsdienststellen polnische Bürger, Tschechen, Ukrainer und Bürger der baltischen Staaten, wenn sie dort landeten, auf ihre nachrichtendienstliche Eignung zu testen. Bei positiver Prüfung wurden sie im Vernehmungszentrum der US-Geheimdienste in Oberursel als Diversanten und Agenten ausgebildet. Dort stießen auch Kollaborateure der Nazis sowie Angehörige von ehemaligen faschistischen Sondereinheiten hinzu.

Nach der Ausbildung wurden sie mit Militärflugzeugen nach Westberlin gebracht und von Geheimdienstmitarbeitern einer speziellen MI-Dienststelle übernommen. Sie verfügte über Schleuser, die diese Leute an günstigen Stellen an die DDR-Grenze zu Polen und zur ČSR brachten.

Die Grenzschleusen waren vorher gründlich aufgeklärt und in ihrer Nähe Verstecke angelegt worden. Für jeden Agenten oder Diversanten waren dort diverse nachrichtendienstliche Hilfsmittel und andere Ausrüstungsgegenstände hinterlegt worden, etwa Funkgeräte, Karten, Anweisungen und auch Handfeuerwaffen.

Bei den Schleusern handelte es sich allerdings überwiegend um inoffizielle Mitarbeiter des MfS. Damit waren die mit viel Aufwand betriebenen Einschleusungsaktionen von Untergrundkräften in die östlichen Staaten zum Scheitern verurteilt.

Neben den Landschleusen gab es aber auch das System des Absetzens von Diversanten und Agenten von See und per Flugzeuge. Eine Fernsehdokumentation, die sich mit dieser Problematik befasste, konstatierte 2006, dass die besonders von den Amerikanern in den Jahren 1945 bis 1953 betriebenen Diversionsaktivitäten mit nationalistischen Banden in Polen, der westlichen Ukraine und im Baltikum nicht zu der erhofften Destabilisierung in diesen Gebieten führten. Ein russischer Geheimdienstexperte teilte in diesem Zusammenhang mit, dass in diesem Zeitraum in den genannten Gebieten etwa 80 000 Menschen bei der Bandenbekämpfung ums Leben kamen.

Zwei von der CIA gesteuerte und mit großem finanziellen, personellen und materiellen Aufwand betriebene Operationen machten das deutlich. In München und Frankfurt am Main konzentrierten sich unterschiedliche Emigrantengruppen aus Osteuropa, einschließlich der Sowjetunion. Die meisten Emigranten hatten sich während des Krieges auf die Seite Deutschlands geschlagen, in der Mehrzahl handelte es sich um Kollaborateure, die in ihren Heimatländern wegen der Beteiligung an Kriegsverbrechen gesucht wurden.

1948 nahm die CIA die in München ansässige Emigrantenorganisation »Hoher Rat für die Befreiung der Ukraine« in ihre Dienste. Deren Mitglieder verstanden sich als politische

Vertreter der in der Ukraine im Untergrund kämpfenden Landsleute. Geleitet wurde der »Rat« von Mikola Lebed, der sich als Außenminister der Exilukrainer verstand. Selbst die CIA stufte den »Rat« als Terrororganisation ein. Lebed hatte 1936 den polnischen Innenminister ermordet, war verurteilt worden und nach Einmarsch der Deutschen in Polen aus dem Gefängnis geflohen. Er diente sich den Nazis an und sah sie als deren Verbündeter.

Als der Boden für Lebed auch in München zu heiß wurde, schleusten ihn die Amerikaner 1950 in die USA. Das US-Justizministerium befand jedoch, dass Lebed ein Kriegsverbrecher sei, der Ukrainer, Polen und Juden umgebracht habe. Lebed blieb trotzdem ein freier Mann, da er, wie die CIA erklärte, an »einer Operation von allerhöchster Wichtigkeit mitwirke«. Gemeint war die sogenannte »ukrainische Operation«.

Ab 1949 wurden ukrainische Untergrundkämpfer mittels von der CIA gecharterter Flugzeuge, die in Westdeutschland, Österreich oder Italien starteten, über den Karpaten und westukrainischen Regionen abgesetzt. Die CIA-Zentrale triumphierte: Die USA waren erfolgreich in die Sowjetunion eingedrungen. Da es beim ersten Mal gutging, wie die CIA glaubte, wurden weiter Dutzende Ukrainer auf dem Luft- und Landweg ins Land eingeschleust. Sie sollten Sabotage verüben und spionieren, Unruhe stiften und den Widerstand gegen die Sowjets organisieren. Fast alle jedoch verfingen sich im Netz, das die sowjetischen Sicherheitsorgane ausgeworfen hatten. Viele der eingeschleusten Diversanten wurden erschossen, andere »umgedreht«. Diese ließen die CIA wissen: Alles bestens, schickt Waffen, Geld, Leute und Funkausrüstungen.

Nach fünf Jahren aber musste die CIA sich eingestehen, dass ihr Versuch gescheitert war, mit Hilfe ukrainischer Agenten jenseits des Eisernen Vorhangs Fuß zu fassen. Angesichts der Toten eine tragisch späte Einsicht.

In einer ähnlichen Katastrophe endete auch die Operation WIN.

Nach dem Zweiten Weltkrieg hatte sich auf polnischem Gebiet eine nationalistische Untergrundorganisation namens WIN gebildet, in der bewaffnete Teile der ehemaligen *Armja Krajowa* eingebunden waren. WIN verstand sich als Freiheits-

und Untergrundbewegung, die auch über eine Befreiungsarmee verfügte. Sie unterhielt Verbindungen zu Repräsentanten der ehemaligen polnischen Exilregierung in London und Westdeutschland. Die CIA war in diesen Kreisen präsent.

1950 hatte ein Kurier der WIN in London hochstapelnd in Umlauf gesetzt, dass man eine wirksame Kraft in Polen sei und ständig an Einfluss gewinne. Man verfüge über 500 gut bewaffnete Soldaten, 20 000 Partisanen und über 100 000 Sympathisanten, die bereit seien, gegen die Rote Armee zu kämpfen.

Die CIA nahm dies für bare Münze und plante, WIN als politische und militärische Kraft gegen den Kommunismus einzusetzen. Die CIA-Zentrale ging noch weiter: Polen böte sich als aussichtsreiche Region für den Aufbau einer weit verzweigten Widerstandsorganisation im Ostblock an. Personen, Handfeuerwaffen, Munition, Sprengmittel, Funkgeräte, Geld und andere Ausrüstungsgegenstände wurden in großen Mengen über Polen abgeworfen.

Seit etwa 1947 hatten aber der sowjetische und der polnische Geheimdienst in einer abgestimmten Gegenoperation WIN unterwandert. Man war über alle Schritte informiert und reagierte dementsprechend. Eine unbekannte Zahl von Menschen starb dabei für die CIA. Die über fünf Jahre andauernde, groß angelegte Operation, die zudem viele Millionen Dollar verschlang, entpuppte sich als Riesendesaster für die CIA.

Es gab in den 50er Jahren Hunderte Versuche der CIA, der Organisation Gehlen, des BND und anderer westlicher Geheimdienste, Agenten in Russland, Polen, in die Tschechoslowakei, die Ukraine, in Ungarn und Rumänien einzuschleusen. Viele Menschen wurden in den sicheren Tod geschickt, denn in den Hochzeiten des Kalten Krieges wurde nicht lange gefackelt. Nach mehr als einem Jahrzehnt musste die CIA eingestehen: Der Einsatz von Emigranten für einen ins Auge gefassten Krieg mit oder ohne Umsturzversuch in der Sowjetunion war sinnlos.

In den Jahren 1953 bis 1955 erlitt auch die OG enorme Verluste. Zahlreiche Spione und Agenten wurden in der DDR enttarnt und festgenommen. Neben der schon erwähnten

Aktion »Feuerwerk« erfolgten in jener Zeit weitere Festnahmeaktionen unter den Bezeichnungen »Pfeil«, »Blitz«, »Frühling«, Gärtner«, »Anweisung« und »Pilot«. Insgesamt wurden bis Ende 1955 rund 990 Spione westlicher Geheimdienste identifiziert und festgenommen.

Zu Pfingsten 1956 wurde die Aktion »Schlag« realisiert, in deren Ergebnis 140 Agenten festgenommen wurden. Sie richtete sich gegen die Dienststelle des US-Geheimdienstes MID *(Military Intelligence Division)* in Würzburg. Hans Hubert Wax, der den Decknamen »Donner« trug, brachte mit »Teddy« zu Pfingsten 1956 die komplette Agentenkartei des amerikanischen Militärspionagedienstes MID in die DDR. Der Kundschafter Horst Hesse, in dieser Dienststelle hauptamtlich tätig, dem allein dieser Coup zugeschrieben wurde, erhielt später den Vaterländischen Verdienstorden. Jahre danach wurde ihm einer der erfolgreichsten DEFA-Filme (»For eyes only«) auf den Leib geschrieben. Hoch geehrt und hoch betagt starb Hesse in Schwedt an der Oder. Wax hingegen, der 1984 verschied, kannten selbst zu Lebzeiten nur wenige im MfS. Heute ist er völlig vergessen, obgleich einer der größten Coups auf sein Konto geht.[2]

Die Abwehrorgane stellten schriftlich formulierte Aufträge »zur Erkundung strategisch wichtiger Anlagen und geeigneter Örtlichkeiten zum Einsatz militärischer Luftstreitkräfte und Diversanten sowie zum Abwurf von Waffen und Munition«[3] und einen »Generellen Auftrag für Alle« sicher.

Viele dieser Agenturen waren auf den »E-Fall« ausgerichtet, was aus Auftragserteilung und Instruktion deutlich wurde. Damals wurde auch der »Meldekopf Nord-Ost« der Gehlenorganisation ausgehoben. Zu diesem Meldekopf gehörten sieben ehemalige Wehrmachtsoldaten, Mitläufer der Nazis und einstige Angehörige der Waffen-SS. Sie verfügten über mehrere Funkstützpunkte mit kompletter Funkempfangs- und Sendeanlage neuester US-Produktion. Die Funkstützpunkte waren intakt, es waren bereits Probesendungen erfolgreich absolviert worden. Sie sollten aber erst im Rahmen des »E-Falls« tätig werden, d. h. unmittelbar vor Kriegsausbruch. Vom Wesen her handelte es sich also um ein »Schweigenetz« auf dem Territorium der DDR.[4]

Der »Generelle Auftrag« wurde erstmals bei Karl (»Karli«) Bandelow gefunden. Der Tiefbauingenieur arbeitete als Hauptreferent im Staatssekretariat für Kraftverkehr und Straßenwesen der DDR und eben für die Organisation Gehlen. Im August 1954 wurde er im Zusammenhang mit der Aktion »Pfeil« enttarnt und festgenommen, im November 1954 zum Tode verurteilt.

Es ist kein Zufall, dass ein »Genereller Auftrag« gerade bei Bandelow gefunden wurde. Dieser »Auftrag« machte sichtbar, welche Bedeutung dem Verkehrswesen, insbesondere der Eisenbahn, der Infrastruktur und den Kommunikationswegen insgesamt in der DDR beigemessen wurde. In ihm spiegelte sich alles wieder, was in den nächsten Jahren die westliche Spionage gegen den Osten bestimmen sollte.

Der OG gelang es, Agenten in führenden Positionen im Verkehrswesen der DDR zu platzieren, so Herbert Richter, einen ehemaligen Offizier der Wehrmacht, der nach der Kriegsgefangenschaft Leiter der Bahnmeisterei Güstrow, dann Gruppenleiter des Reichsbahnamtes Wittenberge geworden war. Von dort ging er nach Berlin, wo er als Produktionsleiter der Reichsbahnoberverwaltung arbeitete.

Eine Spitzenquelle für die OG war auch Walter Gramsch, der den Decknamen »Brutus« trug. Er war Abteilungsleiter der Deutschen Schifffahrts- und Umschlags-Betriebszentrale, dann Abteilungsleiter für Befrachtung bei der Generaldirektion Schifffahrt, schließlich Abteilungsleiter Flotteneinsatz und Häfen im DDR-Staatssekretariat für Schifffahrt.

Ewald Misera war Disponent in der Reichsbahndirektion Berlin. Auch er wurde im Rahmen der Aktion »Pfeil« festgenommen, in einem gemeinsamen Prozess mit Bandelow zum Tode verurteilt und wie dieser im November 1954 in Dresden hingerichtet.

Damals traten eine Reihe von OG-Mitarbeitern in die DDR über, etwa Gerhard Kapahnke und Gerhard Prather. Der OG-Mitarbeiter Franz Neugebauer aus Westberlin kam allerdings »unfreiwillig« in die DDR. Er wurde, wie das seinerzeit bei offener Grenze möglich war, kurzerhand gekidnappt. Kapahnke und Prather traten bei diesem Prozess als Zeugen auf.

Die Bilanz im Zusammenhang mit der Aktion »Pfeil« sah im Oktober 1954 so aus: Die Spionageabwehr des MfS hatte 547 Agenten der Organisation Gehlen verhaftet. Auch das Jahr darauf war für die OG verhängnisvoll: Über 500 Agenten wurden enttarnt und festgenommen.

Nun ist es insbesondere seit 1990 üblich, diese Vorgänge zu bagatellisieren und die Reaktionen auf östlicher Seite als maßlos überzogen und als reine Propaganda darzustellen. Dabei wird völlig ignoriert, dass in jenen Jahren die Kriegsgefahr gewaltig war und erst mit den Maßnahmen am 13. August 1961, also mit dem Mauerbau, klare (Gerenz-)Verhältnisse geschaffen wurden. Bis dahin befand man sich in einem latenten, »kalten« Kriegszustand knapp unterhalb der Schwelle zum militärischen Schlagabtausch. Und wenn man nüchtern urteilt, selbst wenn dies zynisch klingt: In den 50er Jahren, wenige Zeit nach dem Ende des Zweiten Weltkriegs, galt ein Menschenleben noch immer wenig. Die USA setzten bei Atombombentests Tausende Soldaten der Strahlung aus, und bei enttarnten Spionen machte man auf beiden Seiten kurzen Prozess. Dass die enttarnten Diversanten, Saboteure und Agenten tatsächlich mit Auftrag handelten und keineswegs zufällig ins Räderwerk des vermeintlichen Unrechtsstaates geraten waren, offenbarten diverse Papiere, die man entweder bei den betroffenen Personen fand oder in anderen geheimen Quellen entdeckte und daraus Schlüsse zog.

So soll hier aus zwei Dokumenten zitiert werden, die sowohl Auskunft über die strategischen Planungen der OG in Bezug auf den Ernstfall geben als auch detailliert beschreiben, wie rechtzeitig auf eine solche Situation reagiert werden sollte. Es handelt sich um das als »streng vertraulich« eingestufte »Juno-Programm« und die Spionagedirektive für alle Agenten im Feindgebiet, den »Generellen Auftrag für Alle« von 1954.

Der »Generelle Auftrag für Alle«, der »zuverlässigen« Agenten auf mikroskopierten Folien übergeben wurde, war – sowohl hinsichtlich seiner inhaltlichen Aussage als auch der Terminologie, die jener der deutschen Geheimdienste während des Zweiten Weltkrieges glich – eindeutig auf den sogenannten E-Fall ausgerichtet. Im Falle des Agenten Bandelow lautete der »Sonderauftrag« gemäß Punkt 16: »Funkmeldungen über Brücken.

Funkmeldewürdig sind: a) Zerstörung, b) Wiederaufbau, c) Ausbau, d) Neubau, e) Termin der Fertigstellung, f) evtl. Einsatz von Fähren von Brücken über 30 m Länge.«[5]

In den Jahren 1953 bis 1955 gelang es den Dienststellen des MfS, große Teile der Organisation Gehlen zu zerstören und psychologischen Druck auf die hauptamtlichen und inoffiziellen Mitarbeiter auszuüben. In Gehlens Erinnerungen liest sich das ganz anders, natürlich. Er spielte die Pannen, Pleiten und Fehlleistungen herunter und verneinte eine Schuld am Tod vieler seiner Mitarbeiter.

Nach großen Verlusten musste die OG in Bezug auf die Kriegsausrichtung ihrer Agenturen in der DDR umlenken. Zumindest wurde der Versuch unternommen. Im Jahre 1956 rief Gehlen Hermann Giskes in die Zentrale nach Pullach, wo dieser für die Hauptabteilung II (Diversion, Sabotage, psychologische Kriegführung) zuständig gemacht wurde. Giskes trug nun die Hauptverantwortung für den »E-Fall« und für »Gladio«, worüber an anderer Stelle bereits berichtet wurde.

Giskes konnte seine reichen Erfahrungen als »Spezialist« des Zweiten Weltkrieges auf diesem Gebiet nicht nur bei der Ausbildung von Diversanten und Saboteuren, sondern auch in der Zusammenarbeit mit der Bundeswehr im Rahmen der Ranger-Ausbildung[6] sowie der praktischen und theoretischen Ausbildung der »Gladio-Truppe« einbringen.

Giskes änderte allerdings nichts an der strategischen Ausrichtung seiner Agenturen für den »E-Fall«. Man änderte nur die personelle Besetzung von Funkstützpunkten und rüstete sie mit moderner Funktechnik aus. Die Orientierung auf die Bildung von »Funkmeldeköpfen« blieb bestehen. Auffallend dabei war, dass diese Agentenfunker nahe der Staatsgrenze zu Polen und der ČSR installiert wurden. In den Bezirken Karl-Marx-Stadt, Leipzig, Dresden und Frankfurt/Oder gab es Mitte der 50er Jahre das dichteste Agentenfunknetz im ganzen Osten. Auf drei Spione kam ein Agentenfunker. Allein in den drei Bezirken erfolgten im genannten Zeitraum 24 Prozent der untersuchten Spionagefälle der DDR, aber 45 Prozent der aufgedeckten Fälle von Agentenfunkern.[7]

Die ausgebildeten Funkagenten waren in den seltensten Fällen sogenannte »Schweigefunker«, die erst im Kriegsfall aktiv werden sollten. Sie hatten den Auftrag, laufend zu wichtigen politischen oder militärischen Ereignissen zu senden, was sie auch taten. Diese Agenten und auch jene ohne zweiseitige Funkverbindung wurden ab 1960 mit Kennziffern- oder Meldetafeln und ab 1965 mit »Berlin-Tafeln« (zur Beurteilung der Spannungslage um Berlin) ausgerüstet.[8] Aus der Auftragsstruktur der »Meldetafeln« ließ sich der Einsatz von Diversionsoperationen auf dem Territorium der DDR erkennen.

Nach 1961 wurden die Agentennetze teilweise für die aktuelle Militärspionage eingesetzt und dadurch der beschleunigten funktechnischen Ortung ausgesetzt.[9] Der Grund dafür waren eindeutig die Grenzsicherungsmaßnahmen am 13. August 1961. Ein langjähriger BND-Mitarbeiter räumte 1968 ein: »Ohne Mauer war der Auftrag einfach. Basis war Westberlin, Stützpunkt aller westlichen Geheimdienste, eine unangreifbare Insel im feindlichen Hinterland. Die Geschichte der Spionage kennt keine bessere Basis. Geworben wurde gleich nebenan, in der DDR. Und die Anwerbung von Vertrauensleuten war technisch so einfach wie ein normaler Geschäftsabschluss. Einzige Schwierigkeit: sie zu finden und nach Westberlin zu holen. Führung und Versorgung der Agenten lief über Westberlin. Man begegnete sich im ›direkten Treff‹; Gefahren wie Funk, Kuriere, tote Briefkästen waren ausgeschaltet. Und das Ganze war billig.

Die herrlichen Zeiten sind seit dem 13. August 1961 vorbei. Vorbei ist die Agenten-Hochkonjunktur. Härtester Treffer für den Bundesnachrichtendienst seit seinem Bestehen war der Bau der Mauer in Berlin. Er brachte mit einem Schlag die meisten BND-Quellen zum Versiegen.«[10]

Aus dieser Aussage wird deutlich: Die ursprünglich für den »E-Fall« vorgesehenen »Funk- und Schweigenetze« *mussten* mangels Verbindung zu den normalen Spionen in der DDR aktiviert werden. Sie wurden auf diese Weise regelrecht »verheizt«.

Hinzu kam, dass der politische Druck auf den BND durch sein Versagen im Zusammenhang mit dem 13. August 1961 enorm war. So blieb ihm gar nichts weiter übrig, als alle Kräfte zu mobilisieren, die ihm in der DDR zur Verfügung standen – auch im Wissen, dass einige seiner Leute dabei geopfert werden würden.

»Die Meldewege *(Informationsübermittlung an die Zentrale – H. W.)* müssen genau durchdacht und unter Berücksichtigung aller Möglichkeiten moderner Fernmeldetechnik so organisiert sein, dass die Nachrichten ohne Zeitverlust eingehen. Die beste Meldung nützt nichts, wenn sie zu spät kommt.«[11] Diesem richtigen Grundsatz konnte der BND unmittelbar nach dem August 1961 aber nicht mehr gerecht werden. Das wurde an den Fällen Pankratz und Sonnabend deutlich, die beide von der Bremer BND-Dienststelle (MfS-Deckname »Ring«) geführt worden waren.

Franz Pankratz (Jahrgang 1923) – Maschinenschlosser, 1941–44 Kriegsmarine (Funkmessdienst), Obermaat, 1944–48 englische Kriegsgefangenschaft – war 1953 zur Spionagetätigkeit durch einen Kriegskameraden für die OG angeworben worden. Er zählte zu jenen Personen, die bereits 1953 eine spezielle Funkausbildung erhalten hatten und als »Schweigefunker« für den Kriegsfall eingesetzt wurden. Pankratz sollte einen Funkmeldestützpunkt leiten. Von 1948 bis 1965 war er im Funkwerk Köpenick Berlin, zuletzt als Mechaniker-Brigadier, tätig. Er war 1956 im Auftrag des BND in die SED eingetreten.

Zur Ausrüstung von Pankratz gehörten zwei vierteilige Funksende- und Empfangsgeräte von Typ »12 WG«, die er an getrennten Stellen versteckt und sowohl für einen stationären als auch für einen mobilen Betrieb vorbereitet hatte. Während seiner Tätigkeit für den BND erhielt er über 100 Direktiven, und er setzte auch mehrmals seine Funkgeräte in Betrieb.

Pankratz betrieb unter dem Decknamen »Ernst Menzel« Wirtschafts- und Militärspionage. Zu seinen Aufträgen gehörte die Kontrolle mehrerer sowjetischer Militärobjekte im Bezirk Frankfurt/Oder, die er mit seinem Motorrad abfuhr.

Im Auftrag des BND war er in die Kampfgruppe seines Betriebes eingetreten und dort zum Kampfgruppenkommandeur aufgestiegen. Da im »E-Fall« vorgesehen war, dass die Kampfgruppen Handlungen gegnerischer Terror- und Diversantengruppen zu unterbinden hatten, legte der BND Wert darauf, sich mit Hilfe von Pankratz über Ausbildung, Bewaffnung und Ausrüstung der Kampfgruppen auf dem Laufenden zu halten. So übergab Pankratz ab 1957 die jährlichen Ausbildungs- und Wettbewerbspläne der Kampfgruppe seines Betriebes an den

BND. Den letzten dieser Pläne, den für das Jahr 1961, übergab Pankratz im Mai desselben Jahres.

Mit Duldung und Kenntnis des BND hatte sich Pankratz Handfeuerwaffen beschafft (zwei Gewehre, zwei Pistolen, einen Revolver und die dazugehörende Munition).

Pankratz, der seine Ehefrau Charlotte und eine weitere Verwandte in die nachrichtendienstliche Tätigkeit für den BND einbezogen hatte, wurde im November 1965 festgenommen und am 18. April 1966 zu lebenslangem Freiheitsentzug verurteilt. Seine Ehefrau erhielt drei Jahre und 6 Monate. Sie wurde 1966 entlassen.

Bis 1964 hatte der BND mehrmals über Rundspruchdienst (RSD) bei Pankratz angefragt, ob er den Einsatzbefehl der Kampfgruppe seines oder eines anderen Betriebes beschaffen könnte. Damit verbunden war die Aufgabe, Informationen zu beschaffen, wie der Einsatz der Kampfgruppen Berliner Großbetriebe am 13. August 1961 beurteilt werde. Beide Aufträge konnte Pankratz nicht mehr erfüllen.[12]

Rudolf Sonnabend (Jahrgang 1905), Diplomvolkswirt, zuletzt im HO-Fachhandel tätig, gehörte von 1940 bis 1945 zum OKW in Berlin und war dort in der Passstelle eingesetzt. Er war Heereskriegsinspektor (Oberleutnant) und gehörte zur Abwehr III.

Sonnabend kam 1953 mit der OG in Verbindung und sammelte seitdem militärische Informationen im Raum Berlin, Potsdam und Frankfurt/Oder. Ab 1958 wurde er als Kriegsfallfunker (»Schweigefunker«) ausgebildet und 1959 für den Dienst als Funkstützpunktleiter vorbereitet. Sonnabend bezog seine Ehefrau und eine Bekannte in die Spionagetätigkeit mit ein. Im Mai 1968 wurde er festgenommen und am 20. März 1969 zu lebenslangem Freiheitsentzug verurteilt. 1971 wurde er aufgrund seines Alters aus der Haft entlassen.

Aufschlussreich waren Sonnabends Aussagen zum Verhältnis Spionage und Diversion/Sabotage: »Die territoriale Lage Westberlins wurde im Zusammenhang mit der Einschleusung von Agenten als Kampfschwimmer behandelt. Im Einzelnen wurden dafür die um die Hauptstadt der DDR gelegenen Gewässer eingeschätzt, inwieweit Möglichkeiten zum Einschleusen gegeben wären. Meine Erkundungsschwerpunkte waren sichere Stellen für das Verlassen der Gewässer und günstige Unterschlupfmöglichkeiten. Generell erhielt ich den Auftrag, in der DDR günstige Versteckmöglichkeiten für Agenten- und Diversionsgruppen sowie deren Ausrüstung zu erkunden und wichtige Geländeabschnitte ausfindig zu machen, die für den Absprung von Fallschirmspringern geeignet sind. Schwerpunktmäßig bezog sich dieser Auftrag auf die Umgebung Berlins. Auftragsgemäß berichtete ich ständig über den von mir erforschten Geländeabschnitt. Das gleiche traf auf die Gewässer im Raum und deren nähere oder weitere Umgebung zu. Die Mitarbeiter des BND haben mir ausdrücklich mitgeteilt, dass diese von mir gesammelten Angaben außer von den Geheimdiensten selbst von der Bundeswehr für ihre strategisch-operative Planung und anderen NATO-Verbänden zur Verfügung gestellt werden.

Des Weiteren klärte ich im Raum Berlin-Baumschulenweg den Geländeabschnitt der Königsheide auf, der als Abwurfgebiet für nachrichtendienstliche Hilfsmittel und Ausrüstungen für bereits eingeschleuste und tätige Agenten festgelegt worden war.

Besonders wertvoll für diese Zwecke erschien dem BND-Mitarbeiter die Königsheide, weil sie in der Flugschneise des Westberliner Flugplatzes Tempelhof liegt und die Flugzeuge in einer ungefähren Höhe von hundertfünfzig bis zweihundert Metern diesen Geländeabschnitt überfliegen. Dadurch sind eine Überwachung schlecht möglich und die Abwurfmöglichkeiten äußerst günstig. Aus mehreren Gesprächen mit Mitarbeitern des BND erfuhr ich, dass diese Aktionen der Vorbereitung einer Aggression gegen die DDR dienen. Ihnen maßen die Mitarbeiter des BND größte militärische Bedeutung bei, zumal ihre Vorbereitung und Durchführung in Friedenszeiten mit der entsprechenden Sorgfalt und Genauigkeit erfolgen sollte. So erfuhr ich, dass geplant ist, die praktizierten Einsätze des Einsatzkommandos der ›Brandenburger‹ während des Zweiten Weltkrieges in ähnlicher Form im Gebiet zu wiederholen. Zu den Aufgaben dieser Spezialeinheiten gehörte es, Sabotage- und Diversionsakte im Einsatzgebiet durchzuführen, dort Untergrundgruppen zu bilden, die Bevölkerung gegen die Regierung aufzuwiegeln, umfangreiche Militärspionage zu betreiben und militärische Handlungen aktiv zu unterstützen.«[13]

Die hier geschilderten Aufträge an Agenturen im Gebiet der DDR, die mit Militärspionage befasst waren, zeigen, dass sich sowohl der BND als auch die amerikanischen Dienste auf einen »heißen Krieges« vorbereiteten. In den 40 Jahren des Geheimkrieges zwischen West und Ost ist kein Agent der DDR oder eines anderen östlichen Nachrichtendienstes im Westen festgenommen worden, dem man solche Aufträge zur Vorbereitung eines neuen Krieges erteilt hatte. Es wurde zwar immer behauptet, dass die Kriegsgefahr vom Osten ausgehe, aber real wurde so etwas im Rahmen der nachrichtendienstlichen Tätigkeit nie bewiesen. Es war stets nur propagandistische Behauptung. Die westlichen Medien hätten sich überschlagen, wenn solche militärischen Angriffsaufträge gegen die westliche Welt je bekannt geworden wären.

Insider der Spionageabwehr (Hauptabteilung II) gehen davon aus, dass das »Schweigefunksystem« und die BND-Einsatzkräfte für den »E-Fall« in der DDR etwa ab 1967 als zerstört bzw. liquidiert zu betrachten waren.

Ein weiteres Wort zu »Gladio«

1990 erregte der italienische Ministerpräsident Giulio Andreotti großes Aufsehen, als er mitteilte, dass im Falle eines Angriffs von Seiten der Warschauer Vertragsstaaten eine italienische Geheimarmee den »unorthodoxen Krieg« führen würde.[14]

»Bei den unter ›Gladio‹ oder ›Stay Behind‹ bekannt gewordenen Geheimverbänden handelte es sich um ein nachrichtendienstliches Verbindungssystem von Spezialkräften der späteren NATO-Staaten. Den Start dafür gab im Rahmen der Kriegsplanung die Weisung NSC-10-2 vom 18. Juni 1948 des US-Sicherheitsrates. In diesem Dokument wurden erstmals die Ziele für verdeckte Operationen, Schweigenetze und Aktionen im feindbesetzten Gebiet formuliert.

Die Geheimkräfte und Schweigenetze bestanden von Beginn an aus nationalen und territorial gebundenen Kontingenten. In Italien wurde ›Gladio‹ 1950 durch das ›Büro R‹ des Nachrichtendienstes gegründet. Der niederländische Teil der Organisation mit der Bezeichnung O. a. I. *(Operation and Intelligence)* folgte 1952. Trotz aller europäischer Koordination blieb die Rolle des amerikanischen Geheimdienstes dominant.«[15]

»Gladio-Geheimverbände« wurden nach 1948 in allen westeuropäischen Staaten, einschließlich Österreich und der Schweiz, unter strengster Geheimhaltung aufgebaut. 1972 hätten diese »Untergrundarmeen« aufgelöst werden sollen, in vielen Ländern existierten sie aber noch in den 80er Jahren. Und in der BRD? Hier sollen sie 1991 aufgelöst worden sein.

Über die Existenz solcher »Geheimarmee-Strukturen« und die Rolle des BND gab es wenige oder nur verschleierte Angaben. 1991, als die PDS im Bundestag eine Kleine Anfrage stellte, teilte die Bundesregierung mit, dass die »Stay-Behind-Organisation« (SBO) des Bundesnachrichtendienstes aufgelöst werden solle. Zu den Aufgaben der SBO, die als »Überrolltruppe« bei einem tatsächlichen Angriff des Ostens wirksam werden würde und im wesentlichen an der Staatsgrenze zur DDR disloziert war, gehörte bis 1983 neben der Informationsbeschaffung aus dem im Kriegsfall besetzten Gebiet auch der Widerstand gegen die Besatzungsmacht.[16]

In den 1974 erneut aufgelegten Begriffsbestimmungen für den Bundesnachrichtendienst wurde »Gladio« bzw. »Stay-Behind-Organisation« als »Gesamtheit aller ND-Verbindungen, die den Auftrag haben, bei Feindbesetzung im Land zurückzubleiben und geheime Nachrichten zu beschaffen, geheimdienstliche Aktionen durchzuführen und die nachrichtendienstliche Arbeit insbesondere durch Schleusungen zu unterstützen«.[17]

Mit »Aktionen« sind laut derselben Quelle insbesondere *Sabotage, Desinformation* und *Zersetzung* gemeint, was es nach heutiger Lesart ausschließlich in Ostblockstaaten, nie aber in den »Demokratien« gab.

Der Kölner Fernsehjournalist Leo A. Müller hat 1990 die 1952 von den USA und der Adenauer-Regierung finanzierte Vorläuferorganisationen von SBO, etwa den »Bund Deutscher Jugend« und die »Technische Organisation«, mit bis zu 2000

Mitgliedern in der Bundesrepublik durchleuchtet. Diese durchgängig von alten Nazis dominierten Verbände hatten nicht nur die Partisanentätigkeit im Kriegsfall vorbereitet, sondern in »Proskriptionslisten« auch die Ergreifung und Ermordung von Gewerkschaftern und Sozialdemokraten wie Herbert Wehner geplant.[18]

Dem MfS war »Gladio« seit Anfang der 60er Jahre bekannt, allerdings nicht in dessen Gesamtheit. Einige wenige Mitglieder dieser »Untergrundarmee« versuchten, nachdem sie speziell ausgebildet worden waren, in die DDR überzusiedeln und in bestimmten Regionen ansässig zu werden. Sie sollten mehrmals innerhalb der DDR umziehen, um ihre Spuren zu verwischen und sich dann in der Nähe der Grenze zu Polen und der ČSR niederzulassen.

Noch heute umgibt dieses Problem ein »großes Schweigen«, so dass personenbezogene Angaben nicht gemacht oder gar belegt werden können. Das hat aber noch einen anderen Grund: Insider der HA II gehen davon aus, dass höchstens zwei solcher Mitglieder der »NATO-Untergrundarmee« in der DDR enttarnt und auch verurteilt wurden. Alles andere seien Erfindungen. Gemeint ist hier insbesondere die Kategorie der sogenannten »Agenten mit spezieller Auftragsstruktur« (ASA), jene angeblich vom amerikanischen Geheimdienst für den Kriegsfall ausgebildeten Agenten, welche in die DDR eingeschleust worden seinen. Das alles sei der Fantasie einiger Mitarbeiter der Untersuchungsabteilung der Linie IX des MfS der Bezirksverwaltung Suhl entsprungen.

Dieser Auffassung kann man folgen, man muss es aber nicht.

Im Allgemeinen wird davon ausgegangen, dass sich die geheimen »Gladio«-Verbände erst nach dem Zweiten Weltkrieg im Ergebnis der amerikanischen Nachkriegspolitik entwickelt haben. Wie bereits beschrieben, hat es aber eine solche Geheimarmee, besser: eine Form von »Gladio«, in Gestalt des »Spezialapparates« der *Armja Krajowa* (AK), jener Heimatarmee, die maßgeblich am Warschauer Aufstand beteiligt und von der polnischen Exilregierung kommandiert worden war, gegeben.

Auch sie richtete sich in erster Linie gegen die Sowjetunion.

Anmerkungen

1 Heinz Felfe: Im Dienst des Gegners, Hamburg 1986, S. 361 ff.
2 Gotthold Schramm (Hrsg.): Der Botschaftsflüchtling und andere Agentengeschichten, Berlin 2006, S. 116 ff.
3 *Neues Deutschland* vom 7. Februar 1960
4 Nach dem Verständnis des MfS handelte es sich um geworbene, ausgebildete und mit entsprechenden Hilfsmitteln ausgerüstete Agenten, die erst im Krisen oder Kriegsfall (»E-Fall«) entsprechend vorher getroffener Vereinbarungen, in der Regel über einseitigen Funkempfang, aktiviert werden. Agenten eines Schweigenetzes sollen nach ihrer Aktivierung besonders Spionage, Diversion und bewaffnete Untergrundtätigkeit durchführen bzw. solche selbständig organisieren. (Wörterbuch des MfS, Nr. 1/93, S. 372)
5 Die Sicherheit, Zur Abwehrarbeit des MfS, Berlin 2002, Bd. 1, S. 451 ff.
6 Übliche Bezeichnung für Einzelkämpfer, die Spezialeinheiten der NATO-Truppen angehören und bei offenen militärischen Auseinandersetzungen, aber auch im Rahmen des verdeckten Krieges, meist um in kleinen Gruppen militärische bzw. subversive Handlungen auszuführen. Die subversive Tätigkeit erfolgt in der Regel nach vier Gesichtspunkten: Aufklärungstätigkeit, Diversion und Terror, psychologische Beeinflussung der Bevölkerung und Organisierung bzw. Unterstützung von subversiven Gruppen. (Wörterbuch des MfS, Nr. 1/93, S. 331)
7 Charisius/Mader: Nicht länger geheim, Berlin 1969, S. 446
8 a. a. O., S. 440
9 a. a. O., S. 445
10 *Capital* Nr. 6/1968, S. 67 ff.
11 Wehrkunde Heft 12/1961
12 Charisius/Mader: Nicht länger ..., a. a. O., S. 446 ff.
13 a. a. O., S. 447 ff.
14 Erich Schmidt-Eenboom: Schnüffler ohne Nase, Düsseldorf 1993, S. 365
15 a. a. O., S. 366
16 *Neues Deutschland* vom 10. Juli 1991, S. 3
17 Erich Schmidt-Eenboom: Schnüffler ..., a. a. O, S. 370 ff.
18 a. a. O., S. 369

33. Unternehmen »Rotspanier«

Im Ergebnis einer umfassenden Analyse der spanischen Verhältnisse 1958 und in Beantwortung der Frage, ob es für den BND Voraussetzungen gäbe, von Spanien aus in Richtung Osten zu operieren, hatte Gehlen Weisung zur Prüfung und Realisierung des Unternehmens »Rotspanier« gegeben.[1]

Die Anregung, auf die »spanische Karte« zu setzen, kam vom ehemaligen Leiter der KO und Chef des III-F-Dienstes (Gegenspionage) der Abwehr, Kurt von Rohrscheidt, der von 1942 bis 1945 diese Funktionen in Spanien ausgeübt hatte. Ferner hatte Rohrscheidt vorgeschlagen, »alte Kameraden« der Abwehr und des RSHA, die in der Zwischenzeit in Spanien ansässig waren, zu reaktivieren. Gehlen hatte diesem Vorschlag mit dem Hinweis zugestimmt, für diesen Personenkreis entsprechende Einsatzmöglichkeiten finden zu müssen.

Kurt von Rohrscheidt war seit 1956 in der BND-Zentrale in Pullach tätig, wo er mit Sonderaufgaben betraut war. Seine Hauptaufgabe bestand darin, den Attaché-Apparat wieder aufzubauen. Dazu gehörte die Auswahl der entsprechenden BND-Mitarbeiter und Bundeswehroffiziere und deren Integrierung in diplomatische Vertretungen der Bundesrepublik über das Auswärtige Amt.

Da von Rohrscheidt mit der Spanienproblematik nicht direkt befasst war, wurde sein ehemaliger Adjutant in Spanien, Gerhard Grobin, der auch beim BND gelandet war, für diese Aufgabe bestimmt. Er hatte bereits 1957 begonnen, »alte Kameraden« in Spanien zu kontaktieren und unter Einschaltung des offiziellen BND-Vertreters in Madrid Fühlung zum spanischen militärischen Geheimdienst aufgenommen.

Aus seiner fast hundertseitigen Analyse ging hervor, dass die »personellen und materiellen Voraussetzungen in Spanien« vorhanden wären, Operationen Richtung Osten zu realisieren. Gerhard Grobin hatte allerdings darauf verwiesen, dass die innere Lage in Spanien durch eine starke »Xenophobie« (Fremdenfeindlichkeit) der staatlichen Behörden gekennzeichnet sei, aber wiederum bei diesen Behörden das »deutsche Element« nach wie vor Bestand habe, so dass eher mit Unterstützung als mit Ablehnung zu rechnen sei. Hinzu käme, dass durch die starke »deutsche Kolonie« besonders in Madrid jegliche Unterstützung gewährleistet werde.

Bei dem infrage kommenden Personenkreis, aus dem die Agenten für den BND rekrutiert werden sollten, um sie dann Richtung Osten einzusetzen, handelte es sich um »Rotspanier«. Laut Heinz Priess nannte die französische Seite sowohl die Zivilisten, Angehörige der spanischen Volksarmee als auch die Interbrigadisten, die Spanien verlassen hatten und in Frankreich notgedrungen aufgenommen worden waren, »Rotspanier«.[2] Auch die Abwehr, die Gestapo und der SD benutzten diese Bezeichnung für diejenigen Personen, die auf der spanisch-republikanischen Seite gekämpft hatten.[3]

Unabhängig von diesen Aktivitäten war die OG bereits seit etwa 1948 »offiziell« mit dem spanischen Militärgeheimdienst in Verbindung getreten.

Damals musste »Gehlen als Kostgänger der Amerikaner bei Wiederaufnahme der Kontakte zu den Spaniern sehr diskret vorgehen. Der erste Kontakt mit der spanischen Regierung wurde von Waldmann (dem Kontrolleur der OG) und Gehlen bei einem Treffen mit dem spanischen Militärattaché in Bern hergestellt, der für sie einen Flug nach Spanien zu Gesprächen mit dem Chef des spanischen militärischen Geheimdienstes arrangierte.«[4]

Und an anderer Stelle schreibt Schmidt-Eenboom: »Die nachrichtendienstliche Zusammenarbeit mit Spanien gilt im BND als beispielhaft.«[5]

Der BND hatte aber nicht alle »Rotspanier« im Visier. Er hatte es auf eine bestimmte Kategorie abgesehen.

In den Jahren von Ende 1938 bis Anfang 1939 waren viele Spanier auf französisches Gebiet übergetreten. Zumeist wurden sie sofort interniert. Nach Ende des Zweiten Weltkrieges hielten sich in Südfrankreich noch Tausende Spanier auf.

Die Nachkriegsregierungen in Frankreich duldeten ihren

Aufenthalt, da eine Abschiebung dieser Spanier, besonders der Kommunisten und führender Vertreter der ehemaligen Volksfrontregierung in Spanien, für viele Verfolgung, Kerker und Tod bedeutet hätte.

Von Südfrankreich aus wurde von spanischen Kommunisten und weiteren politische Organisationen eine starke illegale politische Tätigkeit nach Spanien hinein organisiert. Neben politischer Agitation und Propaganda gegen das Franco-Regime wurde insbesondere versucht, illegale Strukturen der spanischen KP aufzubauen. Der damalige Sitz der illegalen Partei befand sich in Toulouse.

Der Franco-Staat hatte gegen diese Infiltration durch die Kommunisten eine starke Geheimdienstorganisation aufgebaut. Die Dienststelle dieses Zweiges des politischen Geheimdienstes befand sich in Barcelona, im Gebäude des Militärgouverneurs von Barcelona und Katalonien.[6]

Sie versuchte durch Einschleusung von Agenten in die kommunistische Partei, mit Festnahmen und Verschleppung sowie öffentlichen Hetzkampagnen diese Partei auszuschalten. Der Auftrag des Staates an seinen Geheimdienst lautete: Zerschlagung der Organisation der Kommunistischen Partei, Unterbindung ihrer Tätigkeit in Spanien und Isolierung, Inhaftierung und Verfolgung ihrer Mitglieder. In den 50er und 60er Jahren wurde eine Reihe Kommunisten, die aus dem Exil nach Spanien zurückkehrten, zu hohen Zuchthausstrafen verurteilt. Einige kamen auch zu Tode.

In dieser Situation machte der BND dem spanischen Geheimdienst den Vorschlag, solche Leute nicht im Kerker verschwinden zu lassen, sondern als Agenten einzusetzen.

Agenten über Verbindungswege der Kommunisten bis nach Prag (dort war ein Sitz der spanischen KP) oder Moskau (dort saß die Führungsspitze um Dolores Ibárruri) zu schleusen, hatte der spanische Geheimdienst weder Auftrag noch das nötige Wissen oder Geld.

Hinzu kam, dass der BND davon ausging, dass neben der Tätigkeit der Spanischen Kommunistischen Partei eine »rein nachrichtendienstliche Linie« existiere, die durch die sowjetische Aufklärung organisiert werde und ebenfalls bis nach Spanien hineinreiche. »Leitstelle« sei Prag.

Der BND bot dem spanischen Geheimdienst an, gemeinsam solche Agenten zu qualifizieren oder vorhandene in die Verbindungswege der spanischen Kommunisten einzuschleusen und sie für eine »Tiefenoperation« gegen »Satelliten der Sowjetunion« zu nutzen. Daraus konnte sich dann leicht eine »Fernoperation« gegen die Sowjetunion entwickeln.

Im Zusammenhang mit diesem Unternehmen wurde eine Instruktion des BND bekannt, in der es hieß: »Die Tätigkeit gegen die UdSSR ist die wichtigste und schwierigste Aufklärung. Das Endziel ist das Erschließen von Informationsquellen in der Sowjetunion. Bei dieser Arbeit wird es Misserfolge geben, aber deswegen dürfen unsere Mitarbeiter nicht verzweifeln. Ebenso wie eine Fliege, die ein Mensch verjagt, ihn immer wieder von einer anderen Seite anfliegt, müssen auch wir die Sowjetunion ständig aus anderen Richtungen angreifen.«[7]

Die finanzielle Seite übernahm der BND. Der spanische Geheimdienst übergab dem BND alle Erkenntnisse zur illegalen Tätigkeit der Spanischen Kommunistischen Partei und anderer politischer Organisationen und deren Dislozierung in der Tschechoslowakei, Frankreich, DDR und der Sowjetunion. Das schloss auch alle personenbezogenen Angaben ein, um potenzielle Kandidaten für eine Agententätigkeit auswählen zu können.

Francos Geheimdienst hatte seit dem Bürgerkrieg systematisch alle Regimegegner erfasst und bot damit dem BND einen Fundus möglicher Anbahnungsziele. Lohnenswert erschienen neben den spanischen Kommunisten auch die Interbrigadisten. In einer offiziellen Broschüre der Franco-Regierung über die ausländische Unterstützung der republikanischen Seite während des Bürgerkrieges aus dem Jahre 1952 waren Dutzende von Hinweisen zu Interbrigadisten in Italien, Frankreich, Großbritannien, aber vor allem in Osteuropa verzeichnet.

Der BND stellte das Personal, das die Verbindung zum spanischen Geheimdienst unterhielt und die Werbung der infrage kommenden Kandidaten als Agenten vornahm bzw. sich in die Steuerung bereits vorhandener Agenten des spanischen Geheimdienstes einschaltete.

Die »Experten« des BND leisteten dem spanischen Geheimdienst Hilfe und Unterstützung für Möglichkeiten, wie die ausgewählten Kandidaten für eine Agententätigkeit »reif« gemacht werden konnten.

Es wurde auf die Erfahrungen der deutschen Abwehr und das Unternehmen »Zeppelin« während des Zweiten Weltkrieges in Bezug auf sowjetische Kriegsgefangene und die Zivilbevölkerung verwiesen.

Die vorgeschlagene Vorgehensweise war ungewöhnlich, handelte es sich doch um ein Unternehmen, in dem spanische Bürger durch einen fremden Geheimdienst gegen einen dritten Staat (oder mehrere) eingesetzt werden sollten, ohne dass es dafür irgendwelche bilateralen staatlichen Vereinbarungen gab.

Ungewöhnlich auch deshalb, weil ein einheimischer Geheimdienst seine Staatsbürger zwingen wollte, für einen fremden Geheimdienst zu arbeiten. Sowohl für den BND als auch für den spanischen Geheimdienst spielten offensichtlich diesbezügliche Fragen des Völker-, des nationalen und des Menschenrechts überhaupt keine Rolle.

Während der Zeit des Kalten Krieges zählte der BND zu den »feigsten Nachrichtendiensten« der Welt, weil er vor allem vom heimischen, sicheren Boden aus wirkte.[8] Das faschistische Spanien war für den BND offensichtlich kein fremdes Terrain.

Der einzige Störer in dieser Richtung hätte der französische Geheimdienst sein können, da bestimmte Interessen des französischen Staates – Aufenthalt von Spaniern auf französischem Territorium – berührt wurden. Deshalb durften keinerlei Hinweise zum französischen Geheimdienst durchdringen. Gehlens Abneigung gegen den französischen Geheimdienst war sprichwörtlich.

Aus dem großen Reservoir der deutschen Kolonie in Spanien – über 60 000 Deutsche hatten sich nach dem Zweiten Weltkrieg dort niedergelassen – wurden Kandidaten ausgewählt und angesprochen, um sie in dieses Unternehmen einzubinden. Es sollte sich dabei um bewährte NS-Geheimdienstler handeln.

Eine Schlüsselstellung kam dabei Paul Fidrmuc zu, einem sudetendeutschen Offizier, der während des Ersten Weltkrieges im Evidenzbüro, dem Militärischen Nachrichtendienst Österreichs, tätig und mit dem Anschluss zum Amt Ausland/Abwehr gekommen war. Er wurde unter dem Deckmantel

529

eines Geschäftsmann als Resident während des Zweiten Weltkrieges eingesetzt. Sein Zielland war England.

Der ehemalige Chef der Abwehr III, Franz Eccard von Bentivegni, war voll des Lobes über Fidrmuc, da dieser ständig wertvolle Informationen geliefert habe. Während seiner Gefangenschaft in der Sowjetunion sagte er aus: »Die Nachrichten, die Fidrmuc über die Entwicklungen der englischen Luftwaffe, über die englische Rüstungsindustrie, Rohstofflage, amerikanische Lieferungen und die Auswirkungen unserer Angriffe auf die englische Produktion aus seinen englischen Quellen brachte, wurden vom Generalstab der Luftwaffe hoch eingeschätzt.«[9]

Was erst 2000 zur absoluten Gewissheit wurde: Fidrmuc war Doppelagent; er war auch ein Mann der Engländer und führte ein Scheinnetz, das der englische *Secret Service* für ihn aufgebaut hatte und welches aus fiktiven Quellen bestand.

Aus den freigegebenen Materialien ging hervor, dass der Geschäftsmann Paul Fidrmuc während des Zweiten Weltkrieges im neutralen Portugal ein Spionagenetz des deutschen Aufklärungsdienstes führte. Sein Deckname war »Ostro«. Gleichzeitig arbeitete er für den MI 6. In dieser Zeit wurde er von der MI 5 unter Kontrolle gehalten, da Fidrmuc in den Augen der englischen Aufklärung nicht vertrauenswürdig genug war.

So hatte der MI 5 in Erwägung gezogen, Fidrmuc zu eliminieren, weil die Gefahr bestand, dass er sein Doppelspiel der deutschen Seite offenbaren könnte.

Fidrmuc war mit seinem »Scheinnetz Ostro« in eine groß angelegte Desinformations- und Täuschungsoperation mit dem Decknamen »Fortitude« eingebunden. Dazu zählte auch das sogenannte »Garbo-Netz«, das von dem Spanier Juan Pujol geleitet wurde, der sich als »Selbstanbieter« bei der deutschen Abwehr in Madrid angedient hatte und dann für den englischen Geheimdienst tätig wurde. Für ihn hatte der *Secret Service* 27 Unteragenten »erfunden«, die von England aus per Funk berichteten. Einziger Zweck dieser Täuschung war die »Operation Overlord«: die Invasion der Alliierten in Frankreich.

Nach dem Krieg siedelte Fidrmuc mit Zustimmung der Engländer nach Spanien über. Die englische Seite war folglich von der ersten Stunde des Tätigwerdens des BND in der beschriebenen Richtung in Spanien informiert.

Ein weiterer Kandidat war der Neffe von Canaris, Heinz Canaris. Sein berühmter Onkel hatte ihn schon 1935 nach Spanien geschickt. Zeugen sagten, dass er »keine besondere Leuchte« war.[10]

Es gesellten sich hinzu: Alfred Müller-Thyssen, bis 1945 Leiter einer Nebenstelle der Abwehr in Pamplona, Georg Vey und Carstens, Mitarbeiter der Abwehr, bis 1945 abgedeckt in der deutschen Botschaft in Madrid, mit guten Beziehungen zum spanischen Militärgeheimdienst.

Auch General a. D. Hans Doerr war dabei, der letzte Militärattaché des Dritten Reiches in Madrid, einst Stabschef der 6. Armee, die in Stalingrad unterging. Er war nach seiner Entlassung aus der Internierung der westlichen Alliierten Berater des spanischen Generalstabes geworden.

Und da waren noch die Chargen aus RSHA und SD: Otto Horcher von der Berliner Horcher Gastronomie, der in Frankreich und Spanien Geldtransaktionen des RSHA vorgenommen hatte, Hans D. Warsinski, als Mitarbeiter des SD-Auslands in Frankreich und Spanien eingesetzt, Marquis Lionell de Wuit, der in Spanisch-Marokko Falschgeldoperationen für den SD realisierte und nach Kriegsende Fluchthelfer für belastete Nazis war.[11] In dieser illustren Gesellschaft durfte Otto Skorzeny nicht fehlen.

Der Personenkreis aus dem Bereich ehemaliger Mitarbeiter deutscher Geheimdienstzweige, der für das Unternehmen »Rotspanier« in Spanien zur Verfügung stand, war noch größer. Er macht deutlich, dass der BND in Spanien über eine hervorragende Basis verfügte.

Allerdings konnte sie der BND für das vorgesehene Unternehmen nicht nutzen. Das MfS kannte bereits Ende 1958 in groben Zügen das Unternehmen. Ein Grundsatz jeglicher nachrichtendienstlicher oder geheimdienstlicher Tätigkeit lautet: Ist ein Spion oder eine geplante Operation der Gegenseite bekannt, läuft alles ins Leere. So ähnlich war es mit dem Unternehmen »Rotspanier«.

»Unter den faschistischen deutschen Spanienkämpfern hatte wiederum die DDR Quellen erschlossen, die aus unterschiedlichen Motiven bereit waren, für das MfS zu arbeiten. Das reichte von finanziellen Interessen bis zur Verbitterung über die erneut führenden Rollen ihrer ehemaligen Vorgesetzten in Militär und Geheimdienst der Bonner Republik. Von ihnen erfuhr das MfS von den Pullacher Planungen, ›Rotspanier‹ anzuwerben. Nur wenige Spitzenleute in Ostberlin waren über die brisanten Erkenntnisse unterrichtet worden. Sie reichten ihre Kenntnisse an den sowjetischen Bruderdienst weiter. So konnte Moskau in Madrid intervenieren und dem Unterfangen einen Riegel vorschieben. Franco wurde aufgefordert, die westdeutschen Aktivitäten zu unterbinden. Als Druckmittel setzte Moskau dabei den wenig diplomatischen Hinweis ein, dass der spanische Staatsschatz – von der republikanischen Regierung in Sicherheit gebracht – immer noch in den Tresoren an der Moskwa lag.

Das grandios gescheiterte Joint Venture hinderte die Geheimdienste in Pullach und Madrid jedoch nicht, anschließend enge Partnerschaftsbeziehungen zu entwickeln.«[12]

Anmerkungen

1 Anfang der 80er Jahre wurde aufgrund zentraler Weisungen in den operativen Abteilungen des MfS damit begonnen, sogenannte Altmaterialien zu sichten und in das Internationale Informationssystem (SOUD) in Moskau einzuspeisen. Bei diesen Arbeiten stieß der Autor auf Informationen zu diesem Unternehmen des BND in Spanien.
2 Heinz Priess: Spaniens Himmel und keine Sterne, Berlin 1996, S. 158
3 Oscar Reile: Geheime Westfront, München 1962, S. 221
4 Erich Schmidt-Eenboom: Schnüffler ohne Nase, Düsseldorf 1993, S. 148
5 a. a. O., S. 162
6 Damals existierten in Spanien nachfolgende Geheimdienste: der Parteigeheimdienst der Franco-Faschisten *Servicio Central de Documentacion* (SECED), *Direccion General de Seguridad* (DGS), der Geheimdienst des Generalstabes *Servicio de Informacion del Alto Estado Mayor* (SIAEM) und die Militärgeheimdienste der Teilstreitkräfte.
7 Autorenkollektiv: Schild und Flamme, Berlin 1973, S. 467
8 Erich Schmidt-Eenboom: Schnüffler ..., a. a. O., S. 43
9 Julius Mader: Hitlers Spionagegenerale sagen aus, Berlin 1970, S. 87
10 Peter F. Müller / Michael Mueller: Gegen Freund und Feind, Hamburg 2002, S. 312
11 a. a. O., S. 313 ff.
12 ebenda

34. »Gerettete Gelder« und ihre Schatten

Am 25. Juni 1997 meldete eine Berliner Tageszeitung, dass das Bonner Finanzministerium sich nun bereitgefunden habe, Vermögensübertragungen führender Nazis zu überprüfen.[1]

Über 50 Jahre nach Untergang des Dritten Reiches eine wirklich epochale Leistung. Es war schon erstaunlich, dass erst Mitte der 90er Jahre eine solche Thematik ins Gedächtnis der deutschen Öffentlichkeit zurückgerufen wurde: Die DDR hatte bereits in den 60er Jahren auf dieses Problem aufmerksam gemacht. Allerdings fanden diese Veröffentlichungen keinerlei Widerhall in der Bundesrepublik.

Den Marschkolonnen der Wehrmacht folgten die Vertreter deutscher Monopole und Ministerien und begannen den imperialistischen Raubzug. Allein in den ersten vier Kriegsjahren wurden rund 80 Milliarden Reichsmark aus den tschechischen, polnischen, französischen, belgischen, niederländischen, luxemburgischen, dänischen, norwegischen, jugoslawischen, griechischen und sowjetischen Kassen gepresst.[2]

1944/45 konzentrierten sich in den Händen einiger Personen und Unternehmen tonnenweise Gold, Unmengen an Juwelen und Diamanten, Kunstschätze sowie Devisen, die etwa einen Wert von zehn Milliarden Goldmark ausmachten.[3]

Griechenlands Vizepremier Pangalos erinnerte im Februar 2010 daran, als sich Häme und Spott in den deutschen Medien angesichts der Staatskrise seines Landes breitzumachen begannen. Deutschland stehe Kritik an Griechenland nicht zu, weil die Nationalsozialisten die Wirtschaft Griechenlands ruiniert und überdies Tausende Menschen ermordet hätten. »Sie haben das Gold aus der Bank von Griechenland und auch griechisches Geld weggeschafft, und es nie zurückgegeben.«

Der Bericht über die »Straßburger Konferenz« von 1944, der im November 1945 durch die Alliierte Kriegsverbrecher-

Kommission in London erstellt wurde, verrät die kriminelle Gier des deutschen Finanz- und Industriekapitals.

An der Geheimkonferenz im Hotel »Rotes Haus« (»Maison Rouge«) in Straßburg am 10. August 1944 nahmen Vertreter deutscher Monopole und Banken teil, die auch eingeladen hatten, des Reichswirtschaftsministeriums der Naziführung sowie Vertraute Himmlers aus dem RSHA. Dort wurde besprochen und beschlossen:

1. Verbringung des Reichsschatzes und geraubter Schätze Hitlerdeutschlands ins Ausland.

2. Gewährleistung der Nachkriegsfinanzierung deutscher Monopole, Konzerne, Versicherungen, Industriezweige u. a.

3. Weiterführung geheimer Waffenprojekte im Ausland und in getarnten Einrichtungen in Deutschland.

4. Übernahme wenig belasteter Nazis in die Wirtschaft.

5. Organisierung der Nachkriegsfinanzierung von Untergrundorganisationen und Einzelpersonen.[4]

Das *Linzer Tagesblatt* schrieb am 1. September 1959 darüber. »1944 fand in Straßburg eine Geheimsitzung statt, an der führende Finanzleute des Dritten Reiches teilnahmen. Es wurde beschlossen, einen Großteil der Schätze der deutschen Nationalbank und der Degussa unter dem Namen von Strohmännern bei ausländischen Banken zu deponieren. Weitere Güter sollten bei zuverlässigen Leuten untergebracht werden.«

Es gab von diesen Kreisen durchorganisierte geheime Transaktionen von Kapital, Aktien, Gold, Schmuck, Edelsteinen, von Dokumenten, Forschungs- und Entwicklungsunterlagen, von Papieren und Falschgeld ins Ausland. Die nachgenannten Transaktionslinien waren die wichtigsten:

1. Über den Kreis »Freunde des Reichsführer SS«, zu der die wichtigsten Wehrwirtschaftsführer deutscher Monopole, Konzerne, Banken wie die Siemens-Schuckert-Werke AG, IG Farben AG, Reichskreditgesellschaft AG, Dresdner Bank, Deutsche Bank, Commerzbank, Norddeutscher Lloyd, Bosch Werke, Münchner Rückversicherungsgesellschaft und das Bankhaus Schröder u. a. gehörten, wurde Kapital in verschiedener Form durch Industrie-, Bank-, und Versicherungskonzerne an ausländischen Filialen und Tarnfirmen transferiert.

2. Der Degussa-Konzern, die Deutsche Gold- und Silberscheideanstalt in Frankfurt am Main, kooperierte mir der Deutschen Bank, der Dresdner Bank, der Deutsch-Südamerika Bank AG, der Landeszentralbank Hessen, der Frankfurter Bank, der Deutschen Schifffahrtsbank, der Deutschen Schiffspfandbrief AG, mit den Versicherungskonzernen Münchner Rückversicherungsgesellschaft, den Allianz-Versicherungen und der Frankfurter Versicherungs-AG sowie mit den Industriekonzernen IG Farben AG, Badische Anilin- und Sodafabriken AG, den Farbwerken Höchst, den Chemischen Werken Hüls AG, mit der Hoesch AG, der Metallgesellschaft AG, der Norddeutschen Affinerie AG, den Rheinischen Stahlwerken, dem Volkswagenwerk, mit Brown, Boverie & Cie, mit den Siemens Plania-Werken AG, der Kernreaktor Bau- und Betriebs GmbH sowie mit über 50 weiteren Konzernen von Industrie, Verkehr und Energie. Dieser Konzern verbrachte immense Werte, darunter auch Teile des Reichsschatzes, in die Schweiz. Dort, in Zürich, unterhielt die Degussa mit der Schweizerischen Bankgesellschaft, der Schweizer Kreditanstalt und dem Schweizer Bankverein eine Tochtergesellschaft: die Leukon AG Schweiz.

3. Das Reichswirtschaftsministerium und die Reichsbank hatten im Reichswirtschaftsministerium eine Hauptabteilung geschaffen, welche von Unterstaatssekretär Eberhard von Jagwitz (1887–1945) geleitet wurde. Diese Hauptabteilung V war der Dienststelle *Auslandsorganisation* im Reichswirtschaftsministerium zugeteilt. Sie sicherte die Zusammenarbeit zwischen verschiedenen Ministerien und der Auslandsorganisation der NSDAP. Über diese Kanäle liefen Devisen- und Goldgeschäfte, die vorwiegend für Ableger der NSDAP im Ausland gedacht waren.

4. Im Reichsaußenministerium war beim SS-Obergruppenführer Ernst Bohle (1903–1960) – der gleichzeitig Chef der NSDAP-Auslandsorganisation (A.O.) war – eine Gruppe gebildet worden, die Falschgeld, Devisen und Gold ins Ausland verbrachte. Diese Werte wurden über die Legationskasse des Auswärtigen Amtes, deklariert als Diplomatenpost, ins Ausland verbracht, wie das an anderer Stelle geschilderte Beispiel »Cicero« in der Türkei belegt. Bohle wurde 1949 von ei-

nem US-Militärgericht wegen Mitgliedschaft in einer verbrecherischen Organisation zu fünf Jahren Zuchthaus verurteilt. Er kam nach Intervention der Bonner Regierung 1951 frei.

5. Im Reichssicherheitshauptamt war das Sonderreferat VI-Wi (Wirtschaftsspionage und Kapitaltransfer) gebildet worden.

Innerhalb dieses Referates, das Prof. Dr. Robert Schmied (1906–1970), SS-Standartenführer, leitete, gab es die Gruppe Schwend (SS-Sturmführer Fritz Schwend, 1906–1974). Diese Gruppe war die »Falschgeldvertriebzentrale« des RSHA.[5]

Die dort tätigen rund 50 Personen brachten Falschgeld, Devisen, Gold und andere Sachwerte im Werte von mehreren 100 Millionen Reichsmark ins Ausland. Das betraf insbesondere die Schweiz, Spanien, Portugal, die Türkei, den Iran, Jordanien sowie Lateinamerika.

Die britischen Pfundnoten waren im Rahmen des Unternehmens »Bernhard« (Leiter Bernhard Krüger) von Häftlingen im KZ Sachsenhausen hergestellt worden. Die größte Geldfälscheraktion der Geschichte.

Die Gruppe Schwend arbeitete mit Hauptvertriebsagenten, die wiederum eigene Vertriebsagenten führten. So war einer der Hauptvertriebsagenten der deutsche Generalkonsul in Meran/Italien, Dr. Georg Gyssling, der seinen Diplomatenstatus nutzte, um Millionen bei der Bank des Vatikans und über den Schweizer Albert Crastan bei Schweizer Banken zu deponieren. Darunter befand sich auch Falschgeld und Gold. Die gleiche Aufgabe hatten Otto Horcher und Hans Warsinski in Spanien und Albert Karshof in Portugal.

Was das Falschgeld betrifft, was ab 1941 im Ausland »gewaschen« wurde, ist folgender Umstand interessant: Walter Schellenberg gab dazu an, dass im März 1941 ein SD-Agent Noten aus der Falschmünzerei Himmlers einer Schweizer Bank mit dem Auftrag vorlegte, sie auf Echtheit zu prüfen, weil sie aus Schwarzmarktgeschäften herrührten. Schweizer Bankexperten konnten bei den meisten der überprüften Banknoten keinen Unterschied zu den echten Pfund-Sterlings-Noten konstatieren.«[6]

Alle in dieses System eingebundenen Personen machten das »große Geld« während des Zweiten Weltkrieges – aber auch danach, da sie Detailkenntnisse zu den auf ausländischen Banken deponierten Geldern und Wertgegenständen hatten.

Fritz Schwend beispielsweise, der von Interpol als Mörder gesucht wurde, lebte bis 1959 als Multimillionär in Peru. Julius Mader, der sich intensiv mit dieser Problematik befasst hatte, kam zu dem Schluss: »Alle mit der Falschgeldaktion und ähnlichen Aktionen verstrickten SD-Männer aufzuzählen, die in Westdeutschland ein großes Comeback feierten, ist unmöglich. Es gibt nahezu achthundert (800!) westdeutsche Firmen, bei denen der dringende Verdacht besteht, dass ihr Gründungskapital hauptsächlich aus SD-Mitteln stammt«.[7]

Über die vorher beschriebenen Kanäle verschwanden auch die geraubten Gold- und Devisenbestände aus den von Deutschen besetzten Gebieten Europas sowie jüdisches Eigentum.

Die Mitarbeiter des Sonderreferates VI-Wi, ihre Hauptvertriebsagenten und Vertriebsagenten waren von der sogenannten Alpenfestung im Salzkammergut aus bis kurz vor Toresschluss damit beschäftigt, Geld, Devisen, Gold, Falschgeld und Wertgegenstände außer Landes zu bringen. Ab Ende 1945 brachten sie mit gefälschten Pässen – der Leiter des Sonderreferates Fritz Paul Schwend besaß allein 24[8] – gesuchte und nicht erkannte Kriegsverbrecher ins Ausland. Sie bauten die »Rattenlinie« mit auf, die über Österreich, Schweiz, Italien, Spanien und Portugal nach Südamerika führte.

Einer dieser Fluchtwege lief über den österreichischen Bischof Alois Hudal im Vatikan. Hudal, ein Hitler-Bewunderer, predigte vor der deutschen Gemeinde während des Dritten Reiches in Rom und pries das Hitlerreich als Himmel auf Erden.

Als Ende der 40er, Anfang der 50er Jahre der Name Hudal mit den »Fluchthilfepraktiken« des Vatikan in Verbindung gebracht wurde, entfernte Papst Pius der XII, dem ebenfalls Sympathien für die italienischen und deutschen Faschisten nachgesagt wurden, den Österreicher aus dem Vatikan.

Im Februar 1997 bestätigte Pedro Bianchi, der argentinische Verteidiger des in Italien inhaftierten SS-Hauptsturmführer Erich Priebke, dass nach dem Kriege etwa 2000 Nazis die argentinische Staatsbürgerschaft unter Präsident Juan Domingo Perón erhalten hatten. Bianchi selbst war von 1946 bis

1948 an der argentischen Botschaft in Italien tätig und an der Ausgabe entsprechender Ausweis- und Reisepapiere beteiligt. Und alles wurde mit hohen Summen honoriert.

Eine hervorgehobene Rolle in diesem Schleusungsgeschäft spielte das deutsche Generalkonsulat Meran/Italien, das vor dem Kriegsende mit dem Beschaffen von Ausweispapieren für ausgewählte Personen des Naziregimes begann.

Generalkonsul Dr. Georg Gyssling nutzte seine Verbindungen in Italien, besonders zu diplomatische Einrichtungen Südamerikas und dem Vatikan, um belastete Personen sowie Familienangehörige von Kriegsverbrechen, mit entsprechenden Ausreisepapieren zu versorgen. Da Dr. Gyssling nicht sofort von den Amerikanern interniert worden war, konnte er auch nach dem Kriege seine Geschäfte weiterführen.

Anfangs spielte auch Fritz Schwend eine wichtige Rolle in diesem Geschäft. Er musste aber Ende 1946 selbst untertauchen, da er wegen Mordes gesucht wurde.

Für besonders heikle Fälle war der Deutsche Josef Wolf zuständig. Er soll bis 1946 mehrere von den Alliierten gesuchte Kriegsverbrecher von Süddeutschland nach Meran und von dort nach Rom gebracht haben. Von Rom gelangten sie über Spanien nach Südamerika. Einige reisten von dort in die USA, etwa der Gestapochef Heinrich Müller.

Bis in die Gegenwart gibt es Spekulationen, Vermutungen, Behauptungen, dass die aus dem Zweiten Weltkrieg »herübergeretteten« Vermögen auch zur Finanzierung der sich in Westdeutschland und Österreich formierenden Geheimdienste genutzt und beispielsweise für Geheimdienstoperationen gegen den Osten eingesetzt worden seien.

Laut Erich Schmidt-Eenboom, der die Finanzierungsquellen des Bundesnachrichtendienstes untersucht hat, gehören zum Grundstock des BND-Vermögens des BND zweifelsfrei »Teile der Erbmasse der NS-Geheimdienste«. Im politischen Bonn habe es immer wieder Vermutungen gegeben, dass der schwer kontrollierbare Bundesnachrichtendienst über beträchtliches Eigenkapital verfüge.

Eine Schlüsselrolle bei der Bergung der Hinterlassenschaft von Reichssicherheitshauptamt und Abwehr spielte der frühere Militärattaché Rudolf von Glinski, der im April 1945 zu

Gehlens Einheit stieß und mit der Suche nach sicheren Verstecken für Devisen, Edelmetallen und Dokumenten betraut war. Zusammen mit den Schutzpatronen der CIC wurden ab 1946 die Verstecke wieder geräumt. »Allein bei einer kurzen Operation stellten die Amerikaner beinahe acht Tonnen Gold sicher, die von den Deutschen versteckt worden waren«, ermittelte Mary Ellen Reese in CIC-Unterlagen.[9]

Glinski, der 1999 in den USA lebte, lehnte ein Interview zu seiner Schatzgräbertätigkeit ab, das Erich Schmidt-Eenboom mit ihm führen wollte, nachdem er mit dem Ex-BND-Präsidenten Gerhard Wessel telefonische Rücksprache gehalten hatte.

Es gibt aber überzeugende Hinweise auf das »eigene Vermögen« des Bundesnachrichtendienstes. Es wird mit Personen in Verbindung gebracht, die während des Faschismus über die entsprechenden Möglichkeiten verfügten. Peter F. Müller und Michael Mueller schrieben dazu in ihrem 2002 erschienenen Buch »Gegen Freund und Feind«: »Antwort auf die Frage nach den Quellen der BND-Schwarzkonten erhielt die Öffentlichkeit erst im Jahre 2000 durch die Memoiren eines ehemaligen Oberstleutnant des MfS – ohne die brisanten Informationen indes zur Kenntnis zu nehmen. Helmut Wagner beschreibt die Ursachen des Ereignisses, das die ganze Amtszeit Wessels überschattet: des Selbstmordes seines Vizepräsidenten Horst Wendland am 8. Oktober 1968, der sich in seinem Büro erschoss.[10]

Als das MfS Anfang der 80er Jahre Altvorgänge über West-Geheimdienstler in das neue Datenbanksystem des KGB und seiner Bruderorgane, SOUD, einspeiste, stieß Wagner auf eine Notiz einer Wendland sehr nahestehenden MfS-Quelle. Daraus ging hervor, dass Wendland nach einem Gespräch mit Wessel alle Brücken für abgebrochen hielt und sich kaltgestellt sah. Wessel ›habe nicht davor zurückgeschreckt, ihm mit dem *schlesischen Adligen* zu drohen, und angedeutet, dass er die Zusammenhänge mit den *hinübergeretteten Geldern* kenne, wovon nicht nur er (Wendland) profitiert habe. Das sei nicht nur eine Diffamierung seiner Person, sondern auch des Dienstes. Das Allerschlimmste sei aber, dass offensichtlich der ausgeschiedene Präsident die hierzu vorhandenen Unterlagen übergeben habe, obgleich dieser ihm versichert hatte, *alles* vernichtet zu haben, damit nichts in andere Hände gerate.‹11

Die Suche nach dem *schlesischen Adligen* führte Wagner zu Kurt Gerhard von Rohrscheidt, der bis 1942 für das Amt Ausland/Abwehr arbeitetete und dann nach Madrid ging, um dort bis 1945 die Gegenspionage zu leiten. ›Die Verbindung zum spanischen Geheimdienst war so eng, dass er diesem bei Kriegsende die Kasse der in Spanien operierenden Abwehr – in Gold und Devisen über 1 Million Reichsmark – übergab, um sie vor dem Zugriff der Amerikaner zu retten und für eine spätere Verwendung einzusetzen. Hierzu hatte von Rohrscheidt entsprechende Absprachen mit dem spanischen Geheimdienst getroffen. Während seiner Internierung von 1946 bis 1948 in Frankreich hat er den Amerikanern kein Wort darüber gesagt. Es blieb bei dem Kreis von vielleicht zwei, drei Eingeweihten. Diese waren in Spanien verblieben und gingen alltäglichen Geschäften nach.‹12

Laut Wagner und seiner Quelle wurden die Millionenrücklagen der Abwehr nicht nur zu geheimdienstlichen Operationen, sondern auch für private Zwecke genutzt – von Rohrscheidt und von Wendland selbst. Scheinbar fühlte sich Wendland von Gehlen verraten und von Wessel unter Druck gesetzt. Er hatte zu den zwei oder drei Eingeweihten gehört, die um die Kriegskasse wussten und sie nutzten. Gehlen hatte das Wissen anscheinend an Wessel übergeben, der es nun gegen Wendland nutzte, dessen Stern in Pullach im Sinken begriffen war. Dieser wurde für viele Missstände im BND verantwortlich gemacht. So kam vieles zusammen.

Während in der Öffentlichkeit und unter den BND-Mitarbeitern nach Wendlands Suizid die Gerüchteküche brodelte, wusste nur ein sehr kleiner Kreis Eingeweihter, dass es im Kern um das Machtwissen über den illegalen Kapitalstock ging.

Als BND-Vizepräsident Blötz von den schwarzen Kassen erfahren hatte und – Staatssekretär Schüler darüber unterrichtete – nichts unternahm, um den Haushaltsgesetzen Genüge zu tun, waren die regierenden Sozialdemokraten in Mithaftung genommen. Da auch die Regierung Kohl nie eine Auflösung des Kapitalstocks und seine Rückführung in den Bundeshaushalt angeordnet hat, sind die im Waffenhandel verdienten und die *hinübergeretteten Gelder* auch heute noch ein Fall für den Staatsanwalt bzw. den Bundesanwalt.«[13]

Eine weitere Schlüsselfigur im Auslandsgeldtransfer war Dr. Wilhelm Höttl alias Walter Hagen alias Dr. Willi Osmann alias Dr. Willi Holten (1915–1999), SS-Sturmbannführer, persönlicher Vertrauter Kaltenbrunners, des Chefs des RSHA, Österreicher wie dieser und stellvertretender Arbeitsgruppenleiter Südosteuropa im Amt VI des RSHA, dessen Leiter Walter Schellenberg war. Der Buchautor Julius Mader bezeichnete Höttl als »Wächter des SS-Schatzes«.

Höttl hatte seine Sporen bei der Annexion Österreichs im Jahre 1938 verdient. Er war damals Adjutant Ernst Kaltenbrunners, zu jener Zeit Chef des Sicherheitsdienstes in Wien, der bereits seit 1935 mit dem deutschen Nachrichtendienst zusammenwirkte.

Höttl, in viele geheime Operationen und dubiose Geschäfte involviert, verfügte über ein umfangreiches Insiderwissen des RSHA. Er unterhielt Verbindungen zur Führungsspitze des faschistischen Italiens und zum Vatikan. Höttl hinterließ aber auch Spuren in Jugoslawien – dort war er eine Zeit lang Chef der Gestapo –, in Ungarn – von dort wurde beispielsweise 1961 seine Auslieferung wegen Kriegsverbrechen gefordert –, in Bulgarien und in Rumänien.

Dr. Höttl gehörte zu jener Gruppe in der SS, die eine Verbindung zu den Amerikanern suchte. Im Auftrag von Kaltenbrunner und Himmler stellte er 1943 eine Verbindung zur westeuropäischen Sektion des US-Geheimdienstes *Office of Strategic Services* (OSS) her. Allen W. Dulles, später Chef der CIA, führte in der Schweiz mehrere Gespräche mit Höttl.

Dieser stellte das so dar: »Der deutsche Geheimdienst konnte Dulles' Auffassungen zu den großen Problemen der Politik aus dessen Funkberichten nach Washington kennenlernen, die durch den ungarischen Funkdienst abgefangen wurden und, in wesentlichen Teilen entziffert, dem deutschen Geheimdienst zur Verfügung standen. Sie bekundeten eine bedingungslose und von klarer Voraussicht bestimmte Gegnerschaft gegen den Bolschewismus.

Diese grundsätzliche Haltung schien jener Gruppe des deutschen Geheimdienstes, die seit Jahren Kontakt zu einer entscheidenden amerikanischen Stelle gesucht hatte, Anknüpfungsmöglichkeiten zu bieten. Sie setzt sogleich alles daran, um Verbindung mit Dulles herzustellen.«[14]

Zum gleichen Thema schrieb Heinz Felfe, damals Leiter des Referates Schweiz/Lichtenstein im RSHA: »Der Amtschef VI, Schellenberg, hatte strikte Weisung gegeben, in der nachrichtendienstlichen Tätigkeit gegen die Schweiz besondere Vorsicht an den Tag zu legen, um politische Komplikationen aus dem Wege zu gehen. (Schellenberg hatte 1942 persönliche Verbindung zum Chef des schweizerischen militärischen Geheimdienstes, Oberstbrigadier Roger Masson hergestellt, der unter den Decknamen ›Senner 1‹ im Amt VI geführt wurde.)

Mit Hilfe von Masson sollte der Schweizer Zweig der ›Roten Kapelle‹ zerstört werden, was Ende 1943 / Anfang 1944 gelang.

Gegen die Schweiz sollte keineswegs primär aufgeklärt werden, vielmehr sollte die Schweiz das Glacis sein, um Informationen über die Kriegsgegner Deutschlands zu erlangen. Außerdem sollte versucht werden, auf bestimmte Weise Kontakte zu den westlichen Kriegsgegnern Deutschlands, besonders den Amerikanern und Engländern herzustellen, um alle Möglichkeiten zu inoffiziellen Gesprächen oder zu ihrer Vorbereitung zu schaffen. Die Verfolgung dieser Aufgabe stand im Vordergrund der Arbeit«.[15]

Dr. Höttl gehörte zu den wichtigsten, aber auch bestinformierten Mitarbeitern des RSHA. In seinen Büchern »Die geheime Front, die Geschichte der politischen Spionage« und »Hitlers papierne Waffe« wird deutlich, dass er über Organisation, Personen und Aktionen des deutschen Geheimdienstes des RSHA sehr detailliert Bescheid wusste. Im Buch »Hitlers papierne Waffe« beschreibt er das »Unternehmen Bernhard«. Unter dieser Bezeichnung hatte das Himmlersche RSHA die fabrikmäßige Banknotenfälschung betrieben.

In den Jahren 1943/44 hatte das RSHA durch seine Agenten in der Schweiz, in Italien, in Spanien, Frankreich, Belgien, in den Niederlanden, in Portugal, in südamerikanischen Staaten sowie in der Türkei für 350 Millionen Pfund Sterling Falschgeld Gold, andere Edelmetalle, Edelsteine und echte Devisen gekauft. Somit kam die SS in den Besitz umfangreichen Vermögens in ausländischen Währungen. Was von diesen Beträgen am Kriegsende noch übrig war, wurde über Spanien und über die Schweiz in weitere Länder verbracht.[16]

Das ganze Ausmaß dieser im großen Stil betriebenen Geldfälschung, das »Unternehmen Bernhard«, schilderte der Schriftsteller und Grafiker Peter Edel, der als Jude in Sachsenhausen gezwungen wurde, an dieser Geldfälschung mitzuwirken, in seinen Memoiren »Wenn es ans Leben geht«.

Heinz Felfe stellt aus seiner Sicht diese Angelegenheit so dar: »Die Fälschung der Falsifikate wurde mit allem bezahlt, was der Faschismus an Verbrechen hervorgebracht hat – von der Vernichtung menschlicher Würde über die Nutzung von Geist und Talent für schamlosen Betrug bis hin zu Blut und Leben der KZ-Häftlinge, die für das ›Unternehmen Bernhard‹ abkommandiert waren. An den Akten dieses Unternehmens klebte Blut und an anderen ebenfalls, die auch ich in den Händen hielt.«[17]

Felfe gibt eine sehr interessante Episode wieder: »Der Überfluss an gefälschten britischen Pfundnoten ermöglichte es bekanntlich, dem Kammerdiener des britischen Gesandten in der Türkei den von ihm geforderten Kaufpreis für die Ablichtung geheimer Dokumente, die der Gesandte unter persönlichem Verschluss hielt, zu bezahlen. Der Kammerdiener, ein Albaner namens Eliaza Banza, hatte, als er für das Amt VI aktiv wurde, den Tarnnamen ›Cicero‹ erhalten.«[18]

Bestände dieser falschen Banknoten, die nicht mehr ins Ausland geschafft werden konnten, wurden in den ersten Monaten des Jahres 1945 im Bergmassiv an der bayerisch-österreichischen Grenze versteckt. Unter der Bevölkerung des Salzkammergutes kamen Gerüchte auf, in den Bergseen und in den Höhlen der Umgebung seien kistenweise Edelmetalle versenkt und versteckt worden. Höttl legte eine falsche Fährte: Der SS-Schatz sei »in den Trauernsee geworfen« worden.[19]

In Wirklichkeit ruhten Teile davon auf dem Grund des Toplitzsees. Wo der größte Teil verblieb, ist bis heute ungeklärt. Wahrscheinlich ist, dass ein großer Teil dieser Wertpapiere in den 50er Jahren geborgen wurde und in unterschiedlichen Kanälen »versickerte«.

Im Sommer 1959 wurden von Mitarbeitern des Hamburger Magazins *Stern* Teile des Schatzes im Toplitz See in Österreich gehoben. Sie fanden gefälschte Pfund-Noten und Teile eines Geheimarchivs des RSHA. Auf »höhere Weisung« hin kamen die gefälschten Banknoten zur österreichischen Staatsbank und das Geheimarchiv wurde nach Bonn zu Hans Globke, dem Chef des Bundeskanzleramtes, gebracht, der es Gehlen zukommen ließ.[20]

Wie war es möglich, dass die kriminellen Figuren nach 1945 unbehindert verschwinden und kurze Zeit später weiter agieren konnten? Wie war es mögliche, das diese Unverbesserlichen sich wieder zusammenfanden und für einen neuen Kreuzzug Richtung Osten stritten? Das war nur möglich, weil der amerikanische und der britische Geheimdienst diese Kriegsverbrecher schützte.[21]

Die meisten hatten sich einen dieser oder beiden Diensten verpflichtet. Dr. Wilhelm Höttl sah das so: »Darum war für mich von großem Wert, dass meine Auffassung durch die britische Haltung in Nürnberg bestätigt wurde. Ich war damals ›ewiger Zeuge‹ bei verschiedenen Kriegsverbrecherprozessen. So konnte ich selbst erleben, wie die amerikanische Anklagebehörde versuchte, Schellenberg auch wegen des ›Unternehmens Bernhard‹ vor das Tribunal zu bringen. Ich wurde nämlich sehr häufig zu dieser Sache vernommen, Schellenberg selbstverständlich noch viel öfter. Aber dann hörten plötzlich, mit einem Schlag, alle das ›Unternehmen Bernhard‹ betreffenden Fragen auf. Später versicherte mir ein amerikanischer Offizier, der das wegen seines Einblicks in die Gerichtsvorgänge wissen konnte, die britische Seite selbst habe die Amerikaner gebeten, die Fälschungsaffäre nicht mehr weiterzuverfolgen. Und Schellenberg wurde, wie er mir versicherte, bedeutet, dass das ›Unternehmen Bernhard‹ bis zum Tage der deutschen Kapitulation als erlaubte Kriegslist anzusehen sei.«[22]

Höttl spielt hier auf den »Fall 11« an, einen Prozess, in dem vier Naziminister, sieben Staatssekretäre des Dritten Reiches und eine weitere Anzahl hoher Staatsbeamter unter Anklage standen, darunter auch Schellenberg. Landläufig hieß dieser Prozess auch »Wilhelmstraßenprozess«. Er dauerte von Mitte 1948 bis April 1949.

Bei diesem Prozess saßen auch der ehemalige Reichsminister Graf Schwerin von Krosigk und der Vizepräsident der

Deutschen Reichsbank Emil Puhl, der jahrelang mit der SS paktiert hatte, auf der Anklagebank. Puhl hatte mittels einer Eidesstattlichen Erklärung vom 3. März 1946, den Reichswirtschaftminister und Reichsbankpräsidenten Walter Funk schwer belastet, in dem er dessen Verstrickung mit der SS in Person von Oswald Pohl bei der Verbringung von Devisen, Gold und Falschgeld ins Ausland dargelegt hatte. Alle Welt erwartete nun, dass bei diesem Prozess diese Seite der Naziverbrechen bloßgelegt werden würde.

Julius Mader dazu: »Objektive Prozessbeobachter, die sich Aussagen und fällige Enthüllungen über die Verschiebung von Millionenwerten versprochen und erwartet hatten, dass für diese beispiellose Falschgeldproduktion und die damit verbundenen Verbrechen auch der verantwortliche Amtschef Walter Schellenberg dafür gebührend zur Rechenschaft gezogen würden, mussten aber vom Ausgang des ›Wilhelmstraßenprozesses‹ enttäuscht Nürnberg verlassen.

Zwar wurde der Geheimdienstchef der Nazis, Walter Schellenberg wegen Zugehörigkeit zu einer verbrecherischen Organisation wie SS und SD sowie wegen begangener Verbrechen gegen die Menschlichkeit zu sechs Jahren Kerker verurteilt.

Der Vizepräsident der Reichsbank Puhl, einer der SS-Schatzmeister, bekam eine Haftstrafe von fünf Jahren diktiert. Aber über die gesamte SD-Falschgeldmünzerei einschließlich der damit verbundenen Verbrechen gegen die Menschlichkeit, über die Devisen- und Goldtransaktionen des Sicherheitsdienstes in Zusammenarbeit mit der Deutschen Reichsbank und den deutschen Monopolen, fiel kein Wort.«[23]

Was sagen die ehemaligen amerikanischen Hauptankläger im Jahre 1963 dazu? Dr. Robert Kempner: »Leider habe ich in Nürnberg keinerlei Untersuchungen über die NS-Geldfälscherangelegenheit geführt, die mich selbstverständlich interessiert hätte, obwohl wir uns natürlich in unseren Anklagen mit Morden der Hauptkriegsverbrecher beschäftigten und Geldfälscheraffären nicht gerade unter das Anklagestatut für Kriegsverbrecher fielen.«[24]

Dr. Alexander Hardy: »Ich kann mich nicht erinnern, irgendwelches Material auf dem Gebiet der Geldfälscherei gesichtet zu haben, das von genügender Wichtigkeit war, es in irgendeiner der Fälle einzubeziehen, für die ich die Anklage zu vertreten hatte. Alle diese Fälle waren in den Händen von Dr. Kempner.«[25]

Brigadegeneral a. D. Telford Taylor: »Ich bedaure, dass ich mich nach so vielen Jahren im Zusammenhang mit Schellenberg und den Fälschern nicht mehr an irgendwelche Umstände erinnern kann. Ich glaube, dass dieser Teil des Falls unter Leitung von Dr. Robert Kempner stand.«[26]

Charles S. Lyon: »Ich habe mich nicht mit Schellenberg beschäftigt. Die Anklagebehörde war geteilt, ich hatte die Leitung des einen Teils inne, und Robert M. Kempner war verantwortlich für den anderen, der den Schellenberg-Fall mit einschloss. Weiterhin kann ich mich nicht erinnern, von der Fälscherahngelegenheit gehört zu haben.«[27]

War es Gedächtnisschwäche, spielten politische Erwägungen eine Rolle oder wollten die Amerikaner nicht, dass diese Angelegenheit »aufgerollt« werden würde? Die Amerikaner hatten kein Interesse an diesem »Fall«. Zu viele Personen hätten gehört werden müssen, vieles wäre öffentlich geworden, aber die Amerikaner steckten schon zu tief in dieser geheimdienstlichen Verstrickung mit jenem Personenkreis, den sie für ihren Ritt gegen den Osten brauchten.

Figuren wie Dr. Höttl, Skorzeny und Dr. Gyssling erhielten nach dem Zusammenbruch des Hitlerregimes »amerikanischen Schutz«. Sie gehörten zu dem Personenkreis, der »bereits vor dem Ende mit einer amerikanischen Stelle im neutralen Ausland Kontakt hatte«.[28] Diese Formulierung hatten Höttl, Skorzeny und andere in ihrer kurzen Internierungszeit von den sie vernehmenden US-Geheimdienstoffizieren empfohlen bekommen. Sie gehörten auch zu dem Personenkreis des Hitlerregimes, die in der »Historischen Division« – von der amerikanischen Seite initiiert – zur Mitarbeit für die Aufarbeitung des Zweiten Weltkrieges herangezogen wurden. Dort erhielten sie die Möglichkeit, Spuren zu verwischen, indem sie Bücher schrieben.

Aber die Amerikaner wollten sich in Europa auch nach 1945 behaupten. Die territoriale Bedeutung Österreichs für Spionage und Störtätigkeit auf dem Balkan, aber auch als Drehscheibe zwischen Ost und West, lag klar auf der Hand.

Hinzu kam, dass Dulles als Europabeauftragter des OSS seit 1942 in der Schweiz gewirkt hatte und über profunde Kenntnisse zu Personen und Sachverhalten verfügte und somit bereits Einfluss auf bestimmte Entscheidungen des amerikanischen Geheimdienstes nehmen konnte. Begünstigt wurde dieser Umstand noch dadurch, dass Dulles zeitweise Mitarbeiter der Wiener US-Botschaft war.

Nichts war naheliegender, als Höttl anzuwerben, den er als verlässlichen »Spionage-Fachmann« kannte und darum für amerikanische Interessen einsetzen wollte. Verabredungsgemäß hatte sich Höttl in amerikanische Gefangenschaft begeben, und von dort wurde er geholt, als die Zeit reif war.

Allen Dulles löste sein Versprechen ein: Dem Kriegsverbrecher Höttl blieb es erspart, in Jugoslawien, Deutschland, Österreich, Bulgarien, Italien oder Rumänien vor Gericht zu erscheinen. Während seiner Internierungszeit bis Anfang 1946 hatte Höttl den untauglichen Versuch unternommen, seinen einstigen Chef, Ernst Kaltenbrunner, vor dem Galgen zu retten. Seine Aussagen kamen in den Apriltagen 1946 vor dem Internationalen Militärtribunal in Nürnberg zur Sprache. Allerdings gab es niemanden, der der Beteuerung Höttls glaubte, Kaltenbrunner sei es immer nur um den Frieden gegangen.

Höttl wurde mit Hilfe von Allen Dulles Anfang 1947 zum österreichischen Kopf der US-Geheimorganisation »Spider« gemacht und begann, alte Fäden wieder aufzunehmen und neue zu spinnen. Die Spider-Organisation war eine extrem reaktionäre US-Geheimorganisation, die ihre Fühler weltweit auszustrecken versuchte. Offiziell zogen sich amerikanische Dienststellen etwa 1949 von dieser Organisation zurück und distanzierten sich, als einiges in die Öffentlichkeit drang.

Auf Europa bezogen ging es dabei um Folgendes: Einflussnahme auf die Nachkriegsentwicklung im Kontext des Kalten Krieges, Unterstützung der Geheimdienste der Alliierten besonders der CIA, Organisierung der Flucht hunderter Kriegsverbrecher von Europa nach Südamerika.

Eine ähnliche Aufgabe führte auch Ante Pavelić, zuerst in Kroatien und dann in Italien, durch. Wie Höttl war er an Fluchtoperationen von Italien über Spanien nach Südamerika beteiligt, bis er selbst über diesen Weg nach Argentinien floh.

Ante Pavelić (1889–1959) war Führer der faschistischen »Ustascha« und stand von 1941 bis 1945 an der Spitze der von Hitler und Himmler eingesetzten kroatischen Marionettenregierung. Pavelić verübte nach deutschem Muster einen planmäßigen Völkermord an Serben, Juden, orthodoxen Christen sowie kroatischen und muslimischen Systemgegnern. Das größte kroatische KZ befand sich in Jasenovac, wo nach Angaben des Simon-Wiesenthal-Zentrums 85 000, laut *United States Holocaust Memorial Museum* insgesamt etwa 56 000 bis 97 000 Serben, Juden, Roma und kroatische Oppositionelle umgebracht wurden. Es gab mehrere Todestransporte von dort nach Auschwitz. 1959 verstarb Pavelić in Madrid an den Spätfolgen eines Attentats. In Jugoslawien war er in Abwesenheit zum Tode verurteilt worden.

Dr. Wilhelm Höttl war nach 1945 eine Marionette des amerikanischen Geheimdienstes. Dass er in Österreich nicht die Rolle spielte wie Gehlen in Westdeutschland, lag daran, dass er in das Geheimdienstsystem der OSS eingebunden war. Das OSS verlor den Kampf um die Vorherrschaft bei den US-Geheimdiensten in der Army. Außerdem hielt der CIC ihn für einen Kriegsverbrecher. Deshalb landete er in einer Zeugenzelle des Gefängnisses des Internationalen Militärtribunals in Nürnberg. Am 20. September 1945 unterschrieb der neue US-Präsident die Order zur Auflösung des OSS. Heinz Höhne hat das so begründet: »Die OSS-Gegner im Kriegsministerium hatten auf der ganzen Linie gesiegt; die Teile des OSS, die sich mit geheimer Auslandsaufklärung, Gegenspionage und Sabotage befassten, waren unter der neuen Sammelbezeichnung *Strategic Service Unit* dem Militär zugeschlagen worden.«[29]

Aber Allen Dulles vergaß Dr. Höttl nicht. Im Oktober 1945 erhielt dieser einen Freibrief des amerikanischen Gefängniskommandanten: »Dr. Wilhelm Höttl ist ein deutscher Staatsbürger und hat Erlaubnis dieser Dienststelle, sich innerhalb Nürnberg, Deutschland, überallhin zu bewegen, wo immer er will, ohne polizeiliche Begleitung oder Sicherheitskontrolle.«[30]

Solange Dr. Wilhelm Höttl als Zeuge in unterschiedlichen Kriegsverbrecherprozessen »gebraucht« wurde, konnte er sich nicht intensiv genug um seine »eigentliche« Aufgabe, nämlich den geheimen Krieg gen Osten, kümmern. In der Zwischenzeit hatten Balkan- und Ostexperten aus dem RSHA wie Bruno Kauschen (»Unternehmen Zeppelin«), Josef Urban, Harry Mast und andere sich mit den Alliierten verbündet und in Österreich »Meldedienste« organisiert. Harry Mast (1898–1987) war seit 1918 im Evidenzbüro in Wien tätig und ein enger Vertrauter von Canaris. Er rettete einen Teil des Canaris-Archivs, wie Erich Schmidt-Eenboom zu berichten wusste. Nach 1945 baute er einen »Meldedienst« für die Franzosen in Österreich auf.

Nicht klar ist, ob Kauschen und Urban sofort für die Organisation Gehlen in Österreich einen Meldedienst gegen die sowjetische Besatzungsmacht aufbauten. Sicher ist nur soviel, dass sie, trotz Kontakten zur OG, das Ziel verfolgten, eine eigenständige Organisation aufzubauen, die als Außenstelle des Heinz-Dienstes des Amtes Blank in Bonn gedacht war.

1947 begann Höttl, »alte« Verbindungen zu reaktivieren. Er baute für den CIC in Österreich eine Organisation – halb als Spionage-, halb als Sabotageorganisation – für den Kriegsfall auf. Aus Verärgerung darüber, dass der CIC immer noch Kriegsverbrecher suchte, löste er später diese Beziehung. Höttl verschwieg seine Quellen den Amerikanern. Das waren Mitarbeiter des RSHA, der Abwehr und anderer faschistischer Organisationen, die inzwischen in wichtigen staatlichen Einrichtungen untergekommen waren, etwa im österreichischen Innenministerium, in der Ausländerpolizei, bei der Staatspolizei oder in wichtigen Tageszeitungen wie *Neue Presse* und *Salzburger Nachrichten*.

Höttl hatte überall seine Finger im Spiel. Seine Verbindungen reichten bis zu führenden Persönlichkeiten der neuen österreichischen Geheim- und Sicherheitsdienste in Wien, aber auch bis zur Schweizer Bundespolizei. *Der Spiegel* wusste über Dr. Höttl zu berichten: »Es gibt in (West-)Europa kaum eine geheime Nachrichtenorganisation, zu der dieser Mann nicht auf geraden oder ungeraden Wegen Kontakt hätte und von der er direkt oder indirekt Tantiemen bezöge.[31]

Das war offensichtlich auch der Grund, warum Gehlen Dr. Höttl in seiner Organisation keine Führungsposition einräumte. Nach Erich Schmidt-Eenboom habe Gehlen es 1953 abgelehnt, Höttl als Leiter eines Meldekopfes in Österreich zu bestätigen. Höttl hatte sich für einen solchen Posten beworben. Trotzdem profitierte die OG von Höttls Netz in Österreich, denn Informationen aus diesem Netz landeten bei Gehlen.

Insbesondere der Meldekopfleiter Bruno Kauschen hielt zu Höttl Verbindung und bekam dadurch exzellente Informationen, die in der Zentrale in Pullach für manche Aufregung sorgten, obwohl Höttl nie direkt zu Gehlen gehörte. Der Beiname Höttls (›der Gehlen Österreichs‹) war irreführend.

In den Annalen der Organisation Gehlen ist die Zeit zwischen etwa 1950 und 1955 als die fruchtbarste und erfolgreichste gegen die sowjetische Besatzungsmacht in Österreich ausgewiesen. In dieser Zeit spielte Dr. Höttl eine bestimmende Rolle im System der OG, aber nicht die dominierende, wie oft behauptet wurde. Diese Rolle hätte er gespielt, wenn die Absicht von Friedrich Wilhelm Heinz mit seinem Aufklärungsdienst für das ›Amt Blank‹ aufgegangen wäre, in Österreich eine Außenstelle zu installieren, die Dr. Höttl leiten sollte. Oberstleutnant Heinz, kam aus dem Canaris-Apparat und war kurze Zeit Regimentskommandeur in der Division ›Brandenburg‹ gewesen und hatte nach dem Krieg unter den Decknamen ›Tulpe‹ für den französischen Geheimdienst gearbeitet. Nach Erich Schmidt-Eenboom hatte Höttl für diesen Dienst in Österreich bereits die finanziellen Mittel, aus ›hinübergeretteten Geldern‹ zur Verfügung gestellt, um die Aufklärungstätigkeit mitzufinanzieren. Dr. Höttls Gelder waren bereits für den Kauf von Dienstobjekten, Mieten u.a. Sonderzahlungen angelegt worden. 1953 wurde Heinz mit Hilfe von Gehlen ›abgeschossen‹.«[32]

Laut Heinz Felfe war die OG schon 1953 tief in den Besatzungszonen in Österreich verankert. Aus jener Zeit ist insbesondere der sogenannte »Kloaken«-Vorgang zu nennen, der von mehreren Autoren immer wieder als Beispiel herangezogen wurde, um zu verdeutlichen, dass die OG unter der sowjetischen Besatzungsmacht in Österreich über keine ergiebigen Quellen verfügte und deshalb zu diesem »stinkenden Mittel« griff. Die »Operation« leitete der ukrainische Nationalist Jaroslaw Lukas. Das lief so ab: Ein oder mehrere Agenten der Organisation fischten aus Abwässern sowjetischer

Behörden und Dienststellen in Österreich beschriebenes und bedrucktes Papiere heraus, und nach speziellen »Waschungen« und Trocknungen fassten sie es zu Informationen zusammen. Gehlen verstand es immerhin, eine Zeit lang mit diesen Informationen bei den Amerikanern Eindruck zu schinden. Es stellte sich jedoch heraus, dass man so kaum zu den erhofften Geheiminformationen gelangte. Die Aktion wurde schließlich abgebrochen.[33]

Sie wurde Ende der 50er Jahre in veränderter Form auf dem Territorium der DDR wieder zum Leben erweckt: Militärspione erhielten den Auftrag, auf Mülldeponien und wilden Kippen Papiere zu sammeln, die mit kyrillischen Buchstaben beschriftet waren. Da passierte es schon mal, dass ein älterer Bruder aus dem Russischbuch der jüngeren Schwester einige Seiten herausriss und sie dem Agentenführer übergab. Für jede Lieferung gab es fünf DM. Diese Methode führte natürlich zur schnellen Enttarnung der sogenannten »Fünf-Mark-Spione.«

Als Österreich 1955 »immerwährende Neutralität« versprach, und die Beatzungsmächte das Land verließen, konnten Außenstellen und Residenturen der OG nicht mehr unter dem Schutz der US-Streitkräfte gegen sowjetischen Einrichtungen arbeiten und mussten sich ebenfalls zurückziehen.

Dr. Wilhelm Höttl, der in dieser Periode verschiedene westliche Geheimdienste bediente, zog sich 1958/59 angeblich aus dem Spionagegeschäft zurück. In Altaussee in Österreich ernannte er sich zum Direktor einer angeblich aus Teheran finanzierten privaten Mittelschule. Wer war der Finanzier aus dem Iran? Dr. Höttl selbst und Dr. Hermann Oberascher, ehemals SS-Hauptsturmführer aus dem RSHA. Letzterer war nach Kriegsende mit falschen Papieren, die ihm Höttl besorgt hatte, in den Nahen Osten gegangen. Er hatte mehrere Depots bei Banken in der Türkei, Jordanien, Syrien und dem Iran geleert, die Depositare des RSHA angelegt hatten. Mitte der 50er Jahre kehrte er nach Österreich als Finanzier von Dr. Höttl zurück. Der kaufte als Schul- und Verwaltungsdirektor sieben teure Immobilien und finanzierte den Aufbau von zwei Verlagen, die seine Ehefrau führte.

Der Westberliner *Telegraf* schrieb am 3. Oktober 1963: »Woher die Gelder für den kostspieligen Bau der Privatschule stammten, ist niemals recht geklärt worden. Ebenso wenig, auf welche Weise die kostspieligen Internatsgebäude finanziert wurden. *Der Spiegel* höhnte: Zwei Spuren haben die Amerikaner in dieser Richtung verfolgt, und nach der einen Version soll Höttl noch vor Kriegsschluss große Devisenbeträge in der Schweiz deponiert haben, nach der anderen soll sein Nibelungenschatz in unmittelbarer Umgebung seines Wohnortes lagern.«

Beide Versionen werden wohl stimmen!

Der Berliner Buchautor Julius Mader wies 1963 gegenüber der zuständigen Staatsanwaltschaft in Österreich nach, dass die von Höttl zum Eichmann-Prozess unter Eid gemachten Aussagen zu seiner Person in wesentlichen Teilen falsch waren und forderte eine Meineidsklage. »So musste Höttl nicht nur mit seinem Privatschulkombinat Konkurs anmelden. Seinen Gläubigern hinterließ er bei diesem Projekt nach dem Offenbarungseid rund 15 Millionen Schilling Schulden. Höttl selbst hatte aber rechtzeitig vorgesorgt, sein eigenes Vermögen allmählich aus dem Unternehmen herausgezogen und in beweglichen Werten angelegt.«[34]

Als Privatperson, mit mehreren Millionen in der Hinterhand, wollte er 1964 hunderte Gemälde kaufen, die aus dem Besitz ungarischer Juden stammten. Die Öffentlichkeit verhinderte das.[35]

Höttl wurde in den späteren Jahren gern als Zeitzeuge für die Verbrechen des Faschismus benutzt. So 1995, als er seine Version über die Gründe der Niederlage Deutschlands im Zweiten Weltkrieg in einem Film von Guido Knopp aus Anlass des 50. Jahrestages des Kriegsendes im *ZDF* darlegen durfte. In der Dokumentation des gleichen Autors (»Vatikan, die Macht der Päpste«) im *ZDF* im Oktober 1997 schwadronierte Höttl über die Rolle des Vatikans bei der Judenverfolgung. Selbstverständlich verschweigend, dass er selbst einer der »Helfer Hitlers« war und selbst Kriegsverbrechen begangen hatte.

Als 1956 ein Emissär des BND, der im Auftrag des leitenden Mitarbeiters des strategischen Dienstes, Kurt von Rohrscheidt, aus Spanien zurückkehrte, wohin er zur Lagebeurteilung geschickt worden war, brachte er die Zusage von Otto

Skorzeny mit, Gehlen und seine Organisation sowohl logistisch als auch finanziell unterstützen zu wollen. Skorzeny hatte auch für die Zeit nach dem Untergang vorgesorgt. Seine »Kriegskasse« war üppig gefüllt. Nach Angaben englischer Quellen verfügte er über mehrere Kisten Feingold aus den Goldreserven der Deutschen Reichsbank und auch über große Teile des Rommelschatzes, der aus Plünderungen in Tunis und Djerba stammte.[36] Falschgeld war auch genügend beiseite geschafft worden.

Am 8. Juli 1975 schrieb *Der Spiegel* über Otto Skorzeny, als dessen Tod bekannt geworden war: »Der SS-Oberst wird nach dem Kriege vom amerikanischen Kriegsgericht in Dachau nach sechswöchigem Verfahren freigesprochen, den Prozess der deutschen Gerichte wartet er gar nicht erst ab, sondern geht nach Spanien. *(Da irrte der Spiegel: Skorzeny floh mit Hilfe der Amerikaner aus der US-Internierung und gelangte über die »Rattenlinie« nach Spanien – H. W.)* Der Sprung in die bürgerliche Existenz gelingt ihm meisterhaft. Bald ist er Exportkaufmann, Immobilienmakler, Besitzer einer Bar namens »Erika«, die zum Treffpunkt aller Ehemaligen in Madrid wird, er erwirbt ein ansehnliches Gut in Irland, züchtet dort Pferde und führt das Leben eines wohlhabenden, angesehenen Mannes.«

Skorzeny war auch der Schwiegersohn des Bankiers Hjalmar Schacht, einem der reichsten Männer Deutschlands, der 1932 als Mitunterzeichner einer Eingabe von Wirtschaftsführern an Hindenburg die Einsetzung Hitlers als Reichskanzler forderte. Als Reichswirtschaftminister (bis 1936) und Reichsbankpräsident (bis 1939) sowie Minister ohne Geschäftsbereich (bis 1943) und führendes Mitglied des Freundeskreises Reichsführer-SS war er maßgeblich an der Vorbereitung des Zweiten Weltkrieges beteiligt. Er saß als Hauptkriegsverbrecher auf der Anklagebank in Nürnberg, wurde aber freigesprochen, 1947 in einem weiteren Verfahren zu acht Jahren Haft verurteilt. 1948 erfolgte der erneute Freispruch und die Entlassung aus dem Internierungslager Ludwigsburg.

Schacht behielt sein Vermögen, das durch Hitlers Raubkrieg immens gewachsen war. Er beeinflusste die Nachkriegsentwicklung durch seine Beratertätigkeit im Nahen Osten, besonders in Ägypten, in Asien und Südamerika. Skorzeny spielte dabei die Rolle des Managers für vielfältige Geschäfte, gerade auch im Waffenhandel. Abgesichert durch die CIA, die Organisation Gehlen und später auch den israelischen Geheimdienst. Gleichzeitig fungiert er mit weiteren ehemaligen Geheimdienstmitarbeitern, vorwiegend des RSHA, als Berater, Fachmann und Reorganisator beim Aufbau der Geheimdienste in Ägypten, im Iran, in Syrien und anderswo.

Begonnen hatte alles damit, dass sich Anfang 1950 der ägyptische Präsident an die US-Regierung mit der Bitte gewandt hatte, ihm Fachleute für die Reorganisation des von englischen Agenten durchsetzten ägyptischen Geheimdienstes zur Verfügung zu stellen. Die CIA konnte wegen Israel nicht offen diesem Anliegen nachkommen. So wandte man sich an Deutsche wie Schacht und Gehlen. Daraufhin mobilisierte Skorzeny schließlich um 1953/54 etwa einhundert »alte Kameraden«, die in Ägypten und im Nahen Osten zu wirken begannen. Das in deutscher Übersetzung 1988 in Wien erschienene Buch »Der amerikanische Bumerang. NS-Kriegsverbrecher im Solde der USA« beschreibt diese Periode.

Bis 1956 hatte die OG zwar Kontakte nach Spanien und auch einen offiziellen Vertreter beim militärischen Geheimdienst, aber keine feste Basis in Madrid. Als dann der Bundesnachrichtendienst offiziell wurde, war der Weg frei für Gehlen und von Rohrscheidt, an die guten Beziehungen der Kriegsjahre anzuknüpfen und ehemalige Nachrichtendienstler in Spanien zu reaktivieren, aber auch vor allem auf die von Rohrscheidt sichergestellte Kriegskasse der in Spanien operierenden deutschen Abwehr – in Gold und Devisen über eine Million Reichsmark – zurückzugreifen.[37]

Am 1. März 1976 war in der *Bild am Sonntag* zu lesen: »Otto Horcher bediente Zaren, Kaiser und Diktatoren – jetzt tritt Europas größter Gastronom zurück.« Im Weiteren wurde sein Lebensweg beschrieben, der ihn von Berlin über Paris nach Madrid führte. Sein Vater hatte 1904 eines der exklusivsten Restaurants in Berlin gegründet, die »oberen Zehntausend« zählten zu seinen Gästen. 1933 verließ Horcher Berlin, setzte einen Geschäftsführer ein und übernahm in gleicher Funktion das Pariser Restaurant »Maxims«, wo er 1937 bei der Weltausstellung beide »Grand Prix« im Bereich der Gastronomie gewann. Laut *BamS* habe Goebbels 1943 gedroht, das Horcher-Lokal in Berlin zu schließen, und so habe er es nach Madrid überführt.

Eine harmlose Bilderbuchkarriere, so könnte man meinen. Es gibt aber noch einen anderen Otto Horcher, der eng mit dem Faschismus in Deutschland und später in Spanien bunden war. Hermann Göring, so Horcher, sei sein bester Freund gewesen und viel Prominenz des Dritten Reiches auch. Das erklärt, weshalb er in englischen Texten nur als »Caterer to the Third Reich« bezeichnet wird, als »Otto Horcher, who cooked for top Nazis in Berlin and Madrid«.

Seit 1935 gehörte Otto Horcher zum »Freundeskreis der NSDAP« in Paris und wurde immer mehr in die konspirative Tätigkeit der AO und später in die geheimdienstliche Arbeit des RSHA einbezogen. Nach der Okkupation Frankreichs wuchs die Rolle Horchers durch seine Verbindungen zur deutschen Besatzungsmacht weiter. Im Hintergrund zog er die Fäden für Geld-, Gold-, Schmuggel- und Schwarzmarktgeschäfte sowie bei der Beschaffung von wertvollen Kunstgegenständen, die meist für Göring bestimmt waren.

In der Zwischenzeit machte sein Geschäftsführer in Berlin, Hans Warsinski, bei der SS Karriere. Er gehörte zum Sonderreferat WI – Wirtschaft des Amtes VI des RSHA, das mit dem »staatlich betriebenen Schwarzhandel« einschließlich Falschgeldvertrieb befasst war. Warsinski und Horcher waren »offiziell« für alle dunklen Geschäfte in der Großregion Paris zuständig. Ab 1941 kam auch Spanien dazu. Den Falschgeldvertrieb und alle anderen dubiosen Geschäfte sicherte der Befehlshaber der Sicherheitspolizei und des SD in Frankreich, Dr. Helmut Knochen, der 1945 als Kriegsverbrecher in Frankreich verurteilt, aber 1963 auf Antrag der Bonner Regierung in die BRD entlassen wurde.[38]

1943 siedelte Otto Horcher mit seinem Berliner Restaurant mit Hilfe des Auswärtigen Amtes und des RSHA nach Spanien über. Die naive *BamS*: Otto Horcher belud in Berlin zwei Waggons mit Porzellan und Tafelsilber und brachte es nach Spanien. Als wenn das 1943 die normalste Sache der Welt gewesen wäre. Nichts ging damals ohne das RSHA, es war damals die entscheidende politische und sicherheitsbestimmende Institution. Mit Zustimmung des Reichssicherheitshauptamtes wurden die Papiere im Reichsaußenministerium beschafft.

»El gran Otto«, wie sich Horcher in Spanien gern titulieren ließ, brachte es vor und während des Krieges zu sieben Restaurants in Europa. Finanziert aus Geldern, die aus Verbrechen der Faschisten stammten und an denen Blut klebte. Als ein Abgesandter Gehlens 1958 in Spanien die Lage sondierte, bekam er Horchers Zusage, den BND finanziell zu unterstützen. Das wusste später ein Vertrauter dem MfS mitzuteilen.

Der Leiter der Zentralabteilung des Amtes Ausland/Abwehr, General Hans Oster, hatte Anfang der 40er Jahre in der Schweiz ein Geheimkonto (auch »Putschfond« genannt) eingerichtet. Auf dieses Konto hatte ein ausgewählter Personenkreis Zugriff. Hans Bernd Gisevius, der als Vizekonsul während des Krieges in der Schweiz wirkte, wurde bereits erwähnt. Hauptakteur war allerdings Eduard von der Heydt, ein deutscher Bankier, der im Auftrag der Abwehr um 1937 in die Schweiz übergesiedelt war, ein Kunstliebhaber, der sich nach dem Krieg als großzügiger Kunstmäzen feiern ließ.

Und es gab ein weiteres geheimdienstliches Konto in der Schweiz. Verwaltet wurde es nach 1945 von dem ehemaligen Abwehrmann Karl Klein, der nach Überzeugung des Schweizer Nachrichtendienstes bei Kriegsende ein Vermögen von 250 Millionen Franken der deutschen Abwehr betreute, wie Erich Schmidt-Eenboom berichtete …

Es gilt als bewiesen, dass im Zuge der Wiederbewaffnung der Bundeswehr nicht nur gebrauchtes Kriegsgerät von den US-Streitkräften beschafft wurde, sondern auch neues Gerät, etwa Schützenpanzerwagen, eingekauft wurde. Bereits Ende der 50er wurde ein Deal mit dem Schweizer Waffenkonzern Hispano-Suiza durch Karl Klein und dem Liechtensteiner Rudolf Ruscheweyh eingefädelt. Beteiligt waren die Bonner Regierung und der Bundesnachrichtendienst. Die aus diesem Waffengeschäft zur Beschaffung des HS-30-Schützenpanzers resultierenden Provisionsmillionen flossen auch auf Konten des Bundesnachrichtendienstes. Zu diesem undurchsichtigen Waffendeal gab es 1967/68 einen Untersuchungsausschuss des Bundestages, der aber wenig ans Tageslicht brachte.[39]

Wer richtig lesen konnte, musste schon damals zu dem Schluss kommen, dass der Bundesnachrichtendienst an schmutzigen Geschäften mitverdiente.

Anmerkungen

1 *Berliner Zeitung* vom 25. Juni 1997
2 Forschungsstelle für Wehrwirtschaft (FfW Nr. 693/43)
3 Julius Mader: Der Banditenschatz, Berlin 1965, S. 16
4 Meldung der britischen Nachrichtenagentur für Deutschland vom 8. November 1945
5 Julius Mader: Die graue Hand, Berlin 1960, S. 224
6 Julius Mader: Der Banditenschatz, Berlin 1965, S. 59
7 a. a. O., S. 250
8 a. a. O., S. 144 ff.
9 Mary Ellen Reese: Organisation Gehlen. Der kalte Krieg und der Aufbau des deutschen Geheimdienstes, Berlin 1992, S. 118
10 Peter F. Müller & Michael Mueller: Gegen Freund und Feind, Hamburg 2002, S. 442
11 a. a. O., S. 423 und Helmut Wagner: Schöne Grüße aus Pullach, Berlin 2001, S. 76
12 a. a. O., und Helmut Wagner: Schöne Grüße ..., a. a. O., S. 77 ff.
13 Peter F. Müller / Michael Mueller: Gegen Freund ..., a. a. O., S. 424 ff.
14 Walter Hagen (Pseudonym von Wilhelm Höttl): Die geheime Front, Wien 1950, S. 45
15 Heinz Felfe: Im Dienst des Gegners, Berlin 1986, S. 67
16 Julius Mader: Die graue Hand ..., a. a. O., S. 218
17 Heinz Felfe: Im Dienst ..., a. a. O., S. 83
18 a. a. O., S. 84 ff.
19 Walter Hagen: Die geheime Front, Wien 1950, S. 71
20 Julius Mader: Die graue Hand, a. a. O., S. 221
21 Julius Mader: Der Banditenschatz, a. a. O., S. 187 ff.
22 Wilhelm Höttl: Unternehmen Bernhard, Wien 1955, S. 281
23 Julius Mader: Der Banditenschatz, a. a. O., S. 186 ff.
24 a. a. O., S. 190
25 a. a. O., S. 191
26 a. a. O., S. 191
27 a. a. O., S. 192
28 Julius Mader: Die graue Hand, a. a. O., S. 224
29 Heinz Höhne: Der Krieg im Dunkeln, München 1985, S. 484
30 a. a. O., S. 486
31 *Der Spiegel* 17/1953
32 Helmut Wagner: Schöne Grüße ..., a. a. O., S. 21 ff.
33 Heinz Felfe: Im Dienst des Gegners, a. a. O., S. 203

34 Julius Mader: Der Banditenschatz, a.a.O., S. 212ff.
35 a.a.O., S. 211
36 a.a.O., S. 155
37 Helmut Wagner: Schöne Grüße ..., a.a.O., S. 78
38 Julius Mader: Der Banditenschatz, a.a.O., S. 116, 346, 356.
39 *Neues Deutschland* vom 19. Oktober 2000

Personendossiers

Artusow, Artur Chritoforowitsch (1891–1937)

Russe italienischer Abstammung, 1917 Abschluss des Studiums am Polytechnischen Institut in St. Petersburg, politisch in der SDAPR (B) organisiert, aktiv an der Oktoberrevolution beteiligt, kämpft 1918 im Hinterland der deutschen Truppen. Anfang 1919 Delegierung in die Tscheka; macht dort schnell Karriere, da er fließend Französisch, Deutsch, Englisch und Polnisch spricht; entwickelt sich zu einem der fähigsten Geheimdienstfunktionäre der Tscheka. Seit 1921 einer der stellvertretenden Vorsitzenden der GPU (Staatliche Politische Verwaltung), der Nachfolgeorganisation der Tscheka.

Von 1922 bis 1927 Chef der sowjetischen Spionageabwehr, in dieser Eigenschaft hauptverantwortlich für die Gegenoperationen »Trust« und »Syndikat«, 1930 Wechsel zur Auslandsaufklärung der Staatssicherheit (INO). Zunächst dort Stellvertreter, von 1931 bis 1935 Leiter der Auslandsaufklärung. Danach Wechsel zur Militäraufklärung der Roten Armee und dort Stellvertreter der Hauptverwaltung für Aufklärung (GRU), Dienstgrad: Korpskommissar, was etwa dem Generalmajor entspricht.

Ab 1937 wieder in der Staatssicherheit.

Dort im Mai 1937 als Teilnehmer einer angeblichen antisowjetischen Verschwörung verhaftet und im August des gleichen Jahres erschossen.

Bach-Zelewski, Erich von dem (1899–1972)

SS-Obergruppenführer und General der Polizei. Seit 1930 in der NSDAP, 1931 SS, 1934 SS-Führer in Ostpreußen, seit Juni 1941 Höherer SS- und Polizeiführer (HSSPF), einer

Himmler direkt unterstellten Dienststelle, die die zum Massenmord eingesetzten Einsatzgruppen befehligte.

Chef der Einsatzgruppe B, ab 21. Juni 1943 Bevollmächtigter des Reichsführer-SS zu Bandenbekämpfung (Partisanen- und Judenvernichtung).

Im August 1944 an der Niederschlagung des Warschauer Aufstandes beteiligt; danach bis April 1945 Stabschef des Befehlshabers des Ersatzheeres.

Im Nürnberger Prozess Kronzeuge der Anklage.

Verbreitete die Mär, dass er Hermann Göring Gift für dessen Selbstmord gegeben hätte.

Internierung bis 1950. 1961 wegen der Beteiligung an der Röhm-Affäre zu vier Jahren Haft verurteilt, 1962 wegen der Ermordung dreier Kommunisten in Ostpreußen im Jahre 1933 zu lebenslanger Haft verurteilt.

Bernadotte Graf von Wisborg, Folke (1895–1948)

Spross des schwedischen Adelsgeschlechtes, Offizier. Während des Zweiten Weltkrieges Chef des Schwedischen Roten Kreuzes.

Kurz vor Kriegsende gelang es ihm, etwa 30 000 skandinavische und jüdische KZ-Häftlinge freizubekommen. In den Verhandlungen mit dem Reichsführer-SS Heinrich Himmler und Walter Schellenberg versuchten die beiden Spitzen-Nazis, Verbindung mit den Westmächten aufzunehmen, um mit diesen einen Separatfrieden zu schließen.

Bernadotte, der nach 1945 auch eine bedeutende Rolle als UNO-Vermittler in Palästina spielte, wurde am 17. September 1948 von der extremen jüdischen Geheimorganisation »Lechi«, der sogenannten »Stern-Bande«, deren Mitglied auch der spätere israelische Ministerpräsident Jitzschak Schamir war, ermordet.

Bersin, Jan Karlowitsch (1889–1938)
Decknamen: Pawel Iwanowitsch, Eduard Pawlowitsch

Lettischer Kommunist. 1906 als 17-Jähriger wegen politischer und aufrührerischer Tätigkeit zum Tode verurteilt, Umwandlung der Strafe in lebenslange Verbannung. 1914 Flucht aus Jakutien, Aufenthalt in Petrograd, legte seinen wirklichen Namen Pēteris Ķjusis ab und nannte sich fortan Eduard Pawlowitsch Bersin. Mit Beginn seiner Tätigkeit als Chef der Kreml-Garde wurde daraus Jan Karlowitsch Bersin.

Aktiver Teilnehmer an der Oktoberrevolution. Nach der Ausrufung der lettischen Räterepublik Ende 1917 Stellvertreter des Volkskommissars für innere Angelegenheiten der Republik Lettland.

Bersin führte die Lettischen Schützen, Lenins Leibgarde in Smolny. Im Frühjahr 1918 Kommandeur der Kreml-Garde. In dieser Funktion an der Aufdeckung der »Botschafterverschwörung« beteiligt, die unter Leitung des britischen Diplomaten und Mitarbeiters des britischen Geheimdienstes, Bruce Lockart, stand. Ziel war die Ermordung Lenins.

1919 Leiter der Politabteilung der 11. Petrograder Infanteriedivision, anschließend Leiter der Tscheka in der 15. Armee, seit 1921 Stellvertreter Dzierzynskis und Leiter der 4. Abteilung der Tscheka (Militäraufklärung), 1924 bis 1935 Chef der Aufklärung des Generalstabes der Roten Armee, zuletzt im Range eines Armeekommissars (Generalleutnant).

1933 Inspektionsreise durch Europa und Treffen mit den Leitern der Kundschaftergruppen in der Tschechoslowakei, Österreich, Schweiz, Deutschland, Frankreich und Italien.

Von 1935 bis 1937 Stellvertreter des Oberbefehlshabers der Besonderen Fernöstlichen Rotbannerarmee. Von Ende 1936 bis Mitte 1937 Chefberater der spanisch-republikanischen Regierung in Madrid, danach erneut Chef der Militäraufklärung beim Generalstab.

Zweimal mit dem Rotbannerorden ausgezeichnet.

1938 Opfer der von Stalin angewiesenen »Großen Säuberung« und Hinrichtung.

Bersin besaß die Eigenschaften eines weitsichtigen Strategen und verstand es, seine Kundschafter an der »lautlosen Front« weltweit zu platzieren. Sie wirkten in Europa, im Fernen Osten, im Nahen Osten und in Amerika. Dr. Richard Sorge, Leopold Trepper, Ruth Werner, Iwan Winarow, Rudolf Herrnstadt, Ilse Stöbe, Sándor Radó und andere gingen durch seine Schule.

Besonders im Zweiten Weltkrieg leisteten die Bersin-Kundschafter Hervorragendes im Kampf gegen den Faschismus und westliche Geheimdienste. Mehr als 120 von ihnen wurden mit dem Titel »Held der Sowjetunion« ausgezeichnet.

Böttcher, Paul (1891–1975)
Deckname: Herbert Rubin

Von Beruf Schriftsetzer, von 1908 bis1916 Mitglied der SPD, Kriegsdienst, letzter Dienstgrad: Unteroffizier. 1918 Mitglied des Soldatenrates in Leipzig und Redakteur der *Leipziger Volkszeitung*, 1919 Schutzhaft Festung Königstein. 1920 Mitglied der KPD.

Von 1922 bis 1929 Abgeordneter des Sächsischen Landtages, Fraktionschef der KPD, 1929 Ausschluss aus der Partei, von 1929 bis 1933 Mitglied der KPO, 1933 Emigration in die Schweiz, dort 1934 Mitarbeit in der KPdSU-Gruppe, Juni 1934 Ausweisung aus der Schweiz. Taucht ab und geht in den Untergrund, lebt bei Rachel Dübendorfer und wird von ihr in die nachrichtendienstliche Arbeit für die Militäraufklärung der Roten Armee einbezogen.

Im April zusammen mit Rachel Dübendorfer festgenommen, Flucht im Juli 1945 aus einem Internierungslager nach Frankreich. Im Oktober 1945 in Abwesenheit in der Schweiz wegen Spionage verurteilt.

Ab September 1945 in Berlin. Wird im Frühjahr 1946 aufgefordert, nach Moskau zu kommen, dort verhaftet und am 12. Februar 1947 ohne Gerichtsverhandlung zu zehn Jahren wegen »passiver Spionage« verurteilt. Lernt bis zu seiner Entlassung 1956 über 40 Lager und Gefängnisse und auch den Gulag kennen. März 1956 Entlassung und Rückkehr nach Berlin, im gleichen Jahr Rehabilitierung.

Ab August 1956 stellvertretender Chefredakteur der *Leipziger Volkszeitung*. 1965 Auszeichnung mit dem Orden des Großen Vaterländischen Krieges, 1971 mit dem Vaterländischen Verdienstorden der DDR in Gold.

Bontsch-Brujewitsch, Michail D. (1870–1956)

Generalleutnant der zaristischen und der Roten Armee, Professor und Doktor der Militärwissenschaften, Dozent an der Militärakademie. Studium der Vermessungskunde an der Moskauer Universität, danach an der Generalstabsakademie. Bei Kriegsbeginn Regimentskommandeur. Im Herbst 1914 Generalquartiermeister der 3. russischen Armee, im März 1917 Mitglied des Exekutivkomitees des Pskower Sowjets der Arbeiter und Bauern, August 1917 Chefkommandeur der Nordfront, November 1917 Stabschef des Hauptquartiers beim ersten sowjetischen Oberbefehlshaber.

In Lenins Auftrag im Februar 1918 Organisierung der Verteidigung Petrograds gegen die Deutschen, August 1918 Militärischer Leiter des Obersten Kriegsrates, im Sommer 1919 Chef des Feldstabes im Revolutionären Kriegsrat.

1920 Rückkehr zur Verwaltung für Geodäsie.

Bontsch-Brujewitsch zählte zu den markantesten militärischen Persönlichkeiten des Zarenregimes, der sich – trotz Vorbehaltes – der Oktoberrevolution anschloss. Bereits unter dem Zaren und unter Kerenski kämpfte er entschlossen gegen die deutsche Spionage in Russland. Seine »Instruktion zur Organisierung des Spionageabwehrdienstes in der kämpfenden Truppe« war revolutionär und prägte die gesamte Spionageabwehr des jungen Sowjetstaates, die von Dzierzynski geleitet wurde.

Bontsch-Brujewitsch gehörte zu den zwölf zaristischen Generalen, die von einem Gericht der »Weißen« im Bürgerkrieg zum Tode verurteilt wurden.

Er genoss bei der Führung der bolschewistischen Revolution hohes Ansehen. Das mag auch daran gelegen haben, dass sein jüngerer Bruder Wladimir Bontsch-Brujewitsch Sekretär im Büro der Volkskommissare war und damit persönlicher Sekretär von Lenin.

Michail Bontsch-Brujewitsch gilt auch als geistiger Vater der Roten Armee. Nikolai I. Podwoiski, ein führender Vertreter der Bolschewiki, wollte die allgemeine vormilitärische Ausbildung aller Bevölkerungsschichten. Daraus leitete er die Bildung einer Armee nach dem Milizprinzip ab: kurze Dienstzeit, gewählte Vorgesetze, großzügige Auslegung der Disziplin.

Bontsch-Brujewitsch lehnte das ab. Er forderte, aufbauend auf der allgemeinen Wehrpflicht, per Dekret am 22. April 1918 eingeführt, Truppen aufzustellen, die in Strukturen organisiert werden sollten und befehligt wurden. Kommandeure dieser Volksarmee sollten sowohl Offiziere der alten Armee wie auch neu ausgebildete sein. Diese Vorstellung setze sich durch.

Aus welchen Gründen auch immer wurde und wird Lew Trotzki als Gründer der Roten Armee bezeichnet. Trotzki hatte weder die Kenntnis für den Aufbau einer »roten Armee« noch ein Interesse daran.

Später ging Bontsch-Brujewitsch in mehreren Denkschriften auf Struktur und Befehlsgewalt in der Armee ein und befasste sich sowohl mit taktischen und strategischen Fragen als auch mit der Ausbildung und der Einzelverantwortung vom Obersten Befehlshaber bis zum Truppenkommandeur.

Er unterbreitete bereits 1919 den Vorschlag, die Rote Armee in Sowjetarmee umzubenennen, was 1946 geschah.

Busch, Ernst (1885–1945)

Berufsoffizier, Beisitzer am Volksgerichtshof. 1943 Generalfeldmarschall, Oktober 1943 bis Juni 1944 Oberbefehlshaber der Heeresgruppe Mitte.

Einer der treuesten Anhänger Hitlers in der deutschen Generalität und mitverantwortlich für den Zusammenbruch der Heeresgruppe Mitte während der sowjetischen Sommeroffensive »Operation Bagration«. Sein Handeln kostete etwa 350 000 Soldaten das Leben.

Ab März 1945 Befehlshaber Nordwest.

In britischer Gefangenschaft im Juli 1945 verstorben.

Cellarius, Alexander (1898-?)

Baltendeutscher, Fregattenkapitän, im Zweiten Weltkrieg Leiter der Kriegsorganisation (KO) der Abwehr Finnland/Estland, zuletzt Leiter einer Abwehrdienststelle des RSHA in Riga. Rückzug mit den deutschen Truppen 1944.

Dann verloren sich seine Spuren in der alliierten Kriegsgefangenschaft.

Dirlewanger, Oskar (1895–1945)

Offizier der Waffen-SS und Kriegsverbrecher, Kommandeur einer nach ihm benannten SS-Sondereinheit, die an Massenmorden beteiligt war. Ab dem 12. August 1944 im Rang eines SS-Oberführers der Reserve.

1923 NSDAP, 1931 SA, 1934 Haft wegen Verführung einer Minderjährigen, 1937 Legion Condor in Spanien.

1940 im KZ Sachsenhausen Aufstellung einer SS-Sondereinheit aus Kriminellen, ab Juli 1942 auch vorbestrafte SS- und Wehrmachtsangehörige, im November 1944 auch politische Häftlinge mit dem Versprechen angeworben, dass sie wieder »vollwertige Mitglieder« des deutschen Volkes werden könnten (Führerversprechen).

Etwa 500 solcher »Politischen« gelang die Flucht über die Front auf die sowjetischen Seite.

Die Brigade mit etwa 6500 Mann wurde eingesetzt zur Bekämpfung von Partisanen in Polen und Belorussland, war an der Niederschlagung des Warschauer Aufstandes beteiligt. Auch in der Slowakei und Ungarn hinterließ Dirlewanger blutige Spuren.

Gegen Dirlewanger wurde im August 1942 wegen seiner Grausamkeiten bei der Partisanenbekämpfung beim SS-Gericht des SS-Hauptamtes ein Ermittlungsverfahren eingeleitet. Auf Weisung Himmlers wurde es im Januar 1945 eingestellt.

Bei Kriegsende geriet die Einheit Dirlewanger in sowjetische Gefangenschaft, Dirlewanger selbst konnte sich nach dem Westen absetzen. Kam in französische Gefangenschaft und wurde im Auffanglager Altshausen in Oberschwaben im Juni 1945 durch Mitgefangene getötet.

Dobritzhofer, Anton (1904-?)
Deckname in Spanien: Adolf Rainer

Österreichischer Kommunist. 1934 Flucht in die Sowjetunion, Dolmetscher, in Spanien im Sommer 1938 letzter Kommandeur der 11. Internationalen Brigade, die unter Manfred Stern (General Kléber) als erstem Kommandeur Madrid verteidigt hatte.

1941 Angehöriger der motorisierten Brigade z.b.V. von Orlow, ab März 1942 in Belorussland bei den Partisanen, an vielen Diversionsaktionen im Minsker Gebiet beteiligt. Aufgrund seiner Größe und Stärke gaben ihm die Partisanen den Decknamen »Elch«. Teilnahme an der Operation »Beresina«.

Dübendorfer, Rachel (1900-1973)
Decknamen: Esther Bösendorfer und Sissy

In Warschau als Tochter des deutsch-jüdischen Kaufmanns Adolf Hepner geboren, Gründungsmitglied der KPD. Von 1925 bis 1932 Arbeit im zentralen Apparat der KPD in Berlin. Ab 1927 für den Nachrichtendienst GRU der Roten Armee tätig. 1933 Flucht in die Schweiz, wo sie 1934 zwecks Erwerb des schweizerischen Bürgerrechts Heinrich Dübendorfer heiratete. Bis 1939 beim Internationalen Arbeitsamt (IAO) in Genf angestellt.

Ab Ende der 30er Jahre führte sie ein eigenes Netz für die sowjetische Militäraufklärung mit dem Namen »Sevilla«. Unterstützt wurde sie dabei von ihrem Lebensgefährten Paul Böttcher, einem deutschen Kommunisten, der sich illegal in der Schweiz aufhielt.

Von 1940 bis 1944 betrieb sie zusammen mit Böttcher eine eigenständige Residentur des GRU in Genf, die unabhängig von den Netzen Sándor Radós und Leopold Treppers bestand und Informationsquellen insbesondere in der Schweiz, in Deutschland und in Frankreich hatte. Ihr wichtigster Zuträger war der ehemalige IAO-Kollege Christian Schneider vom schweizerischen Militär-Nachrichtendienst *Büro Ha*.

1944 kurzzeitig in der Schweiz inhaftiert. Flucht über Kanada in die Sowjetunion, wo sie bis 1956 inhaftiert war.

Im Oktober 1945 wurde sie von einem Schweizerischen Kriegsgericht in Abwesenheit zu zwei Jahren Gefängnis verurteilt.

Dzierzynski, Feliks Edmundowitsch (1877–1926)

Pole, Parteifunktionär der Bolschewiki, Organisator des Allrussischen *Außerordentlichen Komitees zur Bekämpfung von Konterrevolution und Sabotage* (Tscheka), des ersten Geheimdienstes Sowjetrusslands und Vorgängerorganisation der GPU, und deren erster Leiter.

Besuch eines Gymnasiums in Wilna, Litauen, 1895 Eintritt in Sozialdemokratische Partei Litauens, 1897 im Parteiauftrag in Kowno tätig, politische Arbeit unter Industriearbeitern, 1898 Verbannung, drei Jahre Sibirien (damals standen das Baltikum und Polen unter zaristischer Herrschaft), 1899 Flucht aus der Verbannung. Rückkehr nach Wilna und Fortführung der politischen Arbeit; im gleichen Jahr illegal nach Warschau. Beteiligt am politischen Zusammenschluss verschiedener Berufsgruppen und Organisierung des politischen Kampfes. 1900 Verhaftung während einer politischen Versammlung und zwei Jahre ohne Gerichtsurteil in der Warschauer Zitadelle und dem Gefängnis in Siedlcer. 1902 Verbannung für fünf Jahre nach Ostsibirien. Flucht noch vor Eintreffen am Verbannungsort. Im gleichen Jahr Aufenthalt in Berlin, beteiligt am Zusammenschluss der Sozialdemokraten Polens und Litauens. 1905 Aufenthalt in Krakau; ab diesem Zeitpunkt Mitglied der Hauptverwaltung der Sozialdemokraten Polens; erneute Verhaftung. Im Oktober des gleichen Jahres aufgrund einer Amnestie entlassen. 1906 Vereinigungsparteitag in Stockholm der SDAPR (Sozialdemokratische Arbeiterpartei Russlands); Mitglied im ZK. Ende 1906 Verhaftung in Warschau, 1907 auf Kaution freigelassen. 1909 erneute Verhaftung, Ende 1909 nach Sibirien verbannt; von dort Flucht und Aufenthalt in Warschau und Krakau.

1912 Übersiedlung nach Warschau, dort erneute Verhaftung und Verurteilung zu drei Jahren Zwangsarbeit. Bei Kriegsausbruch 1914 Überführung nach Orel; dort Flucht, erneute Festnahme und Überführung nach Moskau. 1916 Verurteilung und Verlängerung der Zwangsarbeit um sechs Jahre. Durch Februarrevolution 1917 Befreiung aus Moskauer Zentralgefängnis.

Aufenthalt in Petrograd, Beteiligung an der Vorbereitung und Durchführung der Oktoberrevolution 1917.

Am 20. Dezember 1917 übernahm er den Vorsitz des neu geschaffenen Organs zum Schutz der staatlichen Ordnung (Wetscheka: kurz, Tscheka). Zusätzlich ab 1919 Volkskommissar des Innern und ab April 1921 auch Volkskommissar für das Verkehrswesen.

In der kommunistischen Literatur wird der »Eiserne Feliks« als »Ritter der Revolution« verehrt. Von ihm stammt der Ausspruch: »Tschekist sein kann nur ein Mensch mit kühlem Kopf, heißem Herzen und sauberen Händen.«

In der westlichen Betrachtungsweise reduziert sich die Tätigkeit von Dzierzynski auf die Zeit des »roten Terrors« in der Sowjetunion.

In Polen gilt er als Verräter und Agent.

Ein neues Dzierzynski-Denkmal wurde in Dsjarschynsk in Weißrussland errichtet. Auch in der nach ihm benannten russischen Stadt Dserschinsk (nahe Nischni Nowgorod) steht sein Denkmal. Die Stadt Dserschinski im Oblast Moskau ist ebenfalls nach ihm benannt.

Am 26. Mai 2006 wurde in der Militärakademie in Minsk ein neues Denkmal eingeweiht, das eine kleinere Kopie des 1990 gestürzten Moskauer Denkmals vor der Lubjanka ist.

Ejtingon, Naum Isakowitsch (1899–1981)
auch Leonid Ejtington

Russe jüdischer Herkunft, Generalmajor, Geheimdienstmitarbeiter, seit 1917 in der revolutionären Bewegung tätig. Seit 1918 in der Tscheka.

Seit 1923 stellvertretender Leiter der Ostabteilung, ab 1925 in verschiedenen Bereichen der sowjetischen Auslandsaufklärung (INO) tätig: Resident in Shanghai, Peking, Harbin und in der Türkei. 1931 Leiter der Emigrantenabteilung in der INO. Kurzaufenthalte in Belgien und Frankreich. 1933 illegaler Resident in den USA; von 1936 bis 1939 in Spanien, dort als *Oberst Kotow*, Leiter der Partisanenschule in Valencia-Benimamiet. Zuständig für die Partisanentätigkeit der Internationalen Brigaden, von Mitte 1938 bis März 1939 Leiter des sowjetischen Abwehrdienstes in Spanien.

In Spanien lernte er Caridad Mercader kennen, mit der er bis zu ihrem Tode 1975 zusammenlebte. Deren Sohn Ramon Mercader ermordete im August 1940 in Mexiko Leo Trotzki. Ab 1939 erneut in den USA, leitete von dort die Operation »Ente« gegen Trotzki. Ab 1940 wieder in der Zentrale in Moskau. Ab 1942 stellvertretender Leiter der 4. Abteilung des NKGB; leitete wichtige geheime Gegenoperationen wie »Kloster« und »Beresina«, die immer mit »Funkspielen« einhergingen.

1945/46 leitete er Sonderoperationen gegen den polnischen und litauischen Untergrund. Seit 1947 wieder in der Zentrale in Moskau, verantwortlich für Diversionstätigkeit im Ausland. 1951 Verhaftung im Zusammenhang mit antijüdischen Säuberungen.

Nach Stalins Tod 1953 freigelassen, nach der Entmachtung Berias im Juli 1953 erneut in Haft. 1957 zu zwölf Jahren Haft verurteilt. 1964 wieder auf freiem Fuß und als Chefredakteur einer Zeitschrift für internationale Fragen tätig. 1981 an Krebs verstorben.

Fisher, William (1903–1971)
alias Rudolf Iwanowitsch Abel

Einer der erfolgreichsten Kundschafter der UdSSR in den USA, unter anderem an der Brechung des amerikanischen Atomwaffenmonopols beteiligt. Am 10. Februar 1962 wurde er auf der Glienicker Brücke an der Grenze von Potsdam nach Westberlin gegen den amerikanischen U-2-Piloten und CIA-Spion Captain Francis Powers ausgetauscht. Spätestens dieser Vorgang machte ihn weltweit bekannt.

In England geboren. Die Familie kehrte 1921 nach Russland zurück. Tätigkeit beim Staatlichen Rundfunk der UdSSR in Moskau, ab 1927 Mitarbeiter der Staatssicherheit in der Auslandsaufklärung (INO); Einsatz als Funker und Funkspezialist in den Jahren von 1929 bis 1937 im Ausland.

1938 Entlassung wegen trotzkistischer Verbindungen in der Verwandtschaft. Mit Kriegsbeginn 1941 wieder im Apparat des NKWD, während des Krieges Ausbilder und Leiter von Schulen für Funker. Unter Sudoplatow an wichtigen Funkspielen gegen die deutsche Seite beteiligt, u. a. »Beresina«. Ende der 40er Jahre unter verschiedenen Identitäten über Kanada in die USA eingeschleust; dort illegaler Resident einer Aufklärungsagentur. Freiberuflich als Fotograf in New York tätig; durch Verrat 1957 verhaftet und zu 30 Jahren Haft verurteilt, befasste sich während seiner Haftzeit mit Malerei.

Fisher verstarb im Rang eines Oberst des KGB an Lungenkrebs und wurde neben seinem Vater auf dem Donskoi-Friedhof beigesetzt. Sein Grabstein, mit einer Fotografie von ihm, trägt beide Namen (Fisher, Abel). Seine Tochter berichtete, dass seine letzten Worte in Englisch »Don't forget that we are Germans anyway« gewesen seien.

Fjodorow, Alexej Fjodorowitsch (1901–1988)

Ukrainer, Bauingenieur, einer der bekanntesten Partisanenkommandeure während des Großen Vaterländischen Krieges. Februar 1943 Generalmajor, zweifacher Held der Sowjetunion

Seit 1927 Mitglied der KPdSU, ab 1938 1. Sekretär des Gebietskomitees Tschernigow (ab September 1941 illegal); seit März 1943 1. Sekretär des illegalen Gebietskomitees Wolhynien der KP(B) der Ukraine. Gleichzeitig Kommandeur des Tschernigower und danach des Tschernigow-Wolhynischen Partisanenverbandes.

Anfang 1944 wurden Teile dieses Verbandes zur Bekämpfung ukrainischer Nationalisten eingesetzt.

Nach 1944 1. Sekretär einer Reihe von Gebietskomitees in der westlichen Ukraine. Von 1957 bis 1979 Minister für Sozialfragen in der Ukrainischen SSR. Viele Jahre Abgeordneter des Obersten Sowjets der UdSSR.

Funk, Walter (1890–1960)

Seit 1931 Hitlers persönlicher Wirtschaftsberater, Verbindungsmann zwischen der NSDAP und deutschen Monopolen. Ab 1937 Reichswirtschaftsminister, ab 1939 Reichsbankpräsident, finanzierte die faschistische Kriegsvorbereitung. Mitverwaltung des SS-Raubgutes, Mitorganisator des Schwarzhandels in den besetzten Gebieten.

Verbot als Reichswirtschaftsminister und Reichsbankpräsident 1940 Juden jegliches Recht auf ihren bei Banken oder anderen Institutionen angelegten Besitz.

Veranlasste 1941 in Abstimmung und im Auftrag des RSHA die massenhafte Fälschung von Rubel-Noten und half mit, Nazigold zu verstecken. Vom Internationalen Militärtribunal in Nürnberg zu lebenslanger Haft verurteilt.

Auf Intervention der Adenauer-Regierung 1957 entlassen.

Gottberg, Curt von (1896–1945)

SS-Gruppenführer und Generalleutnant der Polizei, Oberleutnant im Ersten Weltkrieg, Marinebrigade Erhardt, 1923 Teilnahme am Hitler-Putsch, 1932 Mitglied der NSDAP und SS.

Vereinigte vom März 1943 bis zum Juli 1944 die höchste zivile und militärische Gewalt in Weißruthenien (Weißrussland) in Personalunion. Während des Zusammenbruchs der Heeresgruppe Mitte stieg er Anfang Juli 1944 zum höheren SS- und Polizeiführer (HSSPF) für Russland-Mitte und Weißruthenien auf.

Seit dem 30. Juni 1944 SS-Obergruppenführer und General der Waffen-SS. Ende Mai 1945 Festnahme durch britisches Militär in Flensburg, dort am 31. Mai 1945 Selbstmord.

Grimme, Adolf (1889–1963)

1930–1933 preußischer Kulturminister, 1933 Berufsverbot, 1943 Verbindung zur »Roten Kapelle«, zu drei Jahren Haft verurteilt, 1945–1948 Kulturminister der Landesregierung

Hannover und Niedersachsen, 1948–1956 Generaldirektor des *Nordwestdeutschen Rundfunks*.

Nach ihm wurde der Fernsehpreis *Adolf-Grimme-Preis des Deutschen Volkshochschul-Verbands* benannt, der 1964 zum ersten Mal in Marl vergeben wurde. 1973 wurde das nach ihm benannte Medieninstitut in Marl gegründet, das seit 1977 jährlich die Adolf-Grimme-Preis-Verleihung organisiert und durchführt.

Gutsche, Joseph (1895–1964)

Teilnehmer am Ersten Weltkrieg, russische Gefangenschaft, Flucht, schloss sich 1917 den revolutionären Kämpfen in Russland an.

1918 Rückkehr nach Deutschland, Gründungsmitglied der KPD, 1923 Teilnehmer am Hamburger Aufstand. Von 1924 bis 1927 Haft im Zuchthaus Sonnenburg wegen Hochverrat. 1930 Emigration in die Sowjetunion, 1931 Rote Armee, Militäraufklärer bis 1942, u. a. Einsatz im Fernen Osten, von 1942 bis 1945 beim NKGB, Einsatz im Hinterland der Front als Partisan.

1945 Rückkehr nach Deutschland, bis 1949 Parteifunktionär, ab 1950 Mitarbeiter des MfS, zuletzt Generalmajor.

Sohn Rudolf Gutsche (1919–1988), Emigration in die UdSSR, 1931–1933 mit Eltern in Charbin/Mandschurei; 1933–1935 Militärkadettenschule in Leningrad; 1935–1939 Militäraufklärung, Einsatz als Funker in China, Japan, Indien; 1940–1943 Lehrer und Leiter an Schulen der sowjetischen Militäraufklärung; 1943–1945 beim NKGB; Einsatz im Hinterland der Front, zum Teil mit seinem Vater.

1945 Rückkehr nach Deutschland, über Volkspolizei zum MfS, zuletzt Leiter der Verbindungsstelle des MfS zum KGB, Rückwärtige Dienste, Oberstleutnant.

Halder, Franz (1884–1972)

Generaloberst, Chef des Heeres 1938; kam mit Hitler in Konflikt und wurde 1942 aus der Wehrmacht entlassen. Teilnahme am Attentat auf Hitler am 20. Juli 1944. Einer der wenigen Verschwörer, der nicht umgebracht wurden.
Unmittelbar nach der Kapitulation Hitlerdeutschlands 1945 nahmen die amerikanischen Besatzungsbehörden den ehemaligen Chef des Generalstabes der Wehrmacht in ihren Sold. Er leitete die deutsche Abteilung in der »Historical Division« der US-Army, an der 120 Generale der Hitler-Wehrmacht, darunter Guderian, Manteuffel, von Manstein, von Schwerin, beteiligt waren. Sie werteten die militärischen Erfahrungen des Hitler-Krieges aus, die die Grundlage für die Remilitarisierung Westdeutschlands bildeten und durch die Amerikaner für den Kalten Krieg genutzt wurden.

Heines, Edmund (1897–1934)

SA-Gruppenführer, Stellvertreter des SA-Chefs Röhm. Im Frühjahr 1933 zunächst zum Stellvertreter des schlesischen Gauleiters Helmuth Brückner ernannt. Am 11. Juli 1933 Verleihung des Ehrenranges eines Preußischen Staatsrates. In der SA zu dieser Zeit von Röhm zum Obergruppenführer befördert und mit der Führung der SA-Obergruppe VIII (Schlesien) beauftragt.
Heines war in seiner Funktion als Polizeipräsident von Breslau, die er seit dem 26. März 1933 ausübte, maßgeblich verantwortlich für die Errichtung des Konzentrationslagers Dürrgoy. Am 30. Juni 1934 wurde Heines im Zuge der unter der Propagandabezeichnung »Röhm-Putsch« bekannt gewordenen politischen Säuberungswelle der Nationalsozialisten vom Frühsommer 1934 verhaftet und erschossen.

Herrnstadt, Rudolf (1903–1966)
Deckname: Wolfgang

Von 1921 bis 1922 Jurastudium, dann Journalist, ab 1924 Lektor in Berliner Verlagshäusern, 1928 Redakteur des *Berliner Tageblatts*, 1929 Mitglied der KPD, ab 1930 Kundschafter für die Militäraufklärung der Roten Armee, 1930 bis 1936 Auslandskorrespondent in Warschau, Prag und Moskau. 1936 Ausschluss aus der Reichspressekammer wegen jüdischer Herkunft, ab 1939 in Moskau und bis 1943 Mitarbeiter im Generalstab der Roten Armee. Von 1943 bis 1945 leitende Tätigkeit im Nationalkomitee »Freies Deutschland«.

Ab 1945 in Deutschland, journalistische Tätigkeit, Mitbegründer des Berliner Verlages und der *Berliner Zeitung* (Chefredakteur), 1946 Mitglied der SED, 1949 bis 1954 Chefredakteur *Neues Deutschland*, Abgeordneter der Volkskammer der DDR. Ab 1950 Mitglied des ZK der SED und Kandidat des Politbüros; im Juli 1953 wegen angeblicher fraktioneller Tätigkeit aus dem ZK und im Januar 1954 aus der SED ausgeschlossen und Angestellter in Merseburger Zentralarchiv.

Im November 1989 rehabilitiert.

Jakuschew, Alexander Alexandrowitsch (1876–1941)
Deckname: Fjodorow

Monarchist, russischer Nationalist. Absolvent des zaristischen Alexanderlyzeums in St. Petersburg; Staatsbeamter, Leiter der Verwaltung für Wasserwege im Verkehrsministerium, Staatsrat (entsprach dem militärischen Dienstgrad eines Generalmajors). Nach der Oktoberrevolution im Volkskommissariat für Verkehrswesen; wirkte illegal nach 1918 in verschiedenen monarchistischen und antisowjetischen Gruppierungen und Organisationen; seit 1921 einer der Führer der *Monarchistischen Organisation Zentralrusslands* (MORZ) mit ständigen Kontakten zum *Obersten Monarchistischem Zentrum* in Berlin und Paris.

Jakuschew war der »oberste Kopf« der von der Tscheka inszenierten Gegenoperation »Trust«, die als Mystifikation aufgezogen war und glaubhaft gegenüber der russischen Emigration in Westeuropa und deren Geheimdiensten vermitteln konnte, dass es in Russland eine »aktive Opposition« gebe.

Jakuschew wurde im November 1921 von der Tscheka verhaftet und für eine Zusammenarbeit mit ihr gewonnen. Er blieb drei Monate in der Lubjanka, ohne dass er Kontakt zur Außenwelt hatte. Mit seiner Bereitschaftserklärung wurde die Operation »Trust« gestartet.

Aus dem ehemaligen Feind der Sowjetunion wurde einer der erfolgreichsten Gegenkundschafter der sowjetischen Staatssicherheit. Nach Beendigung der Operation »Trust« im Jahre 1927 kehrte Jakuschew ins Verkehrsministerium zurück.

Über die letzten Jahre seines Lebens gibt es widersprüchliche Angaben. So wird behauptet, Jakuschew sei Mitte der 30er Jahre zu Arbeitslager verurteilt worden und dort verstorben. In anderen Quelle heißt es, Jakuschew sei 1941 in Leningrad verhungert.

Katukow, Michail Jefremowitsch (1900–1976)

Generaloberst und Heerführer des Zweiten Weltkrieges.

Seit 1919 in der Roten Armee, ab 1941 Frontkommandeur von Panzereinheiten und -truppen. Ab Januar 1943 Befehlshaber der 1. Panzerarmee, die nach der Schlacht bei Kursk 1. Gardepanzerarmee wurde.

Beteiligt an einer Reihe großer sowjetischer Operationen in der Ukraine und Belorussland; seit 1944 im Bestand der 1. Belorussischen Front. Gehörte zusammen mit der 8. Gardearmee unter Tschuikow zu der Stoßgruppierung, die die Verteidigung bei Seelow durchbrach und die Endphase der Berliner Operation einleitete.

Zweimal Held der Sowjetunion, viermal Leninorden, dreimal Rotbannerorden, 1959 Marschall der Panzertruppen.

Kegel, Gerhard (1917–1989)
Deckname: Kurt

In Oberschlesien geboren, 1928–1931 Studium Staats- und Rechtswissenschaften in Breslau; 1931 Mitglied der KPD; 1931/32 Gerichtsreferendar; anschließend journalistische Tätigkeit bei den *Breslauer Neuesten Nachrichten*.

Ab 1933 Auslandskorrespondent in Warschau und Kundschaftertätigkeit für die Militäraufklärung der Roten Armee; gehörte ab 1941 zu Kundschaftergruppe um Ilse Stöbe. 1935–1939 Mitarbeiter in der Wirtschaftsabteilung der deutschen Botschaft in Warschau; 1939–1941 stellvertretender Leiter der handelspolitischen Abteilung der deutschen Botschaft in Moskau; 1941–1943 Mitarbeiter im Reichaußenministerium; ab 1943 in der Wehrmacht und 1945 in sowjetischer Kriegsgefangenschaft.

1945 Rückkehr nach Deutschland in die sowjetisch besetzte Zone, 1945–1955 journalistische Tätigkeit bei der *Berliner Zeitung* als stellvertretender Chefredakteur, Chefredakteur von *Neues Deutschland* und *Die Wirtschaft*.

1955–1972 leitende Tätigkeit im ZK der SED auf dem Gebiet der Außenpolitik, 1973–1976 Botschafter und Leiter der Ständigen Vertretung der DDR am Sitz der UNO in Genf.

Kippenberger, Hans (1898–1937)
Decknamen: Ernst Wolf, Wolf, Alex, Adam

Leiter des Nachrichtendienstes der KPD, Teilnahme am Ersten Weltkrieg, letzter Dienstgrad: Oberleutnant, 1919 Mitglied der USAP, 1920 Mitglied der KPD, 1923 in führender Funktion am Hamburger Aufstand beteiligt.

Ab 1924 in der Sowjetunion, durchlief eine militärische und nachrichtendienstliche Ausbildung, parallel dazu Studium an einer kommunistischen Hochschule, 1925 Rückkehr nach Deutschland und Tätigkeit im zentralen Apparat der KPD im Bereich der Militär-Abteilung (»M-Apparat«); seit 1928 Abgeordneter des Deutschen Reichstages; 1929 Mitglied des ZK.

1933 Emigration, Aufenthalt in Prag, seit dieser Zeit Ausbau der Verbindung zur Militäraufklärung der Roten Armee, die den illegal wirkenden Betriebsberichterstattungsapparat von der KPD übernahm.

Im Rahmen der Stalinschen Säuberungen im November 1936 verhaftet, nach einem Geheimprozess als angeblicher Reichswehragent zum Tode verurteilt und am 3. Oktober 1937 erschossen. Seine Frau Thea Kippenberger wurde im Frühjahr 1938 ebenfalls verhaftet und kam 1939 in der Haft um. 1957 rehabilitierte die KPdSU Hans und Thea Kippenberger. Die nach Sibirien deportierten Töchter der Kippenbergers konnten 1958 in die DDR ausreisen.

Nach der Rehabilitierung in der Sowjetunion durfte sein Name auch in der DDR wieder erwähnt werden.

Kleinjung, Karl (1912–2003)

Generalleutnant und Hauptabteilungsleiter im MfS. In Westfalen geboren, seit 1931 Mitglied der KPD; 1933 Emigration, zuerst in die Niederlande, dann Belgien; illegale Tätigkeit für die KPD.

1936–1939 Interbrigadist in Spanien; Besuch einer Partisanenschule und Ausbildung für den Einsatz im Hinterland des Feindes; enge Zusammenarbeit mit sowjetischen Geheimdienstmitarbeitern, danach Emigration in die Sowjetunion. Bis Juni 1941 in einer Autofabrik in Gorki tätig, dann Meldung als Freiwilliger für die Rote Armee; ab August 1941 Spezialausbildung für den Einsatz als Aufklärer im Hinterland der Wehrmacht.

Seit Anfang 1942 Spezialeinsätze als Partisan, Diversionsspezialist und als Aufklärer in deutscher Uniform; vorwiegender Einsatz in Belorussland und der westlichen Ukraine. Beteiligt am Attentatsunternehmen gegen Wilhelm Kube, Einsatz in Litauen gegen die »Blaue Division«; ab August 1944 Angehöriger der vom NKGB geführten Operation »Beresina«.

In der zweiten Jahreshälfte 1945 Halbjahreslehrgang für ausgewählte Parteikader in der Sowjetunion; im Februar 1946 Rückkehr nach Deutschland. 1947–1949 verschiedene Leitungsfunktionen bei der Deutschen Grenzpolizei und der Volkspolizei, ab 1949/50 Studium an der Militärakademie in der Sowjetunion; 1950 Einstellung beim MfS und Leiter der Verwaltung Groß-Berlin; 1951 Leiter der Objektverwaltung Wismut; 1955 Leiter der Hauptabteilung I (Absicherung Kasernierte Volkspolizei, ab 1956 NVA).

Kleinjung gehörte zum sowjetischen »Empfangskomitee«, das am 10. Februar 1962 auf der Glienicker Brücke bei Potsdam den Austausch des sowjetischen Spions Rudolf Abel und des amerikanischen Spionagepilots Francis Gary Powers abwickelte. Kleinjung wurde zur Identifizierung von Abel herangezogen. 1981 Ruhestand.

1965 Vaterländischer Verdienstorden in Gold; 1982 Karl-Marx-Orden, mehrere hohe sowjetische Auszeichnungen.

Kluge, Günther von (1882–1944)

Heeresoffizier (seit 1940 Generalfeldmarschall) und während des Zweiten Weltkrieges Oberbefehlshaber der 4. Armee sowie verschiedener Heeresgruppen.

Führte im Polen- und Frankreichfeldzug die 4. Armee. Er war auch derjenige, der nach dem Überfall auf das polnische Postamt Danzig noch im September 1939 die Todesurteile für die polnischen Verteidiger bestätigte.

Am 1. Oktober 1939 erfolgte seine Ernennung zum Generaloberst. Der Generalfeldmarschall (19. Juli 1940) wurde am 18. Dezember 1941 als Nachfolger Fedor von Bocks zum Oberbefehlshaber der Heeresgruppe Mitte ernannt. Anlässlich seines 60. Geburtstags erhielt er 1942 eine Dotation Hitlers über 250 000 Reichsmark.

Auch im Krieg gegen die Sowjetunion führte von Kluge die 4. Armee. Am 19. Dezember 1941 übernahm er den Oberbefehl der Heeresgruppe Mitte.

Er besaß Kontakte zu den Verschwörern vom 20. Juli 1944 und verübte nach dem Scheitern des Attentats auf Hitler Selbstmord. Er schrieb Hitler in einem Abschiedsbrief am 19. August, dass er ihm immer treu geblieben sei und die Selbsttötung als einzigen Ausweg zu seiner Ehrerhaltung sähe.

Am Ende seines Briefes schrieb er: »Mein Führer, entschließen Sie sich, den Krieg zu beenden.« Auf der Fahrt mit dem Auto nach Deutschland nahm von Kluge Zyankali zu sich und verstarb in der Nähe von Metz.

Koch, Erich (1896–1986)

Gauleiter der NSDAP in Ostpreußen, 1933 Oberpräsident und Reichsverteidigungskommissar der Provinz Ostpreußen in Königsberg. 1941–1945 Chef der Zivilverwaltung des Bezirks Bialystok. In dieser Zeit, zwischen 1941 und 1944, übte er zudem das hohe politische Amt des Reichskommissars im Reichskommissariat Ukraine aus. Wegen Kriegsverbrechen in Polen 1959 zum Tode verurteilt, die Strafe wurde jedoch ein Jahr später in »Lebenslänglich« umgewandelt.

Koch galt als der brutalste Gauleiter, der selbst in den eigenen Kreisen kritisiert wurde. 1945 unter den Namen Rolf Berger in Schleswig-Holstein abgetaucht. Mai 1949 Festnahme durch britische Militärpolizei; 1950 Auslieferung an Polen. Todesurteil wegen Beihilfe zum Mord an 400 000 Polen (seine Tätigkeit in der Ukraine war nicht Gegenstand des Verfahrens). Das Todesurteil vom 9. März 1959 wurde wegen Krankheit nicht vollstreckt.

König, Erhard (1900–1966)

Kommunist, illegale Arbeit und 1933 Emigration in die ČSR; 1936 Emigration in die Sowjetunion. Seit Ende 1936 Interbrigadist in Spanien im Bataillon »Etgar André«, 1938 schwer verwundet; Anfang 1939 Internierung in Frankreich in verschiedenen Lagern; 1941–1943 im Straflager Djelfa in Algerien.

Ab Anfang 1943 in einer Arbeitskompanie der britischen Armee. Mit weiteren 31 deutschen Interbrigadisten, die die sowjetische Staatsangehörigkeit erhielten, über das Mittelmeer, Palästina und Iran in die Sowjetunion, danach Arbeit im NKFD, anschließend Partisaneneinsatz in Belorussland, Litauen und Lettland; Teilnahme an der Operation »Beresina«.

1945 Rückkehr nach Ostdeutschland, am Aufbau der Volkspolizei beteiligt, 1949–1959 Chef der DVP in Sachsen, dann Thüringen bzw. Bezirk Erfurt, Generalmajor.

Korotkow, Alexander Michailowitsch (1909–1961)
Decknamen: Berger, Alexander Erdberg,
Kaufmann, Oberst Alexandrow,

Russe, Ausbildung im Bereich der Elektrotechnik, mit 20 Jahren Mitarbeiter der sowjetischen Staatssicherheit; im Zusammenhang mit einem vorgesehenen Auslandseinsatz vorbereitende Tätigkeit im Verlagswesen.

1932–1934 Einsätze in Deutschland, Österreich und Frankreich; 1935–1938 in der INO-Residentur in Berlin, die in der sowjetischen Handelsmission angesiedelt war, dort am Ausbau des Spionagenetzes um Arvid Harnack beteiligt. Ab 1940 erneut in Berlin, akkreditiert in der sowjetischen Botschaft; Erweiterung der Zusammenarbeit mit Harro Schulze-Boysen, Adam Kuckhoff u. a.

Nach Kriegsausbruch Rückkehr in die Zentrale der INO in Moskau; verschiedene Funktionen in der Deutschlandabteilung. 1941–1943 als Oberst Michailow Einsatz in Afghanistan und Iran, in Verbindung mit dem Aufspüren und Liquidieren deutscher Agentennetze. Unter Michailow waren auch deutsche Antifaschisten im Iran eingesetzt, etwa Gustav Roebelen; 1944–1945 Einsatz in Polen und Rumänien.

Ab Sommer 1945 in Berlin, stellvertretender Berater des Chefs der sowjetischen Militäradministration, ab 1946 wieder in der Zentrale in Moskau. Bis 1957 verschiedene leitende Funktionen innerhalb der INO, u. a. 1956 in Ungarn, wo er an der Verbringung politischer Prominenz nach der Sowjetunion beteiligt war.

1957–1961 Leiter der Residentur des KGB in Berlin, 1961 infolge eines Sportunfalls in Moskau verstorben.

Kowpak, Sidor Artemjewitsch (1887–1967)

Ukrainer, einer der Organisatoren des Partisanenkampfes in der Ukraine während des Großen Vaterländischen Krieges. Februar 1943 Generalmajor, zweifacher Held der Sowjetunion. Seit 1919 Mitglied der KPdSU. Partisan während des Bürgerkrieges. Ab 1937 Vorsitzender des Putiwler Stadtexekutivkomitees. Kommandierte einen der größten Partisanenverbände, der zuletzt eine Stärke von annähernd 10 000 Mann hatte. Leitete fünf Streifzüge durch das faschistische Hinterland in der Ukraine über eine Distanz von über 1000 Kilometern.

Nach dem Krieg Stellvertreter des Vorsitzenden des Präsidiums des Obersten Sowjets der Ukrainischen SSR und mehrere Jahre Abgeordneter des Obersten Sowjets der UdSSR.

Krüger, Bernhard (1904–1989)

SS-Sturmbannführer, Leiter des Referates VI F4a im RSHA. Von Himmler und Schellenberg als Leiter der SD-Falschgeldherstellung eingesetzt. Sein Vorname gab dem Unternehmen den Namen.

Tauchte im Mai 1945 mit falschen Papieren, Devisen und Falschgeld in der Schweiz unter. Obwohl Krüger durch die Alliierten und Interpol gesucht wurde, ging er 1947 in die britisch besetzte Zone in Deutschland und arbeitete als Kalkulator bei der Büttenpapierfabrik Hahnemühle bei Dassel, die vor 1945 für das Unternehmen »Bernhard« das Papier geliefert hatte. 1955 legalisierte er sich, da die Verfolgung wegen Geldfälschung verjährt war.

1957 Bewerbung beim Bundeskriminalamt. Aus formalen Gründen (Alter) abgelehnt. Später in leitender Stellung bei der Standard-Elektrik-Lorenz AG in Stuttgart tätig.

Trotz mehrerer Anzeigen gegen Krüger, auch von ehemaligen KZ-Häftlingen, unterblieb eine strafrechtliche Ahndung wegen schwerer Verbrechen während des Krieges.

Kube, Wilhelm (1887–1943)

Journalist, Gauleiter von Brandenburg und Generalkommissar für Weißrussland in Minsk.

Seit 1924 MdR, ab 1928 Mitglied der NSDAP, Fraktionsführer im preußischen Landtag und NSDAP-Gauleiter der brandenburgischen Ostmark. 1932 führende Kirchenfunktionen in der Berliner Gethsemane-Gemeinde, Initiator der Glaubensbewegung Deutsche Christen, ab 1933 Oberpräsident von Berlin-Brandenburg und Posen-Westpreußen. Im gleichen Jahr Eintritt in die SS.

Von seinen politischen Funktionen 1936 abgelöst, da außergewöhnlich korrupt, mehrere Verfahren wegen Diebstahl, übler Nachrede, Verleumdung u. a. Legte sich auch mit der Parteiführung an, indem er behauptete, die Ehefrau des obersten Parteirichters Walter Buch habe jüdisches Blut. Wurde von der SS aus der Schusslinie genommen und als Rottenführer (Obergefreiter) im KZ Dachau eingesetzt. Nach dem Überfall auf die Sowjetunion reaktiviert.

Kube galt als unberechenbar und ständig in Machtkämpfe verwickelt. Auseinandersetzungen gab es mit Reinhard Heydrich, Heinrich Himmler und Eduard Strauch.

Am 23. September 1943 in Minsk durch eine Bombe getötet, die die Partisanin Elena Masanik, als Dienstmädchen eingeschleust, unter seinem Bett versteckt hatte.

Nachfolger von Kube in dessen Funktion als Generalkommissar wurde Curt von Gottberg.

Linke, Karl (1900–1961)

Im Sudetengebiet geboren, von Beruf Weber, 1918 Soldat im Ersten Weltkrieg; italienische Kriegsgefangenschaft. 1924 Mitglied der tschechoslowakischen KP (KPC), 1927/28 führend am Streik der Weber in Grottau beteiligt, Kurier der KPD, beförderte illegale Schriften zwischen der ČSR und Deutschland; 1930 wegen politischer Betätigung verhaftet, nach Entlassung aus der Untersuchungshaft Emigration in die Sowjetunion. 1930–1934 Webermeister in Moskau, 1934–1937 Zechenleiter in Moskau; 1930–1951 Mitglied der KPDSU, 1938 leitende Tätigkeit im Volkskommissariat für Leichtindustrie, 1939–1941 Arbeit in der Handelskammer.

Von Juli 1941 bis Juli 1945 in der Roten Armee und Partisan in einer Sonderabteilung; im Dezember 1941 in einer Volkswehreinheit an der Verteidigung Moskaus beteiligt; ab Februar 1942 Ausbildung für den Einsatz hinter der Frontlinie, an dieser Ausbildung nahm auch sein 1922 geborener Sohn Heinz Linke teil. Dieser kam im Januar 1944 bei der Erfüllung einer Aufklärungsaufgabe im Partisanenverband Waupschassow ums Leben.

Ab August 1942 Kommissar in einer Partisanenabteilung. Mit dieser Partisaneneinheit durchquerte er das westliche belorussische Gebiet, gelangte bis nach Polen und von dort nach Ostpreußen. Danach Einsatz in der Slowakei. Nach Kriegsende Rückkehr nach Moskau, Demobilisierung aus der Roten Armee. 1946 Rückkehr in die ČSR, bis 1949 Tätigkeit im alten Beruf. 1949 Übersiedlung nach Berlin, DDR; Tätigkeit im Staatsapparat; 1951 DDR-Staatsbürgerschaft. Ab 1952 leitende Tätigkeit bei der Kasernierten Volkspolizei, nach Gründung der NVA im März 1956 Chef der Allgemeinen Verwaltung, danach ab Sommer 1956 Chef der Militäraufklärung der NVA. Ernennung zum Generalmajor.

Im August 1957 Opfer einer Operation des amerikanischen Geheimdienstes CIA. Seine Haushälterin hatte seine Wohnung verwanzt und sich dienstliche Dokumente angeeignet. Als sie sich im Juli 1957 nach Westberlin absetzte, ließ sie einen Zettel zurück, auf dem sie Linke aufforderte, nach Westberlin nachzukommen. Linke meldete diesen Vorfall und wurde wegen »Vernachlässigung der revolutionären Wachsamkeit« seines Postens enthoben, zum Oberst degradiert und in Rente geschickt.

Starb 1961. Bei der Aufbahrung sorgte seine Witwe mit Unterstützung einiger alter Genossen und mit Zustimmung sowjetischer Freunde dafür, dass Linke die Uniform eines Generalmajors der NVA mit seinen sowjetischen, tschechischen und deutschen Auszeichnungen trug. Er wurde in Zittau bestattet.

Maklarski, Michail Borisowitsch (1909–1978)

Russe jüdischer Herkunft, Oberst, Geheimdienstmitarbeiter. Seit 1924 bei den Grenztruppen, 1932 Abschluss des Studiums an der Universität Taschkent, 1937 in Haft, 1938 wieder in Freiheit.

Seit 1939 im NKWD. Im Juli 1941 Ernennung zum Leiter einer Sondergruppe für den Einsatz im gegnerischen Hinterland. 1942–1945 Abteilungsleiter des NKGB für den Einsatz im Hinterland der Front, vorwiegend in der Ukraine und Belorussland. An zahlreichen Funkspielen gegen die deutsch Abwehr (»Kloster«, »Beresina«) beteiligt.

1945/46 Einsatz in Deutschland; ab 1947 Direktor des Staatlichen Filmwesens der UdSSR; 1951–1953 in Haft. Entlassung nach Stalins Tod und seit dieser Zeit Arbeit als Filmregisseur.

Manstein, Erich von (1887–1973)
geboren als Fritz Erich von Lewinski

Heeresoffizier (seit 1942 Generalfeldmarschall) und während des Zweiten Weltkrieges Armee- und Heeresgruppenoberbefehlshaber. 1949 wurde er als Kriegsverbrecher zu 18 Jahren verurteilt und bereits 1953 wieder freigelassen.

Im Jahr 1955 erschien von Mansteins autobiografisches Werk *Verlorene Siege* über die Zeit Februar 1938 bis April 1944. In diesem schrieb er die Niederlage Deutschlands der militärischen Inkompetenz Hitlers zu. Zweifel am Angriffs- und Vernichtungskrieg, am Nazi-Gedankengut oder gar Schuldgefühle kamen darin nicht zum Ausdruck. 1958 erschien das Buch *Aus einem Soldatenleben*. Seine These, dass die Feldzüge grundsätzlich anders verlaufen wären, hätten die Generäle über mehr eigenen Spielraum verfügt, ist zumindest umstritten. So sprach er noch in den Abwehrkämpfen 1943/44 von der Möglichkeit, durch geschicktes Manövrieren die Angriffskraft der sowjetischen Streitkräfte zu zerschlagen und einen Remisfrieden mit der Sowjetunion zu erreichen, was jedoch angesichts der allgemeinen Gesamtlage bezweifelt werden muss. Von Manstein diente Hitler und seinem Regime bis zu seiner Entlassung im März 1944 bedingungslos.

Model, Walter (1891–1945)

Heeresoffizier (seit 1944 Generalfeldmarschall) und während des Zweiten Weltkrieges Oberbefehlshaber verschiedener Armeen und Heeresgruppen sowie 1944 kurzzeitig Oberbefehlshaber West.

Ab Juli 1944 Oberbefehlshaber der Heeresgruppe Mitte, die 1944 in Belorussland völlig aufgerieben wurde. Zuletzt in Westeuropa Befehlshaber einer Armeegruppierung, die gegen die gelandeten Westalliierten eingesetzt wurde.

Model war ein eiserner Verfechter von Hitlers Durchhaltestrategie und unterstützte die Weisungen Himmlers, mit unmenschlicher Härte gegen Deserteure vorzugehen.

Am 21. April 1945 nahm er sich durch einen Pistolenschuss in einem Waldgebiet bei Duisburg das Leben. Den unterstellten Kommandeuren hinterließ er die Botschaft: »Unter dem Druck der Kriegsereignisse zeigt sich, dass noch immer weite Kreise des deutschen Volkes und damit auch der Truppe vom jüdischen und demokratischen Gift der materialistischen Denkweise verseucht sind.« Das Vorbild des Offiziers sei entscheidend, um den Sieg der nationalsozialistischen Idee zu erzwingen.

Müller, Vincenz (1894–1961)

Berufsoffizier in der Deutschen Wehrmacht; Generalmajor, 1944 Befehlshaber des XII. Armeekorps in Belorussland und Stellvertretender Oberbefehlshaber der 4. Armee. Kapitulierte vor der Roten Armee und rettete damit Tausende deutsche Soldaten vor dem sicheren Tod.

Mitarbeit im Nationalkomitee »Freies Deutschland« und dem »Bund deutscher Offiziere«. In der DDR Chefinspektor der Volkspolizei; 1952 Vizepräsident der Volkskammer, Stellvertretender Minister des Innern. 1956 Stellvertretender Verteidigungsminister, Mitbegründer der Nationalen Volksarmee der DDR, 1958 Ruhestand.

Vermutlich in Suizid-Absicht starb Müller am 12. Mai 1961 nach einem Sturz vom Balkon seines Hauses in Berlin-Schmöckwitz.

Nalepka, Jan (1911–1943)

Slowake, Hauptmann, Stabschef des 101. slowakischen Regiments; Held der Sowjetunion (postum); Nationalheld der Tschechoslowakei (postum).

Prangerte als Dorflehrer in den 30er Jahren die katholische Kirche in der Slowakei an, die damals sehr stark die Staatsbürokratie beeinflusste, und wurde arbeitslos. 1940 zwangseingezogen, Stabsausbildung, kam nach Beginn des Krieges gegen die Sowjetunion in eine slowakische Division, die für Sicherheits- und Wachaufgaben eingesetzt wurde.

Verbreitete Flugblätter: »Slowakische Soldaten schießen nicht auf Partisanen« oder »Slawenbrüder schießen nicht auf Slawenbrüder«. Als im Herbst 1942 der Partisanenverband A. N. Saburow auf belorussischem Territorium wirksam wurde, kam ein direkter Kontakt zustande.

Übertritt zu den Partisanen.

Am 16. November 1943 starb Jan Nalepka, als seine tschechoslowakische Partisanenabteilung den Bahnhof von Owrusch stürmte. Am 17. November 1943 wurde die ukrainische Stadt Owrusch von den Partisanen befreit.

Nicolai, Walter (1873–1947)

Oberst und Chef des deutschen Geheimdienstes III B während des Ersten Weltkrieges.

1906 begann seine Karriere beim militärischen Geheimdienst des Kaiserreichs III B, als er die Nachrichtenstation in Königsberg übernahm, die er zum Führungsstab für die Spionage in Russland ausbaute. Nach zweijähriger Dienstzeit Anfang 1913 Chef des Geheimdienstes III B, der u. a. zur Aufklärung des österreichischen Spionagefalls Redl beitrug. Leitete den deutschen Geheimdienst von 1913 bis 1919 und richtete ihn intensiv auf den Krieg aus.

Übernahm im Krieg neben der Spionage und Spionageabwehr auch den Bereich der Propaganda nach innen und außen sowie die Pressezensur. Schuf das System der *Nachrichtenoffiziere Berlin* (NOB), deren ausschließliche Aufgabe die Aufklärung Russlands und des Baltikums war. Aufgrund seines Bestrebens, mit Durchhalteparolen die Bevölkerung und die Politik zu beeinflussen, wurde er von den Linken »Vater der Lüge« genannt. 1918 in den Urlaub geschickt, im Februar 1920 ging er gezwungenermaßen in Pension.

In der Nazi-Zeit gehörte er zum Sachverständigenbeirat des Reichsinstituts für Geschichte des neuen Deutschland. Seit dem 1. April 1936 hatte er an diesem Institut einen Forschungsauftrag mit dem Titel »Politische Führung im Weltkrieg«. Dazu sollte er alles verfügbare Material zum Ersten Weltkrieg zusammentragen und »systematische Befragungen bei den seinerzeit führenden Persönlichkeiten« durchführen.

Nach dem Zweiten Weltkrieg vom NKWD aus Deutschland nach Moskau gebracht und verhört. Starb während der Haft am 4. Mai 1947 im Hospital der Moskauer Butyrka.

1999 rehabilitierte die russische Militärstaatsanwaltschaft Walter Nicolai.

Pohl, Oswald (1892–1951)

SS-Obergruppenführer und General der Waffen-SS. Als Leiter des SS-Wirtschafts- und Verwaltungshauptamtes (SS-WVHA), maßgeblich am Holocaust beteiligt. Als Kriegsverbrecher während der Nürnberger Prozesse zum Tode verurteilt und 1951 hingerichtet.

Seit 1936 bemühte sich Pohl, aus der Zwangsarbeit von Häftlingen wirtschaftlichen Nutzen für die SS zu ziehen. 1936 Mitglied im Reichsausschuss zum Schutze des deutschen Blutes. 1938 Leiter der SS-Betriebe und Vorsitzender des Verwaltungsrates des Deutschen Roten Kreuzes.

1939 von Hitler zum Ministerialdirektor bei Himmler im Reichsinnenministerium ernannt. Ab Ende der 30er Jahre Mitglied des Freundeskreises Reichsführer-SS und durch Himmler mit der Verwaltungsleitung des Lebensborn e.V. beauftragt. Zudem war Pohl ab April 1939 Leiter des SS-Hauptamts Haushalt und Bauten und übernahm dort in Personalunion das Amt II (Bauten).

Ein halbes Jahr vor Pohls Hinrichtung erklärte der Hohe Kommissar John Jay McCloy gegenüber der Presse am 31. Januar 1951, weshalb er dessen Begnadigungsersuchen abgelehnt hatte: »Es wurde festgestellt, dass Oswald Pohl persönlich für die Verwaltung der Lager die Verantwortung trug. Die Vernichtung der Juden im Lager Auschwitz, die Zerstörung des Warschauer Ghettos sowie die Ausplünderung der Juden im Osten im Rahmen der bekannten Aktion Reinhard sind einige der Verbrechen, deren sich diese Organisation schuldig gemacht hat. Dem Urteil zufolge stand Pohl nicht nur an der Spitze dieses Verwaltungsapparats, sondern leitete und überwachte persönlich die Zerstörung des Warschauer Ghettos, und er selbst wählte Gefangene für ärztliche Experimente aus.

Begreiflicherweise konnte ich in diesem Falle keine Berechtigung für einen Gnadenerweis finden. Auch der Beratende Ausschuss hat keine Abwandlung des Urteils empfohlen.«

Oswald Pohl wurde am 7. Juni 1951 in Landsberg hingerichtet.

Ponomarenko, Panteleimon Kontratjewitsch (1902–1984)

Belorusse, Ingenieur für Verkehrswesen, Parteifunktionär und Staatsmann, Generalleutnant (1943).

Teilnehmer des Bürgerkrieges. 1927 Mitglied der KPdSU. 1938–1947 1. Sekretär des ZK der KP Belorusslands. Im Großen Vaterländischen Krieg Mitglied des Kriegsrates der 3. Stoßarmee, der Westfront und der Brjansker Front. 1942–1944 Chef des Zentralen Stabes der Partisanenbewegung. Ab 1944 Vorsitzender des Rates der Volkskommissare bzw. des Ministerrates der Belorussischen SSR. Ab 1948 Sekretär des ZK der KPdSU und gleichzeitig ab 1950 Minister für Beschaffung. 1953 Minister für Kultur der UdSSR und ab 1954 1. Sekretär des ZK der KP Kasachstans. Von 1953 bis 1961 Mitglied des ZK der KPdSU. Mehrere Jahre Abgeordneter des Obersten Sowjets der UdSSR.

Puhl, Emil (1889–1962)

Von Februar 1939 bis zur Kapitulation im Mai 1945 Vizepräsident der Deutschen Reichsbank. Galt als »Hitlers wichtigster Staatsbankier und Devisenbeschaffer« während des Zweiten Weltkriegs. Am 11. April 1949 im Wilhelmstraßen-Prozess zu fünf Jahren Haft verurteilt. 1950 auf Antrag der Adenauer-Regierung entlassen; danach Bankdirektor, Vorstandsmitglied der Dresdner Bank und anderer Banken sowie der Kreditgesellschaft in Hamburg, Hannover und Oldenburg.

Neben seiner Tätigkeit als geschäftsführender Vizepräsident und damit heimlicher Herrscher der Reichsbank mit exzellenten Beziehungen zu Himmler, Heydrich und zur SS galt ein Schwerpunkt von Puhls Arbeit vor und während des Zweiten Weltkriegs seinem Amt als einer der Präsidenten der Bank für Internationalen Zahlungsausgleich in der neutralen Schweiz. Die Schweiz sollte nach 1939 zur Golddrehscheibe Europas werden, die Hitlerdeutschland und seinen Helfern wertvolle Dienste bei der Verwertung und »Wäsche« des in den besetzten Ländern geraubten Goldes leistete. Die Schweiz und ihre Nationalbank wickelten annähernd vier Fünftel der Goldverkäufe der Deutschen Reichsbank ab.

Puhl tauschte deutsches Raubgold gegen harte Schweizer Franken. Diese Devisen waren von entscheidender Bedeutung für die Kriegs- und Rüstungswirtschaft des Nazistaates, da kriegswichtige Rohstoffe ansonsten auf dem Weltmarkt weder mit deutschem Gold noch mit Reichsmark zu kaufen waren. Eine Voraussetzung für die Fortführung des Kriegs war deshalb der systematische Raub von Gold in den überfallenen Ländern, das gegen Devisen eingetauscht wurde, urteilen die Fachleute.

Redl, Alfred (1864–1913)
Deckname: Nikon Nizetas

Offizier in der österreichisch-ungarischen Armee, 1912 Oberst im Generalstab. Wurde 1906 durch den russischen Militärattaché in Wien, Oberst Martischenko, angeworben. Zu jener Zeit war Redl Major (ab 1909 Oberstleutnant) in der militärischen Spionageabteilung (Evidenzbüro).

Ausgangspunkt für die Anwerbung Redls war seine Homosexualität und ein damit verbundener teurer Lebenswandel. Redl war schlechthin das Synonym für die Erpressbarkeit im Geheimdienstmetier aufgrund seiner Neigungen, zumindest bis in die 80er Jahre.

Mit Redls Hilfe zerschlugen die Russen mehrere gegen sie arbeitende Agentengruppen, die vorwiegend auf militärischem Gebiet tätig waren. Seine Dienststellung als Generalstabschef des Prager VIII. Armeekorps ab 1912 nutzte Redl, um die Aufmarschpläne der österreichisch-ungarischen Armee zu verraten. Nach Enttarnung seiner Spionagetätigkeit versuchte die österreichische Seite, den Skandal zu vertuschen. Redl wurde genötigt, sich zu erschießen. Die Presse erzwang die völlige Offenlegung des Falls. Mehrere hochrangige Geheimdienstler mussten ihren Hut nehmen.

Spionagehistoriker wie CIA-Chef Allen Dulles und der sowjetische General Michail Milstein nennen Redl übereinstimmend »Erzverräter«, der zu österreichisch-ungarischen Niederlagen in den ersten Kriegsmonaten beigetragen habe. Andere Historiker kommen zu dem Ergebnis, Redl habe überhaupt keine bedeutende Rolle gespielt, sei aber als Sündenbock für die Niederlagen der österreichisch-ungarischen Armee nützlich gewesen.

Reilly, Sidney (1874–1925)

Geboren als Georgi Rosenblum in Odessa, deutsch-jüdischer Abenteurer, Geheimagent Großbritanniens, arbeitete für Scotland Yard, den British Secret Service und später für den Secret Intelligence Service. Spionierte für mindestens vier Länder und stand Pate für Ian Flemings Roman- und Filmfigur James Bond.

Im Februar/März 1918, als Bontsch-Brujewitsch mit der Verteidigung Petrograds beauftragt war, tauchte Sidney Reilly als Leutnant des Königlich-Englischen Pionierbataillons auf, der bei der britischen Gesandtschaft in Petrograd akkreditiert war. Er wollte Bontsch-Brujewitsch davon überzeugen, die russischen Kriegsschiffe vor Kronstadt nach einem bestimmten Schema ankern zu lassen. Die Prüfung ergab, dass bei Realisierung dieses Vorschlages die russischen Schiffe den deutschen U-Booten ausgeliefert worden wären.

Der Beginn der Beziehungen Reillys zum britischen Marinegeheimdienst und später zum Intelligence Service liegt im Dunkeln. Reilly wurde als Sohn eines irischen Kapitäns und einer Russin im zaristischen Russland geboren. Seine Jugend verbrachte er in Odessa. Hier bekam er offensichtlich Kontakt zum britischen Marinegeheimdienst, der in Odessa im britischen Konsulat einen Stützpunkt unterhielt. Im Zeitraum von etwa 1897 bis 1912 unternahm er für diesen Erkundungsaufträge, die ihn nach Baku, Persien, nach den Niederlanden und bis nach Port Arthur zum dortigen russischen Marinestützpunkt führten. Danach tauchte er in Deutschland, Frankreich und in Russland auf.

In St. Petersburg arbeitet er für die russische Rüstungsfirma Mandrochowitsch & Schuberski, die über enge Kontakte zu deutschen Industrie- und Finanzkreisen verfügt; u. a. zur Hamburger Reederei Blohm & Voss. Kurz vor Ausbruch des Ersten Weltkrieges gingen bei der britischen Admiralität sehr detaillierte Informationen über das deutsche U-Boot- und Schiffsbauprogramm ein. Diese Informationen stammten von Reilly.

Da Reilly sieben Sprachen beherrschte, war es für ihn auch kein Problem als angeblicher Vertreter der Banque Russo-Asiatique 1914 in Japan wirksam zu werden. Über die USA wurde er 1915 nach Europa zurückgerufen, wo er in Westeuropa gegen die deutsche Hinterfront eingesetzt wurde. Angeblich reiste er 1916 über die Schweiz nach Deutschland, wo er in der Uniform eines deutschen Marineoffiziers bis ins deutsche Marinehauptquartier vordrang, um sich dort den deutschen

Marine-Geheimcode aushändigen zu lassen, den er nach London brachte.

Zu Beginn des Jahres 1918 wurde er nach Russland abkommandiert; dort sollte er die britischen geheimen Operationen gegen Sowjetrussland unterstützen. Er war durch seine weitverzweigten freundschaftlichen und geschäftlichen Beziehungen und seine intime Kenntnis der gegenrevolutionären Kräfte Russlands für diese Aufgabe hervorragend geeignet. Der geplante Staatsstreich wurde im Wesentlichen von russischen Emigranten finanziert. Nach dem Scheitern der Verschwörung im August/September 1918 floh Reilly mit deutschen Papieren nach Bergen in Norwegen, von dort gelangte er nach London.

Zwischen 1919 und 1925 war Reilly an unterschiedlichen Operationen gegen Russland beteiligt. Er träumte davon, in Russland die alten Machtverhältnisse wiederherstellen zu können und verbündete sich mit ultrareaktionären Kräften in Europa und den USA. In dieser Zeit wurden antisowjetische Propaganda und Intrigen zu seiner hauptsächlichsten Betätigung. 1924 war er an der Sinowjew-Affäre beteiligt. Sein illegaler Grenzübertritt im September 1925 von Finnland in die Sowjetunion und seine Festnahme führten zu vielfältigen Spekulationen. Er wurde am 5. November 1925 nahe Moskau durch die Tscheka exekutiert.

Reinecke, Hermann (1888–1973)

Offizier, zuletzt General der Infanterie der Wehrmacht, und verurteilter Kriegsverbrecher. Ab 1942 Chef des Allgemeinen Wehrmachtsamtes im OKW, ab 1943 zugleich Chef des NS-Führungsstabes des OKW. 1938–1945 unter Wilhelm Keitel verantwortlich für das Kriegsgefangenenwesen (Spitzname: »Kleiner Keitel«).

Im Prozess Oberkommando der Wehrmacht wurde er 1948 wegen Kriegsverbrechen und Verbrechen gegen die Menschlichkeit neben Walter Warlimont als einziger Angeklagter zu lebenslanger Haft verurteilt, 1954 begnadigt.

An Freislers Seite bei den Schauprozessen gegen Beteiligte des 20. Juli 1944 als Beisitzer am Volksgerichtshof tätig.

Reinecke gehörte zu der Gruppe von verurteilten Kriegsverbrechern, über deren Begnadigung der amerikanische Hohe Kommissar John J. McCloy Anfang 1951 vor dem Hintergrund des Kalten Krieges und der Westintegration der Bundesrepublik Deutschland entschied. McCloys juristischer Berater Robert Bowie stellte zwar fest, Reinecke sei »direkt an den Vorgängen beteiligt [gewesen], die die Ermordung ganzer Kommandos, von Kommissaren und von gefangen genommenen alliierten Piloten ebenso umfasste wie die brutale Misshandlung von Kriegsgefangenen«, weshalb er die zuvor von einem Ausschuss empfohlene Begnadigung Reineckes ablehnte. Reinecke wurde dennoch im Oktober 1954 aus dem Kriegsverbrechergefängnis Landsberg entlassen.

Reinhardt, Georg-Hans (1887–1963)

Berufsoffizier in der Sächsischen Armee, in der Reichswehr und in der Wehrmacht.

Ab Juni 1941 führte Reinhardt das XXXI. Armeekorps bis vor Leningrad. Am 5. Oktober 1941 übernahm er die Panzergruppe 3, die ab 1942 3. Panzerarmee hieß. Am 1. Januar 1942 zum Generaloberst befördert, wurde ihm am 17. Februar 1942 für die Leistungen der Panzerarmee während der Abwehrschlachten im Winter 1941/42 das Eichenlaub zum Ritterkreuz verliehen. Mit seiner Panzerarmee bildete er 1942 und 1943 den Nordflügel der Heeresgruppe Mitte im Raum nördlich von Smolensk und führte dort im Winter 1943/44 Abwehrkämpfe. Hierfür erhielt er am 26. Mai 1944 die Schwerter zum Ritterkreuz verliehen. Wie die gesamte Heeresgruppe Mitte war jedoch die 3. Panzerarmee der sowjetischen Sommeroffensive (»Operation Bagration«) nicht gewachsen. Am 16. August 1944 wurde Reinhardt Oberbefehlshaber der Heeresgruppe Mitte, die im Januar 1945 zur Heeresgruppe Nord wurde.

Am 26. Januar 1945 nach dem Zusammenbruch der Front an der Weichsel und nach Meinungsverschiedenheiten mit Hitler seines Kommandos enthoben und in die Führerreserve versetzt.

Im Juni 1945 von der US-amerikanischen Armee verhaftet, im OKW-Prozess am 27. Oktober 1948 wegen Kriegsverbrechen zu 15 Jahren Haft verurteilt. Im Juni 1952 aus dem Kriegsverbrechergefängnis Landsberg entlassen.

Roebelen, Gustav (1905–1967)
auch Röbelen

Seit 1933 illegale Tätigkeit in Belgien und Frankreich; 1936–1939 Interbrigadist im »Edgar André«-Bataillon, Besuch der Partisanenschule in Valencia-Benimamiet, danach persönlicher Mitarbeiter von Ejtingon und Nikolski.

1939 über Frankreich in die Sowjetunion und als Schlosser tätig. Nach Kriegsbeginn Freiwilliger der Roten Armee; seit Ende 1941 in der motorisierten Brigade z.b.V unter Orlow, dann unter Sudoplatow tätig.

Besuch einer Spezialschule für den Einsatz im Hinterland des Feindes. Von Ende 1941 bis 1943 unter Korotkow Einsatz im Iran zur Liquidierung deutscher Agenten- und Diversionsnetze; 1943–1945 Einsatz im Hinterland der deutschen Front (Operation »Beresina«).

Im März 1946 Rückkehr nach Deutschland. Funktionen in Wirtschaftsorganen und im zentralen Parteiapparat; 1949 Generalmajor der Volkspolizei, beteiligt am Aufbau des MfS und der NVA. 1959–1964 im Ministerium für Verkehrswesen der DDR tätig.

Roeder, Manfred (1900–1977)

Als Oberstkriegsgerichtsrat Untersuchungsführer und Mitverantwortlicher für die 56 Todesurteile des Reichskriegsgerichts in den Verfahren gegen die Mitglieder der Widerstandsbewegung »Rote Kapelle« sowie im Verfahren gegen Dietrich Bonhoeffer, Wilhelm Canaris und Hans von Dohnanyi, für das Roeder den Sammelbegriff »Schwarze Kapelle« kreierte. Im Januar 1945 zum Generalrichter ernannt.

Der ehemalige preußische Kultusminister Adolf Grimme,

Freund des hingerichteten Adam Kuckhoff und selbst ehemaliges Mitglied der »Roten Kapelle«, erstattete am 15. September 1945 Strafanzeige gegen Roeder wegen Rechtsbeugung.

Das Verfahren wurde jedoch von der Staatsanwaltschaft Lüneburg mangels Anfangsverdachts 1951 eingestellt. Der Abschlussbericht kam zu dem Ergebnis, die Verfahren vor dem Reichskriegsgericht seien nicht zu beanstanden und die Angeklagten mit Recht zum Tode verurteilt worden, da Landesverrat zu allen Zeiten als das »schimpflichste Verbrechen« gegolten habe und die Teilnehmer des 20. Juli 1944 in umfassendem Maße Landesverrat und Spionage betrieben hätten.

Nach dem Krieg war Roeder ein angesehenes und aktives Mitglied der CDU, unter anderem auch mehrere Jahre stellvertretender Bürgermeister seiner Taunus-Gemeinde Glashütten.

Rokossowski, Konstantin Konstantinowitsch (1896–1968)

Marschall der Sowjetunion, im Großen Vaterländischen Krieg Korpskommandeur, Armeeoberbefehlshaber und Oberbefehlshaber verschiedener Fronten. 1945 Oberbefehlshaber der 2. Belorussischen Front, die an der Berliner Operation teilnahm.

Auch Marschall Polens. Dort von 1949 Stellvertreter des Vorsitzenden des Ministerrates der VR Polen und Minister für Nationale Verteidigung Polens bis 1956. Am 8. November 1956 trat er als Verteidigungsminister zurück und reiste in die Sowjetunion, wo er 1957 zum Generalinspekteur der Streitkräfte und stellvertretenden Verteidigungsminister ernannt wurde. Seine letzte Ehrenfunktion war die des Mitglieds der Gruppe der Generalinspekteure der Sowjetarmee.

Held der Sowjetunion, Träger des Siegesordens, der höchsten militärischen Auszeichnung der Sowjetunion.

Saburow, Alexander Nikolajewitsch (1900–1974)

Partisanenkommandeur, Generalmajor, Held der Sowjetunion, einer der bekanntesten Partisanenkommandeure, wirkte auf belorussischem und ukrainischem Gebiet.

War mit seinen Partisanen am Attentat auf Wilhelm Kube beteiligt.

Schauer, Hermann-Ernst (*1923)

Deutscher Antifaschist, der während des Zweiten Weltkrieges an der Seite belorussischer Partisanen kämpfte und als Fallschirm-Agent von der Roten Armee eingesetzt wurde.

Schauers Vater war ein hochdekorierter Offizier des Ersten Weltkriegs. Schauer absolvierte nach dem Abitur die Kriegsschule in Potsdam. 1941 Leutnant und Zugführer in der 60. Infanterie-Division (mot.) der Wehrmacht. Geriet während des Krieges gegen die Sowjetunion am 11. oder 12. Juli 1941 nach einer Verwundung bei Berdytschiw in Kriegsgefangenschaft. 1943 an der Gründung des Nationalkomitees »Freies Deutschland« beteiligt.

Nach einem Lehrgang an der Antifa-Schule in Krasnogorsk entschloss er sich zu einem Einsatz hinter der Front im Partisanen-Gebiet. Im März 1944 sprang er 60 Kilometer nördlich von Minsk mit dem Fallschirm ab und war mit drei anderen NKFD-Kameraden zuständig für die Aufklärungsarbeit bei den Soldaten der umliegenden Wehrmachtsgarnisonen.

Nach Kriegsende ab 1945 Mitglied der KPD und Arbeit beim *Berliner Rundfunk*. Danach Studium der Geschichte und Germanistik an der Humboldt-Universität zu Berlin. Ab 1953 tätig in der Staatlichen Kommission für Kunstangelegenheiten als wissenschaftlicher Mitarbeiter der DDR-Kulturminister bis zum Januar 1990.

2005 erschienen seine Erinnerungen unter dem Titel *Bleib aufrecht, mein Sohn.*

Scheel, Heinrich (1915–1996)

Historiker, Präsident der Historikergesellschaft der DDR, Vizepräsident der Akademie der Wissenschaften der DDR, Leutnant der deutschen Wehrmacht, Mitglied der »Roten Kapelle«, 1943 zusammen mit Weisenborn und Grimme im gleichen Prozess zu sechs Jahren Zuchthaus verurteilt.

Heinrich Scheel wuchs in einem engagierten sozialdemokratischen Elternhaus auf und wurde wesentlich durch den Besuch der Berliner Schulfarm Scharfenberg geprägt, die mit ihren reformpädagogischen Ansätzen 1929 bis 1934 seine vielseitige Begabung förderte. Daraus resultierte eine Gegnerschaft zum Nationalsozialismus, die sich nach der Machtergreifung im Widerstand als Oberschüler (gemeinsam mit seinen Mitschülern Hans Coppi und Hans Lautenschläger), Student (1929–1934 Studium an der Berliner Friedrich-Wilhelm-Universität) und Wehrmachtsangehöriger äußerte.

Von 1941 an als Wetterdienst-Inspekteur bei der Luftwaffe in Berlin-Tempelhof stationiert, später in Rangsdorf. Seit Kriegsbeginn in Kontakt mit dem Kreis um Schulze-Boysen, am 16. September 1942 in Berlin verhaftet – zusammen mit der Berliner Gruppe der »Roten Kapelle«. Scheel überlebte die Haft im Zuchthaus, kam ins Aschendorfer Moorlager, Mitte Juli 1944 zur »Frontbewährung« in ein Bewährungsbataillon und Ende 1944 in amerikanische Kriegsgefangenschaft.

Nach seiner Rückkehr Arbeit als Lehrer und 1947–1949 Direktor der Schulfarm Scharfenberg. Anfang 1949 wegen seiner SED-Mitgliedschaft entlassen. Als Doktorand kehrte er an die Humboldt-Universität zurück, wurde dort später Dozent für Deutsche Geschichte und setzte seine Forschungsarbeiten zu den deutschen Jakobinern und zur Mainzer Republik an der Akademie der Wissenschaften der DDR fort. Von 1980 bis zur Selbstauflösung 1990 war er Präsident der Historiker-Gesellschaft der DDR.

Scheffler, Felix (1915–1986)

Konteradmiral und erster Chef der Seestreitkräfte der DDR. Nach dem Abschluss der Mittelschule 1930–1933 Ausbildung zum Drogisten in Hamburg-Altona. 1932/33 Mitglied der SA. 1933–1937 fuhr er als Schiffsjunge und Steward auf Schiffen der Hapag-Reederei. 1937–1941 Unteroffizier der Wehrmacht, 1941–1947 in sowjetischer Kriegsgefangenschaft, in der er in den ersten beiden Jahren als Holzfahrer, Heizer und Sanitäter in verschiedenen Kriegsgefangenenlagern beschäftigt wurde.

1942 Mitglied des Antifa-Komitees im Lager Elaluga. 1943 gehörte er zu den Mitbegründern des NKFD. 1943/44 an der Zentralen Antifa-Schule in Krasnogorsk. 1944 Unterstützung von Partisanen im Gefechtsraum der 1. Belorussischen Front. Nach einem Lazarettaufenthalt 1945 vom NKWD im Gebiet Wilnus eingesetzt. 1946 Besuch einer Antifaschule in Noginsk, danach Leiter des Antifa-Aktivs an der Zentralen Antifa-Schule.

Im November 1947 kehrte Scheffler zurück nach Deutschland, wurde 1948 Mitglied der SED und war ab Februar 1950 Organisationssekär der Demokratischen Bauernpartei Deutschlands (DBD). Mitglied der Volkskammer und dort im außenpolitischen Ausschuss tätig.

Ab Februar 1950 war er in der Hauptverwaltung Seepolizei Chef des Stabes und Chefinspekteur. 1952 wurde er zum stellvertretenden Leiter der Volkspolizei See und zum Konteradmiral ernannt. 1955 übernahm er die Leitungsfunktion als Nachfolger von Waldemar Verner, 1956 die Leitung der Seestreitkräfte der NVA. Von 1957 bis 1959 besuchte er Kurse an der Seekriegsakademie der Sowjetunion. Anschließend war er Stellvertreter des Chefs der Seestreitkräfte für Ausbildung, dann für Technik und ab 1965 als Nachfolger von Willi Winkler Leiter der rückwärtigen Dienste.

Nach seinem Ruhestand 1975 war er Mitglied des Bezirkskomitees der Antifaschistischen Widerstandskämpfer in Rostock.

Schellenberg, Walter (1910–1952)

SS-Brigadeführer und Generalmajor der Polizei seit dem 21. Juni 1944. Ab 1944 Leiter der vereinigten Geheimdienste von SD (Sicherheitsdienst) und Abwehr im Reichssicherheitshauptamt (RSHA). Im Rahmen der Nürnberger Prozesse als Kriegsverbrecher verurteilt.

Von 1939 bis 1941 Leiter der polizeilichen Spionageabwehr der Gruppe IV E des RSHA und danach bis Kriegsende Leiter des Auslandsnachrichtendienstes im Amt VI des RSHA. Nachdem Schellenberg Canaris Ende Juli 1944 festgenommen hatte, konnte er auch dessen militärischen Geheimdienstapparat teilweise zerschlagen beziehungsweise darauf Einfluss nehmen.

Als das Ende des Dritten Reiches absehbar war, trat er im Auftrag Himmlers in Kontakt mit westlichen Institutionen (Schwedisches Rotes Kreuz, Graf Folke Bernadotte), begann ab Ende 1944 Geheimverhandlungen mit den Westalliierten, u. a. über das Schwedische Rote Kreuz, gelangte Mitte Mai 1945 über Schweden in die Obhut der Engländer; trat im Kriegsverbrecher-Prozess 1946 in Nürnberg als Zeuge der Anklage auf. 1948 im sogenannten Wilhelmstraßen-Prozess zu sechs Jahren Gefängnis wegen Beihilfe zum Mord an sowjetischen Kriegsgefangenen verurteilt, bereits 1950 entlassen. Schrieb unter englischer Betreuung, in Italien lebend, seine Memoiren, die 1952 in englischer Sprache herauskamen. Die gegen die Sowjetunion gerichteten Aktionen wurden gestrichen.

Scherhorn, Gerhard

Berufsoffizier der deutschen Wehrmacht. Der Oberstleutnant geriet als Regimentskommandeur der Heeresgruppe Mitte im Juli 1944 im Rahmen der sowjetischen Operation »Bagration« in Gefangenschaft der Partisanen, wurde vom NKGB angeworben und in ein Funkspiel mit der deutschen Heeresleitung eingebunden. Gleichzeitig wurde der Funkspezialist William Fisher (Rudolf Abel) zur Unterstützung und Kontrolle aus der Zentrale herangezogen.

In diesem Funkspiel wurde dem OKW und den deutschen Dienststellen weisgemacht, dass hinter den sowjetischen Linien eine 2500 Mann starke deutsche Einheit um Scherhorn existiere. Diese wurde fortlaufend mit Lebensmitteln, Waffen und Munition versorgt, auch Personal wurde eingeflogen.

Im Rahmen dieser Operation wurden mehrere Dutzend deutsche Diversanten und Agenten nach ihrem Absprung gefangen genommen, etwa ein Dutzend Funkstationen und annährend zwei Millionen Rubel durch die sowjetische Seite sichergestellt.

Hitler gab im März 1945 die Weisung, Scherhorn mit dem »Ritterkreuz« auszuzeichnen und zum Oberst zu befördern.

Zum Jahreswechsel 1949/50 kehrte Gerhard Scherhorn nach Deutschland (DDR) zurück.

Nach offiziell nicht bestätigten Angaben war er an der Aufstellung der ersten Motorisierten Schützendivision der NVA beteiligt.

Schörner, Ferdinand (1892–1973)

Heeresoffizier (seit 1945 Generalfeldmarschall), während des Zweiten Weltkrieges Oberbefehlshaber von Armeen und Heeresgruppen und 1945 kurzzeitig der letzte Oberbefehlshaber des Heeres.

Führte die ihm unterstellten Truppen mit großer Härte (»Mehr Angst im Rücken, als von vorne!«) und wurde am 1. Februar 1944 zum Chef des neu geschaffenen *Nationalsozialistischen Führungsstabes des Heeres* ernannt. In dieser Funktion für die Schulung der Truppe im faschistischen Sinne verantwortlich.

Am 31. März 1944 zum Generaloberst befördert und gleichzeitig zum Oberbefehlshaber der Heeresgruppe Südukraine ernannt. Übernahm im Juli 1944 das Kommando über die Heeresgruppe Nord. Am 28. August 1944 mit den Schwertern zum Ritterkreuz mit Eichenlaub für Verteidigungskämpfe im Kurland ausgezeichnet, und erhielt am 1. Januar 1945 die Brillanten für Abwehrkämpfe im Raum Kurland. Hitler bestimmte Schörner am 30. April 1945 in seinem politischen Testament zum Oberbefehlshaber des Heeres.

Setzte sich im Mai 1945 nach Österreich ab. Von den Amerikanern an die Sowjetunion ausgeliefert und wegen Kriegsverbrechen zu 25 Jahren Haft verurteilt. Ende 1954 Entlassung in die Bundesrepublik; 1957 Haft wegen Todschlags, 1960 Haftentlassung.

Der »blutige Ferdinand« galt als »der brutalste von Hitlers Feldmarschällen«. 1963 wurde ihm von Bundespräsident Heinrich Lübke eine Pension bewilligt.

Schliwinski, Otto (1904–?)

1933 Emigration in das damals französische Besatzungsgebiet Saarland, 1935 nach Frankreich. 1936–1939 Interbrigadist im Bataillon »Etkar Andre«. Besuch der Partisanenschule in Valencia-Benimamiet. 1939 über Frankreich in die Sowjetunion, arbeitete bis Kriegsbeginn als Schlosser im Autowerk GAS in Gorki.

Freiwilliger in der Roten Armee; dann unter dem Geheimdienst-Vize Sudoplatow tätig. Besuch einer Moskauer Spezialschule für den Einsatz im Hinterland des Feindes, die William Fisher (Rudolf Abel) leitete; ab Anfang 1942 Partisan in Belorussland.

1943/44 Einsatz mit einer Sonderabteilung in Belorussland im Gebiet um Baranowitschi; Teilnahme an der Operation »Beresina«.

1945 Rückkehr nach Deutschland; seit Ende 1945 in der Volkspolizei, dann KVP und 1956 NVA. Oberst und Kommandeur des 1. Panzerregiments der NVA.

Shukow, Georgi Konstantinowitsch (1896–1974)

Heerführer im Großen Vaterländischen Krieg, Generalstabschef der Roten Armee, Verteidigungsminister und Marschall der Sowjetunion.

Als erfolgreicher Verteidiger in der Schlacht um Moskau

1941 und als Sieger der Schlacht um Berlin 1945 wurde er international bekannt. In der Nacht auf den 9. Mai 1945 nahm er in Berlin-Karlshorst als Vertreter der Sowjetunion die bedingungslose Kapitulation der deutschen Wehrmacht und aller Teilstreitkräfte entgegen.

1941 Chef des Generalstabes, ab April 1942 1. Stellvertreter des Volkskommissars für Verteidigung und zugleich 1. Stellvertreter des Obersten Befehlshabers, J.W. Stalin. Mitglied des Hauptquartiers während des Krieges.

Plante und organisierte, meist gemeinsam mit Wassilewski, alle wichtigen Operationen der Roten Armee und überwachte ihre Durchführung.

Ab 1944 Oberbefehlshaber der 1. Belorussischen Front, die an der Spitze der Berliner Operation ab März 1945 stand.

Als Chruschtschow nach dem XX. Parteitag begann, Armee und Flotte aus Kostengründen zu verkleinern und dafür die strategischen Nuklearstreitkräfte als Abschreckungsmittel zu etablieren, leistete Shukow Widerstand. In der Gewissheit seiner Macht brüskierte er den Regierungschef mehrmals. Als sich Chruschtschow in seiner Autorität ernsthaft bedroht sah, nutzte er eine Jugoslawien-Reise Shukows und entfernte ihn am 26. Oktober 1957 aus seinem Ministeramt und dem Präsidium des ZK der KPdSU und versetzte ihn ein Jahr später in den Ruhestand.

Viermal Held der Sowjetunion, zweimal mit dem höchsten Orden, dem Siegesorden, geehrt.

Skorzeny, Otto (1908–1975)

Österreicher, während des Zweiten Weltkrieges für spektakuläre Einsätze bekannt, etwa die Befreiung Mussolinis (»Fall Eiche«) und durch andere Kommandounternehmungen.

Seit 1939 bei der SS-Leibstandarte »Adolf Hitler«, 1940 bei der SS-Division »Totenkopf«, ab April 1943 im RSHA als Gruppenleiter SD-Ausland Sabotage und kurze Zeit später Führer des Sonderverbandes z.b.V. Friedenthal.

Im Oktober 1944 Unternehmen »Panzerfaust«: Verhaftung des ungarischen Reichsverwesers Nikolai Horthy, Dezember

1944 Unternehmen »Greif«, als Führer der Panzerbrigade 150, bei der deutsche Soldaten während der Ardennenoffensive in amerikanischen Uniformen ins gegnerische Hinterland eindrangen.

Ende 1944 Verbandsführer der SS-Jagdverbände, die den Untergrund der zusammenbrechenden Ostfront organisieren sollen. Organisierte das Unternehmen »Freischütz« (Operation »Beresina«).

Zuletzt SS-Standartenführer (Oberst) und Träger des Ordens »Eichenlaub zum Ritterkreuz«.

Skorzeny floh 1948 aus der Haft und ließ sich in Madrid nieder, wo er unbehelligt lebte.

Steffens, Walter (1903–1968)

Antifaschistischer Widerstandskämpfer und späterer Offizier der Volksmarine der DDR.

KPD 1930. Abteilungsleiter der verbotenen Sektion »Rote Marine« des Roten Frontkämpferbundes in Hamburg. Einer Verhaftung durch die Geheime Staatspolizei (Gestapo) und Inhaftierung im KZ Fuhlsbüttel im Mai 1933 folgte ein Freispruch wegen Mangels an Beweisen. Im Februar 1934 emigrierte er nach Prag, wo er unter den Namen Schulz und Marhenke lebte. Ab April 1938 kämpfte Steffens in Spanien. Nach der Demobilisierung floh er im Februar 1939 nach Frankreich. Von Februar 1939 bis April 1943 in den französischen Konzentrationslagern St. Cyprien, Gurs, St. Vernet und in El Djelfa interniert. In El Djelfa meldete sich Steffens im April 1943 als Freiwilliger in der britischen Nordafrika-Armee und wurde bald darauf Korporal.

Ende 1943 ging er nach Moskau. Hier wurde er Mitglied des Nationalkomitees »Freies Deutschland«, meldete sich zum Einsatz in Spezialeinheiten und beteiligte sich in den Wäldern Belorusslands und im Kaukasus an den Kämpfen gegen Wehrmachtseinheiten.

Im April 1946 kehrte Walter Steffens nach Deutschland zurück. Von April bis September 1946 mit dem Aufbau der Wasserschutzpolizei des Landes Mecklenburg-Vorpommern beauftragt. Von 1948 bis 1949 Personalleiter der Landesbehörde der Polizei in Schwerin und von Juni 1949 bis 6. Januar 1950 Leiter des Referates Wasserschutzpolizei der Landesbehörde der Deutschen Volkspolizei von Mecklenburg im Dienstgrad eines Seepolizei-Inspekteurs.

Vom 1. August 1950 bis zum 30. November 1952 Leiter der Seepolizeischule Parow, vom 1. Dezember 1952 bis 1955 der Unterführer- und Mannschaftsschule Parow, von 1955 bis 1956 der Seeoffiziers-Lehranstalt Stralsund-Schwedenschanze und ab 1957 des Bergungs- und Rettungsdienstes der DDR auf dem Dänholm.

1960 in den Ruhestand versetzt.

Sudoplatow, Pawel Anatolewitsch (1907–1996)

Hochrangiger Mitarbeiter des NKWD, zuletzt im Rang eines Generalleutnants.

Im Alter von 12 schloss er sich der Roten Armee an, wurde 1927 zur geheimen politischen Abteilung des ukrainischen OGPU versetzt. 1933 zur Zentrale nach Moskau. Bei verdeckten Operationen in mehreren europäischen Staaten eingesetzt. Im Herbst 1938 zum geschäftsführenden Direktor der Auslandsabteilung des NKWD ernannt, nachdem sein Vorgänger Sergei Spigelglas den zu dieser Zeit durchgeführten Säuberungen innerhalb des Geheimdienstes zum Opfer gefallen war.

Ab Juni 1940 bestand Sudoplatows Aufgabe darin, Spezialaufgaben innerhalb des NKWD zu organisieren. Sudoplatow war damit der erste Kommandeur der sowjetischen Form von *Special Forces* im Zweiten Weltkrieg. Zu diesen Spezialaufgaben gehörten Sabotageoperationen hinter den feindlichen Linien. Während des Zweiten Weltkriegs war seine Einheit mit der Organisation des Partisanenkrieges im Rücken der Wehrmacht betraut. Ferner führte sie gegen die Wehrmacht gerichtete Sabotageaktionen und Anschläge aus.

Im Februar 1944 ernannte Beria Sudoplatow zum Leiter einer neu geschaffenen Abteilung S, in der sämtliche nachrichtendienstliche Tätigkeit des GRU und des NKWD in Bezug auf die atomare Rüstung gebündelt wurde. Zugleich erhielt er einen leitenden Posten im Sowjetischen Atombomben-Projekt, wo er vornehmlich Koordinationsaufgaben wahrnahm. Von beiden Funktionen im Sommer 1946 entbunden. Im Frühjahr 1953 dann neuerlich mit der Leitung des Büros für Spezialaufgaben betraut.

Nach fünfjähriger Haft im Herbst 1958 wegen angeblicher Beteiligung an einer von Beria geleiteten Verschwörung zum Sturz der Regierung zu 15 Jahren Gefängnis verurteilt.

1992 rehabilitiert und von sämtlichen Vergehen, wegen derer er verurteilt worden war, freigesprochen.

Thomas, Georg (1890–1946)

Offizier, zuletzt General der Infanterie im Zweiten Weltkrieg sowie von 1939 bis 1942 Chef des Wehrwirtschafts- und Rüstungsamtes.

Nach dem Ersten Weltkrieg in die Reichswehr übernommen, beschäftigte sich seit 1928 im Heereswaffenamt des Reichswehrministeriums mit Rüstungsfragen. 1939 Chef des Wehrwirtschafts- und Rüstungsamtes im Oberkommando der Wehrmacht. Mitglied im Aufsichtsrat der Kontinentale Öl AG sowie von 1941 bis 1942 im Aufsichtsrat der Reichswerke »Hermann Göring«.

Thomas, am 1. August 1940 zum General der Infanterie befördert, publizierte im Februar 1941 eine Studie über die wirtschaftlichen Aspekte einer Verlagerung des Kriegsschauplatzes nach Osten, womit der Krieg gegen die Sowjetunion gemeint war. Als Mitglied von Görings Wirtschaftsführungsstab Ost hatte er wesentlichen Anteil an der Ausarbeitung eines Hungerplans. Am 2. Mai 1941, sieben Wochen vor dem deutschen Überfall auf die UdSSR, hielt das Protokoll einer Besprechung der Staatssekretäre mit General Thomas fest, dass »der Krieg nur weiter zu führen (ist), wenn die gesamte Wehrmacht im 3. Kriegsjahr aus Russland ernährt wird. Hierbei werden zweifellos zig Millionen Menschen verhungern, wenn von uns das für uns Notwendige aus dem Lande herausgeholt wird.«

Am 20. November 1942 schied Thomas aus dem Wehrwirtschafts- und Rüstungsamt aus und wurde in die Führerreserve versetzt.

Im Dezember 1946 starb er in amerikanischer Gefangenschaft.

Wassilewski, Alexander Michailowitsch (1895–1977)

Heerführer, Verteidigungsminister und Marschall der Sowjetunion.

Ab 1931 in der Verwaltung Gefechtsausbildung der Roten Armee tätig. Von 1934 bis 1936 als Oberst Leiter der Abteilung Gefechtsausbildung des Wolga-Militärbezirks. Er absolvierte die Militärakademie des Generalstabs 1937.

Ab August 1941 Stellvertreter und 1. Stellvertreter des Chefs des Generalstabs und Chef der Operativen Verwaltung, ab Juni 1942 Chef des Generalstabs und ab Oktober 1942 gleichzeitig Stellvertreter des Volkskommissars für Verteidigung der Sowjetunion.

War als Vertreter des Hauptquartiers während des Zweiten Weltkrieges tätig und hatte großen Einfluss auf die Planung und Verwirklichung von größten Militäroperationen. So nahm er an der Schlacht um Moskau (1941/1942), der Schlacht um Stalingrad (1942/1943) und der Schlacht bei Kursk (1943) teil. Im Februar 1945 übernahm er den Befehl über die 3. Weißrussische Front, die am 9. April 1945 in der Schlacht um Ostpreußen Königsberg einnahm. Im August 1945 führte er als Oberkommandierender der Truppen in Fernost die Operation »Auguststurm«.

Seit 1946 1. Stellvertreter des Verteidigungsministers, bevor er von 1949 bis 1953 das Amt des Verteidigungsministers bekleidete. Ab 1957 pensioniert, wurde er Mitglied der Gruppe von Generalinspekteuren des Heeres beim sowjetischen Verteidigungsministerium.

Dreimal Held der Sowjetunion, zweimal mit dem Siegesorden geehrt.

Watutin, Nikolai Fedorowitsch (1901–1944)

Nach dem Bürgerkrieg besuchte Watutin die Militärakademie »M. W. Frunse« (1929) und die Militärakademie des Generalstabes (1937). Watutin hatte verschiedene Posten inne, so unter anderem als Stabschef einer Schützendivision, Abteilungsleiter im Stab des Sibirischen Militärbezirkes sowie Chef des Stabes des Kiewer Militärbezirkes. Im Februar 1941 als Chef in die operative Verwaltung des Generalstabes versetzt. Damit zugleich 1. Stellvertretender Chef des sowjetischen Generalstabes.

Zu Beginn des Großen Vaterländischen Krieges zunächst Chef des Stabes der Nordwestfront. Danach fungierte er von Mai bis Juli 1942 kurzzeitig als Stellvertreter des Generalstabschefs der Roten Armee, bevor er nacheinander die Woronesher Front und die Südwestfront befehligte. Ab März 1943 kommandierte er erneut die Woronesher Front (ab 20. Oktober 1943 1. Ukrainische Front), die Kiew zurückeroberte.

Am 25. Februar 1944 wurde Watutin bei einem Überfall der *Ukrainischen Aufständischen* (UPA) schwer verwundet und erlag am 14. April 1944 seinen Verletzungen. Nach dem Krieg wurde die neu gegründete Stadt Watutine in der Oblast Tscherkassy, Ukraine, nach ihm benannt.

Zweimal Lenin-Orden, zweimal Suworow-Orden.

Wegmann, Karl (1906–1981)

1933 Emigration nach Frankreich, 1936 Eintritt in die KPD; 1936–1939 Interbrigadist in Spanien (Thälmann-Bataillon), 1939 Internierung in Frankreich, 1941–1943 im Straflager Djelfa in Algerien.

Anfang 1943 in einer Arbeitskompanie der britischen Armee zum Bau einer Wüstenstraße in die Sahara eingesetzt, über das Mittelmeer, Palästina und Iran in die Sowjetunion. Spezialausbildung in Moskau; Partisaneneinsatz in Belorussland, Teilnahme an der Operation »Beresina«.

1945 Rückkehr nach Deutschland, ab 1945 Volkspolizei.

Weisenborn, Günther (1902–1969)

Deutscher Schriftsteller und antifaschistischer Widerstandskämpfer.

Die Nazis verboten 1933 seine Bücher, er konnte jedoch (unter den Pseudonymen W. Bohr, Christian Munk und Eberhard Förster) weiterhin schreiben.

Nach kurzer Emigration in die USA 1936 kehrte er Ende 1937 nach Deutschland zurück und führte dort ein Doppelleben: Einerseits war er Teil des faschistischen Kulturbetriebs (seit 1941 Dramaturg am Berliner Schillertheater), andererseits unterstützte er die Widerstandsorganisation »Rote Kapelle«. 1941 heiratete er Margarete Schnabel (1914–2004), die er 1939 bei Libertas und Harro Schulze-Boysen kennengelernt hatte.

Im September 1942 verhaftet und vom Reichskriegsgericht wegen Hochverrats zum Tode verurteilt. Aufgrund der entlastenden Aussage eines Zellengenossen wurde das Todesurteil gegen ihn in 10 Jahre Festungshaft umgewandelt.

Im April 1945 von der Roten Armee aus dem Zuchthaus Luckau befreit.

1947 strengte er gemeinsam mit Adolf Grimme und Greta Kuckhoff einen Prozess gegen den Chefankläger der »Roten Kapelle«, Manfred Roeder, an. Dieses Verfahren wurde von der Staatsanwaltschaft Lüneburg bis Ende der 60er Jahre verschleppt und dann eingestellt.

Werner, Ruth, geb, Ursula Kuczynski (1907–2000)
Deckname: Sonja

Kundschafterin des sowjetischen Militärnachrichtendienstes GRU. Dort wurde sie unter dem Decknamen »Sonja« geführt und bekleidete zuletzt den Rang eines Obersten. Sie wurde als eines von sechs Kindern von Robert René und Berta Kuczynski in einer wohlhabenden jüdischen Familie in Schöneberg geboren. Ihr Vater arbeitete als Ökonom und Statistiker. Ihr älterer Bruder war der Wirtschaftswissenschaftler Jürgen Kuczynski.

1924 Lehre als Buchhändlerin, 1926 Mitglied der KPD, 1930–1935 mit ihrem ersten Mann in China, Shanghai, dort Kontakt zu Dr. Richard Sorge, der sie für die sowjetische Militäraufklärung gewann. Danach als Leiterin eines Funkstützpunktes von 1935–1937 in Polen, in der Nähe von Danzig. 1938–1940 zur Unterstützung des Radó-Netzes in der Schweiz, führte ein eigenes Netz und bildete für Radó mehrere Funker aus. 1940–1948 Einsatz in England, führte dort in den ersten Jahren Klaus Fuchs. 1950 Rückkehr über Prag nach Berlin. Tätigkeit als Abteilungsleiter im Amt für Information. Ab Mitte der 50er Jahre journalistische und schriftstellerische Tätigkeit

Ab 1990 Mitglied des Ältestenrates der PDS.

Bei ihrer Beisetzung im Juli 2000 auf dem Friedhof Berlin-Baumschulenweg sprach ein Gesandter der Russischen Föderation als Trauerredner. Ohne dass Werner jemals Uniform getragen hatte, war sie Oberst der Roten Armee. Postum erhielt sie den russischen Orden der Freundschaft.

Winarow, Iwan (1896–1975)
Deckname: Wankt

Bulgare, Oberst der Roten Armee, General der bulgarischen Volksarmee, Held der Sowjetunion. Seit 1922 Mitarbeiter der Aufklärungsverwaltung der Roten Armee. 1925/26 Ausbildung in der Zentrale und Vorbereitung für den Einsatz im Ausland.

1926–1929 Einsatz in China unter dem Hauptmilitärberater der Chinesischen Volksbefreiungsarmee. Aufbau eines funktionierenden Aufklärungsnetzes in China; Anfang 1930 gemeinsam mit Bersin Instruierung Richard Sorges in Moskau, der sich auf seinen China-Einsatz vorbereitete. 1930–1933 Leiter einer Kundschaftergruppe in Österreich, die sich mit der Beschaffung von Informationen aus dem Diplomatischen Korps befasst; 1933–1936 Leiter einer Kundschaftergruppe in der Tschechoslowakei, die auf die tschechische Rüstungsindustrie angesetzt war. Die Winarow-Gruppe beschaffte die gesamten technischen Dokumentationen neuer Waffen der tschechischen Waffenindustrie.

Ab November 1936 Einsatz in Frankreich mit dem Auftrag: Aufbau eines Informationsnetzes, das Informationen über den spanischen Bürgerkrieg sammeln soll. Das Netz wurde in deutschen, französischen und italienischen Hafenstädten sowie in Spanisch-Marokko, Gibraltar, Triest und Jugoslawien installiert. Mitte 1939 Rückkehr nach Moskau und Beginn einer akademischen Tätigkeit, u. a. bis 1941 als Lehrer an der Frunse-Akademie, der Militärakademie des Generalstabes der Roten Armee.

Nach dem Beginn des Krieges gegen die Sowjetunion für Sonderaufgaben abkommandiert: Juli/August 1941 Einsatz in der Türkei, danach Einsatz im Rücken des Feindes, u. a. in Polen, Tschechoslowakei, Rumänien und Ungarn. Organisierung des bewaffneten Widerstandes und des Partisanenkampfes in diesen Ländern. Im September 1944 Rückkehr nach Bulgarien über Jugoslawien mit der 1. Sofioter Partisanendivision. Nach 1945 Teilnahme am Aufbau der bulgarischen Volksarmee und ihrer Militäraufklärung.

Winkelmann, Hans-Hugo (1907-1995)

Sohn eines Schmieds, Lehre als Schlosser, 1921 KJVD, 1923 KPD, 1933 Emigration in die Niederlande, 1935/36 Haft und Ausweisung nach Belgien, 1936–1939 Kämpfer in den Internationalen Brigaden in Spanien, 1939 interniert in St. Cyprien, Gurs, Le Vernet, 1941–1943 Lager Djelfa, 1943 Angehöriger der britischen Armee in Algerien, 1944 über Iran in die UdSSR, Angehöriger einer Spezialeinheit des NKFD in Belorussland. Teilnahme an der Operation »Beresina«.

1946 Rückkehr nach Deutschland, DVP, Generalmajor.

Anlagen

Die nachrichtendienstliche Tätigkeit, welche seit 1917/18 auf die Zerschlagung Sowjetrusslands zielte, wurde in viele Papiere mit höchster Geheimhaltung geschrieben. Sie besaßen mal strategischen, mal operativen Charakter. Doch unabhängig davon, ob sie nun zur Kaiserzeit, während der Weimarer Republik, in der faschistischen Diktatur oder während des Kalten Krieges verfasst wurden, egal, ob sie sachlich-fachlich vorgetragen wurden, arrogant und im Ton der Herrenmenschen: Stets verfolgten sie doch das eine weltanschauliche Ziel.

Nachfolgend Beispiele aus den vielen Rezepten zur Überwindung des Kommunismus, die die enge Verzahnung des geheimdienstlichen, militärischen und politischen Apparates des imperialistischen Staates bezeugen, welche doch stets bestritten wird.

Grundsätze für die Zusammenarbeit zwischen der Geheimen Staatspolizei und den Abwehrdienststellen der Deutschen Wehrmacht vom 21. Dezember 1936

1. Der Geheime Meldedienst, d.h. die Erkundung militärischer Gegenstände und Tatsachen, ist Aufgabe der Abwehrdienststellen der Wehrmacht. Die Geheime Staatspolizei übergibt die Mitteilungen dieser Art, die an sie gelangen, unverzüglich der zuständigen Abwehrdienststelle der Wehrmacht. Die Dienststellen der Geheimen Staatspolizei leisten den Abwehrdienststellen der Wehrmacht im Rahmen ihrer dienstlichen Möglichkeiten jede gewünschte Hilfe für den Geheimen Meldedienst.

2. Die Gegenspionage, d.h. die Erkundung der militärischen Spionagedienste fremder Staaten, ist Aufgabe der Abwehrdienststellen der Wehrmacht. Die Geheime Staatspolizei übergibt Mitteilungen dieser Art, die an sie gelangen, unverzüglich den zuständigen Abwehrdienststellen der Wehrmacht. Die Dienststellen der Geheimen Staatspolizei leisten den Abwehrdienststellen der Wehrmacht im Rahmen ihrer dienstlichen Möglichkeiten jede gewünschte Hilfe für die Gegenspionage.

3. Die Abwehrpolizei, d.h. die Erforschung strafbarer Handlungen gemäß §163 StOP und die hierfür erforderliche Fahndung, ist Aufgabe der Geheimen Staatspolizei. Die Abwehrdienststellen der Wehrmacht übergeben Feststellungen, die auf das Vorliegen strafbarer Handlungen schließen lassen, unverzüglich den zuständigen Dienststellen der Geheimen Staatspolizei.

Die Abwehrdienststellen der Wehrmacht erteilen den Dienststellen der Geheimen Staatspolizei alle zum Zwecke der Fahndung und Erforschung strafbareren Handlungen gewünschten Auskünfte.

4. Die Dienststellen der Geheimen Staatspolizei unterrichten die zuständigen Abwehrdienststellen der Wehrmacht laufend über ihre Feststellungen, um die Verwertung dieser Feststellungen über den Geheimen Meldedienst und für die Gegenspionage zu ermöglichen.

5. Die Abwehrdienststellen der Wehrmacht unterrichten die zuständigen Dienststellen der Geheimen Staatspolizei laufend über ihre Feststellungen, um die Verwertung dieser Feststellungen für die Fahndung und für die Erforschung strafbarer Handlungen zu ermöglichen.

6. In der Behandlung des einzelnen Falles gehen die Interessen des geheimen Meldedienstes und der Gegenspionage der abwehrpolizeilichen Erledigung des Falles vor. Wenn durch die zur vollständigen Erforschung der strafbaren Handlung und zur Abgabe der Verhandlungen an die Staatsanwaltschaft gemäß §163 StOP erforderliche Maßnahmen der Geheimen Staatspolizei die Gewinnung von Ergebnissen des geheimen Meldedienstes und der Gegenspionage vereitelt würde, so sieht – entgegen der gesetzlichen Verpflichtung aus §163 StOP – die sachbearbeitende Dienststelle der Geheimen Staatspolizei auf Wunsch der zuständigen Abwehrdienststelle der Wehrmacht so lange von der Fortführung ihrer Maßnahme ab, bis nach Urteil der Abwehrdienststelle der Wehrmacht kein Interesse des geheimen Meldedienstes und der Gegenspionage mehr entgegensteht.

7. Die Dienststellen der Geheimen Staatspolizei geben während ihres Ermittlungsverfahrens auf Wunsch der zuständigen Abwehrdienststellen der Wehrmacht den Beauftragten dieser Stellen die Möglichkeit, Beschuldigte oder andere Personen, die sich in Haft oder Gewahrsam der Geheimen Staatspolizei befinden, zur Feststellung von für den geheimen Meldedienst oder für die Gegenspionage bedeutsamen Tatsachen anzuhören.

Vernehmungen sind als polizeiliche Maßnahme gemäß §163 StOP allein Aufgabe der Geheimen Staatspolizei. Wird ein in Gewahrsam der Justizbehörden befindlicher Beschuldigter von Beauftragten der Abwehrdienststellen der Wehrmacht abgehört, so ist grundsätzlich ein Beauftragter der Geheimen Staatspolizei zuzuziehen, um für die Erforschung strafbarer Handlungen bedeutsame Mitteilungen zur Kenntnis zu nehmen.

8. Die Dienststellen der Geheimen Staatspolizei und die Abwehrdienststellen der Wehrmacht unterrichten sich gegenseitig laufend über die für polizeiliche Ermittlungen und über für die Gegenspionage tätige Vertrauensmänner.

Derselbe Vertrauensmann darf nicht zugleich für polizeiliche Ermittlungen für die Gegenspionage beschäftigt werden. Er ist ausschließlich für die Stelle zu beschäftigen, von der er die ersten Aufträge erhalten hat. Stellt sich seine bessere Eignung für die Aufgaben der anderen Stelle heraus, so ist er endgültig an diese abzugeben.

9. Beamte und Angestellte der Geheimen Staatspolizei dürfen als Anlauf- oder Vermittlungsstelle usw. des geheimen Meldedienstes und der Gegenspionage nur mit Genehmigung der zuständigen Dienststelle der Geheimen Staatspolizei verwendet werden. Sie handeln insoweit – wenn nicht gemäß Ziffer 1 und 2 dieser Grundsätze die Hilfe der zuständigen Dienststellen der Geheimen Staatspolizei erbeten worden ist – außerhalb ihres staatspolizeilichen Dienstes.

10. Abwehrdienststellen der Wehrmacht im Sinne dieser Grundsätze sind die Abwehrabteilung des Reichskriegsministeriums und die Abwehrstelle des Generalkommandos bzw. Marine-Stations-Kommandos. Dienststellen der Geheimen Staatspolizei im Sinne dieser Grundsätze sind das Geheime Staatspolizeiamt, die Staatspolizeileitstellen und Staatspolizeidienststellen.

gez. Best, gez. Canaris

Für die Richtigkeit:
gez. Bamler, Oberstleutnant d. Gen. St.

*Die Organisation Gehlen, Vorläufer des BND und Sammelbecken von Militärs und Nachrichtendienstlern,
die bis 1945 gegen die Sowjetunion gekämpft hatten und diesen Krieg fortsetzten, erteilte ihren Agenten im Osten in den frühen 50er Jahren einen »Generellen Auftrag für Alle«.
Es war die Handlungsanweisung zur Beseitigung der DDR.*

1. Erfassung der großen Marsch- und Transportbewegungen des Feindes und dies besonders in den Zeiten und an den Orten beschränkter alliierter Luftbeobachtungsmöglichkeiten. Wichtig sind dabei Truppengattung, besondere Kennzeichen und Nationalität. Nicht interessieren dagegen Kraftfahrzeug- und Transportnummern.
2. Feststellung der Auswirkung alliierter Luftangriffe auf Bahnlinien, Straßen, Brücken, große Telegrafenämter und Ähnliches und Beobachtung der entsprechenden Wiederherstellungsarbeiten. Wo entstehen neue Brücken bzw. Großfähren, wo neue Gleisanlagen, neue Straßen?
3. Erkennen der Unterkunftsräume der operativen Feindreserven und der Art ihrer Belegung (Truppengattung, Kennzeichen, Nationalität).
4. Erkennen der Zusammenziehung von Eisenbahnleermaterial bzw. von starken motorisierten Transportgruppen.
5. Beobachtung der Brennstoff- und Reparaturlager der Eisenbahn.
6. Feststellung feindlicher Vorbereitungen zum Stellungsbau.
7. Erkennen großer feindlicher Neuaufstellungs- und Ausbildungsvorhaben besonders auf Truppenübungsplätzen.
8. Überwachung der Dislozierung der feindlichen Luftwaffe und Beobachtung der Verluste sowie Erkennen der an feindlichen Flugplätzen durch Bombenschäden oder Ausbau eingetretenen Veränderungen.
9. Feststellen der Befehlsstellen hoher feindlicher Kommandobehörden.
10. Erkennen feindlicher Versorgungs- und Instandsetzungs-Stützpunkte und Erkennen großer feindlicher Nachschubbewegungen mit Bahn oder Kraftwagen. Wie ist insbe-

sondere auch die Belegung der Lazarette? Wo treten Seuchen auf (Zivilbevölkerung eingeschlossen)?

11. Beobachtung von Stimmung, Disziplin und Gesundheitszustand der in rückwärtigem Feindgebiet befindlichen Truppen. Welche Ansatzpunkte bieten sich hier für alliierte Propaganda usw. bei den verschiedenen Nationalitäten, besonders auch bei deutschen Truppen?

12. Feststellung aller kriegswirtschaftlichen Maßnahmen in der DDR, gleichgültig ob diese von Seiten der Besatzungsmacht oder von Seiten der DDR-Regierung durchgeführt werden. Dabei interessieren einmal der jeweilige Leistungsstand der Wehrwirtschaftsindustrie (Rüstungsbetriebe, Energie erzeugende Betrieb, Betriebe der chemischen Grundstoffindustrie und Hydrier-Werke), die Auswirkung alliierter Luftangriffe auf Betriebe sowie Versuche, ihre Produktion in Gang zu halten. Weiter interessieren rüstungstechnische Neuerungen, besonders die Vorbereitung zur Herstellung neuartiger Waffen und neuartiger Kriegsgeräte.

13. Erfassung der Aufteilung des Menschenpotenzials der DDR auf die verschiedenen Sparten der Wirtschaft einerseits und auf Wehrmacht und Wehrmachtshilfsdienst andererseits.

14. Feststellung der polizeilichen und der innen- wie außenpolitischen Maßnahmen der DDR wie der Besatzungsmacht und die Bedeutung der sich daraus bei der Bevölkerung ergebenden tatsächlichen wie psychologischen Auswirkungen. Wie ist die Ernährungslage der Bevölkerung?

15. Feststellung der durch alliierte Luftangriffe bei der deutschen Bevölkerung eingetretenen Verluste und Beobachtung der inneren Einstellung der Bevölkerung gegenüber DDR-Machthabern wie gegenüber den sowjetischen Besatzungsbehörden einerseits und gegenüber den Alliierten anderseits. Welcher die deutsche Bevölkerung interessierenden Fragen hat sich die westdeutsche Propaganda in diesem Zusammenhang anzunehmen?

16. Sonderaufträge individuell für die einzelnen Mitarbeiter!

Grenzmeldesystem, Post- und Fernmeldekontrollen und Befragungen in der Bundesrepublik Deutschland

Das von den BRD-Geheimdiensten BND und BfV initiierte und unterhaltene *Grenzmeldenetz* (GMN) umfasste 68 Grenzübergangsstellen.

Die Grenzen zur DDR und ČSSR, einschließlich eines 30-km-Vorfeldes, wurden durch den Bundesgrenzschutz (BGS), konkret durch die Bundesgrenzschutztrupps bzw. durch die Bayerische Grenzpolizei (BGP), kontrolliert. Die eigentlichen Kontrollhandlungen an den Grenzübergangsstellen erfolgten durch den Grenzschutzeinzeldienst (GSE) als Teil des BGS und den Grenzzolldienst (GZD).

Die geheimdienstlich ausgerichteten Kontrollen erfuhren mit der 104-seitigen »Sonderanweisung über die Erfassung bestimmter Erkenntnisse bei der grenzpolizeilichen Kontrolle (so-gk)« vom 6. Mai 1976 eine Präzisierung. Unter den zu erfassenden »bestimmten Erkenntnissen« war vor allem zu verstehen: das Kopieren der Personaldokumente von in beiden Richtungen reisenden Bürgern der DDR, der BRD, aus Westberlin und dem Ausland. Kriterien waren hierbei u. a. der Wohnort bzw. das Reiseziel (militärische Schwerpunktbereiche in der DDR) und die berufliche Tätigkeit oder Stellung des Reisenden; das Kopieren mitgeführter schriftlicher Unterlagen, die für die BRD-Geheimdienste von Interesse sein konnten (Verträge, Protokolle, wissenschaftliche Dokumentationen, Schriftverkehr), gezielte Informationsgespräche mit Reisenden in beiden Richtungen zu ihrer Person, ihren Reisezielen, beruflichen Tätigkeiten, Aufenthaltsdauer, Charakter der Verbindung zum Reiseziel etc.

Zu DDR-Bürgern interessierte vor allem auch die politische Einstellung, eventuelle Übersiedlungsabsichten in die BRD und das Wohnumfeld (militärische Objekte und Bewegungen).

Im Ergebnis solcher Dokumentationen und Informationen entstanden Personendossiers, die den Geheimdiensten zur Verfügung gestellt wurden und später oft Grundlage für Kontaktanbahnungen und Werbungen waren.

Die kontrollierenden Mitarbeiter von GSE und GZD waren nicht selten geworbene Agenten des BND mit konkreter Auftragserteilung. Die Fotokopiereinrichtungen wurden vielfach auch vom BND geliefert.

Der damalige stellvertretende Regierungssprecher Grünewald erklärte in der *Frankfurter Allgemeinen Zeitung* am 11. April 1979: »Die Amtshilfe wird vom Bundesnachrichtendienst im Rahmen von dessen Auslandsauftrag angefordert.«

Die sogenannte *strategische Post- und Fernmeldekontrolle* des BND, abgedeckt als »Hauptstelle für spezielle Datenverarbeitung«, hatte 12 Außenstellen, u. a. in Bonn, München, Hof, Bad Hersfeld, Frankfurt am Main, Köln, Helmstedt und Hamburg. Begründet wurde die Beschränkung der verfassungsmäßigen Grundrechte des Brief-, Post- und Fernmeldegeheimnisses (Art. 10 Grundgesetz) durch das sogenannte G 10-Gesetz mit der »Notwendigkeit einer strategischen Überwachung, um so die Gefahr eines bewaffneten Angriffs auf das Bundesgebiet rechtzeitig zu erkennen«.

So absurd die Begründung, so nützlich waren die umfangreichen Kontrollen für die gezielte Suche nach geeigneten Werbekandidaten und die Gewinnung anderweitig verwertbarer Informationen.

Die Kriterien für die Erfassung von Informationen und die Speicherung von Personendaten entsprachen denen der Grenzkontrollen. Es kamen allerdings einige weitere wesentliche Aspekte hinzu: Erstens war die Anzahl der wechselseitigen Post- und Telefonverbindungen vor allem zwischen der DDR, der BRD und Westberlin weit umfangreicher. Zweitens konnten auch solche DDR-Bürger nach den genannten Kriterien erfasst werden, die im Prinzip keine Reisemöglichkeiten nach der BRD, nach Westberlin oder dem anderen westlichen Ausland besaßen, und drittens wurden solche Bürger der BRD, Westberlins und Ausländer bekannt, die im Rahmen dieser Verbindungen als Werber, später vielleicht auch als Kuriere dieser Kontaktpersonen in der DDR fungierten oder die eigenständig (eventuell auch parallel dazu) Spionage unter »Abdeckung« solcher »Verwandtenbesuche« durchführen konnten.

Erkenntnisse des MfS, vor allem hinsichtlich gegnerischer Kontaktaufnahmen, ließen den Schluss zu, dass durch den BND – zumindest zu Schwerpunktbereichen in der DDR – eine weitgehend »flächendeckende Post- und Telefonkontrolle« erfolgte. Allein in der BND-Kontrollstelle Hamburg sollen täglich ca. 10 000 Postsendungen unter nachrichtendienstlichen Gesichtspunkten kontrolliert worden sein.

Das Bundesverfassungsgericht konstatierte 1987 im Zusammenhang mit einer entsprechenden Klage, dass im Jahre 1978 insgesamt ca. 61,6 Millionen Postsendungen von und nach den Staaten des Warschauer Vertrages, einschließlich der DDR, vom BND kontrolliert wurden.

Laut Auskunft des Vorsitzenden der Deutschen Postgewerkschaft Kurt van Haaren waren noch im Januar 1990 ca. 2000 BND-Mitarbeiter »täglich mit der Überwachung des innerdeutschen Brief- und Telefonverkehrs beschäftigt«.

In Westberlin wurde dem BND diese Arbeit aus Statusgründen vom USA-Geheimdienst »abgenommen«. Der BND war darüber nicht sonderlich begeistert.

Das Anfang 1958 zunächst von den Geheimdiensten der BRD, USA und Großbritanniens gemeinsam initiierte *Befragungswesen* entwickelte sich später zur BND-geführten »Hauptstelle für Befragungswesen« in München mit Nebenstellen in Gießen, Berlin-Marienfelde (Notaufnahmelager), Hannover, Friedland, Nürnberg-Zirndorf (Osteuropäer), Mainz, Stuttgart, Düsseldorf, Frankfurt am Main, Lübeck, Kassel, Herrsching (Überläufer). Neben Mitarbeitern des BND und des BfV/der LfV waren überall auch Befragungsmitarbeiter der US-Geheimdienste und in vielen auch Mitarbeiter der Geheimdienste Großbritanniens und Frankreichs präsent. Es war die Fortsetzung der Befragungspraxis der US-Geheimdienste gleich nach Ende des Zweiten Weltkrieges zur umfassenden nachrichtendienstlichen Nutzung der millionenfachen »Flüchtlingsbewegung von Ost nach West«.

Aus: Die Sicherheit. Zur Abwehrarbeit des MfS, Berlin 2002

Zu jenen Westspionen, die gegen den Osten arbeiteten und von der Spionageabwehr – in diesem Fall der der DDR – ermittelt, verhaftet und verurteilt wurden, gehörte der Österreicher Hannes Sieberer. Die CIA sprach ihn als »Oberschüler« an. Er war von 1976 bis 1982 als »Kurt Klepp« für einen US-Nachrichtendienst als Agentenführer in der DDR unterwegs. 1982 wurde er enttarnt und wegen Spionage im besonders schweren Fall zu 15 Jahren verurteilt. Nach drei Jahren wurde er mit 23 anderen Westagenten auf der Glienicker Brücke bei der größten jemals im Kalten Krieg vorgenommenen derartigen Aktion ausgetauscht.

Meine Haltung sowie auch jene der meisten anderen Spione im IV. Kommando von Bautzen II zur Spionageabwehr der DDR war im Wesentlichen pragmatisch und wertfrei. Jenseits von Politik und Ideologie beurteilte ich ihren Einsatz nach dem Grundsatz: »Die haben ihren Job gemacht, und den recht gut.«

Sie waren unser Gegner am Schachbrett der internationalen Politik. Im Handwerklichen gab es wohl kaum Unterschiede. Geheimdienstler waren »Kollegen«. Und letztlich arbeiteten sie für das gleiche Ziel: Schaden vom eigenen Land abzuwenden und damit friedenserhaltend zu wirken.

Nach dem Fall der Mauer wollte ich die Vergangenheit erforschen und einen Blick hinter die Kulissen der anderen Seite werfen. Da waren sowohl wissenschaftlicher Ehrgeiz als auch persönliche Neugier im Spiel.

Zunächst stellte sich mir die Frage, ob das damals verhängte Einreiseverbot in die DDR bis zum Ablauf der Haftstrafe (24. Oktober 1997) noch galt. Das SED-Regime war gestürzt, doch es existierte weiterhin das Völkerrechtssubjekt »DDR«. Unabhängig von der aktuellen Regierung bzw. der Regierungsform ging es um die Frage der Rechtskontinuität.

Ich schrieb am 8. Juli 1990 an Innenminister Peter-Michael Diestel und bat um eine verbindliche Rechtsauskunft.

Das Zentrale Kriminalamt des Ministeriums des Innern teilte mir am 22. August 1990 mit, dass einer Einreise in die DDR von Seiten des Ministeriums des Innern nichts entgegenstehen und ich keinem Einreiseverbot unterliegen würde.

Diese offizielle Auskunft war Auslöser und Anknüpfungspunkt für einen Kontakt zu Leutnant Gert K., meinem damaligen Vernehmer, der inzwischen beim Zentralen Kriminalamt in Berlin beschäftigt war und meine Anfrage bearbeitet hatte.

Das war natürlich Zufall. Aber solche Geschichten schreibt mitunter das Leben. Seinem offiziellen Schreiben folgte ein privates am 18. September 1990. Sollte ich zufällig einmal nach Berlin kommen und an einem Gespräch interessiert sein: er wäre es ebenfalls.

Anfang Oktober 1990 reiste ich gemeinsam mit meiner Mutter nach Berlin, um die Stätten meiner Vergangenheit aufzusuchen. Wir fuhren zur Glienicker Brücke und zur UHA Hohenschönhausen, die noch immer als Gefängnis genutzt wurde. Mich wühlte die Erinnerung derart auf, dass ich an der Ecke Freienwalder/Große Leegestraße einen Unfall baute. Es ging mit einem Blechschaden ab, der Polizeipräsident des seit einer Woche vereinten Berlins stellte mir per 9. Oktober 1990 einen Bußgeldbescheid über 75 DM nach Österreich zu.

Ich war unschlüssig, ob ich Gert K. sehen wollte. Dann wählte ich doch die angegebene Nummer und vereinbarte ein Treffen an der Glienicker Brücke. Ich wollte damit signalisieren: Ausgangspunkt des Gespräches ist für mich das glückliche Ende, nicht der missliche Anfang. Wenn er möchte, könne er seinen Chef, den »Herrn Oberstleutnant«, mitbringen. Der große Unbekannte war mir nur zwei-, dreimal in der U-Haft begegnet, gleichwohl gehörte er zu den wichtigen Akteuren im Hintergrund.

Gert K. kam allein, versprach aber, eine Begegnung mit Herbert Kierstein zu arrangieren, aber irgendwie klappte es dann doch nicht während meines Aufenthaltes. Wir blieben jedoch in Verbindung. Durch die Briefe schimmerten jedoch unverändert Misstrauen und Argwohn. Das konnte nicht überraschen. Gert K. war von seiner Sache damals überzeugt, für ihn und seine Genossen war ich ein politischer Gegner, der gegen ihren Staat gearbeitet hatte. Weshalb sollte nun, weil dieser Staat weg war, auch die politische Überzeugung verschwunden sein? Überzeugungen wechselten nur Charakterlumpen wie ein Hemd. Und K. war nicht von dieser Sorte. Anderenfalls wäre ein solches Gespräch auch uninteressant.

Und woher sollte er wissen, dass ich ihm nicht auch an die Wäsche wollte? Es war die hohe Zeit der Racheengel und Denunzianten, die mit dem Fingerzeig auf die Exponenten der DDR sich aus der eigenen Bedeutungslosigkeit zu katapultieren glaubten. Wer garantierte ihm denn, dass nicht auch ich mit ihm abzurechnen gedachte?

Es dauerte nicht lange, bis auch Gert K. aus seinem Job flog. In der Wendezeit hatte es geheißen: Stasi in die Produktion! Doch nun wollte man sie auch dort nicht mehr haben. Gert K. wechselte zwangsweise vom öffentlichen Dienst in ein privates Sicherheitsunternehmen, wo er noch heute beschäftigt ist.

Ich selbst verspürte keine Berührungsängste. Auch während der Haft betrachtete ich meine Gegenüber nicht als Feinde, sondern als Gegner. Feinde verachtet man, Gegner hingegen werden respektiert. Das macht den wesentlichen Unterschied.

Auf dieser Ebene ließ sich sachlich miteinander verkehren. Damals und heute.

Ich intensivierte den Kontakt, zumal die Stasi-Unterlagen, die ich einsah, mehr Fragen aufwarfen als Antworten lieferten.

In dieser Hinsicht war Herbert Kierstein, den ich inzwischen auch getroffen hatte, viel aussagefähiger. Aufgrund seiner Stellung im MfS verfügte er über ein umfangreiches Wissen. (Kierstein, seit 1958 beim MfS, war Untersuchungsführer bei Spionagedelikten gegen die DDR und zuletzt Oberstleutnant.)

Ich forcierte seit 1995 unseren Gedanken- und Meinungsaustausch. Es entstand dabei ein Verhältnis, welches man als kollegial bis freundschaftlich bezeichnen kann. Wir respektierten uns wechselseitig und waren uns der Rolle bewusst, die wir damals spielten. Wir erfüllten im Kalten Krieg, durch die Umstände an einen bestimmten Platz gestellt, unsere Funktion. Ganz im Sinne von Marx, den doch Kierstein glaubte verstanden zu haben: »Die Menschen machen ihre eigene Geschichte, aber sie machen sie nicht aus freien Stücken, nicht unter selbst gewählten, sondern unter unmittelbar vorgefundenen, gegebenen und überlieferten Umständen.«

Im Herbst 1990 war ich auch nach Bautzen gefahren. Mutter und ich stiegen in dem gleichen Hotel ab, in dem sie übernachtet hatte, wenn sie mich besuchte. Die Haftanstalt war noch in Betrieb. Ich fragte nach »Bobby«.

Mutter hatte ihn in guter Erinnerung und erzählte, wie sie von Christian Jahn nach der Begegnung mit mir psychologisch aufgerichtet worden war.

Der arbeite nicht mehr hier, hieß es lakonisch. Seine Adresse oder die Telefonnummer mochte man nicht herausgeben. Man wolle aber das Geschenk, welches ihm meine Mutter mitgebracht hatte, gern weitergeben. Jahn hat es auch bekommen. Er schrieb uns, dass er sich über diese Geste sehr gefreut habe. Ich vermute: Das meinte er ehrlich.

Im Jahr darauf sollten wir uns in Bautzen wiedersehen.

Wie ich hörte, wurde er auch von anderen ehemaligen Westagenten und einigen Fluchthelfern besucht. Was später aus ihm wurde, weiß ich nicht. Unsere Wege verloren sich in den 90er Jahren, wie so viele andere auch. Vermutlich teilt er bis heute das Schicksal der meisten MfS-Mitarbeiter: gesellschaftliche Ächtung. Ausgrenzung, Strafrente.

Nur einmal sollten wir im Zusammenhang mit seinem Prozess miteinander zu tun bekommen.

Diese Fahrt nach Bautzen im Jahre 1991 sollte die letzte Reise mit meiner Mutter werden. Sie war in den späten 80er Jahren an einem Tumorleiden erkrankt, dem sie im Mai 1992 erlag. Ich bin meiner Mutter zu großem Dank verpflichtet. Sie hat sich insbesondere in der Zeit meiner Haft aufgeopfert, obwohl ihr das finanziell und gesundheitlich sehr schwer gefallen ist. Sie war die wichtigste und unersetzbare moralische Stütze für mich, im Gegensatz zu meiner geschiedenen Frau, die mich kein einziges Mal besucht hatte. Wenige Monate vor ihrem Tod, im Spätherbst 1991, lernte meine Mutter noch ihre neue Schwiegertochter kennen.

Wir heirateten im März 1993, im August kam unsere Tochter zur Welt.

Zweimal, 1993 und 1999, reiste ich mit meiner Frau nach Bautzen. Dann war dieses Kapitel endgültig für mich erledigt. Bautzen II war inzwischen zur Gedenkstätte erklärt worden und für jedermann zugänglich. Ich hatte zunächst Hemmungen, die von Heinz J. und mir in der 5. Etage benutzte Zelle aufzusuchen. Doch zur endgültigen seelischen Befreiung war dieser Schritt nötig. Ich machte ihn und war nunmehr frei. Eine Last fiel gleichsam von mir ab. Fortan war das nur noch Museum.

Es hatte nichts mehr mit mir und meinem jetzigen Leben zu tun.

Mit Schreiben vom 31. Juli 1991 beantragte ich beim »Bundesbeauftragten für die Unterlagen des Staatssicherheitsdienstes der ehemaligen Deutschen Demokratischen Republik« (BStU), meine Akten und Unterlagen einsehen zu dürfen. Am 25. Oktober 1993 wurde dem Antrag stattgegeben.

Neben den Unterlagen der BStU standen mir für Recherchen ferner die Gefangenenakten der Berliner Senatsverwaltung für Justiz zur Verfügung.

Bei den Papieren der BStU handelte sich einerseits um meine Vernehmungsakten, die ich kannte, andererseits aber auch um die Operativakten des MfS zu meinem Vorgang. Der Operativvorgang, der zu meiner Entdeckung bzw. der von »Max« geführt hatte, war aus mehreren Vorgängen zusammengeführt worden. Wie bei einem Geheimdienst üblich, trugen diese Deckbezeichnungen. Aus dem »OV Alk« und »OV Assel« war der Zentralvorgang (ZOV) »Tanne« geworden.

Die Akten waren sehr aufschlussreich. Ich konnte feststellen, aufgrund welcher Fehler und zu welchem Zeitpunkt das MfS uns enttarnt hatte.

Mein Interesse galt auch den inoffiziellen Mitarbeitern (IM) des MfS, die in der Zeit vor meiner Verhaftung meinen Weg gekreuzt hatten. Ich wollte ihnen nichts am Zeug flicken, sondern meine Vermutungen bestätigt oder ausgeräumt wissen.

Zum Beispiel glaubte ich, dass »Max« sich dem MfS offenbart hatte, wenn nicht gar ihr Mann gewesen war. Herbert Kierstein und Gert K. hatten das immer bestritten. Jetzt aber sah ich es schwarz auf weiß, dass sie recht hatten und ich irrte. Nicht »Max« hatte mich auffliegen lassen, er war sauber.

Dass ich enttarnt werden konnte, ging ausschließlich auf handwerkliche Fehler des amerikanischen Dienstes zurück. Meine Ankündigung, mich mit »Max« in Jindrichuv Hradec zu treffen, hatte beim MfS und bei der tschechischen Spionageabwehr (HA II des FMdI) Alarmstimmung ausgelöst, wie ich den Unterlagen entnahm. Auskunft darüber gibt ein Aktenvermerk vom 23. Juli 1982 über »Maßnahmen durch die ČSSR-Sicherheitsorgane während einer beabsichtigten touristischen Reise des ›Alk‹ in die ČSSR im August 1982«, den der Stellvertreter Operativ der Bezirksverwaltung Rostock ausfertigte.

Bereits das Treffen mit »Max« im Sommer 1981 in der ČSSR war, wie ich erstaunt bemerkte, vom tschechischen Staatssicherheitsdienst und dem MfS observiert worden. Zu jenem Zeitpunkt war ich also längst identifiziert. Mein damaliger Verdacht, der mehr eine Ahnung war, dass wir entdeckt worden seien, war also völlig begründet.

Das MfS zog damals die Möglichkeit in Betracht, dass »Max« von den Amerikanern über die Grenze der ČSSR nach Österreich ausgeschleust werden sollte. Dazu wurden vom MfS Operativpläne entwickelt. Auch die lagen vor.

Am 29. Juli 1982 trafen sich in einem Ferienheim des MfS in Prerow an der Ostsee der Leiter der HA II des MfS, Generalmajor Kratsch, und der Leiter der HA II des tschechischen Sicherheitsdienstes, Oberst Vryba, um ihr Vorgehen zu erörtern. Eine weitere Besprechung fand nur wenige Tage später, am 2. August, in Berlin statt. Ich las dazu: »Die operativen Beobachtungsmaßnahmen in der ČSSR müssten äußerst konspirativ erfolgen, d. h. sind großräumig zu organisieren, falls [›Max‹] in die ČSSR einreist, ohne dass eine Einreise des Sieberer zunächst bekannt wird. Es muss damit gerechnet werden, dass kein Zusammentreffen erfolgt. Demzufolge sind alle Maßnahmen so durchzuführen, damit die weitere Vorgangsbearbeitung nicht gefährdet wird.« (»Beilage zum Aktenvermerk des Stellvertreter Operativ Oberst Otto vom 10.8.1982, VO/307/82: Fragen zur Absprache mit Genossen Oberst Vryba«, 28. Juli 1982)

Im Sommer 1990, unmittelbar nach meiner Promotion, wurde ich von einem Mr. Johns von der *BBC* eingeladen, als Zeitzeuge an einer Fernsehdokumentation über die Rolle der amerikanischen Geheimdienste in der DDR mitzuwirken. Der Kontakt wurde über Karl Wilhelm Fricke aus Köln vermittelt. Gedacht war an ein Interview vor der Berliner Mauer.

Obgleich die Verbindung zwischen dem *Military Intelligence* und mir abgeschaltet war, fühlte ich mich an die vor Jahren gegebene Zusage, Stillschweigen zu wahren, unverändert gebunden. Ich schrieb darum am 6. August 1990 an das Generalkonsulat der USA in München mit der Bitte um Weiterleitung des beigefügten Briefes. Darin ersuchte ich den Geheimdienst, mir ein solches Interview zu genehmigen. Ich würde, so meine Zusage, alle ihn belastenden Fakten heraushalten.

Die Antwort kam telefonisch und war kurz: »No!«

Ich habe daraufhin meine Mitwirkung an der *BBC*-Dokumentation abgesagt.

Für nicht wenige war damals die Aussicht, mit einer Agenten- oder Opferstory rasch und viel Geld zu verdienen, durchaus verlockend. Es gab Bestrebungen, die DDR postum zu delegitimieren. Dazu wurden Institutionen und Amtsträger kriminalisiert. Bestens geeignet dafür war das MfS: Es hatte gespitzelt, geschurigelt, eingesperrt und Angst verbreitet. Das war offensichtlich und bewegte die Gemüter. Die Medien brachten darum gern Berichte, Dokumente und Selbstzeugnisse, die zu bestätigen schienen: Dieser Staat war die Hölle, das Auschwitz der Seelen, wie ein Bürgerbewegter erklärte. Geschichten über Haftanstalten und Stasi-Folter hatten darum Konjunktur.

Die Stories wurden, so wollen es die Gesetze des Medienmarktes, immer abstruser, dramatischer und blutrünstiger. Um wahrgenommen zu werden, musste die vorhergehende Geschichte noch übertroffen werden. Die Reizschwelle stieg unablässig.

Begonnen hatte es in meinem Falle bereits Ende Juni 1985.

Zehn Tage nach unserem Austausch brachte eine Illustrierte in der Bundesrepublik die vermeintliche Geschichte eines Mithäftlings. Wir, die wir ebenfalls dabei waren, konnten nur mit dem Kopf schütteln. Die Story war unlogisch und widersprüchlich, die Details stimmten nicht und die Wertungen waren völlig überzogen. Mit einem Wort: Alles war unwahr. Gegner der DDR bzw. der Stasi zu sein – was auch ich durchaus war –, bedeutete nach meinem Verständnis nicht, Lügen über sie verbreiten zu müssen. Politische Gegnerschaft und

Wahrhaftigkeit schlossen sich nicht aus. Wer das anders hielt, war unseriös und nicht unbedingt glaubhaft.

Auch wenn es nicht wenige in der Bundesrepublik anders sahen und gern propagandistisch gegen die DDR schossen, handelten die Autoren solcher Darstellungen kurzsichtig: Sie erleichterten die Lage der Häftlinge in der DDR damit keineswegs. Im Gegenteil. Die Herrschenden in Ost-Berlin konnten, derartig vergrätzt, nicht mehr bereit sein, über Freikauf und Austausch zu verhandeln.

Die Vorgänge bis zu meiner Inhaftierung hatte ich lange Zeit verdrängt. In der Haft grübelte ich darüber nach, schließlich hatte ich viel Zeit. Es liegt in der Natur des Menschen, schmerzhafte Erkenntnisse, die nicht in das Wunschbild passen, zu ignorieren. Später, nach Studium und Beschäftigung mit der Materie, sah ich vieles klarer und im Kontext mit anderen Ereignissen.

Da war zunächst der Komplex amerikanischer Dienst. Ich war überzeugt, dass die Subalternen auf der unteren Ebene, mit denen ich es zu tun hatte, versagt hatten. Damit nahm ich die anderen Ebenen und den Dienst als Ganzes von meiner Kritik aus. Das half mir, trotz Enttäuschung, weiterhin loyal zum Dienst zu stehen. Inzwischen sehe ich das ein wenig anders. Was nicht bedeutet, dass ich bedauerte oder gar bereute, mich jemals auf diese Tätigkeit eingelassen zu haben.

Nach meiner Einschätzung waren die damaligen Mitarbeiter des US-Geheimdienstes weder bereit noch fähig, Schwachpunkte ihrer Arbeit zu erkennen. Zu dieser Überzeugung gelangte ich aufgrund des Aktenstudiums und vieler Gespräche.

Dazu gehörte auch eines unter vier Augen mit »Richard« von der *company*. Ich führte es vor meiner Verhaftung. Ich äußerte damals den Verdacht, dass Briefe von »Max« vom MfS geöffnet worden sein könnten. »Richard« bestätigte damals, dass dies zuträfe. Man hätte bei zwei Briefen Öffnungen festgestellt.

Wenn aber zwei geöffnet waren, waren es vermutlich auch die anderen, lautete die Logik. (Was im Übrigen auch zutraf: Bis auf ein einziges Schreiben von »Max« an den amerikanischen Geheimdienst waren alle vom MfS geöffnet und mitgelesen worden.) Ich unterstelle heute, dass auch dies meine

»Firma« wusste. Wenn ihr jedoch dieser Sachverhalt bekannt war, lautet zwangsläufig die nächste Frage: Warum schickte man mich dann trotzdem nach Rostock? Hätte man nicht besser aus Sicherheitsgründen davon Abstand nehmen müssen?

Und noch etwas erscheint mir rätselhaft.

Sowohl die Operativakten des MfS wie auch die Aussagen der MfS-Mitarbeiter machten sichtbar, dass das MfS nicht observiert hat, als ich mich – bzw. uns – beobachtet wähnte. Im Gegenteil: Das MfS mied anfangs jeglichen Kontakt, wie ich heute weiß.

Wer also hatte mich in Garmisch und in Rosenheim oder anderswo observiert?

Die Amerikaner selbst? Um unseren Treff zu sichern? Oder um festzustellen, ob eine Überwerbung stattfinden könnte, ich also vom MfS umgedreht werden sollte? Fürchteten sie das?

Wozu setzte man mich dann aber regelmäßig an den Lügendetektor? Misstraute man auch diesem? Hielt man die Tests mit mir für unglaubhaft?

Oder wurden wir von einem westdeutschen Dienst observiert? Die Amerikaner waren zwar Verbündete und offiziell Freunde, aber in diesem Bereich kennt die Freundschaft Grenzen. Die Amerikaner ließen sich von den »Krauts« nicht in die Karten schauen, und die Deutschen trauten den großkotzigen »Yanks« auch nicht über den Weg. Den Amerikanern war das amerikanische Hemd ohnehin näher als der NATO-Rock.

Es konnten also damals zumindest im Westen nicht ost-, sondern westdeutsche Dienste gewesen sein, die sich dafür interessierten, was ihre »Freunde« so trieben.

Wie auch immer: Alles zusammen empfand ich als unfair und ungerecht. Schließlich war ich durch Fehler des US-Geheimdienstes enttarnt und inhaftiert worden – nicht durch eigenes Verschulden. Ich wollte endlich Gerechtigkeit. Zunächst wandte ich mich an die Botschaft der USA in Wien. Am 11. Januar 1991 schrieb ich an US-Botschafter R. M. Huffington. Das Schreiben blieb ohne Antwort. Am 20. September 1994 unternahm ich bei seiner Nachfolgerin Swanee Hunt einen weiteren Anlauf. Auch sie schwieg.

Blieb also der Nachrichtendienst selbst.

Doch wo fand ich ihn?

Die österreichische Botschaft in Washington D.C. war mir behilflich. Am 9. Februar 1995 ließ sie mich wissen, ich solle schreiben an: Department of the Army, Office of the Deputy Chief of Staff for Intelligence, Washington D.C. 20310-1001. »Die zuständige Stelle der Army Intelligence hat angeraten, dass Sie ein Schreiben mit genauer Darstellung der Vorgänge und Ihren Forderungen an die nachstehend angeführte Adresse richten«, hieß es.

Zugleich ließ Ingrid Richardson, Konsularattaché für Rechts- und Sozialangelegenheiten an der österreichischen Botschaft in Washington, erkennen, dass sie die Sache für eine private halte und darum nicht intervenieren werde. Österreichs Botschaft werde und wolle keinen Einfluss auf die Behandlung meiner Angelegenheit nehmen.

Gleichzeitig hatte ich einen Vorstoß beim österreichischen Bundespräsidenten unternommen. Botschafter Adolf Kuen, sein Kanzleichef, teilte mir am 17. Februar 1995 im Auftrag Thomas Klestils mit, dass der Bundespräsident »sich in der Sache mit dem österreichischen Botschafter in Washington in Verbindung gesetzt hat. Seitens der Botschaft wurde ihm versichert, dass alles unternommen wird, um behilflich zu sein.« Das hatte ich ja bereits erfahren.

Bundeskanzler Franz Vranitzky ließ über seinen zuständigen Referenten im Ministerkabinett, Leopold Radauer, am 6. April 1995 ebenfalls mitteilen, dass das Bundeskanzleramt sich »im Rahmen der Möglichkeiten der Sache annehmen« wolle.

Am 16. Februar 1995 schrieb ich dem Department of the Army und schilderte ausführlich meine Geschichte. Ich tat dies im freundlichen Ton und vermied es, Anschuldigungen zu erheben.

Nicht minder freundlich teilte mir ein Col. Charles D. Lurey, Chief of HUMINT Division *(Human Intelligence)* mit, dass er meinen Fall der damals für mich zuständigen Dienststelle in der Bundesrepublik Deutschland zur weiteren Überprüfung übergeben hätte.

Was hier geschehen ist, war ungefähr so, als würde man von einem Dieb fordern, er solle selbst feststellen und erklären, wo er gegen das Gesetz verstoßen habe, und nunmehr einen Schuldspruch über sich fällen. Dennoch bot ich der Dienststelle meine Hilfe und Unterstützung bei der Aufklärung der Vorgänge an. Ich richtete am 13. März 1995 ein Schreiben an die genannte Postfachadresse des US-Geheimdienstes.

Es erfolgte keine Reaktion.

Ich wiederholte die Übung am 13. April.

Keine Antwort.

Am 8. Juni 1995 beschwerte ich mich bei Lurey im Hauptquartier der US-Army.

Die Reaktion war ein formloses Anschreiben aus D-82131 Gauting. Da nur ein Postfach angegeben war, vermutete ich, dass es wohl eben jene MI-Dienststelle sein könnte. Der nicht näher bezeichnete Briefschreiber – sein Name unter dem Bogen war gewiss nicht echt – teilte mir ziemlich barsch mit, dass meine Akten aus den 70er und 80er Jahren überprüft und Gespräche mit meinen ehemaligen Führungsoffizieren geführt worden seien. Man sähe angesichts der Lage »überhaupt keinen Grund, Ihren Fall wieder aufzumachen oder ein persönliches Gespräch mit Ihnen zu führen. Diese Entscheidung ist endgültig.« Zumal ich 1986 schriftlich erklärt habe, die Vereinigten Staaten von Amerika von Forderungen, Streitsachen, Klagen, Schulden, Schuld und Verantwortung für jetzt und alle Zeiten freizustellen.

Hatte ich das wirklich damals unterschrieben?

Natürlich war das der für den Dienst bequemste Weg, sich auf die mir damals in angespannter Situation, als ich nur noch Ruhe haben wollte, vorgelegte Erklärung zurückzuziehen. Aber inzwischen wusste ich mehr, als mir vor zehn Jahren bekannt war. Sollten die neuen Fakten bei der Bewertung des Falles nicht berücksichtigt werden? Ich bestand auf einer internen Überprüfung auf oberster Ebene unter Berücksichtigung der Operativakten des MfS.

Am 11. September 1995 legte ich bei Colonel Lurey Beschwerde über die Eigenrevision der Dienststelle ein.

Der Sprecher des amerikanischen Außenministeriums, Nicholas Burns, teilte mir am 22. März 1996 mit, dass das State Department die Schwierigkeiten, die ich mit dem *Military Intelligence* habe, bedauere.

Der Adjutant des österreichischen Verteidigungsministers Werner Fasslabend, Oberst d. G. Sinn, welcher sich ebenfalls bemüht hatte, ließ mich am 1. Juli 1996 wissen, dass ihm von den Behörden der USA »eine wohlwollende Prüfung« zugesagt worden sei.

Zwischenzeitlich erfolgte ein Wechsel auf dem Chefsessel im *Department of the Army*. Auf Lurey war Oberst Michael G. Hollingsworth gefolgt. Der unterrichtete mich am 27. September 1996, dass er den Fall persönlich geprüft habe.

Er schlösse sich der Meinung der Dienststelle vor Ort an.

Ich bedankte mich bei Hollingsworth für seine Bemühungen. Und konsultierte einen Wiener Parlamentsabgeordneten, der über gute Kontakte in höhere US-Army-Kreise verfügt. Er recherchierte inoffiziell in den USA und fand heraus: Man wollte den Fall deshalb nicht aufrollen, weil man fürchtete, dass dies Schule machen könnte. Das legte die Vermutung nahe, dass ich nicht der Einzige war, der von einer US-Dienststelle in geheimer Mission aus Nachlässigkeit im Kalten Krieg geopfert worden war.

Sollte ich nun eine Zivilklage gegen den Dienst anstrengen?

Das kostete Geld, der Ausgang war ungewiss.

Eine Strafanzeige wegen Fahrlässigkeit gegen meine Führungsoffiziere bei einem Militärstaatsanwalt in den USA? Ich kannte nicht einmal deren Namen. Was also ließe sich tun?

Im Herbst 2003 reifte die Idee, die Sache zu publizieren.

Das vorliegende Buch verstehe ich jedoch nicht als Anklage. Ich wollte, zwanzig Jahre danach, endlich diese Last abwerfen, die mich seither bedrückte. Ich bin einer Lebenslüge aufgesessen. Um mit mir ins Reine zu kommen, musste ich sie auch so benennen.

Und vielleicht hilft der offene Umgang mit meiner Geschichte auch anderen, die Ähnliches erfahren haben, dass sie sich aus den Fesseln der Vergangenheit zu lösen vermögen.

Aus: Hannes Sieberer/Herbert Kierstein: Verheizt und vergessen. Ein US-Agent und die DDR-Spionageabwehr. Berlin 2005, S. 100–112

Der Krieg der Nachrichtendienste gegen die Sowjetunion war ein Element im Kampf des Westens gegen den Osten. Er lieferte (oder organisierte) die Argumente für die Militärs. Insofern kann diese Seite nicht ausgeblendet werden. Rainer Rupp (»Topas«) arbeitete im NATO-Hauptquartier. Er überschrieb den nachfolgenden Text mit: »Die Kontinuität des US-Imperialismus ... oder The never ending story«.

> Wer die Vergangenheit nicht kennt,
> versteht die Gegenwart nicht,
> wer die Gegenwart nicht versteht,
> dem bleibt die Zukunft verschlossen.

Die derzeitigen Versuche der USA, ihr Imperium zu festigen und über die ganze Welt auszudehnen, sind nicht neu. Sie wurden lediglich durch die Existenz der Sowjetunion gebremst und insbesondere während des Kalten Krieges blockiert. Der dem System immanente Drang zur Expansion setzte sich sofort nach Ende des Kalten Krieges wieder durch, weshalb es berechtigt ist, von der Kontinuität der US-amerikanischen Imperialpolitik zu sprechen.

Die Überzeugung, dass die USA als einziger Staat stets auf der Seite der Engel für das Gute in der Welt kämpfen, ist so alt wie die Vereinigten Staaten selbst. Das Konzept eines »Imperiums des Guten«, das nicht auf Nordamerika beschränkt den gesamten amerikanischen Kontinent umspannen sollte, wurde bereits Mitte des 18. Jahrhunderts entwickelt, wie Richard Van Alstyne in seinem Buch »The Rising American Empire« nachzeichnete.[1]

Seither nimmt die Verherrlichung der USA als das »Imperium der Freiheit« und das »Imperium der Gerechtigkeit«, das »die gesamte Menschheit umfasst«[2], kein Ende. Stets wird dabei die universelle Bedeutung des amerikanischen Systems hervorgehoben, »als Ziel der gesamten Menschheit«. Der Anspruch auf die universelle Gültigkeit der eigenen Werte hat jedoch schon immer als moralische Rechtfertigung für den Imperialismus gedient, wie Hans Morgenthau in seinem Bush »Politics Among Nations« zutreffend analysiert.[3]

Folglich zieht sich der Anspruch, dass das amerikanische

Imperium »ein Segen für die Menschheit ist«, quer durch die amerikanische Kolonialgeschichte, von der Eroberung der Philippinen unter US-Präsident McKinley bis hin zur Unterwerfung des Irak durch den derzeitigen US-Präsidenten George Walker Bush. Der rechtfertigte seinen Angriffskrieg gegen den Irak in seiner Rede an die Nation vom 7. September 2003 mit den Worten: »Wir dienen der Freiheit, einem Ziel, das auch das Ziel der gesamten Menschheit ist.«

Eine besondere Eigenart des amerikanischen Imperialismus ist, dass die amerikanischen Präsidenten nicht nur eine moralische Pflicht zur Welteroberung zu haben glauben, sondern auch von Gott dazu beauftragt sind. Das wissen amerikanische Präsidenten ganz genau, denn zu Gott haben sie eine noch innigere Beziehung als der Papst. So haben die Vereinigten Staaten auch 1898 lediglich den göttlichen Willen erfüllt, als sie den Spaniern ihre letzten Kolonien wegnahmen und damit endgültig selbst zur Kolonialmacht wurden.

US-Präsident McKinley rechtfertigte damals die Eroberung der Philippinen und den nachfolgenden Massenmord an Zivilisten mit der gleichen »göttlichen Vorsehung«, mit der heute Präsident Bush die Vergewaltigung Iraks rechtfertigt. Während McKinley ein »Zeichen Gottes« erhalten hatte und sein Admiral Dewey sich auf göttliche Unterstützung berufen konnte – »Gott hatte seine Hand im Spiel«[4] –, so erklärte auch Bush jr., dass »Gott will, dass ich das mache«.[5] Und sein Drei-Sterne-General für verdeckte Operationen, General-Leutnant William »Jerry« Boykin, sieht in der US-Armee »die Armee Gottes, im Hause Gottes, im Königreich Gottes«, die einen Feind bekämpft, »der Satan heißt«.[6]

Allerdings dürften weniger Herr Jesus mit seinem Vater und dem beisitzenden Heiligen Geist von dieser imperialen Machtenfaltung der USA profitieren, als vielmehr die großen amerikanischen Handelshäuser, Konzerne und Finanzoligarchien.

In dem Jahrhundert, das zwischen McKinley und Bush jr. liegt, waren die USA ruhelos damit beschäftigt, ihr Imperium ständig weiter auszubauen. Zu diesem Zweck haben sie zahllose Angriffskriege geführt und verdeckte oder offene Interventionen gemacht. Sie haben im Namen der universellen amerikanischen Werte nach Gutdünken Regierungen anderer Länder gestürzt und dafür andere wieder eingesetzt, und sie haben im Namen der Freiheit gefoltert und gemordet, wovon nicht zuletzt die zahlreichen Mordanschläge auf führende Politiker anderer Länder zeugen, die im Auftrag der US-Regierungen ausgeführt wurden.

Dennoch war die Expansion der USA für eine längere Periode weitgehend blockiert. Das war die Zeit des Kalten Krieges. In Gestalt der Sowjetunion war den USA ein militärisch und ideologisch ernstzunehmender Gegner erwachsen. Von Anfang an hatten die USA daher alles daran gesetzt, diesen Gegner zu vernichten. Angefangen mit der »Eisbär-Expedition«, jener US-Militärintervention von 1918/19, in der 5000 US-Soldaten gemeinsam mit einer britischen Interventionstruppe etwa 600 Meilen nördlich von Moskau gegen die Bolschewiken kämpften, um die Geburt der Sowjetunion zu verhindern, bis hin zum Krieg der Sterne, mit dem Ronald Reagan Anfang der 80er Jahre versuchte, die alte Sowjetunion endgültig totzurüsten.

[...]

Die unlängst freigegebenen US-Dokumente über die US-Atombombenangriffe auf Hiroshima und Nagasaki geben jenen US-Historikern recht, die im Einsatz dieser schrecklichen Massenvernichtungswaffen weniger den Versuch einer Beschleunigung der japanischen Kapitulation sehen, sondern vielmehr eine massive Einschüchterung der Sowjetunion für die Zeit nach dem Zweiten Weltkrieg.

In den ersten vier Jahren nach dem Zweiten Weltkrieg verfügten die USA als einzige über Atomwaffen. Bis mindestens Ende der 50er Jahre genossen sie die absolute strategische Überlegenheit. Und sie haben diese weidlich ausgenützt, um Moskau immer wieder mit der Vernichtung zu drohen.

[...]

Um die eigene Bevölkerung bei der Stange zu halten und zur Rechtfertigung immer neuer, riesiger US-Militärausgaben vor dem Kongress, erfanden die amerikanischen Propagandisten des Kalten Krieges ständig neue Bedrohungsszenarien, ständig neue »Lücken«. So gab es Anfang der 50er Jahre die angebliche »Bomberlücke«, dann die angebliche »Raketenlücke« (1957 bis 1961) und schließlich ab Mitte der 70er Jahre die sogenannte »Ausgabenlücke« für die Aufrüstung.

Nachdem die Sowjetunion, unterstützt u. a. von der Kundschaftertätigkeit des Atomwissenschaftlers Klaus Fuchs, schließlich 1949 selbst die Atombombe entwickelt und im August 1953 (mit vier Jahren Rückstand hinter den Amerikanern) ihre erste Wasserstoffbombe gezündet hatte, sahen sich die USA schließlich gezwungen, ihre Strategie der Massive Retaliation zu überdenken, gegen starke Opposition im Strategic Air Command ...

Da jedoch schon bald deutlich wurde, dass aufgrund der raschen Entwicklung des sowjetischen Abschreckungspotenzials auch ein noch so massiv geführter amerikanischer Erstschlag die Sowjetunion nie ganz vernichten würde, sondern auf sowjetischer Seite immer noch ausreichendes strategisches Zweitschlagpotenzial übrig bleiben würde, um im Gegenschlag große Teile der USA zu vernichten, wurde in einer Art Eingeständnis des sich abzeichnenden strategischen Patts die Strategie der Mutually Assured Destruction (MAD) entwickelt, der Strategie der »gegenseitigen sicheren Zerstörung«.

Sowohl die USA als auch die Sowjetunion hatten – laut US-Verteidigungsminister McNamara – im Jahre 1968 das Kriterium der »gegenseitigen sicheren Zerstörung« erreicht. Dem war eine Periode riesiger Rüstungsanstrengungen vorangegangen, bei der immer neue Kapazitäten von land-, see- und luftgestützten Systemen entwickelt worden waren, die durch neue Mobilität immer schwerer verwundbar wurden und gegen deren unabhängig wieder in die Atmosphäre eintretende Mehrfachsprengköpfe es keine Gegenwehr gab.

Schließlich, und in Anerkennung des tatsächlich erreichten strategischen Gleichgewichtes zwischen den beiden Supermächten, stimmte Washington im Jahre 1972 dem ABM-Vertrag mit der Sowjetunion zu. Der Vertrag verbot beiden Supermächten die Entwicklung von Abwehrsystemen gegen gegnerische Interkontinentalraketen.

[...]

Aber schon bald formierten sich in Washington all jene US-Politiker, die der strategischen Überlegenheit vergangener Zeiten nachtrauerten. Sie zeigten sich als entschiedene Gegner der Strategie der »gegenseitigen sicheren Vernichtung«. Da die Akzeptanz des strategischen Patts zwischen den Supermächten Grundlage dieser Strategie war, ließ sie keinen Spielraum, um je wieder wie zu Zeiten der Massive Retaliation aus der Position des Stärkeren mit Moskau zu verhandeln.

McGeorge Bundy, damals sicherheitspolitischer Berater von US-Präsident Kennedy, erinnert sich in seinem Buch »Danger and Survival«, dass es vor allem die beiden US-Strategen Albert Wollstetter und Henry Kissinger waren, die dieses Patt der Kräfte zu durchbrechen versuchten. Sie argumentierten, dass selbst unter den Bedingungen des strategischen Gleichgewichts, sich ein Übergewicht an Nuklearwaffen doch »in nutzbaren, politischen Druck« umsetzen ließe.

Und wie auf Bestellung erschien dann auch im Juni 1972 ein Aufsatz des bekannten US-Strategen Donald Brennan in der National Review, in dem der Autor insbesondere die Einschränkungen der offensiven amerikanischen Nuklearoptionen durch SALT kritisierte. Zugleich aber lieferte er ein für die breite Öffentlichkeit griffiges Argument, um gegen die Akzeptanz des sogenannten Gleichgewichts des Schreckens zu agitieren, welche durch die Annahme von SALT und der damit verbundenen Strategie der »gegenseitig sicheren Zerstörung« im Begriff war, sich zu etablieren.[7]

[...]

Brennans Aufsatz wurde bei all jenen, die kein Interesse an der Patt-Strategie der MAD hatten, ein Renner.

Hochgespielt von den führenden Kreisen im militärisch-industriellen Komplex folgte ihm eine ganze Flut von ähnlichen Kampfschriften gegen das strategische Gleichgewicht zwischen UdSSR und USA. Damit wurde eine Entwicklung beschleunigt, die bereits zehn Jahre zuvor, 1962 unter dem Eindruck der Kuba-Krise, von Präsident Kennedy in die Wege geleitet worden war. Denn auch Kennedy hatte sich zwischen den Alternativen von Frieden oder Atomkrieg und sichere Vernichtung zu eingeengt gefühlt und nach einer Strategie mit mehr Flexibilität verlangt, in der die USA eine nukleare Option hatten, ohne dass dies die eigene sichere Vernichtung nach sich gezogen hätte.

So entstand denn auch Anfang der 70er Jahre die Strategy of

Flexible Response (»Strategie der flexiblen Abschreckung«), die schon bald zur herrschen Doktrin der USA und somit zur neuen Bibel der NATO wurde. Mit dieser Neuentwicklung wurde das strategische Patt zwischen den Supermächten durchbrochen. Dabei warfen die USA insbesondere ihre militär-technologische Stärke in die Waagschale, um auf diese Weise – wenn auch nur in Teilen – ihr alte Überlegenheit über die UdSSR wiederherzustellen und einen Krieg zwischen der Sowjetunion und den USA wieder vorstellbar und führbar zu machen.

Integraler Bestandteil dieser neuen Strategie war die »first use«-Doktrin, d. h. der Ersteinsatz von taktischen Nuklearwaffen durch die USA und die NATO gegen die Warschauer Vertragsstaaten im Falle eines Konfliktes.

Diese Strategie entsprach den während des Vietnam-Kriegs wiederholt vorgetragenen Forderungen der US-Militärs nach dem Einsatz von kleinen Atomwaffen gegen Nordvietnam und gegen den sogenannten Vietkong, die Nationale Befreiungsfront im Süden. Der Chef des Stabes der US-Airforce, Nathan Twinning, hatte bereits 1954 zur Rettung der Franzosen bei Dien Bien Phu gemeinsam mit dem Chef der Vereinigten Stabschefs, Admiral Arthur Radford, von Präsident Eisenhower die Freigabe von Atomwaffen verlangt. »Wir wollten nicht China oder die ganze Gegend bombardieren. Aber wir dachten – und ich empfinde es auch heute noch als eine gute Idee –, dass wir drei kleine, taktische Atombomben in dieser ziemlich dünn besiedelten Gegend [...] hätten einsetzen sollen«, erinnerte er sich elf Jahre später.[8]

Später, als die US-Armee selbst im Dschungel Vietnams immer mehr in die Rolle des Verlierers gedrängt wurde, gab es wiederholte Forderungen der US-Militärs nach dem Einsatz von taktischen Nuklearwaffen. Als z. B. die amerikanischen Truppen bei Khe Sanh anscheinend in eine ähnlich bedrohliche Lage gekommen waren wie zuvor die Franzosen bei Dien Bien Phu, forderte der Oberkommandierende US-General in Vietnam, die US-Truppen notfalls durch den Einsatz von Atomwaffen gegen die Vietnamesen zu entlasten.[9]

Mit Blick auf die Sowjetunion und die möglichen Folgen, falls die USA den Präzedenzfall eines Ersteinsatzes von Atomwaffen in der Dritten Welt setzen würden, hatte die politische

Führung in Washington diese Forderungen der US-Militärs jedoch stets abgelehnt. Dennoch wurde in den USA an Konzepten für den begrenzten Einsatz von Atomwaffen fleißig weitergearbeitet.

Anfang der 80er Jahre versuchte Washington unter Ronald Reagan eine Strategie der chirurgisch genauen Enthauptungsschläge gegen die politische und militärische Führung der Sowjetunion und die anderen Staaten des Warschauer Vertrages mit taktischen Nuklearwaffen in der NATO durchzusetzen.

Auch in der NATO sprachen damals die Amerikaner von der Führbarkeit und Gewinnbarkeit von begrenzten Nuklearkriegen, ohne dass es zu dem großen, strategischen Schlagabtausch kommen würde. Hier machten die europäischen NATO-Partner jedoch nicht mit, obwohl sie sich durch ihr Insistieren auf die sogenannte »Modernisierung« von atomaren Mittelstreckenraketen, insbesondere durch Westdeutschlands Kanzler Schmidt, bereits auf eine gefährlich schiefe Ebene begeben hatten.

Mit seiner ursprünglichen Forderung nach neuen, weiterreichenden nuklearen Mittelstreckenraketen, die von deutschem Boden die Sowjetunion treffen konnten, hatte Kanzler Schmidt zwar lediglich beabsichtigt, die in militärstrategischen Dingen eher lasche Carter-Regierung dazu zu bewegen, ihre nukleare Solidarität mit Westeuropa zu bekräftigen und so die Führbarkeit eines auf Europa begrenzten Krieges zu verhindern.

[...]

Mit der Dislozierung der Pershing II in Europa hätten die USA in der Tat die Mittel zur Umsetzung ihrer damals viel diskutierten Enthauptungsschlag-Strategie erworben. Von Europa aus abgefeuert, hätten die Pershing II der Sowjetunion so gut wie keine Vorwarnzeit gegeben, was wiederum in der Sowjetunion zu großer Nervosität und Sorge führte.

[...]

Trotz vieler gefährlicher Spannungen blieb der Menschheit zum Glück erspart, dass aus dem Kalten Krieg ein heißer wurde. Dass dies verhindert wurde, dazu haben auch die östlichen Nachrichtendienste ihren Beitrag geleistet.

Aber damit ist das Ende der Geschichte keineswegs erreicht. Denn kaum war der Warschauer Vertrag aufgelöst und die Sowjetunion zerbrochen, da wurden in Washington bereits wieder neu Weltherrschaftspläne für die einzige verbliebene Supermacht entworfen.

Der bekannteste neokonservative US-amerikanische Kriegsfalke in der Bush-Regierung, der damalige stellvertretende US-Verteidigungsminister Paul D. Wolfowitz[10], entwickelte im Februar 1992 in den »Richtlinien zur Verteidigungsplanung« (Defence Planning Guidance, DPG) des Pentagon eine Strategie zur weltweiten Kontrolle der wichtigsten strategischen Rohstoffe, um auf diese Weise zu verhindern, dass den USA je wieder ein ernstzunehmender Rivale erwachsen würde, egal ob regional oder überregional.

Im Gefolge von US-Präsident George W. Bush ist es seitdem den führenden Vertretern der sogenannten neokonservativen Denkrichtung gelungen, in Washington die Schlüsselpositionen der amerikanischen Machtministerien zu besetzen. Nach ihrer Machtergreifung dauerte es nicht lange, bis ihre zuvor im »Projekt for a New American Century« (PNC) veröffentlichten, aggressiven Strategie-Dokumente zur Erreichung der uneingeschränkten Weltdominanz zur Blaupause der neuen offiziellen US-Militärstrategie geworden waren.

In diesem Zusammenhang wurde auch die nukleare Präventivschlagdoktrin, die seit dem Ende des Kalten Krieges etwas in Vergessenheit geraten war, wieder aufpoliert und im Herbst 2003 in modernisierter Form von Präsident Bush zur Basis der neuen Sicherheitsdoktrin der Vereinigten Staaten erhoben.

Inzwischen hat der US-Senat grünes Licht für den Einsatz taktischer Nuklearwaffen in konventionellen Kriegen gegen sogenannte Schurkenstaaten und »terroristische Organisationen« gegeben.

Fußnoten

1 Richard W. Van Alstyne, The Rising America Empire, 1960; New York-Norton, 1974)
2 Anders Stephanson, Manifest Destiny: American Expansion and the Empire of Right (New York: Hill and Wang, 1995), S. 19
3 Hans J. Morgenthau, Politics Among Nations. Alfred A. Knopf, New York, 1948, Seite 64

4 Louis A. Coolidge, An Old Fashioned Senator. Verlag Orville H. Platt, New York, 1910, S. 302
5 Stephen Mansfield, The faith of George Bush. Verlag J. P. Tarcher, 2003
6 Tom Regan: Whose God is bigger?, in: Christian Science Monitor, October 30, 2003
7 Donald Brennan: When the SALT Hit the Fan, in: National Review, 23. Juni 1972
8 Nathan Twining, John Foster Dulles, Oral History Collection, pp. 29–30, zitiert nach McGeorge Bundy, in »Danger and Survival«, ebenda, S. 267
9 McGeorge Bundy, in »Danger and Survival«, ebenda, S. 536
10 Paul D. Wolfowitz, Jahrgang 1943, wechselte 2005 an die Spitze der Weltbank, ein vielleicht sogar noch wirksameres Instrument zur Durchsetzung amerikanischer Interessen als Pentagon und NATO. Am 19. März 2003, als die USA und ihre Verbündeten über den Irak herfielen, schrieb Spiegel-online unter der Überschrift »Professor War«: »Der Krieg, der heute Nacht begann, hat einen glühenden Vordenker: Paul Wolfowitz, stellvertretender US-Verteidigungsminister und eifernder Großmachts-Missionar, lieferte die Hymne für die große Schlacht gegen Saddam Hussein. Die Geschichte, so sein düsteres Lied, ist ein Ort der Tragödien.« Als sich abzeichnete, dass die Sache nicht so ausgeht wie geplant, verließ Wolfowitz seinen Platz in der US-Admininistration. Um Harmlosigkeit zu demonstrieren, ist dem »Architekten des Irak-Krieges« nichts peinlich, selbst Löcher in seinen Strümpfen nicht, die der Weltbank-Präsident Anfang 2007 beim Besuch einer türkischen Moschee der staunenden Weltöffentlichkeit vorwies.

Aus: Eichner/Schramm (Hrsg.) Angriff und Abwehr. Die deutschen Geheimdienste nach 1945, Berlin 2007, S. 283–292